KB161020

# 일본 검술의 한국화

카게류에서 격검, 그리고 검도로

이 연구는 2017년도 한국학중앙연구원 해외한국학지원사업의 지원에 의하여 수행되었음
(AKS-2017-R02).

일본 검술의

한국화

Korean Institute for Martial Arts

최복규 지음

카게류에서 격검,
그리고 검도로

# 일러두기

1. 중국어와 일본어의 한글 표기는 〈최영애–김용옥 중국어표기법〉과 〈최영애–김용옥 일본어표기법〉을 따랐다. 하지만 국립국어원의 기준을 따라 신해혁명(1911년) 이전의 중국 인명에 대해서는 한국식 한자음을 그대로 살려 표기하고 괄호 안에 원어를 병기하는 방식을 취했다. 일본인명은 과거와 현대의 구분 없이 〈최영애–김용옥 일본어표기법〉에 따라 표기했다.

    예) 척계광(戚繼光, 치지꾸앙), 카노오 지고로오(嘉納治五郎) 등

2. 옛 서명과 인명은 각 장에 처음 등장할 때 한자를 병기하고 이후에는 가독성을 위해 가급적 한자를 제외했다.

3. 각주에 인용표시를 하였으며, 외국 문헌은 국문 번역본이 있는 경우 원서명 다음에 병기했다. 해당 국가의 연호로 표기된 중국 문헌이나 일본 문헌은 서기를 병기했다. 예) 1996(民國 85), 1994(平成 6).

4. 본문의 내용 전개상 원문이 필요하다고 판단한 경우 번역문 아래 원문을 넣었다. 그렇지 않은 경우는 주에 원문을 제시하거나 아예 원문을 빼기도 했다.

5. 권말에 참고문헌, 찾아보기를 두었다. 중요 참고문헌은 묶어서 구분했으며, 저자명의 가나다순(한글, 중국어, 일본어 문헌의 경우)과 알파벳(영문)순으로 배열했다.

6. 이 책에서 부호는 다음과 같이 사용했다.

    《》: 책이나 논문집처럼 독립된 저작의 제목, 신문, 잡지 등을 나타낸다.

     예) 《무예도보통지》, 《진단학보》 등

    〈〉: 편명이나 편명에 해당하는 항목, 논문명을 나타낸다.

     예) 《무예도보통지》〈권법〉, 〈《무예도보통지》 권법에 관한 연구〉 등

    " ": 인용문을 나타낼 때

    ' ': 단어나 구를 강조하기 위해서 사용했다.

    [ ]: 번역문의 원문에서 빠진 내용을 보충해 넣을 경우, 혹은 해당 단어의 부연 설명이 필요할 경우 사용했다.

# 저자의 글

본서는 지난 2018년 말《권법 바이블:《기효신서》를 통해 본 고전 권법》을 상재한 후 두 번째로 대중에게 선보이는 책이다.《권법 바이블》은 동아시아의 가장 오래된 권법 기록인 《기효신서》《권경첩요 편》을 우리말로 옮기고 전문적인 해제와 주석을 단 최초의 단행본이었다. 고전 무예, 특히 고전 권법에 관한 사회적 관심이 증가하고 있지만 지적 호기심을 충족시킬 만한 서적이 드문 상황에서 시도한 새로운 도전이었다. 과분하게도 2019년 대한민국 학술원 우수학술명저로 선정되는 영예를 안았다. 좀 더 분발하라는 격려로 받아들인다.

책 출간 후 내심 한국 무예계에서 고전 권법에 대한 본격적인 논의가 일어나리라 기대했다. 하지만 세상일은 뜻대로 되지는 않는가 보다. 글이 어렵다는 피드백을 많이 받았다. 글쓰기에서는 아직 전문성과 가독성을 아우를 만큼 공력을 얻지 못한 것 같다. 사실 고전 무예 매뉴얼의 번역은 문자의 옮김에만 머물러서는 안 된다. 고전 무예의 실기 역시 오늘의 독자들이 이해할 수 있도록 옮겨져야 한다. 하지만 학술서의 성격상 양자를 모두 아우르기 힘들었다고 나름의 변명을 해본다. 이를 보완하기 위해 후속작으로《기효신서》와《무예도보통지》권법의 실기 해제를 준비 중이다. 전작과 달리 후속작은 고전 권법의 '실천'에 초점을 맞추게 될 것이다.

사실 한국 사회에서 고전 권법에 대한 논의가 본격화되지 못하는 가장 큰 이유는 고전 무예 지식이 대중화되지 못한 데 있다고 생각한다. 일례로 오늘날《무예도보통지》는 한국을 넘어 동아시아 고전 무예의 바이블로 격상되었다. 하지만 1990년대 이전만 해도《무예도보통지》가 이렇게까지 평가를 받으리라고는 상상할 수조차 없었다. 일제강점기에 대중 매체를 통해 간헐적으로 언급되었고, 해방 후엔 일부 무술 단체들에 의해 소개되기도 하는 등《무예도보통지》의 존재는 이전에도 알려져 있었다. 하지만《무예도보통지》가 담고 있는 실질적인 '내용'에 대한 이해는 답보 상태에 머물렀다. 본격적으로 대중들에게 알려지기 시작한 건 1984년 한학자인 김위현에 의해《무예도보통지》의 완역이, 뒤이어 1987년 무예인 김광석에 의해《무예도보통지》의 실기가 공개되면서부터였다. 뒤이어 1990년대 초반 불어닥친 전통 무예 붐과 더불어《무예도보통지》는 대중에게 널리 알려지게 되었다.[1]

　　김광석은《무예도보통지 실기해제》를 출간한 이후《무예도보통지》의 각론에 해당하는 《권법요결》(1992),《본국검》(1995),《조선창봉교정》(2003) 연작을 통해《무예도보통지》에 담겨 있는 고전 무예를 오늘로 불러냈다. 이후《무예도보통지》는 다양한 형태로 소비되기 시작했다. 하지만 1990년대 초만 해도 중국 무술의 아류니, 중국 문헌의 짜깁기 정도라는 평가가 있을 정도로《무예도보통지》에 대한 이해는 여전히 피상적인 수준에 머물렀다.[2] 그로부터 30여 년이 지난 지금《무예도보통지》는 유네스코 세계기록유산으로 등재되었다. 한국 고전 무예, 더 나아가 동아시아 무예의 집대성으로 공인을 받은 것이다. 하지만 여기까지 오는 데 그토록 오랜 시간이 걸렸다는 건 우리 사회에서 고전 무예에 관한 지식 기반이 취약하다는 걸 단적으로 보여준다.

　　반면, 지난 30여 년간 학계에서는《무예도보통지》의 이론과 실기 양 방면에서 상당한 성과를 축적해왔다. 하지만《무예도보통지》를 유네스코기록문화유산으로 등록한 주체는 북한이었다. 대한민국이나 북한 모두《무예도보통지》 전통의 연장선상에 서 있다는 점에서 보면 기뻐할 일이기는 하나, 그간 한국 사회에서 이루어졌던 노력이 무산되었다는 점에서 아쉬움이 남는다.

　　한국의《무예도보통지》유네스코 세계기록유산 등재 준비는 2014년부터 시작되었다고 한다. 실제 세계기록유산 등재를 추진했던 김준혁은, 2016년 북한이《무예도보통지》를 아시아태평양기록유산으로 등재한 사실을 확인하고, 단독 등재에서 남북한 공동 등재로 목표를

---

1　김위현,《국역 무예도보통지》(민족문화사, 1984); 김광석 실연, 심우성 해제,《무예도보통지 실기해제》(동문선, 1987).

2　육태안,〈중국무술 베낀 무예도보통지〉《시사저널》(시사저널사, 1991년 1월 24일).

수정, 2017년 6월 무주에서 개최된 세계태권도대회 개막식에 참석한 북한의 장웅 올림픽위원을 접촉해 관련 자료를 전하고 긍정적인 답변을 얻어냈다고 한다. 그런데 뒤이은 북한의 미사일 발사로 남북한의 긴장 상황이 고조되면서 공동 등재 시도는 무위로 끝나고, 이후 북한이 단독으로 《무예도보통지》를 세계기록유산으로 등재하게 되었다고 한다.[3] 하지만 김준혁의 설명과는 달리 실제 상황은 좀 달랐던 것 같다. 북한은 2016년 《무예도보통지》를 아시아태평양기록유산으로 등재한 후 같은 해 곧바로 유네스코 세계기록유산으로 신청했다. 김준혁이 2017년 6월 장웅 위원을 만나서 공동 등재를 위한 협력을 제안했을 때 북한은 이미 단독으로 《무예도보통지》를 유네스코 세계기록유산으로 신청하고 결과를 기다리던 상태였다. 2017년 11월 북한 단독으로 《무예도보통지》의 유네스코 세계기록유산 등재가 최종 확정되었다. 당시 한국 여러 매체는 북한 조선중앙통신의 《무예도보통지》 유네스코 세계기록유산 등재를 알리는 뉴스를 전하고 있다.[4] 장웅 위원은 북한 당국이 이미 유네스코 세계기록유산 신청한 사실을 알고 있으면서도 남한 측 입장을 고려해 긍정적인 답변을 준 것인지 아니면 장웅도 모르고 있었던 것인지 확인하기는 힘들지만, 어쨌든 우리보다 한발 앞서 북한이 《무예도보통지》의 세계기록유산 등재를 위해 노력했다는 것만은 분명하다.

그런데 《무예도보통지》의 등재를 위해 북한이 유네스코에 제출한 서류는, 사실 나와 같은 무예학자의 눈에는 얼토당토않은 주장으로 가득 차 있다.[5] 북한은 국제태권도연맹(ITF: International Taekwondo Federation) 태권도의 정통성 확보, 세계태권도연맹(WTF: World Taekwondo Federation)과의 경쟁, 더 나아가 남북한 체제 경쟁에서 우위를 점하기 위한 정치적인 목적을 앞세워 《무예도보통지》를 등재한 것으로 보인다. 유네스코의 세계기록유산 심의위원회가 그 정도도 걸러내지 못했다는 점이 좀 의아스럽다. 하지만 어쩌겠는가, 이미 엎질러진 물인 것을. 그간 《무예도보통지》를 등한시하고 전략적인 차원에서 접근을 하지 못했던 한국 정부와 관련 단체의 무능력을 탓하며, 고전 무예 연구에 대한 인식을 전환할 필요가 있다는 점을 지

---

3  김준혁, 《정조가 만든 조선의 최강 군대 장용영》(더봄, 2018), 7-8쪽.

4  홍국기, 〈북 매체, '무예도보통지' 세계기록유산 등재보도〉《연합뉴스》(2017년 11월 3일). (https://www.yna.co.kr/view/AKR20171103150900014), 2021년 7월 5일 검색.

5  *Nomination form International Memory of the World Heritage*, (http://www.unesco.org/new/fileadmin/MULTIMEDIA/HQ/CI/CI/pdf/mow/nomination_forms/dprkorea_tong_eng.pdf), 2021년 7월 5일 검색.

적한다. 고전 무예에 관한 학적 연구가 자리를 잡기 위해서는 당장 소용되지는 않더라도 장기적인 안목을 가지고 꾸준한 투자와 지원을 할 필요가 있다.

서두가 길어졌다. 앞에서《무예도보통지》가 어떻게 오늘날로 불려 나왔는지, 그 과정에서 어떻게 평가의 결과가 변화되어 왔는지, 오늘의 지위를 얻기까지 어떤 노력이 있었는지를 언급한 건, 고전 무예가 '근대의 시선'에 포착되는 과정이 간단하지 않다는 점을 상기시키기 위해서다. 이제 여기서 고전 무예의 또 하나의 주제인 '검술'을 다루고자 한다. 이 책에서 나는 임진왜란을 전후한 시기부터 현재까지 시간순으로 따라가며, 공간적으로는 한중일을 가로지르며, 일본 검술의 발생, 중국·한국으로의 전파, 그리고 중국과 한국 내에서의 일본 검술의 수용과 발전 과정을 추적한다. 이 책은 일본 검술에 관한 책이면서 동시에 한국의 검술에 관한 책이며, 동시에 중국 내에서의 일본 검술의 전파와 수용을 포함한다는 점에서 동아시아 검술에 관한 책이기도 하다.

오늘날 우리가 '한국', '중국', '일본'이라는 국적을 달아 구분하는 방식, 예컨대, 한국 무예, 중국 무예, 혹은 일본 무예라는 구분은 근대 이전의 동아시아 무예를 이해하는 데 적합하지 않다. 물론 전근대 시대에도 동아시아에서 한국, 중국, 일본의 무예를 구분해보는 관점이 존재했다. 하지만 당시에는 지역적 '차이'를 드러내 '이해'를 도모하기 위해서였지 오늘날처럼 '국경'을 강조하며 무예의 '독점'적 지위를 주장하기 위한 것은 아니었다. 오늘날 한국, 중국, 일본의 무예는 자국의 이익을 추구하기 위한 수단으로 전락한 듯하다. 특히, 한국 무예계 일각에서 주장하는 고대 한국 무예가 동아시아의 뿌리며, 중국 무술이나 일본 무술이 모두 한국 무예에서 갈라져 나갔다는 식의 주장은 극단적인 예이기는 하지만 이러한 자국 중심의 무예 인식의 폐해를 보여준다고 할 수 있다. 국가주의나 민족주의의 틀을 넘어서 무예를 바라볼 필요가 있다.

이 책은 고전 무예의 독점적 지위를 주장하는 '무예 민족주의'에 반대한다. 대신 검술이라는 매개를 통해 고전 무예를 '이해'하며, 궁극적으로 동아시아 무예의 지역/국가 간 간극을

좁히고자 노력한다. 동아시아 고전 무예는 오늘날 많은 이들의 생각과는 달리 고립적으로 발전하지 않았다. 각 지역의 무예는 전파와 수용, 변형되는 중층적인 과정을 통해 발전해왔다. 물론 이 과정에 대한 평가는 달라질 수 있다. 문명사적인 관점에서 보면 무예의 전파는 무예의 퇴보나 왜곡일 수 있다. 하지만 어떤 면에서 모든 문명사는 새로운 왜곡을 통해 발전한다. 중국 남권이 오키나와로 전해져 오키나와테로 발전한 것은 남권의 관점에서 보면 퇴보나 왜곡일 수 있다. 마찬가지로 오키나와테가 일본 본토로 전해져 카라테가 된 것 역시 전통(?) 오키나와테의 관점에서 보면 퇴보나 왜곡일 수 있다. 하지만 그러한 왜곡이 없었다면 오늘날의 카라테는 이루어지지 않았을 것이다. 마찬가지로 카라테가 한국으로 전해져 태권도가 된 것 역시 근대 카라테의 관점에서는 퇴보나 왜곡일 수 있지만 그 왜곡이 오늘날 단일 무예 종목으로는 전 세계 최대 수련생을 가진 태권도를 만들어냈다. 무예는 그렇게 발전해왔다.

마찬가지로 일본 검술이라는 소재를 중심으로 나는 동아시아 무예의 전파, 중국이나 한국에서 일본 검술이 어떻게 발전했는지(혹은 퇴보하고 왜곡되었는지), 그리고 이러한 왜곡이 어떻게 한국화 혹은 중국화한 일본 검술의 등장을 가능하게 했는지를 추적해보고자 한다. 특히 한국에서의 일본 검술의 수용과 궁극적으로 '한국화'하는 과정, 그에 대한 이해와 평가에 초점을 맞췄다.

본서의 구상은 네덜란드 레이던대학교에서 행한 특강(2008~2012)에서부터 시작되었다. 지난하게 이어져 오던 연구에 탄력을 받은 것은 2017년 한국학중앙연구원의 해외연구지원 프로그램에 〈근대 무술의 한국화〉 프로젝트가 선정되면서부터였다. 해당 프로젝트의 한 부분으로 〈일본 검술의 한국 전파(Dissemination of Japanese Swordsmanship to Korea)〉에 대한 연구 결과를 2017년 카디프대학교(Cardiff University)에서 주최한 '일본 무술에 관한 새로운 연구(New Research on Japanese Martial Arts)' 콜로키움에서 발표를 했다.[6] 본서는 다시 당시의 연구를 보완해《일본

---

6  해당 내용은《무예학(Martial Arts Studies)》(DOI: http://doi.org/10.18573/mas.63) 저널에 실렸다. 참고로《무예학(Martial Arts Studies)》은 카디프대학교(Cardiff University)의 폴 보우만(Paul Bowman), 그리고 벤자민 주드킨스(Benjamin Judkins) 주도로 창간된 온라인 저널(https://mas.cardiffuniversitypress.org/)이다. 이들은 또한 무예학연구네트워크(Martial Arts Studies Research Network: http://www.mastudiesrn.org/)를 구축해 다양한 연구자와 학자들 사이의 학제 간 연구와 소통을

검술의 한국화》라는 단행본으로 펴내는 것이다. 본래 계획했던 〈근대 무술의 한국화〉로 나아가기 위한 징검다리 정도로 이해해주시면 고맙겠다. 그러고 보니 아직 갈 길이 멀다.

나는 검술을 '역사화'해 파악하려는 이 시도가 '검술'과 '무예'를 둘러싼 한국 무예계 특유의 편향된 인식을 바로잡는 데 기여하기를 바란다. 안타깝게도 한국의 무예계는 '검술'을 검술 그 자체로 바라보는 데 어려움을 겪고 있다. 일본 검술의 전파와 수용, 그리고 한국화는 한국 무예사를 이루는 한 부분이다. 꼭 집어서 표현하자면 '검술 교류사'라고 할 수 있을 것이다. 그리고 검술은 무예사 안에서 다뤄질 수 있는 수많은 '이야기' 가운데 하나일 뿐이다. 그런데 이런 평범한 이야기가 두려워 고대 한국의 검술이 일본으로 건너가 일본 근대 검도가되었으며, 그래서 일본 검도의 종주권이 한국에 있다는 만화경 같은 주장이 지속적으로 등장하는 작금의 현실, 그리고 그러한 주장을 지속적으로 생산하고 있는 '평면적 사고'가 안타깝다. 미리 얘기하지만, 일본 검술이 뛰어나고 한국 검술은 형편없다는 식의 국가 단위의 '주관적 평가'는 이 책이 추구하는 바가 아니다. 시간의 흐름을 좇으며, 또 공간을 넘나들며, 일본검술의 출발부터, 일본 검술이 어떻게 동아시아에서 퍼져 나갔는지, 중국과 한국의 일본 검술에 대한 역사적 평가는 어떠했는지, 중국과 한국은 일본 검술을 수용해 어떻게 발전시켰는지, 그리고 그 과정에서 일본 검술은 어떻게 지역화했는지, 만약 일본 검술이 한국화하는 과정을 거쳤다면 한국화의 실제 내용은 무엇인지를 역사적인 시각에서 드러내는 데 주안점을두었다. 한마디로 고전 검술에 관한 **역사적 사실의 추적과 그에 대한 해석**이라고 할 수 있다. 아울러 그 이야기의 끝에서 나는 우리의 검술이 앞으로 어떻게 발전해 갈지, 아니면 가야하는지에 대한 나름의 제언을 하고자 한다. 혹 누가 알겠는가? 먼 훗날 우리는 다시 한국 검술이 일본이나 중국에 어떤 영향을 미쳤는지에 대해서 논하게 될지? 왜냐하면 문화란 그렇게 주고받으며 발전해 가는 것이기 때문이다.

지난번 책을 상재한 이후 다양한 독자층과 만날 수 있었다. 아울러 한국 사회에서 고전 무

---

주도하고 있으며, 매년 무예학국제학술대회(Martial Arts Studies Conference)를 개최하고 있다. 이 학술대회는 전 세계의 무예 관련 연구자들이 한자리에 모이는 동 분야 최대 규모의 이벤트이다.

예에 관한 관심이 외형적 흉내 내기 수준에서 벗어나 인간의 몸과 몸의 움직임, 그리고 이를 둘러싼 세계에 대한 '이해'까지 인식의 폭이 확장될 수 있는 가능성을 보았다. 이번 후속작 역시 이러한 가능성을 확장하는 데 기여할 수 있기를 바란다. 관심과 격려를 보내준 모든 분들께 지면을 빌려 다시 한번 감사를 드린다.

이번 책 역시 한국학술정보에서 출간하게 되었다. 학문의 대중화를 위해 시장성이 없음에도 불구하고 학술서적을 꾸준히 출판하는 그 노력에 감사와 격려의 박수를 보낸다. 최종 원고 마무리가 많이 늦어져 죄송하다는 말씀을 드린다. 출판사에 넘기기 직전 도진 더 나은 마무리를 해야 한다는 강박 때문에 한동안 원고를 더 붙들고 있어야만 했다.

끝으로 이 책이 이 땅에서 무예를 수련하고 연구하는 이들에게 바치는 헌사로 읽히길 소망한다. 아울러 한국에서 무예학(Martial Arts Studies)이 자리를 찾는 데 조금이나마 기여할 수 있다면 저자로서는 그보다 더 큰 보람은 없을 것이다. 코로나 팬데믹으로 전 세계가 어수선하다. 늘 반복되는 일상이 소중하다는 걸 다시 한번 깨달았다. 다들 건강하시기를 기원한다.

2022년 7월
네덜란드 한국무예연구소(KIMA)에서
최복규 씀

# 집필동기

칼은 그간의 한국 무예사(武藝史)에서 제대로 다뤄지지 못한 주제였다. 과거 한국은 동아시아에서 활로 명성을 떨쳤다. 오늘날 한국은 태권도를 위시한 합기도, 택견 등 맨손 격투술로 전 세계적으로 이름을 날리고 있다. 그래서일까? 칼은 상대적으로 소홀히 다뤄졌다. 하지만 칼이 가지는 상징성과 실용성을 생각할 때 칼이 없는 무예사는 불완전할 수밖에 없다. 그리고 한국 무예사, 더 나아가 동아시아 무예사를 제대로 이해하기 위해서도 칼의 역사를 짚어봐야 한다. 바로 이 책을 쓰게 된 첫 번째 동기다.

다음으로 일본 검술에 대한 '객관적'인 이해의 필요성 때문이다. 그간 일본 검술을 포함한 일본 무도는 그 중요성에도 불구하고 한국 사회에서 상대적으로 경원시되어 왔다. 일제 식민 지배와 반일감정의 영향으로 일본 문화에 대한 반감이 컸던 것이 주된 요인일 것이다. 하지만 일본 검술은 고대와 근현대에 이르기까지 우리나라와 중국 등 동아시아 주변국에 직·간접적으로 영향을 미쳐왔다. 특히, 일본의 카게류(陰流) 검술은 16세기 중반 중국으로 전해졌으며, 임진왜란을 계기로 조선으로도 전파되었다. 일본 카게류의 검법이 중국을 거쳐 한국에까지 전파되는 과정, 그리고 한국 내에서 어떻게 변화, 발전했는지를 추적하고 싶었다. 두 번째 집필 동기다.

또한 일본 검술은 중국을 거치지 않고 한국으로 직접 전해지기도 했다. 전쟁 중 투항한 왜인이나 통신사와 같은 문화사절단을 통해, 혹은 한국 내 일본인 거주 지역인 왜관을 통해서 유입되기도 했다. 다양한 경로를 통해 전해진 일본 검술은 조선의 군진에 도입되어 정규 군사 무술로 정착해 발전했다. 이 과정을 추적해보고 싶었다. 세 번째 집필 동기다.

오늘날 우리가 접하는 검도는 19세기 말 서구 제국주의 세력이 밀려오던 상황에서 유럽의 군사주의와 신체문화를 수용하고 변용하는 과정을 통해 일본에서 새로이 만들어진 스포츠다. 검도는 처음엔 격검(擊劍)이라고 불렸다. 격검은 이전의 군진 무술로 전해지던 검술과는 달랐다. 격검은 방호구와 죽도를 사용하는 경기화된 스포츠였다. 격검은 학교, 군대, 경찰, 일반사회 등 각계각층으로 퍼져 나가 또 다른 무예 문화로 정착했다. 일본 검도는 동아시아의 신체문화가 어떻게 '근대'라는 시대의 흐름에 반응, 적응, 변화하며 근대화된 모습을 갖춰갔는지를 보여준다. 그 과정을 살펴보고 싶었다. 네 번째 집필 동기다.

구한말과 일제 식민지배기 일본 검도는 한국으로 전해진다. 처음 격검이라는 이름으로 전해진 후 일본 내에서 격검이 검도로 바뀌는 상황과 맞물려 한국에서도 검도로 명칭이 변경된다. 일본 검술인 검도가 근대 무술로서 한국 내에서 어떻게 자리 잡히게 되었는지, 일제 식민지하에서 일본 검도가 확산되어 한국인들에게 수용되고 소비되는 과정에 대해서 살펴보았다. 그리고 오늘날 검도를 한국의 전통무예로 주장하는 논리의 기원이 어디에 있는지를 추적해보고 싶었다. 다섯 번째 집필 동기다.

끝으로, 해방 이후 무예를 둘러싼 민족주의 담론이 나오게 된 배경과 그 영향, 1980년 들어서 대한검도에 대항해 등장한 해동검도와 여러 기타 검술들, 그리고 이들이 주장하는 전통 검술에서 보이는 정체성 문제를 짚어보고 싶었다. 이것이 여섯 번째 집필 동기다. 검술에 관한 얘기지만 결국은 전통 무예 전반과 관련이 있는 내용이 될 것이다.


이상을 요약하면, 근대 이전과 근대 이후로 양분해 일본 검술이 한국에 어떻게 전파되고 전해왔는지, 그리고 일본 검술은 어떻게 한국화하고, 한국 무예에 영향을 미쳤는지를 추적하고 지금 이 자리에서 어떤 의미를 가지는가를 읽어내는 것이 이 책의 집필 동기이자 목적이라고 할 수 있다. 궁극적으로 한국 검술의 미래에 대한 혜안을 얻을 수 있기를 바라면서 썼다.

# 프롤로그

# 검의 길, 우리 모두의 길

## 고전 검술 단상

여러 해 전의 일이다. 서양의 중국무술 전문가인 스콧 로델(Scott M. Rodell) 씨와 대화를 나눌 기회가 있었다. 오스트레일리아 출신인 로델 씨는 미국에서 양가태극권과 중국 검술을 가르치며 목검을 사용한 검술 대련법을 보급하고 있다. 고전 검술에 관해 이런저런 얘기를 나누던 중 자연스럽게 중국의 장도(長刀)로 주제가 옮겨갔다. 나 역시 이 분야에 관심을 가지고 있던 터라 - 레이던대학교(Leiden University)[7]에서 《무예도보통지》특강(2008~2012)을 하면서 쌍수도와 《기효신서》에 실린 장도 등을 함께 다뤘다 - 내 나름의 생각을 피력했다. "중국의 장도술(長刀術)은 일본 카게류 검술이 전해져 중국화된 검술이다. 16세기 중반 왜구로부터 직·간접적으로 획득한 장도술을 척계광[8]이 정리했고, 이 장도술이 중국 내에서 유전되었다. 오

---

7  1575년 설립된 레이던대학교(Leiden University)는 유럽 최초의 대학이다. 레이던대학교의 한국학과 역시 유서가 깊은데, 1958년 서유럽 최초로 한국어 강좌가 개설되었고, 1961년 한국학대학원 과정, 1980년 한국학 학사과정이 개설되었다. 하지만 100여 년이 넘는 역사를 가진 중국학이나 일본학에 비하면 한국학은 상대적으로 열세에 있었다. 2010년을 전후해《무예도보통지》관련 프로젝트를 함께 진행할 때만 해도 일본학이나 중국학에 비해 한국학을 전공하려는 학생 수가 턱없이 부족해 학과의 존폐를 걱정할 정도였다. 최근에는 일본학과 거의 비슷한 수준으로 한국학을 전공하려는 학생들이 늘었다고 한다. 하지만 실상은 케이팝과 한국 영화를 필두로 한 한류의 영향에 힘입은 바가 크다. 한국학이 발전하기 위해서는 시세에 안주하지 말고 장기적으로 '한국'학에 맞게 커리큘럼을 다변화하고, 동시에 심도 있게 다룰 수 있도록 지속적인 관심과 지원이 필요하다.

8  척계광(戚繼光, 치지꾸앙, 1528~1588)은 중국 명나라의 장수로 16세기 중후반 활약했다. 남으로는 왜구를 평정하고, 북으로는 몽골의 침입을 저지한 명장이다. 무예와 전법에 뛰어났으며, 각종 무기에도 정통했다. 문무를 겸전한 장수로 대표적인 저작으로는 《기효신서(紀效新書)》(18권 본, 14권 본)와《연병실기(練兵實紀)》, 문집으로《지지당집(止止堂集)》등이 있다. 그의 군사사상은 임진왜란을 계기로 조선에도 알려져, 조선 후기 훈련도감을 비롯한 중앙군영을 설치하고, 포수, 사수, 살수로

늘날 우리가 접하는 중국식 장도법인 묘도(苗刀)[9]도 거슬러 올라가면 카게류와 연결될 수 있다"라는 것이 요지였다. 그랬더니 로델 씨는 그 왜구가 대부분 중국인이었다며, 사실 장도법은 원래 중국 검술이라는 취지의 주장을 폈다. 난 그때 뭐라 대답했는지 지금 잘 생각이 나지 않는다. 아마 일본이니 중국이니 하는 국경 개념보다 검술 자체가 이리저리 전해지는 문화교류의 일반론적인 측면을 강조했던 것 같다.

하지만 뭐랄까, 동아시아 무예사를 바라보는 서구인의 관점 역시 어느덧 국가주의에 영향을 받는 건 아닌가 하는 인상을 받았다.[10] 로델 씨의 주장이 완전히 틀렸다는 건 아니다. 왜구는 전기 왜구와 후기 왜구로 나뉘는데, 1560년대를 전후한 명대 후반은 후기 왜구가 창궐하던 시기로, 이때 왜구의 다수는 중국인이었다. 보통 가왜(假倭: 가짜 왜구)라고 하는 중국인 왜구는 처음엔 일본 왜구들의 강압에 의해 진의 맨 앞에 방패막이로 세워져 약탈에 가담하게 되었다. 왜구에게 죽나 중국 병사들에게 죽나 어차피 죽기는 마찬가지였지만 다만 며칠이라도 더 목숨을 부지하기 위해 어쩔 수 없었다. 하지만 시간이 지나면서 가왜들은 자발적으로, 그리고 보다 적극적으로 노략질에 가담했다. 나중에는 맨 먼저 약탈처에 들어가 귀중품을 들고 나와버려 뒤따라온 일본 왜구들이 들이닥쳤을 때는 아무것도 남아있지 않는, 즉 진왜(眞倭)를 속이기까지 하는 교활함을 보이기도 했다.[11] 하지만 왜구에 중국인이 대거 가담했다고 해서 장도가 중국에서 기원했다고 보기는 힘들다. 중국 내 전파된 장도술이 일본의 장도술에서 갈라

---

구성된 삼수병 체제를 확립하는 데 영향을 미쳤다. 최복규, 《권법 바이블: 《기효신서》를 통해 본 고전 권법》(한국학술정보, 2018), 55-60쪽.

9   오늘날 중국 민간에 유행하는 쌍수도법이다. 묘도에 사용되는 칼은 전장이 140cm로 날 길이 100cm, 자루 길이 40cm이며, 날 폭은 3cm이다. 묘도의 기원은 명대 동남해 연안을 약탈하던 왜구의 검법, 즉 카게류 검법으로 거슬러 올라간다. 당시 일본 도법은 단도(單刀), 왜도(倭刀), 장도(長刀) 등으로 불렸는데, 중국의 민국시대(民國時代, 1912~1949)에 들어와서 묘도라고 불리기 시작했다. 명청 시대 사료에 묘도(苗刀)라는 명칭이 보이기는 하지만 이때 묘도는 중국 서남지방의 묘족의 칼로 일본 도법을 가리키는 건 아니다. 생뚱맞게 '묘도'라는 새로운 용어가 등장한 건 기존 일본 도법을 가리키는 '단도(單刀)'와 자루가 짧고 날의 폭이 넓은 일반적인 중국의 '단도(單刀)'와의 혼동을 피하기 위해서, 그리고 대다수 무술가들이 배움이 짧아 전통적인 용어에 익숙하지 않아 생긴 실수 등 복합적인 원인이 작용했을 것으로 보인다. 현재로서는 묘도라는 이름이 어떻게 생겨났는지 정확히 알려져 있지 않다. 《中國武術大辭典》編纂委員會, 《中國武術大辭典》(人民出版社, 1990), 94쪽; 馬明達, 〈歷史上 中, 日, 朝 劍刀武藝交流考〉《說劍叢稿》(中華書局, 2007), 226쪽.

10   여기 국가주의는 일반적으로 이해되고 있는 국가를 가장 우월한 조직체로 여기고 국가 권력이 사회, 경제를 통제해야 한다는 이념을 의미하는 건 아니다. 그보다는 고전 무예를 국경으로 나누고, 특정 국가에 귀속시켜 이해하려는 '특정한' 방식, 경향을 가리킨다. 이러한 경향이 지나칠 경우 극단적인 무예 민족주의로 흐를 우려가 있다는 점에서 주의를 요한다.

11   가왜, 진왜에 관해서는 다음을 참조. 리보중, 《조총과 장부》(글항아리, 2018), 104-108쪽.

져 나왔다는 점은 뒤에 본문에서 자세히 다루겠지만 여러 사료가 공통적으로 보여주고 있다.

로델 씨와의 짧은 대화를 통해 나는 이런 생각을 하게 되었다. 과거에는 무예가 직접적인 전투 수단이었지만 오늘날엔 무예가 문화 전쟁의 대리를 맡고 있는 건 아닐까? 문화 전쟁이라는 용어가 너무 거창하다면 문화 헤게모니를 장악하기 위한 경쟁 정도로 이해해도 크게 다르지 않다. 문화 역시 경쟁하며 발전하게 마련이다. 따라서 경쟁이 무조건 나쁜 건 아니다. 하지만 도가 지나칠 경우엔 문제가 된다.

고전 무예에 대한 동경과 추수는 어쩌면 인간 본연의 심성에서 연유하는지도 모른다. 과거에 대해 향수를 느끼고 오늘로 불러내려는 노력은 인류의 역사에서 늘 반복되어 왔다. 우리가 잘 아는 공자는 이전 주나라의 예법을 되살리려고 했고, 16세기 서유럽의 르네상스 또한 고전 그리스 문화를 불러오려는 노력의 결과였다. 과거를 오늘로 불러내오려는 시도, 그 자체는 인간사의 자연스러운 일이다. 다만 한국무예계 일각에서 보이는 근대 일본 무예가 사실 그 기원을 좇아 올라가면 고대 한국의 무예이며, 구한말 한국에 전해진 근대 일본 무예는 고대 한국 무예의 귀환이므로 그 종주권이 한국에 있다든가, 거기서 더 나아가 고대 한국의 무예가 동아시아 무예의 뿌리이며, 주변국의 무예는 고대 한국의 무예에서 갈라져 나갔다는 식의 주장[12]으로 나아가면 문제가 된다. 이러한 접근은 한국 무예사를 동아시아 무예라는 큰 흐름 속에서 이해하는 걸 방해한다. 아울러 오늘날 우리가 목도하는 한국 무예의 성취 역시 제대로 평가할 수 없게 한다. 고대의 한국 무예가 동아시아 무예의 뿌리가 된다는 식의 자기만족적인 서사에서 벗어나 한국 무예사를 객관적으로 바라볼 필요가 있다.

본서는 이러한 문제의식에서 출발했다. '무예'에 관한 어설픈 주장이 난무하고 있는 한국 무예계에 어떻게 스스로를 돌아보고 미래를 내다보기 위한 이론적인 토대를 제공할 것인가? 한국 무예의 법고창신(法古創新)에 기여할 방법론은 무엇인가? 이를 위해 나는 정공법을 택하기로 했다. 고전 무예 가운데 일본 검술을 제재로 삼아 일본 검술의 탄생과 전파, 동아시아의 일본 검술의 수용과 현지화, 특히, 일본 검술이 한국 무예에 미친 영향을 과거로부터 현재까지 통

---

12  다음과 같은 글에서 그 일단을 확인할 수 있다. 이종림, 《정통검도》(삼호미디어, 2006); 이국노, 《실전 우리 검도》(직지, 2016); 임성묵, 《본국검예1: 조선세법》(행복에너지, 2013), 《본국검예2: 본국검법》(행복에너지, 2013), 《본국검예3: 왜검의 시원은 조선이다》(행복에너지, 2018).

시적인 관점에서 추적하여 일본 검술이 한국화해온 과정을 밝혀보고자 했다. 그동안 일본 검술의 영향에 대해서는 언급 자체를 터부시하거나 애써 무시하는 경향이 있었지만 이를 객관적 사실로 '인정'하고, 거기서부터 시작할 필요가 있다고 보았다. 일본의 영향을 애써 무시하려는 방어기제와 반일의 프리즘을 통해 일본 검술을 바라보려는 태도는 잠시 접어두자. 그래야 객관적인 시각으로 무예사를 조망할 수 있다.


## 문서화된 검술

오늘날까지 남아있는 고대 검의 유물은 과거에도 다양한 검들이 제작되어 사용되었다는 것을 직접 보여준다. 석기에서 청동기, 철기로 이어지며 다양한 재질과 형태로 제작된 칼, 특히 황금으로 아름답게 장식된 고대의 검은 당시 지배층의 모습도 떠올리게 한다. 그렇다면 고대인들은 칼을 어떻게 사용했을까? 상식적으로 어떤 기물이 있다면 당연히 그 기물과 관련된 문화가 함께 존재하기 마련이다. 숟가락, 젓가락이 있으면, 제작방법이나 사용법, 그리고 숟가락 젓가락을 사용하는 식사 예절이나 관련된 문화가 있게 마련이듯 칼도 그러했을 것이다. 검이 있었고 그것을 사용했다면 당연히 그것을 사용하는 법, 즉 검술도 있었을 것이다.

문제는 이러한 당연한 듯이 보이는 추론을 고대 검술에 그대로 적용하기 어렵다는 데 있다. 왜냐하면 과거에 존재했던 '검'은 오늘날 전해지는 유물을 통해 알 수 있지만 '검술'은 그렇지 못하기 때문이다. 검술은 검을 운용하는 기술, 즉 무형의 지적 자산이다. 아무리 뛰어난 검술을 구사하던 검객이 존재했었다고 해도 직접 후대에 전해주지 않는 이상 그의 검술은 그 개인의 죽음과 함께 사라져버리고 만다. 그래서 고전 검술의 전모는 파악하기가 힘들다. 이미 없어져버린 고전 검술에 어떻게 다가갈 것인가? 그 가능성을 모색하는 데서 우리의 여정은 시작한다.

고대 사회에서도 무예는 개인과 사회, 국가의 안위를 지키는 중요한 수단이었기 때문에 중시되었다. 무예는 기본적으로 삶과 죽음의 경계에서 얻은 깨달음이 몸에 축적되어 형성된 지식 체계로 일반적으로 몸과 몸의 직접적인 대면접촉을 통해서 전수되었다. 따라서 무예를 소유한 한 인간의 삶이 다하면 그의 몸에 축적된 지식도 함께 사라졌다. 소위 '구전심수(口傳

心授)'되던 무술이 하나의 지식 체계로 후대로 전수될 수 있었던 건 무예 지식이 문자로 기록되면서부터이다.[13] 물론 검술의 기록이 남아 있다고 해서 해당 검술이 반드시 후대로 전해질 수 있는 건 아니다. 검술 지식에는 기록될 수 있는 명시적 지식(explicit knowledge)과 기록될 수 없는 암묵적 지식(tacit knowledge)이 있다. 검술의 개별 테크닉은 이를 설명한 그림이나 가결 등을 통해 추적할 수 있다. 하지만 각 기술의 실질적인 운용과 변화, 경력(勁力)[14]의 축발(蓄發) 등은 암묵적 지식으로 스승-제자와 같은 직접적인 사승 관계, 혹은 무예 공동체 안에서 집단 지식의 형태로 전해진다. 무예 지식은 몸을 매개로 전해진다는 점에서 사적인 경험에 기반을 둔 개인적인 지식이라고 할 수 있지만, 동시에 개인이 속한 무예 공동체가 공유한다는 점에서 집단 지식이라고도 할 수 있다. 따라서 인적 네트워크의 명맥이 끊어진 오늘날 과거의 무예 경험, 거기에 기반을 둔 지식을 모두 복원하는 건 불가능할지 모른다.

반면 고전 무예의 사(史)적 연구는 상대적으로 어려움이 덜하다. 왜냐하면 고전 무예에 관한 사료들을 기반으로 무예사를 써 나갈 수 있기 때문이다. 하지만 여기에도 주의해야 할 점이 있다. 학(學)으로서 무예사는 사료에 기반을 두고 객관적인 입장에서 기술되어야 한다. 그렇지 않으면 소위 견강부회하여 상상된 과거를 현실로 착각하게 만든다. 오늘날 한국 무예계가 당면한 문제도 바로 여기서 비롯되었다. 사료에 근거하지 않은 주장, 사료를 바탕으로 한 듯하면서 실제로는 사료의 오독, 남용, 왜곡으로 점철된 엉뚱한 신화들이 한국 무예계에 만연해 있다. 물론 무예사가도 상상력을 사용하며 역사를 쓰기 위해 다양한 사료 가운데 전제와 결론을 선택하여 서술할 수밖에 없다. 이 과정에서 사료로 메워지지 않는 부분은 상상력을 동원해 단편적인 사료를 일관되게 연결하기도 한다. 그렇다고 해도 어디까지나 사료의 범위 안에서 상상력을 동원한다. 그 이상을 넘어서게 되면 역사가 아니라 소설이 된다.[15]

---

13  최복규, 《권법 바이블》(한국학술정보, 2018), 18-23쪽.

14  경력(勁力)은 무예적인 힘을 가리킨다. 고전 무예 이론에서는 경(勁)과 역(力)을 구분한다. 경은 무술 수련을 통해서 형성되는 힘으로 일반적인 힘을 가리키는 역과는 차이가 있다. 경은 의식의 지배하에 들숨과 날숨, 그리고 근육의 수축과 이완이 배합되어 생겨나는 힘이다. 신속하게 전달되고, 빠르게 변화한다. 반면 역은 전달이 더디고 움직임이 둔한 힘을 가리킨다. 또한 역은 사용할 때 작용하는 범위는 넓으나 상대를 제압하는 힘은 작다. 보디빌더가 추구하는 힘이 역의 대표적인 예라고 할 수 있다. 경과 역의 차이에 대해서는 다음을 참조. 김광석, 《권법요결》(동문선, 1997), 60쪽.

15  풍우란, 《중국철학사》(상, 까치, 1999), 18-21쪽; 이영훈, 〈왜 다시 해방전후사인가〉《해방전후사의 재인식》(1, 박지향, 김철, 김일영, 이영훈 엮음, 책세상, 2006), 34-40쪽.

오늘날 동아시아의 무예사에서 가장 오래된 검술 기록은 일본 카게류검술을 기록한 《기효신서》〈영류지목록(影流之目錄)〉이다.[16] 명나라 장수인 척계광은 1561년 일본 왜구와 대규모 전투를 치르는데, 이 과정에서 〈영류지목록〉을 입수하게 된다. 그는 〈영류지목록〉에 실린 검술을 '장도(長刀)'라는 이름으로 자신의 군진에 도입하고 자신의 저서인 14권 본 《기효신서》에 실었다. 장도는 다시 임진왜란 중 조선에 전해져 조선 군진의 정규 교습 과목이 되어 조선 후기까지 실시되었다. 조선의 무예서인 《무예제보》(1598)와 《무예제보번역속집》(1610) 역시 거슬러 올라가면 〈영류지목록〉과 직·간접으로 만나게 된다.

《기효신서》〈영류지목록〉은 약 40여 년 후 모원의[17]의 《무비지(武備志)》(1621)에도 그대로 전재된다. 흥미롭게도 《무비지》에 실린 〈영류지목록〉은 17세기 후반 들어 원래 〈영류지목록〉이 만들어졌던 일본으로 다시 알려져 일본 사회에 유통되기 시작했다. 일본 검술의 기록인 〈영류지목록〉을 둘러싼 동아시아 검술의 전파는 고전 무예가 시대와 지역을 넘어서 소통되고 공유되고 있었다는 사실을 잘 보여준다. 그리고 이 모든 사실은 바로 문서화된 '기록'을 통해서 추적할 수 있다.

동아시아에서 무예의 문서화가 본격적으로 시작된 시기는 16세기 중반이었다. 당시 동아시아는 격변의 시기를 겪고 있었다. 일본은 센고쿠 시대(戰國時代, 1467~1573)의 전란을, 명나라는 북로남왜(北虜南倭)의 환란을, 조선은 임진왜란이라는 동아시아 최대의 전쟁을 겪었다. 이때 조총을 비롯한 다양한 화기가 게임 체인저로 등장하게 되었다. 조총으로 인해 전통적인

---

16  〈영류지목록(影流之目錄)〉의 '영류(影流)'는 '음류(陰流)'의 오류로 보인다. '영류'와 '음류' 모두 일본어로는 '카게류'로 발음된다. 여기 〈영류지목록〉은 명나라의 장수 척계광이 1561년 왜구와의 전투 중 입수해 자신의 저서인 14권 본 《기효신서》(1584)에 실으면서 알려지게 되었다. 1584년 판본은 전하지 않는다. 현존하는 가장 오래된 14권 본 《기효신서》는 1588년 편찬된 이승훈 중간본이다. 본서 〈부록 2〉에 이승훈 중간본에 실린 〈영류지목록〉을 실었다.

17  모원의(茅元儀, 마오위앤이, 1594~1640)의 자는 지생(止生), 호는 석민(石民)이다. 그의 할아버지 모곤(茅坤)은 명대 고문 당송파(唐宋派)의 영수로 문장으로 이름을 날렸던 인물이다. 모원의 역시 어려서부터 문재에 뛰어나 7세 때 시를 지었으며, 13세에 제생(諸生)이 되었으며, 18세에 베이징의 국자감에 들어갔다. 20세가 되어서는 이미 세간에 명성이 자자했던 탕현조(湯顯祖), 동기창(董其昌), 서광계(徐光啓) 등과 교류를 했다. 26세가 되면서 군사 방략에 관심을 기울이기 시작해 3년에 걸쳐 역대 군사관계 서적 2,000여 종을 수집해 28세가 되는 해 군사백과전서인 《무비지(武備志)》(1621)를 완성한다. 《무비지》는 병결평(兵訣評) 18권, 전략고(戰略考) 31권, 진련제(陣練制) 41권, 군자승(軍資乘) 55권, 점도재(占度載) 96권, 총 240권으로 이루어져 있다. 조선의 고대 검술인 조선세법도 포함되어 있다. 모원의는 박학다재하며 문재가 뛰어난 인물이었지만 재능을 펼칠 기회를 갖지 못했다. 이자성, 장헌충 등의 농민 반란이 일어나 위태로워지자 천하의 장령이 나라를 위할 방법이 없음을 한탄하며 조야로 술을 마시며 속을 삭이다 죽음을 맞이했다. 《中國武術大辭典》編纂委員會, 《中國武術大辭典》, 451-452쪽.

무기 체계에도 변화가 생겼다. 활과 창, 도검이 조총의 보조 병기로 살아남은 반면 여타 냉병 무예는 쇠퇴했다. 사라지는 무예에 대한 기록의 필요성과 재조명되는 무예의 보급과 효율적인 활용을 위해서 문서화가 요구되었던 것이다.

전장의 변화와 함께 사회적으로는 다양한 대중문화가 싹트기 시작하면서 무예가 소비 대상으로 받아들여지는 현상이 나타나기도 했다. 저잣거리에서 다양한 무예 공연과 경연이 열리고, 지역별로 무예를 전문적으로 수련하는 조직이 생겨나기 시작하면서 무예가 일반인들의 삶에 스며들었으며 대중의 관심 역시 증가하게 되었다. 무협을 포함한 대중 소설에 대한 수요가 급증하면서 목판인쇄 역시 활성화되기 시작했다. 다양한 무예서가 출판 유통될 수 있는 환경이 갖춰지기 시작했다.[18]

검술[무예]에 관한 기록을 남긴다는 건 그럴 만한 이유와 목적이 있기 때문이다. 문서화된 기록의 두 가지 키워드는 바로 '소통'과 '공유'라고 할 수 있다. 기록은 누군가가 읽을 것을 전제로 한다. 자기 스스로 기억을 더듬기 위한 것이어도 결국은 과거의 나와 현재의 나 사이의 소통이자 공유라는 사실이 변하는 건 아니다. 만약 독자를 상정한 글쓰기였다면 이러한 목적은 더욱 강화된다. 선생과 제자, 교사와 학생 간의 무예 교습과 훈련, 사적인 기억을 위한 은밀한 문서, 아니면 불특정 다수의 일반 독자를 상정한 서적, 어느 경우든 특정한 무예 지식의 '소통'과 '공유'를 전제하고 있다. 아울러 문파(流派) 중심의 폐쇄적인 공간에서 무예지식이 전해지던 시대에 문서는 개인의 몸에 기억된 무예 기술 체계를 집단의 기억으로 공유할 수 있도록 했으며, 전승 계보를 통해 몇 대 종가(宗家), 전승자라는 타이틀로 개인의 몸의 기억에 권위를 부여하기도 했다.

하지만 세월이 많이 흘렀다. 오늘날 남아 있는 문서화된 기록은 개인의 몸의 기억에 권위

---

18  일본 내 목판 인쇄를 통해 대량으로 유통되던 무예서에서도 "이 책은 소수에게만 비밀리 전해지던 비급이다"라는 식의 표현이 어김없이 등장하곤 했다. 이는 전 시대 스승-제자 간의 비밀스러운 전수가 이루어지던 상황이 반영된 것으로 무예 지식이 비전에서 공유로 전환되던 과도기적인 상황에서 발생한 아이러니라고 할 수 있다. 이상은 2017년 5월 3일 영국왕립문학과학연구소(Royal Literary and Scientific Institution)에서 〈일본 무술에 관한 새로운 연구(New Research on Japanese Martial Arts)〉라는 주제로 개최한 콜로키움에서 만난 안드리아스 니하우스(Andreas Niehaus) 교수와의 대화에서 얻은 내용이다. 니하우스 교수는 벨기에 겐트대학교(Ghent University) 언어문화학과에서 일본의 스포츠 역사와 문화, (전)근대 일본의 신체문화 등을 강의하고 있다.

를 부여하기보다는 오히려 '과거' 무예 지식을 '기록'해 후대로 전해준다는 데 더 큰 의미가 있다. 이들 문서를 통해 우리는 고전 무예의 세계로 들어갈 수 있다. 이는 비단 동아시아만의 현상은 아니다. 1970년대부터 서구 사회에서 일기 시작한 동양 무술 붐은 서구 사회에서 서구인들이 자신들의 고전 무예를 돌아보게 만들었다. 고전무예부흥 운동을 통해 다양한 고전 무예서가 발굴되고 연구되기 시작했다. 유럽고전무예(HEMA: Historical European Martial Arts)가 주도하고 있는 서양의 고전 무예에 관한 부흥운동은 다시 학계의 관심을 불러일으키며 다양한 무예 관련 연구를 활성화시키는 선순환을 일으켰다. 이 모든 노력의 중심에 '문서화된 기록' 즉 '무예서'가 있다. 본서에서도 고전 검술로 들어가기 위해 무예서에 초점을 맞춘다. 무예서는 고전 무예의 문을 여는 열쇠인 셈이다.

## 검술에서 검도로

《설문해자(說文解字)》〈인부(刀部)〉에는 검(劍: 劍으로도 씀)이 "허리에 차는 병기"로 정의되어 있다.[19] 원래 검은 양날 칼을 가리켰으며, 한 날 칼은 도(刀)라고 구별했다. 하지만 고대로부터 '검'은 '도'를 포함한 칼의 대명사처럼 쓰이곤 했다. 검을 사용한 겨루기를 가리키는 '격검(擊劍)' 역시 본래 양날 칼을 사용한 데서 유래했다. 하지만 후대로 내려오면서 한 날 칼인 도(刀)를 사용한 겨루기도 격검으로 불렸다. 일본 에도 시대 말기에 유행하던 격검에서 유래된 오늘날의 스포츠 검도(劍道)도 사실 엄밀히 말하면 한 날 칼인 도를 대신한 죽도를 사용하기 때문에 '도도(刀道)'가 되어야 하지만 '검도(劍道)'로 개칭된 이유도 역시 검이 가지는 상징성 때문이다.

오늘날 '검도(劍道)'는 20세기 초에 일본에서 새로 만들어진 용어다. 물론 '검도'가 신조어이긴 하지만 그렇다고 해서 이전 용례가 없는 건 아니다. 《한서·예문지》〈병기교 편(兵技巧篇)〉에는 《검도(劍道)》라는 서명이 보인다. 이는 한대(漢代) 이미 '검도'라는 용어가 통용되었다는 사실을 보여준다. 물론 과거에 오늘날과 같은 용어가 있었다고 해서 양자가 의미하는 바

---

19 《설문해자(說文解字)》 5권 〈인부(刀部)〉 "劍, 人所帶兵也. 从刃僉聲."

가 똑같을 수는 없을 것이다. 왜냐하면 〈병기교 편〉이라는 편명 자체가 이미 군사 기술을 의미하는 데서 알 수 있듯이 한대의 '검도'와 오늘날 우리가 아는 스포츠 '검도'는 한자만 같지 해당 용어가 사용되는 사회적 맥락은 다르기 때문이다.[20]

《한서·예문지》의《검도(劍道)》에서 말하는 '검도'가 무엇을 가리키는지는 현재 책이 전하지 않기 때문에 알 수가 없다. 당연히 오늘날의 검도와 대비해 이해하는 것도 사실상 불가능하다. 〈병기교 편〉의 대부분은 사법(射法) 관련 서적이다. 기타 무예로는 검술과 수박(手搏)이 포함되어 있을 뿐이다.[21] 이는 당시 병기교의 핵심은 활쏘기였다는 것을 암시한다. 〈병기교 편〉 안에 포함된 서적들의 제목을 일별해 볼 때《검도(劍道)》역시 검술의 기술적인 측면이나 방법론에 관한 내용을 담고 있었을 것이다.[22] '도(道)'는 기본적으로 길을 의미한다. 목적지에 도달하기 위해서는 길을 따라가야 한다. 거기서 의미가 확장되어 어떤 것을 이루기 위한 방법, 더 나아가 오늘날 우리가 아는 철학적인 의미의 '도'까지 포괄적으로 나타내게 되었다. 하지만 한대에 쓰였던 '검도' 개념은 오늘날 전하지 않는다. 오늘날 검도는 죽도를 사용한 경기를 가리킨다. 우리에겐 새로 정의된 검도가 널리 통용되고 있다.

검도의 전신인 격검, 즉 방호구와 죽도를 사용한 겨루기는 18세기 초 일본의 지키신카게류(直心影流)에서 처음 시작되었다. 이후 잇토오류(一刀流)에서 격검 방식의 수련법을 활성화시켰다. 하지만 근대화 과정에서 사무라이 계층이 몰락하며, 그들의 트레이드마크였던 검술 역시 쇠퇴하기 시작했다. 일부 유파와 검객들은 사설 도장을 설립해 일반인에게도 검술 교습을 개방하고, 오늘날 프로 스포츠 경기와 유사한 형태의 격검흥행이라는 검도 경기를 통해 자구책을 마련하려고 했다. 이와 함께 서구의 군사 기술을 도입하기 위해 설립한 초급 무관 양성

---

20 여기 '병기교(兵技巧)'는 병사[兵]들에게 필요한 기술[技巧], 즉 무예를 가리킨다. '병(兵)'은 갑골문에서는 두 손으로 도끼 자루를 잡고 있는 모습을 형상하고 있다. 원래 '병'은 공구를 가리켰지만 후대로 내려오면서 병기를 가리키게 되었고, 다시 전쟁, 군사, 병기를 든 병사로 의미가 확장되었다. 許進雄,《중국고대사회》(홍희 역, 동문선, 1991), 491쪽.

21 〈병기교 편〉은 13가 199편에 관한 목록이 실려 있다. 목록의 대부분은 활쏘기에 관한 책이며, 검도, 수박, 축국 등에 관한 책이 일부 포함되어 있다. 대부분은 실전(失傳)되었다. 이세열 해역,《한서 예문지》(자유문고, 1995), 257-260쪽.

22 《장자(莊子)》〈설검 편(說劍篇)〉에는 천자의 검, 제후의 검, 서인의 검이란 비유가 나온다. 많은 학자들이 지적하듯이 이 글이 장자 본인의 글인지는 의심스럽다. 왜냐하면 전국시대 책사들의 우화적인 묘사를 본뜬 데다 장자 본인의 글이라고 여겨지는《장자》내편과 문체에서 많은 차이가 나기 때문이다. 하지만 서인의 검에서 묘사한 검객들의 모습, 즉 머리칼은 쑥대처럼 흐트러져 있고, 관을 쓰고, 장식 없는 끈으로 관을 묶었으며, 소매가 짧은 옷을 입고, 부릅뜬 눈에 우락부락한 말투를 구사한다는 묘사는 전국시대 당시 검객의 이미지를 잘 보여준다. 안동림 역주,《장자》(현암사, 1998), 740쪽.

소인 강무소(講武所, 코오부쇼)는 격검을 훈련 과목의 하나로 도입하고, 죽도의 길이를 표준화하였으며, 대일본무덕회(大日本武德會, 다이니뽄부도쿠카이)는 격검의 표준화와 보급에 노력했다. 이런 노력 끝에 격검은 학교 체육 종목으로 채택된다. 오늘날 우리가 접하는 일본 검도가 탄생한 배경이다.

물론 이러한 변화는 검도에서만 일어난 건 아니었다. 격검이 검도로 전환되는 시기, 일본 무도계에서는 거의 동시다발적이라고 할 정도의 변화가 일어나고 있었다. 카노오 지고로오(嘉納治五郎, 1860~1938)는 쥬우쥬쯔(柔術)를 쥬우도오(柔道)로, 뒤이어 후나코시 기찐(船越義珍, 1868~1957)은 카라테(空手, 唐手)를 카라테도오(空手道)로, 우에시바 모리헤이(植芝盛平, 1883~1969)는 아이키쥬쯔(合氣術)를 아이키도오(合氣道)로 개창했다. 이러한 분위기 속에서 격검 역시 검도로 변화되었다.

사실 무술 근대화가 이루어지던 19세기 후반부터 20세기 초에 이르는 시기 일본 사회는 서구의 영향하에 있었다. 프러시아식 모자, 불란서 구두, 영국 해군 스타일의 통 소매, 미국 육군의 통 넓은 바지, 피부를 감아 조이는 여성 속옷, 종아리까지 덮는 남성의 망토라는 묘사에서 보이듯 당시 일본은 생활양식에서도 대대적인 서구화 바람이 일었으며, 과학, 기술, 군사, 문화, 교육 등 제반 분야에서 서구화, 서구 따라잡기 운동이 국가적인 차원에서 추진되었다.[23] 유럽의 신문명과 함께 군사주의와 스포츠, 체육 등 신체 문화가 들어오고 그에 대한 동경과 추수, 동시에 반작용이 결합해 일본 무술에서도 근대화가 진행되었다.

일본 무술의 근대화에 기여한 대표적인 인물은 카노오 지고로오였다. 그는 종래 살상기술로서의 무술에서 인간형성이라는 교육적 가치를 발견한 인물이었다.[24] 카노오에 의해 사무라이의 말단 기술에 불과했던 유술은 고전 전투기술과 절연된 근대화된 체육/스포츠 문화인

---

23  나리모토 다쓰야, 가와사키 쓰네유키,《일본문화사》(김현숙 역, 혜안, 1994), 208쪽. 여담이지만 당시 일본에서는 지팡이를 가지고 다니는 것이 유행이었다는 점에 주목할 필요가 있다. 오늘날 합기도 호신술의 하나로 시연되는 지팡이술도 결국 거슬러 올라가면 이러한 서양 문물의 유입과 모종의 관련이 있을 것으로 보인다. 그런데 이러한 현상은 특별한 건 아니다. 쥬우쥬쯔[유술]가 영국으로 전해져 바티쯔(Bartitsu)가 만들어지고, 브라질로 전해져 브라질리언 주지쯔(Brazilian jujitsu)가 만들어졌듯이 문화 접변 과정에서 무예 역시 적응하고 변화하게 마련이다. 궁극적으로 현지화하거나 토착화해 새로운 형태로 재구성된다.

24  김용옥은 근대 무술이 표방하는 가치가 폭력의 원리에서 평화의 원리로의 사상적 전환에 의해서 구현되었다고 본다. 김용옥,《태권도철학의 구성원리》(통나무, 1990), 119~120쪽.

유도로 재편되었다. 카노오는 도복의 개량, 단급제도의 확립과 컬러 띠의 착용, 안전한 수련법의 개발, 경기화, 조직화 등을 통해 유술의 근대화를 이루었으며, 이를 토대로 유도는 동아시아 신체 문화로는 최초로 올림픽경기대회의 종목으로 채택되었다. 그런 의미에서 유도는 동아시아 근대 무술의 효시이자 동아시아 무술 근대화의 표준 모델이라고 할 수 있다.

반면 검도는 유도보다 뒤늦게 학교 체육으로 채택되었다. 늦어진 이유는 검도가 가진 호전성과 체육 교육으로는 부적합하다는 우려 때문이었다. 그럼에도 불구하고 검술은 사회 변화에 적응하며 꾸준히 진화해 새로운 스포츠 문화로 뿌리내렸다. 일찍이 에도 바쿠후의 검술 사범이었던 야규우 무네노리(柳生宗矩)는 사람을 죽이는 검[死人劍]이 아니라 살리는 검[活人劍]을 주장했다. 한 사람의 악인을 죽여서 만인을 살릴 수 있다면 그렇게 해야 한다는 그의 주장은 신선했다. 하지만 여전히 진검의 서슬 퍼런 칼날이 공존하는 이상 공허한 이념적 구호에 머물 공산이 컸다. 근대 검도는 아예 죽음의 가능성을 없애고 살아있는 자들의 검술이 되게 했다. 그 바탕엔 방호구와 죽도의 개발, 그리고 경기를 통한 '스포츠적 가치의 발견'이 있었다. 검도에 의해 고전 검술은 비로소 삶과 죽음의 극단을 벗어나 활인검의 '도(道)'로 승화할 수 있었다. 바로 그 '검의 도[劍道]'가 19세기 말 한국으로 전해져 오늘날까지 유행하고 있다.


## 고전 무예, 어떻게 연구할 것인가

고전 무예 연구는 일반 역사학이나 정치, 경제, 사회사 같은 분야와는 성격이 좀 다르다. 무예는 필연적으로 몸의 움직임과 공방 기술, 그리고 그와 관련된 육화된 지식(embodied knowledge)과 밀접한 관련을 가지고 있다.[25] 육화된 지식은 몸과 몸을 통해 전해진다. 상대와 나는 객체로 존재하지만 몸은 마음을 매개로 서로 연결된다. 선가(仙家)에서 말하는 구전심수(口傳心授)와 이심전심(以心傳心)은 바로 육화된 지식의 전수를 단적으로 드러낸다. 하지만 스승과 제자의 관계는 단선적이지 않다. 종이 쪼가리에 쓰인 한 줄의 계보로 앞 세대의 모든 것이 뒷 세대로 전해졌으리라고 믿는 건 삶의 복잡성을 보지 못한 데서 나온 소박한 믿음에 지나

---

25  Eric Burkart, *Limits of Understanding in the Study of Lost Martial Arts*, 6쪽.

지 않는다. 한 인간의 삶과 또 다른 한 인간의 삶이 교차하는 수많은 면, 다시 말해 한 인간이 몸담고 있었던 사회적 맥락을 도외시하고는 지식의 복잡성을 파악하는 건 불가능하다. 구전심수, 이심전심은 개인 대 개인의 찰나의 순간이 모든 지식의 전수를 보증하는 것이 아니라 삶의 복잡성이 깨달음이라는 일단의 계기를 통해 총체적으로 파악될 가능성이 생긴다는 걸 알려주는 상징적 표현일 뿐이다.[26]

단순히 주먹 지르고 발을 차는, 아니면 칼을 휘두르는 식의 '술'만으로는 지식이라고 할 수 없다. 지식은 필수적으로 이론화의 작업을 거쳐 구성되는 체계적인 앎을 의미한다. 개개인의 경험 속에만 존재하는 앎이 학적 체계로 수렴되어 공유될 수 없다면 진정한 의미에서 지식이라고 할 수 없다. 오늘날 한국 무예계에서 이루어지는 무예 재현에 한계가 있는 것은 이 육화된 지식의 문제를 인지하지 못하기 때문에 생긴다. 육화된 지식을 시공을 초월해 어떻게 알 수 있는가? 하는 인식론적인 문제에 대한 고민 없이 고전 무예도 이럴 것이라는 가정에 기대어 무대뽀 전략을 구사해서는 고전 무예의 전모를 드러낼 수 없다.

고전 무예서의 기록 역시 지식의 총체가 아니라 지식의 단편적인 기록에 불과하다. 설사 거기 기록된 다양한 기법을 오늘날 재현할 수 있다고 해도, 당시와 다른 시간, 공간 속에서, 혹은 그러한 시공간의 변화를 거치면서 무예의 본색 역시 퇴색되거나 변질될 수밖에 없다. 오늘날 수백 년을 간단없이 전해져 내려왔다고 믿어지는 소위 '고전 무예'라고 하는 것도 실제로는 무술이 행해지던 당대 혹은 전해지는 과정에서 발전, 변화, 착종한 결과물일 뿐이다. 그래서 시공을 벗어나면, 맥락을 잃으면, 부득이하게 또 다른 의미가 부여되고 왜곡될 수밖에 없다.

안타깝게도 오늘날 한국 사회에서 발견되는 거의 모든 종류의 무예 담론은 전통성, 고유성에 대한 집착에서 벗어나지 못하고 있다. 어떤 무예가 단절 없이 전해진 한국의 고유한 무예라는 인식의 저변에는 정통, 전통, 정수, 순수, 고유에 대한 환상이 자리 잡고 있다. 일종의 신앙과도 같은 이러한 담론은 한편으론 인간사가 혁신, 발명, 개혁, 혼합, 융합되며 발전해왔다는

---

26  아마도 이런 맥락에서 우리는 무예의 전승을 강한 전승(strong tradition)과 약한 전승(weak tradition)으로 나눠볼 수 있을 것이다. 일본처럼 무가의 전통이 강하고, 무술들이 유파별로 경쟁하면서 발전해온 경우 인적 계보와 함께 강한 전승이 남을 가능성이 높다. 반면, 무술마저도 정부에서 통제했던 중앙집권화된 조선 사회에서는 유파 간의 경쟁에 의한 무예의 전승을 생각하기 힘들었다. 게다가 후대로 내려오면서 군진 무예로서의 효용성은 점점 감소했고, 구한말에 이르러서는 서구식으로 대대적으로 바뀌면서 고전 무예의 전통은 제대로 전해지기 힘들었다. 실제로 활쏘기나 씨름도 사멸 직전에 되살아났다.

사실을 포착하지 못한다. 무예사를 살펴보면 전자보다는 후자가 더 강력한 힘을 발휘해왔다. 오늘날 살아남은, 아니 오늘날 유행하는 모든 무예는 어떤 면에서 혁신의 산물이다. 과거의 모습 그대로 오늘날까지 남아 있는 무예는 없다. 남아 있다면 그러한 무예는 무예 본연의 기능을 할 수 없는 박물학적인 관점의 보호종일 뿐이다.[27]

만약 전통무예의 개념을 고유성 담론으로 환원시키고자 한다면 자가당착의 모순에 직면할 수밖에 없다. 왜냐하면 인간의 삶이 단순하지 않듯 삶의 한 부분으로서 무예 역시 인간의 삶만큼 복잡할 수밖에 없기 때문이다. 물론 고유성 담론은 복잡함을 단순화하는 미덕을 발휘하기도 한다. 하지만 그 미덕은 어쩌면 무지함의 발현일지도 모른다. 지금 이 자리에서 우리가 보는 무예는 그 형태적 계승이 어떻든 간에 오늘의 시각에 의해서 재구성될 수밖에 없다. 과거로부터 수 세대를 거치며 전승된 무예든, 아니면 무예기록을 바탕으로 복원한 무예든, 현재 이 자리에 필요에 의해 불려 나왔다는 점에서, 오늘 이 자리에 있는 무예는 모두 현대무예(contemporary martial arts)일 수밖에 없다. 현재의 눈으로 짜 맞춰지고, 보일 수밖에 없다는 한계를 인식하지 못하면 무예를 '전통화'하려는 모든 노력은 결국 오늘의 현실이 불러내 온 과거를 포장해 전통이라는 이름으로 우상화하며 신봉하는 우를 범하는 것밖에 안 된다. 그럼에도 불구하고 거짓된 믿음을 진실인 양 믿고 사는 일은 계속 반복될 것이다. 그게 인생의 복잡성이며 아이러니기도 하다.


그렇다면 고전 무예는 어떻게 연구해야 할 것인가? 여기서 고전 무예 전반에 걸친 방법론을 다룰 여유는 없다. 다만 간과해서는 안 될 몇 가지 문제를 지적하는 것으로 방향 제시에 갈음하고자 한다.

첫째, 거의 모든 무예 담론에서 쉽게 발견되는 오류 가운데 하나는 고전 무예와 근대 무예를 혼동한다는 점이다. 고전 무예와 근대 무예는 거시적으로는 신체 문화라는 점에서, 그리고 시간상으로는 근대 무예가 고전 무예의 연장선상에서 진화했다는 점에서 공유하는 부분이 많다. 하지만 개념적으로 양자는 전혀 다른 성격을 가지고 발전했다는 점에서 구분할 필

---

27  폴 보우만도 같은 지적을 하고 있다. Paul Bowman, *Martial Arts Studies: Disrupting Disciplinary Boundaries* (Rowman & little field, 2015), 6쪽.

요가 있다. 고전 무예는 삶과 죽음의 생사를 가르는 심각한 예술이었다. 반면 근대 무예는 고전 무예가 발 딛고 있었던 전쟁, 전투, 실전과는 거리가 먼 건강, 체육, 자아수양이라는 근대적인 가치를 지향한다. 그래서 근대 무예는 고전 무예와 '무예'라는 특징을 공유하지만 한편으로는 '근대'라는 시간 틀 속에서 '근대'의 특성을 반영할 수밖에 없다. 그런 점에서 근대 무예는 고전 무예에서 걸어 나온 적자이면서 동시에 고전 무예의 틀을 넘어선, 아니 고전 무예의 틀로는 포착할 수 없는 사생아인지도 모른다. 아마도 후대 무예사가들이 돌아보면 20세기는 맨손 무예와 검의 시대라고 평가할지도 모른다. 왜냐하면 오늘날 맨손 무예와 검술의 유행은 '근대' 무예에서 발견되는 독특한 현상이기 때문이다. 따라서 '고전'과 '근대' 무예에 대한 명확한 구분과 인식이 선행되어야만 근대 무예의 시선으로 고전 무예를 재단하는 오류를 피할 수 있다. 오늘날 주변에 흔하게 접하는 태권도, 유도, 합기도 도장으로 인해 과거에도 맨손 무예가 주류였을 것이라는 가정은 근대 무예의 시각에서 고전 무예를 바라보는 대표적인 오류라고 할 수 있다.[28]

다음으로 위의 연장선상에서 고전 무예에 대한 국가주의 시선에서 벗어날 필요가 있다. 오늘날 '한국' 무예, '중국' 무예, '일본' 무예는 국경을 기준으로 무예를 나눈 것이다. 국경 개념으로 고전 무예를 접근하면 과거 한국, 중국, 일본의 무예가 고립적으로 발전해왔을 것 같은 인상을 준다. 하지만 고전 무예는 근대 국가의 국경(frontier)이 아닌 지역적인 경계(boundary)로 나뉘어 있었다.[29] 경계는 삼투막 같은 것이어서 그 경계 안팎의 내용물은 언제든지 상호 침투가 가능하고 용이했다. 오늘날 고유성을 강조하는 전통무예라는 갇힌 개념으로 고전 무예를 바라볼 경우 경계를 넘나들었던 동아시아 무예의 개방성을 파악하기 힘들게 된다. 조선시대 주변 국가의 무예를 도입하는 과정에서 일본 무술이기 때문에 아니면 중국 무술이라는 이유로 차별을 해야 한다는 시각은 존재하지 않았다. 조선의 관점에서 필요하면 수용했다. 따라서 오늘날의 국가주의적인 시각에서 한국, 중국, 일본을 나눠 바라보는 관점은 전향적으로 수정될 필요가 있다.

---

28  권법을 근대 무술의 핵심으로 보는 견해는 양진방의 다음 글을 참조. 〈근대무술론〉《대한무도학회지》(4(2), 대한무도학회, 2002)과 〈근대 무술론과 한국 현대 태권도의 성취〉《전통과 현대》(20(여름호), 전통과현대사, 2002).

29  국경과 경계의 차이는 다음 글 참조. 임지현, 〈한국사 학계의 '민족' 이해에 대한 비판적 검토〉《민족주의는 반역이다: 신화와 허무의 민족주의 담론을 넘어서》(소나무, 1999), 66쪽.

세 번째는 고전 무예 연구에서 문헌 연구의 중요성이다. 고전 무예의 실상을 파악하기 위해서는 무엇보다 고전 무예서에 대한 이해가 필수적이다. 하지만 오늘날 대다수의 많은 무예 담론이 부정확한 문헌 해석에 기초해 이루어지고 있다. 무예 한문을 읽을 수 있는 전문가가 절대적으로 부족하다. 실제 무예학을 전문적으로 가르치는 대학의 학과에서도 무예 한문에 대한 커리큘럼이 전무한 실정이다. 고전 무예 연구의 질을 높이기 위해서는 한중일의 고전 무예서를 현대어로 옮기는 작업이 필요하다. 이를 위해서는 먼저 고전 무예서의 수집과 정리, 교감, 교정 등을 통해 정본화하는 작업이 선행되어야만 한다. 아울러 고전 무예 전문가뿐 아니라 한문과 중국어, 고전 일본어의 전문가들도 참여할 필요가 있으며, 장기적으로는 무예학 교육 과정에 포함시켜 후학을 양성할 필요가 있다.[30]

끝으로, 무예 연구에 대한 시각의 전환이 필요하다. 무예를 단순히 몸의 행위적인 양식으로만 파악하고 접근하는 건 일차원적이다. 무예 하는 인간에 대한 이해가 없다면 무예는 그저 손발 놀림에 불과할 뿐이다. 고대인들의 무예를 이해하기 위해서는 당대인들의 의식 속으로 들어가 그들의 시각으로 바라볼 필요가 있다. 따라서 무예학은 무예에만 국한되어서는 안되며, 당대의 정치, 사회, 군사, 민속, 종교, 예술, 과학 등 여러 분야와 관련 지어 '무예'를 이해할 수 있도록 열려 있어야만 한다. 학제 간 연구가 필요한 이유이다.[31]


## 고전 검술로 들어가는 길

지난 책《권법 바이블》에서 나는 다음과 같은 질문을 던졌다. "우리는 무예 신화를 깨뜨릴 수 있을까?" 당시 나는 권법, 즉 맨손 격투 기술과 그를 둘러싼 무예 신화를 타파해야 고전 권법을 제대로 이해할 수 있다는 신념을 피력하며, 그 첫걸음으로《기효신서》〈권경첩요 편〉을

---

30  이번 연구에서 고전번역원의 한문 전문가와 규장각한국학연구원의 고전 일본어 전문가의 도움을 받았다. 이 책이 초보적인 수준이기는 하지만 공동 연구의 장점을 살리는 한 예가 될 수도 있을 것이다. 이미 20여 년도 더 된 일이긴 하지만 2003년부터 2006년까지 몸담았던 영산대학교 동양무예학과의 경우 '무예사'와 '무예한문' 강좌를 개설해 학생들에게 원전 이해를 위한 훈련을 시킨 바 있다. 현재 대학의 대부분 무예 관련 학과의 커리큘럼을 보건대 20년 전보다 일면 퇴보한 부분도 있는 것 같아 안타깝다.

31  무예학(Martial Arts Studies)에 관한 문제의식을 잘 드러내고 있는 저서로 다음을 추천한다. Paul Bowman, ***Martial Arts Studies: Disrupting Disciplinary Boundaries*** (Rowman & little field, 2015).

우리말로 옮겼다. 그때 제기했던 질문은 이번 책에도 동일하게 제기될 수 있다. "우리는 고전 검술 신화를 깨뜨릴 수 있을까?" 이 책에서 나는 한국 무예계에 만연한 신화, 그 신화를 타파하려고 한다. 근대 일본 검도를 한국 검술로 환원시키려는 신화, 고구려의 사무랑이 일본 사무라이의 기원이라는 신화, 본국검이 최고(最古)의 검술이라는 신화, 끊임없이 등장해 어느덧 한국 무예계를 암묵적으로 타락시키고 있는 신화들을 깨뜨리고 싶다. 물론 이 책 한 권으로 모든 문제를 일도양단(一刀兩斷)할 수 있으리라고 믿진 않는다. 하지만 적어도 이 문제에서만큼은 나는 단도직입(單刀直入)하는 자세를 견지할 것이다.

타이틀은 '일본 검술의 한국화'이지만 방점은 '한국 검술'에 있다. 여기 한국 검술은 이미 '한국'만의 검술이 아니다. 한국이 동아시아 역사공동체의 일부이듯 한국 무예 역시 동아시아 무예공동체의 일부이기도 하다. 한국의 검술은 오늘의 국경을 넘어 한중일이 시공간을 '교류'하며 '색깔'을 드러낸 검술로 동아시아 검술의 보편성과 한국적 특수성이라는 양 수레바퀴를 달고 달리는 검술을 가리킨다. 이 책에서 나는 우리의 삶과 불가분의 관계를 맺어온 칼, 일본 검술을 매개로 그 칼의 역사를 거슬러 올라가 볼 것이다. 궁극적으로 동아시아에서 검술이 어떻게 착종하며 발전해왔는지를 드러내 보이고자 한다.


본서는 크게 세 부분으로 구성된다. 19세기 말을 기준으로 그 이전을 고전 검술, 그 이후를 근대 검술로 나누어 일본도의 발명과 고전 일본 검술의 등장, 그리고 일본 검술의 중국과 한국으로의 전파를 추적하는 파트(제1~3장), 다음 죽도와 방호구의 발명과 더불어 등장한 격검과 19세기 말 일본 내에서 격검의 근대화, 격검의 한국 전파와 일제강점기에 한국 내에서 어떻게 발전했으며, 해방 이후 대한검도회의 등장과 일본 검술의 고전 한국 검술 기원설, 이에 대한 반발로 등장한 다양한 '전통' 검술의 백가쟁명과 그 현상의 이면에 담긴 시대적인 의미를 추적한 파트(제4~6장), 마지막으로 고전 검술 관련 자료의 영인본을 수록한 부록 이렇게 세 부분이다. 각각의 세부 사항은 다음과 같다.


제1장에서는 고대 일본 검술의 탄생과 주변국으로의 전파 과정을 추적한다. 일본 검술이 탄생하기 위한 필요 조건은 일본도의 발명이다. 대륙으로부터 수입된 도검 제작 기술은 일본

에서 최고조로 발전한다. 만도(彎刀)인 일본도가 발명되고, 검술 유파가 탄생한다. 센고쿠 시대 말에 이르면 다양한 일본 검술 유파가 등장한다. 검술 유파들 가운데 카게류(陰流)는 중국으로 전해진다. 16세기 중엽 작성된 카게류의 〈영류지목록(影流之目錄)〉[32]은 오늘날 남아 있는 가장 오래된 일본 검술 기록이다. 〈영류지목록〉에서 파생한 장도술은 명나라 군진, 민간으로 확산되며, 임진왜란을 계기로 조선으로도 전해진다. 이 과정을 추적했다. 아울러 〈영류지목록〉과 모본인 《아이스카게류목록》을 번역하고 비교 분석했다.

제2장에서는 조선에 전파된 장도법에 대해서 다룬다. 임진왜란은 기병의 시대에서 보병의 시대로 전환하는 전쟁이었다. 이때 단병 무예의 보완이 이루어지면서 검술 역시 중시되기 시작했다. 《무예제보》(1598)의 장도(長刀)는 동아시아에서 가장 오래된 검술 투로이다. 장도는 《무예도보통지》(1790)에도 '쌍수도'라는 이름으로 남아 있으며, 19세기 말까지 군진 무예로 중요한 위치를 점했다. 카게류의 검술이 중국을 거쳐 조선으로 전해지고, 다시 200여 년을 넘게 이어지며 어떻게 변화 발전하는지를 추적했다.

제3장에서는 조선에 새로이 전해진 일본 검술인 왜검에 대해서 다룬다. 임진왜란 중 도입된 장도, 그리고 뒤이어 장도를 바탕으로 만들어진 왜검 교전, 하지만 이게 다가 아니었다. 조선 정부는 다시 다양한 경로를 통해 일본 검술을 도입하기 위해 노력을 한다. 이 과정에서 김체건의 역할이 주목할 만한데, 그는 17세기 후반 다양한 유파의 일본 검술을 도입해 조선의 군사 교육 커리큘럼을 확대했다. 김체건이 어떻게 왜검을 습득했는지, 그리고 조선에 전해진 일본 검술이 어떻게 제도적으로 조선에 자리를 잡게 되는지에 대해서 살폈다.

제4장에서는 근대 일본 검술의 전파에 대해서 다룬다. 센고쿠 시대가 끝나고 에도 시대에 들어서면서 죽도와 방호구가 발명되고 이를 활용한 죽도검도[격검]가 등장한다. 죽도검도는

---

32 〈영류지목록(影流之目錄)〉은 일본 검술 유파인 카게류의 목록으로 척계광의 14권 본 《기효신서》에 실려서 전한다. 〈영류지목록〉은 일부분만 남아 있지만 현재까지 남아있는 카게류 관련 가장 오래된 검술 기록이다. 본서에서는 일본에 현존하는 카게류 목록인 〈아이스카게류목록(愛州陰流目錄)〉과 구분하기 위해 《기효신서》에 수록된 카게류 목록은 〈영류지목록〉으로 표기한다.

기존 카타 중심의 검도를 이기고 검술 수련의 핵심으로 자리 잡게 된다. 근대로 들어서면서 대일본무덕회가 결성되고, 격검은 학교의 정규 교과목이 된다. 대한제국은 19세기 말 근대적인 군대와 경찰 제도를 도입하면서 격검도 함께 도입하며, 이후 격검[검도]은 일제강점기에 학교 체육, 클럽, 일반 도장 등을 통해 사회 각 계층으로 확산된다. 하지만 제1, 2차 세계대전을 겪으며 검도는 군국주의를 고양하는 도구로 전락하게 된다. 일본의 군국주의화 정책과 맞물려 일본강점기 말, 한국에서 검도가 변질되는 과정을 살폈다.

제5장에서는 해방 이후 일본 검술의 전파에 대해서 다룬다. 해방 이후 민족주의와 반일감정이 팽배해지며 검도는 일제잔재로 치부되어 한동안 자취를 감췄다. 하지만 검도 유단자들을 중심으로 대한검사회(대한검도회의 전신)가 결성되고, 일본 검술의 색채를 없애려는 시도가 이루어진다. 이 과정에서 검도와 이순신 장군이 연결되며, 일본 검술의 고대 한국 기원설 역시 나오게 되었다. 1980년대 이후 전통무예 붐이 일며 해동검도를 비롯한 전통무예를 표방하는 다양한 검술이 등장하며 검술의 백가쟁명 시대가 열린다. 일본 검도에 대한 반감과 전통무예에 대한 맹목적 추종이 부정적인 것만은 아니었다. 고전 검술에 대한 관심을 불러일으키며 무예 담론을 활성화시키는 순기능도 있었다. 본 장에서 이 과정에 대해서 살폈다.

제6장에서는 탈민족주의 무예학에 대해서 다뤘다. 오늘날 어떻게 전통이 발명되고, 이 과정에서 무예 민족주의가 어떤 역할을 했는지, 앞으로 한국 검술이 발전해 나가기 위해서는 어떻게 해야 할 것인지에 대해서 다뤘다. 탈민족주의 무예학이 하나의 대안이 될 수 있기를 바라면서 썼다.

〈부록〉에는 본서에서 참조한 다양한 일본 검술 관련 영인본을 실었다. 관심 있는 독자들의 보다 깊은 연구에 도움이 되길 바란다.

일본 검술의 한국 전파는 크게 4단계의 중요한 전환점이 있었다. ① 중국화한 카게류가 장도라는 이름으로 조선에 전해짐, ② 장도를 바탕으로 조선에서 검 대련법을 만듦, ③ 김체건이 일본 검술을 입수하고, 검 대련법을 새로 만들어 왜검과 교전으로 정리함, ④ 구한말 근대화된 일본 검술이 전해져 일제강점기와 해방을 거치며 한국 검술의 주류로 자리함〈그림 1〉 해당 번호 참조〉. 한중일 간의 문헌 기록의 영향 관계와 함께 일본 검술의 한국 전파를 그림으로 정리했다. 본문에 다양한 문헌이 등장하므로 이 그림을 염두에 두고 따라오시길 부탁드린다.

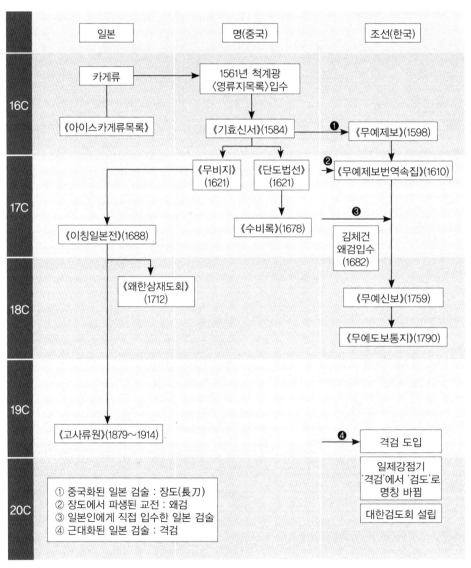

〈그림 1〉 일본 검술의 전파

蛇足: 동아시아의 검술을 온전히 이해하기 위해서는 일본, 중국, 조선의 검술을 교차 검토해야 한다. 아울러 여러 다양한 가능성에 열린 마음으로 접근해야 '진실'에 다가갈 수 있다. 실체적 진실이 궁금하지 않은 이들은 그냥 그 자리에서 '한국', '일본', '중국'이라는 국적을 붙이고, 내가 오래되었으니, 아니면 내가 정통이니 하는 식의 도토리 키 재기식의 치기 어린 주장이나 전통을 가장한 무지함을 드러내며 자기 만족에 젖어 살면 된다. 그래서는 안 된다고 생각한다면 이 책이 도움이 될 것이다. 검술 역시 인간사의 한 부분일 뿐이다. 어찌 보면 대단한 것도 아니다. 마음을 편안히 가지고 동아시아 검술의 발전사를 즐거운 마음으로 읽어내기를 권한다. 그 안에서 지적인 희열을 느껴보자. 옛날 일본의 검객, 중국의 검객, 조선의 검객을 만나는 기쁨도 있다. 개인적으론 그 옛날 선배 검객들이 걸어간 그 길을 후학으로서 뒤따르며 느끼는 즐거움이 가장 소중했다. 검도는 검의 길이자 동시에 검객이 걸어간 길이다. 그래서 우리 모두의 길이다.

저자의 글 ・5

집필동기 ・12

프롤로그 **검의 길, 우리 모두의 길** ・14

고전 검술 단상 14 | 문서화된 검술 17 | 검술에서 검도로 21 | 고전 무예, 어떻게
연구할 것인가 24 | 고전 검술로 들어가는 길 28


# PART 1   고대 일본 검술의 한국 전파

## Chapter 1   일본 검술의 등장과 전파

일본도의 등장 43 | 아름다운 칼: 일본도(日本刀) 52 | 일본도의 구분 60 | 일본 검술
유파의 발생 65 | 일본의 고류 검술 유파 68 | 왜구와 일본 검술의 전파 71 | 명대
군사 제도의 문제점 76 | 현존 최고(最古)의 일본 검술 기록: 〈영류지목록(影流之目
錄)〉 80 | 《아이스카게류목록》의 구성 및 내용 98 | 《아이스카게류목록》 번역 및 해
설 101 | 중국 내 장도의 전파 117 | 요약 132


## Chapter 2   일본 검술의 도입 1: 장도(長刀)

임진왜란과 전장의 변화 1: 화기의 시대 135 | 임진왜란과 전장의 변화 2: 보병의
시대 142 | 일본 검술의 도입 146 | 동아시아 최고(最古)의 쌍수도법: 장도(長刀)
155 | 장도는 얼마나 긴가? 162 | 조선에서 장도의 보급 172 | 요약 179


## Chapter 3   일본 검술의 도입 2: 왜검

왜검의 입수 경로 181 | 김체건과 왜검 185 | 김체건이 전한 왜검을 둘러싼 의문
들 192 | 변화, 그리고 또 변화 199 | 검술의 제도화: 무예 시취와 일본 검술 204 |
요약 222

# 차례

## PART 2  근대 일본 검술의 한국 전파

### Chapter 4  일본 검술의 도입 3: 격검(擊劍)

고전 검술 수련의 핵심: 카타(型) 227 │ 근대 검도의 탄생을 견인한 토쿠가와 시대의 변화 232 │ 강무소의 설립과 죽도 검도의 표준화 238 │ 격검흥행과 검술의 대중화 240 │ 경시청류 검도 242 │ 검도의 이데올로기화와 대일본무덕회 244 │ 학교 교과 과정에 검도 도입 248 │ 시나이쿄오기(撓競技)와 전후(戰後) 검도 260 │ 일제강점기 근대 일본 검술의 전파 265 │ 요약 297

### Chapter 5  검술의 한국화: 투로화와 이념화

검술의 한국화, 어떻게 이해할 것인가? 300 │ 조선에서 일본 검술은 모두 투로화되었다 303 │ 검도 이념화의 시작:《무예도보신지》307 │ 대한검도회의 정통성 주장 319 │ 일본 검도의 중국 기원설 333 │《무예도보통지》의 구조적 이해 339 │ 검술의 백가쟁명(百家爭鳴) 344 │ 요약 348

### Chapter 6  전통의 발명과 민족주의, 그리고 탈민족주의 무예학

전통의 발명 351 │ 무예 민족주의 359 │ 탈민족주의 무예학 365 │ 요약 372

에필로그 역사의 신화화에서 신화의 역사화로 ·374

부록 고전 검술 매뉴얼 영인 ·381

1. 《기효신서》〈영류지목록(影流之目錄)〉과
   《아이스카게류목록(愛洲陰之流目錄)》대조표 383

2. 14권 본 《기효신서》〈영류지목록(影流之目錄)〉 384

3. 《무비지》〈영류지목록(影流之目錄)〉 387

4. 조선본 《기효신서》〈영류지목록(影流之目錄)〉 391

5. 《단도법선(單刀法選)》 394

6. 《수비록(手臂錄)》〈단도(單刀)〉 406

7. 《무예제보》〈장도(長刀)〉 413

8. 《무예제보번역속집》〈왜검(倭劍)〉 418

9. 《무예도보통지》〈쌍수도(雙手刀)〉 425

10. 《무예도보통지》〈왜검(倭劍)〉 429

집필후기 ·455

감사의 글 ·458

참고문헌 ·460

찾아보기 ·478

# 그림목차

〈그림 1〉일본 검술의 전파　32

〈그림 2〉갑주 입은 무인 토우(코훈 시대, 6세기, 토오쿄오국립박물관 소장)　45

〈그림 3〉꽃무늬장식환두대도(花形飾環頭太刀, 코훈 시대, 토오쿄오국립박물관 소장)　46

〈그림 4〉군조문(群鳥文) 효오고쿠사리타찌(兵庫鎖太刀, 13세기, 토오쿄오국립박물관 소장)　47

〈그림 5〉칼날 단면 모양에 따른 구분　49

〈그림 6〉다양한 디자인의 쯔바(단위: cm)　50

〈그림 7〉일본도의 세부 명칭　61

〈그림 8〉타찌와 카타나의 패용 모습　64

〈그림 9〉명나라 군사와 해전을 벌이는 왜구들　73

〈그림 10〉장도와 요도, 장창의 상대적 길이　79

〈그림 11〉원앙진 대형_기본형 및 응용형(위), 원앙진의 실제 모습(아래)　83

〈그림 12〉《기효신서》〈영류지목록〉의 원문 및 탈초　85

〈그림 13〉〈영류지목록〉의 탈초(출전: 《이칭일본전(異稱日本傳)》)　86

〈그림 14〉《무경총요》에 있는 8종류의 도(刀)　93

〈그림 15〉미나모토 노 요시쯔네　96

〈그림 16〉《아이스카게류목록》전 4권　99

〈그림 17〉《아이스카게류목록》1, 2, 3권을 나란히 펼친 모습　100

〈그림 18〉《아이스카게류목록》1권 도입부 및 제1엔삐　101

〈그림 19〉《아이스카게류목록》1권, 제2엔카이　104

〈그림 20〉제3야마카게　106

〈그림 21〉제4쯔키카게　107

〈그림 22〉제5우키부네　107

〈그림 23〉제6우라나미　108

〈그림 24〉제7시시훈진　109

〈그림 25〉제8야마가스미　109

〈그림 26〉제9카게켄　110

〈그림 27〉 제10세이간 110

〈그림 28〉 제11사미다레 111

〈그림 29〉《아이스카게류목록》권1, 계보도 111

〈그림 30〉《단도법선》중 저간도세(左)와 요보도세(右) 120

〈그림 31〉 단살수: 청룡헌조세 129

〈그림 32〉 조선의 화포: 천자총통, 현자총통, 별황자총통 137

〈그림 33〉 조총신과 조총 137

〈그림 34〉 14권 본《기효신서》의 장도 156

〈그림 35〉《단도법선》(1621): 니아발도세, 발도출초세 166

〈그림 36〉 지검진좌세 172

〈그림 37〉 조선통신사행 마상재 공연 183

〈그림 38〉《무예도보통지》의 왜검 4류 184

〈그림 39〉《왜한삼재도회》권21,〈병기(兵器)〉 193

〈그림 40〉《무예도보통지》의 교전 총보와 총도 202

〈그림 41〉 교전을 상박으로 마무리하는 장면 203

〈그림 42〉 시나이쿄오기 262

〈그림 43〉 구한말 별기군 268

〈그림 44〉 칼을 찬 구한말 순검 272

〈그림 45〉 경관연습소 유도장 및 격검장 도면(1918년) 276

〈그림 46〉 일제강점기 통영초교에서 군사훈련의 하나로 실시된 검도훈련(1942년 8월) 278

〈그림 47〉 일본 국민[초등]학교 남녀학생 검도와 나기나타 수련 장면 283

〈그림 48〉 조선 여학생 검도 수련 장면(동아일보, 1938년 5월 3일) 289

〈그림 49〉《무예도보신지》와《총검술(銃劍術)》(1942) 310

〈그림 50〉《무예도보신지》의 발 걸기와 상박 315

〈그림 51〉 일본 검도책에 보이는 아시가라미(足搦み)(위)와 쿠미우찌(組打ち)(아래)의 예 316

〈그림 52〉 이순신 장검(1928년 촬영, 국사편찬위원회 소장) 320

〈그림 53〉 20세기 초 중국의 검술 경기 329

〈그림 54〉《무비지》조선세법 중 거정세 338

# 표목차

〈표 1〉 토쿠가와 학자들이 정의한 최초의 검술 유파들      69

〈표 2〉《기효신서》(14권 본)과《무비지》의〈영류지목록〉과 장도 비교      90

〈표 3〉《기효신서》〈영류지목록〉과《아이스카게류목록》대조표      114

〈표 4〉《기효신서》와《단도법선》의 유사한 장도 세의 비교      123

〈표 5〉《단도법선》과《수비록》의 검술 세의 비교표      127

〈표 6〉《무예제보》장도      156

〈표 7〉〈영류지목록〉과〈신서왜검도(新書倭劍圖)〉의 비교      159

〈표 8〉《무예제보》와《무예도보통지》의 세의 변화      161

〈표 9〉《기효신서》,《무예제보》,《무비지》,《무예도보통지》세의 변화      165

〈표 10〉 17세기 초의 교전법과 18세기 후반의 교전법 비교      200

〈표 11〉《무예제보》〈장도〉,《무예제보번역속집》〈왜검〉,《기효신서》〈곤봉〉 세명 비교      200

〈표 12〉 16세기 말~17세기 초 무과의 시험 과목      206

〈표 13〉《경국대전》·《속대전》·《대전통편》의 시예 과목      208

〈표 14〉 훈련도감의 중순 시취 과목      211

〈표 15〉 중순의 시상 규정      212

〈표 16〉 삼군영의 관무재 시취 과목(출전:《만기요람》)      213

〈표 17〉 용호영의 관무재 시험 과목      214

〈표 18〉《어영청중순등록》에 기록된 각종 무예 합격자 현황(단위: 명)      216

〈표 19〉 도검류 관련 시상 인원      218

〈표 20〉 1795년 장용영 대비교/각 군영 중순 시험 무예 합격자(단위: 명)      219

〈표 21〉 각 군영의 도검류 합격자 수 및 비율      221

〈표 22〉 오른 몸통치기 기술을 강조했던 메이지시기 검술 서적들      254

〈표 23〉《무술체조법》의 내용      255

〈표 24〉 학교체육 교육과정에 무술이 도입되도록 한 주요 연대기적 사건들      258

〈표 25〉 곽동철과 탕하오의 일본 검도 자세 해석      313

〈표 26〉 조비〈자서〉에 나타난 검술과 일본 검도의 기법 비교      337

# PART 1

# 고대 일본 검술의 한국 전파

Transmission of
Classical Japanese Swordsmanship to Korea

# Chapter 1

# 일본 검술의 등장과 전파

일본도의 기원이 되는 만도(彎刀: 날이 휜 칼)가 8세기경 등장했다. 하지만 중세 일본 무사들은 활과 창을 선호했으며, 칼은 여전히 보조적인 무기에 지나지 않았다. 14세기에 이르러 검술을 전문으로 하는 유파가 등장했으며 센고쿠 시대(戰國時代, 1467~1573)[1] 말기에 이르러 다양한 유파로 분화되었다. 일본 고류 유파 가운데 카게류(陰流) 검술은 장도(長刀)라는 이름으로 중국과 조선에 전해졌다.

## 일본도의 등장

검을 다루는 기술인 검술은 필연적으로 검이라는 도구와 관련을 가질 수밖에 없다. 검이 없다면 당연히 검을 다루는 기술은 존재할 수 없다. 검의 기원은 석기시대로 거슬러 올라간다. 당시 쪼거나 갈아서 만든 석검은 일상생활 도구로 찍거나 베는 용도로, 혹은 살상용 무기로 사용되었다. 뒤이어 야금기술이 발명되고 청동제 검이 사용되기 시작했을 땐 대다수의 많은 지역에서 이미 지배층과 피지배층의 계급 분화가 이루어지고, 부족사회가 통합되며 더 큰 단위체인 고대 국가가 등장하기 시작했다. 청동기에 뒤이어 등장한 철은 인류 문명을 태동시킨 원동력의 하나였으며 철의 사용 유무와 수준에 따라 지역적인 빈부격차는 더욱 커지게 되었다.

---

1  일본의 전국시대(戰國時代)를 가리킨다. 15세기 후반에서 16세기 후반까지의 시기로, 오닌의 난(1467~1477)부터 무로마찌 바쿠후가 멸망한 1573년까지 전란이 끊이지 않던 시대를 가리킨다. 다소 후대인 1493년 메이오 정변을 센고쿠 시대의 시작으로, 그리고 토요토미 히데요시(豊臣秀吉)가 전국을 통일한 1590년을 센고쿠 시대의 종말로 보는 견해도 있다. 본서에서는 일반적으로 널리 알려져 있는 중국의 전국시대(戰國時代, BC 403~BC 221)와 구별하기 위해 일본어 발음을 그대로 살려 센고쿠 시대로 표기한다.

일본에서 가장 오래된 칼은 조몬 시대(BC 3000~BC 250년경)의 석제검으로 알려져 있다. 이 칼은 의례용은 물론 살상용으로도 사용되었다. 이후 야요이 시대(BC 250~AD 250년경)에 대륙으로부터 청동 제련 기술이 일본으로 전해지게 되는데, 당시 제작된 청동칼과 창이 오늘날까지 다수 남아 있다.

이러한 청동 야금술의 전통은 동아시아에서는 기원전 3000~2000년경 중국에서 기원했다. 이어서 기원전 500년경에 이르러 중국에서 세계 최초로 주철이 생산되기 시작했으며, 뒤이어 새로운 야금술과 제련술이 등장하면서 철기가 본격적으로 활용되기 시작했다. 새로운 기술은 곧바로 주변 각국으로 퍼져 나가기 시작했다.

일본은 처음에는 대륙으로부터 직접 무기를 수입했다. 시간이 지나면서 일본 내에서도 자체 제작되기 시작했다. 특히 코훈 시대(古墳時代, 300~552년)에 불교, 문자, 승마, 새로운 자기 제작 기술, 야금술 등 다수의 선진 문화가 한국을 거쳐 일본으로 전파되는데, 일본의 무기 제작 기술도 이때를 즈음해 한층 도약하게 된다.[2] 새로운 도검제작 기술의 등장은 곧 검술의 발전을 촉진시켰다. 철제 검은 양날검에서 한 날의 도로, 그리고 직도에서 만도로, 기병의 검과 보병의 검으로 분화하면서 발전했다. 검술 역시 더불어 발전하기 시작했다.

접쇠를 사용한 단조 기술이 일본에 전해진 건 4세기경이었다. 초기 철제 검은 기본적으로 찌르거나 아니면 휘둘러 치는 방식으로 사용되었다. 하지만 당시의 칼은 무거우면서 무디었기 때문에 상대를 가격했을 때 예리하게 베어진다기보다는 오히려 충격력을 가해서 상대를 쓰러뜨리는 방식이었다. 물론 그렇다고 한 손으로 다루기 힘들 정도로 대단히 무거웠던 건 아니었다. 당시엔 한 손엔 칼을 들고 다른 손에는 방패를 들고 사용하는 것이 일반적이었기 때문에 한 손으로 운용하는 데 무리가 가지는 않았다.[3]

대륙으로부터 새로운 단조 기술이 도입될 때는 문자도 없었고 제작 과정을 컨트롤할 수 있는 과학적인 방법이 없었다. 모든 공정은 장인의 감에 의지해 이루어질 수밖에 없었다. 최선의 결과를 얻기 위해서 나름 작업 공정을 가능한 한 정확히 반복할 수 있도록 일종의 종교

---

2  제러드 다이아몬드는 동아시아 내에서 중국은 식량 생산, 기술, 문자, 국가 형성 등에서 출발이 빨랐으며, 중국의 혁신적인 각종 문물이 이웃 지역의 발전에 기여했다고 지적한다. 한국과 일본은 기원전 2000~기원전 1000년경 중국에서 벼를 받아들였고, 기원전 1000~0년 청동 야금술, 기원후 1~1000년 문자를 각각 받아들였다. 서아시아의 밀과 보리 역시 중국을 거쳐 한국과 일본으로 전해졌다. 제러드 다이아몬드, 《총, 균, 쇠》(문학사상, 2011), 496쪽.

3  Cameron Hurst, *Armed Martial Arts of Japan: Swordsmanship and Archery* (Yale University Press, 1998), 31쪽.

〈그림 2〉 갑주 입은 무인 토우
(코훈 시대, 6세기, 토오쿄오국립박물관 소장)

적인 의례처럼 양식화한 작업 공정도 함께 들어왔다. 각 공정은 정교한 의식에 따라 진행되며, 신성한 의례와 같았다. 그리고 공정에 해당하는 비결을 노래로 만들어 작업자가 숙지하기 쉽도록 했다.

사실 당시로서는 특수한 목적에 맞는 철을 만들어내는 건 첨단 기술에 속했다. 각 성분의 비율을 적절히 맞춰 적정한 강도와 경도를 가진 철을 생산하고 또 이를 토대로 필요한 기물을 제작하는 건 고도의 집중력과 기술을 요했다. 보검이나 청동제 종의 제작과 관련해 동서양에서 전해지는 인신공양 설화는 그 어려움을 단적으로 보여준다. 에밀레종으로 알려져 있는 성덕대왕신종을 제작할 때 실패를 거듭하다 결국 사람을 희생제물로 바쳐 종을 완성했다는 우리나라의 이야기나, 중국이나 일본의 칼 제작에 얽힌 인신공양 설화는 각 성분의 적절한 비율을 찾아내는 작업이 얼마나 어려운지를 상징적으로 보여준다. 하지만 실제 사람의 뼈에 포함된 인 성분이 작용해서 적절한 비율을 가진 청동이나 철을 만들어냈을 가능성도 제기되는 것으로 보아 마냥 설화로만 치부할 수는 없을 것이다. 이는 금속제의 기물 제작에 실질

적으로 인신 공양이 이루어졌을 가능성을 간접적으로 보여준다.[4]

〈그림 3〉 꽃무늬장식환두대도(花形飾環頭太刀, 코훈 시대, 토오쿄오국립박물관 소장)

처음 제작된 칼은 그리 길지 않았다. 제작 기술이 성숙되지 못한 상태에서 날을 길게 만들 경우 내구성을 유지하기가 쉽지 않았기 때문이다. 그리고 길게 만든다고 좋은 것도 아니었다. 칼날이 길어지면 철 밀도로 인해 날 쪽으로 무게 중심이 쏠리게 된다. 휘둘러 가격할 때는 이점으로 작용할 수 있지만 도끼나 추와 같은 병기와 달리 칼은 베거나 찌르는 등 다양한 기법을 함께 운용해야 하기 때문에 무게 중심이 너무 날 쪽으로 쏠리게 되면 칼의 기능을 제대로 발휘하기 힘들게 된다. 동서양의 고대 철검에서 발견되는 손잡이의 고리나 포멜(pommel) 등은 심미적인 이유도 있지만 무게 중심을 잡아주기 위한 실용적인 목적으로 고안된 경우도 많았다. 따라서 적정한 길이에 무게 중심까지 고려한 칼이 등장하는 데는 더 오랜 시간이 필요했다.

8세기 초에 편찬된 일본의 고문서인 《고사기(古事記)》[5]나 《일본서기(日本書紀)》[6]에 기록된 당시 칼은 오늘날 단위로 환산해보면 대부분 60~70cm 정도다. 물론 90~100cm에 이르는 칼

---

4 최성우, 〈[과학기술 넘나들기](12) 에밀레종의 인신공양 설화는 사실일까?〉 사이언스타임즈(https://www.sciencetimes. co.kr/news/에밀레종의-인신공양-설화는-사실일까/), 2021년 2월 4일 검색.

5 《고사기(古事記)》는 일본 와도(和銅) 5년(712) 성립된 일본에서 가장 오래된 역사서로 상중하 세 권으로 구성되어 있다. 상권 첫머리의 서문에 《고사기》의 편찬 목적과 성립 경위가 실려 있다. 임신란(壬申の亂)에서 승리한 텐무(天武)천황이 황위 계승과 황실의 계보의 통일을 기해 천황중심의 역사를 세우고 인심을 안정시키기 위해 편찬했다. 《고사기》에 실려 있는 신화나 천황 씨족의 전승은 역사적 사실은 아니다. 하지만 율령제 이전의 역사적 사실이 반영된 기록들이 많기 때문에 일본 고대사 분야에서 중요한 사료 가운데 하나로 취급되고 있다.

6 《일본서기(日本書紀)》는 일본이라는 국호가 만들어지고 율령을 근간으로 하는 천황제 통일국가가 완성된 시점에 편찬되었다. 일본의 건국신화인 신대로부터 일본을 건국했다는 초대 진무천황(神武天皇)에서 지토오천황(持統天皇)에 이르는 7세기 말까지 일본의 역사를 천황 중심의 편년체로 서술하고 있다. 한국고대사에 관한 기사가 등장하기 때문에 중요한 사료로 인식되지만 《고사기》와 마찬가지로 기년(紀年) 문제와 신뢰성 문제가 있기 때문에 이용할 때 주의가 필요하다. (http://contents.nahf. or.kr/item/item.do?itemId=ns), 2021년 1월 21일 검색. 동북아역사넷(http://contents.nahf.or.kr/) '사료 라이브러리'에서 《일본서기》의 원문과 번역을 볼 수 있다.

이 있기는 했지만 흔치 않았다. 또한 초기 제작된 칼은 양날검이 대부분이었다. 본격적으로 검과 도의 구분이 생기기 시작한 건 헤이안 시대(平安時代, 794~1185) 후기에 들어와서였다. 《고사기》나 《일본서기》에는 '검(劍)'이 한 날 칼과 양날 칼 모두를 지칭하고 있는 등 양자 간에 특별한 구분이 이루어지지 않았다. 반면 헤이안 시대의 기록에는 검과 도가 명확히 구별되기 시작했다. 하지만 정작 더 중요한 구분은 후대에 나오게 된다. 검은 의례와 예식에 공식적으로 착용하는 칼을, 도는 전투에 사용되는 실전용 칼을 가리키는 것으로 그 의미가 고정되었던 것이다. 비록 중국에서 전해진 양날 검이 초기 일본사에서 지배적인 위치에 있기는 했지만, 곧바로 일본인들은 한 날 칼인 도를 선호하기 시작했다. 검은 의례용으로 남아서 나라 시대(奈良時代, 710~794)와 헤이안 시대(平安時代, 794~1185) 궁정이나 신도(神道) 사원에서 궁정 의례와 종교 의식에 사용되었다.[7]

오늘날 널리 알려져 있는 한 날의 휘어진 칼날을 가진 일본도는 8세기에 접어들면서 등장하기 시작했다. 만도(彎刀: 날이 휜 칼)의 등장은 일본 검술사에서 획기적인 사건이었다. 만도는 이전의 검보다 길고 강한 날을 가지고 있었다. 그리고 무엇보다 적절하게 휘어진 날은 실전에서 직선의 검보다 더 큰 위력을 발휘했다. 왜냐하면 휘어진 칼날은 가격할 때 충격력은 분산시키는 반면 절삭력은 증가시키기 때문이다. 도의 칼날이 가지는 곡률은 오랜 실전 경험을 통해서 나온 것이었다. 당시 휘어진 날을 가진 도는 타찌(太刀)라고 불렀다.

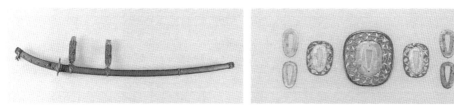

〈그림 4〉 군조문(群鳥文) 효오고쿠사리타찌(兵庫鎖太刀, 13세기, 토오쿄오국립박물관 소장)

---

7   Cameron Hurst, *Armed Martial Arts of Japan: Swordsmanship and Archery*, 33쪽.

8세기 후반 이래로 타찌는 기마 전사에게도 이상적인 무기가 되었다. 긴 곡률을 가진 칼을 사용해 갑옷을 입은 기마 전사는 무장한 상대에게 효과적이면서도 강력한 가격과 베기, 찌르기를 할 수 있게 되었다. 말 위에서 칼을 사용하게 되면 직도일 경우 타격의 충격력이 그대로 칼에 전달되어 칼날이 부러지는 경우가 많았다. 만도인 타찌는 기존 검에 비해 부러지는 경우가 현저히 줄었다. 또한 타찌는 본래 쌍수로 사용하는 무기로 발달하였지만 한 손으로 사용할 수 있을 정도로 충분히 가벼워 말 위에서도 유용하게 쓸 수 있었다. 하지만 말을 탄 무사가 칼을 쓰는 방식은 제한적일 수밖에 없었다. 칼은 왼편 허리 아래에 늘어뜨려 패용하게 되는데, 상대적으로 높은 위치에서 칼을 뽑으면서 올려 베거나, 들어 올린 칼을 내려치거나, 아니면 예리한 칼끝을 사용해 상대의 목이나 갑옷의 빈틈을 비집고 찌르는 기술들이 사용되었다. 이러한 이유로 타찌의 칼날은 기존의 검보다 점점 길어지기 시작해 어떤 타찌는 날 길이가 거의 120cm에 이르기도 했다. 말 위에서 한 손으로 빠르게 칼을 뽑아 사용하는 기술이 확산되면서 타찌의 제작 기술 역시 더욱 복잡해지게 되었다. 이러한 방식의 칼 쓰기는 칼자루 안으로 들어가는 슴베 부분에 상당한 충격력이 가해지기 때문에 그러한 충격력을 감당할 수 있게끔 제작되어야 하며, 동시에 타찌는 가벼우면서도 균형이 잡혀 있어야만 했다.[8]

　타찌가 지속적으로 개량되어 성능이 좋아지기는 했지만 여전히 내구성 면에서 개선할 점이 많았다. 카타나가 등장하게 된 이유다. 카타나는 타찌와 외형적으로는 거의 구분이 어려울 정도로 유사하다. 하지만 카타나는 타찌보다는 다소 길이가 줄어드는 대신 도신이 타찌보다 다소 굵어져서 상대의 칼과 직접 부딪혀도 부러지거나 휘어지는 문제점에 대처할 수 있게 디자인되었다. 게다가 카타나는 말 위가 아니라 지상에서 상대와의 일대일을 염두에 두고 발전한 칼이기 때문에 카타나가 등장하면서 비로소 본격적인 검술이 발전할 수 있었다. 오늘날 우리가 떠올리는 칼을 든 사무라이가 휘두르는 예리한 일본도의 이미지는 카타나와 밀접한 관련을 가지고 있다.

---

8　Gordon Warner, Donn F. Draeger, *Japanese Swordsmanship* (Weatherhill, 1982), 8-9쪽.

### 일본도의 제작공정[9]

일본도가 만들어지기 위해서는 여러 단계의 복잡한 공정을 거쳐야 한다. 가장 중요한 칼날을 만들기 위해서는 먼저 기본 재료가 되는 타마하가네(玉鋼), 즉 사철을 정련해 선별한 양질의 철 덩어리를 준비해야 한다. 타마하가네는 사철 원료에 열을 가해서 만드는데, 이 타마하가네를 잘게 부숴 강도에 따라 단단한 조각과 무른 조각으로 분리한다. 무른 조각은 도신의 중심부인 신카네(心鐵)에, 단단한 조각은 도신의 외피를 이루는 카와카네(皮鐵)에 사용된다. 강도가 낮은 중심부를 강도가 높은 외피가 감싸는 형태를 취함으로써 강유가 조화된 칼날이 만들어진다. 모인 조각들을 약 1,300도의 고열을 가하며 두드려 붙이는데, 두드리고 다시 포개어 두드리는 과정을 반복한다. 신카네는 납작한 직사각형 막대 모양으로, 카와카네는 신카네를 포개어 감쌀 수 있게 U자형으로 구부린 형태로 만든다. 이어서 신카네를 카와카네 안에 넣고 두드리며 늘려서 칼날 모양을 만든다. 칼날은 단면의 모양에 따라 평조(平造, 히라즈쿠리), 절인조(切刃造, 키리하즈쿠리), 편절인조(片切刃造, 카타키리하즈쿠리), 호조(鎬造, 시노기즈쿠리), 봉양인조(鋒兩刃造, 킷사키모로하즈쿠리), 양인조(兩刃造, 모로하즈쿠리) 등으로 나뉘는데, 타찌, 카타나, 와키자시는 거의가 호조, 소위 육각도의 모양을 띤다.

**〈그림 5〉 칼날 단면 모양에 따른 구분**

| | 평조 | 절인조 | 편절인조 | 호조 | 봉양인조 | 양인조 |
|---|---|---|---|---|---|---|
| 단면의 모양 | 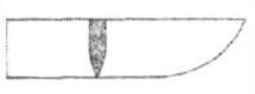 | 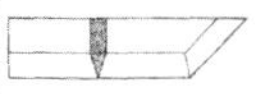 |  | 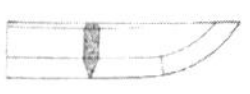 | 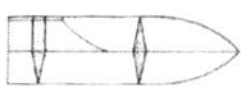 | 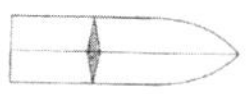 |

이런 공정을 통해 칼날이 원하는 길이로 만들어지면 날 끝[깃사키]을 가공한다. 이어서 전체적인 형태를 잡고 약 700도 정도의 열을 가하면서 칼날 부분을 만들기 시작한다. 칼날이 만들어지면 칼날을 다듬는데, 표면의 요철을 줄을 사용해 다듬고 거친 숫돌로 도신의 표면을 가공한다. 이후 열처리를 위해 칼날의 날이 선 부분을 제외한 도신에 진흙을 바른다. 진흙으로 감싼 도신을 다시 약 800~900도의 온도로 달군 후 물에 담가 담금질을 한다. 이 과정을 통해 칼날의 강도가 향상된다. 이어서 칼날의 뒤틀림을 잡아주고 숫돌로 표면을 간 다음 칼날을 예리하게 세운다. 슴베 부분에 도공의 이름을 새기는 것으로 칼날 제작 공정이 마무리된다.

이렇게 칼날이 만들어진 후 손잡이와 칼집, 장식 등 부수적인 가공을 통해 일본도를 완성하게 된다. 보통 일본도공(日本刀工)이라고 하면 칼날 장인을 가리키며, 날을 세우거나 칼집이나 기타 부속품을 만드는 장인은 따로 있다. 따라서 일본도 하나를 완성하기 위해서는 여러 직공의 협업이 필요하다. 좋은 칼은 보통 여러 달 걸려 한 자루를 만들 정도로 품이 많이 들었다. 당연히 가격도 비쌀 수밖에 없었다. 그래서 센고쿠 시대나 에도 시대 초기 도검제작자들은 다이묘에서 칼을 주문하면 부수적으로 수백 자루의 창을 제공하는 등의 인센티브를 제공해 칼을 판매하기도 했다.

---

9   全日本刀匠会, 《写真で覚える日本刀の基礎知識》(テレビせとうちクリエイト, 2009); Kanzan Sato, translated by Joe Earle, ***The Japanese Sword: A Comprehensive Guide*** (Kodansha International, 1983), 170-175쪽.

일본도의 뛰어난 내구성은 제작 공정 가운데 신카네와 카와카네의 결합 방식에 있었다. 강도가 높은 카와카네가 강도가 낮은 신카네를 감싸는 형태를 취함으로써 강유를 겸한 칼날이 만들어지게 된다. 강도만 높을 경우 부러질 우려가 있고 반대로 강도가 낮으면 질긴 성질은 강하지만 칼날이 휘거나 날이 물러지기 쉽다. 일본도는 신카네와 카와카네와의 장점을 모두 갖추게 함으로써 칼의 성능을 최대로 끌어올렸다. 당시로서는 높은 수준의 기술을 요하는 작업이었으며, 한국이나 중국의 제작 기술은 따라가기 힘들었다.

특히, 일본도는 조선의 환도와는 달리 칼날과 자루를 분리할 수 있게 제작되었다. 칼날의 슴베를 칼자루의 홈에 끼워 넣고 메쿠기라는 나무 핀을 구멍에 넣어 고정시키는 반 고정 방식이었다. 반면 조선도는 칼날과 자루를 일종의 금속 리벳으로 고정시킨 영구 고정식이었다. 조선도 자루를 교체할 수는 있지만 자루 전체를 교체하는 장인의 손길이 필요한 복잡한 공정이 필요했다. 그렇다고 해서 조선의 환도가 일본도에 비해서 뒤떨어졌다고 볼 수는 없었다. 양자는 일장일단이 있었다. 금속 리벳을 사용한 영구고정 방식의 조선 환도가 내구성 면에서 일본도보다 더 나았다. 물론 자루가 손상을 입을 경우 거의 새로 만드는 수고를 해야 하는 단점이 있었다. 그 점에서는 일본도가 더 편리했다.

칼날과 자루를 자유롭게 뺐다 꼈다 할 수 있는 일본도는 쯔바[칼방패]나 하바키[동호인] 역시 조립이 가능했다. 도검 소유자의 취향에 따라 다양한 디자인으로 만들어진 쯔바나 하바키에 대한 수요가 높아지는 건 어쩌면 당연했다. 오늘날 시곗줄을 바꿔가며 시계를 차는 것과 마찬가지로 칼을 소유한 사무라이는 자신만의 개성을 드러내기 위해 독특한 쯔바나 하바키를 주문해 사용하곤 했다. 물론 칼이나 칼과 관련된 액세서리의 제작과 유통은 사무라이라는 칼을 전문적으로 소비하는 계층이 존재했기 때문에 가능한 일이기도 했다. 조선이나 중국에서는 보기 힘든 현상이었다.

〈그림 6〉 다양한 디자인의 쯔바[10](단위: cm)

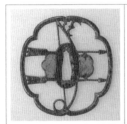

| 궁시안투(弓矢雁透), 16세기, 세로9.2, 가로8.9 | 산월당탑교도(山月堂塔橋図), 16세기 세로8.3, 가로8.0 | 고투(鼓透), 17세기, 세로8.2, 가로8.3 | 벼 이삭을 지나는 쥐 (稲穂に鼠透), 18세기, 세로7.3, 가로7.3 |

---

10  일본 토오쿄오국립박물관 소장품들로 16~18세기에 만들어진 쯔바들이다.

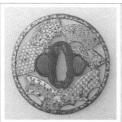

| 뇌문투상감(雷文透象嵌),<br>18세기,<br>세로8.3, 가로8.15 | 마구투(馬具透),<br>18세기,<br>세로8.3, 가로8.3 | 지지산투(地紙散透),<br>18세기,<br>세로8.7, 가로8.7 | 포도 시렁 위 다람쥐<br>(葡萄棚に栗鼠),<br>18세기,<br>세로8.2, 가로7.75 |
|---|---|---|---|

　　오늘날 일본도는 사무라이의 상징처럼 여겨진다. 하지만 역사적으로 일본도가 사무라이를 대표하는 상징으로 여겨지게 된 건 후대에 들어서 생긴 현상이었다. 중세 일본의 사무라이는 전형적인 기마 전사였다. 마상에서 활과 창으로 무장하고 일대일의 전투를 하는 당시 사무라이에게 칼은 부수적인 무기에 지나지 않았다. 사무라이가 전투에 나서게 되면 일단 원거리에서 활로 공격하고 근접해서는 창(혹은 나기나타)과 같은 장병이 사용되었다. 칼은 상대 기병과 근접해서 맞닥뜨리는 경우나 기타 병장기를 사용할 수 없는 경우에 한해 제한적으로만 사용되었다. 그래서 무사로서 걸어가야 할 길인 무사도 역시 당시엔 활과 말의 길이라는 의미의 큐우바노미찌(弓馬之道)라고 불렀다. 이러한 일본의 중세 전투 양식을 바꾼 계기는 몽골의 침입이었다. 1274년과 1281년 두 차례의 몽골 침입 이후 군대의 규모가 커졌으며 진법이 보편화되었다. 아울러 창과 나기나타와 같은 장병장기의 사용이 증가했다. 칼도 점점 더 길어지며 부수적인 무기가 아니라 주 무기로 자리 잡히기 시작했다.[11]

　　일본도가 본격적으로 사무라이의 상징이 된 또 하나의 원인은 아이러니하게도 총이었다. 센고쿠 시대 말기 조총이 등장하면서 기마전은 점점 쇠퇴하기 시작했다. 조총의 위력이 당시 그 어떤 개인 무기보다 뛰어나다는 것을 알았지만 센고쿠 시대의 상급 무사들은 조총 사용을 꺼렸다. 사무라이에게 총은 무사로서의 혼이 담기지 않은 단순히 실용적인 이기에 불과했기 때문이었다. 총의 사용법을 숙지하고 기술을 마스터하는 건 하급 무사나 아시가루의 몫이었다. 마찬가지로 조총병의 집단사격 이후 돌격전이 이루어지면서 보병이 사용하는 창검술이

---

11　Cameron Hurst, *Armed Martial Arts of Japan: Swordsmanship and Archery*, 38쪽.

더욱 위력을 발휘했다. 하급 무사들은 경갑 무장을 한 보병으로 그들에게 칼과 창은 필수적인 무기로 이를 마스터할 필요가 있었다. 검술을 창안하고 발전시킨, 예를 들면, 미야모토 무사시 같은 당대의 뛰어난 검객 가운데 많은 사람들이 하급 무사 출신이었던 것도 바로 이런 이유 때문이었다.

이제 전장은 중세의 유습이었던 기마 전사 간 일대일의 결투가 아니라 보병을 활용한 집단전으로 변했다. 원거리 조총 사격, 그리고 뒤 이은 창검을 소지한 아시가루와 하급 무사들의 백병전이 센고쿠 시대의 주된 전투 방식으로 정착하게 되면서 검술은 점차 무예의 전면으로 나오게 되었다. 뒤이어 센고쿠 시대가 통일되고 에도 시대의 평화로운 분위기가 지속되면서 토쿠가와 바쿠후는 사무라이의 소지품으로 대소의 두 자루 검만을 허용했다. 일본도가 사무라이의 필수품이 되었다. 활을 든 사무라이에서 창을 든 사무라이를 거쳐 드디어 칼을 찬 사무라이라는 이미지가 생겨나기 시작했다. 하지만 에도 시대 칼은 실전적인 필요라기보다는 19세기 미국의 카우보이의 총처럼 사무라이가 항상 휴대해야 할 소지품의 성격이 강했다.[12] 이러한 분위기 속에서 일본도는 점차 사무라이의 상징으로 자리매김하게 되었다.


## 아름다운 칼: 일본도(日本刀)

대륙에서 전해진 기술을 바탕으로 진화한 일본도였지만 그 우수한 품질은 곧바로 대륙의 수준을 능가하기 시작했다. 이제는 역으로 대륙에서 일본도를 수입하는 상황이 되었다. 특히, 중국은 송나라(960~1279) 때부터 일본도의 수입이 크게 늘기 시작했는데, 송나라가 수입한 일본도의 총량은 20만 자루에 이르렀다. 15세기에 이르러서도 매년 수만 자루의 일본도가 수출되었다.[13] 사무역이나 밀수 등 비공식 경로를 통한 일본도의 유통을 감안하면 실제로는 그 이상이었을 것이다.

중국으로 일본도가 전해지는 경로는 크게 조공무역, 감합무역, 밀수의 세 가지였다.[14]

---

12  Cameron Hurst, *Armed Martial Arts of Japan: Swordsmanship and Archery*, 28쪽.

13  渡辺宏明,「『日本刀歌』小考」《法政大学教養部紀要: 人文科学編》(100, 法政大学教養部, 1997), 9쪽.

14  馬明達,〈歷史上 中, 日, 朝 劍刀武藝交流考〉《說劍叢稿》(中華書局, 2007), 198–200쪽.

조공무역은 중국을 천자국으로 하고 제후국이 천자의 나라에 조공을 바치고 천자국이 제후국에 회사품을 하사하는 형식의 무역을 말한다. 명대 일본에서 중국으로 조공으로 바친 칼은 기록에 따르면 수십 자루에서 시작해 1,200자루에 이르렀다.

감합무역(勘合貿易)은 14세기 말 이래로 중국을 중심으로 한 동아시아에서 이루어진 보편적인 공무역의 하나였다. 감합은 사신의 내왕에 사용되던 확인 표찰제도로, 상인이나 해적들이 조공을 사칭하는 행위를 방지하기 위해 주변국 당사자들에게 확인표를 발부하고 공식적인 사행 시 이를 지참해 확인을 받도록 해서 통제를 했다. 특히 1404년부터 150여 년간 명나라와 일본 바쿠후 사이에 이루어진 감합무역에서 물품의 대부분은 일본도였다. 게다가 감합무역 중 일본도의 사적인 매매도 급증하면서 1403년(永樂 원년)에는 사적 매매를 제재해야 한다는 주장이 나오기도 했다. 일본도의 매매 추이를 보면 1, 2차 감합선에는 일본도가 3,000점에 불과했으나 3차 감합선에는 9,960자루로 급격히 증가하고, 4차 감합선에는 30,000자루, 5차에서 다소 줄어 7,000여 자루, 제6차 감합선에는 무려 37,000여 자루가 된다. 제7, 8차 감합선에는 각각 7,000자루, 제10차에는 24,152자루에 이른다. 공식적인 수치 외에 사신이나 수행원 등이 사적으로 거래한 수량을 고려하면 총 11차례의 감합선으로 명조에 수입된 일본도는 20만 자루 이상으로 추정된다.

마지막으로 밀수다. 일본도의 무역은 큰 이윤을 남길 수 있기 때문에 밀수가 성행했다. 명대 전 시기에 걸쳐 해안지방에서는 밀무역이 성행했는데, 예술적 가치가 있는 일본도는 중국인들이 선호하는 물품이었다. 명 정부가 무기 밀매를 단속하는 삼엄한 조치를 취했음에도 불구하고 민간에는 밀수를 통해 일본도를 소장한 이들이 적지 않았다.

주변국에서 일본도를 수입한 이유는 기본적으로 일본도가 전투 무기로서 뛰어났기 때문이었다. 하지만 일본도는 단순히 실용적이기 때문에 선호된 건 아니었다. 오히려 일본도는 심미적인 정취를 불러일으키는 예술품으로 각광을 받았다. 아울러 일본도는 신비한 주술적인 힘을 가진 영기(靈器)로 인식되기도 했다. 이러한 이국적인 요소로 인해 동아시아 호사가들에게 일본도는 중요한 수집 아이템 가운데 하나로 자리 잡았다.

중국이나 한국의 문인들 역시 일본도에 깊은 관심을 가지고 있었으며, 일본도를 제재로 시를 남기기도 했다. 송대 구양수(歐陽脩)[15]의 '일본도가(日本刀歌)', 명대 당순지(唐順之)[16]의 '일본도가(日本刀歌)'와 왕치등(王穉登)의 '양백익증일본도가(楊伯翼贈日本刀歌)', 청대 진공윤(陳恭尹), 양패란(梁佩蘭), 황준헌(黃遵憲)의 '일본도가(日本刀歌)'와, 심덕잠(沈德潛)의 '연상간일본도(筵上看日本刀)'의 7편이 널리 알려져 있다.[17] 조선에서는 이익의 '일본도가(日本刀歌)'가 대표적이다.[18]

이 가운데 구양수와 당순지가 남긴 동명의 '일본도가(日本刀歌)'는 천 년 전에 한 중국 지식인의 일본도에 대한 인식, 그리고 그로부터 다시 500여 년의 시간을 뛰어넘어서도 여전히 그러한 인식이 변하지 않았다는 걸 잘 보여준다.


먼저 구양수의 〈일본도가〉를 감상해보자.


〈일본도가(日本刀歌)〉

곤이(昆夷)로 가는 먼 길 다시 올 수 없으니 (昆夷道遠不復通)

옥도 자른다는 그 칼은 누가 찾으리오. (世傳切玉誰能窮).

보도(寶刀)가 근래 일본국에서 나왔다더니 (寶刀近出日本國)

월인이 창해(滄海) 동쪽에서 그것을 샀다네. (越買得之滄海東).

상어 껍질로 감싼 향나무 칼집에는 (魚皮裝貼香木鞘)

황동과 구리 뒤섞여 황백 금빛이 이네. (黃白閑雜鍮與銅).

백 금의 돈을 들여 호사가의 손에 드니 (百金傳入好事手)

이 칼을 패용하면 요흉(妖시)을 막는다네. (佩服可以禳妖시).

---

15 구양수(歐陽脩, 오우양시우, 1007~1072)는 송나라 지저우(吉州) 루링(廬陵) 출신으로 추밀부사(樞密副使)와 참지정사(參知政事) 등을 역임했다. 시와 문장에 뛰어났으며, 서예에도 능해 구양수체라는 독특한 서체를 이루었다. 당송 8대가 중의 한 사람으로 고문(古文) 운동을 이끌어 송나라 고문의 위치를 확립했다. 사학(史學)에도 뛰어나 《구양문충공집(歐陽文忠公集)》153권과 《육일사(六一詞)》, 《집고록(集古錄)》, 《신당서(新唐書)》와 《오대사기(五代史記)》 등을 썼으며, 〈오대사령관전지서(五代史伶官傳之序)〉를 비롯하여 많은 명문을 남겼다. 임종욱, 《중국역대인명사전》(이회문화사, 2010), '구양수' 항목.

16 당순지(唐順之, 탕순즈, 1507~1560)는 자는 응덕(應德)이며 형천선생(荊川先生)이라고 불렀다. 명대 항왜 명장으로 지양쑤(江蘇) 우진(武進) 사람이다. 무예와 병법에 정통했으며 문장에도 뛰어났다. 가정 8년(1529) 기축과(己丑科) 회시 장원을 했다. 《무편(武編)》과 《형천선생문집(荊川先生文集)》 등의 저서를 남겼다. 척계광에게 창을 사용해 막고 찌르는 법인 권창(圈槍)과 관창(串槍)에 대해서 가르침을 주었는데, 그 자리에 함께 했던 사람들이 모두 그 정밀함에 탄복했다는 일화가 전한다. 曹文明·呂穎慧 校釋, 《紀效新書》(18卷 本, 中華書局, 2001), 165-167쪽.

17 渡辺宏明, 「『日本刀歌』小考」, 1쪽.

18 이익의 《성호선생전집》 권5 '시(詩)'에는 〈일본도가(日本刀歌)〉와 〈갱차일본도가(更次日本刀歌)〉 2 수가 실려 있다.

듣기에 그 나라는 큰 섬에 있다 하고 (傳聞其國居大島)

토양은 비옥하며 풍속이 좋다더라 (土壤沃饒風俗好).

이전에 서복은 진나라 백성을 꾀어 (其先徐福詐秦民)

약 캐러 간 아이들 늙도록 남겨뒀지 (採藥淹留丱童老).

백공(百工)과 오곡을 주어서 살게 했으니 (百工五種與之居)

지금도 그곳 기물 모두 정교하다네 (至今器玩皆精巧).

전조에 조공 바쳐 왕래가 잦았으니 (前朝貢獻屢往來)

그곳 선비 이따금 시문을 지어왔네 (士人往往工詞藻).

서복이 떠났을 땐 분서하기 전이라 (徐福行時書未焚)

일서(逸書) 백 편이 지금까지 전한다네 (逸書百篇今尙存).

엄금해 중국으로 전해지지 못하니 (令嚴不許傳中國)

온 세상에 고문을 아는 이가 없다네 (擧世無人識古文).

선왕의 큰 법전 이맥(夷貊)에게 있어도 (先王大典藏夷貊)

큰 파도에 가로막혀 갈 길이 없구나 (蒼波浩蕩無通津).

목메어 주저앉아 하염없이 눈물 흘리니 (令人感激坐流涕)

어찌 녹슨 단도를 고문에 견주리오? (鏽澀短刀何足云).


昆夷(곤이): 은주시대 중국 서북부의 이민족, 서융(西戎)을 가리킨다.

越(월): 오늘날 중국의 남동부 해안의 저지앙(浙江) 지방을 가리킨다. 일본과의 해상 무역이 활발했던 곳이다.

滄海(창해): 끝이 보이지 않는 깊고 넓은 대해(大海).

魚皮(어피): 어피는 상어나 가오리의 껍질을 가리키며, 칼을 만들 때 칼집이나 칼자루를 감싸는 데 사용했다.

妖凶(요흉): 요상한 매력을 지닌 물건 혹은 간사하고 흉악한 사람을 비유.

百工(백공): 온갖 장인.

徐福(서복): 진나라 때의 방사(方士)로 진시황의 명을 받아 선남선녀 3천 명을 데리고 불로초를 구하러 떠났
으나 그 뒤로 돌아오지 않았다고 한다.

焚(분): 진시황 때 일어난 분서(焚書)를 가리킨다. 사상통제의 일환으로 의약, 복서(卜筮), 농업에 관한 책을 제
외한 모든 책을 불태웠다고 한다.

夷貊(이맥): 고대 중국인들이 동방과 북방의 이민족을 일컫는 말.

蒼波(창파): 푸른 물결, 파도.

浩蕩(호탕): 물이 가없이 넓고 큰 모양.

鏽澀(수삽): 녹이 슬어 거칠어진 모양을 나타냄.

어느 날 구양수는 우연찮게 일본도를 얻었다. 월지방의 상인이 멀리 바다 건너 일본에서 구해온 보도(寶刀)였다. 백 금을 주고 샀다니 상당히 고가였을 것이다. 단단한 옥도 한칼에 베어버린다는 보도를 구양수는 아름다운 언어로 묘사한다. 칼집은 향나무로 만들어져 있으며 외부는 어피로 싸여 있다. 황동과 구리 장식으로 치장이 되어 황금 빛, 백금 빛이 뒤섞여 빛을 발한다. 하지만 구양수에게 일본도는 단순히 아름다운 칼에 머물지 않았다. 일본도는 불행을 막는 영기(靈器)이기도 했다. 그래서 이 칼을 패용하면 요흉도 물리친다고 말한다. 칼에 대한 직접적인 묘사는 여기까지다.

구양수가 하고 싶은 말은 사실 그다음에 등장한다. 구양수는 오히려 중국 고문(古文)을 말하고 싶었던 것이다. 서복(徐福)이 중국의 온갖 장인들을 데리고 일본에 갔기 때문에 그곳에서 나는 물건들이 정교하다는 것이다. 이는 그 뛰어난 품질의 일본도도 결국 거슬러 올라가면 중국 장인들의 손길에 연결되지 않겠는가를 은연중에 암시한다. 하지만 일본도가 아무리 빼어나고 좋다고 해도 중국 상고 시대 고문(古文)에 비할 바는 아니라는 것이 요지이다. 구양수는 자신의 주장을 그럴듯하게 만들기 위해 서복의 고사를 인용한다. 서복이 분서(焚書)가 일어나기 전에 중국의 고문을 일본으로 가지고 갔기 때문에 일본에 여전히 중국의 고문이 남아 있으리라고 추정한다. 오래되어 지금은 그 옛날 고문이 있는 줄 아는 사람조차 남아 있지 않다고. 지금 내 손에 들어온 일본도의 아름다움에 감탄하면서 다른 한편으론 일본에 남아 있을 그 옛날 중국의 고문을 볼 수 없는 현실, 그래서 마지막은 비장한 외침으로 끝맺음한다. 어찌 이깟 녹슨 칼을 가지고 그 옛날 중국의 고문에 비할 바냐!

내면의 심정을 아름다운 시구로 풀어낸 시인의 말이기에 그의 주장은 그럴듯하게 들린다. 하지만 틀렸다. 무엇보다 역사적 사실과 맞지 않는다. 서복이 떠났다고 하는 시점부터 잘못되었다. 《사기(史記)》의 기록에 따르면 진시황이 분서하라는 명령을 내린 건 진시황 34년의 일이었다. 하지만 서복이 실제로 바다로 나아가 선약을 구하기 시작한 것은 3년 뒤인 37년의 일이었다. 서복은 수년이 지나도 성과가 없자 견책을 받을까 두려워 그대로 어디론가 사라져버렸다. 분서가 일어나기 전이었다. 따라서 위 시에서 "서복이 떠났을 때 분서하기 전이라"라는 구절은 오류다.[19]

---

19 《계곡만필(谿谷漫筆)》 제1권 〈만필(漫筆)〉 한국고전 종합DB. (http://db.itkc.or.kr/inLink?DCI=ITKC_BT_0333A_0380_

구양수가 일본도를 보고 그 아름다움에 감명을 받았던 건 의심의 여지가 없다. 그런데 이 일본도는 구양수에게 심미적인 감흥을 일으키는 동시에 당시 구해볼 수 없는 중국의 고문에 대한 안타까움을 불러일으키는 제재이기도 했다. 서복의 일화는 일본에 남아 있을 중국 고문에 대한 역사적 근거인 셈이다. 비록 사실과는 다르지만 이렇게까지 억지로라도 주장해야 했던 구양수의 입장이 역으로 당대 지식인의 일본도에 대한 인식을 보여주는 건 아닐까? 그만큼 일본도는 중국의 지식인들에게 예술적 감흥을 불러일으키는 경탄의 대상이었으며, 심지어 자신들이 그토록 아끼는 고문에 비견될 정도였다. 일본도의 아름다움과 신비로움은 중국인에게 그만큼 강렬한 인상을 주었던 것이다.

구양수로부터 500여 년 후에 당순지 역시 〈일본도가〉라는 동명의 시를 짓는다. 여기엔 일본도에 대한 묘사가 좀 더 실감 나게 실려 있다. 당순지의 〈일본도가〉를 감상해보자.

〈일본도가(日本刀歌)〉[20]

어떤 이가 나에게 일본도를 선물하니 (有客贈我日本刀)

어피로 감싼 자루 푸른 실로 감겨 있네. (魚鬚作靶靑絲繰).

깊고 깊은 푸른 바다를 건너와서인가? (重重碧海浮渡來)

도신의 용문양은 수초와 어우러졌네. (身上龍文雜藻荇).

창연히 칼을 들어 사방을 돌아보니 (悵然提刀起四顧)

백일(白日)이 하늘 높이 솟아 빛나듯 하네. (白日高高天囧囧).

머리카락 쭈뼛 서고 닭살이 돋으며 (毛髮凜冽生雞皮)

찌는 더위도 잊고 하루 종일 앉았네. (坐失炎蒸日方永).

들으니 왜이(倭夷)들은 처음 칼을 만들 때 (聞道倭夷初鑄成)

쇳덩이를 우물에 넣고 수년간 재운다네. (幾歲埋藏鄭深井).

여러 달 날마다 단련해 불기운 다하면 (日淘月煉火氣盡)

010_0010_2004_005_XML), 2021년 2월 8일 검색.

20 당순지의 시를 번역하는 데 도움을 주신 익명의 한국고전번역원 연구자분께 감사드린다. 시가 어려운데다 참고할 만한 자료를 찾을 수 없어 애먹던 차에 크게 도움을 받았다. 연구자분께서 제공해주신 초벌 번역과 주석을 바탕으로 내용을 문맥에 맞게 수정하고 7언 고시의 형식에 맞춰 한글 운율이 살게끔 다듬었다. 다시 한번 도움에 감사드리며, 번역 오류에 대한 모든 책임은 나에게 있다는 점을 밝혀둔다.

칼날은 한 조각 얼음과 서늘함을 다투네. (一片凝冰鬪淸冷).

이 칼 들어 달 속의 계수나무 자르면 (持此月中斫桂樹)

토끼야 당연히 그 칼날을 피하겠지. (顧兎應如避光景).

왜이(倭夷)는 사람 피로 칼날을 칠했으니 (倭夷塗刀用人血)

지금껏 남아 있는 얼룩은 누가 닦으리. (至今斑點誰能整).

정령은 오래도록 칼과 함께 하기에 (精靈長與刀相隨)

맑은 밤엔 이귀(夷鬼)의 그림자 아른거리네. (淸宵怳見夷鬼影).

근래 변방의 오랑캐 오만방자 날뛰니 (邇來邊圉頗驕黠)

어젯밤 삼관(三關)에 또 경보가 들렸다네. (昨夜三關又聞警).

누가 능히 이 칼로 용사(龍沙)를 평정하고 (誰能將此奠龍沙)

치달아 한 칼에 선우(單于) 목을 베 버릴꼬. (奔騰一斬單于頸).

예로부터 신물(神物)은 쓰일 때가 있으니 (古來神物用有時)

주머니 속에 감췄던 칼을 시험해보리라. (且向囊中試韜穎).


魚鬚(어수): 어수는 판본에 따라 어수(魚須)라고도 되어 있다. 상어의 수염을 가리킨다. 여기서는 구양수의 〈일본도가〉에 나오는 '어피(魚皮)'와 같은 것으로 보아 상어 가죽으로 해석했다.

夷鬼(이귀): 옛날 동이(東夷)가 제사를 받들던 신.

三關(삼관): 삼관은 고대 3개의 중요한 관애(關隘)를 합쳐서 부르는 이름으로 허난성(河南省), 스안시성(山西省), 허베이성(河北省) 등 각 지역마다 삼관이 있었다. 명대에는 스안시성(山西省)에 내삼관(內三關: 옌먼(雁門), 닝우(寧武), 삐엔터우꾸안(偏頭關))이, 허베이성(河北省)에 외삼관(外三關: 쥐용(居庸), 쯔징(紫荊), 따오마꾸안(倒馬關))이 있었다.

龍沙(용사): 원래 중국 서북쪽 변방인 백룡퇴(白龍堆)와 사막(沙漠) 두 지역을 합칭한 말이지만 유효표(劉孝標, 리우샤오퍄오, 462~521)가 '용사소월명(龍沙宵月明)'이란 시구를 사용한 이래 시인들이 이를 한 지역을 가리키는 것으로 오인하기 시작했다. 일반적으로 변방 지역을 가리키는 말로 사용된다.

單于(선우): 독음에 주의해야 한다. 선우로 읽는다. 흉노제국의 황제를 가리킨다.

奔騰一斬單于頸(분등일참선우경): 《사고전서(四庫全書)》에는 '변맹만호기안침(邊氓萬戶祈安枕: 변방의 많은 백성들 편히 잠자길 기원하네)'이라고 되어 있다.

神物(신물): 신령스럽고 괴이한 물건.

당순지는 누군가에게 일본도를 선물 받았다. 그가 받은 일본도의 자루는 어피로 싸여 있고 다시 푸른 실로 감겨 있었다. 칼날에는 용이 수초 사이를 누비며 지나는 문양이 새겨져 있었다. 시인은 이를 놓치지 않고 먼 바다를 건너와서 그런 것 아니겠냐고 노래한다. 일본도의 칼날은 얼마나 광택이 나는지 칼을 뽑아 드니 꼭 백주대낮에 태양이 빛나는 듯하단다. 게다가 칼날은 서슬 퍼렇게 예리해서 보기만 해도 머리카락이 쭈뼛 서고 닭살이 돋을 지경이다. 그래서 과장법을 썼다. 칼만 보고 앉아 있어도 더위를 잊고 하루 해를 보낼 정도라고. 뒤이어 어디서 들었는지 당순지는 일본인들이 칼을 제작하는 방법에 대해서도 언급한다. 쇳덩이를 우물에 던져 넣고 날마다 꺼내 단련하기를 여러 달을 해서 칼날이 수정처럼 빛난다는 것이다. 이러한 일본인들의 풍습에 대해서는 후대의 기록인 《병벽백금방(洴澼百金方)》(1736)에 보이는데 이미 오래전부터 널리 알려진 이야기였을 것이다.[21]

그는 일본도에 드리운 반점이 사람 피가 아닌가 하는 생각에 얼마나 많은 사람이 이 칼에 스러져 갔는가를 걱정한다. 그래서 으슥한 밤엔 정령이 보이는 듯하다고도 한다. 하지만 이런 우려도 잠깐 다시 무인의 본분으로 돌아왔다. 변방을 평정하고 오랑캐 수장의 목을 베어 버리겠다는 다짐을 적극적으로 드러낸다. 이 시에서 일본도는 그 다짐을 표현하는 매개이다.

단편적이긴 하지만 위의 두 시를 통해 우리는 몇 가지 사실을 확인할 수 있다.

먼저 일본도가 예술품으로 소비되고 있다는 사실이다. 구양수에게 칼은 아름다운 예술품으로 상고 시대 잃어버린 중국의 고문을 불러오는 시제였다. 당순지 역시 일본도가 지닌 아름다움을 찬탄하면서 시를 시작하고 있다. 500년의 시차에도 불구하고 일본도의 아름다움에 대한 중국 지식인들의 인식은 변함이 없었다.

---

21 《병벽백금방(洴澼百金方)》은 청대(1644~1911) 편찬된 군사 저작이다. 총 14권에 무기, 기계, 전선 등의 그림 175폭이 포함되어 있다. 저자는 알려져 있지 않으나 서문에 혜려주민(惠籬酒民)과 우궁계(吳宮桂) 혹은 원궁계(袁宮桂)라는 이름이 언급되어 있다. 서명의 '병벽(洴澼)'은 《장자(莊子)》에서 나온 말로 나라를 다스리는 방법을 가리킨다. 이 책은 1736년 완성되었으며, 1788년 처음 인쇄되었다. 도광(道光, 1821~1850) 연간에는 《비예록(備豫錄)》이라는 서명으로 재인쇄되기도 했다. 내용은 주로 역대 방어 방법에 대해 정리하고 있으며, 전쟁에 관한 여러 쟁점에 대해서도 다루고 있다. 기본적인 생각은 전쟁을 해야만 하는 이유가 백성들을 보호하기 위해서라는 것이다. 그러므로 백성들 또한 군대와 공동으로 싸워야 했다. 군인들은 충성심, 인내, 용기, 신뢰를 얻기 위해 육체적 훈련뿐만 아니라 정신적 훈련도 받아야 하며, 부대의 본체는 지역 민병대[鄕兵]로 구성되어야 한다고 보았다. 충분한 식량과 적절한 수량의 무기를 준비하는 것이 승리를 달성하는 데 똑같이 중요하며, 포위를 당했을 때는 교란 작전을 함께 사용하며 방어하는 것이 가장 좋은 방법이라는 사상을 담고 있다. 陳秉才, 《中國大百科全書(軍事)》(2, 中國大百科全書出版社, 1989), 831쪽.

둘째, 그렇다고 일본도가 무기로서의 가치가 없는 건 아니었다. 일본도는 백주대낮의 더위도 잊게 할 정도로 서슬 퍼런 칼날을 가지고 있었다. 또한 오랑캐 수장의 목을 베어버리겠다는 당찬 기개를 불러일으킬 정도로 일본도는 무기로서도 뛰어났다.

셋째, 일본도는 다양한 경로로 유통되었던 것으로 보인다. 상인을 통해 구입했다는 건 일본도의 매매가 이루어지고 있다는 말이다. 아울러 상당한 거금을 들여 구입해야 할 정도로 고가의 예술품이었다. 식자층은 일본도를 선물로도 주고받았으며, 소장 가치가 있는 수집품으로 인식하고 있었다.

넷째, 일본도는 예리한 칼날이나 문양, 칼집과 자루의 장식 등 칼 자체의 아름다움이 매력적이었지만 동시에 일본도는 악귀와 잡신을 쫓고 재액을 물리치는 길상(吉祥)과 벽사(辟邪)의 힘을 가진 영기(靈器)로 여겨졌다. 일본도를 소장하려는 또 하나의 이유이기도 했다.

이렇게 일본도는 예술품이자 소장품, 전투 무기, 벽사와 행운을 부르는 영기로 중국의 지식인들에게 천 년이 넘게 사랑을 받아왔다.


## 일본도의 구분[22]

오늘날 통상적으로 일본도라고 하면 100cm 내외 길이의 한 날의 휘어진 날의 카타나를 가리킨다. 하지만 일본도는 칼날의 길이와 패용 방식 등에 따라 타찌(太刀), 카타나(刀, 우치가타나), 와키자시(脇差), 탄토오(短刀)로 구분된다. 칼날의 길이는 나가사(nagasa)라고 하는데, 보통 날 끝에서 칼등을 따라 슴베가 시작되는 부분인 무나마찌까지의 직선거리를 가리킨다〈그림 7〉 참조).

---

22  Kanzan Sato, translated by Joe Earle, *The Japanese Sword: A Comprehensive Guide* (Kodansha International, 1983).

## 〈그림 7〉 일본도의 세부 명칭

〈효오고구사리타찌(兵庫鎖太刀)〉

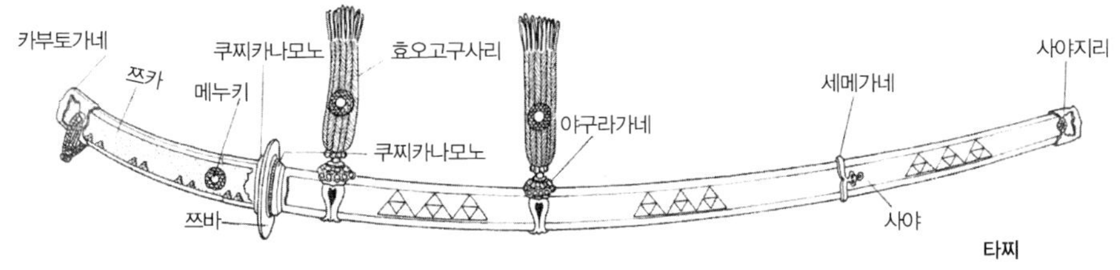

카부토가네 · 쯔카 · 메누키 · 쿠찌카나모노 · 효오고구사리 · 쿠찌카나모노 · 야구라가네 · 세메가네 · 사야지리 · 쯔바 · 사야 · 타찌

〈우찌가타나(打刀)〉

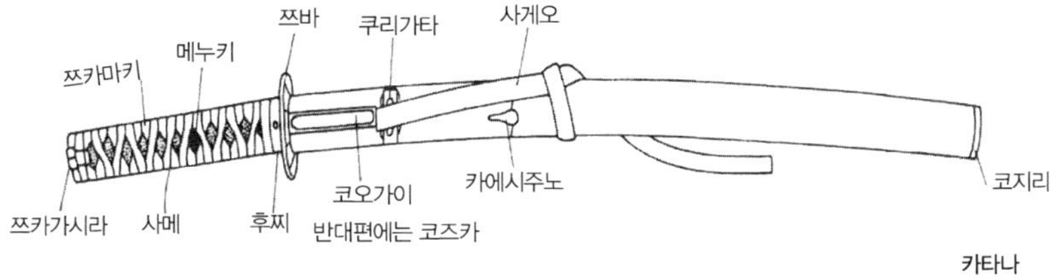

쯔카마키 · 메누키 · 쯔바 · 쿠리가타 · 사게오 · 쯔카가시라 · 사메 · 후찌 · 코오가이 반대편에는 코즈카 · 카에시주노 · 코지리 · 카타나

메누키: 미끄럼 방지 칼 장식.

메쿠기: 칼날 고정 나무 핀.

사야: 칼집.

사게오: 칼집끈. 칼을 허리에 찰 때 허리띠에 묶는 끈.

사메: 칼자루에 씌우는 어피.

사야지리: 칼집 끝.

세메가네: 칼집 중간 보강 금속 테.

야구라가네: 고리 형태의 부속물로 효오고 구사리와 칼집을 연결해 칼을 허리에 찰 수 있도록 한다.

쯔바: 칼방패.

쯔카: 칼자루 전체를 가리키는 말.

쯔카가시라(柄頭): 자루 머리.

쯔카마키: 칼자루 매듭끈 감기. 그립감을 좋게 하기 위해 손잡이에 매듭끈을 감음.

카에시주노: 고리 모양의 부속물로 칼을 뺄 때 칼집이 벨트에 고정되도록 하는 역할을 한다.

카부토가네: 칼자루 끝에 씌우는 금속 테두리.

코오가이: 코오가이는 머리를 다듬는 비녀의 일종이며, 반대편에는 코즈카라는 작은 칼을 장착한다. 두 가지 모두 칼의 장신구로 일상에 편리하게 사용할 목적으로 자루에 일체화시켰다.

코지리: 칼집 끝 장식.

쿠리카타: 칼집끈을 묶는 고리.

쿠찌카나모노: 칼집 입구를 보호하는 금속 테두리.

효오고 구사리: 금속 체인으로 칼을 허리에 차는 데 사용하며, 독특한 디자인을 하고 있다. 12세기 말 고위층 사무라이들 사이에서 유행했다.

후찌: 자루의 견고성을 높이기 위해 자루와 쯔바가 만나는 부분에 씌우는 금속 테두리. 쯔바의 반대쪽 금속제 테두리는 가시라라고 함.

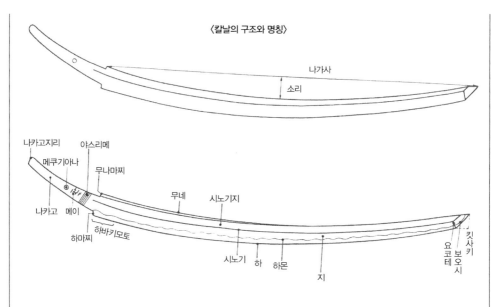

〈칼날의 구조와 명칭〉

나가샤: 칼끝부터 무나마찌까지의 길이.

나카고: 슴베.

나카고지리: 슴베 끝. 시대별, 도공이나 유파별로 차이가 있어 칼 감상 포인트가 됨. 칼날의 최선단 부분인 킷사키와 반대되는 개념.

메이: 제작자나 제조년월일 등을 기록한 사인.

메쿠기아나: 날고정을 위한 슴베구멍.

무나마찌: 칼등 쪽의 슴베 시작 부분.

무네: 칼등.

보오시: 칼끝(킷사키)에 생긴 칼날 무늬(하몬).

소리: 곡률.

시노기: 칼날을 나누는 일종의 경계선. 칼날 몸통 부위 옆면에 도톰하게 튀어나온 능선을 가리킴.

시노기지: 시노기를 경계로 칼등 쪽 상단 부분.

야스리메: 슴베 줄무늬. 특별한 기능은 없으나 도공이나 유파마다 차이가 있어 구별하는 사인이 됨.

요코테: 칼날의 선단의 경계가 되는 돌출선.

지: 한와 시노기 사이의 부분.

킷사키: 칼끝. 칼 선단의 요코테의 앞부분에 해당.

하: 강화된 날 모서리 부분.

하몬: 칼날 무늬, 열처리할 때 생기는 표면의 물결무늬. 작자별로 다양한 형태를 띠며 칼 감정에 사용되기도 함.

하마찌: 날 아래쪽의 슴베 시작 부분.

하바키모토: 칼날을 자루에 장착하고 하바키를 씌웠을때 하바키가 감싸는 칼날 부위.

패용 방식은 크게 날이 향하는 방향이 위 혹은 아래인가에 따라 구분한다. 예를 들면, 타찌와 카타나는 한 날의 만도로 외형상으로는 거의 비슷해 구별하기가 힘들다. 하지만 타찌는 아시카나모노(足金物)라고 불리는 고리를 사용해 허리띠에 칼날이 아래를 향하게 패용하며, 카타나는 날이 위로 가게 해 허리띠에 꽂아서 패용한다. 따라서 타찌의 경우는 나카고(nakago, 슴베)의 측면에 새겨진 제작자의 이름이 몸의 바깥쪽을 향하게 되며, 카타나는 제작자의 이름이 몸 쪽을 향한다. 박물관에서도 타찌와 카타나를 구분하기 위해 타찌는 칼날이 아래를 향하게, 카타나는 칼날이 위를 향하게 배치해서 전시한다.

타찌(太刀)는 한자에서도 알 수 있듯이 날이 긴 대도(大刀)를 가리킨다. 고대 한국이나 중국의 환두대도(環頭大刀)를 일본에서는 칸토노타찌라고 부르는데, 이 칸토노타찌는 당시 기준에서 볼 때 큰 칼, 즉 타찌에 해당했다. 앞서 언급한 것처럼 8세기 초의 기록이나 남아 있는 유물로 볼 때 초기 타찌의 날 길이는 예외적으로 100cm에 이르는 경우도 있지만 대부분은 70~80cm의 분포를 보인다. 하지만 후대로 내려오면서 길어지기 시작해 가마쿠라, 헤이안 시기에는 100cm가 넘는 타찌가 흔하게 보이며, 긴 것은 120cm에 이르기도 했다.

타찌는 길이에 따라 다시 오오다찌(大太刀, 혹은 노다찌(野太刀)라고도 함)와 코다찌(小太刀: 소태도)로 나눌 수 있다. 가마쿠라 시대 이후 칼날의 길이가 길어지면서 난보쿠쵸오 시대(南北朝時代, 1336~1392)[23] 극에 달하게 되는데, 오오다치 가운데 긴 것은 3m에 이르는 것도 있다. 하지만 이렇게 긴 칼은 신사 봉납용 등 예외적으로 제작된 경우이고, 실전에서 사용되는 오오다치는 대체로 130~160cm의 길이였다. 코다찌는 초기 가마쿠라 시대에 존재했던 칼로, 길이는 60cm 미만이었다. 외형적으로는 카타나와 유사하지만 타찌처럼 허리에 매다는 방식으로 패용했다. 코다찌는 광범위하게 사용되지는 않았으며, 야마시로노쿠니(山城国: 오늘날 일본 쿄오토의 남쪽 지역)나 비젠노쿠니(備前国: 오늘날 일본 오카야마의 남동쪽 지역)의 특정 지역이나 그 지역에 기반을 둔 유파에만 국한되어서 사용되었다.

---

23  난보쿠쵸오 시대(南北朝時代, 1336~1392)는 무로마찌 시대(1336~1573) 초기 일본 중세 두 명의 천황이 등장해 남과 북으로 두 개의 조정이 세워져 대립했던 시기를 가리킨다. 이전 가마쿠라 말기 황위계승을 둘러싼 대립이 발생해 무로마찌바쿠후에 의해 다이가쿠지 계통과 지묘인 계통이 번갈아 황위를 계승하는 것으로 정리된다. 하지만 제96대 고다이고 천황의 개혁 정치가 귀족과 무사들의 반발을 사고, 아시카가 다카우지(足利尊氏, 1305~1358)가 군사를 일으키자 고다이고 천황은 탈출해 요시노(吉野, 야마토국 오늘날의 나라현)에 남조를 개창하고 아시카가 다카우지가 고묘 천황을 옹립해 세운 북조와 대립하게 된다. 난보쿠쵸오 시대는 60여 년간 지속되다 쇼오군 아시카가 요시미쯔(足利義満, 1358~1408)에 의해 남조가 북조에 흡수되며 통일되었다.

〈그림 8〉 타찌와 카타나의 패용 모습

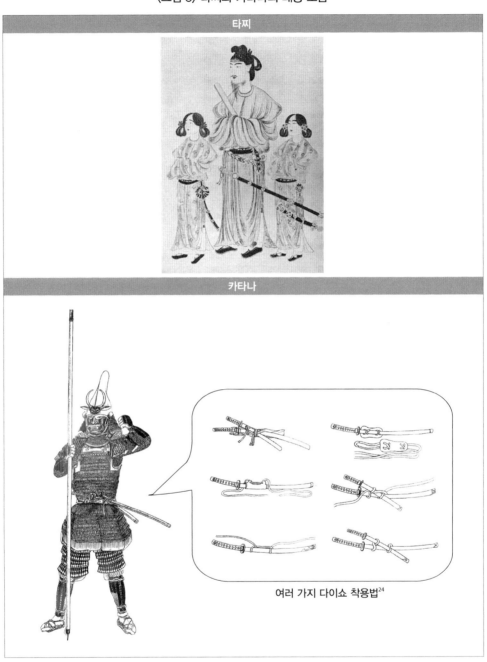

여러 가지 다이쇼 착용법[24]

---

24 Mitsuo Kure, *Samurai: An Illustrated Hisotry* (Tuttle Publishing, 2002), 70쪽.

와키자시는 16세기 후반부터 19세기 중반인 모모야마 시대와 에도 시대의 표준적인 짧은 칼을 가리킨다. 카타나와 유사한 형태의 날을 가졌으며, 그 길이는 카타나의 3분의 2 정도다. 카타나와 함께 다이쇼오(大小)의 한 쌍으로 패용한다.

탄토오는 칼날이 30cm 미만으로 짧은 모든 종류의 칼을 가리킨다.[25]

오늘날 전형적인 일본도로 알려져 있는 카타나 – 정식 명칭은 우치가타나(打刀) – 는 날 길이가 일반적으로는 타찌보다 짧으며, 날 끝으로 갈수록 얇아졌던 타찌와 달리 도신과 날 끝까지의 굵기가 거의 비슷하게 유지되어 내구력이 뛰어났다. 상대를 찔렀을 때도 치명상을 줄 수 있도록 설계되었다. 카타나는 칼날을 위로 향하게 해서 허리춤에 꽂아 패용하며, 보통 와키자시와 함께 다이쇼오(大小)의 한 쌍으로 패용한다〈그림 8〉. 카타나는 무로마찌(1336~1573) 시대부터 널리 사용되기 시작했다. 바로 카타나가 등장하고 다이쇼오의 칼을 착용하고 지상에서 운용하기 시작하면서 본격적인 검술이 등장하게 되었다.

## 일본 검술 유파의 발생

일본도가 등장하고 그에 수반해 새로운 기술이 생겨났다고 해서 곧바로 유파가 성립한 건 아니었다. 왜냐하면 검술 유파가 등장하기 위해서는 필연적으로 몇 가지 전제 조건이 있어야만 하기 때문이다. 첫째, 뛰어난 천재의 출현이다. 유파를 개창하기 위해서는 카리스마를 지닌 인물이 있어야만 하며, 창시자의 실전 기록이 입증 가능해야 한다. 그를 구심점으로 가르침을 받으려는 제자들이 모여들어야 말 그대로 인적 흐름[流]이 생겨나게 된다. 둘째, 기술적인 성취도가 뛰어나야만 한다. 당연한 말이지만, 기술적인 성취가 없다면 유파는 의미가 없어지고 만다. 앞의 천재 역시 타고난 자질에 더해 오랜 기간 고려을 통해 기술적 성취를 이룬 인물이었다. 마지막으로 유파의 핵심 기술이 실전을 상정한 훈련을 고려해 일련의 연속 기술

---

25  《무예도보통지》〈왜검〉에는 일본도를 장도(長刀), 소도(小刀), 자도(刺刀)로 구분하고 있다. 장도는 카타나, 소도는 와키자시를 가리키며, 자도는 탄토오를 가리킨다. 탄토오는 다시 한 자 길이의 해수도(解手刀)와 한 자가 약간 넘는 길이의 급발(急拔)로 나뉜다.

형태로 체계화한 카타[型]로 정리되어야만 한다.[26]

이상은 원론적인 면에서 유파의 성립 조건을 말한 것이고, 실제로는 사회, 정치적인 역학 관계도 무시할 수 없다. 앞에서 이미 지적했듯이 센고쿠 시대(戰國時代, 1467~1573) 소위 검술 전문가라고 할 수 있는 몇몇 뛰어난 검객들이 등장해 이들을 중심으로 검술 유파가 생겨났다. 하지만 유파는 권력자의 입장에서 보면 필요악일 수 있었다. 무술 유파의 칼은 언제든 자신의 목을 향할 수 있었기 때문이다. 따라서 무력을 소지한 독립된 조직인 유파가 유지되기 위해서는 암묵적 동의가 필요했다. 아울러 유파 조직이 운영되기 위해서는 수련 도장과 같은 물질적 토대와 함께 경제적 기반이 마련되어야만 한다. 유파의 발생과 유파 조직의 유지 및 발전이 지역적 기반을 띤 이유도 여기에 있었다. 지방 영주들은 각 유파의 중요한 경제적 후원자였다. 유파의 무예는 영주들의 권력 기반을 다지는 데 기여하고, 영주들은 경제적 지원을 함으로써 양자의 상호 공생 관계가 성립할 수 있었다.[27] 아울러 다양한 유파가 등장하면서 유파 간의 경쟁도 심화되기 시작했다.

센고쿠 시대 말기는 무로마찌 시대(室町幕府, 1336~1573)와 중첩되는데, 당시의 독특한 사회 분위기도 검술 유파가 성립하는 데 한몫했다. 다양한 분야의 기술, 혹은 예술, 심지어 꽃꽂이나 차 마시기, 향 즐기기, 가부키, 악기 연주, 독경(讀經)과 같은 여가활동까지 유파로 성립해 전해졌다. 이러한 활동은 문화 전통으로 성문화되어 스승이나 장인으로부터 제자에게 전해졌다. 유파나 스타일의 수장 혹은 사범에게 자격을 인정받고 자격증이나 인증서를 발급하는 것도 보편화되기 시작했다. 무술 유파 역시 유사한 형태로 운영되었다. 따라서 검술 유파의 등장도 일본 문화의 발달이라는 커다란 맥락 속에서 볼 필요가 있다.[28]

하지만 특정 유파의 검술을 배우고 싶다고 해서 마음대로 배울 수 있는 건 아니었다. 이름

---

26  Cameron Hurst, *Armed Martial Arts of Japan: Swordsmanship and Archery*, 49-50쪽; Alexander Bennet, Social and Cultural Evolution of Kendo, *Martial Arts of the World: An Encyclopedia of History and Innovation* (2, ABC-CLIO, 2010), 598쪽.

27  명대 소림사의 무술 역시 이러한 관계 속에서 발전했다. 사랑과 자비를 강조하는 종교와 폭력에 기반을 둔 무술의 결합이 어색하게 보일 수도 있지만 종교 역시 사회를 구성하는 조직, 즉 제도라는 점에서 기타 정치, 경제, 사회적 조직과 결합될 수밖에 없었다. 그러한 결합을 가능하게 한 요인은 공생 관계 때문이었다. 소림사의 승려가 군대 조직에 참여한 건 단적인 예라고 할 수 있다. 즉 종교 조직이 국가 조직에 복무하고, 국가 조직은 반대급부로 경제적인 기반을 제공해주는 공생 관계 속에서 종교와 무술이 결합되었으며, 이 과정에서 무예도 발전하게 되었다. 명대 소림사의 무예에 대해서는 다음을 참조. Meir Shar, *The Shaolin monastery* (University of Hawaii' Press, 2008).

28  Cameron Hurst, *Armed Martial Arts of Japan: Swordsmanship and Archery*, 37쪽.

있는 유파에 들어가기 위해서는 운이 따라야만 했다. 하지만 운 좋게 인연이 닿아 검술을 배울 수 있다고 해도 바로 정식 제자로 인정받을 수 있는 건 아니었다. 유파에 입문해 검술을 배우는 과정은 여러 단계를 거쳐야 했다. 먼저 입문에 앞서 자신의 명예를 걸고 자신이 배운 무예를 유파 외의 사람들에게 함부로 전하지 않는다는 피의 맹세인 켓판(血判)을 해야 했다. 스승의 가르침을 전심을 다해 따르고, 더 나아가 스승에게 복종하는 것을 포함한 이 맹세는, 심지어 배운 기술을 가족에게조차 함부로 전하지 않는다는 규정이 포함되어 있을 정도로 폐쇄적이었다.

어렵게 입문해도 곧바로 무예 수업을 받을 수 있는 건 아니었다. 테호도키(手解き: 손풀기)라는 과정을 거쳐야만 했다. 테호도키는 본격적인 배움에 앞서 손을 풀고 준비하는 초보 입문 과정을 말한다. 이때 청소, 선배들 뒤치다꺼리와 같은 잡무를 담당하게 된다. 사실 이 과정에서 학생의 성품이 드러나게 마련이다. 성급하게 배우려든가 아니면 남보다 낫다는 자의식이 강하든가 하는 사람은 잡다한 뒤치다꺼리를 견디지 못하고 중도에 포기하게 마련이다. 테호도키는 일종의 인내와 끈기가 있으며, 심성이 올바른, 그래서 궁극적으로 발전 가능성 있는 학생을 걸러내는 장치인 셈이다. 이후 종가의 몬진(門人)으로 인정받아 본격적으로 무예 수업을 받게 된다.[29]

사실 무예는 단시일에 배워서 마스터할 수 없었다. 목숨을 담보로 하는 심각한 예술인 무예를 그렇게 받아들여서도 안 된다. 어설픈 재주를 가지고 겨루다가는 목숨이 수십 개라도 남아나지 않을 것이기 때문이다. 어쨌든 유파에 입문해서 단계별로 올라가게 되면서 학생은 해당 유파 기술의 오묘함과 깊이, 그리고 기술 너머 또 한 단계 높은 기술이 있다는 사실을 깨닫게 된다. 아울러 정밀한 가르침이 없이 이 모든 것을 배우는 것은 불가능하다는 사실, 설사 가능하다고 해도 수많은 시행착오를 겪을 수밖에 없다는 사실을 깨닫게 된다. 제자로 입문한다는 건 어떤 의미에서 더 나은 과정으로 나아가기 위해 '지금의 나를 아는' 과정 역시 포함한다고 할 수 있다. 한 문파의 몬진(門人)이 된다는 건 해당 유파에서 이러한 과정을 체계적으로 밟아가겠다는 걸 의미한다.

---

29  내제자(內第子), 외제자(外第子), 혹은 입문제자(入門弟子), 입실제자(入室弟子)라는 구분도 있다. 내제자는 일본어로는 우찌데시라고 하는데, 스승 집에서 기거하며 그 집안일을 돌보면서 기예를 익히는 제자를 가리킨다. 외제자는 스승의 집에 드나들며 배우는 제자를 말한다. 입문제자는 말 그대로 스승의 대문을 들어선 제자로 초보단계를 가리키며, 입실제자는 스승의 방 안까지 들어간다는 의미로 내밀한 배움을 얻는 고제자(高弟子)를 가리킨다.

유파의 발생과 확산을 촉진시킨 또 하나의 요인은 시대적인 불안정성을 들 수 있다. 사회적 불안정은 개인의 삶을 피곤하게 했지만 한편으론 신분 상승의 기회를 찾기도 쉬웠다. 농부나 상인 같은 하위 신분의 사람이라도 무적인 명성을 얻게 되면 영주의 수행원 계급으로 나아갈 수 있었다. 물론 무술을 익혀서 크게 성공하지 못해도 도적 떼를 조직하거나 아니면 도적 떼에 참가해 생계를 유지하는 방법을 찾을 수도 있었다. 이런 이들을 노부시(野武士)라고 했다.[30] 무예가 무사 계층에서 벗어나 광범위하게 확산되면서 무술 유파와 거기서 전해지는 가르침에 대한 사회적 요구는 점점 더 증가하게 되었다.

검술 유파의 발전을 촉진했던 또 하나의 요소는 무사수업(武士修業, musha shugo)이었다. 무사수업은 중세의 기사수행(knight-errantry)과 유사했다. 무사들은 전국을 주유하며 결투를 통해서 자신의 기술을 시험하고자 했다. 이름난 상대를 이길 경우 봉건 영주의 눈에 들어 자리를 얻거나 아니면 후원을 받을 수 있었다. 비록 그런 경우가 흔치는 않았지만 여전히 가능성 있는 선택지 가운데 하나였다.

어떤 이유가 되었든 일단 유파가 성립하면 유파는 일종의 생명체를 가진 유기적인 조직처럼 생성, 발전, 소멸의 과정을 거치게 마련이다. 유파는 창시자 혹은 계승자를 중심으로 위계를 갖춘 조직으로 지역의 유지, 권력과 정치적인 관계를 형성하며 발전하였다. 새로운 유파의 등장, 혹은 기존 유파에서 분파한 유파 등을 통해 다양한 유파가 생겨나면서 유파 간 경쟁이 시작되고, 이는 유파의 발전을 가속화하였다. 19세기 말 메이지유신을 통해 사무라이 계급이 타파되기 전까지 이런 상황이 지속되었다.

## 일본의 고류 검술 유파

오늘날까지 명맥을 유지하고 있는 수백여 개의 고류 검술 유파들의 기원을 거슬러 올라가면 카토리신토오류(香取神道流), 신카게류(新陰流), 잇토오류(一刀流)에 연결된다. 잇토오류는 토쿠가와 시대에 쇼오군의 지원에 힘입어 유명한 유파 가운데 하나가 되었지만 그 뿌리는 츄우조오류(中條流), 다시 그 위의 넨류(念流)로 거슬러 올라간다. 신카게류 역시 카게류에서 갈라져 나왔으므

---

30  Cameron Hurst, *Armed Martial Arts of Japan: Swordsmanship and Archery*, 41쪽.

로, 일본 검술 유파의 뿌리가 되는 세 유파는 카토리신토오류, 카게류, 넨류라고 할 수 있다.[31]

〈표 1〉 토쿠가와 학자들이 정의한 최초의 검술 유파들[32]

| 유파명 | 비고 |
| --- | --- |
| 텐신쇼오덴카토리신토오류<br>(天真正伝香取神道流) | 이이자사 야마시로노카미 이에나오(飯笹山城守家直, 1387~1488)가 창시한 유파. 이 유파에서 갈라져 나온 유명한 유파로는 보쿠덴류(신토오류)와 아리마류가 있다. |
| 카시마신류(鹿島神流) | 마쯔모토 비젠노카미 마사노부(松本備前守正元, 생몰 미상)에 의해서 창시된 유파. |
| 넨류(念流) | 승려 넨아미 지온(念阿弥慈恩, 1351~?)이 창시한 유파 |
| 츄우조오류(中條流) | 츄우조오류는 그 뿌리가 승려 지온으로 거슬러 올라간다. 관련 유파로는 토다류와 잇토오류가 있다. |
| 카게류(陰流) | 아이스 이코오사이 히사타다(愛洲移香斎久忠, 1452~1538)가 창시한 유파로 토쿠가와 시대에 들어서 카게류의 지류인 야규우신카게류는 바쿠후의 공식 검술로 인정받으며 영향력을 키웠다. |
| 칸토오 7류(關東七流) 또는<br>카시마 7류(鹿島七流)라고 함. | 이 분류는 동부 지역의 주요 유파를 설명하기 위해 토쿠가와 시대 학자들에 의해서 고안되었다.<br>1. 카시마(鹿島)<br>2. 카토리(香取)<br>3. 혼신류(本心流)<br>4. 보쿠덴류(卜伝流)<br>5. 신토오류(神刀流)<br>6. 야마토류(日本流)<br>7. 료오이류(良移流) |
| 쿄오토 8류(京八流) | 이들 유파의 존재에 대해서는 증명하기 힘들다. 이 유파는 키이이찌 호오간(鬼一法眼)이 가르친 8명의 승려와 관련이 있는 것으로 보이며 전통적으로 모두 쿄오토와 쿠라마데라절(鞍馬寺)과 관련이 있다.<br>1. 키이이찌류(鬼一流)<br>2. 요시쯔네류(義経流)<br>3. 마사카도류(正門流)<br>4. 쿠라마류(鞍馬流)<br>5. 수와류(諏訪流)<br>6. 쿄오류(京流)<br>7. 요시오카류(吉岡流)<br>8. 호오간류(法眼流) |

---

31  Alexander Bennett, *The Cultural Politics of Proprietorship: The Socio-historical Evolution of Japanese Swordsmanship and its Correlation with Cultural Nationalism* (University of Canterbury, 2012), 61쪽.

32  Alexander C. Bennett, *Kendo: Culture of the Sword* (University of California Press, 2015), 48쪽.

카토리신토오류의 정식 명칭은 텐신쇼오덴카토리신토오류(天真正伝香取神道流)이다. 일본에서 가장 오래된 유파로 이이자사 이에나오가 1400년대 중반 창시했다고 알려져 있다. 그는 원래 야마시로국(山城國: 일본의 옛 지명, 현재 쿄오토의 남부)의 관료였는데, 뒤에 승려가 되면서 쵸오이사이(長威斎)로 알려지게 되었다. 태어나기는 시모오사(下長) 지방의 이이자사였지만 오늘날 일본 토오쿄오의 북동쪽 카토리신사가 있는 찌바현(千葉県)에서 자랐다. 어려서 검술을 배우고 쿄오토로 가서 무로마찌 8대 쇼오군이었던 아시카가 요시마사(足利義政, 1436~1490) 밑에서 일했다. 카토리신사와 카시마신사에서 기도를 하던 중 꿈에 신이 나타나 검술과 비전목록을 전해주었다는데, 꿈에서 깬 쵸오이사이는 너무나 생생했던 기억을 되살려 기록으로 남기고 이를 텐신쇼오덴카토리신토오류라고 명명했다고 한다. 이이자사는 제자들에게 검술을 전수하는데, 그의 제자들은 이후 독자적으로 자신의 유파를 창시한다. 아리마류, 카시마류, 카시마신토오류, 카시마신류 등으로 모두 신토오류와 관련이 있다. 카토리신토오류는 검술 유파이지만 검술에만 국한되지 않고 창술, 단도술, 이아이(居合), 봉술, 나기나타, 유술, 표창술, 닌자술, 축성법, 점술, 주문 등 각종 무술뿐 아니라 일종의 오컬트적인 내용도 함께 가르쳤다. 센고쿠 시대 갑주를 착용한 상태로 이루어지는 검법이었기 때문에 마키우찌(巻打ち)라고 해서 칼을 비스듬히 들어 어깨에 기댄 상태에서 팔꿈치와 손목의 탄력을 이용해 짧게 내려치는 기법을 중시한다. 아울러 일반 고류 무술이 짧은 카타를 수련하는 데 반해 카게류의 카타는 공격자와 수비자가 약 20개에 달하는 동작을 실시하도록 구성되어 있어 카타 수련만으로도 체력 소모가 상당하다. 고류 검술임에도 불구하고, 손목의 미세한 움직임으로 검을 컨트롤해 상대의 검을 흘려보내고 되받아치는 세밀한 기술이 특징이다. 카토리신토오류는 오늘날 일본의 무형문화재로 지정되어 보존되고 있다.

카게류(陰流)는 아이스 이코오사이 히사타다가 창시한 유파로 아이스카게류(愛洲陰流)라고도 한다. 카게류의 카게(陰)는 그림자를 뜻한다. 여기 그림자는 정해진 형태가 아니라 마음의 변화에 따라 천변만화하는 기술을 뜻한다. 카게류에는 아이스 이코오사이가 우토(鵜戸)의 신사에서 검술을 수련하고 있을 때 꿈에 원숭이 신이 현몽해 검술을 전해주었다는 신비한 이야기가 전하는데, 카게류 검술을 기록한 〈영류지목록〉에는 원숭이가 칼을 잡고 있는 그림이 묘사되어 있기도 하다. 아이스 이코오사이가 쿠마노의 해적단을 따라 명나라에 건너간 적도 있다고 한다. 아이스카게류는 그의 제자 카미이즈미 노부쯔나(上泉伊勢守藤原信綱, 1508(?)~1577(?))
에게 전해지며, 카미이즈미는 아이스카게류의 검술에 카시마와 카토리의 전통을 종합해 신
카게류(新陰流)를 창시한다. 현재 남아 있는 아이스카게류 목록을 바탕으로 그 기술을 추정해
보면 카게류의 기법에는 상대의 공격을 맞받아치거나 뛰어오르는 등 강력한 동작이 많이 보
인다. 앞에서 본 카토리신토오류가 미세하면서도 정밀한 기술을 구사한 것과는 상반된 특징
을 보여준다. 신카게류는 다시 야규우신카게류, 타이샤류, 지키신류, 지키신카게류, 신신카게
류, 신신카게이찌엔류로 분파된다.[33] 특히 야규우신카게류는 에도 시대 쇼오군 가문의 정식
검술 유파로 그 명성을 날렸다.

넨류(念流)는 넨아미 지온(念阿弥慈恩)이라는 승려가 창시한 유파로 알려져 있다. 넨아미 지
온에게서 창술과 검술을 배운 츄우조오 나가히데(中条長秀)가 츄우조오류(中條流)를 만들었다.
츄우조오류는 카토리신토오류보다도 오래되었다고 주장되기도 하는데, 이를 입증하기 힘들
기 때문에 현재는 카토리신토오류가 가장 오래된 유파로 인정되고 있다. 츄우조오 나가히데
의 6대손인 이토오 잇토오사이는 츄우조오류를 잇토오류(一刀流)로 개창했다. 하지만 잇토오
사이의 생몰, 경력 등에 관해서는 거의 알려져 있지 않다. 잇토오사이는 에도에서 카네마키
지사이(鐘巻自斎, 1536(?)~1615)로부터 카네마키가 개발한 검술을 배웠다고 한다. 잇토오사이는
진검과 목검을 사용한 서른세 번의 결투에서 한 번도 진 적이 없다고 하는데, 다른 고류 검술
유파와 마찬가지고 잇토오류에서도 오노파, 츄야파, 미조구찌파, 나사니시류, 코오겐잇토
오류, 신뿌잇토오류, 호쿠신잇토오류, 잇토오쇼덴무토오류와 같은 많은 유파가 파생되
었다. 잇토오류는 근대 검도의 성립에 가장 큰 영향력을 미친 유파 가운데 하나로 인정받
고 있다.

## 왜구와 일본 검술의 전파

처음부터 의도한 것은 아니었지만 일본 검술을 대륙으로 전파시키는 데 결정적인 역할을

---

33  Cameron Hurst, *Armed Martial Arts of Japan: Swordsmanship and Archery*, 51쪽.

한 이들은 왜구(倭寇)였다.[34] 왜구의 약탈은 10세기경부터 16세기 말까지 이루어졌으며, 활동 무대는 한반도와 중국 동남해 연안, 타이완, 오늘날의 인도네시아, 말레이시아, 필리핀 등지까지 이르렀다. 하지만 왜구들은 단순한 해적이 아니었다.[35] 왜구는 기본적으로 일본인들이 주축이 되어 해적질과 노략질을 일삼는 집단이지만, 무사, 상인들이 결탁해 규모가 확대되고, 여러 지역으로 확산되는 과정에서 현지인 동조 세력이 합류했기 때문에 다양한 인적 구성을 보여준다. 왜구들은 수십 명의 소규모에서 수백, 수천 명, 그리고 수백 척의 배를 동원해 약탈과 침략을 하기도 하고, 동시에 무역활동을 하기도 하는 등 복합적인 성격을 가지고 있었다. 한마디로 왜구는 평시엔 정상적인 상인 집단으로 무역에 종사하다가 유사시엔 해적으로 돌변할 수 있는 이중적인 성격을 가지고 있었다.

왜구의 약탈을 부추긴 데는 명나라 정부의 해금정책도 한몫했다. 명정부는 강력한 해금정책을 통해 해양 주도권을 유지하려고 했다. 하지만 해금정책을 통한 해양 세력의 통제는 성공적이지 못했다. 오히려 정상적인 무역활동을 할 수 없게 된 왜구[일본 상인]들의 반발을 일으켜 해적질이 급증하게 되었다. 이 과정에서 왜구들은 해안 지방뿐 아니라 내륙까지 침입하기도 했다. 70여 명의 왜구가 12만 명의 수비군이 있는 명나라 제2의 도시 난징 부근까지 침입한 사건이 발생한 것이 단적인 예라고 할 수 있다. 또한 일정 지역을 점령하고, 현지인들의 노동력을 동원해 생산물들을 거둬가는 대범함을 보이기도 했다.

이러한 왜구들의 행태는 16세기 중반 명나라의 군사력이 동아시아 최강으로 평가되던 현실을 고려할 때 의외였다. 왜구들의 계획적이면서도 치밀한 약탈이 지속적으로 자행됨에도 불구하고 이를 제어하지 못한 데는 보다 근본적인 이유가 있었다. 명나라는 구조적으로 이미 왜구의 침입을 제어하기 힘든 상태였다. 군적에 기록된 병력과 실제 병력이 차이가 나는 것은 물론 군량미와 무기의 조달 등 병참(military logistics)에서 문제점을 드러내고 있었다. 무엇보다 병사들의 훈련이 제대로 되어 있지 않았다. 당시 명나라 군사들과 왜구들의 대결은 비전

---

34  사료에는 왜노(倭奴)라고도 나온다. 왜구는 왜의 도적, 왜노는 왜놈이라는 말로 모두 일본 해적을 비하해 부르는 말이다. 얼마나 왜구들에 의한 피해가 극심했는지, 그리고 감정의 골이 깊었는지가 언어에도 반영되어 있다는 사실을 알 수 있다.

35  왜구는 영토에 대한 욕심이나 정치적인 목적을 가지고 있지 않은 비정규 무장 집단이었다. 임진왜란의 경우, 왜구라 하지 않고 일본군이라고 칭한다. 따라서 왜구는 '영토에 대한 욕심이 없으며 또한 정치, 외교적인 의도에서가 아니라, 단순히 경제적인 재원의 약탈이나 인신매매를 목적으로 한 일본인으로 구성된 무장집단 내지는 그 행위'로 정의할 수 있다. 이영, 《잊혀진 전쟁 왜구: 그 역사의 현장을 찾아서》(에피스테메, 2007), 7쪽.

문가와 전문가의 대결로 평가될 정도로 명나라 군사들은 개인 무술과 집단 전술 등에서 왜구의 상대가 되지 못했다.[36]

〈그림 9〉 명나라 군사와 해전을 벌이는 왜구들

왜구는 크게 전기 왜구와 후기 왜구로 구분한다. 전기 왜구는 14세기에서 1552년(嘉靖 31)까지 활동한 서일본 출신의 왜구를 가리킨다. 후기 왜구(일본에서는 가정(嘉靖) 왜구라고 부른다)는 1552년에 활동한 왜구를 가리키는데, 이들 중 다수는 중국인이었다. 《명사(明史)》에 "진짜 왜구가 3할 왜구를 따르는 자가 7할"이라고 했는데, 여기 왜구를 따르는 자는 바로 중국인을 가리킨다. 당시 중국인이 왜구 집단에 어떻게 가담하게 되었는지는 《유세명언(喩世明言)》[37]의

---

36  명대의 조세제도 전문가인 레이황은 당시 왜구에 대한 명나라의 군사적인 열세를 명 정부의 구조적인 모순 쪽에 초점을 맞추고 있다. 반면 명대 군사 제도 전문가인 스워프(Swope)는 레이황의 견해를 반박한다. 그는 명대 군사 제도가 부분적으로 문제가 있기는 했지만 당시 명의 군사력은 동아시아의 최강이었다고 본다. 로쥐(Lorge)는 명의 군사력이 대부분의 정복 왕조처럼 대항군을 공격하고 무찌르는 데는 효과적이지만 일단 제국이 수립되고 나면 내·외적인 반란과 소규모 침입을 제어해야 하는 수세적인 위치에 놓이게 되는 과정에서 문제점을 노출하게 된 것으로 보고 있다. 최복규, 《권법 바이블》(한국학술정보, 2018), 54쪽. 보다 자세한 내용은 다음을 참조. 레이황, 《1587 아무 일도 없었던 해》(박상이 역, 도서출판 가지 않은 길, 1997); Kenneth M. Swope, *A Dragon's Head and a Serpent's Tail: Ming China and the First Great East Asian War, 1592-1598* (University of Oklahoma Press, 2009); Peter A. Lorge. *Chinese Martial Arts: From Antiquity to the Twenty-First Century* (New York: Cambridge Press, 2012).

37  《유세명언》은 풍몽룡(馮夢龍, 1575~1645)이 지은 책이다. 풍몽룡은 명나라 말기 수저우부(蘇州府) 우현(吳縣) 사람으로 시문과 경학에 밝았다. 여러 가지 저술과 편찬, 교정에 종사했는데, 통속문학에 뛰어난 업적을 남겼다. 그가 편집하고 교정한 작품으로는 삼언(三言), 즉 《유세명언(喩世明言)》, 《경세통언(警世通言)》, 《성세항언(醒世恒言)》이 유명하다. 임종욱, 《중국역대인명사전》(이회문화사, 2010), '풍몽룡' 조 참조. 《유세명언》은 최근 김진곤에 의해서 완역되어 국내에 소개되었다. 풍몽룡 저, 《유세명언》(1-3, 김진곤 역, 민음사, 2019~2020).

다음 글에 잘 드러나 있다.

원래 왜구는 중국인을 만나면 살육만을 일삼은 건 아니었다. 부녀자를 노획하면 멋대로 간음을 하고, 희롱해서 견딜 수 없게 만들었으며, 산 채로 총을 쏘아 죽였다. 간혹 인정이 있는 왜구는 여자를 사적으로 소유하기도 했다. 그런데 이 경우 비록 목숨을 부지할 수는 있었지만 세상의 비웃음을 사고 말았다. 남자는 노인이나 어린아이라면 가차 없이 죽여버렸다. 만약 건장한 남자라면 머리를 깎고 기름을 발라 왜구로 꾸미며, 전투 상황을 맞닥뜨릴 때마다 이들을 진의 맨 앞에 세웠다. 명나라 관군들은 왜구의 머리를 베기만 하면 상을 받았다. 평소에도 백성 가운데 머리가 빠졌거나 머리에 독창이 있는 사람의 머리를 베어 공을 세웠다고 상을 달라고 하는 판인데 하물며 전투 중에 획득한 머리라면 그게 진짜 왜구의 머리인지 아닌지 상관없이 당연히 속이려고 하지 않겠는가? 이렇게 머리를 밀어 꾸민 가짜 왜구는 스스로 죽을 운명인 것을 알았기에 아예 왜구에게 빌붙어 며칠이라도 더 살아보려고 사람을 죽이는 데 진력을 다했다. 진짜 왜구들은 이들을 진의 앞에 세우고 자신들은 모두 진의 말미에서 쫓아가곤 했는데, 관군들은 여러 차례 그 계략에 빠졌기 때문에 승리할 수가 없었다. 옛사람들의 시에 왜구들의 전법에 대해 말한 것이 있다. 시는 다음과 같다.

왜구의 진은 고요히 움직이며, 비스듬히 혹은 정면으로 맞서며 계속해서 변하니
고둥 소리에 나비가 날아오르듯, 물고기가 꼬리를 물듯 장사진으로 내달리는구나.
부채 신호에 흩어져 그림자조차 안 남기고, 휘두르는 칼날에 꽃송이 떨어지듯
아아 진짜와 가짜마저 혼재하니, 재앙을 몰고 와 중화를 혼란에 빠뜨리는구나.[38]

왜구의 인적 구성이 다양했던 점에서 볼 때 왜구의 존재를 오늘날의 국적 개념에 얽매어 접근할 필요는 없을 것이다. 하지만 왜구의 주된 인적 구성이 일본인이었으며, 여기에 다수

---

38 原來倭寇逢著中國之人, 也不盡數殺戮。擄得婦女, 恣意奸淫；弄得不耐煩了, 活活的放了他去。也有有情的倭子, 一般私有所贈。只是這婦女雖得了性命, 一世被人笑話了。其男子但是老弱, 便加殺害；若是強壯的, 就把來剃了頭髮, 抹上油漆, 假充倭子。每遇廝殺, 便推他去當頭陣。官軍只要殺得一顆首級, 便好領賞。平昔百姓中禿髮廝剌, 尚然被他割頭請功; 況且見在戰陣上拿住, 那管真假, 定然不饒的。這些剃頭的假倭子, 自知左右是死, 索性輩著倭勢, 還有捱過幾日之理, 所以一般行兇出力。那些真倭子, 只等假倭攛過頭陣, 自己都尾其後而出, 所以官軍屢墮其計, 不能取勝。昔人有詩, 單道著倭寇行兵之法。詩云: 倭陣不喧嘩, 紛紛正帶斜。螺聲飛蛺蝶, 魚貫走長蛇。扇散全無影, 刀來一片花。更兼真偽混, 熬禍擾中華。中國哲學書電子化計(https://ctext.org/wiki.pl?if=gb&chapter=696452), 2020년 6월 23일 검색.

의 중국인 조력자들이 참여했다는 사실에는 크게 이견이 없다. 초기엔 일본인의 비율이 높았지만 후기로 내려오면서 일본인의 비율이 줄어들었다. 일본 내 정치적 상황이 혼란스러울 때 중앙 정부는 지방 영주들을 통제할 수가 없었기 때문에 왜구가 증가할 수밖에 없었다. 왜구는 무역과 해적질이라는 두 가지 선택지를 가지고 있었다. 무역을 통한 이익이 더 크다고 판단될 때는 무역상이었다. 하지만 무역을 금지당하거나 무역을 통한 이익이 생계를 유지할 수 있을 만큼 충분하지 못할 경우 이들은 해적으로 돌변했다. 왜구들은 기본적으로 해양 활동을 하는 사람들이었으며, 그들의 활동 무대는 일본 근해뿐 아니라 동남아 연해까지 이르렀다. 왜구들과 그들의 가족들은 한곳에 머물기보다 옮겨 다니는 경우가 많았고, 일본에 가족을 둔 경우라도 다른 지역에 또 다른 현지 가정을 꾸리는 경우도 흔했다. 이 경우 관련 자손들은 트랜스컬처럴(trans-cultural), 혹은 다문화적인 관점을 가지게 마련이며, 어느 한 정치적 조직체나 국가에 속하지 않을 공산이 크다. 좀 더 정확히 말하면, 왜구와 관련 선원과 가족들은 여러 지역과 연계되어 있는 해양 문화의 한 부분이었다.[39]

육지에서 정주 생활을 하는 사람들과는 이 점에서 차이가 날 수밖에 없었다. 육지 정주인들은 기본적으로 농업을 이상으로 삼고 있는 정치적인 권력과 연결되어 있었다. 육지에서는 중앙, 지방 정부와 같은 다양한 조직에 귀속되어 세금을 내야 하고 지휘 감독을 받아야만 했다. 하지만 해양인들은 육지의 통제력이 미치지 않는 섬에 자리를 잡고 있었으며 필요하면 바다로 나갔다. 사실상 이들을 통제하기란 쉽지 않은 일이었다. 일본 정부가 왜구를 통제하기 어려웠던 이유이기도 하며, 혹은 통제하기를 꺼렸던 이유이며, 결과적으로 중국, 한국과 껄끄러운 관계를 가지면서도 해결할 수 없었던 이유이기도 하다.

또 하나 지적해야 할 점은 해상 무역에 안전 시스템이 갖춰져 있지 않은 상황에서 해적의 범주 자체가 모호할 수밖에 없었다는 점이다. 상선이 바다로 나가는 건 고립무원의 상황으로 들어가는 걸 의미했다. 거기서 살아남기 위해서는 스스로 무장을 하거나 해상 무장 집단의 보호를 받아야만 했다. 아울러 경쟁 관계에 있는 상단이나 상인에 대한 견제를 위해서도 무장이 필요했다. 경우에 따라서는 경쟁 관계에 있는 상단을 무너뜨리기 위해 무장 집단을 이용해 공격을 하기도 했다. 포르투갈이나 스페인, 네덜란드처럼 식민 당국에 소속되어 있거나

---

39  Peter A. Lorge, *The Asian Military Revolution from Gunpowder to the Bomb* (Cambridge University Press, 2008), 78-79쪽.

이들의 지지를 받는 경우는 해적이 아니었지만 공식적인 조직에 속하지 않은 일본의 왜구나 중국의 해상 무장 집단은 해적이었다. 당연히 상인과 해적은 경계가 모호할 수밖에 없었다. 정상적인 상황에서 무역 활동을 할 때는 상인이었지만 언제든 무역이 불가능해지면 약탈을 일삼는 해적으로 바뀔 수 있다는 점에서 상인과 해적은 동전의 양면과 같았다. 그리고 상인과 해적의 이중적인 양태는 근대 초기 국제 무역에서 정상적인 범주에 속했다.[40]

## 명대 군사 제도의 문제점

명정부는 왜구의 약탈과 해적질을 막지 못하면서 해양 장악력에 문제점을 드러내기 시작했다.

왜구들은 전술적인 측면과 개인 기량 모든 면에서 명군을 압도했다. 왜구들은 무예 실력이 뛰어난 개인을 소규모로 편성해서 움직였다. 기만 전술에 능해서 명군과 곧바로 맞붙어 싸우기보다 언덕이나 둔덕의 엄폐물에 숨어서 명군이 지치기를 기다렸다가 기습을 하는 방식을 선호했다. 포로로 잡은 아이와 부녀자들을 전면에 세워 방패막이로 삼기도 했다.

명군은 화기로 무장하고 있었다. 하지만 명군의 화기는 많은 문제점을 안고 있었다. 육중한 무게로 인해 기동력이 떨어졌다. 소규모로 약탈을 하고 도망을 치는 왜구들에게는 적합하지 않았다. 게다가 동남연해 지역은 습지가 많아서 무겁고 큰 화기는 운반이 힘들었다. 아울러 당시 군사 동원 면에서도 문제점을 드러냈다. 명대의 위소제(衛所制)는 평소 농사일에 종사하던 사람을 위급한 상황에서 군사로 동원하는 병농일치제로, 병사로서의 전문성을 살리기 힘들었다. 명 이전엔 징병제와 모병제가 병행해 실시되었다. 위소제는 역대 왕조에서 운용했던 군사 제도 가운데 장점만을 모은 독특한 제도였다. 명나라 태조가 창업하는 과정에서 새로운 지역을 점령하게 되면 병력을 주둔시켜 방어하도록 했는데, 이때 둔전을 일궈 식량을 자급하도록 했다. 개국 후에 이를 체계적으로 정비해 위소제를 확립했다. 위소의 사병은 전쟁이 없을 때는 둔전에 종사하면서 훈련을 받았다. 전쟁이 발발하게 되면 위소에서 병력을 차출하여 군단을 편성, 황제가 파견한 장군의 지휘를 받았다. 전쟁이 끝나면 장수는 경사로

---

40  리보중, 《조총과 장부》(글항아리, 2018), 109쪽.

돌아가 작전권을 황제에게 반납했고, 병사들은 각자의 위소로 돌아가 복무하는 방식이었다. 병농일치에 기반을 두고 직업 군인에 의해 전투력을 유지하면서 동시에 군비는 자체 조달하게 하는 이상적인 제도로 여겨졌다.[41]

하지만 병사이면서 농민인 위소제하에서 사병은 전문적인 군인으로서의 역할을 제대로 하기 힘들었다. 위소 자체가 전투 편제가 아닌 일상 지역 편제에 불과했기에 전문적인 훈련은 기대할 수 없었다. 정규 훈련, 복잡하고 규모가 큰 대규모의 실전 훈련을 받지 못한 병사들에게서 전문성을 기대하는 것은 무리였다. 위소의 병사들이 무기를 사용할 줄 모르고, 전진과 후퇴를 모르며, 눈은 깃발이 색을 구분하지 못하고, 귀는 북소리를 구분하지 못한다는 평가를 받는 것은 어쩌면 당연했다. 물론 명정부도 위소제의 문제점을 인지하고 있었다. 그래서 명대 후기 개선책으로 도입한 것이 영병제였다. 각 위소 병사들뿐 아니라 군량 수송을 담당한 조군, 변경 방위를 담당한 술병, 치안을 담당하는 총병, 순무군 등에서 병사를 뽑아 별도로 영을 구성했다. 농사일로 훈련이 부족한 위소병의 전문성 부족 문제를 해결하기 위한 조치였다. 취지는 좋았지만 영병제하의 군사들 역시 각종 공사에 동원되거나 나무를 베는 등의 잡일에 시달리면서 1년 내내 제대로 된 훈련을 받지 못하는 상황이 계속되었다. 명색이 군인이지만 시정의 잡부나 농사꾼과 별반 차이가 없다는 평가를 받을 정도였다.[42]

게다가 리더 격인 군관들도 문제가 많았다. 군관들은 세습직으로 부잣집 자제들이어서 온실에서만 자라 고생을 몰랐으며, 게으르고 교만해 배우려고 하지 않았다. 그렇다고 군관을 양성하기 위한 교육 제도가 제대로 된 것도 아니었다. 교육은 주로 유학 경전의 이론에 치우쳐 있을 뿐 천문, 지리, 전략, 기마, 사격, 화기, 전차, 전법 등 군관으로서 필요한 전문 지식은 소홀했다. 엄격하고 효율적인 선발 제도가 없는 상황에서 인맥을 통해 조건에 부합하지 않는 군관들이 대거 등용되어 군관의 수만 증가하게 되었다. 1392년부터 1469년까지 경군의 군관이 2,700여 명에서 8만여 명으로 폭증하기도 했다.[43] 병사들에 대한 처우 역시 형편없었다. 사회적 지위가 낮은 병사들에게 월급마저 제대로 지급되지 못하다 보니 끊임없이 병사들이 백성들을 약탈하는 문제가 발생했다. 가는 곳마다 소란을 피우고 가축을 훔치는 등의 문

---

41  백기인, 《중국군사상사》(국방군사연구소, 1996), 178-179쪽.

42  리보중, 《조총과 장부》, 345-347쪽.

43  리보중, 《조총과 장부》, 349쪽.

제가 심각해지다 보니 왜적에 의한 피해보다 오히려 자국 병사들에 의한 피해가 더 크다는 불만이 급증하기도 했다.[44]

당시 명군은 공식적인 규모는 동아시아 최대의 군사를 보유한 강대국이었지만 실제로는 이처럼 총체적인 부실을 안고 있었다. 항왜명장이라고 알려져 있는 척계광이 등장하기 전까지 이런 현실은 개선되지 않았다. 척계광도 처음부터 왜구를 소탕하는 데 성공적이었던 것은 아니었다. 그는 첫 전투에서 패했다. 패인을 치밀하게 분석한 끝에 그가 내린 결론은 당시의 군사 체계로는 왜구를 상대할 수 없다는 것이었다. 당시 명나라 군대는 오합지졸이라고 할 정도로 무기력했다. 실제 병력은 장부에 기록된 인원에 턱없이 모자랐으며, 그마저도 훈련이 제대로 되어 있지 않았다. 왜구를 보기만 해도 도망갈 궁리부터 할 정도로 사기도 바닥에 떨어져 있어서, 군령에 의해 통제 불가능한 상태였다. 척계광은 정치적인 후원자였던 담륜[45]의 지원을 받아 4,000여 명의 농민병을 모집해 기존 군대와는 전혀 다른 체계와 전법을 갖춘 후에야 비로소 왜구와의 전투에서 승리할 수 있었다. 척계광이 병사들의 모집, 훈련, 신호 체계에서부터 군율에 이르기까지 하나하나 새로이 구축해야만 했다는 건 당시 명나라의 군사 시스템이 정상적으로 운용되지 못했다는 걸 방증한다.

척계광은 실전 경험을 통해 왜구의 전법을 간파하고 있었다. 왜구들은 심리전에 뛰어났다. 둔덕이나 언덕에 숨어서 아군이 지치기를 기다렸다가 기습적으로 공격을 했다. 공격을 할 때는 중국인 부녀자나 아이, 노인 등을 전면에 세워 아군이 머뭇거리는 사이 치고 들어가는 전법을 썼다. 특히 왜구들은 장도를 잘 썼다. 왜구는 길고, 날카로우며, 상대적으로 가벼운 장도를 두 손으로 잡고 휘둘렀기 때문에 매우 위력적이었다. 당시 명나라의 칼은 짧고, 두꺼

---

44 리보중은 임진왜란 당시 조선으로 파견된 명군 병사들도 이와 같았다고 지적한다. 조선에서는 왜구가 해를 끼친 것은 얼레 빗이지만 명군이 끼친 해는 참빗 같다는 원성이 자자했다고 한다. 이를 전해 들은 명 조정은 사신으로 왔던 류성룡에게 캐 묻지만, 명나라의 원군이 필요했던 류성룡으로서는 완곡한 표현으로 이를 무마할 수밖에 없었다. 류성룡은 군대가 주둔하는 곳에는 가시나무가 자란다는 옛말을 인용해 작은 소란과 피해가 하나도 없을 수 있겠느냐며 명군을 참빗에 비유한 건 누군가의 왜곡이라고 변호하였다. 리보중은 당시 명군이 중국 내에서도 군기가 엉망이었던 점을 들어 조선에서 한 짓이라고 해서 다르지 않았을 것이라고 본다. 리보중,《조총과 장부》, 348-349쪽.

45 담륜(譚綸, 1520~1577)은 16세기 중반 군사 관련 직책을 30년 동안 수행했다. 1544년(가정 23)부터 1568년 북방으로 옮겨 가기 전까지 유대유, 척계광을 이끌고 꾸앙뚱(廣東)과 꾸앙시(廣西)의 동남 연해의 왜구를 평정했으며, 1568년 북방으로 옮겨 가서는 척계광을 불러들여 수비하도록 했다. 직책은 병부상서에 이르렀다. 많은 이들이 항왜명장 하면 척계광을 떠올리지만 실질적으로 척계광을 발탁하고 후원한 담륜이 없었다면 척계광은 능력을 발휘할 수 없었을지도 모른다. 척계광과 함께 '담척(譚戚)'으로 칭송되었다. 임종욱,《중국역대인명사전》(이회문화사, 2010), '담륜(譚綸)' 항목 참조.

웠으며, 날이 무딘 데다 무거워 운용하는 데 둔했기 때문에 장도에 맞설 수가 없었다.

　명나라 군사들에게 장도보다 긴 병장기가 있기는 했다. 예를 들면, 장창은 3.5m에 이르렀기 때문에 길이 면에서 장도보다 훨씬 유리했다. 하지만 왜구는 뛰어난 검술로 장창 역시 무력화시킬 수 있었다. 왜구가 뛰어들며 장도를 휘두르면, 장창은 두 동강이 나버리고 말았다. 심지어는 창을 든 병사들의 몸뚱이도 같이 잘려버릴 정도였다.

〈그림 10〉 장도와 요도, 장창의 상대적 길이

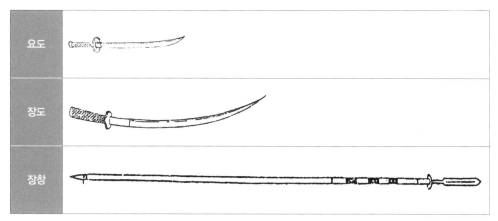

　일반적으로 칼은 단병으로 분류된다. 보통 칼이라고 하면 도와 검을 막론하고 대개 90~100cm 정도에 불과하다. 따라서 칼로 3.5m 길이의 장창을 상대하기는 쉽지 않다. 그런데 왜구들의 장도는 130~160cm 내외로 일반적인 도검보다 훨씬 길었다. 여기에 더해 도약과 일격필살의 격법이 결합되면서 위력을 발휘하게 되었다. 장도는 한마디로 전통적인 단병기와 장병기의 중간 길이에 예리함과 파괴력을 가진 신종 무기였던 셈이다〈〈그림 10〉 참조〉. 여기에 특유의 검법이 결합되면서 당시로서는 전혀 보지도 못한, 그리고 상대할 수도 없는 새로운 무기로 등장한 것이었다. 불에는 불, 이에는 이라고 척계광은 왜구의 장도에 대항하기 위해 명군에게도 같은 검술을 보급하고자 한다. 척계광은 1561년 왜구의 장도술이 담긴 〈영류지목록(影流之目錄)〉을 입수해 이를 자신의 군대에 가르치기 시작했다.

## 현존 최고(最古)의 일본 검술 기록: 〈영류지목록(影流之目錄)〉

척계광이 일본의 장도술에 대해 직접 기록을 남긴 것은 1584년이었다. 14권 본《기효신서》를 편찬하면서 장도라는 이름으로 당시 그가 접한 일본 검술에 대한 인상과 전투 중 우연히 구한 일본 카게류 검술의 원본(〈영류지목록(影流之目錄)〉[46])과 거기서 파생된 15세의 검술 기법을 포함시켰다. 그가 일본 카게류 검술의 비전 목록을 구한 것은 1561년이었으니 약 20여 년이 지난 후에야 기록으로 옮겨진 것이다.[47]

〈영류지목록〉은 일본에서 기원한 검술을 중국 측에서 기록한 것이지만 아이러니하게도 일본 내에서도 〈영류지목록〉보다 오래된 카게류 검술 목록은 남아 있지 않다. 뒤에서 다룰《아이스카게류목록》역시 1576년 발급된 것으로 척계광이 〈영류지목록〉을 구했다고 한 1561년보다 15년이나 후대의 기록이다. 따라서 〈영류지목록〉은 동아시아에서 가장 오래된 검술 기록이라고 할 수 있다.

〈영류지목록〉의 존재는 일찍부터 알려져 있었지만 구체적인 내용에 대해서는 그간 제대로 소개되지 못했다. 그 이유는 무엇보다 이 목록이 일본식 헨타이가나(變體假名)의 초서체로 기록되어 있기 때문이다. 물론 헨타이가나를 읽을 수 있다고 해도 문제는 남는다. 이런 유의 비전 목록은 어떤 기법을 재현할 수 있을 만큼 상세히 기록되어 있지 않다. 비전 목록은 다른 사람이 이를 보고 재현하도록 하는 데 목적이 있다기보다 해당 유파의 일원으로 무술을 배운 사람이 자신이 배운 기술을 잊어버리지 않도록 하는 데 있었다. 내용도 기술의 명칭이나 순서, 간단한 요점이 담겨 있는 정도였다. 부수적으로 해당 유파의 계보를 실어 수련 공동체를 공고히 하는 목적이 있었다. 문자 그대로 '목록(catalogue)'인 셈이다. 따라서 유파의 일원으로 검술을 직접 배우지 않은 이상 그 내용을 모두 알 수는 없다.

---

46 《기효신서》에 실린 〈영류지목록(影流之目錄)〉은 일본 검술 유파인 카게류(影流, 陰流)의 목록을 말한다. 뒤에서 다룰《아이스카게류목록(愛洲陰之流目錄)》과 구분하기 위해 〈영류지목록〉이라고 표기한다.

47 하지만 척계광의 또 다른 저서인《연병실기(練兵實紀)》(1571)에는 병사들을 훈련시키기 위한 무예로 장도(《연병실기》에는 왜도(倭刀)로 기록되어 있음)가 제시되어 있다. 따라서 장도법은 1571년 이전에 이미 명나라의 군진 무예의 하나로 실시되고 있었음을 알 수 있다. 戚繼光,《練兵實紀》(邱心田 校釋, 中華書局, 2001), 102쪽.

《기효신서》 장도 편은 다음과 같이 시작한다.[48]

이 장도[影流, 카게류 검술을 가리킴]는 왜구가 중국을 침범하면서 알려지기 시작했다. 저들이 이 칼을 들고 이리저리 날뛰면, 칼날의 섬광이 눈앞에 번득여 우리 병사들은 이미 사기를 잃고 만다. 왜구들은 도약을 잘하여 한 번 뛰면 일 장에 이르며, 칼날의 길이가 5척이므로 이 칼로 1장 5척을 커버할 수 있었다. 우리 병사들의 단병기는 짧아서 맞서기 힘들며, 장병기 역시 민첩하지 못하여 적을 만난 자는 몸뚱이가 두 동강이 나고 마니 이는 그들의 장도가 날카롭고 예리한 데다 두 손으로 사용해 파워가 세기 때문이다. 지금은 이 칼만 사용해서는 스스로를 지킬 수 없다. 다만 조총수는 적이 멀리 있으면 총을 쏘는데, 적이 가까이 오면 공격할 다른 무기가 없기 때문에 보조 무기를 소지해야 하지만 총은 무겁고 탄환도 많아서 그렇게 할 수가 없다. 오직 이 장도만이 가볍고 길어서 함께 사용할 수 있으니 몸에 지니고 있다가 적과 맞닥뜨리게 되면 총을 버리고 이 칼을 사용해 스스로를 지키도록 한다. 하물며 살수는 직접 칼날을 맞대고 접전을 해야 하니 장도를 사용해 대비하도록 해야 한다.[49]

위 인용문에는 왜구의 장도술에 속수무책으로 당할 수밖에 없었던 당시 명군의 상황이 잘 드러나 있다. 척계광이 카게류 검술에 깊은 인상을 받은 건 무엇보다 중국에서는 못 보던 전혀 새로운 검술이었기 때문이다. 당시 중국에서 사용하던 칼은 짧고 무디었다. 반면 장도는 길고 날카로웠다. 장도의 길이는 단병과 장병의 중간 길이였다. 이 말은 장도가 단병과 장병의 중간 공간을 제어하는 데 이점이 있다는 걸 의미한다. 다시 말해, 장도는 단병과 장병 모두에 탄력적으로 대응하는 범용성을 가졌다. 물론 범용성은 이 경우 장병 혹은 단병 어느 쪽

---

48 《기효신서》는 전체 18권으로 이루어진 판본과 14권으로 이루어진 판본으로 나뉜다. 18권 본은 1561년 최초로 편찬되었다. 척계광은 말년 은퇴한 이후 1584년 14권 본을 새로이 편찬했다. 14권 본은 이전 18권 본과 그의 또 다른 저서 《연병실기(練兵實紀)》(1571)의 내용을 포함해 편집한 것으로 18권 본보다 권수는 적어졌지만 내용 면에서 더 풍부해졌으며, 편찬 체제 역시 18권 본보다 체계적으로 이루어졌다(최복규, 《권법 바이블》(한국학술정보, 2018), 106쪽). 장도는 바로 14권 본 《기효신서》에 수록되어 전한다. 참고로 오늘날 남아 있는 가장 오래된 14권 본 《기효신서》는 1588년 간행된 이승훈 중간본이다. 본서의 〈부록2〉에 이승훈 중간본에 실린 장도를 실었다.

49 長刀, 此自倭犯中國始有之. 彼以此舞蹈光閃而前, 我兵已奪氣矣. 倭善躍, 一進足則丈余, 刀長五尺, 則丈五尺矣. 我兵短器難接, 長器不捷, 遭之者身多兩斷. 緣器利而雙手使用, 力重故也. 今如獨用則無衛, 惟鳥銃手賊遠發銃, 賊之近身再無他器可以攻刺, 如兼殺器則銃重藥子又多, 勢所不能. 惟此刀輕而且長, 可以兼用, 以備臨身棄銃用此. 況有殺手當鋒, 故用長刀備之耳. 戚繼光, 《紀效新書》(14卷本, 范中義 校釋, 中華書局, 2001), 82-83쪽.

의 이점도 살리지 못하고 무미무취한 것으로 전락해버릴 가능성도 없지 않다. 하지만 왜구는 뛰어난 검술 실력으로 장병과 단병의 단점을 상쇄시켰으며, 오히려 기존 단병과 장병의 이점을 장도 하나로 모두 구현했다. 이로 인해 중국군은 단병과 장병을 모두 갖추고도 왜구의 장도 하나를 당해내지 못하는 사태가 발생했던 것이다. 척계광에게 이 상황은 대단히 충격적이었다. 그래서 특별히 자신의 저서에 기록해 놓은 것이었다. 그로부터 약 30년 후에 척계광의 후배 군사전략가인 모원의 역시 왜구의 장도법이 전해지기 전에 사용하던 중국의 칼은 짧고 무겁기 때문에 폐지하는 것이 낫다고 말한다.

물론 명군이 왜구를 상대로 고전을 했던 건 단순히 병장기 길이 때문만은 아니었다. 일본도[長刀]의 우수한 품질, 장도를 운용하는 기술, 그리고 장도와 여타 병장기를 결합한 군사 전술의 활용 등이 복합적으로 작용해 나타난 결과였다. 일본도는 가벼우면서도 길고, 강한 데다 두 손으로 사용해 한 손으로 사용하는 짧고 투박한 중국의 칼보다 위력적이었다. 그리고 무엇보다 왜구들의 검술이 뛰어났다. 장도를 들고 이리 뛰고 저리 뛰며 휘둘러대면 명군의 장창도 잘려버리고 심지어 병사의 몸뚱어리도 두 동강이 나고 말았다. 급기야 왜구들과 맞닥뜨린 명군이 일본군 칼날에 반사되는 햇빛만 보고도 겁을 먹게 되었던 것이다.

척계광은 두 가지 측면에서 왜구를 상대하고자 했다. 하나는 장도술의 도입이었다. 아군 병사들에게도 장도를 보급시켜 왜구와 마찬가지로 운용할 수 있다면 적의 이기를 나의 이기로 삼아 적을 제어할 수 있을 것이라는 생각이었다. 다른 하나는 집단 전술을 이용해 왜구에 대항하는 것이었다. 대부분 농민병 출신인 병사들을 아무리 열심히 훈련시킨다고 해도 검술 전문가였던 왜구들과 일대일의 대결을 벌이는 건 애초에 무리였다. 그래서 원앙진이라고 불리는 12명이 한 조로 움직이는 소규모 진법을 구성해 왜구에게 맞섰다. 대장 1인과 등패수 2인, 낭선수 2인, 장창수 4인, 당파수 2인, 그리고 화병 1인으로 구성된 원앙진은 길고 짧은 서로 다른 병장기를 지닌 병사들을 하나의 단위로 묶어 각각의 병사가 서로를 엄호하며, 각 병기의 장점을 발휘하도록 한 진법이었다. 예를 들면, 1열의 등패수가 앞으로 밀고 나가면 바로 뒤의 낭선수가 그 뒤를 따르며 등패수를 엄호하고, 다시 낭선수 뒤의 장창수가 낭선수의 뒤를 따르며 낭선수를 엄호하며, 틈을 보아 나아가며 공격한다. 장창 뒤의 당파수는 장창수를 따르며 장창수의 빈틈을 보호하고 장창수와 번갈아 가며 나아가고 물러나며 상호 협조하여 적을 공격하고 방어하게 된다. 아울러 승리할 경우 전공을 골고루 배분하며, 반대로 만약 진 가운데 한 병사라도 죽게 되면 그 죄를 물어 나머지 병사들을 참수하는 연좌제를 적용함으로써 병사들이 전투에 임하는 마음가짐을 다잡도록 했다. 하지만 엄밀히 말하면, 원앙진은 상당히 비효율적인 편제였다. 다수의 인원을 중복해서 배치해 병사 자원을 낭비하고 있으며, 당시 화기로 전환되는 무기 체계와도 맞지 않았다. 그럼에도 불구하고, 대부분 농민 출신으로 개인 무술 수준이 떨어졌던 당시 병사들의 한계를 집단 전술로 보완함으로써 일정 수준의 성과를 거둘 수 있었다. 왜구의 장도술과 관련 지어 원앙진을 평가한다면 원앙진은 일본 검술을 상대하기 위한 고육지책으로도 볼 수 있을 것이다.

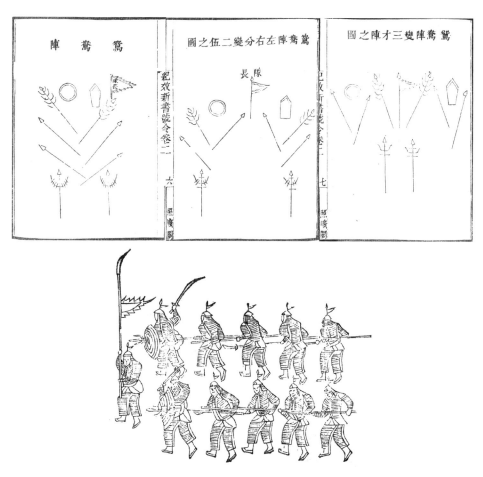

〈그림 11〉 원앙진 대형_기본형 및 응용형(위), 원앙진의 실제 모습(아래)

여기서 우리는 다음과 같은 질문을 던져볼 필요가 있다. 도대체 당시 일본 검술은 어떤 모습을 하고 있었을까? 명나라 진영을 끊임없이 괴롭혔던 일본 검술, 심지어 명나라로 하여금 자신의 군영에 일본 검술을 도입하도록 하고, 일본 검술에 대처하기 위해 새로운 진법을 고안하게끔 한 일본 검술, 그 모습을 알 수는 없을까? 그 출발점이 바로 〈영류지목록〉이다. 척계광은 왜구들의 검술에 깊은 인상을 받고 자신의 군진에 이를 보급시킨다. 원앙진이라는 집단 전술로 왜구를 상대하는 것도 한 방법이지만, 중국 병사들의 개인 검술 실력을 왜구들 수준으로 끌어올리는 것이 상책인 건 당연하다. 바로 《기효신서》에 〈영류지목록〉을 포함시킨 이유였다.

〈영류지목록〉의 첫 페이지는 다음과 같이 시작한다.

익히는 법: 이것은 왜놈들의 원본으로 신유년(辛酉年) 전투 중에 입수했다.
習法: 此倭夷原本, 辛酉年陣上得之(〈그림 12〉① 참조).

여기 신유년은 1561년(가정 40)을 말한다. 이때 척계광은 타이저우[台州, 현 저지앙(浙江) 린하이(臨海)]를 침범한 왜구들과의 전투에서 1,900여 인을 참살하는 전과를 올렸다. 이를 타이저우 대첩이라고 하는데, 〈영류지목록〉을 이 전투 중에 입수했다는 것을 나타낸다.

바로 아래부터 척계광이 입수한 〈영류지목록〉의 본문이 시작된다. 이 목록은 총 9면으로 이루어져 있다. 헨타이가나가 초서체로 쓰인 부분(총 3면)과 그림자 형태로 두 사람이 서로 겨루는 모습(총 2면), 그리고 뒤이어 15세의 도법 그림(총 4면)으로 구성되어 있다. 헨타이가나로 쓰인 내용은 원비(猿飛), 호비(虎飛), 청안(青岸), 음견(陰見), 원회(猿回)라는 세명과 함께 각 도법의 요점을 포함하고 있다. 마지막의 '제3산음(山陰)'은 명칭만 남아 있고 그 이하의 부분은 누락되어 있다. 뒤이어 그림자 모양으로 두 사람이 칼을 겨루는 그림에는 칼을 맞대고 있는 그림과, 맨손으로 칼 든 사람과 겨루는 모습, 그리고 혼자 칼을 잡고 서 있는 사람의 그림이 묘사되어 있다. 뒤이어 열다섯 가지의 검세가 4면에 걸쳐 나열되어 있다(〈부록 2〉 14권 본 《기효신서》〈영류지목록〉 참조).

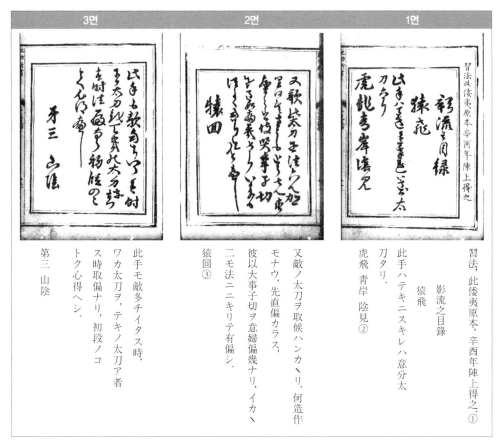

又敵ノ太刀ヲ取候ハンカ丶リ、何造作
モナウ、先直偏カラス、
彼以大事子切ヲ意婦偏幾ナリ、イカ丶
二モ法二二キリテ有偏シ。
猿回③

此手モ敵多チイタス時、
ワカ太刀ヲ、テキノ太刀ア者
ス時取偏ナリ、初段ノコ
トク心得ヘシ。
第三 山陰

習法、此倭夷原本、辛酉年陣上得之。①
影流之目録
此手ハテキニスキレハ意分太
刀タリ。
猿飛
虎飛 青岸 陰見②

〈그림 12〉는 〈영류지목록〉 원본과 그 아래 탈초본을 나란히 배치한 것이다. 원본은 일본어 고어인 헨타이가나를 초서체로 판각한 것이어서 읽기가 쉽지 않다. 마쯔시타 켄린은 자신의 저서 《이칭일본전(異稱日本傳)》(1688)에 〈영류지목록〉의 탈초본을 실었다〈〈그림 13〉).[51] 사실 이 〈영류지목록〉은 문법적으로 해석이 안 되는 비문(非文)이다. 아마 카게류 목록 원본을 옮기는

---

50  여기 〈영류지목록〉은 타이완국가도서관에 소장된 14권 본 《기효신서》(1588년 간행, 이승훈 중간본으로 알려져 있음)에서 가져왔다.

51  마쯔시타가 탈초한 원문은 《무비지》(1621)에 실린 〈영류지목록〉을 바탕으로 하고 있다. 《무비지》〈영류지목록〉은 《기효신서》〈영류지목록〉을 그대로 옮겨 실었기 때문에 내용상으로는 동일하다. 다만 기법을 나타내는 그림에서 차이가 있다. 양자의 차이와 마쯔시타에 대해서는 본 장의 뒷부분에 이어진다. 참고로 〈부록〉으로 《기효신서》〈영류지목록〉과 《무비지》〈영류지목록〉을 함께 실었다. 양자를 대조해보기 바란다.

과정에서 오류가 있었던 것으로 보인다. 여기서는 오류가 있는 그대로 최대한 의미를 살려 번역을 시도했다. 〈영류지목록〉에 관한 보다 정확한 해석은 뒤에 이어지는 《아이스카게류목록(愛洲陰之流目録)》의 번역을 참조하기 바란다.[52]

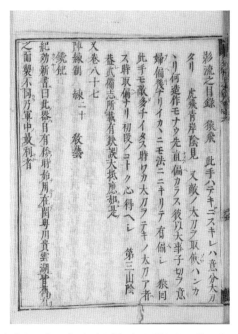

〈그림 13〉 〈영류지목록〉의 탈초(출전: 《이칭일본전(異稱日本傳)》)[53]

## 〈영류지목록〉의 번역 및 해설

[원문]

影流之目録

猿飛

---

52  〈영류지목록〉과 《아이스카게류목록(愛洲陰之流目録)》의 번역에 도움을 주신 규장각한국학연구원 김시덕 교수께 감사한다. 김시덕 교수의 도움이 없었다면 이만큼의 결과를 내기 힘들었을 것이다. 작업하는 과정에서 번역문에 수정을 가했다. 번역 오류에 대한 모든 책임은 나에게 있다는 점을 밝혀둔다.

53  松下見林, 《異稱日本傳》(中之六, 北御堂前(浪華): 崇文軒, 1693(元禄 6)), 12면.

此手ハテキニスキレハ意分太刀タリ

虎飛, 靑岸, 陰見②

又敵ノ太刀ヲ取候ハンカ丶リ, 何造作モナウ, 先直偏カラス, 彼以大事子切ヲ意婦偏幾ナ
リ, イカ丶 二モ法二二キリテ有偏シ.


[번역]

카게류 목록

엔삐(猿飛)

이 기법은 적이 너의 칼에 어떻게 반응하는지와 밀접한 관련이 있다.


코삐(虎飛), 세이간(靑岸), 카게미(陰見)

또한 적의 칼이 공격해옴에 조금도 동요해서는 안 된다. 아무리 어려운 상대라고 하더라
도 주도권을 잃지 말며 온 힘을 다해 베어서 싸움을 끝내라. 아주 강하게 베어야 한다.


[해설]

이 문서의 제목은 〈영류지목록(影流之目錄)〉이다. 여기 '영류(影流)'의 일본어 발음은 '카게
류'이다. '카게류'의 또 다른 일본어 한자 표기는 '음류(陰流)'이다. 일본어로는 '영(影)'과 '음
(陰)' 모두 '카게'로 발음되기 때문에 혼동했던 것으로 보인다.

〈영류지목록〉에는 엔삐(猿飛), 코삐(虎飛), 세이간(靑岸), 카게미(陰見), 엔카이(猿回)와 같은 세
명이 아무런 표기 없이 나열되어 있다. 마지막에 제3야마카게(山陰)가 나오는 것으로 보아 그
앞에 제1세와 제2세가 있을 것이다. 그런데 〈영류지목록〉만으로는 제1세와 2세가 어디서
나뉘는지도 구분하기 힘들다. 엔삐(猿飛)로 시작하기 때문엔 엔삐가 1세인 것은 맞지만, 뒤이
어 나오는 ②번의 코삐(虎飛), 세이간(靑岸), 카게미(陰見), 엔카이(猿回) 사이에 어디까지가 제1
세고 제2세인지가 구분이 되어 있지 않다. 여기서 이미 우리는 이 문서가 상당히 부정확하게
판각되었다는 사실을 알 수 있다. 이 부분은 뒤에서 다룰《아이스카게류목록》과 대조해봐야
알 수 있다.《아이스카게류목록》에는 제1엔삐, 제2엔카이, 그리고 제3야마카게의 순서로 기

록되어 있다. 따라서 〈영류지목록〉의 제1세는 엔삐부터 카게미까지임을 알 수 있다.

이 세는 상대와 맞섰을 때 상대가 나의 움직임에 혹은 나의 칼에 어떻게 반응하고 움직이는가와 밀접한 관련이 있다는 걸 나타낸다. 이 문장만으로는 기법과 관련한 내용을 유추해 내기 힘들지만 검도에서 흔히 말하는 선(先)의 선(先), 후(後)의 선(先)의 공격과 연결될 수 있을 것이다. 검으로 맞선 상태에서 상대가 움직일 때 내가 상대보다 먼저 공격할 것인지, 아니면 상대가 먼저 움직였지만 상대보다 내가 먼저 도달하도록 할 것인지가 이 첫 번째 세와 관련이 있는 것으로 보인다.

코삐(虎飛, 호랑이가 날다), 세이간(靑岸, 푸른 절벽),[54] 카게미(陰見, 숨어서 보기)라는 기법 명칭이 나오고 바로 아래 이에 대한 단편적인 설명이 등장한다. 이 설명만으로 개별 기법의 모습을 구체적으로 유추하기는 힘들다. 하지만 검 대 검의 대결 상황을 염두에 두고 있다는 점, 그리고 일격필살의 강한 베기를 강조하고 있다는 점은 분명하게 드러난다. 상대에게 주도권을 잃지 말며 상대가 공격해 들어올 때 있는 힘을 다해 베어서 끝장을 내라고 하고 있다.

[원문]

猿回③
此手モ敵多チイタス時, ワカ太刀ヲ, テキノ太刀ア者ス時
取偏ナリ, 初段ノコトク心得ヘシ.
第三 山陰

[번역]

엔카이(猿回)

이 기술도 적이 다수일 때 사용한다. 너의 칼이 상대의 칼과 일치되도록 해서는 안 된다. 네게 이로운 타이밍을 포착하라. 검술의 초보자일 때처럼 네 마음가짐을 유지하라.

　제3 야마카게(山陰)

---

54　뒤에 나오는 《아이스카게류목록》에는 세이간(靑岸: 푸른 절벽)의 한자가 세이간(淸眼: 맑은 눈)이다.

[해설]

여기 엔카이(猿回)가 제2세에 해당한다. 엔카이는 문자 그대로는 "원숭이가 돌다"로 해석될 수 있다. 이 기술 또한 다수를 상대한다고 했으므로 앞의 1세도 다수를 상대하는 기법임을 알 수 있다. 나의 칼이 상대의 칼과 일치되어서는 안 된다는 말은 강 대 강으로 맞부딪혀서는 안 된다는 걸 나타낸다. 상대 움직임의 타이밍을 빼앗아야 한다는 말과 통한다. 마지막은 초보자 때의 마음가짐을 유지하며 자만하지 말고 신중히 대처하라는 말로 마무리하고 있다. 다음에 제3세 야마카게(山陰)가 이어진다. 세명만 있을 뿐 다른 설명은 달려있지 않다.

여기까지가 〈영류지목록〉의 1~3면까지의 내용이다. 뒤이어 그림자 형상으로 두 사람이 대결하는 모습이 총 4면이 나온다. 그리고 마지막 "왜법은 여기까지(倭法止)"라는 문구로 끝난다. 이로써 왜인으로부터 구한 〈영류지목록〉은 여기서 끝난다는 걸 알 수 있다. 그 뒤에 총 15세의 그림이 나열되어 있다. 이 세들은 척계광이 군진 안에서 직접 군사들을 훈련시키기 위해서 활용했던 기법들로 보이는데, 이상하게도 15가지 세는 그림만 있을 뿐 세명이나 가결 등 세에 관한 정보가 아무것도 부연되어 있지 않다.

〈영류지목록〉은 1584년 편찬된 《기효신서》(14권 본)에 처음 기록된 이후 모원의가 편찬한 《무비지》(1621)에 그대로 전재된다. 하지만 《기효신서》와 《무비지》에 실린 〈영류지목록〉을 대조해보면 양자 간에는 차이점이 있다. 먼저 《기효신서》의 그림자 형상의 두 사람이 칼을 겨루는 모습이 《무비지》에는 원숭이 형상으로 바뀌었다. 다음으로 《기효신서》에는 장도를 사용하는 기법으로 그려져 있지만 《무비지》에는 요도로 바뀌어 묘사되어 있다(〈표 2〉 참조).

<표 2> 《기효신서》(14권 본)과 《무비지》의 〈영류지목록〉과 장도 비교

| 《기효신서》〈영류지목록〉 | 《무비지》〈영류지목록〉 | 비고 |
|---|---|---|
| 영류지목록 1~3면 | 영류지목록 1~3면 | 양자 동일. 〈그림 12〉 참조 |
| | | |
|  |  | 그림자 형상이 원숭이로 대체됨 |
| | | |
| 1 | | • 《무비지》 장도는 그림 순서가 뒤섞여 있다. 이 표에서는 보기 편하게 《기효신서》 장도에 해당하는 《무비지》의 세를 바로 옆에 배치했다. |
| 2 | | • 장도의 길이에 변화가 있다. 2, 3, 4, 6, 7, 8, 11번 자세에서처럼 《기효신서》 장도는 칼날 부분을 잡고 있는 모습으로 묘사되어 있지만 《무비지》의 해당 자세는 손바닥을 대고 있다. |
| 3 |  |  |
| 4 |  |  |
| 5 |  |  |
| 6 |  |  |

| | 《기효신서》〈영류지목록〉 | 《무비지》〈영류지목록〉 | 비고 |
|---|---|---|---|
| 7 | | | |
| 8 | | | |
| 9 | | | |
| 10 | | | |
| 11 | | | |
| 12 | | | |
| 13 | | | |
| 14 | | | |
| 15 | | | |

양자를 대조해보면 가장 먼저 눈에 띄는 건 《기효신서》는 그림자 형상으로 묘사한 반면 《무비지》는 원숭이 모습으로 그려져 있다는 점인데, 왜 《무비지》에 와서 그림자가 원숭이로 바뀌었는지는 알 수 없다. 카게류의 탄생 설화에서 신이 원숭이 형상으로 나타나 검술을 전해주었다는 데서 원숭이와 모종의 관련을 가지고 있다고 봤을 가능성도 있다. 엔삐(猿飛)와 엔카이(猿回)와 같은 검술 기법에서도 원숭이[猿]가 강조되어 있다.

다음, 《무비지》 장도 그림의 배열 순서가 《기효신서》와 다르다는 것이다. 《기효신서》와 《무비지》에 있는 그림을 순서대로 1~15의 번호를 매긴 후 《기효신서》 장도의 그림 순서를 기준으로 《무비지》 그림을 대조하면 그 순서는 1, 2, 13, 10, 3, 4, 11, 12, 5, 6, 9, 14, 7, 8, 15가 된다. 각 그림의 배열 순서가 크게 의미가 있는 건 아니지만 앞의 그림자 형상이 원숭이로 바뀐 점과 각 세의 그림 배열 순서가 혼동되어 있는 점으로 보아 《무비지》가 《기효신서》를 기준으로 판각되지는 않은 것은 분명해 보인다(〈부록 3〉《무비지》《영류지목록》 참조).

끝으로 주목할 만한 점은 장도의 길이다. 《기효신서》《장도》에는 양손을 벌려서 한 손은 자루를 다른 손은 칼날(동호인 부분)을 잡는 세들이 포함되어 있다. 《기효신서》의 2, 3, 4, 6, 7, 8, 11번 그림을 보면 오른손으로 칼날 부분을 잡고 있는 모습을 확인할 수 있다. 칼이 길기 때문에 운용의 편의를 위해서 만들어진 세들이다. 반면 《무비지》의 해당 자세는 모두 손바닥을 칼등에 댄 모습으로 바뀌었다. 다른 자세들에서는 양손으로 자루를 잡고 운용한다. 칼의 길이가 줄었기 때문에 나타난 변화이다.

장도가 전해지기 전 명나라 군진에서 사용되던 칼은 일본식 장도에 비해 길이가 짧고 무거웠다. 모원의는 다음과 같이 말한다.

《무경총요(武經總要)》에는 모두 8종류의 도(刀)만 실려있으며 크게 차이가 나지 않는 도는 싣지 않은 것 같다. 각각의 도를 익히는 법은 모두 전하지 않는다. 오늘날에는 오직 장도(長刀)와 요도(腰刀)만 익힌다. 요도는 반드시 단패(團牌: 방패)와 함께 사용해야 한다. 그러므로 패에 포함시켜 설명했다. 장도는 왜노가 익히는 것으로, 세종(世宗, 명나라 11대 황제인 가정제(嘉靖帝, 재위 1521~1567)를 가리키며 세종은 그의 묘호) 때 동남해안을 침범하면서 비로소 중국에 알려지기 시작했다. 척소보가 신유년(1561) 전투 중 그 익히는 법을 얻어 연습하도

**록 했다. 뒤에 함께 실었다.** 이 도법이 전해지기 전에 중국에서 사용하던 칼의 제도도 대체로 비슷했다. 하지만 짧고 무겁기 때문에 이는 폐지하는 것이 낫다.[55]

비록 17세기 초반까지 여러 가지의 형태의 도가 알려져 있기는 했지만 각각의 도법은 실전되고 만 상황이었다. 명나라 군진에서는 척계광이 전한 장도와 기존 중국의 요도만 남아 활용되고 있었다. 특히, 명나라에서 사용하던 칼은 짧고 무거워 길고, 가벼우면서도 날카로운 일본의 장도에 비할 바가 못 되었다. 그래서 기존 중국식 칼은 폐지하는 것이 낫다고 주장했던 것이다.

〈그림 14〉《무경총요》에 있는 8종류의 도(刀)[56]

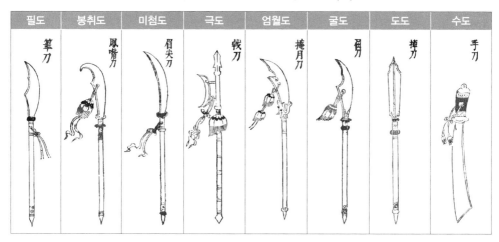

| 필도 | 봉취도 | 미첨도 | 극도 | 엄월도 | 굴도 | 도도 | 수도 |

흥미롭게도《기효신서》와《무비지》를 통해서 명나라로 알려진 〈영류지목록〉은 역으로 일본에 다시 전해진다. 일본에 알려진 시기는 17세기 말로 조선보다 거의 100여 년이나 뒤다. 그런데 일본에 소개된 〈영류지목록〉은《기효신서》《영류지목록》이 아니라 후대《무비지》

---

55  茅子曰：《武經總要》所載刀, 凡八種而小異者猶不列焉. 其習法皆不傳. 今所習惟長刀腰刀. 腰刀非團牌不用, 故載於牌中. 長刀則倭奴所習. 世宗時進犯東南. 故始得之. **戚少保於辛酉陣上, 得其習法, 又從而演之, 并載於後.** 此法未傳時所用刀制略同. 但短而重可廢也. 茅元儀《武備志》(中國兵書集成 第30冊, 解放軍出版社, 1989 영인), 3419쪽.

56  曾公亮,《武經總要》(前集, 中國兵書集成 第3冊, 解放軍出版社, 1989 영인), 690~693쪽.

(1621)에 재수록된 〈영류지목록〉이었다.[57]

일본에 최초로 〈영류지목록〉을 소개한 인물은 유의(儒醫)였던 마쯔시타 켄린(松下見林, 1637~1704)이었다. 마쯔시타는 독특한 이력의 소유자였다. 일본 에도 시대 전기 의사이면서 역사가로 활약했던 인물로 1637년 오오사카의 의가 집안에서 태어났다. 그는 13세 때 후루바야시 켕기(古林見宜, 1579~1657)의 문하에서 의학과 유학을 배우고 일본사를 연구했다. 뒤에 쿄오토에서 의술을 업으로 하면서 연구를 계속했다. 고증에 뛰어나 《삼대실록(三代實錄)》을 교정·간행했다. 《이칭일본전(異稱日本傳)》(1688)은 그의 또 다른 역작으로 30여 년의 세월에 걸쳐 중국과 한국을 비롯한 여러 나라의 문헌 약 126종에서 일본 관련 자료를 뽑아 자신의 주석과 비판을 첨부해 엮었다. 상(3책), 중(7책), 하(4책)로 이루어져 있다. 마쯔시타는 《이칭일본전》에 《무비지》《영류지목록》의 전문을 탈초해서 싣고 자신의 생각을 덧붙였다. 마쯔시타가 탈초한 〈영류지목록〉은 이후 아이스(愛洲) 일족의 가보인 《평택가전기(平澤家傳記)》(1696)와 백과사전인 《고사류원(古事類苑)》(1879~1914)[58]에도 실리게 되면서 널리 알려지게 된다.

그렇다면 마쯔시타는 《무비지》《영류지목록》을 어떻게 생각하고 있었을까? 아래 《이칭일본전》에 실린 주석을 통해 그 일단을 읽을 수 있다.

이제 생각건대 척소보(戚少保)는 척계광(戚繼光)이다. 신유년 명나라 가정 40년(1561)은 일본의 오오기마찌(正親町) 천황 에이로쿠(永祿) 4년에 해당한다. 카게류(影流)는 일본 검술

---

57 《기효신서》《영류지목록》이 조선에 알려진 건 임진왜란 중이었다. 당시 조선 조정은 14권 본 《기효신서》를 바탕으로 《무예제보》(1598)를 편찬했다. 《무예제보》의 장도는 〈영류지목록〉에서 유래한 15세를 활용해 만들어진 투로였다. 뒤이어 편찬된 《무예제보번역속집》(1610)에는 다시 장도를 활용한 검 대련법[왜검]이 실려있다. 조선에서 〈영류지목록〉이 어떻게 변화·발전했는지는 다음 장에서 상세하게 다룬다.

58 《고사류원(古事類苑)》은 일본 최대의 백과사료사전으로 1879년 문부성 대서기관 니시무라 시게키(西村茂樹, 1828~1902)가 유서의 편집을 건의하면서 편찬 작업이 시작됐다. 니시무라는 문학박사로 메이지 시기 계몽사상가이자 교육가로 활동했다. 도덕진흥단체인 일본홍도회(日本弘道會)의 창설자이기도 하다. 코나카무라 키요노리(小中村清矩, 1822~1895) 등이 편집을 시작해 35년의 세월이 소요되어 1914년 완성한 대작이다. 역대의 제도와 문물, 사회 전반에 걸친 내용을 30개의 카테고리로 나누고, 각 항목에 대해 그 기원, 내용, 변천에 이르는 내용을 원문 그대로 뽑아서 엮었다. 방대한 작업의 결과물은 총 1,000권이었으며, 전통 방식의 책자로는 351책, 양장으로는 총 목록과 색인을 포함해 51책으로 간행되었다. 양장 책으로 67,000페이지에 이르며 64,246 항목을 수록하고 있다. 오늘날에도 다양한 분야의 연구자들이 에도 시대 이전의 문화를 이해하기 위해 필수적으로 이용하는 중요한 사료다. (https://japanknowledge.com/contents/kojiruien/index.html), 2020년 2월 14일 검색. 참고로 《고사류원(古事類苑)》《무기부(武技部)》 '검술(劍術)' 편에 〈영류지목록〉 관련 내용이 실려 있다.

유파의 명칭이다. 여기 '카게'를 나타내는 한자는 그림자를 나타내는 '카게(影)'가 아니라 음양(陰陽)의 '카게(陰)'로 써야 한다. 일본에서는 예로부터 검을 쓰는 자가 많았지만, 미나모토 노 요시쯔네(源義經, 1159~1189)가 그 극의에 도달했다고 전해진다. 쿠라마데라(鞍馬寺) 절에는 적막하고 사람이 없는 소오죠오가타니(僧正谷) 계곡이 있다. 예전에 곤노소오죠오(權僧正) 이치엔(壹演, 803~867)이 일찍이 이곳에서 불도를 수행했기 때문에 소오죠오가타니 계곡이라고 불린다.[59] 미나모토 노 요시쯔네는 어려서 헤이지(平治) 난을 피해 소오죠오가타니 계곡에 들어왔다가 이인(異人)을 만났다. 그 이인이 검술을 전해주었는데, 요시쯔네는 검으로 치고 찌르는 법을 통달했다. 그 후 많은 검객이 등장했다. 아시카가(足利) 말기에 아이스 휴우가노카미 이코오사이(愛洲日向守移香)란 사람이 나타났다. 그는 오랜 기간 상인(霜刀)을 연마했다. 우토(鵜戶) 곤겐(權現)을 참배해 검술을 이루기를 기원했는데 꿈에 신이 원숭이의 형상으로 나타나 비결을 전수해주었다. 세상에 이름이 알려지자 유파를 카게류라고 이름 지었다. 그의 제자인 카미이즈미 무사시 마모리 후지와라 노부쯔나(上泉武藏守藤原信綱, 1508~1578)는 전심을 다해 그 기법을 연구해 좋은 점은 살리고 결점은 걸러내어 신카게류(新陰流)를 창시했다. 그 기법에는 엔삐(猿飛), 엔카이(猿回), 야마카게(山影), 게쯔카게(月影), 우키부네(浮船), 우라나미(浦波), 란코오(覽行), 마쯔카제(松風), 하나구르마(花車), 쵸탄(長短), 텟테이(徹底), 이소나미(礒波) 등이 있다. <u>모원의의 《무비지》에는 엔삐(猿飛), 엔카이(猿回), 야마카게(山陰), 코삐(虎飛), 세이간(靑岸), 카게미(陰見)만 있는데, 아마도 일본의 헨타이가나를 전사하는 과정에서 내용들이 누락되고, 그림 역시 빠진 것으로 보인다</u>(밑줄 필자 삽입).[60]

윗글에는 카게류와 관련해 미나모토 노 요시쯔네(源義經, 1159~1189), 아이스 휴우가노카미 이코오사이 그리고 카미이즈미 이세노카미 노부쯔나 세 사람이 등장한다.

미나모토 노 요시쯔네는 헤이안 시대 말기, 가마쿠라 시대 초기의 무장으로 헤이지난이 한창이던 1159년 미나모토 노 요시토모의 아홉째 아들로 태어났다. 하지만 당시 천황파와 상황파는 쿄오토(京都)에서 내전을 벌이는데(헤이지난) 이 전쟁으로 미나모토 가문의 대부분이 죽고 만다. 미나모토의 아들 요리토모(당시 13세)는 먼 지방으로 보내지고, 요시쯔네(당시 2세)

---

59  소오죠오가타니 계곡은 쿠라마데라 절의 본전 곤도의 서북쪽, 키부네(貴船) 신사 사이에 있다. 이곳에 미나모토 노 요시쯔네를 기리는 사당인 요시쯔네당(義經堂)이 있다. 오늘날까지도 미나모토 노 요시쯔네가 무술을 익힌 곳으로 널리 알려져 있다.

60  松下見林,《異稱日本傳》(中之六, 北御堂前(浪華): 崇文軒, 1693(元祿 6)), 11면.

**〈그림 15〉 미나모토 노 요시쯔네**[61]

는 강제로 승려가 되어야 했다. 위 인용문에서 헤이지난을 피해 소오조오가타니 계곡에 들어가 이인을 만났다는 문장은 바로 이때 일어난 일을 가리킨다. 요시쯔네는 소오조오가타니 계곡에 머물 때 검술을 익혔던 것으로 보인다. 요시쯔네는 후에 여러 전투에서 승리하면서 뛰어난 무장으로 이름을 날린다. 하지만 형 요리토모와의 갈등으로 거병을 해 요리토모에게 대항했으나 실패하고 만다. 31살의 나이에 자결로 생애를 마감했다. 비극적인 생애와 함께 죽어야 했지만 어쩌면 요시쯔네는 비극을 통해서 되살아난 것인지도 모른다. 왜냐하면 오늘날 요시쯔네는 일본 검술의 한 획을 긋는 인물로 여겨지기 때문이다. 요시쯔네의 이야기는 어딘지 신화적인 냄새가 풍긴다. 하지만 요시쯔네를 통해 검술에 새로운 의미가 부여된 것만은 분명하다.

카게류와 직접적인 관련이 있는 인물은 아이스 히사타다(愛洲久忠, 1452~1538)이다. 그의 호가 이코오사이(移香斎)이기 때문에 아이스 이코오사이(愛洲移香斎)로도 알려져 있다. 이세국(伊勢国, 이세노쿠니, 오늘날 혼슈 칸사이의 미에현) 아이스(愛洲) 출신이다. 아이스지방은 쿠마노 해적 일당의 본거지로 알려져 있다. 이코오사이는 어려서 해적단의 일원으로 명나라에도 갔었다고 전한다. 36살에 바로 위의 단락에 나오는 원숭이신의 현몽을 꾸고 카게류를 창시했다고 한다. 전국을 주유하며 무사수업을 했으며, 말년에 휴우가에 정착해 마모루 휴우가라고

---

61  일본의 예술가로 18세기 중반 활동한 코리이 키요히로(鳥居 清広)가 1750년대 후반 그린 작품이다.

도 불렸다.

카미이즈미 노부쯔나(上泉信綱, 1508~1577)가 아이스 이코오사이에게서 어떻게 카게류를 배웠는지는 다소 다른 이야기들이 전한다. 카미이즈미가 마쯔모토 비젠노카미 마사노부에게서 카시마신류를 간접적으로 배운 후 신카게류라고 개칭했다는 이야기도 있고, 아이스의 카게류를 배운 후 신카게류라고 이름을 바꿨다는 이야기도 있다. 아마도 카미이즈미의 신카게류는 카시마와 카토리 신사의 전통을 종합해서 만들어졌을 것이다. 카미이즈미는 쿄오토에서 몇 년을 보냈는데, 그때 아시카가 요시테루(足利義輝, 1536~1565)와 만나면서 당시 영향력 있던 야규우 무네요시(柳生宗嚴, 1529~1606)와 마루메 쿠란도노스케 나가요시(丸目蔵人佐長惠, 1540~1629)와 같은 뛰어난 검객들에게 병법과 검술을 가르쳤다고 한다.[62]

밑줄 친 인용문을 보면 마쯔시타가 탈초한 문장에서 '코삐(虎飛)'가 나오는데 원문은 '코란(虎乱)'이다. 마쯔시타가 코란(虎乱)을 코삐(虎飛)로 탈초한 이래 일본 내에서는 〈영류지목록〉의 세명의 하나로 '코삐'가 와전되기 시작했다. 20세기 초에 편찬된《고사류원》에도 그대로 '코삐(虎飛)'로 기록되어 있다.[63]

마쯔시타의 잘못만은 아니다. 〈영류지목록〉 자체가 척계광이 타이저우대첩 중 습득한 왜구의 원본을 모사해서 판각했던 것으로, 판각 과정에서 오류가 발생했기 때문이다. 이는 당시 중국인들 역시 이 자료를 정확하게 읽어내지 못했을 가능성을 암시한다. 따라서 중국에서 유전되었던 카게류 검술도 이러한 부정확한 이해를 바탕으로 재해석된 혹은 재구성된 검술이었을 가능성이 높다. 그렇다면 〈영류지목록〉의 원래 모습을 알 수 있는 방법은 없는 것일까? 다행히도 〈영류지목록〉의 모본(母本)에 해당하는《아이스카게류목록(愛洲陰之流目録)》이 현재까지 전한다. 이제《아이스카게류목록》을 통해 중국과 일본에 큰 영향을 미쳤던 카게류 검술에 직접 다가가 보기로 하자.

---

62 Cameron Hurst, *Armed Martial Arts of Japan: Swordsmanship and Archery*, 49쪽. 야규우 무네요시는 야규우신카게류(柳生新陰流)를 창시했으며, 마루메 쿠란도노스케 나가요시는 타이샤류(タイ捨流)를 창시했다.

63 야규우가(柳生家)의 가보인《옥영습유(玉榮拾遺)》(1753)에도《무비지》〈영류지목록〉이 실려 있다. 이 기록에는 해독이 불가능한 문자는 '□'로 표기하고 있다고 하는데, 모두 36군 데에 이른다. 宮本光輝, 魚住孝至, 〈《愛洲陰之流目録》(東京国立博物館蔵)の調査報告書: 一新陰流との関係及び『紀效新書』所載の「影流之目録」についての新知見〉, 103~104쪽.

## 《아이스카게류목록》의 구성 및 내용[64]

《아이스카게류목록》은 현재 일본 토오쿄오국립박물관에 소장되어 있다. 《아이스카게류목록》의 발급 연대는 1576년으로 척계광이 〈영류지목록〉의 모본을 입수했다고 하는 1561년보다 약 15년이나 뒤이다. 그럼에도 불구하고 내용이나 편찬 체제의 완성도 면에서 볼 때 《아이스카게류목록》은 〈영류지목록〉의 모본으로 간주될 수밖에 없다. 척계광이 〈영류지목록〉을 입수했을 때 카게류가 이미 100여 년을 전해져 내려온 유파라는 점, 그리고 이런 유의 목록은 한 유파 안에서 일정 수준에 도달한 제자들에게 발급되었다는 점을 감안하면 1576년 이전에도 같은 형식으로 발급되었을 가능성이 높다. 오늘날 남아 있는 《아이스카게류목록》과 유사한 형태의 목록이 1561년 척계광의 손에 들어갔을 것이다.

현존하는 《아이스카게류목록》은 모두 4권으로 구성되어 있으며, 가로로 펼쳐지는 형태의 두루마리 족자이다. 각 족자의 크기는 대략 세로 15cm에 가로는 족자마다 약간의 차이가 있기는 하지만 300cm에 이른다. 지질과 지형, 서체, 용묵 등의 상태를 볼 때 모두 같은 시기에 만들어진 것으로 추정된다.

제1권에는 제1 엔삐(猿飛)에서 시작해 제2 엔카이(猿回)까지는 문장으로, 제3 야마카게(山陰) 이하부터는 2인 1조를 하나의 세법으로 하는 그림으로 모두 11세법이 기재되어 있다. 권말에는 카게류의 계보와 발급 연월이 기록되어 있는데, 유하라(湯原)라는 사무라이가 우키타(宇喜多)라는 사무라이에게 1576년 발급했다. 이 목록의 전체 크기는 세로 15.0cm, 족자를 가로로 펼친 길이는 281.0cm이다.

제2권에는 사람과 텐구(天狗)가 마주 서서 겨루는 그림이 12매 그려져 있으며, 각각의 텐구에는 이름이 달려 있다. 텐구는 칼 외에도 장도(長刀), 창, 십자창, 이도(二刀)를 들고 있다. 세로 15.0cm, 가로로 펼친 길이는 301.0cm이다.

제3권에는 권두에 〈사상지태도(仕相之太刀)〉라는 표제하에 한 사람이 나가마키(長卷), 타찌(太刀), 코다찌(小太刀)를 가지고 여섯 가지의 자세를 취하는 그림과 각각의 명칭이 기재되어

---

64 《아이스카게류목록》의 구성 및 내용에 대해서는 다음 논문을 참조.
宮本光輝, 魚住孝至, 〈愛洲陰之流目録〉(東京国立博物館蔵)の調査報告書: ―新陰流との関係及び『紀效新書』所載の「影流之目録」についての新知見〉.

있다. 그 뒤에 〈승태도지절상(勝太刀之切相)〉에는 실전에서 어떻게 응용되는지에 관해서 설명하고 있는 것으로 보이는데, 구전으로 전해진다고만 되어 있다.

제4권에는 '눈가리기(目かくし)'라는 제명하에 기묘한 형상을 한 칼 그림이 그려져 있다. 칼날은 세 번의 굴곡이 있으며 마지막에 날이 한 바퀴 돌아서 칼끝이 뻗어 나간다. 바로 뒤에는 밀교의 주문이 행서체로 7줄의 문장이 이어진다. 아이스카게류가 주술적인 요소를 검법과 결부시켜 사용한다는 점을 감안하면 여기 칼이나 뒤의 주문도 그와 관련이 있는 것으로 보인다. 주문에는 마리지천(摩利支天)[65]에 대한 맹세와 뒤이어 부단한 연습을 강조한 내용이 포함되어 있다. 마리지천의 이름과 주문을 외우면 그 사람을 보거나 잡을 수 없고 해를 입힐 수도 없다고 알려져 있다. 마리지천의 보호를 받기 위해서는 7일 밤낮으로 기도하고, 항상 그 진언을 생각해야 한다고 한다. 아마 아이스카게류에서도 마리지천을 이러한 주술적인 목적에서 소환했을 것이다.

〈그림 16〉《아이스카게류목록》전 4권

---

65  마리지천에 대해서는 한글대장경 불교사전(https://abc.dongguk.edu/ebti/c3/sub1.jsp), '마리지천다라니주경(摩利支天陀羅尼呪經)' 항목 참조. 2021년 10월 21일 검색.

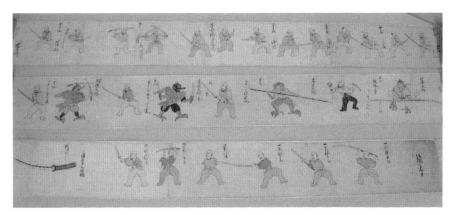

〈그림 17〉《아이스카게류목록》1, 2, 3권을 나란히 펼친 모습

이상의 내용을 요약하면 다음과 같다.

《아이스카게류목록》의 제1권에는 총 11세가 기재되어 있다. 기존에는 신카게류목록에 실린 엔삐(猿飛), 엔카이(猿回), 야마카게(山陰), 겟카게(月陰), 우키부네(浮船), 우라나미(浦波), 시시훈진(獅子奮迅), 야마가스미(山霞)의 8세만 존재하는 것으로 알려졌었지만 카게켄(陰劍), 세이간(淸眼), 사미다레(五月雨)의 3세가 더 있다는 사실을 알 수 있다. 아울러 이 11세는 초심자 단계에서 익히는 기법이며 중급자가 익히는 내용은 별도로 존재한다는 사실도 알 수 있다. 제2권과 3권에서는 검객과 텐구가 겨루는 모습, 검의 실전적인 응용에 대해서 묘사하고 있다.《아이스카게류목록》의 발급 연대는 1576년(天正 10)으로 카게류가 성립된 15세기 말로부터 약 100여 년이나 지난 후이지만 타찌뿐 아니라 창, 십자창, 이도(二刀) 등을 포함하고 있어 여전히 카게류가 종합적인 실전 무술로서의 면모를 가지고 있음을 잘 보여준다. 중요한 건 후대의 신카게류는 무사의 마음가짐이나 정신성을 강조하고 있는 반면《아이스카게류목록》에는 그러한 내용은 들어있지 않다는 점이다. 제4권에 보이듯이 상대의 칼로부터 자신을 지키기 위해 주술적인 의미를 담은 칼이나 밀교의 주문을 사용하고 있다는 점에서 오히려 카게류는 슈겐도오(修験道, 수험도)나 야마부시(山伏)의 영향[66]을 받았다는 사실을 알 수 있다. 신카게류에 보이는 사무라이의 마음가짐이나 정신성은 후대에 등장한 개념이다.

---

66 슈겐도오는 일종의 산악신앙으로 외래의 밀교, 도교, 유교의 영향을 받아 헤이안 말기에 하나의 종교체계를 형성하였다. 슈겐도오는 특정 교설을 따르기보다 산속에 들어가 초자연적인 힘을 획득하는 데 목적을 둔다. 야마부시(山伏)는 산속에서 수행하는 슈겐도오의 수련자를 가리킨다. 편집부,《종교학대사전》(한국사전연구사, 1998), '수험도' 항목.

## 《아이스카게류목록》 번역 및 해설[67]

《아이스카게류목록》은 일본어 고어인 헨타이가나의 초서체로 기록되어 있으며 동시에 비전되는 검술 실기에 관한 내용이 다수 포함되어 있어 카게류의 검술을 익히지 않은 사람이 정확하게 해독하는 건 불가능하다. 따라서 여기서는 가용할 수 있는 자료를 최대한 활용해 해석을 시도했음을 밝혀둔다.

### 제일(第一) 엔삐(猿飛, 원숭이가 날다)

[원문]

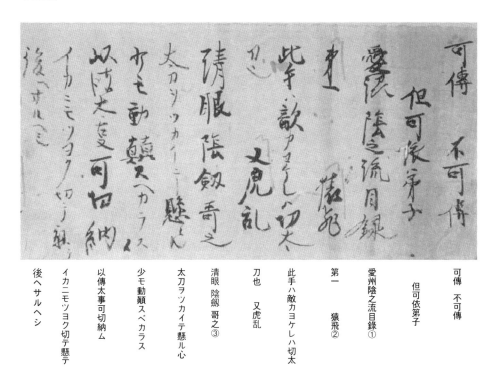

後ヘサルヘシ
イカニモツヨク切テ懸テ
以傳太事可切納ム
少モ動顚スベカラス
太刀ヲッカイテ懸ル心
清眼　陰劔　哥之③
刀也　又虎乱
此手ハ敵カヨケレハ切太
第一　　猿飛②
愛州陰之流目録①

但可依弟子

可傳　不可傳

〈그림 18〉《아이스카게류목록》 1권 도입부 및 제1엔삐

---

67 《아이스카게류목록》 4권 가운데 본서의 내용과 직접 관련이 있는 1권의 번역과 해설을 담았다.

[번역]

전할지 전하지 말지는 오직 제자에게 달려있다.


아이스카게류목록(愛州陰之流目錄)


제1 엔삐(猿飛, 원숭이가 날다)

이 기술은 적이 칼을 물릴 때 베는 검술이다. 또한 코란(虎乱), 세이간(清眼), 카게켄(陰劍)의 기법에도 응용할 수 있다. 칼을 써서 공격할 때 마음에 한 치의 동요도 있어서는 안 된다. 이는 중요한 가르침이니 철저히 익혀라. 네가 주도적으로 강하게 베어서 공격한 후 원숭이처럼 뛰어서 물러나라.


[해설]

도입부의 시작은 이 문서에 기록된 비전을 다음 세대에 전할지 전하지 말지는 모두 배우는 자인 제자에게 달려있다는 선언적인 문구로 시작한다. 제자의 자질이 부족하거나 심성이 올곧지 않다면 전해서는 안 된다는 경고이기도 하다.

①은 이 문서의 제목이 "아이스카게류목록(愛州陰之流目錄, 아이스카게노류우모쿠로쿠)"이라는 걸 보여준다. 아이스(愛州) 지방의 카게(陰) 유파의 목록이라는 말이다. '목록(目錄)'은 단순히 어떤 항목만 나열한 것에 그치지 않으며, 해당 유파의 기법과 수련, 기법의 전수, 그리고 사승관계를 나타내는 계보 등도 포함하고 있다. 이 목록에도 마지막에 계보도가 포함되어 있다.

②는 제1세에 대한 설명이다. 엔삐(猿飛)는 문자 그대로는 "원숭이가 날다" 혹은 명사적으로 해석해서 "나는 원숭이" 정도로 해석할 수 있다. 후대 사노 카쯔(佐野原勝)의 저서《유생류신비초(柳生流新秘抄)》(1716)에는 엔삐를 할 때 원숭이처럼 가볍게 뛰어야 하며, 마음을 어느 한 곳에 집착해서는 안 된다고 설명하고 있다. 착심이 생기면 적의 계략에 말려들게 된다는 것이 요지다. 여기서 원숭이는 마음이 하나에 머무르지 않고 상대의 움직임에 따라 유유자적하게 반응해야 한다는 점을 상징하기 위해 사용되었다.[68]

---

68  Eric M. Shahan, *The Shadow School of Sword*, 37쪽.

③은《기효신서》〈영류지목록〉에는 그 의미가 잘 드러나지 않았지만 여기서는 분명히 엔삐의 기법이 코란(虎乱), 세이간(清眼), 카게켄(陰劍)에도 응용될 수 있다는 점을 보여준다.

엔삐는 상대와 맞섰을 때 상대가 방어하거나 혹은 회피할 때 응용한다. 대체로 검법의 요체는 다른 무예도 마찬가지겠지만 상대와 대결 시 어떻게 상대의 빈틈을 찾아내어 일격에 끝장을 내느냐에 달려 있다. 직접 표현은 안 되어 있지만 상대와 대적 시에는 선(先)의 선(先)(상대가 움직이기 전에 내가 먼저 움직이는 것), 후(後)의 선(先)(상대보다 늦게 움직였더라도 상대보다 먼저 공격하는 것)과 같은 요결이 함께 전해졌을 것이다. 위 가결에는 상대의 움직임에 휘둘리지 않고 내가 주도적으로 이끌어간다는 뉘앙스가 강하게 풍긴다. 그리고 일단 공격을 하기로 했으면 일도양단을 낸다는 기세로 들어가야 한다는 점을 강조하고 있다.

"칼을 물릴 때 베는 검술"이란 내가 적에게 달려드는 순간 적의 반응을 놓치지 않는 걸 나타낸다. 강한 공격은 상대를 압박해 상대가 수세적인 입장에서 방어를 하게 만들거나 아니면 충격을 피해 뒤로 물러나게 하는데, 바로 이 순간을 놓치지 말고 달려들며 베는 기법이란 말이다. 무예계의 유명한 격언으로 '불초불가(不招不架)'라는 말이 있다. 이는 상대와 대적 시 상대가 공격해올 때 초식이나 방어 동작을 취하지 말고 곧바로 반격하라는 말이다. 만약 상대의 공격에 대해 방어 동작을 취하게 되면 곧바로 이어지는 상대의 연속 공격에 수세적인 위치에 처하게 되고, 결국 연속 공격에 속수무책으로 당하기 쉽다. 불초불가는 바로 상대의 공격에 대해 방어 동작이나 초식을 취하는 단계 없이, 상대의 공격은 그대로 낙공(落空: 흘려 보내 무력화 시킴)시키며, 곧바로 반격하는 걸 나타낸다. 여기 엔삐는 상대가 불초불가할 틈을 주지 말고 강한 연속 공격으로 밀어붙여야 한다는 것을 나타낸다. 공격자의 입장에서는 상대가 피하는 순간, 즉 상대가 피동적인 위치에 놓이게 되는 순간이 바로 끝장을 볼 수 있는 기회가 된다. 바로 그 틈을 놓치지 말고 들어가며 최후의 일격을 가하라는 말이다.

## 제이(第二) 엔카이(猿廻, 원숭이가 돌다)

[원문]

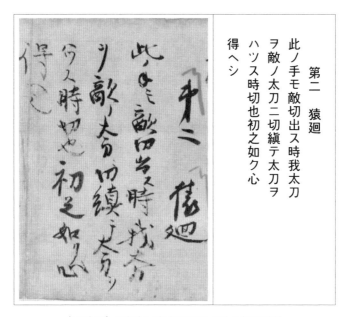

第二 猿廻

此ノ手モ敵切出ス時我太刀
ヲ敵ノ太刀ニ切續テ太刀ヲ
ハツス時切也初之如ク心
得ヘシ

〈그림 19〉《아이스카게류목록》 1권, 제2엔카이

[번역]

제2세 엔카이(猿廻, 원숭이가 돌다)

이 기법 역시 앞의 엔삐처럼 적이 칼을 내어 공격할 때 나의 칼로 적의 칼을 베어 누르고 상대가 칼을 떼어낼 때 베는 것이다. 처음 세와 같은 마음가짐으로 익혀라.

[해설]

제2는 엔카이(猿廻)다. 엔카이는 문자 그대로는 "원숭이가 돌다"라는 말이다. 이 기술은 상대가 공격해 들어올 때 상대 칼을 베듯이 후려치며 기세를 몰아 상대의 칼을 누르고, 이때 상대가 눌린 칼을 빼내려고 하는 찰나, 그때를 놓치지 않고 쫓아 들어가며 베는 것이다. 이 점을 감안하면 엔카이에서 '돈다[廻]'라는 말은 상대를 향해 몸을 돌린다는 동작에 대한 묘사에서, 더 나아가 상대의 공격에 되돌려준다[廻向][69]는 의미로도 해석될 수 있다.

앞의 제1세 엔삐가 적에게 강한 공격을 연속으로 가하며 압박하는 기술을 설명한 것이라면, 여기 제2세 엔카이는 반대로 그렇게 강하게 공격해오는 적에게 반격을 가하는 기법을 나타낸다. 이 부분을 이해하기 위해서는 먼저 '세(勢)'와 '절(節)'의 개념을 이해할 필요가 있다.[70] '세'란 급류가 큰 바윗돌을 굴려버리는 것과 같은 힘을 가리킨다. '절'은 독수리가 활강하며 토끼를 낚아채는 타이밍을 말한다. 제1세 엔삐가 나의 기세를 이용해 상대를 압박해 들어가는 세에 중점을 둔 공격이라면 제2세 엔카이는 적의 빈틈을 노려 한 타이밍에 반격을 가하는, 즉 절을 활용한 공격이라고 할 수 있다.

우리는 여기서 엔삐와 엔카이의 구조가 서로 같으면서도 상반된다는 사실을 알 수 있다. 엔삐와 엔카이는 상대를 공격한다는 점에서는 같다. 다만 엔삐는 공격자의 입장에서 최초의 공격에 뒤이어 빈틈을 주지 않고 연속으로 치고 들어가 결판을 내는 것을 추구하지만 엔카이는 그러한 상대의 연속 공격조차도 흐름을 끊어버리고 반격하는 기술이라는 차이가 있다. 전자가 상대에 대해 주도권을 가지고 공격해 들어가는 기술, 즉 먼저 움직이고 먼저 도달하는 선발선지(先發先至)의 개념에 중점을 둔다면, 후자는 상대보다 늦게 출발하지만 상대보다 먼저 공격을 성공시키는 후발선지(後發先至)를 강조한다.[71] 엔카이의 핵심은 상대에게 주도권을 주지 않으며, 불초불가하는 데 있다.

사실 이 부분은 얼핏 보면 다소 모순적일 수 있다. 왜냐하면 엔삐는 상대의 반응에 상관없이 강하게 치고 들어가 반격할 틈이나 여지를 주지 않고 압박해서 승부를 결정짓는 것이지만 엔카이는 오히려 엔삐의 그런 강한 기세조차도 되받아 역공하는 것이기 때문이다. 일면 세상에서 제일 강한 창과 제일 강한 방패가 겨루는 모순적인 상황을 연상시키기도 한다. 생사를 가르는 기술을 말로 전하기는 어렵다. 어쩌면 말이 가진 모순을 극복해야만 생사의 갈림길에서 삶의 길이 열릴

---

69  '회향(廻向)'은 회전취향(廻轉趣向)의 준말이다. 원래는 불교 용어로 자신이 닦은 선근공덕(善根功德)을 중생에게 되돌려 준다는 의미인데, 여기서는 문자 그대로 상대에게 되돌려 준다는 의미로 사용했다. 고영섭, 황남주, 《한영불교사전》(신아사, 2010), 644쪽. 참고로 《기효신서》《영류지목록》에는 '엔카이(猿廻)'가 '엔카이(猿回)'로 표기되어 있다.

70  《손자(孫子)》에서는 이를 한마디로 "기세는 맹렬하며 타이밍은 절묘하다(勢險絶短)"라고 했다. 급류의 세찬 물살이 커다란 돌도 떠내려가게 하는 듯한 기세와 사나운 독수리가 활강하며 토끼를 낚아채는 듯 타이밍이 절묘해야 한다는 말이다. 孫武, 《孫子十家注》(孫星衍 校, 新華書店, 1991), 권5 〈兵勢篇〉.

71  선발선지(先發先至)와 후발선지(後發先至)는 검도에서 말하는 선(先)의 선(先), 후(後)의 선(先)과 같은 개념이다.

지도 모른다. 그래서 머리가 아닌 몸으로 수행하라는 말이 무술에서는 공허한 메아리가 아니라 생존을 위한 필수 조건이 된다. 그런 면에서 볼 때 엔삐와 엔카이는 기술이면서 동시에 기술이 가진 모순마저도 극복해 나의 검기(劍技)로 활용해야 한다는 것을 상징하고 있는지도 모른다.

## 제3야마카게(山陰, 산 그림자)

〈그림 20〉 제3야마카게

[해설]

여기 제3야마카게부터는 세명과 그림만 나열되어 있다. 후대의 《신음류도법(新陰流刀法)》(1738)은 야마카게를 산의 그림자를 통해 음양의 이치를 검리에 부여한 세명으로 설명한다. 달빛이 산에 비치면 밝은 곳이 양이고 반대편 그림자 진 곳이 음에 해당한다. 달빛이 움직이면 산 그림자도 음에서 양으로 양에서 음으로 변한다. 내 앞에 서 있는 산은 양이다. 밝게 드러난다. 하지만 그 반대편은 음이다. 그림자가 져 어둡다. 앞에 있는 산을 돌아 뒤에 가서 서면 그 뒤는 양이 되고 원래 양이었던 곳은 음이 된다. 상대와 맞섰을 때 나는 상대의 드러난 면을 마주 대하고 있다. 하지만 상대의 뒤로 돌아 들어가면 나는 상대의 음을 마주한다. 상대의 음이 곧 나에게 양으로 밝게 드러난다. 이처럼 산 그림자는 바로 상대를 대한 전략과 마음가짐을 드러낸다. 상대의 가려진 곳을 나에게 밝게 드러난 곳으로 만들 수 있다면 가히 고수라 할 수 있지 않을까?

## 제4쯔키카게(月陰, 달 그림자)

〈그림 21〉 제4쯔키카게

## 제5우키부네(浮船, 떠다니는 배)

〈그림 22〉 제5우키부네

여기 제5우키부네도 원본에는 그림만 실려 있다.《신음류도법(新陰流刀法)》(1738)에는 제5세 우키부네가 제6세 우라나미(浦波) 다음에 온다. 맹렬한 파도에 이어 떠다니는 배가 오는 게 맞는다고 생각했는지도 모른다. 물 위에 떠 있는 배는 파도가 밀려오고 밀려가면 파도를 올라타 빠르게 나아가기도 하고, 혹은 파도에 얻어맞아 흔들리기도 한다. 배는 파도를 벗어날 수 없다. 이 기술은 물 위에 떠다니는 배처럼 내가 처한 상황에서 어떻게 해야 하는가에 대한 전략적인 의미를 담고 있는 것으로 보인다.

## 제6우라나미(浦波, 맹렬한 파도)

〈그림 23〉 제6우라나미

[해설]

우라나미는 바다에서 큰 바람이 사방에서 불어쳐 물이랑이 넘치며 생기는 사나운 파도를 가리킨다. 두 개의 파도는 서로 부딪혔다가 빠지고 뒤로 물러났다가 다시 부딪힌다. 이 검술은 풍랑이 휘몰아치는 바다에서 이리저리 방향을 예측할 수 없게 움직이는 파도에 빗대어 상대의 칼을 어떻게 바라볼 것인가를 암시하고 있다.

## 제7시시훈진(獅子奮迅, 달려드는 사자)

〈그림 24〉 제7시시훈진

## 제8야마가스미(山霞, 산안개): 이 기법은 땅으로 무장한 것처럼 느껴야만 한다.

〈그림 25〉 제8야마가스미

### 제9카게켄(陰劍, 그림자 검)

구전으로 전하는 비결이 있다.

〈그림 26〉 제9카게켄

### 제10세이간(淸眼, 맑은 눈)

〈그림 27〉 제10세이간

## 제11사미다레(五月雨, 오월 비)

〈그림 28〉 제11사미다레

제3야마카게 이하 제11사미다레까지는 세명과 그림만 나열되어 있으며, 바로 뒤에 다음
과 같이 아이스카게류의 계보도가 이어진다.

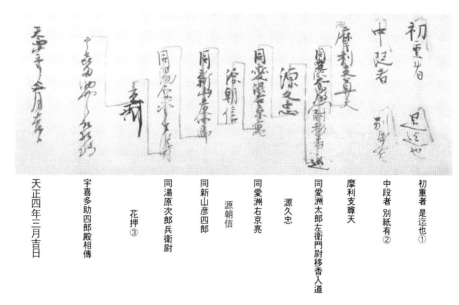

〈그림 29〉《아이스카게류목록》권1, 계보도

[번역]

① 초심자는 여기까지이다.

② 중급자는 별지를 보라.

마리지존천(摩利支尊天) —— 아이스타로사에몬이코오뉴우도 미나모토 히사타다(愛洲太郎左衛門尉移香入道源久忠) —— 아이스우큐오노스케 미나모토 아사노부(愛洲右京亮源朝信) 신잔 히데시로(新山彦四郎) —— 유하라 지로효오에노조오(湯原次郎兵衛尉)[72] [휘:카오오(花押)]③ —— 우키타스케시로에게 전함(宇喜多助四郎殿相傳)

텐쇼오(天正, 1573~1591) 4년(1576) 3월 길일(吉日)

[해설]

목록 1권의 마지막 부분이다. ①번 "초심자는 여기까지이다"라는 문장을 통해서 목록 1권은 초보자가 익히는 내용을 담고 있다는 사실을 알 수 있다. 뒤이어 ②번 "중급자는 별지를 보라"라고 한 데서 목록 2, 3, 4권이 중급자 이상의 수련생이 익히는 내용임을 짐작할 수 있다. ③은 일본어로는 카오오(花押)라고 하는데 오늘날로 치면 친필 사인에 해당한다. 카오오(花押)는 중국에서 기원했으며, 일본에서는 헤이안 시대부터 사용되었다. 대개 이름이나 호에 사용하는 한자를 변형, 파괴, 복합시키는 등의 방법을 통해 자신만의 독특한 디자인을 만들어 사인으로 사용하였다. 가마쿠라 시대나 무로마찌 시대에는 무가(武家)나 공가(公家)의 문서 마지막에 카오오를 넣는 것이 일반적이었다. 카오오가 없으면 문서의 효력이 없거나 가짜 문서로 여겨졌다. 여기 《아이스카게류목록》도 유하라가 발급하면서 진본임을 나타내기 위해 자신의 카오오(휘)를 넣었다.

---

72 병위위(兵衛尉, 효오에노조오)는 병위부(兵衛府)에 속한 관직명이다. 병위부는 율령제하에서 성립한 관청 및 관인 조직으로 천황과 그 가족을 가까이서 섬기며 호위의 임무를 맡았다. 당나라의 제도의 무위(武衛)에 맞춰 텐무천황(天武天皇, ?~686, 일본 40대 천황, 재위 673~686) 시대에 설치되었다. 병위부는 좌병위와 우병위 둘로 나뉘어 있으며, 각 병위에는 장관에 해당하는 독(督), 차관에 해당하는 좌(佐), 그 아래 위(衛), 지(志), 의사(醫師), 번장(番將), 병위(兵衛) 등이 있었다.

뒤이어 아이스카게류의 계보가 나온다. 계보의 처음은 마리지존천(摩利支尊天)에서 시작한다. 검술의 기원을 신으로 올려 잡은 데서 신화적인 세계관을 엿볼 수 있다. 아이스 이코오사이에서 미나모토 히사타다로 다시 미나모토 아사노부로 계속 이어진다.

1576년 3월 봄기운이 일기 시작하는 어느 날 유하라는 우키타를 불렀을 것이다. 마리지존천에 대한 예를 올리고, 또 선대의 전승자들을 하나하나 호명하며 우키타 또한 이 검술을 잇는 계승자로 자리매김하는 신성한 예식이 이루어졌을 것이다. 이 검술을 평생을 소중히 간직하며 가족에게조차도 함부로 전하지 않는다는 삼엄한 맹세를 다시 한번 되새기게 하며 유하라는 우키타에게 이 목록을 전해주었을 것이다. 감격해 마지않는 우키타의 모습이 떠오른다. 목록을 받아 들며 그는 어떤 생각을 했을까? 아이스카게류의 일원으로 이 검술을 후대에 제대로 전수하리라는 사명감 혹은 책임감을 되새겼을까?

하지만 안타깝게도 유하라와 우키타의 바람과는 달리 아이스카게류의 검술은 전수가 끊어지고 말았다. 아니 어쩌면 영원히 이어지고 있는지도 모른다. 《아이스카게류목록》으로 남아 그 검술의 일단을 오늘의 우리에게 보여주며, 여러 직계-방계 제자들을 통해 신카게류로 카게류의 흐름을 잇게 했으니, 실패한 게 아니라 오히려 성공한 건 아닐까? 비록 아이스카게류의 원모습 그대로는 아니지만 아이스카게류는 씨가 되어 후대 신카게류 계통 검술들이 만화(滿花)하는 데 결정적인 기여를 했다.

게다가 아이스카게류 유파의 그 누가 상상이나 했을까? 자신들의 검술이 주변국에 전해져 거기서도 대를 이어가며 전해졌다는 것을. 아이스카게류는 중국으로 전해져 중국의 군진 무예로, 다시 민간으로 퍼져 나가 민간 무예로 발전했다. 중국화된 아이스카게류는 다시 조선으로 전해져 조선의 군진 무예로 정착해 발전해갔다.

아래는 《기효신서》《영류지목록(影流之目錄)》《아이스카게류목록(愛洲陰之流目錄)》을 대조한 표이다.

### 〈표 3〉《기효신서》〈영류지목록〉과 《아이스카게류목록》 대조표

| 〈영류지목록〉 | 《아이스카게류목록》 |
|---|---|
| | 전할지 전하지 말지는 다만 제자에게 달려있다. |
| 카게류 목록(影流之目錄) | 아이스카게류목록(愛州陰之流目錄) |
| 엔삐(猿飛)<br>이 기법은 적이 너의 칼에 어떻게 반응하는지와 밀접한 관련이 있다. | 제1엔삐(猿飛)<br>이 기술은 적이 칼을 물릴 때 베는 검술이다. 또한 코란(虎乱), 세이간(清眼), 카게미(陰劔)의 기법에도 응용할 수 있다. 칼을 써서 공격할 때 마음에 한 치의 동요도 있어서는 안 된다. 이는 중요한 가르침이니 철저히 익혀라. 네가 주도적으로 강하게 베어서 공격한 후 원숭이처럼 뛰어서 물러나라. |
| 코삐(虎飛), 세이간(青岸), 카게미(陰見)<br>또한 적의 칼이 공격해옴에 조금도 동요해서는 안 된다. 아무리 어려운 상대라고 하더라도 주도권을 잃지 말며 온 힘을 다해 베어서 싸움을 끝내라. 아주 강하게 베어야 한다. | |
| | 제2엔카이(猿廻)<br>이 기법 역시 앞의 엔삐처럼 적이 칼을 내어 공격할 때 나의 칼로 적의 칼을 베어 누르고 상대가 칼을 떼어낼 때 베는 것이다. 처음 세와 같은 마음가짐으로 익혀라. |
| 엔카이(猿回)<br>이 기술도 적이 다수일 때 사용한다. 너의 칼이 상대의 칼과 일치되도록 해서는 안 된다. 네게 이로운 타이밍을 포착하라. 검술의 초보자일 때처럼 네 마음가짐을 유지하라. | |
| 제3야마카게(山陰) | 제3야마카게(山陰)<br>제4쯔키카게(月陰)<br>제5우키부네(浮船)<br>제6우라나미(浦波)<br>제7시시훈진(獅子奮迅)<br>제8야마가스미(山霞): 이 기법은 땅으로 무장한<br>　　　　　　　　　　　　것처럼 느껴야만 한다. |
| (《기효신서》〈영류지목록〉에는 이하 내용이 누락되어 있다.) | 제9카게켄(陰劍)<br>제10세이간(清眼)<br>제11사미다레(五月雨) |
| | **초심자는 여기까지이다.**<br>**중급자는 별지를 보라.** |
| | 마리지존천(摩利支尊天)<br>　　　\|<br>아이스타로사에몬이코오뉴우도 미나모토 히사타다<br>(愛洲太郎左衛門尉移香入道源久忠)<br>　　　\|<br>아이스우쿄오노스케 미나모토 아사노부<br>(愛洲右京亮源朝信)<br>　　　\|<br>신잔 히데시로(新山彦四郎)<br>　　　\|<br>유하라 지로효오에노조오<br>(湯原次郎兵衛尉)[카오오(花押)]<br>　　　\|<br>우키타 스케시로에게 전함<br>(宇喜多助四郎殿相傳)<br><br>텐쇼오(天正) 4년(1576) 3월 길일 |

이상의 검토를 통해 우리는 몇 가지 중요한 사실을 알 수 있다.

먼저, 척계광의 〈영류지목록〉이 《아이스카게류목록》의 일부분이라는 사실이다. 《기효신서》에는 척계광이 1561년 전투 중 입수했다고만 기록하고 있기 때문에 〈영류지목록〉의 구체적인 입수 경로는 확인할 수 없다. 아마도 전투 중 우연히, 아니면 당시 생포한 왜인 혹은 투항한 왜인에게서 얻었을 것이다. 물론 이러한 목록을 소지한 자라고 한다면 하급 병사는 아니며, 어느 정도 위치에 있는 사무라이였을 가능성이 높다. 척계광이 구한 〈영류지목록〉이 원래는 《아이스카게류목록》처럼 온전한 형태였는데, 《기효신서》에 옮겨 싣는 과정에서 의도적으로 일부분만 넣은 것인지, 아니면 원래 척계광이 구한 목록이 불완전한 것이었는지 현재로서는 알 수 없다. 하지만 〈영류지목록〉이 《아이스카게류목록》 가운데 처음 제1엔삐에서 제3야마카게까지의 내용을 옮겨 실었다는 점은 확실하다. 따라서 〈영류지목록〉이나 《아이스카게류목록》이 기초하고 있는 어떤 모본이 있었고 거기서 갈라져 나왔다고 보는 것이 합리적일 것이다. 물론 《아이스카게류목록》이 〈영류지목록〉보다 모본에 가깝다는 사실도 지적되어야 한다.

두 번째로, 〈영류지목록〉은 옮겨 싣는 과정에서 오류가 발생했다. 《아이스카게류목록》 원본은 헨타이가나를 초서체로 흘려 쓴 문서였다. 이를 모사해 판각하는 과정에서 오류가 발생한 것으로 보인다. 그래서 〈영류지목록〉의 문장이 비문(非文)이라는 비판을 받았던 것이다. 문제는 단순히 판각의 오류에서 그치지 않는다. 이는 궁극적으로 중국에서 카게류를 정확히 이해하지 못했다는, 아니 어쩌면 이해할 수 없었던 상황과도 연결될 수 있기 때문이다. 부정확한 이해는 결과적으로는 중국식 장도술이 나오는 배경이 되었을 것이다. 모든 문명의 전파에는 필연적으로 왜곡이 개입되게 마련이다.

세 번째는 앞의 부정확한 이해와 관련해 《기효신서》〈장도해〉에 등장하는 15세의 그림에 대한 것이다. 〈영류지목록〉의 인용이 끝나는 지점에 척계광은 '왜법은 여기까지(倭法止)'라는 문구를 넣었다. 그 뒤에는 습법(習法) 15세의 그림이 나열되어 있다. 이는 뒤에 이어지는 습법 15세가 역으로 보면 왜법이 아니라는 뉘앙스를 풍긴다. 물론 〈장도해〉 전체 맥락을 고려하면 이 15세가 카게류와 관련이 있음은 분명하다. 이미 해당 문서의 앞부분에서 척계광이 카게류 검법의 유래에 대해서 밝히고 있고, 그 검법을 자신의 군진 무예로 흡수하려고 했으며,

습법 역시 장도 안에 포함되어 있다는 점에서 〈영류지목록〉과 습법 15세는 밀접한 관련이 있다. 하지만 습법 15세는 단지 15개의 자세를 보여주는 그림이 전부다. 이 그림만으로는 카게류와의 관련성을 직접 증명하기엔 한계가 있다. '왜법지' 뒤에 이어지는 습법 15세는 〈영류지목록〉과 척계광이 카게류 검술을 알고 있는 일본인 혹은 전투 중 목격한 왜인들의 검술 형태 등을 바탕으로 척계광 자신이 재구성한 기법일 가능성이 높다. 물론 이 과정에서 〈영류지목록〉이 참고가 되었을 테지만, 어떻든 간에 중국화한 형태로의 변용을 피할 수는 없다. 게다가 약 25년이 지나 모원의가 활동하던 시기에 이르면 "척계광이 카게류의 기법을 얻어 이를 연습을 하도록 했다. 하지만 이 법은 전하지 않는다"[73]라는 기록에서 알 수 있듯이 이미 척계광이 전한 장도법마저도 군진에서 자취를 감춰버리고 말았던 것 같다.

네 번째로 습법 15세의 구체적인 모습에 대한 것이다. 이 습법 15세는 《아이스카게류목록》과는 전혀 다른 구성을 보이고 있기 때문에, 중국에 도입된 습법 15세가 구체적으로 어떻게 군진에서 활용되었는지를 확인하는 작업이 필요하다. 척계광이 채택한 군진 무예의 수련법은 크게 무(舞)와 대(對)로 이루어져 있었다. 무는 오늘날 품새[카타, 투로]의 수련처럼 개별 기술을 가상의 전투 상황을 상정하고 순서대로 배열해 처음부터 끝까지 이어서 하는 개인 수련법이다. 대는 두 사람이 서로 겨루는 수련법이다. 습법 15세도 《기효신서》의 다른 무예들과 마찬가지로 실제로는 개별 세들을 연결하여 하나의 투로로 수련했을 것이다.[74] 그런데 척계광이 전한 장도의 투로 수련법은 오늘날 중국에는 남아 있지 않다. 오늘날에는 조선에 전해진 당시의 장도 투로만 남아서 전한다. 조선에서 장도는 군진 무예로 조선 후기까지 꾸준히 유지되어 왔다. 《무예제보》에 실린 장도는 〈영류지목록〉의 검법이 어떻게 중국화/조선화되었는지를 보여준다.

다섯 번째로, 《기효신서》의 다른 무예들의 경우는 세명과 함께 가결이 실려 있어 각 기법에 대한 정보를 제공하고 있지만 장도는 단순히 15가지의 세의 그림만 남아 있다는 점이다. 각 세에 대한 설명은 말할 것도 없고, 세명조차 달려 있지 않다.[75] 이는 〈영류지목록〉의 중국 전

---

73 "戚少保於辛酉陣上得其習法, 又從而演之, 幷載於後. 此法未傳." 茅元儀, 《武備志》, 3419쪽.

74 《기효신서》에 수록된 모든 무예에 해당한다. 그런데 《기효신서》에는 개별 세에 대한 설명만 첨부되어 있을 뿐 이들 기법을 연결해서 수련하는 보가 실려 있지 않다. 해당 무예의 실제적인 수련법을 알려주는 기록은 조선에 남아 있다. 《무예제보》, 《무예제보번역속집》, 《무예도보통지》의 총도와 총보로 전하는 투로 형태의 수련법이 바로 그것이다.

75 참고로 조선본 《기효신서》(1664)에 실린 장도에는 세명이 실려 있다(본서 〈부록 4〉 조선본 《기효신서》〈영류지목록〉 참조).

파가 불완전한, 혹은 피상적인 수준에서 이루어졌을 가능성을 암시한다.[76] 그렇게 〈영류지목록〉은 중국에서, 뒤이어 조선에서 왜곡된 형태로 소비되기 시작했다.

## 중국 내 장도의 전파

왜구들의 뛰어난 검술에 깊은 인상을 받은 중국인들은 한편으로는 두려워하면서 다른 한편으로는 이를 자신들의 무예 체계 안에 도입하려고 노력했다. 척계광 역시 그 가운데 하나였다. 일본 검술은 전투 중에 생포한 왜인 아니면 투항한 왜인들 가운데 무예가 뛰어난 사람을 통해서 도입되었다. 명나라는 이들을 고용해 자신들의 병사를 훈련시키는 데 활용하는 정책을 폈다. 명 군영 가운데는 이러한 항왜들로 구성된 왜영(倭營)이 별도로 운용되기도 했다. 이런 노력을 통해 장도는 명나라 군진 무예의 하나로 정착했던 것으로 보인다. 물론 앞에서 모원의가 척계광이 전한 장도법은 실전되었다고 한 것처럼 명 군진 내 장도법의 전수에도 부침이 있었다.

장도는 군진뿐 아니라 민간에서도 유행하기 시작했다. 장도가 민간으로 퍼져 나간 경로는 여러 가지였다. 먼저 군진에서 장도를 익힌 병사들이 사회로 복귀하면서 이들을 통해 민간으로 전해지거나, 왜구 혹은 검술을 아는 일본인에게 직접 배운 경우도 있었다. 왜구에 가담했던 중국인들을 통해서도 중국 내로 전해졌을 가능성이 있다. 어느 경우든 직·간접적으로 일본인과 관련을 가질 수밖에 없다. 여러 경로를 통해 전해진 일본 검술은 17~18세기에 이르면서 중국의 민간 무예의 하나로 자리 잡게 된다.

정종유(程宗猷, 츠엉쫑여우, 1561~?), 류운봉(劉雲峰), 곽오도(郭五刀),[77] 석전(石電), 어양노인(漁陽老人), 오수(吳殳, 우수, 1611~1695) 등은 민간에 일본 검술을 전파시킨 대표적인 중국인들이었다.

---

이 세명은 조선에서 붙인 것이다.《기효신서》14권 본을 다루면서 간혹 연구자들이 혼동하는 부분이다. 일본 쓰쿠바대학교에 소장된 14권 본도 일본인 연구자들은 중국본으로 보는 경향이 있는데, 각 세의 세명이 기록되어 있다는 점에서 조선본 14권 본일 가능성이 높다.

76  중국 내에서 유전하는 일본도법의 수준이 일본인에게는 미치지 못한다는 오수의 지적이 이를 뒷받침한다. 吳殳 著,《增訂手臂錄 - 中國槍法眞傳》(孫國中 增訂點校, 北京師範大學出版社, 1989), 118쪽.

77  곽오도(郭五刀)는 곽오(郭五)로도 알려져 있는데, 아마 검술에 뛰어난 곽 씨를 부르는 별명이었을 것이다. 명말의 민간 무술가로 생애는 정확하게 알려져 있지 않다. 정종유의《단도법선》에 등장한다.

특히, 정종유와 오수는 검술 관련 저작을 남기고 있어 당대 중국에서 행해지던 일본 검술의 일단을 보여준다.

정종유(程宗猷)는 일본 검술을 류운봉(劉雲峰)에게서 배웠으며 자신이 배운 검술을 바탕으로 《단도법선(單刀法選)》(1621)을 저술했다.[78]

정종유는 일본도법에 대해 다음과 같이 말한다.

### 단도(單刀) 해설[79]

단도(單刀)라는 명칭은 두 손[雙手]으로 한 자루의 칼을 운용하기 때문에 붙여졌다. 이 기예는 왜노(倭奴)들이 정통했다. 쇠의 단련이 정교하면서도 견고하고, 칼날은 가벼우면서 날카로우며, 칼집 등의 부속물이 각각 법식이 있어 다른 지역의 도는 견줄 바가 못 되었다. 또한 연마가 잘 되어 있어 사람들이 칼날에 반사되는 광채를 보기만 해도 두려움에 떨었다. 그 용법은 좌우로 도약하며, 속임수가 기묘하여 상대방이 예측할 수가 없었다. 그러므로 장병 기예로도 매번 항상 도에 패하고 말았다. 내가 그 기법을 탐문하여 구하고자 했는데, 저지앙(浙江) 지방의 류운봉 선생이 왜의 진전을 얻어 내게 그 심오한 이치를 아낌없이 전해주셨다. 당시 남북 지역에 두루 이름이 나 있던 뿨저우(亳州)의 곽오도(郭五刀)를 나중에 직접 방문하였다. 그러나 비교해 보니 류운봉의 검법이 곽 씨의 것보다

---

78  정종유의 호는 충두(沖斗)이며, 안후에이성(安徽省) 시우닝(休寧) 출신이다. 명대 군사가이자 무술가, 저술가로 일본 검술 외에도 곤법, 장창, 쇠뇌에도 정통했다. 소림사에서 10여 년을 기거하며 소림 승려 홍전(洪轉), 종상(宗相), 종대(宗岱), 광안(廣安)에게서 곤법을 전수받았다. 창법은 이극복(李克復)에게서 배웠다. 고대의 쇠뇌를 연구하여 새로운 노법(弩法)을 창안하기도 했다. 자신의 연무 경험을 기록으로 남겼다. 1616년 3권으로 이루어진 《소림곤법천종》을 저술하였으며, 1621년 《단도법선(單刀法選)》, 《장창법선(長槍法選)》, 그리고 쇠뇌를 다룬 《궐장심법(蹶張心法)》을 저술하고 앞의 《소림곤법천종》과 함께 묶어 《경여잉기(耕餘剩技)》라는 제명으로 출간하였다. 참고로 서명인 '경여잉기(耕餘剩技)'는 "밭 갈고 남는 시간에 익히는 기예"라는 말이다. 최복규, 《권법 바이블: 《기효신서》를 통해 본 고전 권법》, 126쪽.

79  單刀說: 器名單刀, 以雙手用一刀也. 其技擅自倭奴, 煅煉精堅, 制度輕利, 靶鞘等物, 各各如法, 非他方之刀可並. 且善磨整, 光耀射目, 令人寒心. 其用法, 左右跳躍, 奇詐詭秘, 人莫能測, 故長技有每每常敗於刀. 余故訪求其法, 有浙師劉雲峯者, 得倭之真傳, 不吝授余, 頗盡壺娛. 時南北皆聞亳州郭五刀名, 後親訪之, 然較之劉, 則劉之妙, 又勝於郭多矣. 艮元受劉刀, 有勢有法而無名. 今依勢取像, 擬其名, 使習者易於記憶. 其用法, 亦惟以身法為要, 儼跳超距, 眼快手捷, 誘而擊之, 驚而取之, 心手俱化, 瞻識不亂, 方可言妙. 今將八刕兼用, 亦惟選數勢繪圖, 直述其理之可以與鑑者也. 若遇他器, 而此圓轉鋒利, 制勝又在我矣. 程宗猷, 《單刀法選》, 〈單刀說〉. 현대의 영인본으로 程宗猷, 《少林槍法闡宗·少林刀法闡宗》(常學剛·張裕庚 校點, 山西科學技術出版社, 2006)가 있다. 이 영인본은 청대 김일정(金逸亭)이 전한 필사본을 바탕으로 하고 있다. 김일정은 어려서 벼슬을 얻으려는 아버지를 따라 전전하다가 이인을 만나 소림의 진전을 얻었다고 한다. 김일정은 필사본을 만들면서 정종유의 원문 옆에 자신의 주석을 달았는데, 《단도법선》에 대한 청대인의 인식을 읽어낼 수 있다는 점에서 도움이 되지만 동시에 정종유의 글과 혼동할 수 있기 때문에 주의해야 한다.

훨씬 나았다. 애석하게도 원래 류운봉의 도법을 전수받았을 땐, **자세와 기법만 있지 해당 세명이 없었다.** 이제 자세에서 의미를 취해 이름을 붙이니 이는 익히는 사람으로 하여금 기억하기 쉽도록 하기 위해서이다. 그 용법은 오직 신법이 중요하니 재빠르게 도약하고, 눈은 빠르고 손은 민첩하며, 상대를 유인하여 공격하고, 놀라게 하여 허점을 치되, 나의 마음과 몸은 모두 조화되며, 담력과 식견은 흐트러지지 않아야 절묘하다고 말할 수 있다. 지금은 쇠뇌와 함께 사용하는데[80] 역시 몇 가지 세를 선별해 그림을 그렸으니 창과 대적하는 이치를 곧바로 알 수 있을 것이다. 만약 다른 무기를 만나더라도 이것을 융통성 있게 사용하면 승리는 참으로 나에게 있을 것이다.

　정종유의 《단도법선》(1621)은 척계광의 14권 본 《기효신서》(1584)에 장도가 실린 지 약 35년이 지난 후에 출판되었다. 정종유가 단도(單刀)라고 부르는 칼은 두 손으로 운용하는 장도를 가리킨다. 정종유의 일본도에 대한 평가 역시 기존과 다르지 않다. 날카롭고 예리하며 잘 만들어졌다는 데서 당시 일본도가 어떻게 인식되고 있었는지를 잘 알 수 있다. 흥미로운 건 정종유에게 장도를 가르친 사람이 중국인 류운봉이라는 사실이다. 류운봉의 생애에 대해서는 잘 알려져 있지 않지만 명말 저지앙(浙江) 지방에서 활동한 무예가로 일본 장도법을 전한 인물로 알려져 있다. 류운봉의 사승 관계를 직접 확인하기는 힘들다. 다만 앞에서 언급했듯이 16세기 중반 이래 명나라에는 일본 검술이 퍼져 나갈 수 있는 환경이 조성되어 있었다. 장도는 군진 무예의 하나로 정착했으며, 직·간접적으로 군에 관련이 있는 사람, 혹은 왜구와 관련이 있는 이들을 통해 민간에서도 일본 검술을 접할 수 있었다. 류운봉 역시 이런 경로를 통해 장도술을 배웠을 것이다.

　류운봉 외에도 뿨저우(亳州) 지역에도 곽오도(郭五刀)라는 인물이 장도법으로 유명했다. 당시에 이미 다수의 중국인들에 의해서 일본도법이 중국 전역에 퍼졌을 가능성이 높다. 정종유는 자신의 스승인 류운봉의 도법이 곽오도보다 낫다고 기록하고 있지만, 역사는 기록한 자의 편이라고, 정종유의 판단이 옳은지 그른지를 평가할 방법은 없다. 어쨌든 이 기록을 통해서 일본 도법이 다양한 경로를 통해 퍼져 나가고 있었으며, 각각의 검술에 대한 나름의 평가가

---

80 　조선에서는 조총수가 장도를 함께 사용했다. 원거리에서 조총을 쏘고 근접해서는 장도로 백병전을 펼쳤다. 여기 쇠뇌 역시 원거리 무기로서 조총과 역할이 비슷했다. 쇠뇌나 조총을 가진 병사가 장도(쌍수도)를 함께 소지해 장병과 단병의 묘를 갖춘다는 걸 의미한다.

나오고 있는 것을 통해 일본 도법에 대한 기술적인 이해가 일정 수준 이상에 도달했다는 사실을 확인할 수 있다.

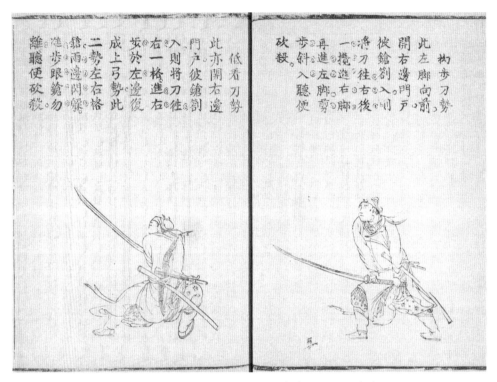

〈그림 30〉《단도법선》 중 저간도세(左)와 요보도세(右)

또 하나 흥미로운 점은 정종유가 류운봉으로부터 배운 도법의 각 세에 세명이 없었다는 점이다. 이 부분은 척계광이 전한 일본 도법과도 유사한 점이 있다. 척계광의 《기효신서》〈장도해〉에 실린 15세의 장도법 역시 그림만 남아 있을 뿐 세명은 달려있지 않았다. 오늘날 알려져 있는 장도의 세명들, 예컨대, 지검대적세, 견적출검세, 향상방적세 등의 명칭은 조선에서 《무예제보》를 편찬할 때 새로이 붙인 것들이다. 사실 구전심수의 방식으로 전해졌던 고전 무예에서는 동작과 기법은 전해졌지만 개별 기법에 구체적인 명칭이 없는 경우도 흔했다. 대다수의 무예인, 교사들이 문맹이었다는 점과도 관련이 있을 것이다. 어쨌든 여기서 우리는 1598년 한교가 《무예제보》를 편찬하면서 세명을 붙인 작업과 동일한 작업을 1621년 정종유

도 하고 있다는 사실을 알 수 있다(〈그림 30〉 참조).[81]

어쨌든 검술에 기법만 있고, 구체적인 이름이 없다면 전수하는 데 한계가 있을 수밖에 없다. 무엇보다 기억하는 데도 어려움이 있고, 전해지는 과정에서 본래 의미를 잃고 변형될 가능성도 커진다. 정종유도 그 폐단을 인식하고《단도법선》을 쓰면서 개별 세의 특징을 드러내는 세명을 직접 만들어 붙였다. 오늘날 우리가 보는《단도법선》의 세명들, 예컨대, 니아발도세(你我拔刀勢), 좌(우)독립도세(左右獨立刀勢), 매두도세(埋頭刀勢), 입동도세(入洞刀勢), 단료도세(單撩刀勢)······ 등은 모두 그가 만든 신조어들이다.


기술적인 측면에서《단도법선》의 장도술을 살펴보면 몇 가지 독특한 특징을 확인할 수 있다.

먼저《단도법선》의 장도에는 동일한 세의 좌우 대칭형이 많이 발견된다. 좌(우)독립도세, 좌(우)제료도세, 좌(우)정슬도세처럼 동일 세를 좌우로 나눠서 사용하는 방식은 이전 명대의 무술 전통에는 보이지 않던 방식이었다. 척계광이 정리한 등패, 낭선, 장창, 곤봉, 당파, 권법 등에서는 이런 식의 좌우 대칭 세는 등장하지 않는다. 대칭적인 기법의 배치는 척계광의 장도법 좌(우)방적세에 처음 보인다.[82] 좌우를 대비시켜 기술을 구분하면 아무래도 이해하기 쉬우며 기술적인 완성도를 높이기 쉽다는 장점이 있다. 이 방식이《단도법선》에서는 확대되어 나타나고 있다는 점 역시《단도법선》이 척계광의 장도와 관련이 있다는 걸 간접적으로 보여준다.

다음으로 니아발도세, 발도출초세, 대도세, 출도세, 수도입초세에서 알 수 있듯이 칼을 허리에 찬 상태에서 어떻게 뽑고, 넣는지에 관해 상세하게 다루고 있다. 이전 척계광의 장도법에서는 보이지 않는 특징이다. 척계광의 도법엔 견적출검세(적을 보고 칼을 뽑는 세) 하나만 보인다. 하지만 이마저도 칼집에서 칼을 뽑는 구체적인 방법에 대한 것은 아니다. 상징적으로 칼

---

81  본서 〈부록 2〉《기효신서》〈영류지목록〉, 〈부록 4〉 조선본《기효신서》〈영류지목록(影流之目錄)〉, 〈부록 5〉《무예제보》〈장도(長刀)〉를 참조하기 바란다. 조선의 무예서에만 장도의 각 세에 세명이 붙어 있다. 정종유가 새로이 붙인 세명과 조선 장도의 세명을 비교하면 유사한 기술에 어떤 식으로 세명을 붙였는가를 통해서 한자문화권의 무예 이해 방식의 공통점과 상이점을 발견할 수도 있을 것이다.

82  여러 차례 지적했듯이, 척계광의 장도법은 원래 세명이 없이 15개의 그림만 나열되어 있는 형태로 기록되었다. 그리고 각 세들을 어떻게 연결해 수련을 하는지도 전혀 알 수 없다. 척계광 장도법의 개별 세명과 이들을 연결해 수련하는 투로는 조선의《무예제보》(1598)에서 처음 보인다. 뒤이어 조선에서 편찬한 조선본《기효신서》(1664)에 장도의 세명이 기록되어 있다. 중국본《기효신서》에서는 볼 수 없는 내용이다.

을 뽑는 걸 나타낼 뿐이다. 반면《단도법선》은 칼을 찬 상태에서 긴 칼을 어떻게 혼자 뽑아야하는지, 혹은 위급한 상황에서 동료의 칼을 뽑아 사용하거나, 칼을 찬 상태에서 보법과 결합해 칼을 뽑는 법(대도세), 칼을 회수해 칼집에 넣는 법 등을 별도의 세로 다루고 있다. 군진에서 장도를 사용하는 걸 염두에 둔 니아발도세가 있기는 하지만 그 밖의 세들은 개인이 장도를 휴대하고 다니면서 사용하는 데 초점을 맞추고 있다는 점에서 장도가 민간 무예로 변형되어 발전해 가고 있음을 보여준다.[83]

또한《단도법선》에는 정종유의 단도가 척계광의 장도와 직간접으로 관련이 있음을 보여주는 세들도 있다. 입동도세, 매두도세, 상궁도세, 저간도세, 요보도세, 좌(우)제료도세, 좌(우)정슬도세, 우독립세 등은 척계광의 장도에서 갈라져 나왔거나 영향을 받았을 가능성이 높다(이하 〈표 4〉 참조).[84]

《기효신서》《장도》의 향상방적세에 해당하는《단도법선》의 세는 입동도세와 매두도세 두가지이다. 입동도세와 매두도세는 모두 칼을 비스듬히 머리 위로 들어 올려 나의 왼편을 상대에게 허점으로 드러내 보여 공격을 유인하는 기법이다. 입동도세는 상대 창이 찔러 들어오면 나의 칼로 아래에서 위로 들어 올려 창을 막으면서 오른발이 나아가며 오른손으로 칼을 휘돌려 아래에서 위로 베어 올려 공격한다. 반면, 매두도세는 상대 창을 유인해 옆으로 밀쳐내며 막는 동시에 오른발이 비스듬히 옆으로 옮겨 디디며 양손으로 자루를 잡고 상대를 벤다. 매두도세의 경우엔《무예제보》장도의 향상방적세에서 향전격적세로 이어지는 흐름과거의 동일한 기술적인 패턴을 보인다.[85]

---

83  《단도법선》의 몇몇 세들에 대해서는 뒤에서《수비록》의 단도와 비교해서 다룬다.

84  《단도법선》과《기효신서》《장도해》양자 간에 보이는 장도의 기술적 분석은 엄밀히 말하면《기효신서》의 장도가 아니라《무예제보》의 장도를 바탕으로 한 분석이다.《기효신서》《장도해》에는 단지 15세의 그림만 있을 뿐 구체적인 기술적 특성을 유추할 수 있는 내용은 포함되어 있지 않다. 따라서 〈표 4〉의 《기효신서》《장도해》그림에 붙인 세명은《무예제보》《장도》에서 가져왔다. 착오 없기를 바란다.

85  程宗猷,《單刀法選》(1842(道光 22), 日本國立國會圖書館), 4a면, 4b면. 매두도세와 입동도세: 조선의 쌍수도에서 향우방적세에서 향상방적세로 연결되는 동작은 다음을 참조. 김광석,《본국검》(동문선, 1995), 315쪽.

| 《기효신서》 | 《단도법선》 | | 비고 |
|---|---|---|---|
| 향상방적세 | 입동도세 | 매두도세 | 입동도세와 매두도세가 향상방적세에 해당한다. 입동도세와 매두도세는 모두 칼을 비스듬히 들어 올려 상대에게 허점을 보여 공격을 유인하고 반격한다. |
| 초퇴방적세 | 상궁도세 | | 상궁도세와 저간도세는 서로 상반된 세이다. 왼편과 오른편 문호를 열어 상대를 유인해 반격하는 기법이다. |
| 삼퇴방적세 | 저간도세 | | |
| 향전격적세 | 요보도세 | | 향전격적세에는 향좌일격과 향우일격의 구분이 있다. |
| 휘검향적세 | 좌제료도세 | 우제료도세 | 장도의 휘검향적세가 좌제료도세와 우제료도세로 나뉘었다. 좌제료도세와 우제료도세는 나의 왼편과 오른편의 문호를 열어 상대를 유인한 후 올려 베며 반격하는 기법이다. |
| 향좌방적세 | 좌정슬도세 | | 좌(우)정슬도세가 각각 향좌(우)방적세에 해당한다. 좌(우)정슬도세는 나의 칼을 무릎에 의지해 상대 창의 공격에 대응해 상궁세나 저간세, 혹은 외간세나 상궁세로 변화한다. |
| 향우방적세 | 우정슬도세 | | |
| 향상방적세→향전격적세 | 우독립도세 | | 《무예제보》의 향상방적세에서 향전격적세로 이어지는 동작 안에 우독립도세가 포함되어 있다. |

상궁도세는 칼을 비스듬히 오른편 무릎에 위치시키며 상대에게 문호를 열어서 유인하는 기술이다. 상대의 창이 들어오면 칼을 왼편으로 내려쳐 막는다. 저간도세는 상궁도세와 상반되게 오른편 문호를 열어 상대의 창을 유인하는 기법이다. 상대가 찔러오면 오른편으로 빗겨 막는다. 《단도법선》에서는 상궁도세와 저간도세가 서로 번갈아 가며 상대 창을 좌우로 방어하는 기법으로 묘사되어 있다. 상궁도세는 《기효신서》〈장도〉의 초퇴방적세, 저간도세는 삼퇴방적세에 해당한다. 〈장도〉에서는 뒤로 물러나며 방어하는 세로 사용되었다.

《단도법선》의 요보도세는 왼발을 앞에 두고 칼은 정면을 향한 상태에서 상대의 창이 찔러 들어오면 이를 오른편으로 감아 흘리고 오른발 왼발이 번갈아 나아가며 상대를 공격하는 기술이다. 《기효신서》〈장도〉의 향전격적세에서 향좌일격세, 향우일격세로 이어지는 동작이 여기에 해당한다. 〈장도〉의 향전격적세는 먼저 앞으로 나아가며 향전격적세로 상대를 공격하고, 연이어 두 걸음씩 나아가며 향좌일격세와 향우일격세를 이어서 한다. 향전격적세부터 향우일격세까지 순보로 하는 형태와 요보로 행하는 두 가지가 있다.[86] 《단도법선》은 그 가운데 요보로 하는 형태만 옮겨왔다.

《기효신서》〈장도〉의 휘검향적세는, 《단도법선》에서는 좌(우)제료도세로 나뉘어 있다. 휘검향적세는 칼을 좌우 아래에서 위로 비스듬히 베어 올리며 앞으로 나아가는 기법이다. 우제료도세는 왼편 문호를 열어 상대의 창이 찔러 들어오도록 유인하고 오른발이 나아가며 위로 비스듬히 베어 올리는 기법이다. 좌제료도세는 반대로 행한다. 《단도법선》은 좌제료도세와 우제료도세 두 세를 일본 검술의 절기(絶技)로 보고 있다.[87]

《단도법선》의 좌(우)정슬도세는 《기효신서》〈장도〉의 향좌(우)방적세에 해당한다. 〈장도〉의 방적세는 왼편이나 오른편으로 향해 칼을 밀어내며 방어한다. 반면 〈장도〉의 향좌방적세에 해당하는 《단도법선》의 좌정슬도세는 칼을 왼편 무릎 위에서 왼편으로 밀어내며 상대 창의 란나(왼편 오른편으로 감아 돌리며 막는 기법) 등에 대응해 상궁세나 저간세로 변화한다. 우정슬도세 역시 칼을 오른편 무릎 위로 밀어내는 기법으로 상대 창의 찌르기 방향과 높낮이에 따라 외간세나 상궁세로 변화한다.

---

86  향전격적세-향좌일격세-향우일격세를 순보로 하는 형태는 김광석, 《본국검》, 316-318쪽, 요보로 하는 형태는 같은 책 344-346쪽 참조. 순보와 요보에 대해서는 최복규, 《권법 바이블》, 206-207쪽 참조.
87  程宗猷, 《單刀法選》(1842(道光 22), 日本國立國會圖書館 소장), 7a면, 8b면.

《단도법선》의 우독립도세는《기효신서》〈장도〉에는 직접 대응하는 세가 보이지 않는다. 하지만《무예제보》의 향우방적세에서 향상방적세로 연결되는 동작에는 우독립도세가 포함되어 있다. 향우방적세에서 향상방적세로의 연결되는 중간 동작으로 오른발을 들며 횡으로 베고 오른발 왼발을 연이어 내려디디며 칼을 위로 들어 올려 막는 향상방적세로 이어진다. 여기 오른발을 들며 횡으로 베는 동작이《단도법선》의 우독립도세에 해당한다.[88]

이상의 비교를 통해서 우리는 부분적이긴 하지만《단도법선》이 기술적으로《기효신서》의 장도의 흐름을 잇고 있다는 사실을 확인할 수 있다.

일본 카게류 검술이 척계광 군진의 장도를 거쳐, 민간으로 퍼져 나간 또 하나의 예는 오수(吳殳, 우수, 1611~1695)의 검술에서도 찾을 수 있다. 사실 오수는 도법보다는 창법에 일가를 이룬 인물이었다. 그의《수비록(手臂錄)》은 동아시아 고전 창술의 기념비적인 저작으로 인정받는다. 오수는 어려서부터 병법과 무술에 관심을 가지고 마을 친구들과 기사(騎射)를 연습하고, 손무와 척계광의 책을 읽었다. 그가 본격적으로 무술에 입문하는 시기는 1633년이었다. 같은 현에 사는 육세의[89] 등과 함께 위쿤산(寓崑山)의 석전(石電)[90]에게서 창법을 배웠다. 당시 오

---

88　향우방적세에서 향상방적세로 이어지는 동작은 다음을 참조. 김광석,《본국검》, 314-315쪽.

89　육세의(陸世儀, 1611~1672)는 명말 청초에 활동했던 유학자로 지앙난(江南) 타이창(太倉) 사람이다. 자는 도위(道威), 호는 강재(剛齋), 부정(桴亭)이며, 사시(私諡)는 존도(尊道), 문잠(文潛)이다. 명나라 때 제생(諸生)이 되었고, 유종주(劉宗周)의 제자다. 청나라가 들어서자 과거를 포기했다. 학문에도 조예가 깊어, 천문지리와 예악농상(禮樂農桑), 하거공부(河渠貢賦), 전진형법(戰陣刑法) 등 정통하지 않은 분야가 없었다. 석경암(石敬巖)에게 창법(槍法)을 배워 무예에도 일가를 이뤘다. 동림서원(東林書院)과 비릉서원(毗陵書院), 태창서원(太倉書院)의 주강(主講)을 지냈으며, 육롱기(陸隴其)와 함께 '이륙(二陸)'으로 불렸다. 정주학을 존숭(尊崇)하고, 육왕(陸王)의 심학을 배척하면서 경세치용의 실학을 제창했다. 저서에《사변록(思辨錄)》과《삼오수리지(三吳水利志)》,《논학수답(論學酬答)》,《성선도설(性善圖說)》,《성리찬요(性理纂要)》,《춘추토론(春秋討論)》,《역설초편(易說初編)》,《부정선생시문집(桴亭先生詩文集)》 등이 있다. 임종욱,《중국역대인명사전》(이회문화사, 2010), '육세의(陸世儀)' 항목 참조.

90　석전(石電)은 명말의 무예가로 자는 경암(敬巖), 츠앙수(常熟) 사람이다. 츠앙수 현령 경귤(耿橘)에게서 격검, 쌍도 등을 배웠다. 뒤에 소림승 홍기(洪紀)에게서 창법과 곤법을, 또 유덕장(劉德長)에게서 창법을 익혔는데, 창법에 높은 깨달음을 얻었다. 1633년(崇禎 6) 심췌정(沈萃禎)이 타이창(太倉), 쿤산(崑山)에서 무예가 뛰어난 이들을 초빙해 병사를 교련시키게 했는데, 석전과 함께 조란정(曹蘭亭), 조영(趙英) 및 소림승 홍기(洪紀), 홍신(洪信) 등이 왔다. 석전은 쿤산(崑山)에서 2년 동안 오수(吳殳), 하군선(夏君宣), 하옥여(夏玉如), 육부정(陸桴亭) 등에게 창법과 함께 권법, 도법 등 여러 기예를 전수했다. 장헌충의 난을 진압하기 위한 전투에 참여했다가 매복에 빠져 전군이 전사하는데 이때 석전도 함께 전사했다. 그의 나이 60세였다. 석전은 창법에 정통해 석가창의 유파를 창시했다. 제자인 오수는 〈석가창법원류술(石家槍法源流述)〉 등의 글을 써, 석전의 창법에 대해 지극한 존경을 표했으며, 아울러 석전의 창법이 실제로는 정진여(程眞如)의 아미창과 같은 뿌리를 가진 지류라고 인식했다.《中國武術大辭典》編纂委員會,《中國武術大辭典》(人民出版社, 1990), 453쪽.

수는 석전이 전수한 창법의 막기[攔拿]와 찌르기[扎法]를 2년 동안 고련해 기초를 다졌다.[91] 나중에 또 사가(沙家)와 양가(楊家) 두 가지 창법을 더 배우고, 아울러 정종유의《경여잉기》에 기록된 창법과 도법도 연구했다. 하지만 세상은 그의 뜻을 펼치게 내버려두지 않았다. 명나라가 망하고 청나라의 지배가 공고해지면서 오히려 무예에 대한 열정이 사그러들었다. 이후 오수는 자신의 무예를 후대에 전하는 데 매진한다. 1661년(順治 18) 오수가 50세가 되던 해 친구의 격려로《석경암창법기(石敬巖槍法記)》를 저술했다. 그리고 같은 해 어양노인(漁陽老人)에게서 검법을 전수받았다. 이듬해인 1662년 정진여의 고제자 주웅점(朱熊占)에게서 아미창법을 배운 후,《아미창법(峨嵋槍法)》1권을 엮고, 또〈창법원기설(槍法圓機說)〉 등을 썼다. 같은 해 어양노인에게서 배운 쌍수도법을 바탕으로《단도도설(單刀圖說)》을 썼다. 1678년 오수는 또 소림사의 승려 홍전에게서 배운 창법을 바탕으로《몽록당창법(夢綠堂槍法)》을 썼다. 동년 8월, 자신이 평생 저술한 각각의 무예서와 여러 편의 논설을 모아 마침내《수비록》를 완성한다. 그때 오수의 나이는 67세였다. 1687년(康熙 26) 오수는 또《수비록》가운데 창법 부분에 관련 내용을 보태어《무은록(無隱錄)》을 완성한다. 오수가 평생 배운 무예에는 창법, 검법, 단도법 및 쌍도법 등이 있지만 대부분은 창법이었다. 그의 저작도 모두 창법이 주요 내용을 이룬다.《수비록》은 오수가 배운 양가(楊家), 마가(馬家), 사가(沙家), 소림, 아미창법을 상세히 분석해 설명하고 주석을 달았으며 각각의 창법의 차이에 대해서 일일이 밝히고 있다. 명말 청초에 존재했던 각 가의 창법을 집대성했다는 점에서《수비록》은 고전 창법의 종합이라고 평가할 수 있다.[92]

---

91 창법에서 가장 강조하는 기본 기법으로 일반적으로 란나찰(攔拿扎)이라고 한다. 란과 나는 방어법으로 창끝을 반시계 방향으로 회전시키며 막는 걸 란, 창끝을 시계 방향으로 회전시키며 막는 걸 나라고 한다. 찰은 찌르는 기술을 말한다. 제자리에서 란나찰을 익힌 후, 란과 찰, 나와 찰 등의 조합을 전후좌우의 이동과 도약 등의 보법과 결합해 연습한다. 란나와 찰은 막는 각도와 높이에 따라 여러 가지 기술로 분화된다. 란나찰을 2년간 연습했다고 하는 건 바로 이러한 기초를 다지는 데 상당한 시간을 투자했다는 의미다. 익숙해지면 교묘해진다[熟能生巧]라는 말처럼 변화는 기본에서 나온다. 창의 기본적인 방어와 공격법에 대해서는 다음을 참조. 김광석,《조선창봉교정》(동문선, 2003), 62-81쪽.

92 오수는 명말 유민으로 이름은 교(喬), 자는 수령(修齡), 호는 창진자(滄塵子)이다. 지앙수(江蘇) 타이창(太倉) 사람이다. 명나라가 멸망한 후 남북으로 주유하며 서당을 열어 글을 가르치거나, 다른 사람을 대신해 연회에서 시문을 지으며 생계를 유지했다. 강희(康熙) 초에 쿤산(崑山)의 유명한 관리 서건학(徐乾學)의 베이징 벽산당에 기거하면서 만사동(萬斯同), 유헌정(劉獻廷), 염약거(閻若璩) 등의 유명한 학자들과 교제했다. 일생을 유랑하며 곤궁한 삶을 살았으나, 끝까지 명나라 유민으로서의 절개를 잊지 않았다. 오수는 많은 책을 읽어 해박한 지식을 가지고 있었으며, 시율에도 정통했다. 그의 시집《위로시화(圍爐詩話)》는 당시의 풍반(馮班), 하상(賀裳), 조집신(趙執信) 등과 견주는 뛰어난 작품이라고 칭송되기도 했다. 대립(戴笠)과 함께 저술한《회릉류구시종록(懷陵流寇始終錄)》은 후세 만명사(晚明史) 연구에 필독서가 되었다. 이 외에도 천문지리,

하지만 오수는 창법뿐 아니라 일본 검술에도 일가를 이뤘다. 어양노인(漁陽老人)에게서 배운 검술을 기초로 그는 자기 나름의 도법 18식을 창안했다. 어양노인의 본명은 알려져 있지 않다. 어양(漁陽, 위양)은 지금의 허베이성 지현(薊縣)을 가리키므로 아마도 그곳 출신이었을 것이다. 1661년(順治 18) 오수는 옌산(燕山)으로 두 번째 유력을 떠나는데, 이때 어양노인을 만나 검술을 전수받았다. 오수는 이때 전수받은 검술을 바탕으로 검결과 후검결을 지었으며, 작(斫), 삭(削), 점(粘), 간(杆)의 기법을 더해 쌍수도법을 만들었다.[93]

오수가 활동하던 17세기 중후반은 척계광의 장도가 군진에 도입된 지 약 100여 년이, 정종유의 《단도법선》으로부터는 약 40여 년이 흐른 뒤였다. 아울러 중국으로 전해진 일본의 장도술이 여러 경로를 통해 민간으로 확산된 후였다. 그런데 당시 중국의 장도술에 대한 오수의 평가는 상당히 박했다. 일본의 장도술을 얻은 자가 있기는 하지만 왜인의 정밀함에는 미치지 못하며, 매번 장도의 고수를 만나보면 평상시에는 창을 깨뜨릴 수 있다고 허풍을 떨다가도 막상 창과 맞서야 할 때는 창에 놀라 도망가지 않는 이들이 없다고 비판한다.[94]

〈표 5〉《단도법선》과 《수비록》의 검술 세의 비교표

| | 《단도법선》 | 《수비록》 |
|---|---|---|
| 1 | 니아발도세(你我拔刀勢) | |
| 2 | 발도출초세(拔刀出鞘勢) | |
| 3 | 매두도세(埋頭刀勢) | |
| 4 | 입동도세(入洞刀勢) | 입동세(入洞勢) |
| 5 | 단료수도세(單撩手刀勢) | 요보단료세(拗步單撩勢) |
| 6 | 요감도세(腰砍刀勢) | 요보료도세(拗步撩刀勢) |
| 7 | 우독립도세(右獨立刀勢) | |
| 8 | 좌독립도세(左獨立刀勢) | 독립세(獨立勢) |
| 9 | 외간도세(外看刀勢) | 외간세(外看勢) |

---

악률음운, 그리고 의약 복서(卜筮)와 연단(練丹) 복식(腹息)에도 일가견이 있었다. 《中國武術大辭典》編纂委員會, 《中國武術大辭典》, 453~454쪽. 오수가 《수비록》이라는 동아시아무술사의 길작을 남길 수 있었던 것도 그의 학문이 뒷받침되었기 때문이다. 대다수 무술가가 문맹이었다는 점에 비춰보면 그의 학문은 상당히 파격적이다.

93  《中國武術大辭典》編纂委員會, 《中國武術大辭典》, 453쪽.

94  吳殳, 《增訂 手臂錄 – 中國槍法眞傳》, 118쪽.

| | 《단도법선》 | 《수비록》 |
|---|---|---|
| 10 | 상궁도세(上弓刀勢) | 상궁세(上弓勢) |
| 11 | 저간도세(低看刀勢) | 저간세(低看勢) |
| 12 | 우제료도세(右提撩刀勢) | 우료도세(右撩刀勢) |
| 13 | 좌제료도세(左提撩刀勢) | 좌료도세(左撩刀勢) |
| 14 | 요보도세(拗步刀勢) | 요보삭세(拗步削勢) |
| 15 | 좌정슬도세(左定膝刀勢) | 좌정슬세(左定膝勢) |
| 16 | 우정슬도세(右定膝刀勢) | 우정슬세(右定膝勢) |
| 17 | 조천도세(朝天刀勢) | 조천세(朝天勢) |
| 18 | 영퇴도세(迎推刀勢) | |
| 19 | 도배격철기세(刀背格鐵器勢) | |
| 20 | 장도세(藏刀勢) | |
| 21 | 비도세(飛刀勢) | |
| 22 | 수도입초세(收刀入鞘勢) | |
| 23 | 대도세(帶刀勢) | |
| 24 | 출도세(出刀勢) | |
| 25 | 압도세(壓刀勢) | |
| 26 | 주도접도세(丢刀接刀勢) | |
| 27 | 안호도세(按虎刀勢) | 안호세(按虎勢) |
| 28 | 배감도세(背砍刀勢) | |
| 29 | 저삽도세(低揷刀勢) | |
| 30 | 단제도세(單提刀勢) | 단제도세(單提刀勢) |
| 31 | 단자도세(單刺刀勢) | |
| 32 | 담견도세(擔肩刀勢) | 담견세(擔肩勢) |
| 33 | 사삭도세(斜削刀勢) | 사제세(斜提勢) |
| 34 | 수도세(收刀勢) | |
| 35 | | 요보료세(拗步撩勢) |

게다가 오수는 정종유의 장도법에도 상당히 비판적인 입장을 취했다. 정종유의 도법은 오직 창이 단살수(單殺手)로 공격해올 때만 이길 수 있을 뿐 다른 기술은 없다고 평가절하한다

〈그림 31〉 참조).[95] 반면 자신의 도법은 상대의 병기가 길든 짧든 어느 경우를 막론하고 모두 이길 수 있다고 자부한다. 오수는 도법의 핵심이 상대의 허실을 간파하는 데 있다고 보았다. 예를 들면, 창의 경우 창첨(槍尖: 창끝)은 변화무쌍해서 칼로는 도저히 막을 방법이 없다. 하지만 뿌리에 해당하는 상대의 창간을 제어할 수 있다면 창첨의 움직임은 소용이 없어지게 된다. 마찬가지로 대봉(大棒)이나 철편(鐵鞭), 장부(長斧), 목당(木鐺)과 같은 짧고 무거운 무기를 상대할 때는 직접 맞부딪혀서는 안 되며, 상대의 실을 피하고 허를 공격해야 한다. 보법을 사용해 발을 사선으로 옮겨 디디며 빗겨 서 상대의 육중한 무기의 공격을 피하고 상대의 몸이나 손을 공격한다. 이렇게 하면 반드시 승리하게 된다고 말한다.[96]

〈그림 31〉 단살수: 청룡헌조세[97]

---

95  창법의 단살수는 창을 운용하는 중간에 한 손으로 창을 뻗어 찌르는 기술로 정식 세명은 청룡헌조세이다. 기습적인 공격이면서 동시에 한 손으로 길게 뻗을 수 있기 때문에 상대의 허를 찌르는 장점을 가지고 있다. 다만 공격이 실패할 경우 한 손으로만 창을 쥐고 있기 때문에 상대의 반격에 곧바로 대응하기 힘든 단점이 있다.

96  吳殳, 《增訂 手臂錄 - 中國槍法眞傳》, 118-119쪽.

97  戚繼光 撰, 《紀效新書》(18卷 本, 中國兵書集成 18, 解放軍出版社, 1995 영인), 327쪽.

오수는 자신의 창안한 검술 18세에 대해 "이 18세를 연습해 익숙해지면 비록 일본 도법에는 미치지 못하겠지만 중국의 화법(花法)은 모두 90리는 물리칠 수 있을 것이다"[98]라고 하며 상당한 자부심을 드러낸다. 오수가 선정한 도법 18세는 아래에서 위로 베는 기법에 좌우요도의 2세, 위에서 아래로 베는 기법에 조천세와 사제세의 2세, 창을 깎아내듯 쳐내는 기법에 좌우정슬세의 2세, 그리고 칼을 내고 물리는 사이에 위, 아래, 왼편, 오른편, 찍어치기, 깎아치기, 진퇴의 변화를 할 수 있는 요보세 2세, 총 8세를 기본으로 하고 있다. 나머지 10세는 외형적으로 약간의 변화를 주어 상대를 속이는 변칙 기술이었다(〈부록 6〉《수비록(手臂錄)》〈단도(單刀)〉 참조). 오수는 비록 어양노인으로부터 검술의 기본을 배우기는 했지만 도법 18세는 온전히 자신이 창안한 것이라고 주장한다. 하지만 동시에 그는 자신의 도법에 대해서 이렇게 말한다.[99]

"어떻게 훌륭한 일본인에게 직접 가르침을 받은 것만 하겠는가?"

나는 이 한마디에 오수의 일본 검술에 대한 인식이 모두 담겨 있다고 생각한다. 뭐랄까? 애증이 묻어난다고나 할까? 나 오수가 창안한 이 도법 18세는 일본인의 검술보다는 못하다. 그건 인정한다. 하지만 세간에 유행하는 여타 중국인들의 일본도법 수준은 넘어선다. 일본인 선생에게 직접 가르침을 받지 못했음에도 이 정도의 수준에 도달했다는 나름의 자부심과 함께 만약 훌륭한 일본 선생에게 직접 가르침을 받을 수 있었다면 더 나은 검술을 만들어낼 수도 있었을 텐데 하는 아쉬움 모두가 이 한 문장에 담겨 있다.

오수의 도법에 대해서 마밍다는 정종유의 도법과는 전혀 다른 풍격을 보인다는 평가를 내렸다.[100] 하지만 앞의 표(〈표 5〉)에서 알 수 있듯이 오수의 도법 18세는 대부분 정종유의 《단도법선》의 도법과 일치한다. 오수 본인은 정종유의 도법을 비판하며 자신의 도법이 더 낫다고 주장하지만 실제 오수의 도법이 정종유의 도법을 크게 벗어나지 않는다는 사실에서 우리는 정종유의 도법, 그리고 거슬러 올라가 척계광의 도법이 100여 년이 지난 후에도 여전히 영향

---

98  吳殳,《增訂 手臂錄 – 中國槍法眞傳》, 120쪽.

99  吳殳,《增訂 手臂錄 – 中國槍法眞傳》, 119쪽.

100  馬明達,〈歷史上 中, 日, 朝 劍刀武藝交流考〉《說劍叢稿》(中華書局, 2007), 223쪽.

을 미치고 있다는 사실을 확인할 수 있다.

그렇다면 일본 검술이 중국 군진으로 전해진 경로를 좀 더 구체적으로 살펴볼 수는 없을까? 척계광이 습득한 〈영류지목록〉, 정종유의 스승 류운봉, 오수의 스승 어양노인 모두 일본인과 연결되어 있다. 다시 말해 16세기부터 18세기에 중국인들 사이에 유행한 일본 검술은 그 기원을 거슬러 올라가면 일본인들과 직·간접으로 관련이 있다는 말이다. 여기서 우리는 일본인 산사(山査)에 주목할 필요가 있다. 산사는 16세기 말 명나라에 투항한 일본 사무라이로 검술에 뛰어났다. 양동명[101]의 《청쇄신언(靑瑣荩言)》《항왜 산사를 구제하기 위한 소(救降夷山査疏)》에 따르면 임진왜란이 최고조였던 1593년 명나라 경략 송응창의 휘하에 있던 사용재(謝用梓)가 조선의 두 왕자 임해군(臨海君)[102]과 순화군(順和君)의 송환 교섭을 위해 일본 나고야로 건너갔다가, 교섭 후 두 왕자와 함께 귀환하면서 함께 데려온 이가 바로 산사였다. 산사는 이후 명나라 경영(京營)에 배속되어 검술 교육을 담당하였다. 흥미롭게도 하량신[103]도 일반 교사들보다 두 배의 급료를 주면서 산사를 검술 교사로 채용했다고 하는데 여러 장수들이 스카우트를 해 갈 정도로 산사의 검술은 뛰어났다. 하지만 이후 산사는 간첩 혐의에 몰려 죽고 만다. 산사에게 일본 검술을 배워 숙달된 자들이 백여 명에 이르렀다고 하니 산사는 중국에 일본 검술을 전파시킨 주요 전인 가운데 한 사람이라고 할 수 있다. 앞의 류운봉이나 곽오도 등도 사승 관계를 거슬러 올라가면 직·간접으로 산사와 연결될 가능성이 높다. 또 하나의 흥

---

101  양동명(楊東明, 1548~1642)은 명대 저명한 이학가(理學家)이자 정치가로 자는 계매(啓昧), 호는 진암(晉庵)이다. 만력8년(1580) 진사에 급제했으며, 사후에 형부상서(刑部尚書)에 추증되었다. 《청쇄신언(靑瑣荩言)》 외에도 《성리변이(性理辨異)》, 《논성억언(論性臆言)》, 《흥학문답(興學問答)》, 《경영기사(京營紀事)》, 《진암논성억언(晉庵論性臆言)》, 《기민도설소(飢民圖說疏)》 등의 저술이 있다. 임종욱, 《중국역대인명사전》, '양동명(楊東明)' 조 참조.

102  임해군(臨海君, 1572~1609), 선조의 서자로 이름은 이진(李珒), 자(字)는 진국(鎭國)이다. 서자였지만 서열이 첫째여서 세자로 책봉되어야 했으나 성질이 난폭하여 동생인 광해군에게 세자 자리를 빼앗긴다. 1592년 임진왜란이 발발하자 순화군과 함께 함경도로 가서 근왕병을 모집하는 임무를 수행하는 도중 반적 국경인(鞠景仁)에게 사로잡혀 왜장 카토오 키요마사(加藤清正)에게 넘겨진다. 한국민족문화대백과(http://encykorea.aks.ac.kr/), '임해군' 조.

103  하량신(何良臣, 허리양츠언, 생몰미상)은 명대 군사 저작가로 자는 유성(惟聖), 호는 제명(際明), 저지앙(浙江) 위야오(餘姚) 출신이다. 상하이에서 군대에 들어가, 관직이 계진유격(薊鎭遊擊)에 올랐다. 하량신은 군사에 뜻을 두고 있었으나 지위가 편비(褊裨, 각 영의 장을 보조하는 부장(副將))에 불과해 재능을 펼칠 기회를 가지지 못하고 결국 책을 쓰면서 노년을 마쳤다. 그가 저술한 병서로는 《군권(軍權)》, 《진기(陣紀)》, 《이기도고(利器圖考)》, 《제승편의(制勝便宜)》 4가지가 있었으나 오직 《진기》만 간행되어 군사 전략 부분에 큰 영향을 미쳤다. 그는 또 사부에도 능숙해 문집인 《경검재고(更劍齋稿)》를 남겼다. 《中國武術大辭典》編纂委員會, 《中國武術大辭典》, 449쪽.

미로운 사실은 왜영(倭營)의 출현이다. 1618년(萬曆 46)의 사료에는 경영(京營) 내에 '왜영(倭營)'이 있다고 하는데, 왜영이 구체적으로 어떻게 운영되었는지는 확실치 않지만 왜영은 명나라 동남 연해를 침범한 왜구나 임진왜란에서 포로가 된 일본군을 모아 만든 영이었을 것이다. 당시에도 일본인들의 검술이나 무예가 높이 평가되어 명나라 군사 조직 내에 편입되어 활동했던 것으로 보인다.[104]

이상을 정리하면 다음과 같다. 16세기 중반 왜구와의 전투에서 척계광이 입수한 〈영류지목록〉은 일본 카게류의 검술이었다. 〈영류지목록〉은 비록 일부분이긴 하지만 오늘날까지 남아 있는 가장 오래된 카게류의 검술 기록이다. 척계광은 이 카게류 검술의 목록을 바탕으로 새로이 15가지의 세를 만들어 자신의 군진에 장도라는 이름으로 보급시켰다. 뒤이어 척계광의 장도는 군진에서 민간으로 퍼져 나가는데, 《단도법선》과 《수비록》은 민간으로 퍼져 나간 장도술의 기록이다. 당시 일본도법을 전한 인물은 정종유의 스승인 류운봉 외에도 곽오도, 어양노인, 오수 등이 있었다. 사료의 부족으로 이들의 사승관계를 정확히 밝히기는 어려우나 항왜였던 산사의 예에서 볼 수 있듯이 투항한 일본군이나 왜구, 왜구에 가담했던 중국인, 명나라 군진의 퇴역 군인 등 다양한 경로를 통해 일본 검술은 명나라 군진과 사회로 퍼져 나갔다. 이렇게 16세기 이래로 일본 검술은 중국 내에서 중요한 무술의 하나로 자리 잡았다.

## 요약

중국에서 처음 발전하기 시작한 제련, 야금 기술은 한반도를 거쳐 일본으로 전해졌다. 일본에서는 처음엔 대륙으로부터 직접 수입한 칼을 사용하였지만 점차 독자적인 기술을 발전시켜 8세기를 전후해 오늘날 우리가 아는 일본도를 만들어내기 시작했다. 일본도 제작 기술은 곧 대륙의 수준을 뛰어넘었다. 일본도는 한 날의 휜 날을 가진 만도로, 기존 직도에 비해

---

104  쿠바 다카시, 〈일본군의 선박과 무기의 과학적 검토〉《임진왜란과 동아시아 세계의 변동》(한일문화교류기금 · 동북아역사 재단 편, 경인문화사, 2010), 238-239쪽; 戰國日本の津々浦々 (https://proto.harisen.jp/hito1/sansa.html), '山査' 條 2020년 9월 27일 검색.

절삭력과 내구력이 향상되었다. 하지만 일본도는 기능적으로만 뛰어난 건 아니었다. 칼날과 칼집, 손잡이, 쓰바에 이르기까지 하나하나가 모두 예술품 수준의 아름다움을 가지고 있었다. 일본도는 한 걸음 나아가 벽사(僻邪)와 행운을 불러오는 영기(靈器)로 인식되었다. 이로 인해 일본도는 중국과 한국을 비롯한 주변국에 무기로서뿐 아니라 수집 품목으로 각광을 받았으며 다양한 경로를 통해 주변국으로 수출되었다.

일본도가 각광을 받았던 건 어느 한 시기에만 국한되지 않는다. 10세기 이후 근대에 이르기까지 일본도의 명성은 지속되었다. 중국과 한국의 많은 문인들은 일본도에 관한 시를 남기기도 했는데, 특히 구양수와 당순지의 〈일본도가〉는 오백여 년의 시간을 뛰어넘어 여전히 일본도가 중국의 문인들에게 사랑을 받았다는 걸 잘 보여준다.

일본도가 등장하면서 일본도를 사용한 검술도 발전하기 시작했다. 초기 타찌(太刀)는 기마 무사가 사용하는 칼이었다. 기마 무사가 말 위에서 사용해야 하는 특성상 타찌를 사용한 검술은 올려 베기나 내려치기, 찌르기 등의 단조로운 기법이 주를 이루었지만 후에 지상 전투를 염두에 둔 카타나가 등장하면서 본격적으로 다양한 검술이 발전하기 시작했다. 카타나는 타찌에 비해 내구성이 뛰어났다. 일본도가 보편화되고 센고쿠 시대를 거치면서 카토리신토오류, 카게류, 잇토오류와 같은 다양한 검술 유파가 등장했다.

일본 검술이 중국으로 전해진 해는 1561년이었다. 이해 척계광은 왜구와의 전투 중 카게류 검술의 비전 목록을 구했다. 척계광은 당시 구한 카게류의 비전 목록을 〈영류지목록〉이라는 이름으로 자신의 저서인《기효신서》에 포함시켜 후대에 전했다. 이 〈영류지목록〉은 현존하는 동아시아의 가장 오래된 카게류 검술 기록이다. 척계광은 〈영류지목록〉을 바탕으로 15가지 세를 만들었으며, 이 세들을 활용한 장도술을 자신의 군진에 보급시켰다. 〈영류지목록〉의 모본에 해당하는《아이스카게류목록》(1576)과 대조해보면 〈영류지목록〉은 모본에서 제1엔삐에서 제3야마카게의 일부분만 옮겼으며, 헨타이가나를 판각하는 과정에서 오류가 발생했다. 《기효신서》《영류지목록》은 다시 모원의의《무비지》(1621)에 전재되며,《무비지》에 실린 〈영류지목록〉은 17세기 후반 역으로 일본으로 알려졌다.

일본 검술은 군진뿐 아니라 장도를 배운 퇴역 군인들, 혹은 일본인으로부터 직·간접으로 일본 검술을 배운 사람들을 통해 명나라의 민간으로도 퍼져 나갔다. 민간에서 장도를 전파한 대표적인 인물은 정종유와 오수였다. 정종유는《단도법선》에 스승 류운봉으로부터 배운 장도술을 기록하고 있다. 정종유는 자신이 배운 장도술에 세명이 없어서 본인이 새로 만들어 붙였다. 척계광이 정리한 장도 15세에도 세명이 기록되어 있지 않는데, 이는 중국으로 전해진 일본 검술이 불완전한 형태였을 가능성을 보여준다. 정종유의 장도법은 좌우 대칭적인 형태의 세가 많으며 기술적으로도 척계광의 장도 15세와 유사한 풍모를 보여준다.

오수는 원래 창에 일가를 이룬 인물이었다. 하지만 일본 검술에도 뛰어나 자신의 저서《수비록》에 단도법(單刀法) 18세를 남겼다. 오수의 스승은 어양노인으로 알려져 있다. 하지만 오수 본인이 직접 말했듯이 자신이 어양노인에게서 배운 건 검술이었으며, 도법18세는 자신이 처음 창안한 것이다. 하지만 오수의 도법18세는 본인의 주장과는 달리 정종유의 장도를 바탕으로 불필요한 기술을 빼고, 좀 더 세련된 형태로 발전시킨 검술로 완전한 창작은 아니었다. 자신이 정리한 도법18세에 대단한 자부심을 가지고 있던 오수였지만, 스스로 일본 검술의 저명한 스승에게 배웠더라면 더 나은 수준으로 정리할 수 있었을 것이라고 한탄한 것처럼 17세기 말에도 여전히 중국 검술의 수준은 일본 검술에 미치지 못했다.

명대 중국에 전파된 일본 검술은 일본인에게 배운 것이기는 하지만 직접적인 사승 관계를 확인하기는 힘들다. 그런 점에서 일본인 산사(山查)는 주목할 만하다. 명나라에 투항한 산사는 명나라의 여러 군영에 배속되어 일본 검술을 가르쳤으며, 그에게 배워서 검술에 숙달한 이들이 100여 명에 이르렀다고 한다. 산사는 명대 일본 검술이 퍼져 나가는 데 공헌한 인물로 평가될 만하다.

다음 장에서는 중국의 장도가 조선에 전해져 어떻게 발전해 나가는지에 대해서 살핀다. 16세기 말 임진왜란이라는 전대미문의 전쟁을 통해 한중일의 무예가 서로 맞닥뜨리게 된다. 일본의 조총, 중국의 장창, 조선의 편전, 각 나라의 특기가 극명하게 드러났다. 동시에 일본 검술에 대한 인식이 전향적으로 바뀌게 된다. 그 과정에서 장도를 비롯한 일본 검술이 조선 군진 무예로 도입된다.

# Chapter 2

# 일본 검술의 도입 1: 장도(長刀)

척계광의 장도는 임진왜란을 계기로 조선에 전해진다. 장도는 《무예제보》(1598)에 투로로 정리되는데 이 〈장도〉는 오늘날 동아시아에서 가장 오래된 검술 투로이다. 200여 년 후 《무예도보통지》(1790)에 '장도'는 '쌍수도'라는 이름으로 실린다. 일본 카게류의 검술은, 16세기 중반 중국으로, 다시 16세기 후반 조선으로, 그리고 18세기 후반에 이르기까지 지속적으로 군진 무예의 하나로 살아남았다. 장도의 계보를 통해 우리는 동아시아 검술 교류사의 한 단면을 읽을 수 있다.

## 임진왜란과 전장의 변화 1: 화기의 시대

거대 제국이었던 중국과 섬나라 일본, 그 사이에 낀 반도국 한국은 대륙세력과 해양세력의 충돌 지점에 위치한 작은 나라였다. 영토 크기나 인구수 비례로 유럽의 강국과 비교되기도 하지만 한국의 지정학적 위치는 그들과는 달랐다. 한국은 땅의 크기와 인구수에서 중국과 일본에 늘 열세에 놓여 있었다. 물론 이러한 지정학적 위치로 인해 고대부터 한국은 대륙 중국으로부터 선진 문물을 수입해 발전할 수 있었으며, 일본에 전해주는 문화 전달자로서 역할을 했다. 하지만 문화의 전파가 일방적으로만 이루어진 건 아니었다. 특히 근대로 들어오면서는 서구의 문화가 일본을 거쳐 한반도와 대륙으로 유입되는 문화의 역전 현상이 일어나기도 했다. 또한 하나의 문화가 주변으로 전파되어 변형되어 발전하거나 새로운 양식으로 승화되는 예도 많았다. 무술도 예외가 아니었다.

전근대 시기 무술 전파의 중요하면서도 직접적인 계기는 무엇보다 전쟁이었다. 특히, 16

세기 후반 발발한 임진왜란은 일본과 조명 연합군이 한반도에서 맞닥뜨린 동아시아 최대의 전쟁으로 동아시아 무예의 각축장이기도 했다. 임진왜란 중 한중일의 무예와 전법, 군사시스템이 조우하며 각각의 장단점이 극명하게 드러났다. 일본의 조총, 중국의 장창, 조선의 편전처럼 각 나라의 장기가 주목을 받았다.

조선은 임진왜란이 발발한 후 초반 전투에서 연패를 당하며, 21일 만에 수도 한양을 빼앗기고 말았다. 수도를 버리고, 북쪽으로 몽진(蒙塵)한 선조는 명나라로 귀부(歸附)를 생각했을 정도였다. 전쟁의 화마가 중국 땅으로 번지기 전에 조선에서 꺼야 한다는 판단에 따라 명나라가 참전하면서 임진왜란은 곧바로 국제전으로 비화되었다. 명의 원군, 조선군의 재정비, 이순신을 필두로 한 수군의 활약, 의병과 승군의 참여, 겨울의 혹독한 날씨 등이 복합적으로 작용하며 종국엔 승리할 수 있었다.

7년간의 전란 끝에 승리하기는 했다. 하지만 조선은 왜 이다지도 무력할 수밖에 없었을까? 여기서는 기존 정치·외교적인 측면의 분석이 아니라 군사·전략, 무예사적인 측면에서 나름의 대답을 찾아보고자 한다.

인간은 생존을 위해서 끊임없이 우선순위를 정하고 어떻게 해야 할지를 선택해야만 한다. 조선 전기 주된 위협이었던 북방 여진족 기병을 상대하기 위해서는 기병이 중시될 수밖에 없었다. 당시 조선이 선택한 오위진법은 조선의 실정에서 아마도 최선의 선택이었을 것이다. 물론 그 선택이 항상 옳은 것은 아니다. 또한 어느 시점에 옳았던 선택이라도 시간이 지나면 틀린 선택이 될 수도 있다. 임진왜란에서 우리는 기존 기병 중심의 전술이 조총으로 무장한 일본 군의 보병 전술에 무기력하게 당하는 것을 경험했다. 이때는 또 다른 선택을 해야만 한다. 만약 선택이 늦어진다면 그에 대한 대가를 치러야 할지도 모른다. 임진왜란은 조선의 선택에 문제가 있음을, 그리고 선택을 바꿔야 할 시점을 놓쳤음을 잘 보여준다.

임진왜란 초기 연패 이유는 무엇보다 군사 전략적인 면에서 기존 조선의 전법과 무예 체계가 제 역할을 하지 못한 데서 찾을 수 있다. 임진왜란은 한마디로 화약 무기가 전투의 승패를 가르는 게임 체인저(game changer)로 등장한 전쟁이었다. 조총으로 무장한 일본군, 호준포, 불랑기 등 대구경 화포로 무장한 조명 연합군, 천자총통, 지자총통 등을 장착한 함선을 가진 조선군이 조우한 임진왜란은 화기가 동아시아 전쟁의 주축으로 자리 잡았음을 보여준다.

국립중앙박물관 소장, 길이: 130cm, 구경: 15cm  국립광주박물관 소장, 보물 제1233호,  국립중앙박물관 소장, 길이: 89cm, 구경: 12cm
길이: 76cm, 구경: 12cm

〈그림 32〉 조선의 화포: 천자총통, 현자총통, 별황자총통[1]

임진왜란 당시 조선에는 천자총통, 지자총통, 현자총통, 황자총통, 별황자총통 등의 다양한 대구경 화포와 함께 승자총통과 별승자총통과 같은 개인 화기가 있다.[2] 하지만 조선의 개인화기는 일본의 조총에 비해 여러모로 성능이 뒤떨어졌다. 조선의 화기는 심지에 직접 불을 붙이고 발사될 때까지 기다려야 하는 지화식으로 사격이 더딘 데다 조준도 어려웠다. 반면 일본군이 사용한 조총은 용두에 끼워져 있는 화승이 약실의 화약에 불을 붙여 순간적으로 발사하는 화승식 화기였다. 화승식은 사격을 빠르게 할 수 있을 뿐 아니라 명중률이 높았다.

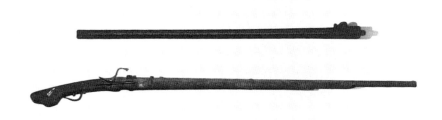

임기봉 소장(상), 길이: 74cm, 구경: 3cm
국립경주박물관 소장(하), 길이: 100cm, 구경: 2.5cm

〈그림 33〉 조총신과 조총

물론 뛰어난 화기가 있다고 해서 그것만으로 승리할 수 있는 건 아니다. 조총으로 무장한

---

1  국립진주박물관 학예연구실, 《국립진주박물관-임진왜란》(국립진주박물관, 1998).
2  조선의 소형 화기에 대해서는 다음 글 참조. 박재광, 〈소형화기: 가장 진화된 조선의 소형화기 '소승자총통'〉《과학과 기술》(한국과학기술단체총연합회, 2006. 11).

일본군은 조선군의 장기인 궁시를 무력화시키고 근접 전투에서 자신들의 장기인 창검술을 사용해 조선군에게 우위를 점할 수 있었다. 반면 바다에서는 자신들의 장기인 등선육박전(登船肉薄戰)[3]을 치러 보기도 전에 조선 수군의 함포 공격에 대패했다. 또한 화포로 무장한 명군은 원거리에서 화포를 사용해 기선을 제압하고 근접전에서 다양한 무기로 무장한 원앙진 대형을 사용해 일본군을 무찌를 수 있었다. 하지만 명군도 화기를 사용하지 않을 경우엔 패배했다. 물론 조선 수군 역시 원균이 이끌었던 칠천량 해전[4]에서 볼 수 있듯이, 장수의 리더십이 형편없을 경우엔 무기 체계가 앞섰다고 해도 패배했다. 그렇다고 해서 임진왜란이 동아시아 전쟁사에서 화기가 전쟁의 승패를 결정짓는 결정적인 무기로 자리매김한 전쟁이라는 사실이 변하는 건 아니다.[5]

전략적인 수준에서 보면, 임진왜란은 수많은 사상자를 내고도 정치 혹은 군사적인 목표를 하나도 못 이룬 일본이 완전히 패배한 전쟁이었다. 일본의 패착은 센고쿠 시대(戰國時代)를 통해서 얻은 내전 경험을 곧바로 국제전에 적용했다는 데 있었다. 임진왜란은 일본 내의 국지전에서 위력을 발휘했던 전법이 한국과 중국을 맞상대해야 했던 국제전에서는 통하지 않는다는 사실을 보여줬다.[6] 오늘날의 시각에서는 국내의 전쟁과 해외 침략 전쟁은 완전히 다른 것으로 보지만 당시 일본인들은 일본 국내 전쟁과 임진왜란을 구별해보지 않았다. 센고쿠 시대 전쟁의 연장선상에서 임진왜란을 바라보고, 그 연장선상에서 전쟁을 치렀다. 일본의 패착은 바로 이러한 국내 전쟁의 시각으로 국제전에 임한 데서도 찾을 수 있다. 특히 해전에서의 패배는 전쟁의 향방을 가르는 결정타가 되었다. 해로를 통한 물자 수송로를 확보하지 못하면서 일본군은 수세에 몰리게 되었다. 이때 일본군은 대규모 전투를 피하고 병사들을 소규모로

---

3  등선육박전은 상대의 배에 뛰어올라 도검을 사용해 근접전으로 승패를 내는 방식이었다. 해전에서 화기가 본격적으로 활용되기 이전에는 상대의 배에 부딪혀 충격을 가하는 방법과 함께 등선육박전이 널리 행해졌다. 임진왜란 당시 조선의 수군은 일본의 전선보다 배수량이 크고 내구력이 뛰어난 판옥선이 주력함이었으며, 화포로 무장하고 있었다. 화포를 사용한 공격으로 일본 함선의 접근이 차단되면서 일본군은 장기인 등선육박전술을 사용할 수 없었다.

4  정유재란 때인 1597년(선조 30) 7월 15일 원균의 지휘하에 칠천량에서 일본 수군과 벌인 해전으로, 임진·정유재란을 통틀어 조선 수군이 유일하게 패한 해전이다. 하지만 패전의 책임을 원균 개인의 리더십 탓으로만 돌리기는 힘들다. 군사력이 열세인 상황에서 넓은 해역의 방어보다 견내량 해협을 차단하는 것이 유리하다는 원균의 건의가 도원수 권율에 의해 묵살되면서 원균에게는 다른 선택지가 없었기 때문이다.

5  피터 로쥐 역시 같은 견해를 가지고 있다. Peter A. Lorge, *The Asian Military Revolution from Gunpowder to the Bomb* (Cambridge University Press, 2008), 66-68쪽.

6  한일문화교류기금·동북아역사재단 편,《임진왜란과 동아시아 세계의 변동》(경인문화사, 2010), 320쪽.

분산시켜 조선 내의 특정 지역에 대한 지배권을 확보하는 전술을 취했는데, 여러 핵심 지역에 매복과 은신을 하려는 시도는 오히려 일본군을 더욱 위험에 처하게 했다. 소규모로 분산된 일본군은 조선 의병들의 공격에 쉽게 노출되었기 때문이다. 육지에서 전선이 확대되면서 일본은 더욱 전술적인 열세에 놓일 수밖에 없었다. 이 전쟁을 통해 동아시아는 일본의 조총, 중국의 화포, 그리고 조선의 함선에 적재된 화포가 가지는 위력을 목격했다. 전반적으로 조총이 되었든, 대포가 되었든, 동아시아 전쟁에서 총포는 필수 불가결한 요소가 되었다는 점에서 임진왜란은 본격적인 화기의 시대가 도래했음을 알리는 전쟁이기도 했다.

총포가 중요하게 부각되었지만 동시에 검술도 주목을 받기 시작했다. 임진왜란 이전, 고려 시대 말이나 조선 초기에도 왜구들을 통해 일본인들이 검을 잘 쓴다는 사실을 알고 있었다. 하지만 당시에는 조선의 장기인 활로 인해 왜구들의 장기인 검술이 위력을 발휘할 수 없었다. 왜구들이 접근하기 이전에 활로 왜구들을 원거리에서 제압할 수 있었기 때문이다. 하지만 임진왜란에서는 일본군이 조총을 사용해 조선의 장기인 궁시를 무력화시키면서, 뒤이어 그들의 장기인 창검술을 한껏 활용할 수 있게 되었다. 일본군의 승리를 견인하는 요인은 바로 조총과 창검의 결합전술이었다. 임진왜란의 아이러니는 바로 여기에 있었다. 임진왜란은 화기 시대로 진입하는 걸 알리는 전쟁이면서 동시에 기존에 주목받지 못하던 검술이 주요 전투 기술의 하나로 등장한 전쟁이기도 했다.

당시 일본군의 전형적인 전투 방식을 파악하기 위해 류성룡은 훈련도감에 소속되어 있던 항왜를 시켜 진법을 펼쳐 보이도록 했는데, 먼저 군사들을 셋으로 나눠 삼첩진(三疊陣)을 만들고 선두 행렬은 깃발을 들고, 가운데 행렬은 조총을 들고 뒤따랐다. 마지막 행렬은 창검과 같은 단병으로 무장했다. 전투가 시작되면 맨 앞의 깃발을 든 행렬이 양옆으로 벌려서 상대를 포위하고, 가운데 행렬의 조총수가 일제히 사격을 시작한다. 상대의 진영이 요동하며, 무너지게 되면 좌우의 포위를 피해 뒤로 달아나게 되는데, 이때 후위에 있던 창검수가 이들을 추격하며 베어 죽이는 방식이었다.[7]

일본에서 활동하고 있던 포르투갈 예수회 신부인 프로이스의 기록도 다르지 않다. 그는

---

7  류성룡,《국역 서애집》(권2, 솔, 1997), 155쪽.

조선군과 일본군 간에 벌어졌던 충주 전투를 다음과 같이 기록했다.

"코니시 유키나가(小西行長, 1558~1600)는 자신의 병사들에게 전투대형으로 갖추도록 명하고, 어떠한 경우에도 그의 군대에서는, 조선인들이 눈치채지 못하도록 하기 위해, 명령을 내릴 때까지 모든 깃발을 내린 채 대기하도록 했다. 조선인들도 역시 진을 쳤는데, 그 군대를 달 모양으로 배열하였다. 그리고 적은 수의 일본군들을 보고서는, 그들을 가운데에 놓고서 아무도 빠져나가지 못하게 하기 위하여 에워싸기 시작하였다. 그리고 가까이 접근해왔다. 그때 갑자기 조선인들의 허를 찌르며 깃발을 들어 올리게 하고 사납고 맹렬한 총병(銃兵)으로 하여금 조선인들 군대의 양쪽으로 돌진하게 했다. 조선인들은 그것을 견뎌낼 수 없어서 조금 물러났다가 바로 이어서 한두 번 다시 공격하기 시작하였다. 그러나 후미의 군대가 총병의 뒤를 따르며 검이나 대검(大劍)을 사용해 잔인하게 공격하였기 때문에 조선인들은 싸움터를 버리고 달아나기 시작하였다."[8]

위 기록의 세부 묘사에서 약간의 차이가 있지만 전체적으로 일본군의 전법에 대한 묘사는 류성룡의 기록과 일치한다. 핵심은 조총을 사용해 상대의 전열을 무너뜨리고 창검을 사용한 단병 무예로 결판을 내는 것이었다.

사실 엄밀히 말하면 조총이 꼭 궁시보다 기능적인 면에서 나았던 건 아니었다. 심지와 불씨를 늘 휴대해야 했으며, 날씨에도 민감해 바람이 불거나 비가 오면 사용을 못 했다. 게다가 조총은 장전에서 발사까지 여러 단계를 거쳐야만 했다. 1) 총구를 닦고, 2) 화약을 내리고, 3) 화약을 넣어 다지고, 4) 납 탄알을 내리고, 5) 납 탄알을 넣어 다지고, 6) 덮개종이 내리고, 7) 덮개종이 넣어 다지고, 8) 화기 아가리 열고, 9) 화약 심지 내리고, 10) 화기 아가리 닫은 다음, 화승 붙이고, 11) 마지막으로 명령에 따라 화포 아가리를 열고, 적을 조준하여 발사하는 총 11단계를 거쳐야 했다.[9] 아무리 숙련된 사수라고 해도 1분에 네 발 이상을 쏘기가 힘들었다. 반면 활은 숙련된 궁수의 경우 1분에 12~15발가량을 쏠 수 있었다.

만약 적의 기병이 위험을 무릅쓰고 돌진해 들어오면 조총수의 대열이 무너지는 상황이 발

8   루이스 프로이스(1597), 《포르투갈 신부가 본 임진왜란 초기의 한국-「일본사」 내 16세기 한국에 관한 최초의 세부적인 기술》(가톨릭이스재단/주한 포르투갈 문화원, 1999), 47쪽. 번역문 일부 수정.
9   戚繼光, 《기효신서》(상, 유재성 역주, 국방부군사편찬연구소, 2011), 150쪽.

생하기도 했다. 이로 인해 조총수는 여전히 창검을 사용하는 병사들의 엄호를 받아야만 했다. 물론 조총은 궁시보다 관통력이 뛰어나며 익히기 쉽다는 장점이 있었다. 하지만 이 정도의 장점만으로 조총이 궁시를 대체할 수 있었던 건 아니었다. 오히려 조총의 가장 큰 장점은 발사할 때 생기는 굉음이었다. 전투에서 전투력을 가늠하는 중요한 요소는 심리였다. 전투원이 심리적으로 지고 들어갈 경우 아무리 아군의 숫자가 많고, 더 나은 무기로 무장하고 있다고 해도 승리를 담보하기 힘들다. 조총을 발사할 때 생기는 굉음은 적군에게 심리적으로 위압감을 주어 상대를 공포에 몰아넣었다. 특히, 임진왜란 당시 처음으로 대규모 조총병을 접한 조선군이 느끼는 공포는 더더욱 컸을 것이다.

일단 조총 사격으로 진형이 무너지게 되면, 그때부터 대량 살상이 일어나게 된다. 대다수의 전투원은 본능적으로 적군이라고 하더라도 상대인 인간을 죽이는 데 거부감을 느낀다. 인간만 그런 건 아니다. 같은 종 내에서 이러한 현상은 보편적이다. 근접 전투에 참가한 사람들 대다수는 극도로 긴장하게 되고, 이때 전투원은 중뇌가 활성화된다. 중뇌는 대다수 포유류처럼 본능적으로 행동하게 만드는데, 이때 중뇌의 사고 과정은 동종 살인에 저항하고 회피하는 방향으로 일관되게 이루어진다. 하지만 상대가 등을 보이며 도망가는 경우엔 다르다. 등을 향해 칼로 찌르거나 활을 쏘는 건 상대와 눈을 맞추지 않아도 되기 때문에 희생자의 인간성을 부인하기 쉽다. 또 도망가는 상대는 동종의 인간이 아니라 일종의 사냥감으로 여겨졌기 때문에 살인을 하기 쉬웠다.[10] 위의 인용문에도 조총의 일제 사격으로 조선군의 대형이 무너져 등을 보이며 도망을 가면 그때부터 일본군 창검병에 의한 대량 살육이 시작되는 상황이 잘 묘사되어 있다.


일본군의 전법에 대해서는 중국 측의 기록도 크게 다르지 않다. 당시 왜구들은 기만전술에 능해 언덕이나 둔덕의 엄폐물 뒤에 숨어서 아군이 지치기를 기다렸다가 빈틈이 생기면 공격하는 방식을 선호했다. 특히 장도를 사용한 접근전에 뛰어났는데, 그들이 사용하는 장도는 날이 길고 예리했으며, 두 손으로 사용해서 위력이 셌다. 당시 왜구들은 개개인이 모두 숙련된 무술 실력을 갖추고 있었다.

---

10 데이브 그로스먼 · 로런 크리스텐슨, 《전투의 심리학》(박수민 역, 플래닛, 2013), 342쪽.

명나라 동남 연해를 약탈하던 왜구와 임진왜란 당시 일본의 정규군을 직접 비교하기는 힘들다. 왜구는 약탈을 목적으로 명의 관군과 직접적인 전투는 최대한 피하면서 게릴라 전술을 구사했다. 왜구들 대부분은 조총을 가지고 있지도 않았다. 반면 임진왜란 당시 일본군은 센고쿠 시대를 거치며 실전 경험을 쌓은 정예병들이었다. 조총으로 무장하고, 기존 창검술과 함께 구사하면서 전술적으로 조선군을 압도하고 있었다.[11] 아울러 일본군은 조선 정복, 나아가 명나라까지 정복한다는 야심 찬 계획 아래 최단시간에 해당 지역을 정복하기 위해 직접적인 전투를 피하지 않았다. 그럼에도 불구하고, 양자 사이의 공통점은 일본의 왜구나 일본의 정규군 모두 검술에 뛰어났다는 점이다. 소규모의 게릴라 전술이 되었든 아니면 직접적인 대규모의 전투가 되었든 일본인들은 뛰어난 검술을 장기로 삼고 있었다. 일본의 검술과 조총의 결합 전술을 경험한 조선은 검술의 중요성을 다시금 깨닫게 되었다. 본격적인 개인 화기의 시대로 접어들면서 동시에 검술도 주목받게 되는 아이러니한 현상이 일어난 것이다. 조선은 이러한 현실에 대처할 방안을 찾아야만 했다.

## 임진왜란과 전장의 변화 2: 보병의 시대

인류가 말을 길들여 탄다는 생각을 하기 시작한 건 약 2,000여 년 전이었다. 중앙아시아, 페르시아, 아프가니스탄 일대에 살고 있던 스키타이족들에 의해 기마술이 발명된 후 전장은 말을 탄 사람과 타지 못한 사람의 대결로 나뉘었다. 말을 탄다는 건 곧 모든 피조물 위에 군림하는 상징적 행위였다. 기마병을 본 그리스인들이 반인반마의 켄타우로스의 전설을 창작한 것도 동방에서 몰려온 말을 탄 인간에게 느낀 공포 때문이었다.[12] 스키타이나 몽골의 기병처럼 활과 창으로 무장한 기병이 전장을 누비기 시작했으며, 말을 탄 전사는 곧바로 전장의 지배자가 되었다.

쉽게 간과되곤 하지만 지정학적 위치는 인간의 삶을 결정한다. 결정한다는 말이 과하다면 삶의 조건을 제한한다고 해도 된다. 무예 역시 지정학적 위치와 밀접한 관련을 가지며 발전

---

11  《선조실록》, 선조 29년(1596) 2월 17일 갑인.

12  브로노프스키, 《인간등정의 발자취》(김은국 역, 범양사, 1992), 69쪽.

했다. 스텝의 초원지대에 사는 사람들은 목축을 생업으로 삼는다. 말을 타고, 소 떼와 양 떼를 몰아가며, 계절에 따라 이동을 한다. 말 등에서 태어나 말 등에서 죽는다는 말처럼 이들은 생의 시작과 끝을 말과 함께 했다. 당연히 기마 무예에 능숙할 수밖에 없다. 물론 농경민족이라고 해서 말을 타지 않는 건 아니다. 하지만 경제적인 면에서 농경 민족에게 기마전사의 양성은 손해 보는 투자였다. 기마민족에겐 너무나 자연스러운 일들, 예컨대, 넓은 목초지와 말의 사육, 기마전사의 육성이 생활의 한 부분인 것과 달리 농경민족에겐 고비용 저효율의 투자일 수밖에 없기 때문이다.

반면 농경민족의 풍요로움은 기마민족에게는 선망의 대상이었다. 그들은 기회가 닿으면 약탈로 경제적인 부족분을 메워야만 했다. 역사적으로 중국과 우리나라는 북방 기마민족의 침입을 막아내는 것이 국방의 주요 현안의 하나였던 것도 바로 이러한 이유 때문이었다. 만리장성도 결국 북방 기마민족의 침입을 원천적으로 봉쇄하기 위한 고육지책이었다. 상상해보라. 그 폐해가 얼마나 심했으면 아예 커다란 담을 쌓아 원천적으로 봉쇄하려고 했겠는가?

임진왜란은 이 점에서 주목할 만한 전쟁이었다. 왜냐하면 임진왜란은 기병의 시대에서 보병의 시대로 전환되는 전쟁이기도 했기 때문이다. 전쟁사에서는 5세기 무렵부터 15세기에 이르는 약 천 년의 기간을 기병의 시대(The Age of Cavalry)라고 하는데, 임진왜란은 조선이 세계사적인 관점에서 보면 바로 이 기병의 시대의 끝자락에 있었다는 걸 잘 보여준다. 물론 조선만의 현상은 아니었다. 일본의 사무라이 역시 센고쿠 시대 말기까지 칼을 든 전사가 아니라 말을 탄 기병이었다. 오늘날 우리가 상상하는 사무라이, 즉 칼을 든 보병 전사의 이미지는 에도 시대(1603~1867)에 들어서면서 생겨났다.

역사에 우연은 없다고 하지만 기병이었던 사무라이 계층에 균열이 생긴 사건은 정말 우연히 일어났다. 1543년 9월 23일 일본 타네가시마(種子島)에 내항한 포르투갈 상인을 통해 조총이 전해졌던 것이다.[13] 이후 조총은 일본 전역으로 확산되었다. 전통적으로 잘 훈련된 중무장 기병, 예컨대 기마 궁수였던 사무라이들은 어린 시절부터 전문적인 훈련을 받으며 무사

---

13  고가를 지불하고 2정의 조총을 구입하고 총의 사용법, 제조법, 화약의 배합법을 배웠다. 이 조총은 곧바로 일본 전역으로 보급되어 16세기 중반부터 본격적으로 사용되며, 각종 전투에서 위력을 발휘하기 시작했다. 조총의 사거리는 약 100~150m 지만 유효 사거리는 50m였다. 1분에 4발 정도 발사할 수 있었다. 박재광, 〈임진왜란기 조·명·일 삼국의 무기 체계와 교류〉(《군사》(51, 국방부군사편찬연구소, 2004), 120-122쪽.

가문, 무사 계층의 규범 속에서 성장한 엘리트들이었다. 전장에서 이들은 상대의 가문을 존중하며, 무사로서의 품위를 지키며 싸웠다. 하지만 조총은 중세의 명예 전투에 종말을 고하게 만들었다. 조총병은 말 위의 고상한 사무라이를 총알 한 방으로 쓰러뜨릴 수 있었다. 그뿐 아니었다. 조총병은 제대로 훈련을 받으면 중무장 기병대도 무너뜨릴 수 있었다. 적과의 대치 상황, 혹은 적이 돌진해올 때 이루어지는 조총병의 일제 사격은 적의 전열을 무너뜨렸다. 궁수의 엄호를 받으면 조총병은 장전할 시간을 확보할 수 있어서 그 위력을 배가시킬 수 있었다. 조총병이 추가된 새로운 전법은 기존 기병 중심의 전술을 보완하는 형태로 시작되었지만 점점 기병을 대체하는 수준까지 나아갔다.

조총의 등장으로 인해 사무라이의 무장에도 변화가 생기기 시작했다. 중갑을 착용해도 조총의 탄환을 막을 수 없다는 사실은, 기병 전술에 변화를 불러올 수밖에 없었다. 기존 중갑기병이 돌진해서 충격을 가하는 전법은 퇴색하게 되고 오히려 경기병을 사용해 속도에서 우위를 찾는 전법으로 전환하게 되었다. 물론 이 경우에도 상대 조총에 의한 피해는 일정 부분 감수해야만 했다. 하지만 중갑기병보다는 효과적으로 적에게 접근해 피해를 줄 수 있었으며, 연이은 아군의 후속 공격을 위한 시간을 벌 수 있었다.[14]

센고쿠 시대 말기에 이르면 사무라이는 기병으로서의 자부심을 지키기 힘들게 되었다. 수십 년의 세월을 무예를 익히며 살아온 사무라이들이 하급 병사인 조총병에 의해 제압될 수 있다는 사실이 얼마나 큰 충격으로 다가왔을지는 쉽게 상상할 수 있다. 게다가 조총 기술은 단시간에 습득할 수 있었다. 무사의 전유물로만 여겨지던 무예, 일생을 담보로 익혀야 하는 심각한 기술인 무예가 조총 앞에서 퇴색하고 말았다. 이제 전장의 주역은 더 이상 사무라이가 아니었다. 칼을 든 자에서 총을 든 자로 전장의 지배자가 변화하기 시작했다. 이런 상황은 조선도 마찬가지였다. 갑옷으로 무장하고 말을 달리며 활을 쏘는 전형적인 조선의 무사들도 조총 앞에서는 힘을 못 쓰고 쓰러졌다. 조총이 나오면 항우장사도 힘을 쓸 수 없다는 속담이 괜히 생겨난 게 아니었다.[15]

조선에서 기병보다 보병이 더 유용하다는 인식의 전환이 일어난 계기는 평양성 전투였다.

---

14  Cameron Hurst, *Armed Martial Arts of Japan: Swordsmanship and Archery* (Yale University Press, 1998), 38-39쪽.
15  《영조실록》, 영조 14년(1738) 8월 9일 기축.

한양을 점령한 일본군이 전세를 몰아 평양성까지 점령한 상황이었다. 명나라의 조승훈이 원군을 이끌고 들어와 1592년 7월 평양성을 공격했지만 패하고 말았다. 조승훈의 군대는 북방의 경계를 담당하던 기병이었다. 일본군의 계략에 빠져 평양성으로 들어간 후 좁은 길과 골목에 막혀 말들이 운신하지 못하게 되면서 일본군이 쏘는 조총 공격을 받아 패했다.[16] 하지만 뒤이어 1593년 1월 이여송이 이끄는 남병(南兵)이 평양성 전투[17]에서 승리하면서 평양성을 탈환할 수 있었다. 당시 평양성 전투에서 활약을 한 남병은 명나라 남부의 해안 지역에서 왜구 격퇴의 경험이 있던 부대였다. 이들 남병은 화기와 단병(短兵) 무예를 결합해 운용하는 보병들이었다. 원거리에서는 화포와 화전을 사용해 공격하고, 근접해서는 등패, 낭선, 장창, 당파가 어우러진 원앙진으로 싸우는 척계광의 전법을 구사했다. 그렇지만 뒤이어 벽제관 전투(1593년 1월 25~27일)에서 이여송은 북방의 기병 전술을 펼치다가 일본군 보병에게 도리어 패하고 만다. 류성룡은 벽제관 전투에 대해 이여송이 이끄는 병사는 모두 기병으로 화기도 없고 짧고 무딘 칼만 가진 반면 일본군은 보병으로 서너 자 되는 예리하면서도 긴 칼을 사용해 좌우로 휘둘러 치니 사람과 말이 모두 쓰러져 기세를 당할 수가 없었다고 평가했다.[18] 일련의 전황을 경험하면서 조선 정부는 보병이 일본군과의 전투에서 유리하다는 판단을 하게 된다.

임진왜란 당시 일본군 내 조총수가 차지하는 비율이 크지 않다는 점과 도검과 같은 전통적인 무기의 살상력이 여전히 조총을 압도하는 측면이 있다는 점이 지적되기도 하지만 일정 비율의 조총수의 존재는 그 자체로 위협적이었다. 조총은 정확성과 관통력에서 화살을 압도했으며, 조총수를 3열로 나눠 장전, 대기, 발사로 순환하는 전법을 개발하면서 위력을 배가시킬 수 있었다. 조총이 활을 무력화시킨 상황에서 승패는 결국 단병 접전에서 갈리게 마련이다. 일본 검술은 바로 이 상황에서 최적의 효과를 나타냈다.

임진왜란을 계기로 전장의 중심축은 기병에서 보병으로 전환되기 시작했다. 장도를 소지

---

16  류성룡, 《징비록》(신태영 외 5인 교감역주, 논형, 2016), 170-171쪽.

17  1592년 5월부터 이듬해 1월까지 평양에서 조선과 일본이 벌인 네 차례의 전투를 말한다. 제1차는 1592년 5월에 있었는데 이때 평양성을 일본군에게 빼앗겼다. 제2차 전투에서는 명나라의 부총병 조승훈이 원병 3,000명을 이끌고 조선군 3,000명과 합세해 일본군을 공격했으나 패하고 만다. 제3차 전투는 1592년 8월에 있었다. 대규모의 공격을 했지만 또다시 일본군에 패하고 말았다. 1593년 1월에 있었던 제4차 전투에서 명나라 이여송이 5만의 군사를 이끌고 와 조선의 군사와 함께 평양성을 공격해 탈환했다.

18  류성룡, 《징비록》(김시덕 역해, 아카넷, 2013), 387쪽.

한 조총병이 원거리에 있는 적에게 먼저 조총을 사용하고 근접해서는 장도를 사용하는 장병 단용의 전법을 구사하면서 궁수와 창병의 역할은 점점 더 약화되어 갔다. 특히, 근접전에서 일본 검술의 위력을 목도한 조선 조정에서 이를 도입하기 위해 노력을 하는 건 어쩌면 당연했다.

## 일본 검술의 도입

임진왜란 중 여러 차례의 전투를 경험하면서 일본군에 대한 조선의 분석은 전투에서 조총으로 조선군의 활을 무력화하고 뒤이어 검을 사용해 돌격해 난도질을 해대면 조선군이 속수무책으로 당한다는 것이었다.

일본군이 근접전에서 우세를 점한 데는 몇 가지 이유가 있었다. 무엇보다 심리적으로 일본군은 죽음을 두려워하지 않는 용맹함을 가지고 있었다. "매번 싸울 때마다 오로지 맨몸으로 삼척도를 휘두르며 쳐들어오니 막을 자가 없다"[19]거나 "왜적과 대진하여 왜병이 오로지 죽음을 무릅쓰고 돌진해 오면 우리 군사들은 비록 창을 쥐고 검을 차고 있는 자가 있지만 검은 칼집에서 뽑을 겨를이 없고 창은 부딪혀보지도 못하고 속수무책으로 모두 적의 흉악한 칼날에 피를 흘리며 쓰러지고 말았다"[20]라는 조선 측 기록은 일본군의 용맹함에 조선군이 압도되었다는 것을 보여준다. 다음으로 일본도는 주변국의 어떤 칼보다 우수했다. 당시 일본의 장도는 조선이나 중국의 칼보다 길면서도 가볍고, 강한 데다 두 손으로 휘두르기 때문에 파괴력이 커 아군의 병기와 부딪히면 아군의 병기를 두 동강 내곤 했다. 마지막으로 뛰어난 검술 실력이었다. 왜병은 도약과 전환하는 동작을 잘했으며 긴 칼과 이러한 움직임이 결부되어 병사 1인이 5m 반경을 커버할 수 있을 정도였다.[21] 특히, 근접전에서 일본 검술은 조선군에게 공포의 대상이었다. 죽음을 무릅쓰고 달려드는 일본군의 칼날에 직접 맞서야 했던 조선의 병사들은 이미 심리적인 면에서 지고 있었다. 조선은 내부적으로 도검과 창술을 익히는 법이

---

19 《무예도보통지》권2, 〈왜검〉.

20 《무예도보통지》〈기예질의〉.

21 레이황, 《1587 아무 일도 없었던 해》(박상이 역, 가지않은길, 1997), 246쪽.

전하지 않는다는 반성과 함께 일본군의 검술에 대항하기 위해서는 그들의 검술을 제대로 알아야 한다는 인식이 퍼지게 되었다.[22]

하지만 새로운 무기와 무예의 도입은 어떤 무기가 필요하다고 해서 도입하면 되는 단순한 문제가 아니었다. 기존 군사 시스템의 전면적인 변화를 요구하며 경우에 따라서는 국가 경영 전반에 영향을 미칠 수도 있는 첨예한 문제였다. 무기 체계의 변화와 새로운 무예의 도입은 한정된 재화와 인적 자원을 어떤 우선순위에 따라 분배하고 활용할 것인가? 하는 수많은 결정 요인들이 얽혀있다. 예컨대, 군사 시스템 안에서도 기병에 중점을 둘 것인지, 아니면 보병에 중점을 둘 것인지, 양자를 모두 갖춰야 할 경우 그 비율은 어느 정도가 적정한지. 보병의 경우도 궁수와 창검수의 비율을 어떻게 하는 것이 가장 효과적인지 등등에 수많은 정책적 결정이 필요하다. 군사 정책자라면 당연히 이런 생각을 할 수밖에 없었을 것이다. 궁수의 숫자가 적정한가? 궁수보다 창검병을 확보하는 것이 근접전에서 더 효과적이지 않을까? 궁수가 적을 원거리에서 제압하는 데 효과적이긴 하나 만약 근접전이 벌어진다면 어떻게 해야 할까? 원거리에서 제압하는 것이 이상적이기는 하나 실제 전투에서는 근접전이 발생하게 마련이다. 이 경우 칼이 더 유용하지 않을까? 기병을 좀 더 확보하는 것이 북방 기마 민족을 저지하는 데 더 효과적이지 않을까? 하지만 기병을 양성하기 위해서는 말과 목초지를 확보해야 하고 유지 비용이 더 많이 들 수밖에 없는데?

정책적인 결정을 하고 재정적인 부분이 해결된다고 해도 곧바로 새로운 무예 시스템으로 전환시킬 수 있는 것도 아니다. 새로운 무기의 도입은 새로운 병종의 도입을 의미하며 이는 필연적으로 구 병종과 신 병종 간의 갈등을 야기하게 마련이다. 아울러 새로운 무예와 시스템을 익히고 이를 적용하기 위해서는 병사들의 재교육이 필요하다. 게다가 기존 무예가 이미 시스템 차원을 넘어 사회적 관습으로 굳어진 경우 이를 바꾸는 데는 더더욱 어려움이 따를 수밖에 없다. 시대와 지역에 따라 선호하는 무예가 달랐던 것도 이런 이유 때문이었다. 조선 사회에서는 활쏘기가 여기 해당했다. 활쏘기는 무인들의 필수 과목에 그치지 않았다. 문인들도 활쏘기를 중시하고 도덕 수양을 위해서 수련한다는 의식이 보편적일 정도로 뿌리 깊은 전통을 가지고 있었다. 군진 내에서도 궁수는 창검수보다 높은 지위에 있었다. 창검수인 살수

---

22 《무예도보통지》〈기예질의〉.

를 낮춰 보는 경향이 있었고, 실제로도 임진왜란 중이나 이후에도 창검수는 사회적 지위가 낮은 사람들이 배속되기도 했다. 이러한 분위기 속에서 창검술의 도입과 발전이 더딜 수밖에 없는 것은 어쩌면 당연했다.

무예 수련이 일상화되어 있다면 전시에 군진으로 편입되어 복무를 하는 것이 어렵지 않았을 것이다. 하지만 고도의 노동력을 요구하는 농경 사회에서는 일상적인 무예 수련은 쉽지 않았다. 물론 농사나 군진 무예 모두 신체적인 활동을 기반으로 한다는 점에서 오늘날 사무직에 종사하는 사람들보다 쉽사리 적응할 가능성이 높았을 것이다. 하지만 군진 활동은 무예뿐 아니라 진법과 신호 체계를 숙지하고, 단체로 일사불란하게 움직여야 하므로 일정한 수준에 도달하기 위해서는 여전히 많은 훈련이 필요했다. 게다가 무사로서 제 역할을 하기 위해서는 어려서부터 활쏘기·말타기와 같은 무예를 익히는 데도 상당한 시간과 노력을 투자해야만 한다. 병농일치제하의 조선 사회에서는 기대하기 힘든 일이었다.

조선 정부는 임진왜란을 겪으면서 조총과 도검을 활용한 근접 전투 기술을 활용한 새로운 전법을 도입하기로 결정했다. 조총을 전문으로 다루는 포수를 양성하기 위해서는 조총이 먼저 확보되어야 하는데, 임진왜란 중 도입된 조총 제작 기술은 지속적으로 향상되어 17세기에 이르면 우수한 성능의 조총을 생산할 수 있게 된다. 아울러 조총수의 기량 또한 뛰어나 동아시아에서 그 명성을 떨치기 시작했다.[23] 포수의 양성과 함께 포수를 엄호하고 단병 접전을 전문으로 하는 살수, 그리고 기존의 궁수, 이렇게 포수, 살수, 사수의 삼수병 체계로 군제를 개편하는데, 이는 조선 후기 군제를 특징짓는 제도로 자리 잡게 된다. 특히, 포수, 살수, 사수를 막론하고 모두 칼은 기본적으로 다뤄야만 하기 때문에 단병 무예 가운데서도 검술, 특히 일본 검술의 도입은 중요한 군사적 과제가 되었다.

임진왜란 중 조선 조정은 당시 주둔하고 있던 명나라의 장수 낙상지(駱尙志)가 검술이 뛰어나다는 사실을 알고 그의 군중으로 정예병을 보내 검술을 배우게 하는 조치를 취했다.[24] 이

---

23 명나라의 요청으로 조선은 1619년 사르후 전투에 1만 3천 명의 원군을 파병했으며, 1654년 청나라의 요청으로 100명의 조총수를 파병해 러시아군과의 전투에서 승리했다. 뒤이어 1658년에도 청나라의 요청에 의해 200명의 조총수를 파견해 러시아 군대를 압도하는 데 일조했다. 쿠바 다카시, 〈일본군의 선박과 무기의 과학적 검토〉《임진왜란과 동아시아 세계의 변동》(한일문화교류기금·동북아역사재단 편, 경인문화사, 2010), 247-248쪽.

24 《선조실록》, 선조 25년(1592) 9월 17일 갑술；《선조실록》, 선조 25년(1592) 10월 7일 계사.

때 한사립 등 약 70여 명의 군사가 창, 검, 낭선 등의 무예를 익혔다.[25] 그런데 낙상지가 중국으로 돌아갈 것이라는 사실이 알려지자 그를 더 오래 머물도록 해 지속적으로 검술을 전수받을 대책에 대한 논의가 이루어졌다.[26] 하지만 조선 조정의 노력은 무위로 끝나고 결국 낙상지는 중국으로 돌아가게 되었다. 조선 조정은 그가 귀국하기 전에 검술을 서둘러 훈련 배우도록 하는 조치를 취하는데,[27] 낙상지의 수하 가운데 화포와 창검술에 능한 자 3~4인을 유치하기 위해 노력했지만 전쟁에 지친 명군은 모두가 귀국할 마음뿐이어서 사람을 찾기가 어려웠다. 이때 명군의 중군(中軍)인 가대재(賈大才)가 각종 무예에 뛰어나다는 사실이 알려지면서 차선책으로 가대재를 머물게 하자는 의견이 나왔다.[28] 이러한 일련의 과정은 조선 조정이 명나라로부터 검술을 배우기 위해 상당한 노력을 기울였다는 사실을 보여준다.

명나라 군진을 통해서 검술을 배우는 안 외에 일본군 포로를 활용해 검술을 배우는 안도 나왔다. 투항하거나 포로로 잡힌 일본군 가운데 조총의 제작이나 방포술, 혹은 검술을 아는 자가 있으면 이들을 활용하자는 의견이었다.[29] 사실 전쟁이 지속되면서 투항한 왜인이 계속 생겨나고 있었다. 예상치 않게 전쟁이 장기화되는 데다 전쟁 초반과는 달리 조선군도 전열을 가다듬기 시작했으며 명나라의 원군이 투입되고, 각지의 의병이 일어나 게릴라전을 펴기 시작하면서 전쟁의 양상이 달라졌다. 게다가 조선 수군의 활약으로 일본군의 보급선이 차단되면서 일본군은 식량 부족으로 시달렸다. 거기에 조선의 추위는 일본인들이 생전 경험해보지 못한 것이었다. 이로 인해 일본군 내에서 다수의 이탈자가 발생했던 것이다.

조선은 투항한 왜인 가운데 검술을 할 줄 아는 이들을 우대하고 검술을 가르치도록 하는 조치를 취했다. 조선 내에 일본인에 대한 적대감이 여전히 팽만해 있기는 했지만 적국의 기술도 우리가 터득하면 곧 우리의 기술이 되기 때문에 왜적의 기술이라고 싫어하고 익히기를 게을리해서는 안 된다고 독려하며 일본 검술을 배우라는 지시가 내려졌다.[30]

하지만 조선의 병사들이 단시간에 검술을 익히기는 쉽지 않았던 것으로 보인다. 임진왜란

---

25 《무예도보통지》〈제독검〉.

26 《선조실록》, 선조 26년(1593) 6월 7일 경인.

27 《선조실록》, 선조 27년(1594) 1월 8일 정해.

28 《선조실록》, 선조 27년(1594) 1월 12일 신묘.

29 《선조실록》, 선조 25년(1592) 10월 15일 신축.

30 《선조실록》, 선조 27년(1594) 7월 29일 을사.

이 발발한 지 약 2년이나 지난 1594년 7월경이 되어서 비로소 검술 보급의 성과가 나기 시작했다. 여러 초에 소속된 포수와 살수 가운데 어느 초관이 우수한 병사들을 많이 배출하였는지를 확인해 상을 내려 격려하도록 하고, 이른 시기에 검술을 익히면 도움이 되리라는 판단에 따라 아동대를 구성해 아이들에게도 검술을 가르치도록 하는 조치를 취했다. 특히, 아동대의 아이들 가운데서도 검술에 뛰어난 성적을 거둔 이들에게 상을 내려 권장했다. 장수와 부대를 별도로 지정해 일본군의 창검 쓰는 법을 가르치라고 할 정도로 일본 검술의 도입에 적극적이었다.[31] 아울러 젊은 무사들의 검술을 진작시키기 위해 왕이 친림한 자리에서 시험을 치고 상벌을 내리겠다는 지시를 내리기도 했다.[32]

하지만 이러한 노력에도 불구하고 비변사가 왜인의 검술을 배우는 일이 생각처럼 진척이 되지 않는다는 보고를 올린 것으로 보아 선조의 지시가 성공적으로 진행된 것 같지는 않다. 비변사가 항왜 38명의 활용 방안에 대해 올린 보고에 대해 선조는 다음과 같이 일갈한다.

> "사고수계(沙古愁戒), 간내비운소(幹乃飛雲所), 간로수계(幹老愁戒), 조음묘우(照音妙牛)는 칼을 잘 써서 우리나라 살수(殺手)를 보고 아이들 놀이와 같다고 하였고, 고사로문(古沙老文)은 칼과 총을 주조하는 법을 안다 하는데, 이들 왜인을 어찌하여 머물러 두고 전에 내린 전교에 의하여 배우고 익히게 하지 않는가? 배우려고 하지 않아서인가? 그렇다면 그만이다. 또 그들이 가지고 있는 칼을 왜 값을 후하게 주고 사들여서 그들의 조아(爪牙)를 없애지 않는가?"[33]

투항한 왜인 가운데 검술에 능한 자가 있으면 이들을 통해 검술을 가르치도록 하라는 지시가 재차 내려졌다.[34] 하지만 창검술을 교습시키기 위해 뽑은 당하 무신들조차도 창검술을 열심히 익히지 않을뿐더러 임시로 책임만 모면하려고 한다는 비판이 대두될 정도로 창검술을 기피하는 현상이 나타났다. 사실 조선은 전래로 무사라고 하면 모두 궁사를 가리켰다. 그

---

31 《선조실록》, 선조 27년(1594) 7월 11일 정해.
32 《선조실록》, 선조 27년(1594) 7월 19일 을미.
33 《선조실록》, 선조 27년(1594) 8월 2일 정미.
34 《선조실록》, 선조 27년(1594) 8월 15일 경신.

런데 이들에게 활을 놓고 갑자기 창검술을 익히라고 하니 반발이 생길 수밖에 없었다.[35] 하지만 선조의 의지는 확고했다. 검술은 상고부터 영웅이면 누구나 배워야 하는 것이었는데, 오늘날의 무사가 배우지 못할 이유는 무엇인가? 하고 질책하며 상벌을 엄히 해 검술을 권장할 것을 지시했다.[36]

선조의 다음과 같은 질책에는 당시의 상황이 잘 반영되어 있다.

"우리나라 습속은 남의 나라의 기예를 배우기를 좋아하지 않고 더러는 도리어 비굴하게 여긴다. 왜인의 검술은 대적할 자가 없다. 전일 항왜(降倭)가 다수 나왔을 때 그중에 검술이 극히 묘한 자가 많이 있었으므로 적합한 자를 뽑아 장수로 정하여 교습시키도록 별도로 한 대열을 만들라고 전교를 하기도 하고 친교를 하기도 한 적이 한두 번이 아니었는데 끝내 실시하지 않고 그 항왜들을 모두 흩어 보냈다. 원수의 왜적이 아직 물러가지 않고 있는데 시속의 습관이 이와 같으니 가탄할 일이다. 지금 이판(吏判) 이덕형(李德馨)이 도감에 있으니 족히 그 일을 할 만하다. 별도로 한 장수를 뽑고 아이들 약간 명을 선택하여 한 대열을 만들어서 왜인의 검술을 익히되 주야로 권장하여 그 묘법을 완전히 터득한다면, 이는 적국의 기예가 바로 우리의 것이 되는 것인데, 어찌 유익하지 않겠는가? 훈련도감에 이르라."[37]

위의 지시가 있던 때는 이미 병조에서 뽑은 당하무신(堂下武臣) 백여 명을 다섯 달 동안 훈련을 시킨 상황이었다. 하지만 소수만 성과를 보이고 나머지는 나이가 많고 둔해서 제대로 따라 하지를 못했다. 그래서 다시 나온 제안은 나이가 젊은 이들로 다시 뽑아서 실시하자는 것이었다.[38] 하지만 이런 노력에도 불구하고 검술은 조선 병사들이 잘 할 수 있는 기예가 아니며 무용하다는 말까지 나왔다. 비록 선조의 강한 의중이 반영되어 검술을 보급하는 일이 지속되기는 했지만 쉽지 않았다.[39] 그럼에도 일본 검술을 보급하기 위한 조치가 중단된 건 아

---

35 《선조실록》, 선조 27년(1594) 9월 1일 병자.
36 《선조실록》, 선조 27년(1594) 9월 2일 정축.
37 《선조실록》, 선조 27년(1594) 12월 27일 경오.
38 《선조실록》, 선조 28년(1595) 1월 6일 기묘.
39 《선조실록》, 선조 28년(1595) 1월 10일 계미.

니었다. 조정에서 검술에 관한 논의가 한창이던 때 검술 실력이 매우 뛰어난 왜장이 투항을 해왔다. 일반 일본군 병사는 비할 수 없을 정도의 실력을 가진 이 왜장을 상경시켜 후하게 대우해 검술을 가르치도록 하라는 지시가 내려진다.[40]

한편, 비록 더디긴 했지만 계속된 노력 덕분에 조선에서도 창검술에 대한 안목이 높아지기 시작했다. 이전에 창검술을 가르쳤던 명나라 교사 호여화(胡汝和)의 창검술이 어색하다는 판단에 따라 명나라 장수인 진유격에게 창검술에 정통한 이들을 청해서 새로이 교사로 삼도록 하는 지시가 내려지기도 했다.[41]

중국 검술과 함께 항왜를 통한 일본 검술 도입 노력은 계속되었다.[42] 항왜들을 활용해 검술을 전수하는 방법의 하나로 서로 경쟁을 시키는 방안도 실시되었다. 여여문(呂汝文)의 지도 하에 이영백과 또 다른 항왜 산소우(山所佑)로 좌편과 우편을 삼아 모든 시재에서 승부를 겨루게 하고 등급을 매겨 상을 내리도록 했다.[43] 산소우는 이때 아동대에 검술을 훈련시킨 공을 인정받아 숙마 한 필을 상으로 받았다.[44] 선조는 투항한 왜인 가운데 각종 진법과 검술에 뛰어난 여여문을 총애했다.[45] 선조는 그를 각별히 후대해 재능 있는 아동 수십 명을 뽑아 아동대를 편성하고 이들에게 검술을 가르치도록 했다. 여여문이 아플 때는 병세가 심하지 않은지 염려를 하며 잘 보살피도록 특별히 당부하기도 했다.

그런데 항왜에 대한 특별한 대우와 검술 우대책은 역으로 기존 조선의 궁수에 대한 차별로 인식되어 반발이 생기기도 했다. 하응익은 상소를 올려 무사[궁수]를 포수 아래로 대우하고, 활쏘기와 말달리기를 검술의 뒤로 돌리는 당시의 정책에 대해서 재고할 것을 요청하고 있다.

　　　우리나라의 활쏘기와 말달리기 기술은 오히려 수(隋)나라와 당(唐)나라의 위력도 감당해

---

40　《선조실록》, 선조 28년(1595) 1월 24일 정유.

41　《선조실록》, 선조 28년(1595) 2월 17일 경신.

42　《선조실록》, 선조 28년(1595) 6월 11일 임자.

43　《선조실록》, 선조 28년(1595) 6월 19일 경신.

44　《선조실록》, 선조 28년(1595) 7월 17일 무자.

45　여여문(呂汝文, ?~1598)은 임진왜란 중 투항한 일본인으로 검술과 진법에 뛰어났다. 조선의 군진에 배속되어 검술 교습을 하고, 적진에 들어가 교란 작전을 펼치는 등 공이 많았지만 파유격에 의해 살해당하고 만다.《선조실록》, 선조 31년(1598) 3월 27일 임자.

낼 수 있었는데, 요사이는 새것을 좋아하고 명성을 다투는 짓이 더욱 심해져 새로 세운 과조(科條)만 서로들 숭상하고 조종(祖宗)의 헌장(憲章)은 중하게 여기지 않으며, 무사(武士)를 포수(砲手)의 아래로 대우하고 활쏘기와 말달리기를 검술(劍術)의 뒤로 돌리므로, 무사들 중에는 분노를 품고서 팔을 꺾어버리고 활쏘기를 그만두려는 사람까지 있게 되었습니다.[46]

하지만 이러한 반발에도 불구하고 검술을 중시하는 정책 기조는 흔들리지 않았다. 앞의 상소가 있은 지 4개월 후에 내린 선조의 교시는 이를 잘 보여준다.

근간에 살수(殺手)가 연습하는 것을 보니, 오직 긴 창과 낭선(筤筅) 등의 기예만 익힐 뿐 칼 쓰는 것을 연습하는 자는 거의 없었다. 전세가 위급한 창졸간에 짧은 무기로 접전하는 데 있어서는 검술만 한 것이 없다. 앞으로는 모든 군사들로 하여금 모두 검술을 익히게 하고, 시재(試才)할 때에도 검사(劍士)를 충분히 뽑도록 해야 한다.[47]

근접전의 위급한 상황에서는 검술이 최고라는 인식은 바뀌지 않았으며, 더 나아가 모든 군사들이 검술을 익히도록 해야 한다는 데까지 나아갔다. 검술 보급을 위한 조선 정부의 조치는 부침이 있기는 했지만 임진왜란 내내 지속되었다. 이러한 노력의 결정판은 《무예제보》(1598)의 편찬이었다. 임진왜란 중 편찬을 시작해 임진왜란이 끝나는 해에 마무리가 된 이 프로젝트는 조선 최초의 단병 무예서이면서 동시에 동아시아의 가장 오래된 무예 투로에 대한 기록이었다.

1598년 드디어 임진왜란이 끝났다. 조선은 전쟁에 대한 반성과 함께 국가 재건 노력에 힘써야 했다. 하지만 검술 도입과 보급에 대한 조선의 노력은 여전히 진행형이었다. 1627년(인조5), 임진왜란이 끝난 지 30여 년이 지난 시점이었지만 여전히 일본으로 잡혀간 조선인의 송환 작업이 이루어지고 있었다. 이때 일본에 포로로 잡혀갔다 돌아온 이들 가운데 포술과 검술에 능한 자들을 우대하라는 조치가 내려졌다.

---

46 《선조실록》, 선조 29년(1596) 8월 13일 무신.
47 《선조실록》, 선조 29년(1596) 12월 5일 정묘.

무학(武學) 출신(出身)의 새로 뽑은 자들은 속오군에 편입시키지 말고 별도의 부대로 만들며, 사포수(私砲手)·산척(山尺)·재인(才人)과 일본(日本)에 포로로 잡혀갔다 돌아온 자로서 포술(砲術)·검술(劍術)에 능한 자들도 별도의 부대로 만들어 그들의 호역(戶役)을 감면해주고 항상 조련하게 할 것.[48]

임진왜란의 전란 중은 물론이고 전쟁이 끝난 후에도, 그리고 기존의 활쏘기에 익숙해 있던 계층들의 반발에도 불구하고 거시적인 차원에서 검술 도입 노력은 지속되었다. 조선이 이렇게까지 검술을 도입하기 위해 애를 썼다는 건 두 가지 측면에서 바라볼 수 있다. 하나는 그만큼 조선의 입장에서 검술이 절실했다는 것이고, 다른 하나는 그럼에도 불구하고 검술 도입이 쉽지 않았다는 것이다. 조총과 같은 개인 화기의 도입과 활용을 둘러싼 새로운 전법의 도입은 당시 시대적인 흐름이었다. 조선도 이를 알고 있었으며, 그 시대의 흐름에 맞춰 조선의 전법과 무예 체계를 향상시키기 위해 다양한 조치를 취했다. 하지만 결과적으로 검술 도입은 쉽지 않았다. 그 이유는 다음과 같다.

먼저 당시 검술은 군사 기밀의 하나로 취급되었다. 따라서 검술을 입수하는 일은 간단치 않았다. 조선은 명나라 군진을 통해서 검술을 배우거나 아니면 항왜 등을 통해서 검술을 익혔다. 다음 장에서 다루겠지만 군교 김체관이 왜관에 노비로 들어가 왜인들이 검술 연습하는 걸 몰래 숨어서 보면서 익혔다거나 조선통신사 행렬에 참여해 일본에 가서 검보를 구해왔다는 등의 이야기들이 조선 후기 널리 퍼져 있었던 건 그만큼 일본 검술의 도입이 쉽지 않았다는 사실을 간접적으로 보여준다. 사실 조선에서도 편전의 기술이 여진족에게 유출될 것을 우려해 변방 지역에서 편전의 습사를 금지했는데, 군사 기술을 기밀로 유지하고자 했던 건 어디서나 있었던 조치였다.

두 번째로 설사 검술을 접한다고 해도 검술은 단시간에 익힐 수 있는 기술이 아니었다. 외형적인 형태는 비교적 쉽게 따라 할 수 있다고 해도 기술을 체화해서 실전에 응용할 수 있을 정도의 수준에 이르기 위해서는 많은 시간이 필요했다. 아울러 검술에 내재된 기술적인 특징, 소위 비급으로 전해지는 내용은 쉽사리 알 수 없었다.

---

48 《인조실록》, 인조 5년(1627) 4월 20일 병진.

마지막으로 조선 군진 내부의 사정도 일본 검술의 도입을 더디게 했다. 조선은 활을 선호하는 전통이 강했다. 군사 병종에서도 궁수의 숫자가 압도적으로 많았으며 사회적으로도 궁술을 중시하는 분위기가 팽배했다. 검술은 새로우면서도 이질적인 문화로 여겨졌다. 이로 인해 조선 조정에서는 검술을 비롯한 단병 무예를 보급시키기 위해 이를 담당하는 살수에 대한 우대책을 실시하였지만 이는 결과적으로 궁수의 반발을 야기했다. 심지어 군진 내에서 궁수(弓手)가 창검을 사용하는 살수(殺手)를 낮춰보는 병종 간의 갈등이 생기기도 했다. 실제로도 살수에는 주로 천민 계층이 배속되기도 했다.

물론 이런 조건들이 일본 검술의 도입을 더디게 한 것은 사실이지만, 그럼에도 불구하고 일본 검술은 임진왜란 이후 꾸준히 조선으로 이식되었으며, 군진 무예로 정착해 조선 후기까지 이어져 내려왔다. 특히, 조선 조정은 검술의 보급과 훈련, 시취를 표준화하기 위해서 무예서를 편찬한다. 임진왜란을 계기로 편찬된《무예제보》에 검술이 포함된 이래 후대로 내려오면서 검술의 항목은 양적으로 증가하는데 이는 조선 정부가 검술을 그만큼 중시하였다는 걸 보여준다.


## 동아시아 최고(最古)의 쌍수도법: 장도(長刀)

조선이 도입한 최초의 검술은 장도였다. 장도는 명나라의 군진을 통해서 전해진 검술로 원래《기효신서》(14권 본)〈장도〉에서 유래된 검술이었다.《기효신서》에는 15세의 그림이 수록되어 있는데, 조선에서는 이 15세를 활용해 투로를 만들어 병사들의 훈련에 활용했다.《무예제보》(1598)에 실린 장도가 바로 조선 군진에서 행해지던 실제 훈련법이다. 장도의 투로는 가상의 직선 위를 각각의 세를 취하며 앞으로 나아갔다 다시 원래 시작했던 지점으로 물러나는 패턴을 반복해서 수련하게 구성되어 있다. 향좌방적세, 향우방적세, 향상방적세와 같은 방적세와 향전격적세, 휘검향적세 등의 공격법을 기본으로 앞으로 나아가며 공격하고, 초퇴방적세, 재퇴방적세, 삼퇴방적세로 원위치로 물러났다가 나아가기를 반복한다. 따라서《무예제보》의 장도는《기효신서》의 15세를 바탕으로 하고 있지만 반복 동작으로 인해 모두 38세에 이른다.

〈그림 34〉 14권 본 《기효신서》의 장도

〈표 6〉《무예제보》 장도

| 《무예제보》 | | |
|---|---|---|
| 사용된 세 | 총보 | 비고 |
| 1 | 견적출검세(見賊出劒勢) | 견적출검세 | |
| 2 | 지검대적세(持劒對賊勢) | 지검대적세 | |
| 3 | 향좌방적세(向左防賊勢) | 향좌방적세 | |

| | 《무예제보》 | | |
|---|---|---|---|
| | 사용된 세 | 총보 | 비고 |
| 4 | 향우방적세(向右防賊勢) | 향우방적세 | |
| 5 | 향상방적세(向上防賊勢) | 향상방적세 | |
| 6 | 향전격적세(向前擊賊勢) | 향전격적세 | |
| 7 | 초퇴방적세(初退防賊勢) | 향전격적세 | 향전격적세는 향좌일격과 향우 |
| 8 | 진전살적세(進前殺賊勢) | 향전격적세 | 일격의 구분이 있다. |
| 9 | 지검진좌세(持劒進坐勢) | 초퇴방적세 | |
| 10 | 식검사적세(拭劒伺賊勢) | 진전살적세 | |
| 11 | 섬검퇴좌세(閃劒退坐勢) | 지검진좌세 | |
| 12 | 휘검향적세(揮劒向賊勢) | 식검사적세 | |
| 13 | 재퇴방적세(再退防賊勢) | 섬검퇴좌세 | |
| 14 | 삼퇴방적세(三退防賊勢) | 진전살적세 | |
| 15 | 장검고용세(藏劒賈勇勢) | 향상방적세 | |
| 16 | | 진전살적세 | |
| 17 | | 휘검향적세 | |
| 18 | | 진전살적세 | |
| 19 | | 향상방적세 | |
| 20 | | 진전살적세 | |
| 21 | | 일자 | 일자(찌르기)가 추가되어 있음. |
| 22 | | 재퇴방적세 | |
| 23 | | 향상방적세 | |
| 24 | | 향전격적세 | |
| 25 | | 지검진좌세 | |
| 26 | | 식검사적세 | |
| 27 | | 향좌방적세 | |
| 28 | | 향우방적세 | |
| 29 | | 향상방적세 | |
| 30 | | 향전격적세 | |

| | 사용된 세 | 총보 | 비고 |
|---|---|---|---|
| 31 | | 향전격적세 | 여기서도 앞의 향전격적세와 마찬가지로 향좌일격과 향우일격의 구분이 있음. |
| 32 | | 향전격적세 | |
| 33 | | 삼퇴방적세 | |
| 34 | | 향전격적세 | |
| 35 | | 향전격적세 | |
| 36 | | 지검진좌세 | |
| 37 | | 식검사적세 | |
| 38 | | 장검고용세 | |

《무예제보》 편찬에 참조한 《기효신서》는 14권 본이었다. 따라서 14권 본 《기효신서》에 수록된 〈영류지목록〉 역시 조선에 알려졌을 것이다.[49] 하지만 《무예제보》에는 〈영류지목록〉에 대해서 아무런 언급이 없다. 아마 임진왜란의 전쟁 중 조선은 병사들을 실질적으로 훈련시키기 위한 무예서 편찬에 관심이 집중되다 보니 〈영류지목록〉까지 깊이 살펴볼 여유가 없었을 것이다. 조선에서 〈영류지목록〉에 대한 최초의 언급은 《무예제보》의 후속편으로 편찬된 《무예제보번역속집》(1610)에 보인다. 이 책의 〈신서왜검도(新書倭劍圖)〉에는 최기남의 다음과 같은 분석이 실려 있다.

신이 살펴보건대, 왜검의 그림(〈영류지목록〉의 그림)은 본래 척 장군이 전투 중 얻은 것입니다. 이제 왜인의 칼 쓰는 법을 기준으로 삼으면, 많은 세들이 모두 여기에서 벗어나지 않습니다. 제1도에는 진전살적세, 향전격적세, 지검대적세가 포함되며, 제2도에는 제미살세, 선인봉반세, 용나호확세가 포함되며, 적수세, 하접세, 좌우방적세, 향상방적세, 초퇴방적세는 모두 제4도에 포함됩니다. 무검사적세는 바로 제5도에 해당합니다. 그러한즉, 이 그림에 다른 설명은 안 달려 있지만 척 장군이 《기효신서》에 포함시켜 후인을 기다린

---

49 《기효신서》의 다양한 판본이 언제 조선으로 전해졌는지에 대해서는 다음을 참조. 최복규, 〈조선에 도입된 《기효신서》의 판본〉(《한국체육학회지》)(50(5), 한국체육학회, 2011); 최복규, 《권법 바이블》(한국학술정보, 2018), 93~116쪽.

것은 참으로 먼 훗날을 내다본 것이라 하겠습니다.[50]

위의 최기남의 언급에서 흥미로운 점은 〈영류지목록〉의 그림자 형상과 《무예제보번역속집》〈왜검〉에 나오는 세명을 대비시키고 있다는 점이다. 원래 〈영류지목록〉이 《기효신서》에 포함되었던 점, 그리고 〈영류지목록〉의 검법을 투로화한 검술이 《무예제보》〈장도〉임을 감안하면, 이 그림자 형상에 대한 분석은 사실 《무예제보번역속집》〈왜검〉이 아니라 《무예제보》〈장도〉로 연결되어야만 한다. 왜냐하면 《무예제보번역속집》〈왜검〉은 장도를 수련하기 위해 새로이 만들어진 대련 투로이기 때문이다. 《무예제보번역속집》〈왜검〉에 부분적으로 좌우방적세나 향상방적세, 향전격적세, 지검대적세, 초퇴방적세 등 장도에서 나온 세들이 포함되어 있다. 하지만 제미살세, 선인봉반세, 적수세, 하접세처럼 곤봉의 세에서 차용한 세도 포함되어 있다. 용나호확세와 무검사적세는 다른 데서 발견되지 않는 것으로 보아 대련법을 구성할 때 새로이 만든 세일 것이다.[51]

위의 최기남의 진술을 이해하기 위해 아래와 같이 표로 정리했다.

〈표 7〉 〈영류지목록〉과 〈신서왜검도(新書倭劍圖)〉의 비교

| | 〈영류지목록〉 | 최기남의 〈신서왜검도(新書倭劍圖)〉 인식 |
|---|---|---|
| 제1도 | | 제일(第一): 오른편<br><br>진전살적<br>향전격적세<br>지검대적세 |
| 제2도 | | 제이(第二): 왼편<br><br>제미살세<br>선인봉반세<br>용·나호확세 |

---

50  崔起南(1610),《武藝諸譜翻譯續集》(계명대학교 동산도서관, 1999 영인),〈신서왜검도(新書倭劍圖)〉.

51  곤봉에는 편신중란세, 대당세, 대전세, 선인봉반세, 대조세, 제미살세, 적수세, 직부송서세, 주마회두세, 상체세, 도두세, 하천세, 섬요전세, 하접세의 14세가 있다. 戚繼光,《紀效新書》(18卷 本, 曹文明·呂穎慧 校釋, 中華書局, 2001), 212~219쪽.

| | 〈영류지목록〉 | 최기남의 〈신서왜검도(新書倭劍圖)〉 인식 | |
|---|---|---|---|
| 제3도 | | | 제사(第四): 왼편<br><br>적수세<br>하접세<br>좌우방적세<br>향상방적세<br>초퇴방적세 |
| 제4도 | | | 〈신서왜검도(新書倭劍圖)〉는 제5도로 표제를 달고, 이를 무검사적세로 묘사하고 있다. |

《기효신서》〈영류지목록〉에는 그림자 형상으로 묘사된 대결 장면 총 4도가 포함되어 있다. 그런데 〈신서왜검도〉에는 4도 가운데 3도만 실려 있다. 사실 〈영류지목록〉의 제1도와 제2도는 거의 차이를 알아볼 수 없을 정도로 비슷하다. 엄밀히 말하면, 〈신서왜검도〉에는 〈영류지목록〉의 제1도가 누락되어 있다. 〈표 7〉〈영류지목록〉 제1도, 제2도와 〈신서왜검도〉의 그림의 왼편 그림자 인물의 칼 잡은 손을 주목하기 바란다. 양손을 교차해서 머리 위로 칼을 들고 있는데, 〈신서왜검도〉 그림은 바로 제2도에 해당한다.

〈신서왜검도〉는 특이하게 각 그림자 인물 형상 하단에 제일(第一), 제이(第二), 제삼(第三), 제사(第四), 제오(第五)를 표시해 설명을 덧붙이고 있다. 최기남은 〈신서왜검도〉 '제일'에는 진전살적, 향전격적세, 지검대적세가, '제이'에는 제미살세, 선입봉반세, 용나호확세가, '제사'에는 적수세, 하접세, 좌우방적세, 향상방적세, 초퇴방적세가, 그리고 '제오'에는 무검사적세가 포함되어 있다고 보고 있다. '제삼'은 맨손으로 칼을 대적하는 자세인데, 최기남은 이 그림에 대해서는 직접 언급하고 있지 않다. 아마도 조선의 장도의 기법 가운데 맨손으로 칼을 대적하는 기술이 포함되어 있지 않기 때문이었을 것이다⟨표7 참조⟩.

〈표 8〉《무예제보》와 《무예도보통지》의 세의 변화

| | 《무예제보》 | 《무예도보통지》 |
|---|---|---|
| 초퇴방적세 | | |
| 진전살적세 | | |

《무예제보》《장도》의 또 하나의 특징은 동호인을 잡고 운용한다는 점이다. 일반적으로 동호인은 칼날을 칼자루에 고정시켜 안정성을 높이고 날을 보호하며, 칼을 칼집에 꽂았을 때 조여주는 역할을 한다. 장도는 긴 날로 인해 무게 중심이 칼날 쪽, 즉 자루에서 멀리 위치하게 된다. 이 경우 휘두를 때 모멘텀을 증가시켜 충격력을 높여주는 장점이 있지만 한편으로는 쏠림 현상으로 인해 원활한 운용을 방해하기도 한다. 이때 칼자루와 더불어 장도의 동호인을 함께 잡고 운용하게 되면 이러한 쏠림 현상을 상쇄시킬 수 있다.[52] 이러한 변화는 후대에 편찬된 《무예도보통지》와 대비해 보면 더욱 명확히 알 수 있다. 《무예제보》와 《무예도보통지》의 초퇴방적세와 진전살적세를 대조해보면 《무예제보》《장도》는 오른손으로 동호인을 잡고 있는 반면 《무예도보통지》《쌍수도》에서는 같은 세들이 모두 양손으로 칼자루를 쥐고

---

52  이러한 장도의 사용법은 서양의 롱 소드(Long sword) 기법과 유사하다. 롱 소드는 길이가 긴 양날 검으로 가드 위쪽 검날이 시작되는 부분에 날을 세우지 않거나 장갑을 낀 손으로 잡거나, 아니면 아예 손잡이 형식으로 변형시켜 잡을 수 있도록 했다. 오른손으로 자루를 잡고 왼손으로는 바로 이 부분을 잡고 사용함으로써 길이의 이점을 살리는 동시에 무게 중심이 쏠리는 현상을 방지했다. 아울러 유사시 거꾸로 돌려 잡고 포멜(pommel, 칼자루 끝의 둥근 머리)이나 가드를 사용해 타격하는 용도로 사용하기도 했다.

있다. 《무예도보통지》의 쌍수도는 장도법이 아니라 당시 다른 검법과 마찬가지로 일반적인 환도[요도]를 사용하기 때문에 동호인을 잡을 필요가 없어서 생긴 현상이었다.

　　이상 카게류 검술이 중국을 거쳐 조선으로 전해져 발전하는 과정을 추적하면서 우리는 거칠게나마 검술의 계보를 그려볼 수 있다. 18세기 말 조선의 《무예도보통지》《쌍수도》는 16세기 말 《무예제보》의 장도로 거슬러 올라가며, 다시 《무예제보》의 장도는 《기효신서》의 장도로, 그리고 《기효신서》의 장도는 〈영류지목록〉으로 연결된다. 중국 내에서 유전되었던 카게류의 변형들, 예컨대 정종유의 《단도법선》이나 오수의 《수비록》 역시 이러한 계보학의 범주에 포함된다. 아울러 일본 내에서 카게류는 다시 다양한 분파로 나뉘며 발전했다. 다시 말해, 카게류의 뿌리가 되는 아이스카게류는 역사의 뒤안길로 사라졌지만, 일본 내에서는 신카게류 계열로 살아남았으며, 중국과 조선에서 카게류에서 파생된 검술로 이어졌다. 그리고 15세기 일본이라는 특수한 상황에서 발생한 카게류의 검술이, 국지적인 검술에서 벗어나 동아시아의 검술로 진화해 가는 과정을 추적할 수 있다는 사실은 무예사적으로 유래를 찾아보기 힘든 매우 독특한 예라고 할 수 있다. 검술의 계보학이라고 할 만하다.

　　그렇다면 좀 더 세부적으로 들어가서 조선에서 16세기 장도와 18세기 쌍수도의 차이에 대해서 천착해보기로 하자. 오늘날 장도와 쌍수도를 이해하고 재현하는 데도 일정한 시사점을 줄 수 있을 것이다.

## 장도는 얼마나 긴가?

　　《무예도보통지》는 쌍수도를 "칼날은 5척이며, 칼날 아랫부분은 1척 길이로 동호인으로 감싸고, 자루는 1척 5촌으로 전장 6척 5촌에 이른다"라고 말한다. 이 기록은 사실 이전 《무예제보》(1598) '장도(長刀)'의 기록을 그대로 옮긴 것이며, 《무예제보》는 다시 척계광의 《기효신서》(14권 본, 1584)에 실린 '장도'의 제원을 그대로 옮겨온 것이다. 임진왜란을 계기로 명나라로부터 장도를 도입하면서 명나라의 제도에 따라 칼을 제작했다. 그런데 18세기 후반에 편찬한 《무예도보통지》(1790)에는 당시 본래 명칭인 '장도' 대신 '쌍수도'로 이름이 바뀌었다.

두 손으로 사용하기 때문에 '쌍수도'라는 것이다. 그런데 더 중요한 건 기존의 장도가 아니라 일반 요도(腰刀)를 사용한다는 점이다. 이는 원래 긴 칼을 운용하던 장도법에서 일반 요도를 사용하는 도법으로 변화되었다는 걸 의미한다.

장도가 요도로 대체되었다면 길이가 얼마나 줄어든 것일까? 그 변화를 추적하기 위해서는 조선 시대 당시의 척관법을 알아야만 한다. 조선 시대에는 영조척, 주척, 황종척 등 다양한 척도가 사용되었다. 일반적으로 무기 제작에는 영조척이 적용되었으나 주척도 활용되었다. 그런데 문제는 오늘날 표준화된 척도와 달리 영조척은 대체로 29~34cm, 주척은 19~24cm 정도로 시대와 지역에 따라 변화의 폭이 컸다는 데 있다.[53] 일단 논의의 편의를 위해 중국과 조선에서 사용된 영조척과 주척을 각각 32cm(31cm), 22cm(21cm)로 환산하기로 한다. 무기의 표준 길이가 제시되어 있기는 하지만 현실적으로 모든 무기가 똑같이 제작되지 않은 데다 무기를 제작하는 기관이나 지역에 따라 차이가 나는 경우도 많았다. 대체로 중국의 척도가 조선보다 다소 길었다. 따라서 이렇게 적용해도 병장기 길이의 일반적인 추이를 이해하는 데 크게 지장이 없을 것으로 판단했다. 이를 토대로 환산하면 장도의 길이는 대략 208cm(201.5cm, 영조척 적용) 혹은 143cm(136.5cm, 주척 적용)가 된다. 참고로 조선에서 가장 보편적으로 사용했던 칼인 환도(혹은 요도, 예도)는 전장이 133cm(영조척), 90cm(주척)로 환산된다.[54]

사실 장도의 길이를 영조척으로 보기엔 무리가 따른다. 중국이나 우리나라의 경우 2m가 넘는 칼이 유물로 남아 있는 경우도 거의 없고, 과연 2m가 넘는 칼을 기존 도법의 운용방식으로 운용이 가능할까? 하는 의구심을 지울 수 없기 때문이다. 물론 2m에 이르는 칼이 전혀 없는 건 아니다. 현충사에 있는 이순신의 장검 역시 197.5cm로 2m에 가까우며,[55] 일본에는 3.7m에 이르는 오오다찌가 있으며, 유럽의 롱 소드 역시 2m 가까운 장검이 존재한다. 하지

---

53  한중 도량형에 관해서는 다음을 참조. 박흥수,《한 · 중도량형제도사》(성균관대학교출판부, 1999); 國家計量總局 · 中國歷史博物館 主編,《중국도량형도집》(金基協 역, 법인문화사, 1993).

54  《무예도보통지》의 검술은 모두 환도를 사용해 수련했다. 환도는 전체 길이는 4척 3촌이며, 날이 3척 3촌, 자루가 1척이었다. 영조척(약 31cm)을 적용하면 전장 133.3cm, 날 길이 102.3cm, 자루 길이 31cm이며, 주척(약 21cm)을 적용하면 전체 길이 90.3cm, 날 길이 69.3cm, 자루 길이 21cm이다.

55  아산 현충사에는 이순신의 장검 두 자루가 소장되어 있다. 이 두 자루의 칼은 길이 197.5cm, 무게는 5.86kg에 이른다. 칼날에 태귀련(太貴連, 태구련(太九連)이라고도 함)과 이무생 두 도공이 선조 27년(1594) 4월 제작하였다고 기록되어 있다. 칼날에 "석 자 칼로 하늘에 맹세하니 산하가 떨고, 한 번 휘두르니 피가 산하를 물들인다(三尺誓天 山河動色, 一揮掃蕩 血染山河)"라는 유명한 시구가 새겨져 있다.

만 이순신의 장검이나 일본의 오오다찌는 의장용 혹은 신사봉납용으로 실전용 칼이 아니었다. 롱 소드 역시 특수한 병종에서 제한적으로 사용되었다는 점에서 이 정도 길이의 칼이 보편적이었다고 보기는 힘들다.

따라서 장도의 길이를 추정하기 위해서는 다각도로 접근할 필요가 있다. 여기서는 1) 《기효신서》의 기록과 여타 기록에 나타난 장도 길이의 비교, 2) 현존하는 장도 유물의 길이, 3) 당대 평균 신장과의 비교, 4) 칼의 중량을 고려한 길이, 5) 장도의 기법과 관련한 길이의 다섯 가지 측면에서 장도의 길이를 추정해보고자 한다.

## 1) 《기효신서》와 여타 기록의 장도의 길이 비교

그림의 비교는 상대적일 수밖에 없다. 하지만 상대적이더라도 전혀 의미가 없는 것은 아니다. 현실을 묘사하는 그림은 어떤 식으로든 당대인들의 인식이 반영되기 마련이다. 따라서 시기적으로 차이가 나는 문헌에서 다르게 그려져 있다는 건 인식의 변화를 반영하는 것으로 볼 수 있다. 장도는 14권 본 《기효신서》(1584)에 최초로 기록되었다.[56] 이후 중국과 한국의 문헌에 직·간접적으로 관련 내용이 기록되어 있다. 200여 년에 이르는 시공간의 스펙트럼 속에서 장도에 어떤 변화가 감지된다면 우리는 이를 통해 장도의 길이에 대한 유의미한 추정을 할 수 있을 것이다.

먼저 아래 몇 가지 기록들을 통해 그 변화를 따라가 보고자 한다.

아래는 여러 문헌에 기록된 장도의 모습이다. 《기효신서》(1584), 《무예제보》(1598), 《무비지》(1621), 《무예도보통지》(1790)에서 주목해야 할 자세를 뽑아서 표를 만들었다.

---

56  최초 1584년 간행된 14권 본 《기효신서》는 현재 남아 있지 않다. 이승훈에 의해서 1588년 재간행된 《기효신서》가 현존하는 가장 오래된 14권 본 《기효신서》이다. 여기서는 이승훈 본을 사용하되 1584년으로 편찬연대를 표기했다.

〈표 9〉《기효신서》,《무예제보》,《무비지》,《무예도보통지》 세의 변화

| | 《기효신서》(1584) | 《무예제보》(1598) | 《무비지》(1621) | 《무예도보통지》(1790) |
|---|---|---|---|---|
| 초퇴방적 | | | | |
| 진전살적 | | | | |
| 재퇴방적 | | | | |

일단 여기서는 그림 묘사를 중심으로 비교 분석하도록 한다. 척관법을 어떻게 적용할 것인지에 대해서는 뒤에서 다룬다.

먼저《기효신서》에서 초퇴방적세, 진전살적세, 재퇴방적세 세 가지 세를 뽑았다. 일단 이 세들의 공통점은 왼손으로 칼자루를 오른손으로 칼날을 잡고 있다는 점이다. 이러한 파지법은 장도 혹은 장검을 사용할 때 보인다. 칼이 길기 때문에 칼날 쪽에 무게 중심이 쏠리게 되므로 이렇게 날 부분을 잡아 운용하면 편리하다. 그런데 날이 서 있을 경우 손을 베이게 되므로 칼날을 잡기 위해서 장갑을 끼든가, 아니면 손으로 잡는 부위에는 날을 세우지 않든가, 천이나 줄 등으로 감싸거나 혹은 동호인을 길게 만들어 해당 부분을 잡든가 하는 방식으로 해결했다. 이 그림은 바로 장도가 일반적인 칼보다 길다는 사실을 단적으로 보여준다.

《무예제보》에서도 이러한 기법을 그대로 확인할 수 있다. 이는《기효신서》의 장도법이 조선에서도 그대로 재현되고 있다는 것을 의미한다.

그런데《무비지》에 와서는 변화가 보인다. 초퇴방적세, 진전살적세를 보면 왼손으로 칼자

루를 잡고 오른손은 칼등에 댄 모습으로 그려져 있다. 장도가 아니라 요도를 사용하기 때문에 생긴 변화가 반영되어 있다. 《무비지》가 1621년 편찬되었으니 《기효신서》(1584) 이후 약 30~40년간에 생긴 변화일 것이다.

참고로 《무비지》와 같은 해에 편찬된 《단도법선》은 17세기 초반 명나라의 민간에서 유행하던 장도법이다. 《단도법선》에는 칼날 부분을 잡고 운용하는 기법은 보이지 않는다. 하지만 《단도법선》에 사용되는 단도 역시 장도임을 알 수 있는 세들이 보인다.

<그림 35> 《단도법선》(1621): 니아발도세, 발도출초세[57]

| 니아발도세(你我拔刀勢) | 발도출초세(拔刀出鞘勢) |
|---|---|

서로 칼을 빼는 자세: 니아발도세

이는 칼이 길기 때문에 위급할 때를 당하면 칼집에서 칼을 뽑기 어려우므로, 본진(本陣) 가운데 같은 칼을 사용하는 동료와 함께 그는 나의 칼을 뽑고 나는 그의 칼을 뽑아 사용하는 세이다(<그림 35>).[58]

---

57  여기서는 다음 판본을 사용. 程宗猷, 《單刀法選》(1842(道光 22)). 日本國立國會圖書館 소장, 청구기호 859-43.

58  你我拔刀勢: 此因刀長, 遇急難时, 難以出鞘, 故以本陣中用刀者, 你拔我刀、我拔你刀而用.

칼을 빼는 자세: 발도출초세

왼손으로 칼집을 잡고 오른손바닥이 위를 향하게 하여 칼자루를 잡아 먼저 약간 뽑아 공간을 만든 다음 다시 오른손바닥으로 칼등을 받쳐 잡아 빼되 칼집에서 나오면 왼손으로 자루를 잡으며 다시 오른손을 전환해 두 손으로 칼자루를 잡아 베어 죽인다〈그림 35〉.[59]

위의 두 가지 세는 정종유가 사용한 칼이 한 번에 뺄 수 없을 정도로 길다는 걸 보여준다. 혼자서 발도할 경우엔 먼저 칼을 뽑아 공간을 만들고 다시 손을 바꿔 칼등을 잡아 빼는 2단계의 발도법을 사용했다. 위급한 상황에서 이런 식의 2단계 발도법은 너무 늦기 때문에 니아발도세를 사용해야 한다. 니아발도세는 같은 장도를 사용하는 동료와 서로 상대의 칼을 뽑아 사용하는 방법이다. 이 세들은 모두 칼이 비정상적(?)으로 길기 때문에 만들어진 기법이다. 정종유는 단도의 전체 길이가 5척(날 길이 3척 8촌, 칼자루 1척 2촌)이라고 하였는데, 만약 주척을 사용한다면 그 길이는 110cm 정도로 일반 요도보다 길기는 하지만 위에서 언급한 것처럼 두 단계로 칼을 뽑거나 동료의 칼을 뽑아 사용해야 하는 별도의 발도법이 필요할 정도의 길이는 아니다. 따라서 여기 척도는 영조척(32cm)으로 봐야 한다. 이 경우 약 160cm(날 길이 122cm, 자루 38cm)로 한 번에 뽑기 힘든 길이가 된다. 명대 민간에서 유행하던 장도가 이 정도였다고 한다면 군진에서도 크게 다르지 않았을 것이다.

그런데 《무예도보통지》(1790)에는 향좌방적세와 초퇴방적세 모두 두 손으로 칼자루를 잡고 운용한다. 《무예도보통지》〈쌍수도〉에 이미 언급되어 있듯이 당시엔 이미 긴 장도가 사용되지 않고 일반 요도[환도]를 사용해 쌍수도의 검법을 익혔다. 이전엔 날을 잡았던 동작은 더 이상 필요 없어지면서 나타난 현상이다.


## 2) 유물로 보는 장도의 길이

우리나라에는 남아 있는 장도가 많지 않다. 반면, 중국에는 상대적으로 명대의 장도가 다수 남아 있는데, 이를 통해 간접적으로 조선 시대 사용되었던 장도를 추정해 볼 수 있다. 명

---

59  拔刀出鞘勢: 左手持鞘, 右手陽持刀靶, 先拔出少許, 再用手掌托擎刀背, 出離鞘口, 以左手持靶, 再換右手, 共持刀靶砍殺.

대의 장도는 150~160cm 정도의 길이 분포를 보인다. 샤먼(廈門) 후리산(胡里山) 파오타이(炮臺) 링꾸앙(榮光) 문물보장박물관(文物寶藏博物館) 도검관(刀劍館)에 소장된 장도는 전체 길이가 약 150cm이다. 또 어림군(御林軍) 대도로 알려진 장도는 전체 길이가 164cm(자루: 56cm, 칼날: 108cm)이다.[60] 주위(周緯: 저우웨이) 역시 명대 유물로 남아 있는 장도의 평균 길이를 약 164cm로 보고 있다.[61] 앞의《단도법선》의 5척(약 160cm) 칼도 이 범주에 들어간다.

일본의 장도는 오오다찌(大太刀) 혹은 노다찌(野太刀)로 불리는데, 90cm 정도의 길이의 칼부터 377cm에 이르는 긴 칼에 이르기까지 포괄하기 때문에 일률적으로 말하기가 힘들다.[62] 대체로 130~160cm에 이르는 칼을 가리킨다. 그 이상의 칼은 실전용이라기보다는 신사 봉납용의 의례적인 목적을 위한 칼이었다. 실전에서 사용되었던 장도는 중국이나 조선과 크게 다르지 않았을 것으로 보인다.

## 3) 평균 신장과의 관련성

무기를 다루는 기술, 즉 무예는 필연적으로 인간의 몸과 몸의 움직임과 관련이 있다. 같은 길이와 같은 무게의 무기라도 어떤 사람에게는 무거울 수도, 혹은 가벼울 수도, 길 수도 있기 때문에 무기는 상대적일 수밖에 없다. 그런데 이런 무기의 길이와 무게가 제시되었다면 당대의 표준적인 신장과 힘을 가진 사람을 염두에 두었을 가능성이 높다. 아니면 적어도 그런 비례 관계를 감안해 칼의 성격을 부여했을 것이다.

그렇다면 6척 5촌 길이의 장도를 조선의 영조척(31cm 적용)과 주척(21cm 적용)으로 환산한 201.5cm와 136.5cm 길이를 당대의 표준 신장과 비교해보면 어느 척도를 적용하는 것이 더 설득력이 있을까? 16세기 후반 조선인들의 신장과 근력에 대한 개략적인 정보에 대해서는 이진갑의 연구에서 제시된 바 있다. 1590년대 작성된 관병의 신체 기록(총 408명)을 토대로 추산한 평균 신장은 152.7cm였다.[63] 하지만 이 수치에는 오늘날의 청소년에 해당하는 12~19

---

60  皇甫江,《中國刀劍》(明天出版社, 2007), 102-105쪽.

61  周緯,《中國兵器史稿》(三聯書店, 1957), 263쪽.

62  오늘날 남아 있는 일본에서 가장 긴 노다찌는 아쯔다신궁(熱田神宮)에 소장되어 있는 칼로 전장이 377cm, 날 길이 226.7cm, 무게는 14.5kg에 이른다. 노리미쯔 오사후네가 1447년 8월 제작한 칼로 알려져 있다.

63  이진갑, 〈1590년대 李朝鎭管官兵의 신장 및 근력에 관한 연구: 서애 선생 유고〈軍門謄錄〉,〈官兵編伍冊〉및〈官兵容貌冊〉

세의 남자도 포함되어 있다. 이들은 아직 성장기에 있기 때문에 당시 성인의 평균 신장을 이해하기 위해서 이들 연령대를 제외할 필요가 있다. 이 경우 평균값은 155.42cm가 된다. 물론 표집의 수가 제한적이기 때문에 이를 16세기 후반의 한국인 성인 남성의 평균치로 가정하기엔 어려움이 있다.

간접적이긴 하지만 한국인의 신장에 대해서는 여러 가지 기록이 전한다. 일본 큐우슈우(九州) 남단의 데지마(出島)에서 1823년부터 7년간 근무했던 독일인 의사 시볼트는 조선인이 일본인보다 크지만 167cm는 넘지 않는다고 했다. 이사벨라 버드 비숍은 한국인 성인 남성의 평균 신장을 163.4cm라고 했다.[64] 모두 19세기 한국인을 대상으로 한 언급이다. 20세기에 들어서서 대한제국 황실의 엔지니어로 일했던 이탈리아인 에밀리오 부다레(Emilio Bourdaret)가 서울-송도 간 철도 건설을 위해 고용한 한국인들의 신체검사 기록에 따르면, 측정된 113명의 평균 신장은 162cm였다. 이 수치는 루벤토프(Lubentoff)가 함경도에서 관측한 자료로부터 뽑아낸 수치나 엘리세예프(Elisseyeff)가 얻은 수치와도 일치한다. 당시 중국인의 평균 신장은 161cm, 일본인의 평균신장은 157cm에서 159cm 정도였다고 하니 한국인이 상대적으로 좀 더 컸던 것으로 보인다.[65] 흥미로운 결과도 있다. 최근 서울대의대 해부학교실 황영일, 신동훈 교수팀이 15세기에서 19세기에 이르기까지 조선 시대 116명(남 67명, 여 49명)의 유골에서 채취한 넙다리뼈[대퇴골]을 이용해 평균 키를 분석한 결과에 따르면 남성은 161.1(±5.6)cm, 여성 148.9(±4.6)cm로 각각 추정된다.[66]

이상을 종합하면, 16세기 후반 이후 조선 시대 성인 남성의 평균 키는 대략 155~162cm로 추정된다. 그렇다면 이 정도 키의 사람이 2m의 칼을 휘두르는 것이 가능할까? 질문의 요지는 자신의 키보다 훨씬 긴 칼을 도법의 이치에 맞게 운용할 수 있느냐 하는 것이다.

의 자료에 의하여《안동문화》(5, 안동문화연구소, 1984), 121쪽.

64  김민희, 〈[집중취재] 비서구인종 중 1위 - 한국인의 장신화(長身化) 연구《월간조선》(7월호, 조선일보사, 2004).

65  까를로 로제티, 《꼬레아 꼬레아니》(서울학연구소 역, 숲과나무, 1996), 7-8쪽.

66  김길원, 〈조선 시대 평균키 남161.1cm, 여 148.9cm《연합뉴스》, 2012년 1월 31일 자. 참고로 국립김해박물관이 2015년 고인돌을 주제로 한 전시회 자료는 남성의 키를 162.8cm(신석기), 163.1cm(삼한), 163.0cm(삼국) 161.1cm(조선)로 추정하고 있다. 강구열, 〈'170 vs 150' …신석기부터 조선까지 한국인의 평균키는?《세계일보》, 2020년 9월 12일.

사실 고전 무예에 사용되는 병장기 가운데 창류는 3~4m에 이르기도 한다. 곤봉, 월도, 협도 등도 2m를 넘는다. 게다가 월도와 협도 같은 무기는 장도보다 무게도 더 나간다. 따라서 단순히 길이만 생각하면, 2m 내외의 칼을 운용하는 게 불가능한 건 아니다. 하지만 여기서 간과해서는 안 될 부분이 있다. 곤봉이나 월도, 협도와 같은 무기는 장도와 파지법이나 운용법이 다르다는 점이다. 예를 들면, 곤봉의 경우 공격과 방어, 그리고 치는 기법이냐 찌르는 기법이냐에 따라 달라지기는 하지만 기본적으로 봉의 중간, 혹은 봉의 끝과 중간처럼 양손을 벌려 잡고 운용하기 때문에 병장기의 중량이 한쪽으로 쏠리지 않는다. 곤을 사용해 칠 때는 곤의 중간과 곤파를 잡고 휘두르며, 찌를 때도 역시 한 손은 곤파를 잡고 다른 손은 곤의 중단을 잡아 앞으로 밀어내며 찌른다. 즉 곤이 양손 안에서 리드미컬하게 움직이게 된다. 월도와 협도의 경우도 마찬가지로 자루의 중간 부위에서 양손을 벌려 잡고 운용하게 된다. 이렇게 양손은 벌려 잡으면 병장기의 무게 중심을 컨트롤하기가 쉽다.

그런데 장도는 기본적으로 양손으로 칼자루를 잡고 운용해야 하기 때문에 칼날의 무게 중심이 앞으로 쏠릴 수밖에 없다. 따라서 장도를 운용하는 건 곤봉이나 월도, 협도와는 질적으로 다른 문제가 된다. 장도 기법에 동호인 부분을 잡고 운용하는 방법이 포함된 것도 바로 이런 문제를 상쇄하기 위한 방편이라고 할 수 있다. 날을 잡고 운용하게 되면 곤봉이나 월도, 협도처럼 무게 중심이 양손 안에 위치하게 되어 칼의 운용이 영활해져 상대의 칼, 혹은 다른 병장기를 들어 올리거나 방향을 바꿔 제어하기가 쉽기 때문이다.

결론적으로 조선 후기 남성의 평균 신장을 고려했을 때 이들이 2m 가까운 칼을 편리하게 운용했으리라고 보기는 힘들다. 물론 이는 평균 신장이기 때문에, 병사들 가운데 평균 이상의 신장을 가진, 그리고 근력이 뛰어난 병사를 선발해 장도를 운용하게 했다면, 2m의 칼이라도 사용하는 데 크게 무리가 없었을 가능성도 있다. 하지만 현재 남아 있는 장도 기법을 묘사한 그림을 보면 병사의 신장을 넘는 길이의 칼은 보이지 않는다는 점에서 장도가 2m 길이였다고 보기는 힘들다.

## 4) 칼의 중량을 고려한 길이[67]

《기효신서》에 따르면 장도의 무게는 2근 8량이다. 오늘날 무게 기준으로 환산하면 약 1,680g에 해당한다(1근을 600그램으로 환산). 오늘날 검술 시연에 사용하는 1m 내외의 진검 무게가 대략 1,000~1,200g인 점을 감안하면 약 200cm의 칼이 1,680g이라는 건 다소 무리가 따른다. 물론 200cm 길이에 무게를 1,680g 정도로 맞춰서 제작할 수 없는 건 아니다. 다만 이 경우 극단적으로 날을 얇게 해서 무게를 최소한도로 줄여야 하는데, 이렇게 만든 칼은 칼로서 정상적인 기능을 할 수 없게 된다. 따라서 무게가 1,680g 내외라고 한다면 칼의 길이 역시 거기에 맞아야만 한다. 이 경우 주척을 적용한 길이, 즉 전장 약 140cm 내외가 합당할 것이다.

## 5) 검법 기법과의 관련성

그런데 여기서 또 하나 고려해야 할 문제가 있다. 도검의 길이와 기법 간의 관련성이다. 장도의 기법 가운데는 208cm 길이의 칼을 운용할 경우 취하기 힘든 동작들이 보인다. 실제 기법과 칼의 길이가 맞지 않는 경우는 반대로 말하면, 영조척으로 계산한 칼이 맞지 않는다는 간접적인 증거가 될 수 있을 것이다. 예를 들면, 지검진좌세, 즉 "칼을 잡고 앞으로 나아가 앉는 자세"를 들 수 있다(〈그림 36〉). 그림을 보면 양발을 앞뒤로 일자로 만들어 양 무릎을 굽히고 앉으며 칼끝을 아래로 향하게 하여 잡는 자세다. 신장 155~162cm 내외의 시연자가 208cm의 칼을 들고 그림과 같은 자세를 취하기는 어렵다. 자연체로 선키보다 30~50cm 정도 더 긴 칼을 무릎을 굽힌 자세로 잡을 경우 그림처럼 자루를 잡은 팔을 수평으로 유지하는 건 불가능하기 때문이다.

《기효신서》에서는 동호인을,《무예제보》에서는 칼자루를 쥐고 지검진작세를 취하고 있기 때문에 영조척으로 환산된 칼로는 취할 수 없는 모습으로 그려져 있다.

---

67 어검당의 보고서에도 같은 견해를 담고 있다. 어검당,《조선 후기 무기 고증 · 재현: 2003년도 국립민속박물관 학술연구용역보고서》(국립민속박물관, 2003), 32-34쪽.

〈그림 36〉 지검진좌세

| 《기효신서》 | 《무예제보》 | 《무예도보통지》 |
|---|---|---|
|  | | |

　반면《무예도보통지》〈쌍수도〉의 경우 일반 요도(전장 90cm 내외)를 사용한다고 했으므로 지검진좌세를 취할 경우 그림과 같이 칼날을 아래로 향하게 하며 양 무릎을 굽혀 앉아도 팔을 자연스럽게 뻗어서 잡을 수 있다. 따라서 이 자세를 통해서 유추해 보면 이전《무예제보》나《기효신서》의 장도는 주척을 적용한 길이로 보는 것이 타당할 것이다.[68]

　이상의 논의를 종합하면 16세기 말 사용된 6척 5촌 장도는 주척을 사용해 그 길이를 환산해야 하며 명나라의 주척으로는 약 143cm, 조선의 주척으로 약 136.5cm에 해당한다. 물론 이 길이는《기효신서》와《무예제보》에서 제시된 길이를 기준으로 추정한 것이고, 중국에 남아 있는 장도 실물의 길이로 볼 때 실제로는 130~165cm로 다양하게 존재했다.

## 조선에서 장도의 보급

　임진왜란 중 장도가 도입된 후 조선 정부는 장도를 적극적으로 활용하기 위해 지속적으로 노력을 했다. 기본적으로 모든 전투는 종국에 가서는 결국 백병전으로 결판이 나게 마련이었다. 궁수, 창수, 조총수, 기병 등 병종을 막론하고 모두 칼을 차고 있는 이유이기도 했다. 하지

---

68 《무예도보통지》〈범례〉에는 백리척(百里尺)과 균보법(均步法)을 사용해《무예도보통지》를 편찬했다고 말한다. 백리척은 지도를 그릴 때 사방 백 리를 1척의 비율로 축소해서 재는 법으로 오늘날의 축척에 해당한다. 균보법은 보에 따라 거리를 나누는 법으로《무예도보통지》의 총보와 총도에서 각 세 사이의 간격을 세명 표시의 원이나 그림 사이의 간격을 통해서 알 수 있도록 했다. 이에 비춰보면 각 세의 그림 역시 어느 정도는 실제의 비율을 반영해서 그려졌다고 봐도 무리가 없을 것이다.

만 실제로는 보급이 제대로 이루어지지 못했던 것으로 보인다. 선조 때 이미 검술을 보급하여 익히게 하고 성적에 따라 상벌을 내려 검술을 진작시키는 조치를 취했지만 임진왜란이 끝나고 나자 다시 검술에 대한 관심이 저조해지면서 여전히 검술을 잘 모른다는 비판이 대두되었다. 인조 대에 이르면 상황은 더 악화되었던 것으로 보인다. 다시 검술이 쇠퇴하는 지경에 이르렀다는 반성과 함께, 외방의 속오군뿐 아니라 시위군사, 선전관, 내삼청의 무사에 이르기까지 모두 검술을 익히게 해야 한다는 조치가 취해졌다.[69]

《승정원일기》인조 7년(1629) 윤 4월 14일 자 병조가 올린 계에는 장도의 시험에 합격한 이들에게 상을 내려 장도를 보급시켜야 한다는 계획이 포함되어 있다.

> 지금 신이 외람되이 병조를 맡게 되어 금위(禁衛)에서 검술을 먼저 익혀 사방으로 하여금 본받도록 할 것을 제일 먼저 청하였는데 사람들은 혹 불편하게 여겼지만 오직 밝으신 성상께서는 허락하셨습니다. 그리하여 몇 달 만에 서울에는 검술에 숙달된 자가 많게 되었을 뿐 아니라 지방에서 검술을 배우는 자가 서울에서 검술을 시험하여 금군(禁軍)이 되기를 희망하는 자도 있게 되었습니다. <u>만약 이를 계기로 습속을 이루어 검을 다루는 국내의 젊은 무사(武士)로 하여금 귀천을 막론하고 검술을</u> (몇 자 원문 빠짐) 하게 한다면 몇 해 지나지 않아 어려움 없이 절병(浙兵)처럼 될 수 있을 것입니다. 게다가 우리나라에는 (몇 자 원문 빠짐) 없던 장기(長技)인데 말해 무엇 하겠습니까? 검술의 사용은 비단 (몇 자 원문 빠짐) 할 때에 유리할 뿐만 아니라 체력을 튼튼하게 해 주고, 또 (8, 9행 원문 빠짐)[70]

위 기록은 중간중간 원문이 누락된 부분이 있기는 하지만 17세기 초반 일본 검술에 대한 조선 정부의 인식을 잘 보여준다. 먼저, 조선에는 없던 장기라는 부분에 주목해보자. 앞에서 이미 언급했듯이 임진왜란 중 맞닥뜨린 일본 검술은 당시 조선에 새로운 무예로 인식되었다. 임진왜란 중 명나라의 장도술을 도입하고 항왜 등을 통해서 일본 검술을 도입하기 위해 정부 차원의 노력을 해온 지 30여 년이 지났지만 여전히 생소한 기예로 여겨졌다. 게다가 양반들은 용검(用劍)을 천한 기예라고 여겨 하지 않으려고 했다. 그래서 서울에서 먼저 실시하고 지

---

69 《인조실록》, 인조 6년(1628) 9월 29일 병술.

70 《승정원일기》, 인조 7년(1629) 윤4월 14일 기사.

방으로 확산시키려는 조치를 취하게 된다. 검술에 뛰어난 자들을 금군으로 채용하는 우대 정책도 고려했던 것이다. 그 결과 지방에 있는 무사들도 검술을 익혀 서울에서 시험을 쳐 금군이 되고자 하는 이들도 생겨나게 되었다.

그런데 여기서 인용 단락의 후반부 밑줄 친 문장에 주목할 필요가 있다. 원문이 부분적으로 누락되어 있기는 하지만 전체 맥락을 이해하기는 어렵지 않다. 중간중간 빠진 내용을 보충해서 원문을 재구성해보면 다음과 같다.

> 만약 이를 계기로 습속을 이루어 검을 다루는 국내의 젊은 무사(武士)로 하여금 귀천을 막론하고 검술을 **익히게 한다면** 몇 해 지나지 않아 어려움 없이 절병(浙兵)처럼 될 수 있을 것입니다. 게다가 우리나라에는 **장도는** 없던 장기(長技)인데 말해 무엇 하겠습니까? 검술의 사용은 비단 **근접 전투를** 할 때에 유리할 뿐만 아니라 체력을 튼튼하게 해 주고, **또 적과 맞닥뜨렸을 때 두려움을 없애 줍니다**(굵은 글씨는 필자가 삽입).

검술에 대한 이러한 인식은 임진왜란을 거치면서 새로이 형성된 것이었다. 명군이나 일본군 모두 화기와 단병 무예를 결합한 전술을 운용하고 있었으며, 특히 백병전에서 일본군의 검술은 조선인에게는 깊은 인상을 남겼다. 적과 맞닥뜨렸을 때 이미 심리적으로 지고 있던 조선군을 심리적으로 무장시킬 수 있는 방안도 역시 검술에 있었다. 전통적으로 궁시로 원거리에서 적을 죽이는 데 익숙해 있던 조선군이 상대와 직접 맞닥뜨려 칼로 죽이기 위해서는 심리적으로 상당한 준비가 필요했다. 검술은 근접 전투에 유리할 뿐 아니라 체력을 튼튼히 해주고, 또 적과 맞닥뜨렸을 때 두려움을 없앨 수 있었다. 당연히 조선 정부로서는 검술의 보급과 활용이 중요한 과제가 될 수밖에 없었다.

조선 정부의 검술 보급 노력은 어느 정도 효과를 나타냈다. 장도(=용검)를 내삼청의 금군과 제색군 및 각 아문의 군관, 어영군에게 명을 내려 권장을 하자 수개월 내에 장도에서 합격해 상을 받는 사람들이 생겨나기 시작했던 것이다. 이에 서울에서 이와 같이 보급되면 지방에서도 틀림없이 많은 이들이 배울 것이며 궁극엔 나라 전체로 확산되리라는 전망까지 나오게 된다.[71] 장도는 임진왜란을 계기로 새로이 도입된 기예였기 때문에 이를 보급시키기 위해서는

---

71 《승정원일기》, 인조 7년(1629) 3월 14일 경오.

사실 유인책이 필요했다. 그래서 장도 시험에 우수한 성적으로 입상한 이들을 금군에 편입시키는 것이 어떻겠느냐는 의견이 나오기도 했다. 하지만 이는 너무 파격적인 조건이기 때문에 재고해야 한다는 반대 의견으로 실시되지는 못했다.[72]

　사실 검술의 확산을 막는 가장 큰 걸림돌은 시험의 객관성과 재정이었다. 검술을 비롯한 단병 무예의 시험은 응시자가 시범을 보이면 무예의 세를 보고 시험관이 그 수준의 고하를 판단해 평가를 내렸다. 오늘날 태권도나 카라테, 혹은 우슈의 표연 경기와 유사했다. 원래 중국에서 행해지던 방식은 여기에 두 사람이 하는 대련도 시험 과목으로 포함되어 있었지만 조선에서는 대련은 제외되고 단순히 시범을 보이고 이를 평가하는 방식으로 간소화되었다. 평가에는 다음과 같은 요소들이 반영되었다. 예를 들면, 쌍검의 시험에서 두 칼을 가지고 몸을 감아 돌리고 몸을 뒤집는 동작에서 빠르면서도 안정적인지, 아니면 검을 빠르게 운용하는지 등을 살펴보았다. 월도의 경우는 양손으로 자루를 번갈아 바꿔 잡거나 칼을 들거나 휘두를 때 놓치거나 불안정하면 실세(失勢: 세를 잃어버림)로 평가했다. 마상 편곤의 경우는 말 위에서 편곤을 머리 위로 휘두를 때는 한 손으로 했다가 목표를 가격하는 순간에는 두 손으로 잡아야 하는 등의 요구 조건이 있었다.[73] 대체로 각 동작이나 기술의 정확성, 속도, 숙련도 등이 평가의 기준이었음을 알 수 있다. 그런데 이러한 방식엔 시험관의 주관이 개입될 여지가 많았다. 게다가 지방에서는 개별적으로 시험을 치르다 보니 시험 성적을 자의적으로 매기는 경우가 발생하기도 했다. 이로 인해 호조에서는 중앙에서 시험관을 파견해 시험의 객관성을 확보하는 방안을 제기하기도 했는데,[74] 이는 시험의 주관과 평가를 분리한 방식으로 수령 개인이 임의로 상을 내리는 폐단을 없애고 중앙에서 파견한 시험관이나 순찰사나 감사, 병사 등의 객관적인 판단에 따라 시상을 하는 것이 낫다는 판단에서 나온 조치였다.[75] 재정 문제는, 병조는 병사들의 기량 향상에 초점을 맞춰 진급이나 나은 보직, 부상 등을 통해 병사들의 기량을 향상시키려고 한 반면 호조는 재정적인 측면에서 감당하기 어렵다는 이유로 전면적인 확

---

72 《승정원일기》, 인조 7년(1629) 3월 15일 신미.
73 《승정원일기》, 현종 3년(1662) 10월 3일 계묘.
74 《승정원일기》, 인조 7년(1629) 3월 16일 임신.
75 《승정원일기》, 인조 7년(1629) 3월 18일 갑술.

대에 우려를 표했다.[76] 겸사복 이지룡이 육량전과 용검 시험에서 모두 우수한 성적을 거두었지만 중첩해서 상을 주지 않았던 이유도 이런 재정적인 문제와 관련이 있을 것이다.[77]

그럼에도 불구하고 장도[용검]에 대한 우대 정책은 지속적으로 이루어졌다. 관무재 때 편전, 유엽전, 권법, 언월도, 등패 등과 함께 용검을 시험을 보았으며,[78] 별시의 경우 편전과 기추 두 가지 가운데 하나에 불합격했다고 해도 용검을 자원할 경우 입격한 자를 취하기도 했다.[79] 전시에서 참가한 153인 가운데 편전과 기추에 모두 합격한 자 54인과 두 가지 기예 가운데 한 가지만 합격하였지만 용검을 함께 응시한 자 60인은 직부전시하도록 하는 우대조치가 취해졌다.[80]

우대책은 효과가 있었다. 용검을 시재에 포함시키자 응시자가 늘었던 것이다.[81] 아울러 용검은 조총수나 궁수를 따지지 말고 모두 교습시키라는 전교가 내려지면서 군진 내에서 용검은 점점 더 중요한 과목이 되었다.[82] 우대 조치가 효과를 발휘하면서 병사들의 검술 수준도 향상되기 시작했다. 1636년(인조 14)에 이르면 검술에서 실세(失勢)한 자가 단지 2명에 불과할 정도로 전반적인 수준이 향상되기에 이르렀다.[83]

무예 교사들의 수준도 함께 높아져 용검 교사 김전최와 이성좌가 교련시킨 자 가운데 기예를 완성한 자가 8명, 또 신귀립과 김경신이 교련시킨 자로 기예를 완성한 자는 6명 등 여러 교사들에게서 배운 자들이 미(米)와 포(布)를 상으로 받기도 했다.[84]

물론 그렇다고 해서 용검의 보급이 순탄했던 것만은 아니었다. 왜냐하면 또다시 평가의 객관성에 대한 문제가 불거졌기 때문이었다. 활이나 조총은 과녁을 얼마나 정확하게 맞히느냐에 의해 실력이 판가름 나기 때문에 평가가 쉬웠다. 하지만 검술을 비롯한 살수들의 무예는 시연자의 움직임을 보고 한 번에 잘하고 못하고를 판단해야 하므로 시험관의 주관이 개입

---

76 《승정원일기》, 인조 7년(1629) 3월 18일 갑술.

77 《승정원일기》, 인조 7년(1629) 8월 12일 갑자.

78 《승정원일기》, 인조 7년(1629) 7월 25일 무신.

79 《승정원일기》, 인조 7년(1629) 10월 18일 기사.

80 《승정원일기》, 인조 7년(1629) 10월 30일 신사.

81 《승정원일기》, 인조 8년(1630) 1월 28일 무신.

82 《승정원일기》, 인조 14년(1636) 5월 12일 을묘.

83 《승정원일기》, 인조 14년(1636) 6월 11일 갑신.

84 《승정원일기》, 인조 14년(1636) 8월 22일 병자.

될 수밖에 없었다. 그래서 평가의 공정성에 대한 문제가 수시로 제기되었다.[85] 심지어 시험관이 검법을 몰라 등수를 잘못 매겨 비웃음과 업신여김을 당하고 군사들이 결과에 불복하는 경우가 생기기도 했다. 특히 지방에 용검을 잘 아는 자가 없으니 이들에게도 기술을 전해주는 방안을 찾아야 한다는 의견이 지속적으로 제기되는 것으로 보아 검술을 지방으로 확산시키는 문제는 여전히 해결해야 할 과제였다.[86]

인조 대 순검사의 시재 과목에 용검을 넣기도 하고,[87] 조총 시험에 합격하지 못한 자를 용검으로 시험 보게 하도록 한다거나[88] 조총에서 우수한 성적을 낸 사람뿐 아니라 용검에 능한 자를 합격시키는 조치를 취하는 등 검술 장려책을 지속적으로 추진했다.[89] 용검(用劍)에서 거수한 한량 유끗남(劉㐂男)을 곧바로 금군(禁軍)에 제수하는 파격적인 조치가 취해지기도 했다.[90] 별초 기병을 시험하고 등급을 나눠 시상할 때는 용검에서 상상(上上)을 받은 사람에게도 함께 상을 내리도록 했다.[91] 용검으로 거수한 겸사복 김후남에게 아마(兒馬) 1필을 내려주기도 하고,[92] 조총 시험에서도 과녁을 맞히지 못하고 변에 1발을 맞힌 사람일지라도 용검 시험에서 우수한 성적을 거두면 상을 내리게 했다.[93]

뒤 이은 현종 대(재위 1659~1674)에 이르러서도 용검에 대한 우대조치는 지속되었다. 어영청 별마대와 십삼번군병 등에 활쏘기, 총쏘기, 용검을 시험 치고 상을 내리도록 하는 조치가 취해졌다.[94] 육번군병과 오번별마대의 시재에서도 활쏘기, 조총과 함께 용검을 시험 치고 상을 내렸다.[95]

.

---

85 《선조실록》, 선조 35년 12월 7일 갑오;《광해군일기》, 광해군 2년 7월 17일 경신.
86 《승정원일기》, 인조 14년(1363) 8월 24일 을미.
87 《승정원일기》, 인조 16년(1638) 1월 28일 임진.
88 《승정원일기》, 인조 17년(1639) 8월 26일 신해.
89 《승정원일기》, 인조 17년(1639) 8월 26일 신해.
90 《승정원일기》, 인조 18년(1640) 윤1월 15일 정유.
91 《승정원일기》, 인조 19년(1641) 5월 28일 임인.
92 《승정원일기》, 인조 19년(1641) 12월 14일 을묘.
93 《승정원일기》, 인조 21년(1643) 8월 28일 기축.
94 《승정원일기》, 현종 3년(1662) 12월 30일 기사.
95 《승정원일기》, 현종 7년(1666) 3월 21일 신축.

숙종 대(재위 1674~1720)에 들어서도 용검에 대한 우대조치가 지속되었지만 한편으론 금위영의 표하군과 별무사 등은 시재에서 한 병사가 여러 무예를 함께 시험을 봐야 하는 부담이 가중되는 문제가 생겼다. 당시 병사들의 주된 무예는 활쏘기와 총쏘기였는데, 이 외에도 척법(戚法: 척계광의 병법)에서 요구하는 7기까지 훈련을 해야 해서 총 무예가 8, 9가지에 이르게 되어 준비하는 데 부담이 되며 오히려 각각의 무예마저도 기량이 떨어지게 된다는 지적이었다. 검을 찬 이들은 검술을, 창을 든 자는 창을 전문적으로 익히게 하고, 다른 무예는 두세 가지를 넘지 않도록 해야 전문성을 띨 수 있다는 주장이었다. 대장과 제 장사들이 상의해서 규정을 정하라는 전교를 내리며 동시에 기존 척법을 폐할 수는 없으니 재능이 출중한 이들 가운데 여러 기예를 능통한 자들이 있다면 시재에서 펼쳐 보일 수 있도록 하는 별도의 조치를 취하는 것으로 이 문제는 일단락되었다.[96]

검술을 우대하는 정책을 지속적으로 추진해오기는 했지만 검술은 보급과 수련에는 여전히 부침이 있었다. 그리고 조선 정부의 노력에도 불구하고 후대로 내려오면서는 오히려 점점 더 쇠퇴하는 경향을 보였다. 영조 대(재위 1724~1776)에 이르면 관무재에서조차도 검술이 시행되지 않는 상태가 되었다. 당시 군문에서는 옛 법도를 완전히 잃어버렸으며, 조련(組練) 역시 한심한 수준에 이르렀다는 비판이 나오기까지 했다. 위급한 상황을 대비해서 검술을 제대로 발휘하도록 하기 위해서는 평소에 기량을 닦아야 하는데 제대로 이뤄지지 못하고 있다는 비판에 직면하고 만다.[97]

검술을 보급하기 위한 조선 정부의 노력은 16세기 말 이래 지속되었다. 때로는 성공적이었으며, 때로는 그러지 못했다. 검술이 가진 여러 가지 장점에도 불구하고 기존 궁시 위주의 전통을 바꾸기는 쉽지 않았다. 상을 내리고 진급을 시키는 등의 다양한 유인책을 제공해 검술을 진작시키는 조치를 취했음에도 불구하고 검술은 조선인들의 심성에는 맞지 않았던 것도 사실이었다. 그럼에도 불구하고 검술에 대한 조선 정부의 관심이 사그라든 건 아니었다.

---

96 《승정원일기》, 숙종 12년(1686) 2월 25일 기유.
97 《승정원일기》, 영조 10년(1734) 9월 30일 임인.

# 요약

16세기 후반 동아시아 최대의 전쟁이었던 임진왜란에서 조선이 맞닥뜨린 일본군은 센고 쿠 시대의 전란을 경험한 정예병들이었다. 당시 일본군은 전투 초기 조총 사격으로 조선군의 궁시를 무력화시키고 뒤이어 창검으로 무장한 병사들이 돌진하며 조선군을 유린하는 전법 을 펼쳤다. 일본군은 장도술에 뛰어났다. 두 손으로 긴 칼을 휘두르며, 빠른 보법과 신법을 활 용함으로써 개개의 병사가 반경 5m를 커버할 수 있었으며, 칼을 한 번 휘두르면 아군의 장창 은 두 동강이 나버렸고, 심지어 아군 병사의 몸도 한칼에 베어지기 일쑤였다. 임진왜란이 일 어나기 불과 수십 년 전인 16세기 중반 명나라 병사들이 왜구와 맞닥뜨렸을 때의 상황이 조 선에서도 동일하게 반복되었다.

임진왜란을 계기로 조선은 기병 중심에서 보병 중심으로 군사 체제를 변화시키고, 포수, 사수, 살수의 삼수병 체제를 수립한다. 아울러 일본 검술을 조선 군진의 중요한 무예 가운데 하나로 도입하기 위해 노력했다. 조선에 제일 처음 전해진 일본 검술은 장도였다. 장도는 원 래 척계광이 일본 카게류의 〈영류지목록〉을 바탕으로 창편한 검술이었다. 조선 정부는 병사 를 선발해 명나라 군진에 보내 무예를 배워오도록 했는데, 이때 장도도 포함되어 있었다. 명 나라 군진에서 배운 장도는《기효신서》에 있는 15세를 바탕으로 하고 있었다. 하지만 명군이 전수한 장도는 기법은 전해지고 있었지만 각 세에 이름은 없었다. 정종유가《단도법선》을 편 찬하면서 자신이 류운봉에게서 배운 검술의 각 세는 이름이 없었다고 했는데, 척계광이 전한 장도 역시 마찬가지였다. 이에 조선에서는 장도의 각 세에 새로이 세명을 붙이는 작업을 했 다. 오늘날《무예제보》에 보이는 장도의 세명, 그리고 뒤이어 조선에서 편찬한 조선본《기효 신서》의 장도에 붙어 있는 각 세명은 조선의 필요에 의해 새로이 만들어 붙인 명칭들이다. 이 로써 병사들의 훈련과 교습이 좀 더 쉽게 진행될 수 있었다.

조선은 단순히 중국의 장도를 조선에 이식한 것만은 아니다. 장도를 바탕으로 두 사람이 실시하는 대련법을 개발했다. 이를 왜검이라는 이름으로《무예제보번역속집》(1610)에 정리했 다(이 부분은 다음 장에서 상세히 다룬다). 장도는《무예도보통지》를 통해 알 수 있듯이 200여 년이 흐른 뒤에도 여전히 '쌍수도'로 이름만 바뀌었을 뿐 조선 군진 무예로 남아 있었다. 하지만 원래 모습 그대로 지속된 건 아니었다. 16세기 후반 장도는 140cm 내외의 긴 칼을 운용하는 검술이었지만 후대로 내려오면서 장도는 표준 길이(90cm)의 환도로 대체되었다. 장도의 기법은 남아 있었지만 칼의 길이는 짧아졌던 것이다.

　조선이 장도를 도입한 이유는 크게 두 가지였다. 하나는 일본 검술에 대한 두려움, 다른 하나는 일본의 기술이라도 우리 것으로 소화하면 우리 역시 그에 못지않게 싸울 수 있으리라는 기대 때문이었다. 그렇다면 중국과 조선으로 전해져 발전하기 시작한 장도는 그 뿌리가 되는 아이스카게류 검술의 원형을 얼마나 간직하고 있을까? 육화된 지식 체계라는 점을 감안하면 검술 역시 시공간을 벗어나면 원래 모습을 잃어버릴 수밖에 없다. 따라서 중국의 장도와 조선의 장도는 원래 아이스카게류와는 거리가 있을지도 모른다. 하지만 이런 현상은 일본 내에서 일어났다. 아이스카게류는 여러 유파로 갈려 나갔다. 먼저 엔삐카게류와 신카게류로 다시 신카게류는 타이샤류, 야규우신카게류, 히키타카게류, 신카게류(神影流)로 갈라졌다. 원조가 되는 아이스카게류와 얼마나 가까운가? 하는 면을 논할 수 있을지는 모르지만 변용되어 새로운 의미가 부여되어 발전했다는 점에서 볼 때 일본 내의 카게류의 발전 과정이나 중국이나 조선에서 이루어진 발전 과정 모두 동일선상에서 이루어진 변화이자 진화였다.

　다만 무예사적으로 중요하게 볼 수 있는 점은 카게류의 중국 전파, 조선 전파를 문헌적으로 추적할 수 있다는 사실이다. 아이스카게류에서 파생된 중국식 장도, 다시 거기서 민간으로 퍼져 나가 《단도법선》,《수비록》의 장도, 임진왜란 중 명나라 군진을 통해 조선으로 전해진 《무예제보》의 장도에서 《무예도보통지》 쌍수도로 이어지는 고전 무예 기록을 통해 우리는 고전 무예의 실체에 좀 더 가깝게 다가갈 수 있다. 아울러 조선에서 장도는 다양한 단병무예 가운데 하나에 불과했지만 동시에 장도만큼 중시된 무예도 없었다는 점에 주목할 필요가 있다. 조선 말기까지 각종 무예 시취에 장도는 꾸준히 등장하고 있다. 중국을 거쳐 조선에 전해진 일본 카게류 검술의 조선화한 장도가 조선을 대표하는 무예 가운데 하나가 되었다는 점은 동아시아 무예 교류사의 얽히고설킨 관계를 단적으로 보여준다.

　조선 정부는 장도 외에도 지속적으로 일본 검술의 도입과 보급을 위해 노력했다. 조선 정부의 일본 검술 도입 노력은 17세기 중반에 다시 한번 전기를 맞게 된다. 이때 중심적인 역할을 담당한 인물이 바로 김체건이었다. 다음 장에서는 김체건과 왜검에 대해서 다룬다.

# Chapter 3

# 일본 검술의 도입 2: 왜검

17세기 후반 조선은 정부 차원에서 다시 일본 검술 도입 프로젝트를 추진했다. 그 임무를 직접 수행한 이는 김체건이었다. 김체건은 왜관의 일본 검객에게서 검술을 배워 토유류, 운광류, 천류류, 유피류로 정리했으며, 다시 이를 바탕으로 '교전'법을 창안했다. 《무예도보통지》에는 김체건이 전한 4류의 '왜검' 과 '교전'이 함께 전한다. 김체건의 왜검은 이전 《무예제보》의 장도, 《무예제보번역속집》의 왜검과는 또 다른 일본 검술이었다.

## 왜검의 입수 경로

일본 검술이 조선으로 전해진 경로는 다양했다. 앞에서 살펴봤듯이 임진왜란 중 조선에 주둔하던 명나라 군진을 통해 전해진 장도 외에도 조선에 투항하거나 포로로 잡힌 왜인들을 통해서도 전해졌다. 검술이 뛰어난 왜인들을 회유해 양식이나 벼슬을 주고 그들이 지닌 검술 혹은 군사 관련 지식을 습득하는 방법이었다.[1] 사실 휴민트(humint)를 활용해 정보를 확보하는 방식은 동서고금을 막론하고 발견된다. 특히 검술처럼 육화된 지식 체계는 인적 네트워크 없이는 알아내기가 힘들기 때문에 생포/투항한 일본 병사들을 활용하는 것이 가장 직접적이며 효과적인 방법이었다. 또 전쟁 중 일본 군대에 포로로 잡혀 일본군 병사로 강제로 편입된 조선인들도 있었다. 이들은 전쟁 후 일본으로 끌려갔다가 쇄환되는데, 이들 가운데 포술과

---

1  《선조실록》, 선조 27년(1594) 8월 15일 경신.

검술에 익숙한 자들을 추려 별도의 부대를 만들어 조련시키는 조치를 취하기도 했다.[2] 이러한 여러 경로를 통해 일본 검술이 조선으로 전해졌다.

이상은 대체로 임진왜란이라는 전쟁을 계기로 이루어진 일본 검술의 전파 경로이다. 하지만 임진왜란 이후엔 상황이 바뀌었다. 전쟁 때처럼 항왜나 일본군을 활용한 검술 도입은 더 이상 추진될 수 없었다. 조선이 새로이 취한 일본 검술의 도입 경로는 통신사행과 왜관을 통한 것이었다. 임진왜란이라는 전대미문의 전란이 있기는 했지만 일본과 조선은 이웃한 나라였다. 새로이 정권을 잡은 토쿠가와 이에야스는 이전 토요토미 히데요시 정권과는 차별을 꾀하고, 일본 국내의 정치적인 안정을 위해서 대외적으로 외교와 무역을 회복할 필요가 있었다. 이를 위해선 당연히 조선과의 국교 문제를 해결해야만 했다. 일본의 요청에 의해 1607년 제1차 회답겸쇄환사(回答兼刷還使)의 파견을 시작으로 외교 관계가 복원되고 다시 교류를 하게 되면서 조선은 통신사행을 지속적으로 파견했다.[3] 통신사행은 기본적으로 조선의 선진문물을 일본에 전해주는 목적이 컸지만 동시에 조선도 이 기회를 이용해 일본의 정세를 파악할 수 있었다.

조선의 통신사행이 오면 일본에서는 이들을 환영하는 무예 시합을 개최하곤 했다. 야규우신카게류의 야규우 무네노리는 토쿠가와가의 검술 사범직을 맡고 있었는데 통신사행 접대를 총감독하며 조선통신사와 직접 접촉하기도 했다. 1711년 조선통신사로 일본을 방문한 임수간은 우리나라의 궁마술을 보여주며 일본의 조총술과 검술을 보기를 청하기도 했는데,[4] 이러한 과정에서 직·간접적으로 일본 검술을 접하거나 배울 수 있었을 것이다.

---

2  《인조실록》, 인조 5년(1627) 4월 20일 병진.

3  김문자, 〈임진왜란 이후 조(朝)·일(日) 간의 국내사정과 통신사 파견: 회답겸쇄환사(回答兼刷還使) 파견을 중심으로〉《향도부산》(38, 부산광역시역사편찬위원회, 2019).

4  大石純子, 《武藝圖譜通志》〈雙手刀〉〈倭劍〉の背景にあるもの(《무예도보통지》의 쌍수도와 〈왜검〉의 배경에 있는 것)〈무예도보통지〉를 통해 본 한일 간의 무예교류》(경기문화재단, 2002), 48쪽.

〈그림 37〉 조선통신사행 마상재 공연[5]

일본 검술을 입수할 수 있는 또 하나의 경로는 왜관이었다. 왜관은 고려 시대부터 있었던 것으로 보이는데, 조선 시대에 들어서는 1407년 동래 부산포와 웅천 제포에, 뒤이어 1426년 울산 염포에 왜관이 설치되었다. 이를 삼포왜관이라 한다. 하지만 임진왜란을 계기로 폐지되었다가 이후 국교를 회복하는 과정에서 1607년 두모포에 왜관이 설치되었다. 조선 후기 왜관은 전기와 달리 왜관과 왜리(倭里: 왜인 거주 마을)가 합쳐진 공간이었다.[6] 왜관에는 일본인들이 거주하며 상업과 무역에 종사했으며, 이들의 치안을 담당하기 위해 일본에서 무사들이 파견되어 함께 거주했다. 일본 무사들은 검술을 비롯한 각종 무예에 능했기 때문에 이들을 포섭해서 검술을 입수할 수 있었다.

---

5   토쿠가와 바쿠후의 3대 쇼오군 토쿠가와 이에미쯔(德川家光, 재임 1623~1651)는 조선정부에 조선통신사행에 마상재를 포함시켜줄 것을 개인적으로 요청했다. 마상재는 이후 조선통신사행에 자주 포함되었다. 이 그림은 1682년 조선통신사의 마상재 공연을 그린 것으로 작자는 미상이다. 1683년 카와짜야 리헤이가 발행했다. 말 위에 물구나무 서기(馬上倒立)(좌), 달리는 말 위에 서기(走馬立馬)(우)가 잘 묘사되어 있다. 이 외에도 다양한 마상재의 목판화가 전한다.

6   김동철,《한국향토문화전자대전》(http://www.grandculture.net/), '왜관' 항목. 2022년 4월 16일 검색.

특히 17세기 후반 조선은 국가 차원에서 일본 검술을 대대적으로 정리하는 프로젝트를 추진한다. 이 프로젝트는 조선 정부가 직접 주도했으며, 훈련대장 류혁연이 책임을 맡고, 그의 수하인 김체건이 왜관의 일본인에게 직접 배워오는 방식으로 이루어졌다. 김체건이 입수한 일본 검술은 토유류(土由流), 운광류(運光流), 천류류(千柳流), 유피류(柳彼流)라는 이름으로 정리되었으며, 《무예도보통지》에 실려 전한다(〈그림 38〉).

**〈그림 38〉《무예도보통지》의 왜검 4류**

| 토유류 | 운광류 |
| --- | --- |
| 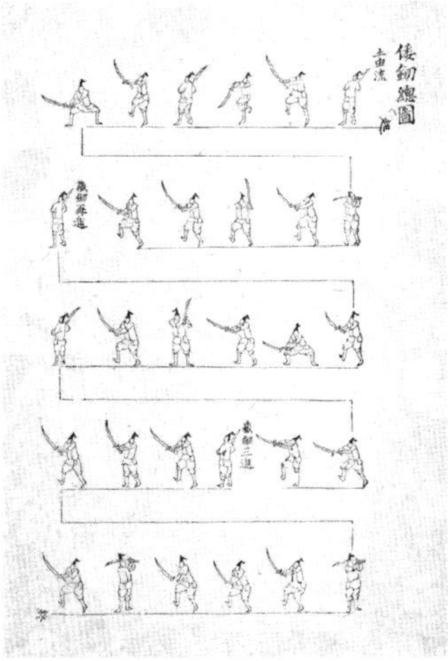 | 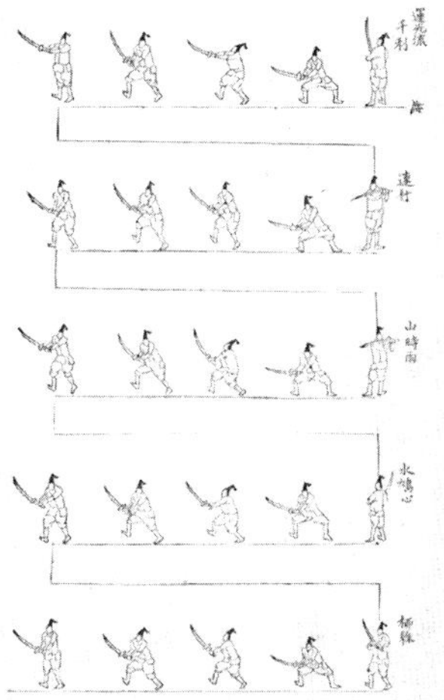 |
| **천류류** | **유피류** |
| 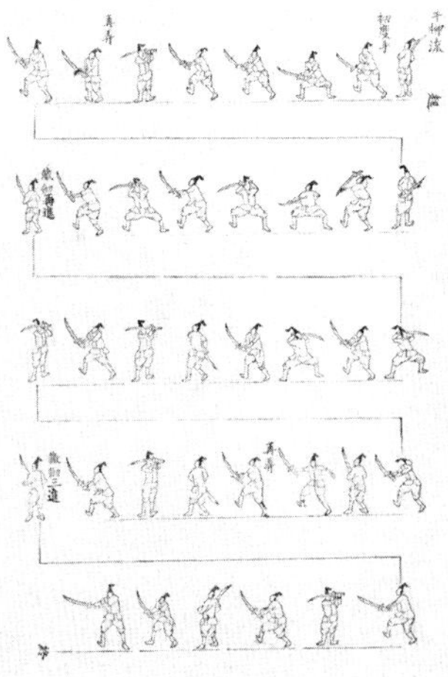 | 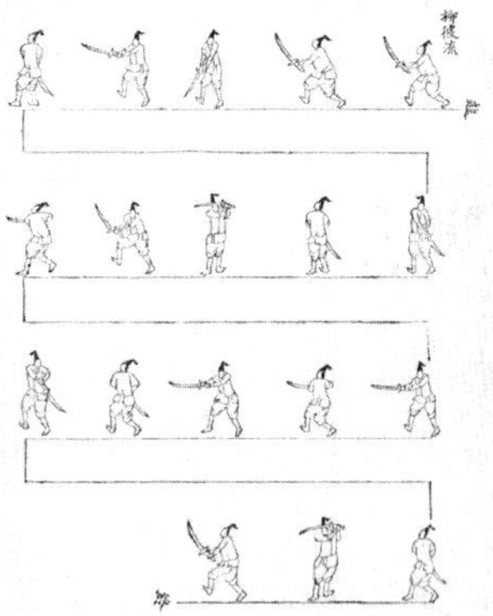 |

## 김체건과 왜검

임진왜란 이후 조선의 군진에서는 카게류 검술의 중국화한 버전인 장도(《무예제보》〈장도〉), 그리고 장도에서 갈라져 나온 교전법(《무예제보번역속집》〈왜검〉)을 익히고 있었다. 하지만 당시 조선의 검술은 조선 정부의 노력에도 불구하고 만족할 만한 수준은 아니었다. 그리고 시간이 지나면서 검술에 대한 관심도 줄어든 데다, 군진에서의 훈련도 쇠퇴하기 시작했다.

이에 조선 정부는 일본 검술을 입수하기 위한 새로운 계획을 세운다. 그 계획에서 직접 일본 검술을 배워오는 역할을 담당한 인물이 김체건이었다. 김체건은 훈련도감의 군교, 포수로 알려져 있다. 기록에 따르면 김체건이 일본 검술을 배운 경로는 크게 두 가지였던 것으로 보인다.

《무예도보통지》〈왜검 편〉에는 "군교 김체건이 잘 달리고 민첩하며 무예에 뛰어났으며, 일찍이 숙종 대 사신을 따라 일본에 들어가 검보를 얻고, 그 검술을 배웠다"라고 일본에 직접 가서 배워온 것으로 기록하고 있다. 반면 김체건의 아들 김광택에 대해서 기록한 〈김광택전〉에는 동래 왜관에 잠입해서 일본 검술을 배워온 것으로 기록하고 있어 차이가 있다.

1679년(숙종 5) 7월 27일 어전회의에서 류혁연[7]은 다음과 같이 말한다.

> 검술은 천하에 모두 있지만 일본이 최고입니다. 우리나라만 홀로 전습하는 사람이 없어 항상 원통한 마음을 가지고 있었습니다. 신이 동래에 한 사람을 보내어 익히게 하고자 부사 이서우에게 검술을 배울 수 있는지를 알아보게 하고 상황을 보아 소식을 달라고 했는데, 이제 그 답장을 보니 검술을 배울 방법이 있을 것 같습니다. 신이 보건대 검술을 배울 만한 사람이 하나 있는데 그를 보내 검을 배우도록 할 생각입니다. 어떻겠습니까? 임금이 보내라고 했다.[8]

---

7  류혁연(1616~1680)이 훈련도감과 관련을 맺은 기간은 대략 현종 10년(1669)부터 숙종 6년(1680) 사이의 기간이다. 숙종 대의 시기로 한정하면 숙종 즉위년(1674)부터 숙종 6년(1680) 3월 사이로 약 6년간이다. 이 기간 훈련도감뿐 아니라 공조판서, 지중추부사, 한성판윤, 포도대장 등의 직을 오가며 맡았다. 류근영, 《훈련대장 야당 류혁연전》(한들출판사, 2010).

8  赫然曰, 劍術, 天下皆有之, 日本爲最, 我國獨無傳習之人, 心常慨然也. 臣欲送一人於東萊, 使之傳習, 府使李瑞雨處, 以劍術可學與否, 觀勢相達之意, 言送矣, 今見其所答, 則以爲似有可傳之路云. 臣管下, 有一可學之人, 下送此人, 學劍, 何如? 上曰, 送之, 好矣. 《승정원일기》, 숙종 5년(1679) 7월 27일 기미.

이러한 언급은 당시 조선 정부가 일본 검술을 입수하기 위해 노력하고 있었다는 걸 잘 보여준다. 위 기록에는 검술을 배울 만한 사람이 누구인지 구체적으로 명시되어 있지 않지만 같은 시기 《훈국등록》에는 류혁연이 언급한 인물이 김체건이라고 기록되어 있다. 왕의 재가를 받은 후 류혁연은 계획을 실행에 옮긴다. 일단 영의정, 병조판서와 함께 상의해 전체적인 계획을 조율했다. 전체 컨트롤 타워는 영의정, 병조판서, 훈련대장인 셈이다. 하지만 이 계획을 실제로 주도한 이는 류혁연이었다. 동래부사 이서우와 역관(譯官) 김익하가 이 계획의 세부를 조율했다. 직접 왜검의 기법을 알아내야 할 임무를 맡은 작전 요원은 김체건이었다. 동래로 파견될 당시 김체건은 훈국의 포수였다.[9] 포수 역시 장도를 익혀야 했으므로 기본적으로 동래 파견 이전에 김체건은 검술에 대한 기초는 갖추고 있었을 것이다. 아니 어쩌면 훈국 안에서도 검술에 나름 일가견이 있는 인물이었을 것이다. 그래야만 거국적인 차원에서 이뤄진 이 계획을 차질 없이 수행할 수 있기 때문이다.

〈김광택전〉[10]은 김체건이 왜관에 잠입해 일본 검술을 습득한 과정을 다음과 같이 기록하고 있다.

> 김광택의 아버지 김체건은 불우한 사람이었다. 숙종 대 훈련도감에서 무예를 더 연마하고자 했다. "일본의 검술이 최고다"라고 해서 군졸들로 하여금 익히도록 했으나 왜인의 검술은 비밀이었으므로 배울 수가 없었다. 체건은 자원해서 일본 검술을 배우고자 왜관에 잠입해 고용 노비가 되었다. 왜인 가운데는 뛰어난 검술을 가진 자가 있었으나 더더욱 비밀에 부쳤으므로 다른 나라 사람은 볼 수가 없었다. 체건은 그들이 서로 검술을 겨룰 때를 틈타 지하실에 숨어서 엿보았다. 그렇게 수년이 흘러 마침내 일본인들의 검술을 다 알아내어 더 배울 것이 없었다.[11]

이 기록은 김체건이 노비로 위장해서 왜관에 잠입해 일본 검술을 배워 온 것으로 묘사하고 있다. 그런데 《훈국등록》은 다르게 기록하고 있다. 왜인의 검술이 비밀이었다는 기록은 일

---

9   《훈국등록(訓局謄錄)》, 신미(辛未, 1691) 9월 30일.

10   김체건의 아들인 김광택 역시 검술에 뛰어나 검선(劍仙)이라고 불렸다. 유본학은 그의 친구 상득용에게서 들은 얘기를 바탕으로 김광택전을 썼다고 한다. 유본학, 〈김광택전〉《문암문고》(이가원 역, 《이조한문소설선》, 민중서원, 1961), 390쪽.

11   유본학, 〈김광택전〉, 388쪽.

치한다. 당시 왜국에서는 검술을 다른 나라 사람에게 가르치면 그 일족을 벌한다는 규정이 있었다고 한다. 따라서 조선인인 김체건이 일반적인 방법으로는 검술을 배울 수가 없었다. 이때 역관 김익하가 김체건을 왜관의 일본인과 연결하는 임무를 맡았다. 역관이라는 직업의 특성상 김익하는 왜관에 일본인 인맥이 있었다. 하지만 타국에 검술을 전하는 위험한 일에 순순히 협조할 사람을 찾기는 쉽지 않았기 때문에 사례 조로 상당한 금액을 지불해야만 했다. 훈련도감의 관리청 자금 3백 냥이 실행자금으로 동원되었으며, 거기에 김익하의 사비까지 더해져 이 계획이 추진되었다. 김체건이 동래에 파견된 기간은 1679년 말부터 1681년까지 약 2년으로, 이 기간 김체건은 동래에 머물면서 모처에서 일본인 검객에게 검술을 배우고 함께 관련 책자도 입수하게 된다.[12]

그런데 《무예도보통지》〈왜검 편〉은 이상의 기록과는 달리 김체건이 숙종 대 통신사행을 따라서 일본에 가서 검보를 얻고 검술을 배워왔다고 기록하고 있다. 만약 이 기록이 김체건이 왜관이 있는 부산에 내려가서 일본 검술을 익혀 온 걸, 일본에 가서 일본 검술을 익혀온 것으로 오인한 것이 아니라면, 김체건이 일본에 다녀온 건 동래 왜관에서 검술을 배워온 다음에 이루어졌을 가능성이 높다. 《무예도보통지》〈병기총서〉에 1690년 11월 훈국에서 왜검을 시험 보았다는 기록이 있다. 1690년 11월 훈국에서 왜검을 시험 보았다면 그 이전에 이미 조선 군영 안에서 왜검이 교습되고 있어야만 한다. 그렇다면 김체건이 통신사행을 따라 일본에 갔다 온 시기는, 동래 왜관에서 일본 검술을 배우고 난 뒤인 1681년 이후, 그리고 훈국에서 왜검을 시험 쳤다는 기록이 보이는 1690년 11월 이전으로 압축할 수 있다. 숙종 대 통신사행은 숙종 8년(1682), 숙종 37년(1711), 숙종 45년(1719) 세 차례 파견되었다. 따라서 김체건이 통신사행을 따라 일본에 다녀온 시기는 1682년이 유력하다.[13]

1682년 통신사행에 참가한 총인원은 473명이었다. 그런데 이 명단에 김체건의 이름은 보이지 않는다. 이 경우 김체건이 일본 통신사행으로 가서 검보를 입수하고 검술을 배워왔다는 건 오류가 된다. 김체건이 동래 왜관에 내려가서 검술을 배워온 일이 와전되어 일본 통신사행으로 일본에 가서 검술을 배워온 걸로 널리 알려졌을 가능성이 크다. 또 하나의 가능성은

---

12  《훈국등록(訓局謄錄)》, 신미(辛未, 1691) 9월 30일.

13  김체건이 통신사행으로 일본에 가서 왜검을 입수한 시기를 추정한 다음 논문도 같은 견해를 보인다. 허인욱·김산, 〈김체건과 《무예도보통지》에 실린 왜검〉《체육사학회지》(11, 한국체육사학회, 2003).

명단에는 없지만 통신사행과 함께 갔을 경우이다. 이 경우 김체건은 비공식적인 비밀 임무를 수행한 것이 된다. 앞서 동래 왜관의 경우에서도 알 수 있듯이, 일본이 검술에 대해 극비로 여기고 외부로 알려지는 걸 꺼렸던 상황이었다면 김체건이 비밀 임무를 띠고 사행에 참여했다고 해도 이상하지는 않다.[14]

비록 김체건의 이름이 통신사행 명단에 보이지는 않지만《무예도보통지》나《승정원일기》,《금위영초록》등은 모두 김체건이 일본에 가서 검술을 배워왔다고 기록하고 있고, 영조 대 장붕익도 김체건이 일본에 가서 검보와 검술을 익혀온 것으로 언급하고 있는 것으로 보아[15] 김체건이 통신사행으로 일본에 가서 검술을 입수해왔다는 사실은 조선 조정 내에 널리 인정되고 있었던 것으로 보인다. 만약 김체건의 통신사행 참여가 사실이라면 김체건은 동래 왜관의 일본인을 통해서 한 차례 일본 검술을 입수하고, 뒤이어 통신사행으로 일본에 가서 재차 일본 검술을 입수했다는 말이 된다.

김체건이 통신사행으로 일본에 가서 일본 검술을 입수했다면 다음과 같은 일정 중에 이루어졌을 것이다. 1682년 일본 통신사행에 압물통사(押物通事)[16]로 참가했던 김지명(1654~ ?)의《동사일록(東槎日錄)》에 따르면, 사행의 전체 일정은 1682년 5월 8일부터 11월 16일까지 총 191일의 여정이었다.[17] 통신사행은 서울을 출발해 부산까지는 육로로, 부산에 도착한 후 배로 대마도를 거쳐 일본에 도착한 이후, 다시 오오사카에서 쿄오토까지 육로를 따라 이동하는 일정을 따랐다. 여행 도중 머무는 각 도시의 영주들은 통신사행에게 성대한 환대식을 거행하

---

14 1682년 통신사행에 참가했던 인물 가운데 오순백(吳順白)이라는 이가 있었다. 그는 일본에 가서 마상재를 시범 보이는 인원으로 참가했는데, 쌍검에도 능했다고 한다. 서울에서 출발한 통신사행이 예천(醴泉)을 지날 때 그가 검무를 췄다는 기록이 전한다. 허인욱은 오순백이 김체건이 아닐까? 하고 조심스럽게 추정을 하고 있다. 허인욱,〈조선 후기 칼춤 그림과《무예도보통지》쌍검 동작의 비교〉《무예연구》(13(4), 한국무예학회, 2018), 6쪽.

15 장붕익은 왜검을 설명하면서 선대 무오(戊午: 숙종 4년, 1678)년에 김체건이 일본에서 입수한 것으로 기억하고 있는데, 아마도 1682년 통신사행을 1678년으로 착각한 듯하다. 아울러 원문에는 김치근(金致謹)이라고 되어 있는데, 이 역시 김체건의 오류로 보인다.《승정원일기》, 영조 10년(1734) 10월 8일 (경술).

16 통사는 사역원에 소속되어 통역을 담당한 역관을 말한다. 원래는 사도목취재(四都目取才)에서 상등으로 합격한 사람을 지칭했으나 외국에 사행에 따라가는 통역관을 통칭하기도 했다. 역관은 항상 사역원에 나가야 했으며, 정기적으로 시험을 봐야 했다. 이때 성적이 상등인 자를 통사(通事), 중등인 자를 압물(押物) 혹은 압마(押馬), 하등인 자를 타각부(打角夫)라고 불렀다. 외국사행에서 통역을 담당했지만 이와 함께 국가에 필요한 서적, 약재, 악기 등의 무역에도 관여했다.《한국민족문화대백과》(http://encykorea.aks.ac.kr/), '통사(通事)' 항목. 2021년 1월 27일 검색.

17 육로와 뱃길 여정만 총 66일이 소요되었다. 서울에서 부산까지의 왕복 일정(19일), 뱃길 왕복(27일)을 제외한 일본 내의 육로 여행은 20일이었다.《동사일록(東槎日錄)》이민수의 해제 참조. 문선규, 성낙훈, 신호열 등 역,《국역 해행총재(海行摠載)》(6, 민족문화추진회, 1974-1981).

고 최대한의 예우를 갖춰 접대를 했다. 당시 일본 내에서는 1년 예산을 조선의 통신사행 접대에 소비한다는 비판이 나올 정도로 재정적으로 부담이 되는 행사였다. 하지만 통신사행은 대륙의 선진 문화를 흡수하는 중요한 루트였으며, 일반 백성들에게는 볼거리를 제공하는 기회가 되기도 했다. 궁극적으로 일본 바쿠후의 지위를 공고화하는 데도 기여를 했으므로 조선 통신사의 방문은 매우 중요한 정치적 이벤트였다.

하지만 통신사행은 최종 목적지인 에도(江戸)에 가는 일정에 맞춰야 하기 때문에 각 도시에 머무는 기간은 이삼일 내외에 불과했다. 김체건이 통신사에 참여해 일본에 가서 검보를 얻고 그 검술을 배워왔다고 한다면 시기적으로 오오사카에 도착한 1682년 7월 26일부터 쿄오토를 거쳐 에도를 방문하고 다시 쿄오토를 거쳐 오오사카로 돌아와 조선으로 출항하는 10월 27일 사이에 이루어진 일일 것이다. 이는 약 3개월의 여행 기간 중 검보를 수집하고 그와 관련된 검술을 배우는 활동이 이루어졌다는 걸 말한다. 에도로 가는 길에는 오오사카에서 5일, 쿄오토에서 3일, 에도에서는 20일을 머물며 일정을 소화하고, 다시 돌아오는 길에는 쿄오토에서 3일, 오오사카에서 4일을 머물렀다. 일정에서 알 수 있듯이 어디 한곳에 머물며 본격적으로 검술을 배울 수 있는 시간을 확보했다고 보기엔 무리가 있다. 아마도 김체건의 주된 목적은 검보를 수집하는 데 있었을 것이다. 물론 이 과정에서 검술에 일가견이 있는 사람들과의 만남을 통해 검술에 관해 가지고 있던 의문을 해소하고, 가르침을 받았을 가능성은 충분하다.[18]

그런데 조선 조정은 일본 검술만 입수하기 위해 노력한 것은 아니었다. 조선은 중국의 검술에도 관심을 가지고 있었다. 1682년 청나라에 사은사로 파견되는 임무를 맡은 김석주 (1634~1684)[19]는 다음과 같은 건의를 올린다.

18  1682년 통시사행부터 조선과 일본 양국 문사들 사이에 필담창화(筆談唱和)가 성행하기 시작했다고 한다(하우봉,《조선 시대 바다를 통한 교류》(경인문화사, 2016, 78쪽)). 아마 김체건에게도 필담이 일본 검술에 관한 정보를 얻는 중요한 수단이었을 것이다.

19  김석주(金錫胄, 1634~1684)는 조선 후기의 학자 관료로 이조좌랑과 우의정 등을 역임했다. 서인과 남인이 치열하게 대립하던 숙종 대 초반의 정국에서 최고의 정치적 변수가 되었던 인물로 평가된다. 할아버지인 김육은 영의정을 역임했으며, 아버지인 김좌명은 병조판서를 역임했다. 김좌명은 현종의 왕비 명성왕후의 아버지인 김우명의 형이었다. 따라서 김석주는 명성왕후의 사촌이자 청풍부원군 김우명의 조카가 된다. 서인의 대표적인 명문가였으며, 김육의 손자이자 왕비의 사촌 오빠라는 후광은 김석주의 든든한 정치적 기반이 되었다. 김석주는 정치공작에 능했다. 1682년 서인이 남인을 정치적으로 몰

훈련도감(訓鍊都監)의 병사 중에 체격이 건장하면서도 민첩하며[趫捷] 무예에 뛰어난 사람이 한 명 있었다. 류혁연(柳赫然)이 재직할 때 동래(東萊)에 내려 보내어 왜인의 검술(劍術)을 배웠으며, 근래에는 금위영(禁衛營)으로 소속이 옮겨진 자가 있는데, 이번에 가는 길에 데리고 가서 중국의 기예를 배우게 하자고 청하니, 임금이 모두 윤허하였다.[20]

위의 기록에는 김석주가 언급한 훈련도감 소속의 무예에 뛰어난 병사가 누구인지 구체적으로 명시되어 있지 않다. 하지만 앞에서 살펴보았듯이 류혁연이 동래에 파견해 일본 검술을 입수하는 임무를 수행한 이는 김체건이었다. 아울러《금위영초록》에도 김체건의 일이 명확히 기록되어 있다. 따라서 금위영으로 소속을 옮긴 사람 역시 김체건이 확실하다.[21] 일본 검술을 익힌 김체건을 사은사로 함께 데려가 중국 검술도 배워오도록 하겠다는 건의였다. 이는 당시 조정에서 일본 검술뿐 아니라 중국의 검술도 확보하기 위해 노력하고 있었다는 걸 보여준다. 하지만 김석주가 실제로 김체건을 사은사행에 데리고 갔는지는 확실치 않다. 김체건이 1682년 통신사행으로 일본에 다녀왔다면 그 기간은 1682년 5월 8일부터 11월 16일까지였다. 김석주가 청나라에 사은사로 다녀온 시기는 1682년 11월부터 1683년 3월까지로, 만약 김체건이 일본을 다녀왔다면 약 6개월간의 험한 여정을 소화하고 11월 16일에 귀국해 곧바로 그달에 다시 청나라로 향하는 4개월 여정의 사은사에 합류했다는 말인데, 이건 현실적으로 쉽지 않았을 것이다. 물론 앞서도 지적한 것처럼 김체건이 일본을 갔다 온 것이 아니라면 사은사행으로 청나라를 다녀왔을 가능성은 높아진다.

어쨌든 김체건은 자신의 임무를 성공적으로 마무리했다. 그 결과물이《무예도보통지》〈왜검 편〉이다. 김체건이 일본 검술 도입 프로젝트를 완수할 수 있었던 이유는 기본적으로 그가 뛰어난 검술 실력을 가지고 있었기 때문이었다. 동래로 내려가 2년 만에 일본 검술을 익혀왔

---

락시키기기 위해 기획한 이 사건을 모두 합해 '임술삼고변(壬戌三告變)'의 옥사라고 하는데, 이 고변의 총감독이 김석주였다. 하지만 음험한 수법으로 상대를 쓰러뜨리는 정치 공작에 같은 서인의 소장파로부터 심한 반감을 사게 되었다. 한때 왕도 두려워할 만한 권세를 누렸던 김석주도 은퇴해 있던 1684년 51세 병마로 생을 마감하고 만다. 신병주 · 장선환,〈김석주-숙종 대 정치 공작의 달인〉네이버 인물한국사(발행일: 2014년 4월 14일).

20 《숙종실록》13권, 숙종 8년(1682) 10월 8일 신사.

21 "別武士金體健, 以學取倭劍術事, 入送日本事."《금위영초록》〈設營肅廟壬戌〉숙종 8년(1682, 임술).《금위영초록》은 금위영이 창설된 해인 1682년(숙종 8)부터 1844년(헌종 10)까지 금위영에 관한 기사 내용을 뽑아서 기록한 책이다.

다는 기록이나, 통신사행으로 일본에 가서 검보를 수집하고 검술을 배워왔다는 기록은 모두 김체건이 검술에 대해 일정 수준의 지식을 이미 갖추고 있다는 점이 전제되지 않으면 성립하기 힘들다. 왜검을 배우기 이전에 김체건은 이미 훈련도감 소속으로 상당한 수준의 무예 실력을 가지고 있었을 것이다.

김체건의 검술 실력에 대해 〈김광택전〉은 다음과 같이 기록하고 있다.

"(김체건이) 임금 앞에서 검술을 시범 보일 때 눈이 어찔해질 정도로 사람을 놀라게 했으나 그 까닭은 알 수 없었다. 그는 또 재를 땅에 깔고 맨발로 두 엄지발가락만으로 재를 밟고 검을 휘두르니 마치 나는 듯했다. 검술 시연이 끝나자 재 위엔 발자국이 남지 않았으니 그 몸이 가볍기가 이러했다."[22]

김체건은 재를 깔고 그 위에서 두 엄지발가락만으로 검을 들고 휘두르며 움직이고 다녀도 지면에 발자국이 남지 않을 정도로 몸이 가벼웠다. 《무예도보통지》〈왜검 편〉은 이를 "검을 휘두르며 돌면서 발뒤꿈치를 들고 엄지발가락으로 걸었다"라고 축약해서 기록하고 있다. 여기 발뒤꿈치를 들고 발가락으로 걸었다는 구절은 문학적인 상상력이 가미된 표현이겠지만, 일본 고류 검술의 보법인 스리아시(すり足: 끄는 발)를 김체건이 상당한 수준으로 구사하고 있었던 것으로도 볼 수 있을 것이다. 스리아시는 지면을 스치듯이 리드미컬하게 움직이는 보법으로 상체를 똑바로 세운 상태에서 허벅지를 밀어내며 앞발이 지면을 스치듯이 나아가고 뒷발은 앞발을 따라가며 뒤꿈치가 들리면 발가락만으로 디딘 것처럼 보이게 된다.

김체건을 통해 일본 검술을 입수하는 국가적인 프로젝트는 성공적으로 마무리되었다. 그리고 김체건은 자신이 배워온 일본 검술을 바탕으로 새로운 교전법을 만들었다. 《무예도보통지》〈왜검 편〉의 토유류, 운광류, 천류류, 유피류 4류와 교전법은 김체건의 노력의 산물이라고 할 수 있다. 《무예제보》의 장도, 《무예제보번역속집》의 왜검(교전)과 함께 《무예도보통지》의 왜검은 조선의 일본 검술 도입 노력이 16세기 말부터 18세기 말에 이르기까지 지속적으로 이루어져 왔으며, 이렇게 정착한 일본 검술은 구한말까지 조선 무예의 근간이 되었다.

---

22  유본학, 〈김광택전〉, 388-389쪽.

## 김체건이 전한 왜검을 둘러싼 의문들

하지만 김체건이 전했다고 하는 왜검에 대해서 몇 가지 석연치 않은 부분들이 있다.

먼저 그가 전한 왜검 유파 숫자에 관한 기록에 혼란이 있다는 점을 들 수 있다.《능허관만고(凌虛關漫稿)》〈예보육기연성십팔반설(藝譜六技演成十八般說)〉[23]에는 김체건이 전한 왜검이 토유류부터 유피류까지 모두 8개 유파가 있다고 기록되어 있다. 반면《무예도보통지》〈왜검 편〉에는 토유류, 운광류, 천류류, 유피류의 4류만 기록되어 있다. 실제 김체건이 전한 일본 검술이 8개 유파였는데, 그 가운데 4개의 유파가 실전되고 나머지 4개의 유파만《무예도보통지》〈왜검 편〉에 기록되었을 가능성도 있다. 하지만《능허관만고》에는 토유류부터 유피류까지 모두 8류라고만 되어있지 8류가 구체적으로 명시되어 있지는 않다.[24] 아울러《능허관만고》외 다른 어떤 기록에서도 김체건이 전한 검술이 8개의 유파라는 건 찾을 수 없다. 현재 우리가 확인할 수 있는 김체건이 전한 왜검은《무예도보통지》〈왜검 편〉의 4류뿐이다. 따라서《능허관만고》의 8류는 4류를 잘못 기록했을 가능성이 높다.

다음으로 김체건이 전한 4류의 왜검은 일본에 실존했던 검법일까? 하는 점이다. 만약 김체건이 전한 왜검 4류가 일본에 존재했던 검술이었다면 어떤 식으로든 관련 기록이 남아 있을 가능성이 높다. 이 부분을 확인하기 위해서는《무예도보통지》〈왜검 편〉의 기록이 얼마나 신빙성이 있는지를 먼저 확인할 필요가 있다.

《무예도보통지》의 저자들이 일본의 검술 유파를 설명하기 위해 참고한 일본 측 자료는 테라시마 료오안의《왜한삼재도회(倭漢三才圖會)》였다.[25]《무예도보통지》〈왜검 편〉은《왜한삼재

---

23　《능허관만고》권7,〈설(說)〉. 참고로《능허관만고》는 장헌(사도)세자(莊憲世子, 1735~1762)의 문집으로 그의 사후 아들인 정조에 의해 편찬되었다. 활자본(整理字)으로 7권 3책, 크기는 23.1×16.5(cm)이며, 10행 20자, 상흑어미(上黑魚尾)의 체제이다. 서울대학교 규장각과 국립중앙도서관에 소장되어 있다.

24　《凌虛關漫稿》〈藝譜六技演成十八般說〉, 한국고전종합DB
　　(http://db.itkc.or.kr/inLink?DCI=ITKC_MO_0564A_0070_100_0010_2006_A251_XML), 2021년 10월 21일 검색.

25　《왜한삼재도회》는《화한삼재도회(和漢三才圖會)》라고도 하는데, 테라시마 료오안(寺島良安: 1654~?)이 1712년에 간행했다.《무예도보통지》에는 양안상순(良安尚順)이 저술한 것으로 나오는데, 상순(尚順)은 테라시마의 자(字)이다. 테라시마는 의학과 본초학을 공부했으며 의사로 활동한 인물이다. 20대 후반부터 30여 년에 이르는 기간을 집필에 힘써 1712년 전체 300권에 이르는 대작《왜한삼재도회》를 완성했다.《왜한삼재도회》는 제명에서 알 수 있듯이 명나라의《삼재도회》(1607)를 모방해 항목을 크게 천지인(天地人) 삼재(三才)로 구분하고 그 아래 세부 항목을 나열해 설명하는 방식으로 편찬되었다. 각종 그림을 사용해 시각적인 효과를 높였으며, 중국과 조선에 관한 내용도 다수가 포함되어 있다. 조선 후기 통신사행을 통해 조선으로 전해져 당대 조선의 지식인들도 많이 읽었다.《무예도보통지》저자들 역시 이 서적을 통해

도회》를 인용해 신토오류(神道流)를 미나모토노 요시쓰네(源義經, 1159~1189)가 전했으며, 일본의 검술 유파로 '호전(戶田)', '죽내(竹內)', '두군(頭軍)', '단석(丹石)', '산과(山科)', '박전(朴田)', '유생(柳生)', '소야(小野)', '경중(鏡中)'의 9개가 있다고 기록하고 있다. 그런데 이 기록은 사실 관계가 틀린 부분이 있다. 신토오류의 창시자도 잘못되었고, 이하 9개의 유파도 한자가 틀리거나 혹은 아예 일본 검술 유파에서는 찾을 수 없는 명칭도 보인다. 그런데 이러한 오류는《무예도보통지》저자의 잘못만은 아니다.《왜한삼재도회》의 오류를 그대로 옮겨왔기 때문에 발생한 오류이다.

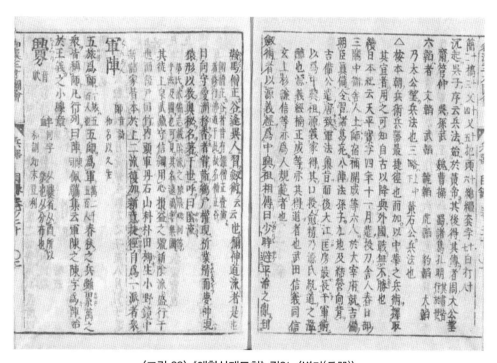

〈그림 39〉《왜한삼재도회》 권21, 〈병기(兵器)〉

---

일본 검술에 대한 정보를 얻었다.

원래《왜한삼재도회》에는 다음과 같이 기록되어 있다.

검술은 미나모토노 요시쯔네(源義經, 1159~1189)가 중흥조이다. 전하는 말에 그는 어려서 헤이지의 난을 피해 쿠라마데라(鞍馬寺) 절 안에 위치한 소오죠오가다니(僧正谷) 계곡에 머물렀는데, 거기서 이인을 만나 검술을 전수받았다고 한다. 세상에서 말하는 신토오류(神道流)가 바로 그것이다.【소오죠오가다니(僧正谷) 계곡으로 불리는 건 옛날 곤노소오죠오(權僧正) 이치엔(壹演, 803~867)이 이곳에서 불도를 수행했다고 해서 그에 따라 이름 붙였기 때문이다】. 아이스 휴우가노카미 이코오사이(愛洲日向守移香)가 일찍이 우토(鵜戸) 신[權現]을 참배하며 기도할 때 꿈속에서 신이 원숭이 형상으로 나타나 오묘한 비결을 전해주었다. 세상에 이름이 알려지자 유파명을 카게류라고 지었다.【모원의의《무비지》에 카게류의 엔삐(猿飛), 엔카이(猿廻) 등 그 수법과 그림이 그려져 있으니 그 명성이 먼 이국에까지 알려졌음을 가히 알 만하다】. 그의 제자 카미이즈미무사시마모리 노부쯔나(上泉武藏守藤原信綱, 1508~1578)는 심혈을 기울여 좋은 점은 살리고 나쁜 점은 걸러내어 신카게류(新陰流)를 창시했다. 뒤 이은 토다류(戸田), 타케노우찌류(竹内), 토오군류(頭軍), 탄세키류(丹石), 야마시나류(山科), 보쿠덴류(朴田), 야규우류(柳生), 오노류(小野), 쿄오쮸우류(鏡中) 등의 여러 유파 모두 위의 두 유파에 근본을 두고 있으며, 새로운 의미와 빠른 방법론을 덧붙여 스스로 일파를 만든 것들이 많다.[26]

위 인용문에는 9개의 유파가 나열되어 있는데, 오류가 보인다. 원문의 '두군(頭軍)'과 '박전(朴田)'은 각각 '토오군(東軍)'과 '보쿠덴(卜傳)'의 오류일 것이다. 하지만 쿄오쮸우(鏡中)는 일본 무술 유파에 존재하지 않는다.

이를 염두에 두고 각각의 유파에 대해서 간략히 살펴보면 다음과 같다.[27]

---

26  劍術者以源義經爲中興祖, 相傳曰少時避平治之亂, 到鞍馬僧正谷, 逢異人, 習劍術云云. 世稱神道流者是也.【謂僧正谷者, 昔有權僧正壹演者, 修行佛道于此, 故名僧正谷】. 日向守愛州移香者, 嘗詣鵜戸權現祈業精而夢神現猿形, 以敎娛秘, 名著于世, 呼曰陰流.【茅氏武備志載陰流之猿飛猿回等, 手法及圖也, 可見其名遠鳴于異國】. 其徒上泉武藏守信綱, 用心損益之號新陰流, 盛行于世. 而後戸田, 竹内, 頭軍, 丹石, 山科, 朴田, 柳生, 小野, 鏡中等, 諸家皆本於上二流, 復加新義捷徑自爲一派者衆. 寺島良安,《倭漢三才圖會》, 105卷首1卷尾1卷, [19], 秋田屋太右衛門, 1824(文政 7). (일본)國立國會圖書館, 청구기호 031.2-Te194w-s, 卷23 병기류(兵器類).

27  이하 각 유파에 관한 내용은 다음을 참조. 千葉長作,《日本武道敎範》(博文館, 1908(明治 41)); 綿谷 雪, 山田忠史 共編,《武藝流派辭典》(人物往來社, 1963(昭和 38)).

① 토다류(戶田流)는 카네마키 지사이(鐘卷自齋)의 제자인 토다 세이겐(戶田淸玄)이 개창한 유파로, 이 유파에는 우키후네(浮舟)라는 검술 기법이 있다. 타찌(太刀)를 중단에 둔 적의 코끝을 향하여 찔러 갈 때 적이 이를 쳐내려고 반응하면 이를 받아 치는 기술이다. 또한 우라나미(浦波)는 칼을 하단 자세에 두고 적이 왼편을 신경 쓰게 하고 빠르게 오른편으로 공격하는 기술이다.

② 타케노우찌류(竹内流)는 허리 회전으로부터 움직임을 중시한다. 타케노우찌 나카쯔카사노 타유휴(竹内中務大輔)가 원조로 알려져 있다. 그의 뒤를 이어 쿠도오 이찌로오(工藤 一郎)에게 전해졌다고 한다.

③ 토오군류(頭軍, 東軍流)는 에찌젠(越前: 오늘날 일본 후쿠이현 북부) 사람으로 텐다이산(天台山)의 승려 카와사키 카기노스케(川崎鑰之助)가 창시한 검술 유파이다. 이 유파에는 상단, 중단, 하단의 3단 자세가 있으며, 상단의 반체반안 자세는 왼편을 적에게 보여주고 적이 치고 들어오면 몸을 돌리며 반격하는 기술이다. 중단은 빠른 적을 제압하는 데 사용된다. 이심전심(以心傳心), 수월(水月), 석화(石火), 무승무부(無勝無負), 무시무종(無始無終), 비강비약(非强非弱), 비무비유(非無非有)의 이치가 구전된다.

④ 탄세키류(丹石流)는 미노(美濃) 출신 이히탄세키 니후도오(衣裴丹石入道)가 토오군류(束軍流)를 변형시켜 하나의 독립된 유파로 만든 것으로 토다류 · 탄세키류라고 나란히 칭해질 정도로 세상에 이름을 떨쳤다. 그 기법에는 초태도(初太刀), 이태도(二太刀), 삼태도(三太刀), 일족일도퇴신역풍극지신(一足一刀退身逆風極之身), 향절(向切), 입상(入相), 제호(醍醐), 사류(捨留), 진지사(眞之捨), 수모(水毛), 수월(水月), 갈돌(喝咄), 팔천지절(八天之切), 육천(六天) 등이 있다.

⑤ 야마시나류(山科流)는 카토오 쥰이찌(加藤純一) 교수는 실재하지 않는다고 했지만[28] 실존했던 유파이다. 야마시나류라는 검술 유파와 동명의 봉술 유파가 존재했다. 야마시나파(山科派)라는 궁술 유파도 있었다.

⑥ 보쿠덴류(朴田, 卜傳流)는 쯔카하라 보쿠덴(塚原卜傳)이 창시한 유파로 보쿠덴은 신카게류

---

28　加藤純一, 《무예도보통지》에 보이는 일본의 검술 유파: 上泉新綱의 新陰流X《무예도보통지》를 통해 본 한일 간의 무예교류》(경기문화재단, 2002), 64쪽.

를 배우고 난 후 극의를 깨달아 새로운 유파를 세우고 보쿠덴류라고 이름 지었다. 일격에 갑옷도 박살을 낼 정도의 강력함과 간격, 박자의 수련을 중시하며, 몸의 좌우 전환, 물러나며 상대 공격을 빗나가게 하는 기술을 특징으로 한다.[29]

⑦ 야규우류(柳生流)는 검술로 유명한 유파지만, 나기나타(薙刀), 미쯔도오구(三道具: 사스마타, 쯔쿠보오, 소데가라미 세 종류의 체포용 무기의 총칭), 슈리켄(手裏劍) 등도 다룬다. 신카게류의 카미이즈미 노부쯔나의 제자인 야규우 무네토시가 창시했다. 초기엔 갑옷을 착용한 검술에 기반을 두었지만 에도 시대에 들어서면서 일상복을 입은 상태로 행하는 검술로 적응해 나갔다. 야규우류에서는 죽도를 사용한 검술을 사용해 대련 훈련을 한 것으로 유명하다. 현대 검도에도 영향을 미쳤다.

⑧ 오노류(小野流)는 오노류잇토오류(小野流一刀流) 혹은 오노하잇토오류(小野派一刀流)로 알려져 있다. 이토오 잇토오사이(伊藤一刀斎)의 제자 오노지로 오에몬 타다아키(小野次郎右衛門忠明)가 세운 유파이다. 타다아키는 이세(伊勢) 지방 출신으로 토쿠가와가(德川家)의 검도 사범을 역임했다.

⑨ 쿄오쮸우류(鏡中流)는 실재하지 않는다.

사실 테라시마 료오안의《왜한삼재도회》《병기류》의 서두에 검술 유파에 관한 내용은 대부분《이칭일본전》에서 인용한 것이다. 테라시마는 뒷부분에 자신의 생각을 덧붙여 검술 유파에 대해 보충하고 있는데, 이때 토오군류나 보쿠덴류의 한자를 잘못 쓴다거나 아니면 쿄오쮸우류처럼 실재하지 않는 유파를 넣는 실수를 범했다.《무예도보통지》의 저자는 다시《왜한삼재도회》를 그대로 인용하는 바람에 오류를 반복하고 있다. 여기서 우리는 18세기 후반 조선의 일본 검술에 대한 이해가 정확하지 못했으며, 가용할 수 있는 정보조차도 교차 검증할 수 있을 정도의 수준에는 못 미쳤다는 사실을 알 수 있다. 당시 조선의 일본 검술에 대한 이해는 여전히 피상적인 수준을 벗어나지 못하고 있었다.

한편, 김체건이 전했다고 하는 토유류, 운광류, 천류류, 유피류의 4개 유파에 관한 기록은

---

29  일본고무도협회 공식 사이트(http://www.nihonkobudokyoukai.org/martialarts/019/), 2022년 3월 4일 검색.

일본 측 자료에서는 발견되지 않는다. 앞에서 김체건이 일본 검술을 습득했을 가능성을 추적해보았지만 왜검 4류에 대한 내용을 일본 측 기록에서 찾을 수 없다는 건 김체건이 입수했다고 하는 검보나 검술이 일본에 존재하는 것이 아닐 가능성도 암시한다. 물론 '토유류(土由流)'와 '운광류(運光流)'를 각각 일본 검술 유파의 '토다류(土田流)'와 '운코오류(雲弘流)'의 오류로 본다면 양자 간의 관련성을 생각해볼 수 있을 것이다.[30] 하지만 '천류류(千柳流)'나 '유피류(柳彼流)'는 일본 검술 유파에서 유사한 명칭조차 확인하기 힘들다.[31]

그리고 무엇보다 조선에 전해진 일본 검술은 '조선화'하는 과정을 거쳤던 것으로 보인다. 카게류가 중국으로 전해져 장도가 되고, 다시 장도가 조선으로 전해져 쌍수도로 정착하는 과정에서 보듯이 무예의 전파와 도입 과정에서 현지화하는 예를 찾는 건 어렵지 않다.《무예도보통지》〈왜검 편〉에서도 이러한 조선화의 증거들을 확인할 수 있다. 〈왜검 편〉은 언뜻 보면 왜검 하나만을 다루는 것으로 오인하기 쉽지만 왜검 4류(토유류, 운광류, 천류류, 유피류)와 함께 두 사람이 칼로 겨루며 훈련하는 '교전', 즉 '왜검'과 '교전' 두 종목이 〈왜검 편〉이라는 한 제목 아래 함께 실려 있다(〈그림 38〉, 〈그림 40〉 참조).

그런데 이런 변화는 단시간에 이루어진 것이 아니라 17세기 후반 김체건에 의해서 왜검이 도입되고, 뒤이어 왜검 교전법이 개발되어 군진에 퍼져 나가면서 점진적으로 이루어졌다. 《무예도보통지》 편찬자들은 〈왜검 편〉을 구성할 때 각 군영마다 부르는 명칭이나 실제 훈련되고 있는 내용에서도 차이가 있는 등의 문제를 발견했다. 금위영과 어영청 등에서는 왜검을 모검(牟劍)이라고 불렀으며,[32] 용호영에서는 관무재 때 왜검 토유류에 3세가 빠져 있었다. 그리고 교전 역시 김체건의 첩자에 실린 내용과 《무예도보통지》 편찬 당시 행해지던 교전과 차

---

30  '운코오류(雲弘流)'는 '쿠모히로류(雲廣流)'라고도 불린다. 일본 한자를 한국식 독음으로 읽는 과정에서 생긴 오류라고 한다면 운광류(運光流)는 쿠모히로류(雲廣流)의 오류로 볼 수도 있을 것이다. 쿠모히로류(雲廣流)에 대해서는 자세히 알려져 있지 않으나 히코국(肥後國) 쿠마모토번(熊本藩)에서 타테베 사다우에몬(建部定右衛門)이라는 선생이 이 유파의 검술을 가르쳤다고 한다. 千葉長作, 《日本武道敎範》, 198쪽.

31  加藤純一, 《무예도보통지》에 보이는 일본의 검술 유파: 上泉新綱의 新陰流〉, 63-65쪽.

32  《승정원일기》, 영조 20년(1744) 2월 1일 기유; 《승정원일기》, 영조 20년(1744) 2월 2일 경술. 모검이라는 이름이 생소했던지 영조는 '모검(牟劍)'의 '모(牟)' 자가 무슨 뜻인지를 묻는다. 검을 만든 사람의 성이 모씨이기에 모검이라고 부른다는 대답이 돌아왔다(《승정원일기》, 영조 20년(1744) 3월 16일 갑오). 이 기록을 그대로 믿어야 할지 회의적이다. 하지만 정조가 관무재 때 군영마다 왜검을 서로 다른 명칭으로 부르는 문제를 파악하고 이를 통일시키도록 하는 조치를 취했다는 건 달리 보면 18세기 후반 조선의 각 군영에서 비록 차이가 있기는 했지만 왜검이 실시되고 있었다는 사실을 역으로 보여준다.

이가 있었다.[33]

　금위영은 다른 군영의 예를 따라 단검을 용검으로, 단창은 기창으로, 협도곤은 협도로 바꾸는 조치를 취한다. 이때 모검(牟劍)에 대한 내용도 함께 등장한다. 《정조실록》은 다음과 같이 말한다.[34]

　　모검(牟劍)에 대해서는 그 응용법[검 대련법을 말함]을 처음에는 왜검용세(倭劍用勢)라고 했다가 나중에는 피검교전(皮劍交戰)이라고 했습니다. 피검이 곧 모검입니다. 명칭상으로는 한 가지 기예지만 실제로는 각 군문에서 '왜검'과 '교전'의 두 종목으로 행해지고 있습니다. 따라서 모검은 마땅히 '왜검'과 '교전' 두 가지 항목으로 고쳐 불러야 하지만 군문의 기예 명칭은 예전부터 전해 내려온 정해진 숫자가 있으니 이제 와서 하나를 나누어 둘로 만들 수는 없습니다. 이 때문에 모검에 '교전부(交戰附: 교전을 덧붙임)'라는 표시를 해서 증입한 이유를 밝혀두었습니다. 이에 감히 계를 올립니다.

　위의 인용문은 《무예도보통지》〈왜검 편〉에 '왜검'과 '교전' 두 가지 항목이 함께 실리게 된 경위를 잘 보여준다. 왜검은 모검, 피검으로 불리며 군영마다 혼란스러웠던 걸 왜검으로 통일시켰다. 모검(왜검)을 응용하는 법, 곧 검 대련법은 처음에는 '왜검용세(倭劍用勢)'라고 했다가 뒤에 '피검교전(皮劍交戰)'으로 불렀다. '왜검용세'는 왜검을 응용하는 법을, '피검교전'은 가죽으로 감싼 목검을 사용해 서로 겨루는 교전법을 가리킨다. 당시 각 군영에서는 왜검이 검법 투로를 통해 기술을 연습하는 법[왜검]과 가죽으로 나무를 싸서 만든 피검(皮劍)으로 두 사람이 겨루는 '교전'의 두 가지를 훈련하고 있었다. 이로 인해 왜검이라고 한 종목인 것처럼 불리지만 실제로는 왜검[투로]과 교전[대련법]의 두 가지로 행해지다 보니 아예 왜검과 교전으로 분리해 두 종목으로 지정할 필요가 있다는 주장이 제기되었던 것이다.[35] 하지만 군문의 관례상 무예 종목을 함부로 늘려서는 안 된다는 지적에 따라 한 이름 아래 두

---

33　《무예도보통지》〈고이표〉 참조.

34　而至於牟劍, 則其所用法, 初以倭劍用勢, 後又以皮劍交戰, 皮劍, 卽牟劍也, 名雖一技, 卽是各軍門之倭劍‧交戰之勢也. 牟劍事, 當改以倭劍‧交戰兩名色, 而軍門技藝名色, 旣有自前流來定數, 今不可拔一添二, 故牟劍以交戰, 改付標以入之意, 敢啓. 《승정원일기》, 정조 2년(1778) 9월 7일 계사.

35　《승정원일기》, 정조 2년(1778) 9월 7일 계사.

가지 종목을 통합하는 방식을 취하게 되었다. 그래서 왜검에 교전을 부록의 형식으로 함께 포함시키자는 안이 제시되었던 것이다. 이러한 저간의 사정으로 인해《무예도보통지》〈왜검 편〉 안에 교전을 함께 실으면서 〈왜검 편〉 첫머리에 '교전부(交戰附: 교전을 덧붙임)'라는 표식을 달아 놓았다. 따라서 엄밀히 말하면《무예도보통지》〈왜검 편〉은 한 종목이 아니라 '왜검'과 '교전'의 두 종목이다. 실제로 조선 후기의 여러 기록에서는 왜검과 교전을 따로 구분하고 있다.[36] 관무재 초시 과목으로 21종목이 지정되어 있는데, 여기서도 왜검과 교전은 서로 별개의 과목으로 나뉘어 있었다.[37]

## 변화, 그리고 또 변화

일본 검술은 주변으로 전파되면서 변화했다. 카게류의 검술이 중국으로 전해지면서 장도가 되었고, 다시 중국의 장도는 조선으로 전해져 쌍수도가 되었다. 김체건이 전한 왜검 역시 조선에서 투로화된 형태로 정리되었다. 아울러《무예제보》의 장도와 김체건의 왜검에서 새로운 교전법이 만들어졌다.《무예제보번역속집》(1610)의 〈왜검〉(실제로는 검교전법)과《무예도보통지》〈왜검 편〉에 보이는 〈교전〉은 모두 일본 검술과 관련을 가지고 있지만 동시에 서로 다른 모습을 띠고 있다.

---

36 비슷한 예로《무예도보통지》〈예도 편〉을 들 수 있다. 〈예도 편〉 본문의 각 기법을 설명하고 있는 예도보와 뒤에 이어지는 총보[총도]는 서로 다른 검법이다. 앞의 예도보는 모원의의《무비지》에 실려 있는 조선세법을 옮겨온 것으로 검이 도로 바뀌었을 뿐 내용상으로는 동일하다. 다만 조선세법은 개별 세(勢)만 포함하고 있을 뿐 세가 연결된 투로는 제시되어 있지 않은 반면《무예도보통지》에는 예도총도라는 투로가 실려 있다. 아울러 당시 조선에서 새로이 만들어진 태아도타세, 여선참사세, 양각조천세, 금강보운세 4개의 세가 추가되어 있다. 〈예도 편〉 맨 뒤에 실린 총보와 총도에는 추가된 4세가 포함된 당시 조선에서 실제로 수련되던 검법이었다.《무예도보통지》저자들은 당시 수련되고 있던 예도 총보[총도]가 조선세법에서 나온 검법이므로 그 뿌리를 잊지 않도록 예도보[조선세법]를 기록하였다고 말한다. 따라서《무예도보통지》〈예도 편〉도 〈왜검 편〉과 마찬가지로 〈예도〉와 〈예도총보[총도]〉의 두 종목이 하나로 통합되어 있는 셈이다.

37 보군의 관무재 초시 시험 과목 21종목은 다음과 같다. 조총, 유엽전, 편전, 용검, 쌍검, 제독검, 언월도, **왜검, 교전**, 본국검, 예도, 목장창, 기창, 당파, 낭선, 등패, 권법, 보편곤, 협도, 봉(棒), 죽장창.《대전통편 · 병전》〈시취〉, '관무재 초시' 참조.

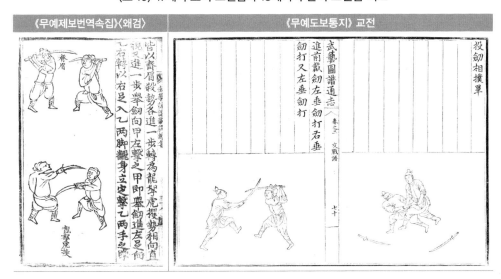

| 《무예제보번역속집》〈왜검〉 | 《무예도보통지》 교전 |
|:---:|:---:|

《무예제보》〈장도〉를 바탕으로 만들어진 《무예제보번역속집》의 왜검(교전)을 살펴보면 몇 가지 주목할 만한 점이 있다. 먼저 장도의 세뿐 아니라 하접세와 무검사적세 등 여러 세들이 추가되었다. 아울러 《무예제보번역속집》의 교전법에서 사용하는 칼은 장도가 아닌 요도라는 점이다(〈표 10〉).

〈표 11〉 《무예제보》〈장도〉, 《무예제보번역속집》〈왜검〉, 《기효신서》〈곤봉〉 세명 비교

| | 《무예제보》〈장도〉 | 《무예제보번역속집》〈왜검〉 | 《기효신서》〈곤봉〉 | 비고 |
|:---:|:---:|:---:|:---:|:---:|
| 1 | 견적출검세 | | | |
| 2 | 지검대적세 | 지검대적세 | | |
| 3 | 향좌방적세 | 좌방적세 | | |
| 4 | 향우방적세 | 우방적세 | | |
| 5 | 향상방적세 | 향상방적세 | | |
| 6 | 향전격적세 | 향전격적세 | | |
| 7 | 초퇴방적세 | 초퇴방적세 | | |

| | 《무예제보》〈장도〉 | 《무예제보번역속집》〈왜검〉 | 《기효신서》〈곤봉〉 | 비고 |
|---|---|---|---|---|
| 8 | 진전살적세 | 진전살적세 | | 《속집》의 언해본에는 한문 본문과 달리 진전 살적세가 향전살적세로 표기되어 있다. |
| 9 | 지검진좌세 | | | |
| 10 | 식검사적세 | | | |
| 11 | 섬검퇴좌세 | | | |
| 12 | 휘검향적세 | | | |
| 13 | 재퇴방적세 | | | |
| 14 | 삼퇴방적세 | | | |
| 15 | 장검고용세 | | | |
| 16 | | 적수세 | 적수세 | 곤봉의 세명 |
| 17 | | 용나호확세 | | |
| 18 | | 제미세 | 제미살세 | 곤봉의 제미살세가 〈왜검〉에는 제미세로 사용됨. |
| 19 | | 선인봉반세 | 선인봉반세 | 곤봉의 세명 |
| 20 | | 하접세 | 하접세 | 곤봉의 세명 |
| 21 | | 무검사적세 | | |
| 22 | | | 편신중란세 | |
| 23 | | | 대당세 | |
| 24 | | | 대전세 | |
| 25 | | | 대조세 | |
| 26 | | | 직부송서세 | |
| 27 | | | 주마회두세 | |
| 28 | | | 상체세 | |
| 29 | | | 도두세 | |
| 30 | | | 하천세 | |
| 31 | | | 섬요전세 | |

반면《무예도보통지》의 (왜검)교전은 4류 왜검 기법을 응용해서 만든 것이다.《무예도보통지》의 교전은 외날 칼로 대련하는 모습으로 묘사되어 있지만 원래 교전은 모두 양날 검을

사용했다고 한다. 아울러 교전을 할 때는 몇 자 되는 나무를 가죽으로 감싸서 훈련 중 다치는 것을 방지했는데,[38] 일본 야규우신카게류에서도 유사한 형태의 대련용 검을 사용했다. 다만 야규우신카게류가 대나무를 가죽 주머니로 감싼 후쿠로지나이(袋竹刀)를 사용했던 것과는 달리 조선에서는 나무를 가죽으로 감싸서 사용했으므로 실제로는 차이가 있었을 것이다.

〈그림 40〉《무예도보통지》의 교전 총보와 총도

총보

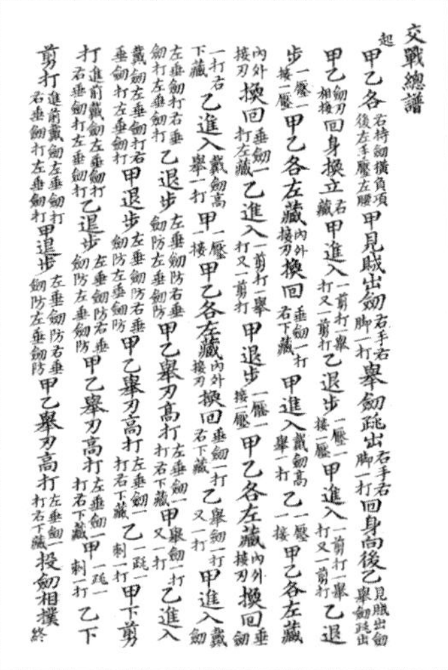
交戰總譜
起甲乙各右持劍橫負項後左手壓左腰甲見賊出劍右手右脚一打擧劍跣出右手右脚一打回身向後乙見賊出劍擧劍跣出
甲乙劍刃相撞回身換立右藏甲進入一剪打一擧打又一剪打乙退步一壓一接一壓甲進入一剪打一擧打又一剪打乙退
步一壓一接一壓甲乙各左藏內外接刃換回垂劍一打右下藏甲進入戴劍高擧一打乙一壓一接甲乙各左藏
內外接刃換回垂劍一打左藏乙進入一剪打一擧打又一剪打甲退步一壓一接一壓甲乙各左藏內外接刃換回垂劍
一打右下藏乙進入戴劍高擧一打甲一壓一接甲乙各左藏內外接刃換回垂劍一打右下藏乙擧劍一打又一打甲進入戴劍
左垂劍打右垂劍打左垂劍打乙退步左垂劍防右垂劍防左垂劍防甲乙擧刃高打左垂劍一打右下藏甲擧劍一打又一打乙進入
戴劍左垂劍打右垂劍打左垂劍打甲退步左垂劍防右垂劍防左垂劍防甲乙擧刃高打左垂劍一打右下藏乙一跣一刺一打甲下剪
打進前戴劍左垂劍打右垂劍打左垂劍打乙退步左垂劍防右垂劍防左垂劍防甲乙擧刃高打左垂劍一打右下藏甲一跣一刺一打乙下
剪打進前戴劍左垂劍打右垂劍打左垂劍打甲退步左垂劍防右垂劍防左垂劍防甲乙擧刃高打左垂劍一打右下藏投劍相撲終

총도

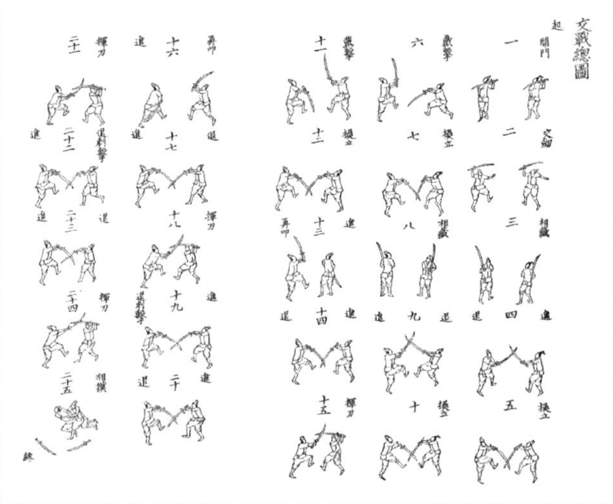


또 하나 주목할 점은《무예도보통지》 교전의 마지막 부분에 등장하는 상박이다. 검 교전이지만 마지막엔 칼을 내려놓은 상태에서 서로 엉겨 붙어 씨름[상박(相撲)]으로 마무리하고 있다(〈그림 41〉 참조).《무예도보통지》의 권법 역시 마지막에 두 사람이 서로 겨루다가 상박으로 끝을 맺게 되어 있다. 검법과 권법이 모두 상박으로 마무리되는 건 우연이 아니다. 고전 무예에서는 갑주를 입고 싸우기 때문에 근접전에서는 마지막에 서로 엉겨 붙는 상황이 발생하는 게 일반적이었다. 이때 유술은 상대를 제압하는 효과적인 기술이었다. 교전과 권법에서 보이는 상박은 고전무예의 전투 특성을 잘 반영하고 있다.[39]

38 《무예도보통지》, 권2, 〈왜검〉.

39 근대 일본 검도에도 여전히 이러한 유술적인 요소들이 남아 있었다. 코등이 싸움처럼 상대와 근접한 상황에서 코소또

〈그림 41〉 교전을 상박으로 마무리하는 장면

16세기 후반 도입된 일본 검술은 조선의 검술 전통에 편입되어 19세기 말까지 근 300여 년간 지속되어 왔다. 각 군영의 시취 과목으로 일본 검술이 포함되어 있었다는 사실은 검술이 공식적으로 조선 군진 무예의 하나로 자리매김했다는 사실을 보여준다. 조총과 같은 개인 화기가 전장의 주력을 차지하게 되면서 전통적인 단병 무예는 상대적으로 그 중요성이 감소될 수밖에 없었다. 하지만 검술은 최후의 백병전을 위한 무예로 끝까지 중시되었다. 18세기 후반에 저술된《무예도보통지》의 보병 무예의 반수가 도검류라는 점은 이러한 시대적 변화를 잘 보여준다.[40]

---

가리(小外苅, 발 뒤축 후리기), 오오소또가리(大外苅, 밭다리 후리기)로 넘어뜨리는 기술(총칭해서 아시가라미(足搦み)라고 함) 혹은 고류 검술에서 넘어진 상대의 복을 베어 승부를 결정짓는 걸 상징하는 넘어뜨린 상대의 호면벗기기와 같은 기술이 허용되었다. 劍道教育研究會,《劍道上達法》(西東社出版部, 1939(昭和 14)), 157-158쪽; 小西康裕,《劍道とシナイ競技》(川津書店, 1952(昭和 27)), 38-40쪽.

40 《무예도보통지》에는 보병무예 18가지에 6가지의 마상기예가 실려 있다. 마상기예는 보병 무예를 마상에서 행한다는 점에

여태까지 우리는 일본 검술[왜검]의 도입과 변화를 무예서를 중심으로 살펴보았다. 그렇다면 이렇게 도입된 왜검은 조선에 어떻게 정착되었으며, 군진에서는 어떻게 훈련되고 활용되었을까? 이하 임진왜란을 계기로 본격적으로 도입된 일본 검술을 제도화라는 측면에서 살펴본다.

## 검술의 제도화: 무예 시취와 일본 검술

전통시대 검술은 상대와 맞서 나의 생명을 지키고, 승리를 거두는 데 목적이 있었다. 기술의 고하는 전적으로 개인의 노력에 달려 있으며, 검을 사용해 자신을 지키느냐 그렇지 못하느냐 역시 나 개인의 실력에 좌우된다. 그런데 이렇게 지극히 개인적인 기술인 검술을 제도화한다는 건 검술을 사적 영역에 머무르게 하지 않고, 조직, 더 나아가 국가라는 공적 영역으로 흡수해 관리하겠다는 걸 의미한다. 단순히 검의 소지와 같은 무기의 관리나 검과 관련된 범죄를 억제하기 위한 제도화가 아니라 검을 운용하는 **검의 기술**을 국가에 귀속시켜 제도적으로 검술을 관리하고자 했다는 점에서 검술의 제도화는 조선 후기의 독특한 사회적 현상이라고 할 수 있다. 더 나아가 국가 차원의 몸 만들기라는 측면에서도 중요한 의미가 있다.

제도와 제도화는 비슷하지만 차이가 있는 개념이다. 제도란 특정 행위 주체들과 그들의 활동에 집합적 의미와 가치를 부여해 주고, 그들을 보다 큰 틀에 통합시켜 주는 문화적 규칙이라고 할 수 있다. 반면 제도화는 특정 행동 주체와 활동 패턴이 규범적이고 인지적으로 제자리를 찾고, 실천적인 면에서 법과 같이 당연시되게 하는 과정이다. 따라서 어떤 사회적 요소가 제도화의 과정을 통해 당연시되면 그 사회적 요소는 더 이상 새로운 것이 아니라 사회 구성원들이 당연하다고 생각하고 받아들이는 제도가 된다. 제도는 다시 인지적 요소와 규범적 요소로 구분된다.[41] 인지적 요소는 행동 주체의 본질과 행동 범위를 정의한다. 당연한 말이지만 검술이 왜 필요한지에 대한 인지가 되어 있지 않다면 검술을 제도적으로 정착시키는

---

서 보병무예의 연장이라고 할 수 있다. 보병무예 열여덟 가지는 '십팔기(十八技)'라는 고유명사로 불렸다. 이 18가지 무예 가운데 9가지가 도검류 무예이다. 조선 후기 장용영에는 십팔기군(十八技軍)과 십팔기에 뛰어난 사람들을 구분한 능기군(能技軍)이 있었다.

41　이경묵, 〈제도론: 주요 이슈와 미래의 연구방향〉《경영논집》(33(4), 서울대학교 경영대학 경영연구소, 1999), 385-388쪽.

일은 불가능하다. 조선 정부는 임진왜란 이후 꾸준히 검술의 중요성을 강조하며, 병사들에게 검술이 근접 전투에서 필수 불가결한 요소임을 주입시켜 왔다. 검술을 할 줄 안다면 자신의 생명을 지킬 수 있으며, 아울러 공을 세워 입신양명할 수 있다는 생각, 이러한 인지적 조건이 충족되지 않으면 개인이 검술에 참여할 동인이 만들어지기 힘들다. 사실 궁시 중심으로 편향되어 있던 조선 사회에서 검술을 보급하기 위해 애를 먹었던 이유 역시 검술에 대한 당대인들의 인식을 변화시키는 게 쉽지 않았기 때문이었다. 따라서 검술을 제도적으로 안착시키기 위해서는 검술에 대해 공유된 가치를 가지고 있어야 하며, 공통적인 이해가 선행되어야만 한다. 한편, 규범적 요소는 검술을 하는 병사나 집단에 기대되는 역할을 가리킨다.《무예도보통지》서문에서 정조는 조선의 병사들이 비휴(貔貅: 신화 속에 나오는 사나운 짐승에서 전이해 용맹한 무사를 가리킴)가 될 것을 당부하고 있다. 조선 정부는 검술에 참여하는 행동 주체들이 뛰어난 무사로 역할을 하도록 하기 위해 병사들에게 동기부여를 하고 제재를 가하는 강제적인 메커니즘을 고안·유지시켰다.

검술의 제도화 역시 1) 규칙의 제정, 2) 적용, 3) 변경과 같은 제도화의 일반적인 과정을 통해 이루어진다. 검술을 진작시키기 위한 규칙을 제정하고, 현실적으로 이를 적용해 검술의 제도화를 촉진시키며, 다시 필요에 따라 규칙의 변형이나 새로운 규칙의 제정을 통해 다시 제도화의 과정을 거치는 선순환을 통해 검술의 제도적 안착을 강화하게 된다.[42] 초기엔 개인의 검술 참여가 법제화를 통해 강제되었겠지만 시간이 가면서 검술 수련이 하나의 사회적 제도로 안착되면 검술은 오히려 사회적 참여와 직위 상승을 이루는 수단으로 자연스럽게 각인되며 안정적으로 유지될 가능성이 높아진다.

물론 이러한 과정을 거쳐 검술이 제도화되었다고 해서 늘 원하는 방향으로 유지되는 건 아니었다. 예를 들면, 임진왜란 중이었던 선조 대에는 고위 관직자들인 당상(堂上)들도 검술을 익혔다고 하는데, 전란 후에는 오래도록 검술이 실시되지 못하다가 인조 대에 들어서 용검(用劍)이 다시 등장하는 등,[43] 특정한 계기가 있어야만 검술을 활성화시키는 조치가 재시행되는

---

42  Keman, Hans. "institutionalization." Encyclopedia Britannica, 12 Oct. 2017, (https://www.britannica.com/topic/institutionalization), 2022년 1월 3일 검색.

43  《승정원일기》, 인조 3년(1625) 4월 24일 신축.

일이 반복되었다.[44] 이는 다시 말하면 검술의 제도화가 그만큼 쉽지 않다는 걸 방증한다. 그럼에도 불구하고 검술을 제도적으로 안착시키기 위한 조선 정부의 노력은 계속되었으며, 18세기와 19세기에 들어서면《속대전》(1746),《대전통편》(1785),《대전회통》(1865)과 같은 조선의 대표적인 법전에 일본 검술이 무예 시취 과목으로 포함되기에 이른다. 조선 당대인들의 표현을 빌리면 일본인들의 장기지만 그것을 우리 것화 해서 역으로 일본을 이기겠다는 의지의 발로였으며, 동시에 일본 검술을 우리의 무예 전통에 포섭하겠다는 적극적인 노력의 결과이기도 했다.

조선에서 제일 처음 편찬된 법전인《경국대전》(1485)에는 검술에 대한 규정이 따로 포함되어 있지 않았다. 임진왜란 이전에는 식년시와 도시와 같은 무과에 목전, 철전, 편전, 기사(騎射), 기창(騎槍), 격구의 6기만 규정되어 있었다. 기병 혹은 보병이냐에 따라 시험 보는 무예가 달라졌는데, 기사와 기창, 격구는 기병 무예, 목전, 철전, 편전은 보병 무예였다. 무예 종목에서 알 수 있듯이 활쏘기와 창술, 기마술에 초점이 맞춰져 있다.

한시적이긴 하지만 임진왜란 이후 16세기 말과 이후 17세기 초에 이르는 선조에서 광해군, 인조 대에 이르는 기간 무과 시험 과목으로 용검이 포함되기도 했다〈표 12〉 참조〉. 하지만 공식적으로 검술을 명문화해서 무과에 포함했던 건 아니었다. 인조 이후에는 무과 시험과목으로 유엽전, 편전, 기추, 편추, 육량, 철전 등 활쏘기와 조총이 주를 이루었다. 정조 대에 기창이 직부 전시 과목으로 간간이 시행되는 정도였다.[45]

〈표 12〉 16세기 말~17세기 초 무과의 시험 과목[46]

| 시기 | 시험 | 구분 | 과목 |
|---|---|---|---|
| 선조 32년(1599) | 별시 | 초시 | 육량 · 기사, 조총 · 불랑기 · 백자총(포수), 장창 · 당파 · 용검(살수) |
| | | 전시 | 철전, 편전, 조총, 장창, 용검 |
| 선조 33년(1600) | 별시 | 전시 | 편전, 기사, 조총, 등패, 용검 |

---

44 《인조실록》, 인조 8년(1630) 1월 6일 병술.

45 정해은, 〈18세기 무예 보급에 대한 새로운 검토:《어영청중순등록》을 중심으로〉《이순신 연구 논총》(9, 순천향대학교 이순신연구소, 2007).

46 정해은이 무과총요 및 무과방목 140여 종에서 정리한 표에서 일부를 사용했다. 보다 자세한 내용은 다음을 참조. 정해은, 〈18세기 무예 보급에 대한 새로운 검토:《어영청중순등록》을 중심으로〉.

| 시기 | 시험 | 구분 | 과목 |
|---|---|---|---|
| 선조 38년(1605) | 별시 | 초시 | 육량 · 기사(무사), 조총(포수), 용검 · 당파(살수) |
| | | 전시 | 육량(무사), 조총(포수), 용검(살수) |
| 선조 41년(1608) | 별시 | 초시 | 육량 · 기사, 조총 · 불랑기 · 백자총(포수), 장창 · 당파 · 용검(살수) |
| | | 전시 | 편전 · 기창, 조총(포수), 용검(살수) |
| 광해군 2년(1610) | 별시 | 초시 | 육량 · 기사, 조총 · 불랑기 · 백자총(포수), 장창 · 당파 · 용검(살수) |
| | | 전시 | 철전 · 기사, 조총(포수), 장창 · 용검(살수) |
| 광해군 3년(1611) | 별시 | 전시 | 육량 · 기사, 조총(포수), 장창 · 용검(살수) |
| 인조 17년(1639) | 별시 | 전시 | 철전 · 기사, 강서, 조총 · 용검(포수) |

일본 검술을 비롯한 단병 무예가 명문화되어 법전에 포함된 건 18세기에 와서 편찬된《속대전》(1746)[47]이 편찬되면서부터이다.《속대전》은 이전《경국대전》과는 여러 면에서 차이가 있었다. 먼저, 식년시와 도시 과목이 줄어들었다.《경국대전》에는 식년시와 도시에 목전, 철전, 편전, 기사(騎射), 기창(騎槍), 격구의 6기가 포함되어 있었지만《속대전》에서는 관혁, 유엽전, 조총, 관추의 4기에 불과했다. 하지만 별시, 정시, 알성시, 증시, 의방별과의 과목은 목전, 철전, 유엽전, 편전, 기추, 관혁, 격구, 기창, 조총, 편추의 10종목으로 늘었다. 실제 시험을 칠 때는 이들 종목 가운데 2, 3 종목을 선정하여 시험을 보았다. 다음,《속대전》의 중일(中日) 시험 규정에는 살수의 시취 과목으로 월도, 쌍검, 제독검, 평검(平劍), 권법이 포함되었다.[48] 여기 평검, 제독검, 쌍검, 월도는 임진왜란을 계기로 도입된 검술 과목들이다. 물론《속대전》편찬 이전에도 이들 검술은 이미 다양한 형태로 조선 군진에서 교습이 되고 있었다. 18세기 중반이 되어서야 비로소 명문화된 것이다. 법제화되기까지 150여 년이 걸렸다는 건 그만큼 제도화 과정이 쉽지 않았다는 걸 방증한다.

사실 무과와 시재의 실기 시험은 성격상 차이가 있었다. 무과에서 활쏘기가 차지하는 비중이 높았던 것은 양반을 무관으로 발탁하기 위한 제도적인 장치였다. 하지만 무과는 인

---

47　《경국대전》(1485)에 뒤이어 편찬된《속대전》은《경국대전》의 총 213항목 가운데 76항목을 제외한 137항목을 개정, 증보했다. 주로 호전과 형전 등의 내용이 추가되었다.《한국민족문화대백과》(https://encykorea.aks.ac.kr/), '속대전' 항목. 2020년 10월 11일 검색.

48　《속대전》《병전(兵典)》, '시취(試取)'. (https://db.history.go.kr/law/item/level.do?levelId=jlawa_204_0090_0010), 2022년 3월 16일 검색.

재 등용 외에도 아래로부터 올라오는 계층을 위무하는 성격도 함께 가지고 있었기 때문에 널리 알려진 활쏘기가 채택되었다. 반면 중앙군영의 시재 과목은 해당 군영의 군사들을 위무하는 성격이 강했기 때문에 군사들이 직접 익히는 무예를 대상으로 했다.[49] 따라서 각종 시재에 검술이 포함되었다는 건 각 군영에서 실시되는 무예상을 반영하고 있다고 할 수 있다. 아울러 검술을 법제화했다는 건 이를 국가의 관리·감독하에 포함시켰다는 것을 의미한다.

〈표 13〉《경국대전》·《속대전》·《대전통편》의 시예 과목

| | | 《경국대전》(1485) | 《속대전》(1746) | 《대전통편》(1785) |
|---|---|---|---|---|
| 식년시 | | 목전, 철전, 편전, 기사, 기창, 격구 | 관혁, 유엽전, 조총, 편추 | |
| 도시 | | 목전, 철전, 편전, 기사, 기창, 격구 | 관혁, 유엽전, 조총, 편추 | |
| 별시 | | | 목전, 철전, 유엽전, 편전, 기추, 관혁, 격구, 기창, 조총, 편추 | |
| 정시 | | | 목전, 철전, 유엽전, 편전, 기추, 관혁, 격구, 기창, 조총, 편추 | |
| 알성시 | | | 목전, 철전, 유엽전, 편전, 기추, 관혁, 격구, 기창, 조총, 편추 | |
| 중시 | | | 목전, 철전, 유엽전, 편전, 기추, 관혁, 격구, 기창, 조총, 편추 | |
| 외방별과 | | | 목전, 철전, 유엽전, 편전, 기추, 관혁, 격구, 기창, 조총, 편추 | |
| 관무재 | 초시 | 장교/마군 | 철전, 유엽전, 편전, 기추 | 철전, 유엽전, 편전, 기추, 편추, 기창교전, 마상언월도 |
| | | 보군 | | 조총, 유엽전, 편전, 용검, 쌍검, 제독검, 언월도, **왜검**, **교전**, 본국검, 예도, 목장창, 기창, 당파, 낭선, 등패, 권법, 보편곤, 협도, 봉(棒), 죽장창 |
| | 복시 | | | 왕 친임 시: 4기로 시취 지방에서는 조총과 편추로 시취 |
| 권무과 | | | | 목전, 철전, 유엽전, 편전, 기추, 관혁, 격구, 기창, 조총, 편추 |

---

49  정해은, 〈18세기 무예 보급에 대한 새로운 검토:《어영청중순등록》을 중심으로〉.

《속대전》에 보이는 평검(平劍)은《무예제보》의 장도를 가리킨다. 장도는 실시하는 군영에 따라 평검, 용검(用劍) 등으로 다르게 불렸다. 심지어 한 군영 내에서도 혼용되었다.《어영청중순등록》의 무예 시취 과목에도 평검과 용검이 같이 등장하고 있다.《무예도보통지》(1790)가 편찬되면서 쌍수도로 명칭이 통일되었지만 현장에서는 여전히 장도, 평검, 용검이 혼용되었던 것이다. 그런데 사료에 보이는 '용검(用劍)'이 장도만을 가리키는 건 아니었다. 용검(用劍)은 문자 그대로 단순히 검을 사용함 혹은 검을 사용하는 기술을 가리키기도 했으며,[50] 특이하게 청룡도를 운용한다는 의미로도 쓰였다.[51] 특히, 조선 후기에 들어서는 중국에서 전래된 건 '검술', 일본 검술은 '용검'으로 관습적으로 나눠 부르기도 했다.[52] 따라서《조선왕조실록》이나《승정원일기》와 같은 사료에 보이는 '용검'의 용례를 활용할 때 각별한 주의가 필요하다.

한편, 조선 전기 편찬된《경국대전》에 검술이 없다는 건, 검술이 국가가 관리하는 무예가 아니었다는 걸 의미한다. 당연히 검술에 대한 사회적 관심은 적을 수밖에 없었으며, 아울러 발전 역시 더딜 수밖에 없었을 것이다. 이러한 기조에 변화가 생긴 건 앞에서 지적했듯이 임진왜란 때문이었다. 조선 정부는 검술을 보급하기 위해 다각도로 노력했으며, 전란 중 군사들을 충원하기 위해 실시된 무과에 검술을 포함하기도 했다.[53] 비록 전시(戰時)라는 특수한 상황에서 살수에 대한 수요가 급증하면서 생긴 변화이기는 했지만 이는 조선 후기 검술에 대한 관심이 촉발하는 계기가 되었다.

《속대전》에는 평검과 함께 월도, 쌍검, 제독검만 포함되어 있지만, 임진왜란 이후 조선 후기 각 군영에서 시행되던 중순, 관무재 등과 같은 시험에는 이들 검술 외에도 왜검과 (왜검)

---

50 《승정원일기》, 숙종 20년 8월 7일 임인; 영조 1년 4월 17일 갑신; 영조 18년 1월 10일 경오; 영조 27년 9월 7일 경오.

51 《승정원일기》, 영조 23년(1747) 9월 25일 임자. 上曰, 不然才識難矣. 雖以今番武試射觀之, 實無趀趀擧子. 古所云射陸兩則越集春門, 用劍則運靑龍刀, 容貌則如尉遲敬德者, 予未之見矣.

52 《승정원일기》, 영조 20년(1744) 2월 8일 병진. 上曰, 倭劍若善用, 則有若銀缸云, 然耶? 聖應曰, 所謂銀缸者, 非用劍也, 乃劍術也. 上曰, 術字, 與用劍之法字異耶? 聖應曰, 劍術中原有之, 李汝松[李如松], 來我東時, 能爲劍術云矣.

53 조선 시대 무과는 무관을 뽑는 시험제도로 군사제도와 밀접한 관련을 가지며 발전해왔다. 하지만 동시에 생활 풍속에도 큰 변화를 가져왔다. 무과를 비롯한 과거 시험은 지방의 조선인들에게는 서울에 올라와 관광을 할 수 있는 기회를 제공했으며, 최고 수준의 무예를 선보이는 무과 전시는 국가 차원에서 이루어지는 성대한 관람 유희 행사이기도 했다. 아울러 말타기와 활쏘기 중심의 무과는 조선 시대의 말타기와 활쏘기 문화에 영향을 주었으며, 임진왜란 이후로는 창·검 위주의 단병 무예와 권법이 도입되고 무과 및 각종 시취에 포함되면서 확산되기 시작했다. 심지어 아이들의 놀이로까지 퍼져 나갔다. 심승구, 〈조선의 무과를 통해 본 서울 풍속도〉《향토 서울》(67, 서울특별시사편찬위원회, 2006), 67-68쪽.

교전이 추가되었다. 이는 임진왜란 이후 본격적으로 전해지기 시작한 일본 검술이 양적 질적으로 확산되어 조선 사회에 제도적으로 자리 잡았다는 걸 의미한다.

조선 후기 각 군영에서 행해지는 훈련과 시재에도 검술이 포함되어 있었다. 대표적인 군영인 훈련도감 소속 군사들은 사습(私習)과 습진(習陣)과 같은 군사 훈련과 중순(中旬), 관무재(觀武才)와 같은 시재를 통해서 무예를 갈고 닦았다. 사습은 마병이나 보군을 막론하고 이루어지는데, 한 달에 세 차례에 걸쳐 사격과 검술을 훈련받아야 했다. 장관의 경우엔 사강(射講)이라고 해서 활쏘기 훈련에 참여해야 했다. 매년 10월에 1년간의 훈련 성과를 평가해서 시상을 했다.[54] 습진은 진법 훈련으로 도감군의 일부를 왜군으로 분장시켜 실전에 가까운 훈련을 했다. 사습이 개인의 무예 기량을 훈련시키는 것이라면 습진은 집단 운용법을 훈련하는 것이었다. 임진왜란 이후 조선에서 채택한 삼수병 체제는 포수, 사수, 살수로 구성되어 있는데, 전투가 벌어지면 원거리에서 조총병이 공격을 하고, 궁수가 조총병을 엄호하며, 뒤이어 적이 근접해오면 살수가 투입되어 백병전을 벌이는 전술을 기본으로 하고 있다. 포수와 사수, 살수가 상호 보완하며 원활하게 운용되기 위해서 끊임없는 훈련이 필요했다.[55]

중순과 관무재는 병사들이 무예를 익히고, 훈련을 권장하기 위한 목적에서 실시되는 시험이었다. 하지만 동시에 병사들의 사기를 진작시키기 위한 목적도 있었다. 성적이 뛰어난 이들에게 말이나 목면, 쌀을 상을 내리고, 겸사복으로 승진하는 특혜를 주었기 때문에 군사들의 무예 훈련을 권장하는 수단이 되었다.

중순은 명나라의 척계광이 저지양성(浙江省) 군사들을 대상으로 월 6회의 조련과 매달 기술을 시험하던 제도에서 유래된 것으로, 훈련도감뿐 아니라 용호영, 어영청, 금위영, 총융청, 수어청 등 중앙군영에서 모두 실시했다. 시험 대상은 중군 이하 장관, 장교, 군병에 이르기까지 군영에 소속된 대부분의 사람들이었다. 하지만 조선에서는 중국과 달리 자주 시행되지는 못했으며, 1년에 두 차례씩 시행하다 1년 또는 2년에 한 차례, 19세기에 이르러서는 5년에

---

54  조선총독부중추원,《만기요람》(군정 편)(조선인쇄주식회사, 1938(昭和 13)), 훈련도감, 연습, 사습(私習) 조.

55  습진은 훈련도감이 설립된 때부터 시행되었지만 임진왜란 중에는 전쟁 중이어서, 그리고 뒤 이은 광해군, 인조 대에는 어수선한 정치 상황으로 인해 제대로 시행되지 못했다. 뒤이어 효종, 현종 대에 들어서 북벌론이 대두되면서 습진 훈련이 강화되었다. 하지만 전쟁의 위협이 사라지고 북벌론이 사그라드는 숙종 말엽에 이르면 거의 시행되지 않게 된다. 김종수,《조선 후기 중앙군제 연구: 훈련도감의 설립과 사회변동》(혜안, 2003), 263-264쪽.

한 차례 실시되는 등 점차 감소했다.[56]

**〈표 14〉 훈련도감의 중순 시취 과목**

| 군영 | 병종 | | 시취 과목 | 비고 |
|---|---|---|---|---|
| 훈련도감 | 마군 | 원기 | 유엽전, 편전, 기추, 편추 | |
| | | 별기 | 월도, 이화창, 쌍검, 마재, 쌍마재, 기창교전 | 월도, 이화창, 쌍검은 중첩해서 시험 보지 않음. |
| | 보군 | 원기 | 조총, 유엽전<br>검(劍)<br>권(拳) | 검은 등패, 낭선, 장창을 가리킴.<br>권은 곤봉, 보편곤을 가리킴. |
| | | 별기 | 왜검, 교전, 예도, 협도 | 왜검·교전수[57]와 예도·협도수는 서로 중첩해서 시험을 보지 않음. |

훈련도감 중순 시험에서 마군의 기본 과목[원기]은 유엽전, 편전, 기추, 편추였으며, 특별 과목[별기]은 월도, 이화창, 쌍검, 마재, 쌍마재, 기창교전이었다. 보군은 기본 과목으로 조총, 유엽전, 검(劍), 권(拳)을, 그리고 특별 과목[별기]으로 왜검, 교전, 예도, 협도를 시험 봤다. 하지만 왜검·교전수와 예도·협도수 사이에 구별을 두어 왜검·교전수는 예도와 협도는 시험 치지 않도록 하고, 예도·협도수는 왜검과 교전은 시험을 보지 않도록 했다〈표 14〉 참조). 종목이 많아져서 훈련에 과중한 부담이 되기 때문에 생긴 조치였을 것이다. 훈련도감이 중앙군영 가운데 기준이 되는 군영이었던 점을 감안하면 어영청의 중순에서도 비슷하게 시험 과목이 정해졌을 것이다.

중순의 시상 규정은 9등급으로 나뉘어 있었는데, 상중하로 나누고 다시 각 등급에 상중하의 구분을 두었다. 상상을 넘어서게 되면 초등(超等)으로 가장 높은 평가를 받았으며 아마첩 2척을 시상했다.

---

56  정해은, 〈18세기 무예 보급에 대한 새로운 검토: 《어영청중순등록》을 중심으로〉.

57  조선총독부중추원이 편찬한 《만기요람》 표점본은 '왜검교전(倭劍交戰)'을 한 종목으로 보고 있으며, '왜검교전수(倭劍交戰手)'로 교전만 담당하는 것으로 표기하고 있다. 《어영청중순등록》에도 '왜검교전'으로 보인다. 이러한 기록들에서 '왜검'과 '교전'은 둘로 나눠 별개의 종목을 가리키는 것으로 봐야 한다. 《속대전》 관무재 조에 보군의 무예 지정 종목 21가지에 '왜검'과 '교전'을 독립적인 종목으로 구분하고 있는 데서도 알 수 있듯이 '왜검'과 '교전'은 별개로 취급되었다.

<표 15> 중순의 시상 규정[58]

| | 종합점수 | 등급 | 시상 |
|---|---|---|---|
| 마병 | 기추 5중(中)<br>마상재 초등(超等)<br>겸예(兼藝) 9푼(分) | 초등(超等) | 아마첩 2척(隻) |
| | 7푼 이상 | 상상등(上上等) | 양인은 겸사복으로 승진<br>이미 겸사복인 자는 아마첩(兒馬帖) 1척 |
| | 6푼 | 상중등(上中等) | 목면 2필 |
| | 5푼 | 상하등(上下等) | 목면 1필 |
| 보군 | 조총 6방 9중<br>용검 초등<br>겸예(兼藝) 9푼 | 초등 | 아마첩 2척 |
| | 6푼 이상 | 상상등 | 양인은 겸사복으로 승진<br>이미 겸사복인 자는 아마첩 1척 |
| | 5푼 | 상중등 | 목면 2필 |
| | 4푼 | 상하등 | 목면 1필 |

한편, 관무재 역시 중순과 마찬가지로 병사들이 꾸준히 훈련을 하고 무예를 익히게 하며, 사기를 진작시키기 위해서 실시된 시험으로 선조 5년(1572) 시작되어 모두 22회 실시되었다. 응시자격은 한량, 군관, 조관, 출신들 모두에게 있었다. 《대전통편》(1785)의 관무재 시취 과목에는 장교/마군과 보군의 시취 과목에 차이가 있었다. 관무재 초시의 장교 및 마군의 시취 과목은 철전, 유엽전, 편전, 기추, 편추(鞭芻), 기창교전(騎槍交戰), 마상언월도(馬上偃月刀)의 7종목이었으며, 보군의 시취 과목은 조총(鳥銃), 유엽전(柳葉箭), 편전(片箭), 용검(用劍), 쌍검(雙劍), 제독검(提督劍), 언월도(偃月刀), 왜검(倭劍), 교전(交戰), 본국검(本國劍), 예도(銳刀), 목장창(木長槍), 기창(旗槍), 당파(鐺鈀), 낭선(狼筅), 등패(籐牌), 권법(拳法), 보편곤(步鞭棍), 협도(挾刀), 봉(棒), 죽장창(竹長槍)의 21종목이었다.[59] 이 종목 가운데서 기예를 선정하고, 화살의 숫자를 정해서 시험을 봤다.[60]

《대전통편》에 등장하는 왜검과 (왜검)교전을 비롯해 용검, 쌍검, 제독검, 언월도, 본국검, 예

---

58  《훈국사례촬요》하권, 중순 (숙종 29년 9월 15일), 김종수,《조선 후기 중앙군제연구: 훈련도감의 설립과 사회변동》, 265쪽.

59  《대전통편 · 병전》〈시취〉, '관무재 초시'.

60  《은대편교(銀臺便攷)》, 권9, 〈병방교〉, '관무재'.

도와 같은 검술은 동 법전 편찬 훨씬 이전부터 관무재 과목으로 실시되던 과목들이었다. 예를 들면, 본국검의 경우 현종 14년(1673) 3월 11일 실시된 관무재에 등장하고 있다. 당시 관무재의 시험 과목으로는 본국검 외에도 쌍검, 마상언월도 등도 포함되어 있었다.[61] 하지만 관무재 시취 과목은 각 군영별로 다소 차이가 있었다(〈표 16〉).

**〈표 16〉 삼군영의 관무재 시취 과목(출전: 《만기요람》)**

| 군영 | 병종 | | 시취 과목 | 특이사항 |
|---|---|---|---|---|
| 훈련도감 | 마군 | 원기 | 유엽전, 편전, 기추, 편추 | |
| | | 별기 | 월도, 쌍검, 기창교전, 마상재 | 월도와 쌍검은 함께 시험 보지 않음. |
| | 보군 | 원기 | 조총, 검예, 권법 | 어영청의 예를 따르면 여기 '검예'는 제독검, 언월도, 쌍검, 본국검, 용검을 가리킨다.[62] |
| | | 별기 | 왜검, 교전, 예도, 협도 | 왜검·교전수와 예도·협도수는 서로 중첩해서 시험을 보지 않는다. |
| 금위영 | 마군 | 원기 | 유엽전, 편전, 기추, 편추 | |
| | | 별기 | 월도, 쌍검, 기창교전 | |
| | 보군 | 원기 | 조총 | |
| | | 별기 | 교전, 예도, 언월도, 제독검, 본국검, 기창, 협도, 등패, 낭선, 죽장창, 당파, 보편곤, 권법, 곤봉 | 금위영의 경우 '교전'만 있고 왜검은 보이지 않는다. 훈련도감이나 어영청의 보군 별기에 모두 왜검이 포함된 것으로 보아 금위영 항목에서 '왜검'이 누락되었을 가능성이 높다. |
| 어영청 | 마군 | 원기 | 유엽전, 편전, 기추, 편추 | |
| | | 별기 | 철전, 기창교전 | |
| | 보군 | 원기 | 사수: 유엽전, 편전<br>포수: 조총<br>검예: 제독검, 언월도, 쌍검, 본국검, 용검 | |
| | | 별기 | 죽장창, 기창, 등패, 낭선, 목장창, 당파, 예도, 협도, 왜검, 교전, 권법, 봉, 보편곤 | |

---

61  《승정원일기》현종 14년(1673) 3월 11일 신사.

62  훈련도감의 대비교(중순) 시험에서는 '검'이 등패, 낭선, 장창을, 그리고 '권'은 곤봉, 보편곤(步鞭棍)을 가리켰다. 조선총독부중추원, 《만기요람》, 239-240쪽.

삼군영의 마군의 기본 과목은 유엽전, 편전, 기추, 편추로 동일하다. 하지만 훈련도감과 금위영에서는 마군의 특별 과목으로 월도와 쌍검을 채택하고 있어 다른 군영과 차이가 있다. 보군의 경우는 삼군문 모두 다양한 검술을 포괄하고 있어, 검술은 보군에게 좀 더 중요한 무예로 여겨졌던 것으로 보인다. 훈련도감과 어영청은 기본 과목에 제독검, 언월도, 쌍검, 본국검, 용검이 포함되어 있었으며, 특별 과목에 왜검, 교전을 비롯해 등패, 예도, 협도와 같은 검술이 포함되어 있었다. 일본 검술의 비중이 높았다.

삼군문 외에도 용호영에서도 관무재를 실시했는데, 용호영의 경우 금군과 표하군 사이에 시험 과목에 차이가 있었다. 금군은 철전, 기추, 기창교전, 편추, 마상언월도처럼 마상 무예 중심으로, 표하군은 각 직책별로 차이가 있어서, 사수는 유엽전과 편전, 포수는 조총, 용검수는 용검, 쌍검, 제독검, 언월도, 왜검, 교전, 본국검, 예도를, 창수는 목장창, 기창, 당파, 낭선, 등패, 권법수는 권법, 편곤, 협도, 곤봉, 죽장창을 시험 봤다.

**〈표 17〉 용호영의 관무재 시험 과목**

| 병종 | | 시험 종목 |
|---|---|---|
| 금군 | | 철전, 기추, 기창교전, 편추, 마상언월도 |
| 표하군 | 사수 | 유엽전, 편전 |
| | 포수 | 조총 |
| | 용검수 | 용검, 쌍검, 제독검, 언월도, 왜검, 교전, 본국검, 예도 합일기(合一技) |
| | 창수 | 목장창, 기창, 당파, 낭선, 등패 합일기 |
| | 권법수 | 권법, 편곤, 협도, 곤봉, 죽장창 합일기 |

검술을 비롯한 단병 무예가 군진 무예로 제도화되어 실시되었지만 단병 무예의 시취는 몇 가지 고질적인 문제가 있었다. 먼저, 평가의 공정성을 유지하기 힘들었다. 일정 거리에서 과녁을 맞히는 것으로 성적을 매기는 활쏘기와 달리 단병 무예의 평가는 시관의 주관이 개입될 여지가 많았다. 그래서 시취 참가자들이 결과에 승복하지 못하고 반발하는 경우가 생기기도 했다.[63] 두 번째는 무예의 보급에 중앙군영과 지방군 사이에 차이가 있었다. 중앙에서는 이미 새로운 무예가 보급되어 훈련되고 있었지만 지방에는 아직 보급되지 못하는 경우가 많았다.

---

63 《광해군일기》, 광해군 2년(1610) 7월 경신.

세 번째는 무예의 표준화가 이루어지지 못했다는 문제가 있었다. 중앙군영들 사이에 무예가 보급되기는 했어도 각 군영별로 무예 실기에서 차이가 있었다. 이러한 차이는 시간이 지나면서 점점 심해져서 18세기 후반에 이르면 병조, 훈련도감, 어영청 등 여러 군영에서 실시되고 있는 무예에 차이가 있다는 비판이 제기되었다.[64]

게다가 무예의 법제화가 이루어졌다고 모든 무예가 다 중시된 건 아니었다. 병종에 따라서도 선호하는 무예가 달랐다. 18세기 중엽부터 19세기 초까지 어영청에서 행해진 중순 시험을 검토한 정해은의 연구[65]에 따르면 중순 시험에 참여한 인원은 장관, 장교, 군졸 등을 포함해 약 2,250명 정도였다. 이 가운데 반수 이상이 매번 중순 시험에서 상을 받았다. 무과에서는 검술이나 창술과 같은 단병 무예가 포함되지 않았던 상황에 비해 중순을 비롯한 각종 시재에서는 단병 무예가 권장되었다. 하지만 실제로는 활쏘기나 조총의 경우 만점을 맞게 되면 품계를 올려 주거나 직부전시의 특전을 준 반면 단병 무예 우수자의 경우는 목면을 상으로 지급했다. 따라서 시험 간에 중요도 면에서 여전히 차이가 있었던 것으로 보인다. 그럼에도 불구하고, 각 군영의 시재에서 검술을 비롯한 단병 무예가 등장한다는 사실은 조선 후기 조선 군영에서 이들 단병 무예가 중시되고 있으며, 병사들에게 권장되었다는 사실을 뒷받침한다.

1751년부터 1876년까지 어영청에서 이루어졌던 중순 시험의 각 무예 합격자 수를 정리한 〈표 18〉을 보면 이 기간 총 합격 인원은 13,478명이다. 단순히 무예 실기 시험 종목과 해당 종목의 합격 인원의 추이에 불과하지만 이 통계는 조선 후기 중앙군영 가운데 하나인 어영청에서 실시된 무예를 구체적으로 보여준다는 점에서 주목할 필요가 있다.[66]

정해은이 지적했듯이 장교가 단병 무예에 응시한 경우는 18세기 후반부터 나타나는 경향이 있고, 1756년에는 용검수와 왜검수만 기록되어 있으며, 1758년과 1761년에는 창수와 곤법수가 새로이 등장하는 등 《어영청중순등록》의 기록에 일관성이 떨어지는 문제점이 있다. 따라서 〈표 18〉이 어영청의 상황을 정확하게 반영한다고 보기는 힘들다. 하지만 적어도 어떤 경향을 읽어내는 데는 충분한 자료로 판단된다.

---

64 《무예도보통지》《병기총서》.

65 정해은, 〈18세기 무예 보급에 대한 새로운 검토: 《어영청중순등록》을 중심으로〉.

66 1756년의 경우처럼 응시 인원과 합격 인원의 비율을 알 수 있는 예외적인 경우가 있기는 하지만 일반화할 수 없는 문제점이 있다. 다만 이 경우에도 응시인원 대부분이 합격했으며, 장관과 장교들의 무예 응시 비율은 상대적으로 저조한 특징을 보이고 있다. 정해은, 〈18세기 무예 보급에 대한 새로운 검토: 《어영청중순등록》을 중심으로〉.

〈표 18〉《어영청중순등록》에 기록된 각종 무예 합격자 현황[67](단위: 명)

| 시행년 | 1751 | 1754 | 1755 | 1756 | 1758 | 1761 | 1779 | 1788 | 1795 | 1799 | 1803 | 1807 |
|---|---|---|---|---|---|---|---|---|---|---|---|---|
| 평검 | 156 | 144 | 149 | | | | | | | | 7 | 4 |
| 용검 | | | | 278 | 329 | 416 | 29 | 24 | 10 | 5 | | |
| 왜검 | | | 3 | 80 | | | | 16 | 22 | 50 | 27 | 34 |
| (왜검)교전 | 9 | 13 | 16 | | | | | 5 | 14 | | 15 | 14 |
| 제독검 | 53 | 75 | 120 | | | | 230 | 322 | 240 | 277 | 378 | 351 |
| 본국검 | | | | | | | | 1 | 5 | 4 | 2 | 2 |
| 신검 | | | | | | | | | | | | 3 |
| 신도(新刀) | | | | | | | | | | | | |
| 쌍검 | 15 | 14 | 13 | | | | 12 | 7 | 4 | 3 | 4 | 3 |
| 월도 | 18 | 24 | 9 | | | | 24 | 17 | 17 | 28 | | |
| 언월도 | | | | | | | | | | | 11 | 18 |
| 예도 | 5 | 24 | 62 | | | | | 38 | 39 | 62 | 67 | 59 |
| 협도 | 12 | 7 | 8 | | | | 14 | 7 | 6 | 16 | 6 | 12 |
| 당파 | 82 | 34 | 4 | 39 | | | 14 | 41 | 41 | 32 | 37 | 52 |
| 단창 | 53 | 16 | 72 | | | | | | | | | |
| 기창(旗槍) | | | | | | | 107 | 41 | 21 | 31 | 40 | 45 |
| 장창 | 4 | 3 | 7 | | | | | | | | | |
| 죽장창 | | | | | | | | 2 | 2 | 1 | 2 | |
| 낭선 | 2 | 3 | 6 | | | | 32 | 4 | 11 | 10 | 5 | 19 |
| 등패 | 3 | 2 | 5 | | | | 4 | | 2 | 2 | 5 | 7 |
| 보편곤 | | | | | | | 53 | 14 | 20 | 24 | 10 | 20 |
| 편곤 | 17 | 21 | 42 | | | | | | | | 5 | |
| 권법 | 1 | 10 | 10 | | | 3 | | | 1 | 2 | | 6 |
| 곤봉 | 1 | 3 | 3 | | | | | | | | | |
| 창수 | | | | | 73 | 59 | | | | | | |
| 곤법수 | | | | | 20 | 25 | | | | | | |
| 마상기예 | | | | | | | | | | 19 | 34 | 14 |
| 마상언월도 | | | | | | | | | | | | 22 |
| 소계 | 431 | 393 | 591 | 397 | 422 | 503 | 521 | 539 | 473 | 582 | 633 | 671 |

---

67  정해은이 정리한 표를 바탕으로 1816년 이후의 내용을 보충했다. 아울러 시상에 소요된 목면의 양만 표기되고 실제 몇 명에게 시상했는지는 빠진 항목들은 편의상 목면의 필 수를 인원으로 계산했다는 점도 밝혀둔다. 1779년, 1799년, 1803년도가 거기에 해당한다. 특정 종목의 시상에 목면 32필이 소요되었다면 이를 32명으로 추정하는 식이다. 실제로는 상상이나 상중의 경우 2필을 시상한 경우도 있기 때문에 소요된 목면의 양이 그대로 시상한 인원수와 일치하지는 않는다. 정확성이 떨어지지만 선행 연구에서도 역시 이렇게 수치를 추정한 경우가 있으며, 개략적인 흐름을 추정하는 것이기 때문에 크게 문제가 되지 않을 것으로 판단했다.

| 시행년 | 1812 | 1816 | 1820 | 1824 | 1829 | 1835 | 1839 | 1843 | 1847 | 1852 | 1858 | 1867 | 소계 |
|---|---|---|---|---|---|---|---|---|---|---|---|---|---|
| 평검 | 1 | | | | | | | | | | | | 461 |
| 용검 | | | | | | | | | | | | | 1,091 |
| 왜검 | | 2 | 1 | | | | | | | | | | 235 |
| (왜검)교전 | 1 | 2 | 12 | 14 | 19 | | 10 | 8 | | | | | 152 |
| 제독검 | 528 | 482 | 323 | 614 | 436 | 540 | 301 | 208 | 242 | 176 | 1,212 | 1,072 | 8,180 |
| 본국검 | | 4 | 33 | | | | | | | | | | 51 |
| 신검 | 6 | 2 | 2 | 29 | 1 | 1 | 1 | 4 | | | | | 49 |
| 신도(新刀) | | | | | 1 | | | | | | | | 1 |
| 쌍검 | 1 | 1 | 2 | | | | 4 | 5 | | | 3 | | 91 |
| 월도 | 1 | | | | 13 | 7 | | 6 | | | | | 164 |
| 언월도 | 49 | 33 | 8 | 8 | | | 11 | | | | | | 138 |
| 예도 | 71 | 30 | 25 | 7 | 36 | 133 | 64 | | | | | | 682 |
| 협도 | 43 | 18 | 5 | | | | 2 | | | | | | 158 |
| 당파 | 110 | 61 | 48 | | 29 | 27 | 10 | | | | | | 554 |
| 단창 | | | | | | | | | | | | | 111 |
| 기창(旗槍) | 180 | 29 | 28 | | 42 | | 10 | | | | | | 574 |
| 장창 | | | | | | | | | | | | | 14 |
| 죽장창 | | | | | | | | | | | | | 7 |
| 낭선 | 10 | 2 | 6 | | | | 2 | | | | | | 112 |
| 등패 | 7 | | | | 2 | | 3 | | | | | | 40 |
| 보편곤 | 21 | 8 | | | 1 | | 4 | | | | | | 175 |
| 편곤 | | | | | | | 2 | | | | | | 68 |
| 권법 | 20 | 1 | 3 | | 4 | | 5 | 8 | | | | | 74 |
| 곤봉 | 1 | | | | | | 1 | | | | | | 9 |
| 창수 | | | | | | | | | | | | | 132 |
| 곤법수 | | | | | | | | | | | | | 45 |
| 마상기예 | | | | | | | | | | | | | 67 |
| 마상언월도 | 10 | 1 | 1 | 9 | | | | | | | | | 43 |
| 소계 | 1,060 | 676 | 497 | 681 | 584 | 708 | 430 | 239 | 242 | 179 | 1,212 | 1,072 | 총계 13,478 |

위의 표를 통해서 어영청 내에서 단병 무예 가운데 어떤 무예가 시재에 활용되었으며, 그 가운데 검술의 비중, 더 나아가 일본 검술의 비중에 대해서 추정해볼 수 있다. 특히, 검술로

시상을 받은 비율이 주목할 만한데, 검술을 포함한 단병 무예로 상을 받은 병사들의 숫자를 따로 표로 정리했다(〈표 19〉참조). 합격 인원의 총수는 11,534명에 달했다. 단병 무예에서 수상한 전체 인원이 13,478명인 점을 감안하면 도검류에 합격한 인원이 전체의 85.6%에 이를 정도로 단병 무예에서 도검류가 대부분을 차지했다. 월도나 협도와 같은 대도를 제외한 순수 도검에만 한정해도 11,031명으로 여전히 81.9%에 이른다. 어영청의 예에 한정되기는 하지만 이를 통해서 조선 후기 조선 군영에서 검술이 주요 단병 무예였다고 추정할 수 있다.

세부적으로 살펴보면, 평검(461명), 용검(1,091명), 왜검(235명), 교전(151명), 제독검(8,180명), 본국검(51명), 신검(49명), 쌍검(91명), 등패(40명) 등이다. 주목할 만한 점은 제독검의 경우 8,180명으로 다른 어떤 검술보다 가장 많은 합격자가 나왔다는 점이다. 제독검을 제외하면 일본 검술과 관련된 종목(평검, 용검, 왜검, 교전)에서 1,938명으로 두 번째로 많은 인원의 합격자가 배출되었다.

〈표 19〉 도검류 관련 시상 인원

| 검술 | 평검 | 용검 | 왜검 | 교전 | 제독검 | 본국검 | 신검 | 쌍검 | 예도 | 등패 | 마상언월도 | 월도 | 언월도 | 협도 |
|---|---|---|---|---|---|---|---|---|---|---|---|---|---|---|
| 인원(명) 총11,534 | 461 | 1,091 | 235 | 151 | 8,180 | 51 | 49 | 91 | 682 | 40 | 43 | 164 | 138 | 158 |

합격자 분포에서 흥미로운 점은 1779년을 기점으로 제독검의 합격자 수가 증가했다는 점이다. 그 이전에도 제독검은 1751년(53명), 1754년(75명), 1755년(120명)으로 증가하고 있었다. 하지만 1756년, 1758년, 1761년에는 전혀 합격자가 배출되지 않다가 1779년 230명의 합격자가 나오기 시작하면서 매 시험에서 꾸준히 수백 명의 합격자를 배출시키고 있다. 특히 19세기 초에 들어서면 평검과 용검의 합격자는 전혀 없고, 왜검과 교전에서 소수의 합격자(가장 많았던 해인 1829년에 19명)가 나오는 반면 제독검은 평균적으로 400여 명 내외의 합격자가 배출되고 있다. 1858년과 1867년에는 각각 1,012명, 1,072명으로 합격자가 급증한다. 중순 시험의 특성이 병사들을 위무하는 성격이 강했다는 점을 감안하면 제독검 합격자 수가 의미하는 바는 어영청 병사들의 많은 수가 평상시에도 제독검을 수련하고 있었다거나 아니면 선호하

는 종목이었다고 보는 편이 맞을 것이다. 통계상의 변화로 본다면 1761년, 즉 18세기 중반을 전후해 어영청 병사들의 무예에서 평검, 용검, 왜검, 교전과 같은 일본 검술에서 제독검으로 그 중심이 옮겨갔다고 볼 수도 있다.

18세기 말의 검술의 보급 상황을 살펴볼 수 있는 자료가 하나 더 있다. 1795년 정조는 어머니 혜경궁 홍씨의 회갑을 맞아 화성에 행차한 후 호종장관, 장교, 군병들을 위로하기 위해 대비교와 중순 시험을 실시했다. 《원행을묘정리의궤》에는 당시 장용영, 용호영, 훈련도감, 금위영, 어영청, 수어청, 총융청에서 실시된 대비교와 중순 시험의 시험 종목과 합격자 수가 기록되어 있다. 〈표 20〉에 정리했다.

〈표 20〉 1795년 장용영 대비교/각 군영 중순 시험 무예 합격자[68](단위: 명)

|  | 대비교 | 중순 시험 | | | | | |
|---|---|---|---|---|---|---|---|
|  | 장용영 | 용호영 | 훈련도감 | 금위영 | 어영청 | 수어청 | 총융청 |
| 평검 | 178 |  | 1,795 |  |  |  |  |
| 용검 |  | 147 |  | 4 | 7 |  |  |
| 제독검 | 148 |  | 26 | 168 | 160 |  | 37 |
| 월도 | 665 | 125 | 13 | 82 | 160 | 14 | 12 |
| 쌍검 | 205 | 13 | 3 | 11 | 13 |  | 1 |
| 교전 | 205 | 2 | 10 | 5 | 24 |  |  |
| 예도 |  |  | 39 | 28 | 26 |  | 1 |
| 모검 |  |  |  | 13 |  |  |  |
| 본국검 |  |  |  | 2 | 1 |  |  |
| 신검 | 111 |  |  |  |  |  |  |
| 청룡도 | 22 |  |  |  |  |  |  |
| 왜검 |  |  |  | 1 | 9 |  |  |
| 기창 |  |  | 78 | 9 | 13 |  |  |
| 죽장창 |  |  |  | 1 | 1 |  |  |

---

68  정해은, 〈18세기 무예 보급에 대한 새로운 검토: 《御營廳中旬謄錄》을 중심으로〉. 원래 정해은이 정리한 표에는 이론 시험에 대한 결과도 포함하고 있지만 여기서는 무예 실기 시험의 추이에 초점을 맞추고 있기 때문에 그 부분은 뺐다.

| | 대비교 | 중순 시험 | | | | | |
|---|---|---|---|---|---|---|---|
| | 장용영 | 용호영 | 훈련도감 | 금위영 | 어영청 | 수어청 | 총융청 |
| 이화창 | | | 2 | | | | |
| 낭선 | | | | 1 | 9 | | |
| 편곤 | | | | | 1 | | |
| 보편곤 | | | | 4 | 3 | | |
| 당파 | | | | 34 | 30 | | 2 |
| 권법 | 430 | 10 | 1,799 | 8 | | | |
| 협도 | | | | | 43 | | |
| 곤추 | 9 | | | | | | |
| 마재 | 2 | | | | | | |
| 마상월도 | | | | 1 | | | |
| 소계<br>총 6,976명 | 1,975 | 297 | 3,765 | 372 | 500 | 14 | 53 |

이 표를 보면 몇 가지 주목할 만한 현상이 보인다.

먼저, 각 군영에서 검술이 중요한 비중을 차지한다는 점을 들 수 있다. 장용영과 오군영 모두 평검, 용검, 제독검, 쌍검, 교전 등 검술 합격자의 비율이 상당히 높다. 장용영의 경우 도검류의 합격자는 1,573명으로 전체 합격자 수 1,975명의 77.8%를 차지하고 있다. 용호영은 그 비율이 96.6%에 달한다(〈표 21〉 참조). 금위영(84.4%), 어영청(80%), 총융청(96.2%)도 합격자의 대부분이 도검류에서 나왔다. 수어청의 경우는 100%이기는 하지만 월도 하나만 등장하기 때문에 대표성을 띠기는 힘들다. 하지만 장용영과 오군영 모두(훈련도감만 예외) 도검류의 합격자 비율이 80% 이상을 보인다는 점은 주목할 만하다.

다음으로 훈련도감의 검술 합격자 인원에 관한 것이다. 권법 합격자 수가 워낙 많기 때문에 도검류 합격자의 비율이 상대적으로 낮은 50.1%에 머물렀지만 실제 합격 인원을 보면 달리 해석할 여지가 많다. 일단 훈련도감의 도검류 합격자 수는 1,886명에 이르는데, 이는 장용영을 포함한 중앙군영 가운데 가장 많은 수를 차지한다(〈표 21〉 참조). 특징적으로 권법 합격자 역시 1,799명으로 훈련도감에서 평검과 권법이 전체 합격자의 대부분을 차지한다는 점을 고려하면 훈련도감에 이들 두 무예가 상당히 널리 보급되고 수련되었다는 사실을 알 수 있다. 실제로 훈련도감은 임진왜란 중 창설되면서 포수 450명, 살수 360명에 불과했으나 19세기 초에 이르면 포수 2,440명, 살수 738명 규모로 증가한다.[69] 포수 역시 평검을 익혔다는 점을 감안하면 평검의 합격 인원(1,795명)은 포수 인원(2,440명)의 73.6%가 합격했다는 추정이 가능하다. 이는 추정치로 실제 훈련도감의 인원과 시험에 응시한 인원을 확인할 수 있을 때 정확히 추산할 수 있을 것이다.

<표 21> 각 군영의 도검류 합격자 수 및 비율

| | 장용영 | 용호영 | 훈련도감 | 금위영 | 어영청 | 수어청 | 총융청 |
|---|---|---|---|---|---|---|---|
| 도검류 합격자 수 | 1,537 | 287 | 1,886 | 314 | 400 | 14 | 51 |
| 전체 합격자 수 | 1,975 | 297 | 3,765 | 372 | 500 | 14 | 53 |
| 비율 | 77.8% | 96.6% | 50.1% | 84.4% | 80% | 100% | 96.2% |

세 번째로 각 군영마다 특징을 보인 무예가 다르기는 했지만 검술이 중요한 위치를 차지한다는 점도 재차 확인할 수 있다. 특히 쌍수도(용검, 평검)와 제독검, 월도, 쌍검, 교전에서 합격자의 대부분이 배출되고 있다. 아울러 18세기 후반《무예도보통지》에 수록된 무예들이 대부분의 군영에 보급되어 수련되었다는 사실을 알 수 있다. 하지만 세부적으로는 각 군영마다 약간씩 차이를 보이고, 장용영과 어영청의 경우 월도의 합격자 수가 특히 많다는 점은 주목할 만하다.

네 번째로 19세기 이후로 중순 시험의 시행 횟수가 점차 감소하는 경향을 확인할 수 있다. 가장 큰 이유는 재정 때문이었다. 시험 때마다 합격한 병사들에게 상을 내려야 하는데, 그 비용을 감당할 수 없게 되었다. 재정 문제는 그 이전에도 보고되었다. 예를 들면, 1703년(숙종 29) 당시 훈련대장이었던 이기하는 중순 시험 후에 시상을 하지 못해 군사들이 실망을 하고 있다고 지적하는데,[70] 조선 후기 내내 재정적인 문제로 인해 군사들의 무예 훈련이 줄어들고, 결과적으로 질적으로 떨어지는 문제를 낳았다.

---

69  박금수, 〈조선 후기 진법과 무예의 훈련에 관한 연구: 훈련도감을 중심으로〉(서울대학교 박사학위논문, 2013), 128쪽.

70  정해은, 〈18세기 무예 보급에 대한 새로운 검토:《御營廳中旬謄錄》을 중심으로〉.

16세기 중반 이래 조선 정부는 지속적으로 일본 검술을 도입하기 위해 노력했으며, 17세기 말에는 류혁연, 김체건이 주도해 일본 검술 도입을 위한 국가프로젝트를 진행하기도 했다. 그 결과 18세기 말에 이르면 조선에는 임진왜란 중 명나라 군진을 통해서 전해진 장도(평검, 용검으로도 불렀음), 거기서 파생된 검 교전법(《무예제보번역속집》 왜검), 그리고 17세기 말 김체건이 입수한 왜검 4류, 다시 거기서 파생한 교전법(《무예도보통지》의 왜검과 교전)에 이르는 4가지의 일본 검술을 확보할 수 있었다. 검술은 장용영과 중앙군영에서 단병 무예의 하나로 널리 행해졌다. 하지만 여러 검술이 모두 동일하게 중시된 것은 아니었다. 이 가운데 구한말까지 조선의 군진에서 가장 중시된 일본 검술은 장도(쌍수도)였다. 훈련도감의 평검과 어영청의 제독검처럼 각 군영마다 특화된 검법이 나타나는 점은 주목할 만하다. 1795년의 대비교/중순 시험의 예에서 볼 수 있듯이 장용영의 합격자 수는 중앙군영에 비해서 보면 오히려 예외적으로 검술 관련 인원이 고르게 합격한 분포를 보인다. 김체건의 왜검은 조선 정부가 심혈을 기울인 결과물이지만 18세기 말에 이르면 운광류만 남고 나머지는 더 이상 실시되지 않게 되었다. 아울러 각 군영에서 행해지던 왜검에서도 합격 인원의 숫자로 볼 때 크게 중시되었던 정황을 보기는 힘들다.

정조 사후 장용영이 혁파되고, 오군영을 중심으로 명맥이 유지되던 검술은 19세기 말까지 조선의 군대가 형해화되는 과정에서 유명무실해진다. 근대적인 군제로 개편되고 뒤이어 구식군대가 해산되는 과정에서 조선의 검술 전통은 공식적으로 역사의 뒤안길로 사라지고 만다. 그 빈 자리를 채운 것은 일본의 근대 검술인 격검이었다.


## 요약

임진왜란 중 조선은 명군으로부터 검술을 익히거나 혹은 생포하거나 투항한 일본군을 활용해 검술을 습득했다. 왜란이 종식된 후에도 조선은 일본 검술을 도입하기 위해 지속적으로 노력했다. 크게 두 가지 경로를 통해서였다. 하나는 왜관을 통한 방법이었고, 다른 하나는 일본으로 직접 건너가 검술을 배워오는 것이었다.

임진왜란이 끝난 지 약 90년 뒤 17세기 후반 조선은 일본 검술을 도입하기 위한 국가적인 프로젝트를 진행한다. 훈련대장 류혁연이 주도하고, 역관 김익하가 보조하며, 김체건이 실행 요원으로 참여해 일본 검술을 입수하는 것이 목적이었다. 당시 일본은 검술을 외국인에게 가르치는 것을 법으로 엄격히 금지하고 있었기 때문에 일본인을 매수하기 위해 자금이 동원되었다. 이 자금은 훈련도감의 재정에서 나왔다. 김체건은 훈련대장 류혁연의 지시에 따라 동래로 내려가 모처에서 역관 김익하가 연결해준 왜관의 일본 검객에게서 검술을 배웠다. 그 시기는 1679년 7월 말부터 1681년 사이였다. 뒤이어 김체건은 1682년 파견된 통신사행을 따라 일본으로 건너가 일본 검술을 배우고 관련 검보를 구해왔던 것으로 보인다. 김체건은 자신이 익힌 일본 검술을 토유류, 운광류, 천류류, 유피류의 4가지로 정리했으며, 아울러 이들 검법을 바탕으로 교전법을 새로이 만들었다. 사실 김체건의 작업은 이전《무예제보》의 장도, 그리고 장도를 바탕으로 새로이 교전법(《무예제보번역속집》의 왜검)이 만들어지는 과정과 유사하게 먼저 투로를 정리하고, 거기서 교전법을 만드는 패턴을 밟았다.

이렇게 입수한 일본 검술을 조선 군진에 보급하기 위해 조선 정부는 무예의 법제화를 시도했다. 조선의 대표적인 법전인《속대전》,《대전통편》,《대전회통》에는 다양한 검술이 포함되어 있는데, 그 가운데 장도(용검, 평검, 쌍수도)와 김체건이 전한 왜검과 교전은 중앙군영의 무예 시취 과목으로 포함되어 조선 후기까지 지속되었다.

보군의 관무재 초시의 시취 과목은 조총, 유엽전, 편전, **용검**, **쌍검**, **제독검**, **언월도**, **왜검**, **교전**, **본국검**, **예도**, 목장창, 기창, 당파, 낭선, **등패**, 권법, 보편곤, **협도**, 봉(棒), 죽장창의 21과목이었다. 이 가운데 용검, 쌍검, 제독검, 언월도, 왜검, 교전, 본국검, 예도, 등패, 협도의 10종목이 모두 도검 관련 무예였다. 21종목 가운데 거의 절반을 검술이 차지하고 있다. 검술 가운데 용검, 왜검, 교전의 세 종목은 일본 검술과 직접 관련을 가지고 있는 검술이다.《무예도보통지》에서도 쌍수도와 왜검·교전이 상당 부분을 차지하고 있다는 점에서 일본 검술의 비중을 알 수 있다.

육화된 지식(embodied knowledge)으로서의 검술을 제도화한다는 건 검술을 단순히 개인 차원에 머물게 하지 않고 국가가 관리·감독하겠다는 걸 의미한다. 이 점은 조선의 무예를 이해하는 데 중요한 시사점을 준다. 일본의 검술이 유파에 귀속된 사적 조직의 무술로 발전했다면 조선의 검술은 국가의 감독하에 발전한 관제 무술의 성격을 지니고 있었다. 조선에서 여러 차례 편찬된 무예서 역시 국가가 요구하는 표준을 제시하고, 병사들이 거기에 맞추기를 요구한 데서 일본의 개별 유파의 검술과는 결을 달리했다.

조선의 일본 검술 도입 노력은 16세기 말부터 17세기 말까지 100여 년을 지속하며 이루어졌다. 중국을 거쳐 들어온 장도, 거기서 파생한 (왜검)교전, 다시 김체건에 의해 도입된 4류의 왜검, 거기서 파생한 교전법. 하지만 어렵게 입수한《무예도보통지》의 왜검마저도 18세기 후반에 이르면 운광류만 전하고 나머지는 실전되고 말았다. 국가프로젝트로 김체건이 입수한 왜검은 조선 정부의 의도와는 달리 후대로 내려오면서 쇠퇴했던 것으로 보인다. 이는 왜검만의 문제는 아니었다. 19세기 말로 내려가면서 검술을 비롯한 단병 무예들은 쇠퇴하기 시작한다. 그 빈자리는 근대화된 일본 검술인 격검이 메운다.

다음 파트 2에서는 19세기 이후 일본 검술의 한국 전파를 다룬다. 근대 일본 검술의 등장은 노르베르트 엘리아스의 문명화 과정에 비유될 수 있다. 하지만 근대 일본 검술은 만주사변과 중일전쟁, 제2차 세계대전을 거치면서 탈문명화한다. 그리고 1945년 8월 제2차 세계대전의 종식과 함께 재문명화하면서 오늘날의 검도로 탄생한다. 일제강점기 검도는 근대적인 신체문화로 인식되었지만 해방 이후 일제 잔재로 치부된다. 민족주의와 반일감정이 팽배해지는 상황에서 전개된 검도를 둘러싼 민족주의 담론, 그리고 무예 민족주의의 해체를 위한 탈민족주의 무예학의 수립에 대해서 자세히 다룬다.

# PART 2

# 근대 일본 검술의
# 한국 전파

Transmission of
Modern Japanese Swordsmanship to Korea

# Chapter 4

# 일본 검술의 도입 3: 격검(撃劍)*

고전 검술에서 탈피한 새로운 검술인 시나이(竹刀) 격검이 18세기 초 일본에서 발명되었다. 이 격검은 19세기 말 한국에 전해졌다. 이전 조선 시대에 전해진 일본 검술이 군사 기술이었다면 격검은 체육·스포츠였다. 식민지 조선에서 일본인들에게 격검은 황국신민화와 내선일체(内鮮一體)를 위한 도구였지만, 한국인에게는 극일(克日)하고 부국강병을 위한 방편으로 인식되었다. 하지만 만주사변, 중일전쟁, 제2차 세계대전을 겪으며 파쇼화된 일본 정부에 의해 검도 역시 군국주의의 길을 걷게 되었다.

## 고전 검술 수련의 핵심: 카타(型)[1]

검술은 생명을 담보로 하는 심각한 예술이다. 적어도 검술이 태동하고 발전해온 시대, 그 근원을 거슬러 올라가면 검술은 싸움 기술이자, 살상 기술이라는 본질을 벗어날 수 없었다. 생사를 넘나드는 치열한 현장에서 살아남기 위해서는 어떻게 해야 할까? 인간은 그 방법론을 모색하는 과정에서 시행착오를 반복하면서 검술을 발전시켜 왔다. 하지만 상대를 죽이고 내가 살기 위한 효율적인 방법론을 확립하기 위해서는 엄밀히 말하면 수많은 죽음을 경험해봐야만 한다. 그런데 여기서 문제가 발생한다. 왜냐하면 인간이라는 유기체는 죽음을 반복할

---

\* '격검(撃劍)'은 한대(기원전 202~220)에 이미 "검을 사용해 상대와 겨루는 기술"을 가리키는 용어로 사용되었다. 하지만 여기 격검은 18세기 초반 일본에서 개발된 방호구를 갖춰 입고 죽도를 사용해 겨루는 죽도 검도를 가리킨다. 이 격검이 바로 현대 검도의 모체이다. '검도'가 공식 용어로 채택된 1920년대 이후에도 격검으로 혼용되어 불렸다.

1 카타는 무(舞), 투자(套子), 품새, 투로(套路)라고도 불린다. 카타 수련은 동아시아의 거의 모든 무술에서 공통적으로 발견된다. 카타는 비록 실전 그 자체는 아니었지만 실전에서 발생할 수 있는 상황을 현실로 옮겨놓은 일종의 가상 실전 대처 훈련법이었다. 최복규, 《권법 바이블: 《기효신서》를 통해 본 고전 권법》(한국학술정보, 2018), 134-135쪽.

수 없기 때문이다. 실전과 같은 효과를 내기 위해 실제로 죽어야만 한다면 검술을 비롯한 고전 무예의 지식은 후대로 전해질 수 없는 딜레마에 처하고 만다. 경험이 축적되기도 전에 죽음과 함께 사장되고 말 것이기에.

고전 검술이 당면한 과제는 '실제' 죽음의 경험 없이 '살아남을 수 있는' 방법을 찾아내며, 동시에 그 과정에서 얻은 경험적 지식을 후대로 전할 수 있는 '교수법'의 확보였다. 이상적인 방법론은 실전에 '가까운' 수련법을 통해 실전의 경험을 대체하는 것이었다. 비록 실전은 아니지만 '실전 같은' 전투 경험을 통해 확보된 기술은 실전으로 전이될 가능성이 높다. 오늘날 군사 영역뿐 아니라 스포츠 현장에서도 실전과 같은 훈련을 강조하는 것도 같은 맥락이다.

그렇다면 실전에서 최대의 효과를 만들어내기 위해서는 어떻게 해야 하는가? 인명의 손실 없이 기술을 익힐 수 있는 방법은 없을까? 연무 경험과 실전 경험을 통해 얻은 지식은 어떻게 후대에 전할 수 있을까? 이런 고민 끝에 고전 검술에서 채택한 방법론이 바로 카타[型. 형] 수련이었다. 한마디로 카타는 고전 검술의 알파요 오메가였다.

카타는 상대와 벌이는 실전을 상정하고 해당 상황에서 효과적으로 상대를 공격하고, 상대의 공격은 방어 혹은 무력화시키는 기술을 조합해 가상의 선상을 오가며 익히도록 한 수련체계이다. 카타 수련은 필연적으로 일정한 패턴의 훈련을 반복하는 형식을 띠게 된다. 오늘날 유형화된 패턴의 반복이라는 점 때문에 그 가치가 폄하되기도 하지만 실전 경험이 농축된 카타는 안전한 수련법이면서 동시에 효과적인 수련법이었다. 사실 두 개의 팔다리를 가지고 직립인 상태의 인간이 구사할 수 있는 행위 양식은 특정 범위를 벗어나기 힘들다. 따라서 카타를 통해 임기응변할 수 있는 능력을 키울 수 있다는 생각이 틀린 것은 아니다. 물론 카타에 담긴 의미를 이해하고 실전에 응용하는 건 전적으로 카타를 수련하는 당사자의 무예 해석 능력에 달려 있다. 고전 무예에서 비전을 강조하고, 스승과 제자 간의 직접적인 전수를 강조했던 이유 역시 바로 카타에 담긴 의미를 모르면 카타는 동일한 동작의 반복을 통한 체력 단련 이상의 효과를 보기 힘들기 때문이었다.[2]

---

2  현재 한국무예계에는 아직 고전 무예의 지식 체계가 공유되는 단계에는 이르지 못한 것으로 보인다. 육화된 지식으로서 무예가 어떻게 '전수'되는지를 이해하지 못하는 상황에서, 단순히 헤게모니 장악을 위한 갈등에 더해, '전통'을 이미지화한 보여주기식 무예가 위력을 발휘하면서 무예의 실천적인 의미는 뒷전으로 밀리고 만다. 여러 세대를 거치며 축적된 육화된 지식을 한 세대만에 따라잡기는 힘들다. 전 세대의 경험이 축적된 무예 지식을 계승함으로써 시행착오를 줄이고 한 단계 더 진보할 수 있다.

검술 숙련도는 다음과 같이 네 단계로 나눌 수 있다.[3]

### 무의식적 무능(Unconscious incompetence)

초보자가 처음 검술을 배울 때, 본인이 기본이 안 되어 있다는 사실을 모를뿐더러 받아들이려고도 하지 않는다. 무의식적 무능 상태에 있는 수련생에게 먼저 칼 한 자루에 의지해 자신의 생명을 지키기 위해서는 경험과 연습이 필요하다는 사실을 인정하게 만들어야만 한다.

### 의식적 무능(Conscious incompetence)

본인이 검술에 무지하다는 사실을 알고 배우려는 자세가 되어 있는 단계다. 이때 수련자는 여전히 기술적인 수준이 낮을 수밖에 없다. 하지만 의식적 무능 상태기 때문에 훈련시키기가 수월하다.

### 의식적 역량(Conscious competence)

주의를 기울여야 제대로 기술을 구사할 수 있는 단계다. 이 단계에 이르면 검술을 구사하고, 일정 수준을 반복적으로 보여줄 수 있지만 생사가 걸린 극심한 스트레스의 상황에서 기술을 발휘하기에는 충분치 않다.

### 무의식적 역량(Unconscious competence)

가장 높은 단계의 숙련도이다. 이때 수련자는 자신의 기술에 대해 더 이상 주의를 집중하지 않아도 마음먹은 대로 자유자재로 구사할 수 있다.

검술에서 카타 수련은 궁극적으로 기검체(氣劍體)가 하나가 되는 경지에 도달하는 걸 목표로 한다. 이 경지는 기술적으로나 정신적으로 이미 싸움에서 절대 질 수 없는 무적의 상태, 삶과 죽음을 초월한 상태이다. 이를 위해 각 유파는 자신들만의 방법론을 카타에 담아 카타 수련을 통해 몸과 마음을 일치시키도록 했다. 기본적으로 카타는 기억하기 쉽고, 또 혼자서도 수련할 수 있도록 각종 기술을 모아서 일정 순서에 따라 연결해 놓았지만 전체 혹은 부분을 활용해 상대와의 대련을 통해 익힐 수도 있었다. 두 사람이 카타의 기술을 사용해 공격하고 방어하면서 타이밍과 거리, 호흡, 자세, 공격 기회의 포착, 정신의 중요성을 배울 수 있었다.

그렇다고 카타가 단지 기술 수련만 의미하는 건 아니었다. 카타는 '죽음의 의식(death rituals)'이기도 했다. 살기 위해서는 역설적으로 죽어야만 했다. 카타의 대련 연습에서 한쪽 상대는 죽는 역할을 했다. 이 역할은 기술적으로 이미 일정 수준에 오른 선배나 사범이 담당했는데, 후배나 제자에게 몸과 마음이 하나가 될 수 있도록 자신이 걸어간 길을 안내하는 역할

---

3  데이브 그로스먼과 로런 크리스텐슨은 사격 훈련 과정에서 도달하게 되는 숙련도를 네 단계로 나눴다. 이를 검술에 적용했다. 데이브 그로스먼 · 로런 크리스텐슨,《전투의 심리학》(박수민 역, 플래닛, 2013), 160-161쪽.

을 하는 동시에 자신은 지속적으로 죽음에 노출시킴으로써 가상의 현실을 통해 마음의 준비를 했다. 궁극적으로는 삶과 죽음을 초월한 정신적인 경지를 카타를 통해서 도달하고자 한다는 점에서 카타는 '죽음의 의식'이기도 했다.[4]

카타의 반복 수련, 그리고 그 반복 수련에 기술과 내가 하나 되는 초월적인 경험이 더해지는 순간 카타는 단순한 동작의 반복에서 '도'를 터득하는 신성한 방법론으로 승화되기도 한다. 그래서 종종 카타 수련은 깨달음을 얻는 방편에 비유되었다. 카타 수련에서 제일 중요한 것은 카타에 의지하는 것이다. 그렇다고 카타에 매몰되어서는 안 된다. 카타를 의지해 수련하되 일정 수준에 도달하면 카타에 얽매이지 않고, 자유자재로 기술을 구사할 수 있는 단계로 나아가야 한다. 일본 고류 무술에서는 이러한 과정을 수파리(守破離)로 개념화했다. 수(守)는 전통적인 가르침에 복종하고 따르는 단계로 이 과정에서는 전 세대가 창조한 카타를 익히고 부단히 반복한다. 파(破)는 앞서 배운 카타와 그 기술에 자신의 연무 경험을 더해 혁신하는 것이다. 이 단계에서 기존 전통이 파괴될 수도 있다. 마지막으로 리(離)의 단계는 카타에서 완전히 해방되는 것이다. 강을 건넜으면 배를 버리는 것처럼 이 단계에 이르면 카타에 구애됨이 없이 모든 움직임은 자연스럽고 마음 가는 대로 몸이 따른다. 그럼에도 불구하고 카타가 구현하고자 했던 움직임의 법칙을 거스르지 않는 단계다.[5]

이런 이유로 고전 무예에서 참된 무술 수련은 오직 카타를 통해서만 이루어질 수 있다고 믿었다. 고오쥬우류(剛柔流) 카라테 사범인 미야기 쵸오쥰(宮城長順, 1888~1953)은 카라테의 비전 원리가 모두 카타 안에 있다고 말한다. 카라테 사범 히가온나 모리오(東恩納盛男, 1938~) 역시 "카라테는 카타에서 시작해서 카타로 끝난다. 카타는 카라테의 핵심이자 토대이며, 천 년 이상 축적된 지식을 상징한다"라고 주장한다.[6] 돈 드래거(Donn. Draeger)[7]도 진정한 무술은 위험

---

4  Alexander Bennett, *The Cultural Politics of Proprietorship*, 57-58쪽.

5  여기 수파리의 개념은 당순지가 말한 '세론(勢論)'과도 통한다. 당순지는 권법을 예로 들어 권법의 '세'에는 비스듬히 서서 측면으로 상대와 맞서고, 일어나 서고, 달리며 엎드리는 동작에 모두 개합(열고 닫는 기법)이 있어서 공격과 방어로 변화할 수 있다고 했다. 연습할 때는 정세(定勢: 일정한 형태의 패턴)가 있지만 실전에서는 정세가 없다. 그렇다고 정세를 잃은 것은 아니다. 이를 파세(把勢: 기법의 의미를 유지함)라고 했다. 唐順之,《武編》(中國兵書集成 第13冊, 解放軍出版社, 1989 영인), 783쪽.

6  Lawrence A. Kane, Kris Wilder, *The Way of Kata: A Comprehensive Guide to Deciphering Martial Application* (YMAA Publication Center, 2005), 12쪽.

7  정식 이름은 도널드 프레데릭 드래거(Donald Frederick Draeger, 1922~1982)이다. 일본 무술 사범, 수련자로 세계적으로 알려진 인물이다. 무예 실천가로서뿐 아니라 무술이 학술 연구의 주제로 자리매김하는 데도 기여했다. 어려서부터 일본 무술에

을 수반하지 않고는 익힐 수 없으며 따라서 안전하게 수련할 수 있는 방법, 즉 카타의 수련이 고전 무예의 중심에 놓이게 된 것은 어찌 보면 당연한 귀결이라고 말한다.

고전 검술은 카타의 수련을 더욱 강조하는 경향이 있었다. 날카로운 칼을 사용하는 검술에서 실전과 같은 겨루기를 하기는 쉽지 않았다. 그래서 카타의 응용법이나 실전을 염두에 둔 대련의 경우 목검을 사용해 기술을 익혔다. 물론 목검이라고 해도 부상을 입거나 심한 경우 죽기도 했다. 카타 수련은 그만큼 격렬했다. 하지만 후대로 내려오면서 카타에 대한 인식이 근본적으로 변화하기 시작한다. 카타가 검술의 중심이었던 시대는 실전이 난무하던 시대였다. 즉 카타의 수련이 곧바로 실전에서 적용될 수 있었던 시대였다. 센고쿠 시대가 종식되면서 실전은 사라지고 만다. 특히 에도 시대 중기에 이르면 센고쿠 시대의 실전 경험이 있던 무사들마저 다 세상을 떠나고 없었다. 이런 상황에서 카타의 실전적 가치는 증명이 불가능해졌다.

그런데 아이러니하게도 평화로운 시기 실전에 대한 새로운 욕구가 싹트기 시작했다. 실전의 대체재로 대련을 새로이 주목하게 된 것이다. 죽도(시나이)와 호구가 발명되면서 대련은 두 사람 간에 직접 타격이 허용되는 겨루기로 발전하기 시작했다. 오늘날 검도 경기의 전신에 해당하는 격검(죽도 검도)이 등장한 것이다. 하지만 실전이 시합이 아니며 시합 역시 실전이 아니라는 사실이 바뀌는 건 아니다. 시합이 등장하면서 카타를 둘러싼 고전 무예와 근대 무예 사이의 인식론적 차이가 생겨나는 지점이기도 했다.

처음 죽도 검도는 카타 검도의 보조적인 방법으로 실시되었다. 하지만 시간이 지나면서 점차 죽도 검도가 대세가 되었으며, 궁극엔 카타 검도를 대체하게 되었다. 실전을 위해서 고전 검술은 카타를 채택했고, 실전 같은 수련을 위해서 근대 검술은 카타를 포기하는 역설적인 상황이 발생한 것이다. 실전은 죽음을 전제로 하지만 시합은 승리를 전제로 한다. 실전은

---

심취했으며 1943년부터 1956년까지 미국 해병대에 복무하며, 일본, 중국, 한국 등에서 근무했다. 일본 무술에 관한 삼부작, 《고전 무술(Classical bujutsu)》(1973), 《고전 무도(Classical budo)》(1973), 《근대 무술과 무도(Modern bujutsu & budo)》(1974)와 《일본 검술: 기술과 수련(Japanese swordsmanship: technique and practice)》(1982), 《펜착 실랏: 인도네시아 무술(Pentjak-Silat The Indonesian Fighting Art)》(1970), 《닌쥬쯔: 은신의 예술(Ninjutsu: The Art of Invisibility)》(1977) 등을 썼다. 인간의 전투적인 행위와 공연에 관한 연구를 목적으로 설립된 국제호플로로지학회(HIS, International Hoplology Society)에서 꾸준히 활동했다. 말년에 인도네시아 수마트라섬의 한 부락을 방문해 현장 연구를 하던 중 이질에 감염되어 투병을 했으며, 1982년 10월 25일 미국 밀워키의 재향군인의료센터에서 간암으로 생을 마감했다.

삶과 죽음이 갈리는 실존의 장이지만 시합은 제도로 보장받는 공간에서 제한된 기술만이 살아남는 경쟁의 장이다. 실전에서는 생존이 미덕이지만 시합에서는 지더라도 떳떳하게 질 수 있는 스포츠맨십이 미덕이다. 실전에서 시합으로의 전환은 카타 검술에서 죽도 검술로의 전환을 의미하며, 이는 궁극적으로 고전 무예에서 근대 무예로의 전환을 의미했다.

## 근대 검도의 탄생을 견인한 토쿠가와 시대의 변화

일본 고전 검술에 본격적인 변화가 시작된 건 토쿠가와 바쿠후가 지배하던 에도 시대 (1603~1867)에 들어서면서부터였다. 검술의 주역인 무사들에게 변화가 왔다는 표현이 더 정확할 것이다. 무사, 농민, 장인, 상인, 즉 사농공상의 제일 위에 위치한 무사들은 센고쿠 시대가 끝나고 토쿠가와의 평화로운 시기가 도래하면서 존재론적 고민을 해야만 했다. 무사들이 자신의 존재 이유를 증명하는 건 전장이었다. 하지만 이제 더 이상 전쟁은 없었다. 그렇다고 그들이 무술 수련을 그만둘 수도 없었다. 무사들의 업은 평소엔 무술을 갈고 닦으며, 전시엔 목숨을 걸고 싸워서 승리하는 것이었다. 따라서 무술은 무사들의 정체성을 유지하는 데 없어서는 안 되는 요소였으며, 무술은 이미 무사의 존재 그 자체와 분리될 수 없었다. 그런 무사들에게 전쟁이 없다는 사실, 바로 여기서부터 토쿠가와 시대 검술의 변화가 시작되었다.

무사들은 자신들의 존재 이유, 무술 수련을 왜 해야 하는지 그 당위성을 찾아야 했다. 반면 토쿠가와 바쿠후는 무사들이 지배 체제에 반발하지 않고 순응하도록 관리할 필요가 있었다. 모처럼 안정을 되찾은 상황에서 무사들의 잠재적인 에너지를 관리하지 못하면 사회는 다시 혼란에 빠질 수밖에 없었다.

토쿠가와 바쿠후는 중앙집권적인 제도를 수립해 다이묘의 영주들이나 무사, 농촌 사회에 대한 지배권을 확립해 통제하려고 했다. 토쿠가와 이에야스(1543~1616)가 죽기 바로 1년 전인 1615년 제정된 무가제법도(武家諸法度, 부케쇼핫토)는 바로 다이묘와 바쿠후 가신인 무사들을 통제하기 위해서 만들어진 법령이었다. 무가제법도는 무사들이 궁술, 검술, 기마술 등 무사 계급에 필요한 큐우바노미찌(弓馬道)뿐 아니라 문(文)에도 전념해야 한다고 규정하고 있다(제1조). 성의 수리는 가능했지만 구조적 혁신이나 확장은 금지되어 있었으며, 군사 관련된 일들은 모두 바쿠후에 보고해야만 했다(제6조, 7조). 또한 다이묘 및 관련 권력자나 중요한 사람 간의 결혼은 바쿠후의 승인 없이 사적으로 이루어져서는 안 되며(제8조), 다이묘는 쇼오군에게 봉사하기 위해 에도에 체류해야만 했다(제9조). 공식적인 복장 규정을 준수해야 하고(제10조), 유흥과 접대는 합리적인 예산 안에서 이루어져야 하며, 사무라이들은 검소한 생활 양식을 유지해야만 했다(제2조, 12조). 무가제법도는 무사들에게 책임을 부여한 것이지만 동시에 특혜를 제공해 일반 평민과는 구별되도록 했으며, 무사들의 생활 윤리와 행동 양식을 전반적으로 규제하는 법령이었다. 무가제법도는 1629년, 1635년, 1663년, 1683년, 1710년, 1717년에 이르기까지 지속적으로 개정되면서 강화되어 갔다.[8]

아울러 무사 계급을 다른 신분과 구별하는 중요한 기준이 된 것은 칼의 소지를 제한하는 법령이었다. 1683년 제5대 쇼오군이었던 토쿠가와 쯔나요시(德川綱吉, 1646~1709)는 평민들이 칼을 차고 다니는 것을 금지하는 법령을 공포했다. 사실 1588년 토요토미 히데요시(1537~1598)에 의해 카타나가리레이(刀狩令)가 공포되어 평민들의 칼을 몰수했지만 초기 토쿠가와 시대에 이르러서도 여전히 많은 평민들이 칼을 소지했다. 여행을 다니거나 특별히 자신을 보호해야 할 경우엔 칼의 소지가 허용되었기 때문이다. 무사를 제외하곤 어느 누구를 막론하고 칼을 소지해서는 안 된다는 법령은 1640년대부터 1690년대 점진적으로 이루어졌다. 이로 인해 다이쇼오(大小) 두 자루의 칼은 공식적으로 무사 계급을 상징하게 되었다.

바쿠후 차원에서 이뤄진 이러한 법적 조치와 함께 검술에 몇 가지 중요한 변화가 생겨나기 시작했다.[9]

먼저 검술의 이론화를 들 수 있다. 에도 시대가 무르익어 가는 1630년대부터 무술을 이론화한 서적들이 나오기 시작했다. 쇼오군의 검술 스승이었던 야규우 무네노리(1571~1646)의 《병법가전서(兵法家傳書)》(1632)나 미야모토 무사시(1582~1645)의 《오륜서(五輪書)》(1645)가 대표적이다. 이 책들은 단순히 무적인 기술을 논하는 차원을 넘어서 사무라이로서의 인생 경험에 기반을 둔 보편적인 무술 이론과 삶의 원칙을 포괄적으로 다루고 있었다. 이러한 경향은 17세기 후반이 되면 더욱 강화된다. 호흡과 기(氣)의 전달이나 선(禪) 수행, 유가의 윤리가 무술

---

8   藤野保,《日本大百科全書》(小學館, 1994), '武家諸法度' 항목.

9   Alexander C. Bennett, **Kendo: Culture of the Sword** (University of California Press, 2015), 57쪽.

과 결합되면서 무술 수련이 깨달음에 이르는 방법론으로 승화된다. 무술 유파 역시 종교적인 색채를 띠기 시작했다. 거기서 한 걸음 더 나아가 검술을 사람을 죽이는 기술이 아니라 이기적인 자아를 죽이고, 심성을 수양하는 검으로 확장된다. 급기야 진정한 검객은 검을 뽑지 않고도 이긴다는 활인검 사상으로까지 발전했다.[10]

두 번째는 다양한 검술 유파의 등장이었다. 17세기 이후에 들어서면 비록 실전은 없어진 지 오래되었지만 당시 유파와 사무라이들은 여전히 실전에 대한 준비를 하고 있어야만 했으며, 자신들의 무술이 여전히 군사 기술로서 유용하다는 걸 보여줘야 했다. 이는 무사로서 그들의 숙명이기도 했다. 이런 분위기는 유파의 분화를 더욱 가속화해서 다양한 무예를 전문적으로 수련하고 가르치는 유파가 나오기 시작했다. 토쿠가와 시대에는 궁술에 51개 유파, 마술(馬術)에 66개 유파, 창술에 147개 유파, 조총술에 192개 유파, 유술에 179개 유파, 검술에는 무려 743개의 유파가 있었다.[11]

세 번째의 변화는 죽도와 방호구를 사용한 격검의 등장이었다. 유파의 분화와 확산, 그리고 각 유파가 실전성을 주장했지만 현실은 달랐다. 토쿠가와 바쿠후는 1651년 이미 타류와의 시합을 금지시켰다. 실전도 없고, 타류와의 교류도 금지된 상황에서 검술 수련자들 사이에서 카타 중심의 고전 검술 수련법에 대한 회의가 일기 시작했다. 고류 검술에서는 카타를 익히고 난 후 이를 바탕으로 공자(功者)와 수자(守者) 2인의 역할을 나눠 정해진 틀을 반복하며 기술을 익혔다. 이때 몇몇 검술 유파를 중심으로 새로운 시도가 이루어졌다. 방호구를 도입하고 죽도를 사용한 대련법이 생겨났던 것이다. 당시엔 몰랐지만 이는 기존 카타 중심의 수련 체계에 균열을 내며 궁극적으로 검도계를 평정하게 된다.

사실 죽도를 사용한 격검이 등장하기 이전에 안전한 수련법에 대해 생각을 안 했던 건 아니다. 예를 들면, 신카게류에서는 16세기 중반에 이미 후쿠로지나이(縮竹刀)라는 대련용 죽도를 개발해 활용했다. 후쿠로지나이는 진검 길이의 대나무를 가죽주머니에 넣고 꼭 싸매어 진

---

10 Alexander C. Bennett, Social and Cultural Evolution of Kendo, Martial Arts of the World: An Encyclopedia of History and Innovation (vol 2, ABC-CLIO, 2010), 598-599쪽.

11 今村嘉雄,《十九世紀に於ける日本体育の研究》, 340-343쪽; Alexander Bennett, *The Cultural Politics of Proprietorship: The Socio-historical Evolution of Japanese Swordsmanship and its Correlation with Cultural Nationalism* (Ph.D. Dissertation, University of Canterbury, 2012), 97쪽; Alexander C. Bennett, Social and Cultural Evolution of Kendo, 599쪽.

검 대용으로 사용하는 죽도였다. 오래 사용하면 가죽의 표면이 갈라져 두꺼비 등가죽처럼 보인다고 해서 히키하다시나이(ひきはだしない, 두꺼비가죽 죽도)라고도 불렸다. 이 주머니 죽도가 유행하면서 여러 유파에서 이를 기초로 개량을 해 다양한 주머니 죽도가 개발되었다. 하지만 길이가 일정하지 않아 유파마다 3척 2촌에서 3척 7촌까지 다양했으며, 통대나무를 감싼 형태에서 4쪽, 6쪽, 심지어 32쪽이나 64쪽처럼 잘게 나눠 사용하기도 하는 등 각양각색이었다. 물론 후쿠로지나이를 사용한다고 해도 방호구를 착용하지 않으면 부상을 피할 수 없었다.

한편, 방호구를 사용하기 시작한 건 다소 이견이 있기는 하지만 대체로 18세기 초에서 중엽 사이였다. 정덕(正德, 쇼오토쿠) 연간(1711~1716) 지키신카게류(直心影流)에서 방호구를 사용하기 시작했으며, 이후 보력(寶曆, 호오레키, 호오랴쿠) 연간(1751~1764) 나카니시하잇토오류(中西派一刀流)가 본격적으로 성행시켰다.[12]

지키신카게류는 얼굴과 손목을 보호할 수 있는 호면과 호완을 고안했다. 호면과 호완을 착용하고 죽도를 사용한 새로운 수련법은 크게 호응을 얻으며 지키신카게류는 점점 인기를 구가하기 시작했다. 그로부터 약 40여 년 후 나카니시하잇토오류는 흉당(가슴보호대: 오늘날의 검도 호구의 갑에 해당)을 개발했다. 이로써 오늘날 검도에 사용하는 호구의 기본적인 형태(호면, 호완, 갑)가 거의 갖춰지게 되었다. 죽도와 방호구가 전면적으로 갖춰지면서 검을 사용한 실전과 같은 겨루기(격검)가 이뤄지기 시작했다.

죽도와 호구를 사용하면서 양식화된 형태의 카타 대련법에서 탈피해 좀 더 자유로운 대련이 이루어질 수 있었다. 그렇다고 죽도 타법의 격검이 곧바로 기존 카타형 검도를 완전히 대체한 건 아니었다. 초기엔 죽도 검도와 카타 검도는 거의 동등한 비중으로 수련되었다. 하지만 시간이 지나면서 죽도 검도가 대세가 되었다. 결국 경쟁에서 이긴 건 죽도 검도였다.

죽도 검도에는 상대와 접촉했을 때 상대의 다리를 걸어 넘어뜨린다거나 아니면 근접했을 때 몸을 부딪혀 상대를 쓰러뜨리는 등의 몸싸움처럼 여전히 고전 검술의 전투적인 요소가 남아 있기는 했지만 호구를 사용해 안전을 담보하고 양자 간에 정해진 룰에 따라 승부를 낸다는 점에서 볼 때 죽도 검도는 오늘날 스포츠 경기와 정확하게 일치한다.[13] 그런 점에서 죽도

---

12  大塚忠義 《日本劍道の歷史》(窓社, 1996), 6쪽.

13  격검[검도]에서 발을 거는 기술은 아시가라미(足搦み: 발 걸기)라 하고 몸을 부딪히거나 잡아 넘기는 기술은 쿠미우찌(組打ち: 몸싸움)라고 한다. 해당 사항은 이 장의 뒤에서 좀 더 상세히 다룬다. 뒤에 이어지는 〈시나이쿄오기(撓競技)와 전후(戰

검도의 등장은 동아시아 무예사에서 일대 사건이라고 할 수 있다. 물론 죽도 검도 이전에도 칼이나 창, 나기나타 같은 무기를 사용해 겨루는 대련이 있었지만 카타에 기반을 둔 대련으로 죽도 검도만큼 자유롭게 겨룰 수 있는 건 아니었다. 죽도 검도는 방호구와 도구를 채택함으로써 부분적이며 불완전하게 행해지던 카타 대련에서 벗어나 검술 겨루기를 한 차원 끌어올렸다. 아울러 기술 체계 또한 죽도 검도에 맞게 표준화되기 시작했다. 물론 검술 겨루기 또한 그 겨루기가 이루어지는 장 안에서 허용되는 기술에 제한이 가해질 수밖에 없다. 하지만 동시에 그 제한된 경계 안에서 무한한 기술의 확장이 가능해진다는 점에서 겨루기의 역설이 있다. 그 역설의 중심에 바로 죽도 검도가 있다. 따라서 안전을 담보한 겨루기의 개발은 동아시아 검술사에서 죽도 검도의 최대의 공헌이라고 할 수 있다.

그렇다면 센고쿠 시대의 종식으로부터 19세기 초 본격적인 죽도 검도의 탄생까지 200여 년이나 걸릴 수밖에 없었던 이유는 무엇일까? 아마도 일본이라는 특수한 상황, 무술을 전유한 사무라이 계층의 무술 인식론에서 그 이유를 찾아야 할지도 모른다. 사무라이의 무술 인식은 격검을 만들어내기도 했지만, 격검의 발전을 저해하는 요인이기도 했다는 점에서 이중성을 띤다. 이전에도 사무라이들이 칼을 소지하긴 했지만 활이나 창에 비하면 그 중요도는 떨어졌다. 근접전이나 자신이 죽인 적의 목을 전리품으로 베기 위해서, 아니면 호신을 위한 목적을 위해서 허리에 차고 있어야 하는, 활이나 창과 같은 메이저 무기가 아니라 마이너 무기에 불과했다. 하지만 시간이 지나면서 칼은 사무라이의 영혼과 동일시될 정도로 중요해지기 시작했다. 센고쿠 시대 말기 총이라는 희대의 강력한 무기가 등장했음에도 불구하고 사무라이가 전적으로 총으로 갈아타지 않은 건, 아니 갈아탈 수 없었던 건 총에는 영혼이 담겨있지 않다는 믿음 때문이었다. 사무라이의 눈에 총은 그저 문명의 이기에 지나지 않았다. 단순히 손가락만 당기는 것으로 상대를 쓰러뜨릴 수 있는 간편함을 사무라이는 용납할 수 없었다. 센고쿠 시대의 전란이 종식되고 토쿠가와 시대에 들어서면서 칼은 사무라이 계층을 상징하는 무기로 자리 잡게 되었다. 사무라이의 허리에 찬 다이쇼 두 자루의 칼은 지배 계층의 상징이었다. 칼은 점점 더 사무라이의 영혼과 강하게 연결되기 시작했다. 하지만 토쿠가와 시대 사무라이는 싸움이 금지되었으며, 무가제법도에 따라 야성을 버리고 문명화할 것을 요구

---

後) 검도〉 참조.

받았다. 메이지 시대(1868~1912)에 서구의 근대적인 무기와 군제가 들어오면서 사무라이 계층은 역사의 뒤안길로 사라지게 된다. 바로 이 시대적인 변화 속에서 사무라이들의 마지막 몸부림은 다시 칼을 역사의 전면으로 불러내는 것이었다. 반란을 일으켜 전면적으로 대항하기도 했지만, 그 방법은 실패했다. 자신들의 정체성을 찾아줄 새로운 뭔가가 필요했다. 그래서 불러낸 것이 죽도 검도였다.

이상 토쿠가와 시대에 이루어진 검술의 발전을 한마디로 요약하면, 검술의 문명화 과정이라고 할 수 있다.[14] 토쿠가와 바쿠후가 제정한 여러 법령은 검술이 타인을 죽이는 기술에서 자기 완성의 도(道)로 발전하는 촉매제의 역할을 했다. 야규우 무네요리, 미야모토 무사시와 같은 검술 사상가들이 등장해 검술의 이론화를 촉진했다. 무사 계층의 생활 양식과 사상에도 변화가 일어났으며, 죽도와 방호구를 사용한 격검이 등장해 새로운 수련 문화가 자리 잡히기 시작했다. 16세기 이래 일본에서 이루어진 이러한 검술의 발전 과정은 노르베르트 엘리아스의 '문명화 과정'에 비견될 수 있다. 엘리아스는 유럽 사회의 발전 과정을 추적하면서 16세기 이래 특정 방향으로 사회적으로 용인되는 행위 양식이나 감정의 표준화가 특정 방향으로 변화하기 시작했으며, 특히 상류 계층에서 이런 경향이 두드러졌다고 지적한다. 봉건제도의 몰락과 함께 절대주의 왕정이 형성되면서, 궁정사회의 '시빌리테(civilite: 예절)' 개념이 만들어지며 기사계급의 행동은 외부적인 규범을 통해 제약을 받기 시작했다. 후에는 이를 내면화해 '자기통제'로 발전하며, '타인에 대한 배려'로 나타나게 되었다. 문명화 과정은 외적으로는 예절의 발명으로 드러나지만 내적으로는 폭력성의 감소에 기여했다는 점에서 인류 역사에 큰 기여를 했다고 할 수 있다. 동아시아에서도 사무라이 계층에게 일어난 변화에서 문명화 과정의 패턴을 확인할 수 있다.

---

14  검술의 문명화 과정에 대해서는 다음을 참조. Alexander Bennett, The Cultural Politics of Proprietorship: *The Socio-historical Evolution of Japanese Swordsmanship and its Correlation with Cultural Nationalism* (Ph.D. Dissertation, University of Canterbury, 2012)의 제2장 검술의 문명화 과정(The 'Civilizing Process' of Kenjutsu).

## 강무소의 설립과 죽도 검도의 표준화

19세기 중엽에 들어서면서 일본 사회는 급격한 변화에 대처해야만 했다. 더 이상 쇄국으로 문을 잠그고 있을 수는 없었다.[15] 1853년 매튜 캘브레이스 페리(Matthew Calbraith Perry, 1794~1858) 제독이 이끄는 흑선(black ship)이라고 불린 서양 함대의 출현은 일본 정국에 일대 혼란을 가져왔다. 페리 제독은 미국 대통령의 국서를 들고 와 일본의 개항을 요구했다.[16] 당시 일본 정치인들은 개항파와 쇄국파로 갈려 일대 논쟁을 벌였다. 하지만 각 정파 간에 수많은 논쟁이나 토론뿐 아니라 암살과 속임수 등 가용할 만한 모든 방법이 동원되면서 정국은 일대 혼란에 빠졌다. 최종적으로 일본 정부는 개항을 하고 서양의 과학과 기술을 받아들이는 쪽으로 결정을 내린다.[17]

개항과 동시에 일본 정부는 군비 확충을 위해 서구의 군사 무기와 제도를 도입하기 시작했다. 이때 서양 총포술의 도입과 보급을 담당하는 군인 양성을 위한 전문적인 교육 기관인 강무소(講武所, 코오부쇼)의 설립이 추진되었다. 1854년 시작된 강무소 설치에 관한 논의가 약 2년간 지속된 끝에 1856년 비로소 강무소를 개소하게 되었다. 강무소를 설치한 목적은 기본적으로 서양의 총포술을 보급시키기 위한 것이었지만 설치 과정에서 일본 전래의 검술, 창술도 커리큘럼에 포함되었다.

그런데 이 과정에서 기존 전통적으로 명성이 높았던 유파인 야규우류(柳生流)나 오노류(小野流)가 제외됐다. 강무소 훈련에서 가장 중시한 건 실용성이었다. 구습에 얽매이지 않고 실제로 효과가 있느냐에 방점을 두었다. 이를 위해서 각 유파의 영향력을 배제하는 데 주의를 기울였다. 유파의 전통에 얽매이다 보면 또다시 과거로 회귀하고, 앞의 실용성을 담보하는 데 어려움이 따를 것이라는 우려 때문이었다. 야규우류나 오노류는 여전히 카타 중심의 수련 방식을 고수하고 있었기 때문에 강무소의 교육 과정에서 배제되었다. 대신 죽도 검도를 수련

---

15  일본의 쇄국은 1613년부터 메이지 정부가 수립되는 1868년까지의 기간을 가리킨다. 하지만 완전히 외부세계와 차단된 건 아니었다. 나가사키의 데지마(出島)로 한정되기는 했지만 네덜란드와의 무역이 이루어지고 있었고, 조선이나 중국과는 사절의 교환, 조공무역 등을 통해 제한적이긴 하지만 여전히 교류가 이루어지고 있었다.

16  도널드 킨,《메이지라는 시대》(1, 김유동 역, 서커스, 2017), 35쪽.

17  도널드 킨,《메이지라는 시대》1, 380-384쪽.

하는 새로운 유파의 검술이 채택되었다. 지키신카게류의 오타니 세이이찌로오,[18] 사카키바라 켄키찌, 진교오토오류의 마쯔시타 세이이찌로오와 미하시 토라조오, 타미야류의 토다 하찌로오자에몬 등이 강무소의 검술 교사로 활약했다. 강무소의 최초의 교수진은 사격술에 14명, 검술에 11명, 창술에 10명으로 구성되었다.[19]

1860년 들어 강무소는 한 차례 도약을 한다. 에도의 쯔키지(築地)에서 칸다오가와마찌(神田小川町)로 이전하는데, 이때 시설 규모가 세 배 가까이 커졌다. 사격술에 중점을 두고, 검술과 창술을 훈련시켰던 커리큘럼은 그대로 유지된 반면 궁술과 유술이 교육 과정에 추가되었다. 이와 함께 교수단도 16명의 사격술 교관, 10명의 창술 교관, 14명의 검술 교관, 2명의 유술 교관, 1명의 궁술 교관으로 증원되었다. 하지만 1866년 11월 육군소(陸軍所)가 설치되면서 강무소는 폐지되고 만다.

강무소는 비록 1856년부터 1866년까지 존속한 단명한 기관이었지만 훈련 과목에 기존 일본 무술의 검술, 창술, 궁술, 유술을 포함시키면서 결과적으로 근대 일본 무술의 발전에 중요한 기여를 했다. 강무소의 기여는 검술의 표준화와 유파의 통합으로 요약할 수 있다. 먼저 강무소는 죽도의 길이를 3척 8촌(115cm)으로 제한했다. 단순히 칼의 길이를 제한한 것으로 평가절하될 수도 있지만 이 조치는 일본 검술계에 일단의 변화를 몰고 왔다. 사실 에도 시대 말기까지 현장에서는 다양한 길이의 죽도가 사용되었다. 전쟁은 없었지만 개인 간의 결투가 암 암리에 이루어지던 상황에서 검객들은 우위를 점하기 위해 경쟁적으로 죽도의 길이를 늘렸다. 무술계 격언에 일 촌이 길면 일 촌만큼 유리하다는 말이 있다. 이는 병장기가 길면 긴 만큼 상대에게 그만큼 우위를 점할 수 있다는 말이다. 그런데 과열되다 보니 검이 아니라 거의 봉이나 단창이라고 할 정도의 긴 죽도가 등장하기도 했다. 강무소는 바로 이렇게 난립해서 사용되던 죽도의 길이를 표준화했다. 오늘날 검도에서 사용되는 죽도의 공식적인 길이가 바로 이때 제정되었다. 일정한 길이의 죽도를 사용해 겨루게 되면 길이의 이점은 사라지고 만다. 길이가 아닌 기

---

18 　오다니 세이이찌로오(男谷精一郎, 1798~1864)는 에도 말기 검술가로 13세에 히라야마 코오조오(平山行蔵)의 내제자가 되어 무술을 배웠다. 1817년 지키신카게류의 단노 겐노신(団野源之進)의 문하에 들어가 4년 만에 면허 개전을 얻었으며, 호오조오인(宝蔵院)의 창술, 요시다류(吉田流)의 궁술에도 일가를 이루었다. 페리 제독의 내항 후 군사력 강화를 위해 강무소 설치를 건의했으며, 강무소의 고문을 맡기도 했다. 그의 문하에서 시마다 토라노스케(島田虎之助), 미쯔하시 토라조오(三橋虎蔵), 사카키바라 켄키찌(榊原鍵吉)와 같은 걸출한 제자들이 배출되었다. 渡邊一郎, 《日本大百科全書》, '男谷精一郎' 항목.

19　Cameron Hurst, Armed Martial *Arts of Japan: Swordsmanship and Archery* (Yale University Press, 1998), 150-151쪽.

술에서 우위를 점해야 이기게 된다. 강무소의 이러한 결정은 죽도 검도의 기술을 발전시키는 중요한 계기가 되었다.

강무소의 또 하나의 결정적인 기여는 교육 과정에 다양한 유파가 참여하도록 한 데 있었다. 물론 검술의 모든 유파를 포괄하는 건 아니었다. 사실 그건 불가능한 일이었다. 하지만 죽도 검도로 유명한 지키신카게류, 진교오토오류, 타미야류 등의 유파가 훈련에 관여함으로써 기술적인 외연이 늘어났다. 아울러 강무소의 커리큘럼 안에 여러 유파가 함께 들어오게 되면서 자연스럽게 타 유파 간의 시합이 이루어지게 되었으며, 궁극적으로 유파 간의 벽을 허무는 데 기여했다. 결과적으로 강무소는 검술 유파를 타파하고 표준화된, 다시 말해 근대적인 검술 체계를 만드는 데 일조했다.

## 격검흥행과 검술의 대중화

19세기 중반 죽도 검도가 발전하는 중요한 사건이 일어났다. 1869년 사무라이들이 칼을 차고 다니는 일에 예민해 있는 외국인들의 감정을 누그러뜨릴 생각으로 공의소(公議所)에서 〈대도폐지수의(帶刀廢止隨意)〉를 채택했다. 대도폐지수의는 말 그대로 사무라이들이 자진해서 칼을 차지 않도록 유도하는 자율적 규제였다. 하지만 이 조치는 찬성파와 반대파 간에 심각한 논쟁을 불러일으켰다. 찬성파는 안정된 시대로 접어든 사회 변화를 인정하며 칼은 장식품에 불과하므로 칼의 패용을 폐지하는 것이 맞다고 주장했다. 반면 반대파는 칼은 상무 정신의 발로이며 야마토다마시(大和魂)의 상징이므로 사무라이는 절대 칼을 놓아서는 안 된다고 주장했다.[20] 양측의 대립으로 이 제도는 한동안 제대로 시행되지 못했다. 공식적으로는 1876년 폐도령이 내려지면서 사무라이의 검 착용이 금지된다. 같은 해 사무라이들이 영주에게서 봉급을 받도록 했던 제도를 폐지하고 정부와 계약을 맺은 새로운 봉급 체계가 강제로 실시된다. 이러한 조치들은 무사들을 더 이상 특별 대우하지 않는다는 것을 의미했다. 이제 사무라이는 더 이상 특권층이 아니었다. 유럽과 미국의 선례를 따라 사회를 개혁하고 계몽해야 하는 목표를 가지고 있던 일본 정부가 기존 사무라이 제도를 더 이상 유지하기는 힘들었다. 사

---

20   도널드 킨 저, 김유동 역, 《메이지라는 시대》 1, 379-380쪽.

무라이 제도가 폐지되면서 사무라이들은 새로운 정부에서 관리직으로 나아가거나 무술 도장의 사범이 되기도 했다. 일부는 사업가, 서기관 혹은 농부가 되기도 했다. 하지만 많은 사무라이들이 시세의 변화에 적응하지 못하고 몰락할 수밖에 없었다.

바로 이때 사무라이의 몰락을 그대로 바라볼 수 없었던 인물이 등장한다. 지키신카게류 14대 계승자며, 강무소의 검술 사범을 역임한 사카키바라 켄키찌였다.[21] 그는 격검흥행(撃劍興行, 겟켄코오교오)을 기획해 1873년 3월 허가를 받았다. 격검흥행은 말 그대로 격검을 대중에게 돈을 받고 보여주는 일종의 유료 스포츠 경기였다. 격검흥행엔 검술뿐 아니라, 유술(柔術), 마술(馬術), 창술, 쿠사리가마(鎖鎌),[22] 나기나타(長刀)와 같은 각종 무술이 등장했다. 당시 생활고에 시달리던 검술가들에게 금전적 수입을 얻게 할 목적에서 시작되었지만 격검흥행은 대중적으로 큰 호응을 받으며 상당한 규모로 확대되었다. 격검흥행에 참가한 검객 가운데 유명한 이들은 하루 행사에 참여하고 오늘날의 화폐 가치로 환산해 약 2만 엔에서 3만 엔(한화 20~30만 원)을 받았다. 덜 유명한 이들의 경우에는 약 2천에서 3천 엔 정도였다. 하지만 약 일주일간 진행되는 행사에 매일 참가할 경우 상당한 목돈을 마련할 수 있었다.[23]

스모(相撲)의 예를 따라 동군과 서군으로 나눠서 시합을 진행하고, 등급에 따라 평가를 하며, 칼의 길이는 강무소에서 정한 3척 8촌으로, 그리고 제반 용구는 대여하는 형식으로 치러졌다. 대중의 흥미를 돋우기 위해 여성의 나기나타와 남성의 타찌(太刀) 간의 시합이나 타찌와 쿠사리가마(鎖鎌)의 시합과 같은 이성, 이종 간의 무기를 사용한 다양한 시합이 이루어졌다. 예상외로 격검흥행이 성공하면서 토오쿄오에는 격검흥행장이 20개에서 30개소로 급증했으며 가장 성행했을 때는 40개소에 이르렀다. 하지만 격검흥행이 상업적으로 성공하자 사카키바라에게서 떨어져 나와 개별적으로 격검흥행을 시도하면서 격검흥행이 난립하게 되고

---

21 사카키바라 켄키찌(榊原鍵吉, 1830~1894)는 에도 시대 말기의 검술가로 13세 때 지키신카게류 오타니 세이이찌로오의 문하에 들어가 곧바로 두각을 나타냈다. 1856년 강무소의 검술 교사가 되었다. 메이지유신 이후 검술이 없어질 것을 우려해 1873년 격검흥행을 창설했다. 우에노공원에서 개최된 무술천람(천황이 참석하는 시범 행사)을 총지휘했으며, 이어서 1878년 후시미궁전에서 열린 천람에서 칼로 카부토(투구)를 내리쳐 쪼개는 시범을 보여 명성을 얻었다. 渡邊一郎, 《日本大百科全書》, '榊原鍵吉' 항목.

22 쿠사리가마는 2.5~3.5m 길이의 쇠사슬의 한쪽 끝에는 낫을 반대편 끝에는 쇠추를 연결한 무기이다. 쇠추를 휘둘러 상대의 신체를 직접 가격하거나 아니면 상대의 무기나 신체의 일부를 감아 채며 낫을 사용해 상대를 공격하는 등 변칙적으로 사용하기 때문에 상대하기 까다로운 무기이다. 센고쿠 시대에 등장하기 시작했으며, 에도 시대에 들어서 개인 무기로 활용되었다.

23 岡田一男, 〈明治初期常陸國笠間を中心とした撃劍興行の実態〉《武道學研究》(23(1), 日本武道學會, 1990), 1-7쪽.

내용도 저속화되기 시작했다. 관객들도 점점 감소했다. 결국 토오쿄오부는 1873년 7월말 격검흥행을 금지시켰다. 이후 1877년(메이지 10) 사카키바라 켄키찌는 왜장(倭杖: 大和杖)으로 명칭을 바꿔서 격검흥행을 재허가 받았다. 이후 격검흥행은 1882년 무술 부흥의 분위기를 타며 발전하는데, 내용에도 변화를 가져와 강습회와 무자수행을 주로 하고 검무와 거합발도술과 같은 쇼도 포함되었다.[24]

격검흥행에 대해서는 무술 본래의 정신을 퇴색시키고 무술을 흥미와 재미 위주의 볼거리로 만들었다고 부정적으로 보는 쪽도 있지만 근대화 시기 무술 부활의 계기를 제공했다는 점에서 긍정적인 측면이 더 컸다. 격검흥행이 없었다면 오늘날의 검도가 만들어지는 데 더 많은 시간이 걸렸을지 모른다. 사실 오늘날 스포츠화된 무술은 모두 정도의 차이만 있을 뿐 격검흥행에서 시도했던 요소를 반영하고 있다. 관중이 없는 스포츠는 오늘날 상상할 수도 없다. 따라서 상당수의 관중을 동원해 검도를 스포츠 대회로 성공시킨 최초의 시도라는 점에서 격검흥행은 근대 검도의 등장에 중요한 기여를 했다.


## 경시청류 검도

근대 검도가 탄생하게 된 또 하나의 계기는 근대 경찰 제도였다. 일본은 1850년대부터 1880년대에 걸쳐 일본은 바쿠후 체제에서 근대 천황제로 전환하는 변혁의 시기를 겪는다.[25] 1867년 일어난 왕정복고의 쿠데타로 250여 년간 유지되어 오던 바쿠후 체제가 무너지고, 메이지 시대 신정부가 들어선 뒤 1871년 라소쯔[나줄(邏卒)]가 설치되면서 경찰 제도가 시작되었다. 하지만 근대적인 의미의 경찰 제도는 카와지 토시요시(川路利良, 1834~1879)에 의해서 수립되었다. 그는 유럽 각국의 경찰제도를 시찰하고 프랑스의 제도를 참고해 근대적인 일본 경찰 제도를 만들었다. 1874년 토오쿄오 경시청을 창설하고 경시총감으로 취임했다. 이러한 공로로 그는 '일본 경찰의 아버지'로 불린다.

---

24  小沢愛次郎, 《皇國劍道史》(田中誠光堂, 1944(昭和 19)), 225쪽; 二木謙一, 入江康平, 加藤寬 共編, 《日本史小百科: 武道》(東京堂出版, 1994(平成 6)), 178-179쪽.

25  장인성, 《메이지유신: 현대일본의 출발점》(살림출판사, 2007).

메이지 정부는 수립 후 1871년 지방 통치를 담당하던 번을 폐지하고 지방 통치 기관을 중앙정부의 통제하에 두도록 하는 폐번치현(廢藩置縣)을 단행하는데, 이 조치로 인해 당시 200만 명이 넘는 번사들이 대량 해고 되었다. 하지만 기존의 구 무사 계급인 사족들이 그대로 앉아서 현실을 수동적으로 받아들이기만 한 건 아니었다. 이들은 메이지 정부의 근대화 정책에 반대하며 반란을 일으켰다. 먼저 1874년 북 큐슈에서 사가(佐賀) 반란, 뒤이어 1876년에는 쿠마모토에서 신푸우렌(神風連) 반란, 후쿠오카에서 아키쯔키(秋月) 반란, 야마구찌에서 하기(萩) 반란이 일어났다.[26] 특히 1877년 사쯔마에서 일어난 반란(세이난전쟁, 西南戰爭, 1877년 1월 29일~9월 24일)은 사이고 다카모리(西鄕隆盛, 1828~1877)가 메이지 정부에 반발해 일으킨 것으로 사족 반란 가운데 가장 큰 규모의 반란이었다. 하지만 소총으로 무장하고 유럽식으로 훈련된 농민 출신의 병사들로 구성된 메이지 정부군에 의해서 일련의 반란은 진압되고 만다. 이때 새로운 군사 시스템이 칼을 쓰는 사무라이들보다 훨씬 강하다는 것이 증명되었다.

경시청 초대 총감으로 취임한 카와지 토시요시는 육군소장을 겸임하며 반란군 진압 작전에 투입되었다. 세이난전쟁의 격전이 벌어진 1877년 3월의 타바루자카(田原坂) 전투는 근대전이면서 동시에 전통적인 검술이 위력을 발휘한 전투였다. 반란군 사무라이들은 칼을 들고 죽음을 무릅쓰고 돌진해왔으며, 이때 경시청 발도대(拔刀隊)의 활약으로 사이고군을 물리칠 수 있었다.

카와지는 이때의 경험을 바탕으로 경찰도 검술 수련을 해야 하며, 격검을 부흥시켜야 한다는 강한 사명감을 가지게 되었다. 그는《격검재흥론(擊劍再興論)》을 써서 자신의 생각을 알렸다. 이후 경시청에서는 다양한 유파의 일류 검객을 초빙해 통일된 형태의 검술을 제정하는 작업을 추진해 1886년 이를 경시청류로 발표한다. 경시청류에는 검술뿐 아니라 거합과 유술도 포함되어 있었다. 검술에는 10개의 유파에서 각각 한 가지 기술을 뽑아서 10개의 목태도형, 또 5개 유파에서 각각 한 가지 기술을 가져와 입거합형(서서 하는 발도술)이, 그리고 유술에는 유술형과 포박법이 포함되어 있다. 이 경시청류 검술은 후에 대일본무덕회가 1912년 제정한 일본검도형에도 영향을 주었다.

---

26  사가 반란은 에토오 신페이(江藤新平, 1834~1874), 시마 요시타케(島義勇, 1822~1874) 주도로 메이지 정부에 대항해 사가(佐賀)에서 일어난 반란이다. 하기 반란은 메이지 정부를 타도하기 위해 존양파 사족들이 야마구찌현 하기에서 일으킨 반란이다.

## 검도의 이데올로기화와 대일본무덕회

19세기 서구 열강으로부터 압력을 받아 개항을 한 일본은 근대화의 기치를 올리며 서구의 과학과 기술, 문화, 제도를 받아들여 근대화를 추진하는 한편 서구 제국주의를 모델로 삼아 일본식 제국주의를 실시하고자 했다. 이 과정에서 일본은 대내적으로 천황을 중심으로 국민 정신을 강화하는 일련의 조치를 취하는데, 이때 적극적으로 활용한 것이 바로 무사도(武士道)와 무덕(武德)이었다. 아울러 그 실천의 중심에 무술[검술]이 있었다. 1882년 군인칙유를 통해 무의 통수권이 무사가 아닌 천황에게 있음을 천명한다. 이를 계기로 한때 국어사전에서도 배제되었던 무사도란 용어가 다시 등장하게 되었다. 청일전쟁(1894~1895)에서 승리하면서 무사도는 충군애국의 천황무사도로 새로운 의미가 부여되었다.[27]

1880년대 말에 이르면 지식인, 지방 엘리트, 관료 모두 일본이 근대화되고 서구와 경쟁을 하기 위해서는 하나의 민족이라는 의식을 강화해야 한다는 데 동의하게 되었다. 일본의 민족주의가 등장하며 하나의 민족으로서 일본인이라는 집단 정체성에 눈을 뜨게 했다. 검술에 대한 관심도 이 과정에서 증가하게 되었다. 이러한 현상을 일본 사람의 사무라이화(samuraisation)라고 불렀다. 이러한 경향은 청일전쟁과 러일전쟁을 겪으면서 더욱 강화되었다.

청일전쟁(1894~1895)에서 승리한 일본은 1895년 청과 시모노세키조약을 체결해 청으로부터 랴오뚱반도, 타이완(臺灣), 펑후열도(澎湖列島)를 할양받고, 중국 은화 2억 냥(兩)의 배상금을 받았다. 또 중국의 사시(沙市), 츠옹칭부(重慶府), 쑤저우시(蘇州市), 항저우부(杭州府)의 4개 항구를 개항시켰다. 하지만 일본의 팽창에 긴장한 러시아는 독일, 프랑스와 함께 일본에 랴오뚱반도를 반환할 것을 요구(삼국간섭)하고 일본은 수세적인 입장에서 랴오뚱반도를 반환하게 된다. 이는 뒤이어 러일전쟁(1904~1905)이 발생하는 원인이 되었다. 삼국간섭으로 강대국에 굴복함으로써 일본 내에서는 치욕을 씻어야 한다며 상무정신이 강조되고, 부국강병을 위한 강력한 쇄신을 요구하는 목소리가 증가하게 되었다.

한편, 급격한 서구화에 대한 반발로 전통을 고수하려는 운동도 함께 일어났다. 특히 사무라이의 전통을 계승하고 있던 무술가들에게서 이런 경향이 두드러졌다. 농민, 교육가, 관료,

---

27  이승수, 〈일제하 잡지 《朝鮮武道》를 통해 본 식민주의: 창간호를 중심으로〉《한국체육사학회지》(19(3), 한국체육사학회, 2014), 19-20쪽.

상인 등 각 계층 출신의 무술가들이 모여 1895년 대일본무덕회(大日本武德會, 다이닛폰부토쿠카이)를 설립했다. 대일본무덕회는 기본적으로 고무도(古武道)의 보존을 목적으로 하고 있었다. 당시 일본 사회는 문명개화라는 이름으로 일본은 급격한 서구화의 흐름에 휩쓸려가고 있었는데, 이에 대한 반발로 기존 전통을 지켜야 한다는 인식도 확산되었다. 이로 인해 전통 무술에 대한 관심 역시 급증하기 시작했다. 4년 후인 1899년에 쿄오토에 무덕전(武德殿, 부토쿠덴)이 설립되어 본부의 역할을 하며, 처음 1,800여 명의 회원으로 시작된 대일본무덕회는 10년 만에 100만 명을 넘어설 정도로 급격히 성장했다.[28]

회원 수가 증가했던 주된 원인의 하나는 앞에서 언급한 일본 무사도의 유행 때문이었다. 청일전쟁의 승리에 고무된 일본에서는 '무사도'라는 또 다른 '전통의 발명'이 진행되었다. 1899년부터 1914년은 무사도 붐이 일던 시기였다. 미카미 레이지(三神禮次)의《일본무사도(日本武士道)》(1899), 바로 뒤이어 이노우에 데쯔지로(井上哲次郎)의《무사도(武士道)》(1900)가 간행되어 무사도라는 새로운 일본식 윤리관을 소환하기 시작했다. 특히, 니토베 이나조오[29]의《무사도: 일본의 정신(Bushido, the Soul of Japan)》(원래 1900년 영문으로 먼저 발간되었으나 일본에서는 1908년 일역되어 출판됨)은 무사도를 서구 사회에 알리는 데 크게 기여했다.[30] 니토베의 책도 일본어로 번역되어 일본 본토에 소개되었다. 니토베의 뒤를 이어 간행된 시게노 야스쯔구(重野安繹)의《일본무사도(日本武士道)》(1909)는 니토베의《무사도: 일본의 정신》(1908)과 쌍벽을 이루며 사회적으로 큰 반향을 일으켰다. 이후 무사도와 선(禪)의 관계를 설명하는 서적들이 지속적으로 간행되기 시작했다.

무사도는 선종과 일본 신토오(神道)를 기원으로 삼고 충군애국정신과 지행합일을 결합해

---

28  Denis Gainty, *Martial Arts and the Body Politic in Meiji Japan* (Routledge, 2013).

29  니토베 이나조오(新渡戸稲造, 1862~1933)는 메이지, 쇼오와 시대의 식민학자로 삿포로 농학교를 졸업하고 토오쿄오제국대학 문학부에 잠깐 적을 두었지만 곧바로 미국 유학길에 올라 존스홉킨스대학 대학원에서 경제학을 공부했다. 귀국 후 삿포로농학교의 조교수, 쿄오토제국대학 법과대학 교수, 제1고등중학교 교장, 토오쿄오여자대학 초대 학장을 역임했다. 학자로서뿐 아니라 행정가로도 활약을 했는데, 1920년부터 1926년까지 국제연맹의 사무처장을 역임했다. 하지만 국제인이라는 평판과는 달리 객관적인 입장이 아니라 일본의 식민정책을 옹호하는 입장을 취했다. 자신이 동양인이면서 일본인이라는 우월감으로 서양에 '혼(魂)'을 팔아 서양인의 오리엔탈리즘에 봉사한 추악한 동양의 오리엔탈리스트를 벗어나지 못했으며, 일본에 대비해 조선, 대만, 중국을 약자로 설정한 일본식 오리엔탈리즘에 경도되어 있었다. 하지연,〈니토베 이나조의 식민주의와 조선 의식〉《식민사학과 한국 근대사》(지식산업사, 2015), 215-222쪽; 정창석,《만들어진 신의 나라: 천황제와 침략 전쟁의 심상지리》(이학사, 2014), 172쪽.

30  스즈키 사다미,《일본의 문화 내셔널리즘》(정재정 · 김병진 역, 소화, 2008), 148-150쪽.

새로이 만들어진 소위 발명된 전통이었다. 물론 이전 토쿠가와 시대에도 무사의 삶의 방식을 '무사도'라고 부르는 경향이 있었다. 메이지 중기에 이르면 사리사욕보다는 공을 위해서 살아가는 방식을 무사의 삶으로 제시하기도 했다. 하지만 널리 통용된 건 아니었다. 니토베 이나조오는 무사도를 자신이 창시한 것이라고 믿었을 정도였다. 20세기 초 무사도의 유행은 청일전쟁으로 야기된 상무의 기풍과 관련이 있기는 하지만 단순히 옛것을 부활시키는 데 머물지 않았다. 과거보다는 오히려 현재에 더 초점을 맞추고 있었다. 서구 열강의 대열에 합류하기 위해, 서구 사회에 길맞은 문명국 일본의 남자로서 심신에 갖춰야 할 자세를 설명하기 위해 만들어진 것이었다. 니토베는 영국의 신사도에 상응하는 것으로 무사도를 가져왔다.[31] 서구의 시선을 일본에 적응시켜 만들어냈다는 점에서 무사도는 전형적인 오리엔탈리즘의 산물이라고도 할 수 있다. 일본 대중 사이에서 무사도에 대한 관심이 급증하면서, 일본 무술의 대중적 인기도 증가하기 시작했다.

한편, 대일본무덕회는 경찰 조직을 통해 증가된 회원과 각 현의 장을 지방의 장으로 임명함으로써 조직화에 힘썼다. 아울러 각 지역에 무덕전을 건립해 무덕제를 비롯해 각종 무술 대회와 교육을 실시함으로써 무덕전을 일본 무술의 메카가 되게 했다. 또한 대일본무덕회는 시설 건립뿐 아니라 검도 교습의 표준을 마련했다. 특히 대일본무덕회는 검도가 학교에 보급되는 데 결정적인 기여를 했다. 검도의 보급을 위한 검도 교사 양성을 위해 1906년 10월 2년 과정의 무술교원양성소를 세웠다. 2년 후에는 무술학교를 만들고, 곧이어 교육부의 허가를 받아 무술전문학교로 이름을 변경했다. 이후 이곳에서 검도 교원이 꾸준히 양성되기 시작했다. 대일본무덕회는 검도형의 표준화를 시도했다. 1906년 개최된 제11회 토너먼트 때 3개의 형으로 구성된 대일본무덕회 검도형을 제정하려는 시도를 했다. 하지만 당시 대다수의 검술가들은 부정적인 입장을 취했다. 새로운 시스템이 기존의 틀로는 받아들이기 힘들 만큼 혁신적이었기 때문이었다. 그렇다고 해서 검도 표준형 제정 작업이 멈춘 것은 아니었다. 1912년 대일본무덕회는 전략을 바꿔 기존 경시청류의 검술을 토대로 대일본제국검도형을 제정하였다. 이 제정형은 오늘날 '검도의 본'으로 불리며 널리 수련되고 있다. 대일본무덕회의 표

---

31 스즈키 사다미, 《일본의 문화 내셔널리즘》, 146-150쪽.

준 교육 과정에는 검도 외에도 거합과 나기나타도 포함되어 있다.

1920년 카노오 지고로오(嘉納治五郎)가 유술을 유도로 개칭한 데서 영감을 받아 검술 역시 검도로 명칭이 바뀌었다.[32] 사실 무술을 무도로 바꾸는 데는 니시쿠보 히로마찌(西久保弘道, 1863~1930)의 역할이 컸다. 1919년 니시쿠보는 대일본무덕회 부회장 겸 무술전문학교 교장으로 취임하는데, 그는 케이코(稽古)가 단순히 술이 아니라 도라는 강한 신념을 가지고 있었다. 이 신념에 바탕을 두고 유술, 검술, 궁술을 유도, 검도, 궁도로 변경하고 이들의 총칭으로 무도라는 용어를 사용하도록 했다. 학교 명칭 역시 무술전문학교에서 무도전문학교로 바꾸었다.[33]

1930년대 들어서면서 무사도를 비롯해 일본 정신을 강조하는 분위기는 더욱 강화되기 시작한다. 대일본무덕회의 다음과 같은 선언은 이를 잘 보여준다.

> 현재 우리 군대는 특별한 무사 계급으로 구성되어 있지 않다. 모든 국민이 군인이다. 국가는 군대다. 무사도는 국민도다. 무사도 교육은 국민의 도덕 교육이어야만 한다. 그러므로 국민은 무사의 역사를 알아야 하며 무덕의 정신을 공부해야 하며, 집에서는 좋은 시민, 군대에서는 좋은 군인이 되도록 갈망해야 한다.[34]

대일본무덕회는 현대 일본인을 봉건 시대 무사들과 연결 지어 군국주의적인 감성과 정신을 개인에게 주입시키는 데 무사도를 활용했다. 이제 무사도는 어느 특정 계층이 아니라 전 일본 국민이 따라야 하는 도덕 규범으로 확대되었다. 1937년 만주사변으로 일본 사회가 전시동원체제로 들어서면서 대일본무덕회도 그 성격이 변하게 된다. 특히 1942년 대일본무덕회는 정부 중심으로 개편되는데, 새로운 대일본무덕회는 검도, 유도, 궁도, 총검술, 사격의 다섯 종목을 채택해 군사 체육을 뒷받침하며, 일본의 군국주의 파시즘을 확산시키는 데 기여했다. 게다가 검도는 정신력 강화를 위한 수단에서 한 걸음 더 나아가 참호전과 같은 실제 전투에

32   Denis Gainty, *Martial Arts and the Body Politic in Meiji Japan*.

33   사카이 토시노부,《일본 검도의 역사》(해토, 2016), 106쪽.

34   Alexander C. Bennett, *The Cultural Politics of Proprietorship*, 164쪽.

서도 필요한 기술로 인식되기 시작하면서 검도와 무사도의 결합은 더욱 공고해졌다. 하지만 일본이 제2차 세계대전에서 패하고 연합군 점령기 국군최고사령관총사령부는 군국주의를 고양시키는 데 복무한 책임을 물어 대일본무덕회를 해산시켜 버린다. 대일본무덕회는 1952년이 되어서야 재건되어 현재까지 이르고 있다.

오늘날 대일본무덕회에 대한 평가는 이중적이다. 대일본무덕회는 무술이 신체적인 면에서뿐 아니라 정신적인 면에서도 당시 일본 사회에 긍정적인 영향을 미칠 수 있다고 보고, 고전 무예의 교육직 가치를 근대 일본 교육에 편입시키고자 했다. 아울러 메이지 말기부터 전시에 걸쳐 일본의 검술 전통을 보존하고, 다양한 스타일을 종합해 표준화하고, 시합을 활성화시켰으며, 검술을 학교 시스템에 포함시켜 널리 보급시켰다는 점에서 근대 일본 무술을 만드는 데 크게 기여했다. 하지만 동시에 '대일본무덕회'의 '무덕(武德)'은 무예인의 윤리나 도덕과 같은 인간 본연의 가치를 가리키는 것이 아니라 '야마토다마시(大和魂)', 즉 일본인의 혼과 동일어로 일본인과 일본인이 아닌 민족의 구별은 이민족에 대한 차별로 나아갔다. 대일본무덕회의 이런 왜곡된 민족주의는 군국주의를 고양시키는 데 일조했다는 점에서 비판을 피할 수 없다.


## 학교 교과 과정에 검도 도입

메이지 시대 일본의 행정가나 교육가들은 기본적으로 격검을 교육 과정에 포함시키는 데 반대했다. 격검 수련은 너무 격렬하며, 상대와 결투 의식을 조장시키기 때문에 교육적이지 못하다는 것이 이유였다. 하지만 검도는 1913년 드디어 학교 교육 과정에 포함된다. 검술을 학교 교육 과정에 포함시켜야 한다는 검술 찬성론자[전통 무술가]들의 노력이 시작된 지 40여 년 만에 일어난 변화였다. 검술의 근대화와 학교 교육 과정 도입이 얼마나 지난하고 힘든 과정이었는지를 잘 보여준다.

19세기 후반 일본 사회에는 서양 세력과 경쟁하기 위해서는 먼저 서양을 배워야 한다는 인식이 팽배했다. 1870년대 일본에서 가장 중요한 문명개화(文明開化, 분메이카이카) 운동의 중심에는 메이로쿠샤(明六社)가 있었다. 메이로쿠샤 연구의 권위자인 오오쿠보 토시아키(大久保利謙)는 메이로쿠샤가 메이지시기 신지식인들이 근대 일본 문화를 개척하는 데 선구적인 역할을 했다고 평가한다. 코오사카 마사아키(高坂正顯) 역시 오오쿠보의 견해를 지지하며, 메이로쿠사가 문명 개화 운동의 선봉에 섰으며, 메이로쿠사의 성격과 역할에 대한 분석이 곧 메이지 시대, 더 나아가 20세기 전반기 일본 지식인 계층을 이해하는 길이라고 주장한다.[35]

정치인 모리 아리노리(森有礼, 1847~1889)의 발기로 설립된 메이로쿠사는 초창기 회원으로 참가한 모리 아리노리 외에 니시무라 신게키(西村茂樹, 1828~1902), 후쿠자와 유키찌(福澤諭吉, 1835~1901), 카토오 히로유키(加藤弘之, 1836~1916), 미쯔쿠리 린쇼오(箕作麟祥, 1846~1897), 나카무라 마사나오(中村正直, 1832~1891), 니시 아마네(西周, 1829~1897) 등은 정치, 교육, 법학, 철학 등 다양한 분야의 전문가로 대부분 동서양의 철학을 모두 공부했으며, 해외에 살았던 경험을 공유하고 있었다.

메이로쿠사(明六社)는《메이로쿠잡지(明六雜誌)》를 발간해 서구 문화와 교육을 보급시키기 위해 노력했다.[36] 메이지 정부는 1872년 교육령을 반포해 최초로 서구의 근대적인 학교 제도를 도입하는데 여기엔 서양 체조도 포함되어 있었다. 이러한 조치에 반대하는 교육자와 정치가들은 일본적인 것을 유지해야 한다는 입장을 취했다. 사카타 니시로시(1822~1881)는 1875년《메이로쿠잡지(明六雜誌)》에 무술이 어린이들의 정신 교육에 좋다는 기사들을 게재함으로써 당시 서구 일변도의 신체 교육 분위기에 경종을 울렸다.

이때 일부 대학과 고등학교 등에서 검도를 교과 과정의 하나로 채택하려는 시도가 이루어지기 시작했다. 케이오, 와세다, 토오쿄오제국대학에서 선택 과목이나 특별 교과의 하나로 검도를 도입하려고 했다. 이러한 움직임은 문부성이 검도와 다른 무술을 교육 과정에 집어넣는 데도 영향을 주었다. 뒤이어 1882년 카노오 지고로오가 코오도오칸(講道館)을 설립하면서 검술을 비롯한 전통적인 무술을 학교 교과에 도입하려는 시도는 탄력을 받는 듯했다. 하지만 검술이나 기타 여러 무술이 교육 과정에 바로 편입되지는 못했다.[37] 그 주된 이유는 다음의 세 가지였다. 먼저, 무술의 위험성 때문이었다. 검술을 비롯한 기존 무술은 전통적으

---

35  이런 기존의 평가가 과장되었다고 보는 견해도 있다. 보다 자세한 내용은 다음을 참조. David J. Huish, The Meirokusha: Some Grounds for Reassessment, **Harvard Journal of Asiatic Studies** (Vol. 32, Harvard-Yenching Institute, 1972).

36  메이지시기(1868~1912)가 발행된 잡지이다. 1874년 4월 2일 창간되어 1875년 11월 14일로 종간했다. 한 달에 서너 번 발행되는 부정기 간행물이었다.

37  검도가 일본 학교 체육 과목으로 도입되는 과정에 대해서는 다음을 참조. Cameron Hurst, **Armed Martial Arts of Japan: Swordsmanship and Archery**, 161-165쪽.

로 군사 기술의 일부로 발전해왔기 때문에 치명적인 살상 기술을 포함하고 있었다. 두 번째는 교과 과정이 통일되어 있지 못하다는 점이었다. 수많은 유파가 난립해 서로 다른 기술 체계를 발전시켜 왔기 때문에 각양각색의 형태를 띠었다. 마지막으로 학교 교과 과정에 도입하기 위해서는 표준화된 지도법이 수립되어야 했지만 전통적으로 무술은 구전심수, 사실 근대적인 시각에서 보면 주먹구구식으로 진행된 교육법이라는 비판을 피하기 어려웠다. 이런 이유로 16세 이상의 남학생에게 정규 교과가 아닌 과외 활동으로 허용되는 정도에 머물러야만 했다.

한편, 일본 정부는 서구의 교육을 신속히 도입하기 위해 서양에서 교육자들을 초빙하는데, 이때 체육을 담당하기 위해 조오지 릴런드(George A. Leland, 1850~1924)도 함께 들어왔다. 미국 의사이며 교육자였던 릴런드는 메이지시기 일본의 현실에 맞는 체육 교육 과정 개발에 참여했다. 릴런드의 주도로 1878년 설립된 체조전습소(體操傳習所, 타이소오덴슈쇼) 안에 의사, 무술가들로 구성된 체육 교과목 선정위원회가 만들어졌다. 위원회는 문부성의 의뢰로 검술과 유술이 교과목으로 적합한지를 조사한 후 1884년 10월 다음과 같은 결과를 제출한다. 검술은 1) 신체의 발달을 촉진하는 효과적인 수단이며, 2) 체력을 증진시키고, 3) 정신과 사기를 진작시키며, 4) 우유부단한 사람을 박력 있게 하고, 5) 위험에 처했을 때 호신술로서 기능한다는 다섯 가지의 장점을 가지고 있다. 반면 검술은 1) 신체를 불균형하게 발달시키고, 2) 수련 중 항상 상해의 위험이 있으며, 3) 신체적으로 강한 학생과 약한 학생이 함께 수련할 때 적절한 수련 강도를 정하기 힘들며, 4) 폭력적인 행위를 조장할 수 있으며, 5) 호승심을 불러일으켜 무슨 수를 써서라도 이기려고 하는 태도를 강화하며, 6) 어린 학생들이 경쟁심 때문에 부정한 방법을 사용하도록 조장할 위험이 있으며, 7) 다수의 학생들을 지도할 때 통일된 지도 방법론을 유지하기 힘들며, 8) 수련을 위해 넓은 공간이 필요하며, 9) 유술은 도복만 있으면 되지만 검술은 비싼 호구와 다른 특별한 도구가 필요하며 위생을 유지하기 힘들다는 9가지의 단점을 들었다.[38] 이상의 조사 결과는 전통적인 검술의 장점보다 단점이 더 많다는 걸 의미했다. 문부성 역시 이 보고서를 토대로 검술을 교육 과정에 도입해서는 안 된다는 결론을

---

38  高野佐三郎, 《劍道》, 290쪽. Alexander Bennett, *The Cultural Politics of Proprietorship*, 138-139쪽에서 재인용.

내렸다. 그럼에도 불구하고 체조전습소의 조사 결과는 전통적인 검술을 근대적인 관점에서 분석한 것으로 검술의 체육적인 관점이 전적으로 부정된 것은 아니었기 때문에 나름 검술가들에게는 고무적으로 받아들여졌다.

하지만 여전히 검술의 교육적 가치에 대해서 부정적으로 보는 기류가 강했다. 쿄오토의 정치가였던 마키무라 마사노(槙村正直, 1834~1896)가 1878년 〈검술유해론〉에서 검술이 아동들의 균형 잡힌 성장에 해가 된다고 지적한 데서 알 수 있듯이 검술에 대한 찬반론은 첨예하게 대립했다. 마키무라는 다음과 같이 말한다.

> 최근 우리나라(=일본)는 문화적 유행을 따르다 보니 격검이 어느 곳에서나 행해진다. 하지만 격검은 사람을 공격적으로 만들고 검 수련자들을 잘못 이끌어 남을 다치게 할 수 있기 때문에 성공할 가능성은 거의 없다. '선무당이 사람 잡는다'라는 속담처럼, 건강을 해치고 머리를 얻어맞으면 충격을 받아 뇌가 흔들리게 된다. 가슴, 목 혹은 얼굴에 대한 찌르기는 위험할 뿐 아니라 호흡 기능에 영향을 미칠 수 있으며, 무작위로 뛰며 돌아다니는 건 발바닥 통증을 유발하고, 괴성을 지르는 것 등은 모두 건강에 해로운 과도한 행동이다. 이런 무익한 행위에 시간을 허비하고 몸과 마음을 힘들게 하기보다 다른 일에 매진하고 열심히 하면 나라와 가정이 훨씬 더 효과적으로 번영할 수 있다. 이것이 의미하는 바를 이해하고 결코 스스로가 잘못될 길로 들어서지 말라.[39]

일단 검술과 유술이 체육 교과에서 제외되면서 이 문제는 수면으로 가라앉는 듯이 보였다. 하지만 1882년과 1883년에 이르러 무술을 체육 정규 과목으로 채택해야 한다는 전통무술가들의 주장은 최고조에 달했다. 게다가 청일전쟁(1894년 7월~1895년 4월)이 발발하면서 일본 사회에서는 민족주의가 고조되기 시작했다. 이때 검술의 인지도도 함께 상승했다. 그 이유는 크게 세 가지였다. 먼저, 대일본무덕회가 설립되어 연례 행사로 경찰 토너먼트가 열리기 시작했는데, 여기에 격검이 포함되어 있었으며, 두 번째는 격검흥행으로 검술에 대한 사회적 관심이 급증하기 시작했으며, 마지막으로 카노오 지고로오에 의해 코오도오칸(講道館)이 설립되고 유도가 확산되면서 검도를 포함한 무술 전반으로 관심의 폭이 확대되었기 때문이

---

39 A. Bennett, T. Uozumi (eds.), The History and Spirit of Budō, p. 40, Alexander Bennett, *The Cultural Politics of Proprietorship*, 134쪽에서 재인용.

었다.

이러한 분위기 속에서 검도의 인기가 점점 증가하자 문부성도 검도의 교과 과정 편입 여부에 대해 다시 검토하지 않을 수 없게 되었다. 하지만 검술과 유술이 정규 과목에 편입되어서는 안 된다는 기존 결론이 바뀌지는 않았다. 다만 이전의 결정에서 한 걸음 진전한 조치가 내려지는데, 건강한 16세 이상의 남학생에 한해서 검도와 유도를 선택 과목으로 실시할 수 있다는 것이었다. 뒤이어 1905년 위원회에서도 검도의 교과 채용에 대해 다시 한번 심의를 했지만 역시 검도가 교육 과정에 편입되어서는 안 된다는 결론이 내려졌다. 서양식 체조와 체육 교육이 더 교육적이며 과학적이라고 평가되었으며, 일본의 검도는 그에 못 미친다는 것이 이유였다.

문부성의 입장을 바꾸기 위해서는 두 가지 전략이 필요했다. 우선 의회의 많은 사람들에게 동의를 얻는 일이었다. 학교 교과 과정에 들어가기 위해서는 법 개정이 필요했기 때문에 입법에 관계된 이들을 설득하는 일이 무엇보다 중요했다. 두 번째는 교육 현장에 있는 교사들의 공감을 얻는 일이었다. 사실 이 부분이 관건이었다. 일단 무술이 위험하지 않으며, 서양 체조만큼 교과 과정이 체계적이고, 지도법 또한 표준화되어 있다는 인식을 심어줄 필요가 있었다. 예를 들면, 유술의 급소를 가격해 의식을 잃게 하는 '아테미(當身)'나 상대의 이마를 가격하는 '멘다게키(面打擊)' 같은 기술을 유화시킬 필요가 있었다. 아울러 당시까지 각 유파는 서로 다른 방법론과 프로그램을 가지고 있었기 때문에 학교 체육으로 보급하려면 통일된 교과 지도 방법론이 필요했다.[40]

이상의 문제점들을 한 번에 해소하기 위해 전통무술가들이 채택한 방법은 검술체조화였다.[41] 검술체조화는 단순히 과격한 검술 동작을 유하게 행한다는 차원에서 이루어진 건 아니었다. 검술체조화의 핵심은 무엇보다 고류 검술에서 금기시하는 동작이라도 체조의 목적에 필요하면 채용한다는 것이었다. 이를 위해 당시 들어온 서양의학과 해부학적 지식을 동원해 기존 검술 동작을 해체하고 재구성하는 작업이 시도되었다. 예를 들면, 고전 검술에서는 금기시하는 왼 몸통치기 기술을 오른 몸통치기 기술과 균형을 맞추기 위해 채용한다든가 아니

---

40  中村民雄,〈近代武道教授法の確立過程に関する研究(一)〉《武道学研究》(13(1), 日本武道學會, 1980).

41  검술에만 한정된 건 아니었다. 유술, 봉술, 창술, 나기나타 등 무술 전 종목에 걸쳐 광범위하게 체조화 현상이 일어났다. 당시 이러한 사조를 '무술체조화'로 부른다.

면 칼자루를 잡을 때 오른손을 위, 왼손을 아래에 놓이게 잡는 법을 위아래를 바꿔 잡는 등 인위적으로 몸의 좌우를 균형 있게 발달할 수 있도록 개편한 것을 들 수 있다.

이러한 변화는 1880년대 후반부터 1900년대 초반 사이에 일어났다. 1884년부터 1897년 사이에 출판된 일본의 검술 교본에서는 상대의 도오우찌(胴打, 오른 몸통치기)만 설명하고 있을 뿐 갸쿠도오(逆胴, 왼 몸통치기) 기술은 없었다.[42] 대표적으로 나가오카한(長岡藩)의 사무라이였던 네기시 신고로(根岸信五郎, 1844~1913)의 저서를 들 수 있다. 활판으로 출판된 검도 서적의 효시로 알려진 《격검지남(擊劍指南)》(1884)에서 그는 상대의 몸통을 칠 때 오른 몸통을 노려야 한다고 말한다.[43] 뒤이어 출판된 이노쿠찌 마쯔노스케(井ノ口松之助)의 《유술검봉도해비결(柔術劍棒図解秘訣)》(1887)[44]과 요코노 시즈지(橫野鎭次)의 《비결도해 유술격검독습법(秘訣図解柔術擊劍独習法)》(1894)[45]에서도 모두 오른 몸통치기가 합리적이라고 설명한다.[46]이러한 견해는 카메야마 다이조(亀山大城)의 《격검과 유술도해(擊劍ト柔術図解)》(1895)와 요네오카 미노루(米岡稔)의 《격검유술지남(擊劍柔術指南)》(1897)에서는 더욱 강화되어 아예 오른 몸통치기만이 기술로서 합리적이며 왼 몸통치기는 금지되어야 한다는 주장까지 나오게 되었다.[47] 두 책 모두 왼편 몸통치기는 근대 새로이 등장한 기술이며 해서는 안 된다는 입장을 고수한다.

---

42 도오우찌(胴打)는 한국에서는 허리치기로 번역하고 있다. 원래 일본어로 도오우찌(胴打)는 문자 그대로는 갑[胴, 몸통]치기를 가리킨다. 그리고 도오우찌라고 하면 당연히 오른 몸통치기를 의미했다. 그 반대에 해당하는 갸쿠도오(逆胴)는 왼 몸통치기를 가리킨다. 검술체조화의 결과로 오늘날의 검도에서는 오른 몸통치기(右胴, 미기도오)와 왼 몸통치기(左胴, 히다리도오) 둘 다 공식 기술로 자리 잡았다.

43 根岸信五郎, 《擊劍指南》(根岸信五郎, 1884), 14쪽.

44 井ノ口松之助, 《柔術劍棒図解秘訣》(魁真楼, 1887), 94쪽.

45 橫野鎭次, 《秘訣図解柔術擊劍独習法》(矢島誠進堂, 1894), 14-15쪽.

46 矢野裕介, 〈1900年前後における剣術の体操化過程にみる胴技の変容: 小沢卯之助らの武術体操法に着目して〉《体育学研究》(59(2), 日本体育・スポーツ・健康学会, 2014), 627쪽.

47 亀山大城 口授, 《擊劍ト柔術図解》(大成堂, 1895), 32쪽; 米岡稔, 《擊劍柔術指南》(東京圖書出版, 1897), 43쪽.

〈표 22〉 오른 몸통치기 기술을 강조했던 메이지시기 검술 서적들

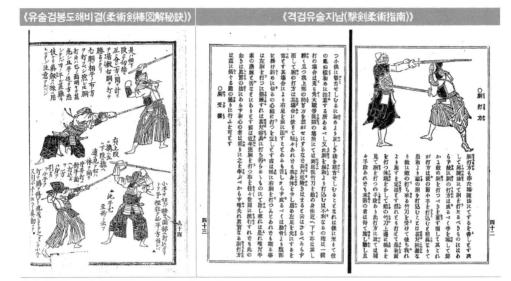

| 《유술검봉도해비결(柔術劍棒図解秘訣)》 | 《격검유술지남(擊劍柔術指南)》 |
| --- | --- |

왼 몸통치기가 이치에 맞지 않을 뿐 아니라 더 나아가 허용되어서는 안 된다고 여겨졌던 이유는 실전에서의 효용성 때문이었다. 일반적으로 칼을 잡고 맞서게 되면 오른손이 쯔바[칼방패] 가까이 그리고 왼손은 칼자루 끝에 가깝게 위아래로 잡으며, 발은 오른발이 앞에 위치하게 된다. 따라서 몸의 오른편이 자연스럽게 앞으로 나오며 전면을 향한다. 따라서 공격자의 입장에서는 상대의 오른편이 공격하기가 왼편보다 수월하다. 아울러 오른편 몸통의 갈비뼈에서 복부에 걸쳐 대각선으로 베어 상대방의 급소인 간을 절단 낼 수 있었다. 가격할 때도 왼발을 내어 디디며 허리 회전을 이용해 공격하는 이유도 이러한 실전적인 특성이 강조되었기 때문이다(〈표 22〉 참조).

반면 왼 몸통치기를 하기 위해서는 공격자도 위험을 감수해야만 했다. 상대의 왼 몸통을 치기 위해서 들어갈 경우에 상대가 조금만 몸을 틀어도 내 몸의 왼편이 상대에게 그대로 노출되어 곧바로 반격을 당하기 쉬웠다. 고류 검술에서는 왼 허리에 칼집을 차고 있어서 왼 몸통을 가격할 때 여기에 걸려 상대적으로 치명상을 입히기 쉽지 않다는 것도 왼 몸통치기가 효과적이지 못하다고 여겨진 이유였다.

하지만 이러한 견해는 1890년대와 1900년대 오자와 우노스케, 켄조 나카지마, 토쿠찌로

나카노가 학교 교육 과정에 검술을 집어넣을 목적으로 검술을 활용한 무술체조법을 개발하면서 부정되기 시작했다. 오자와, 켄조, 토쿠찌로 세 사람 모두 오른 몸통치기와 왼 몸통치기를 함께 수련해야 한다고 주장했다. 새로운 교수법은 서양의 해부학적인 지식을 기반으로 인체의 왼편과 오른편을 균형 있게 발전시켜야 하며, 그러기 위해서는 몸통치기에서 오른편, 왼편 모두 동등한 비중으로 수련해야 한다는 생각에 기초하고 있었다.[48] 여기서 한 걸음 더 나아가 아예 칼자루를 잡는 손을 위아래를 바꿔 잡고 사용하는 방법도 권장될 정도로 몸의 좌우 균형 있는 발전을 중요시했다. 특히, 오자와 우노스케(小澤卯之助)의 《무술체조법(武術體操法)》(1897)은 전통적으로 전투적인 이미지에 강하고 격한 운동으로 인식되는 무술의 이미지를 개선하는 데 기여했다. 《무술체조법》은 크게 봉체조(棒體操), 도체조(刀體操, 거합체조 포함), 치도체조(薙刀體操: 나기나타체조), 창체조(槍體操)의 네 부분으로 구성되어 있었다. 무술 동작에 필요한 자세와 보법을 활용한 맨손 체조가 공통으로 사용되며, 각 무술에 특화된 동작에 필요한 기본 체조 및 심화 동작으로 구성된 체조가 일련의 순서에 따라 배열되어 있다〈표 23〉 참조).[49]

### 〈표 23〉《무술체조법》의 내용

| 구분 | 내용 | 비고 |
|---|---|---|
| 체조준비 | | 기본 서는 법, 인사, 집합과 해산 등 본격적인 체조 전에 마음의 준비를 한다. |

---

48　矢野裕介, 〈1900年前後における剣術の体操化過程にみる胴技の変容 : 小沢卯之助らの武術体操法に着目して〉.

49　小沢卯之助, 《武術体操法》(大日本図書, 1897).

| 구분 | 내용 | 비고 |
|---|---|---|
| 예비체조 | 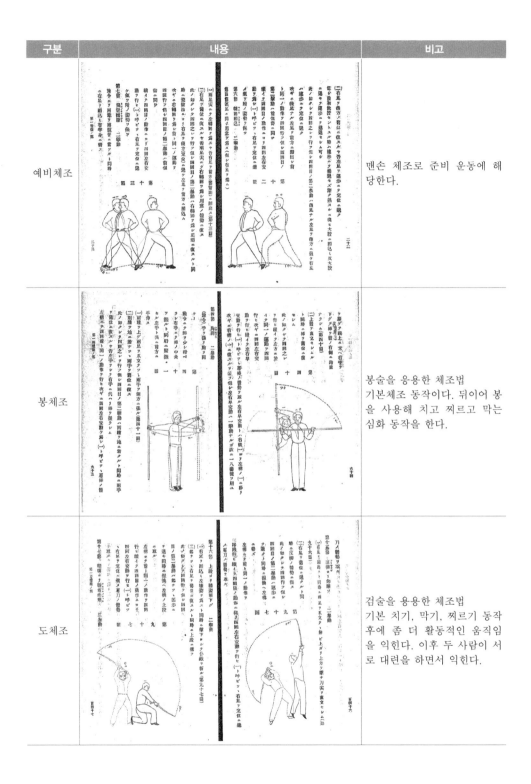 | 맨손 체조로 준비 운동에 해당한다. |
| 봉체조 | | 봉술을 응용한 체조법<br>기본체조 동작이다. 뒤이어 봉을 사용해 치고 찌르고 막는 심화 동작을 한다. |
| 도체조 | | 검술을 용용한 체조법<br>기본 치기, 막기, 찌르기 동작 후에 좀 더 활동적인 움직임을 익힌다. 이후 두 사람이 서로 대련을 하면서 익힌다. |

| 구분 | 내용 | 비고 |
|---|---|---|
| 치도체조 | 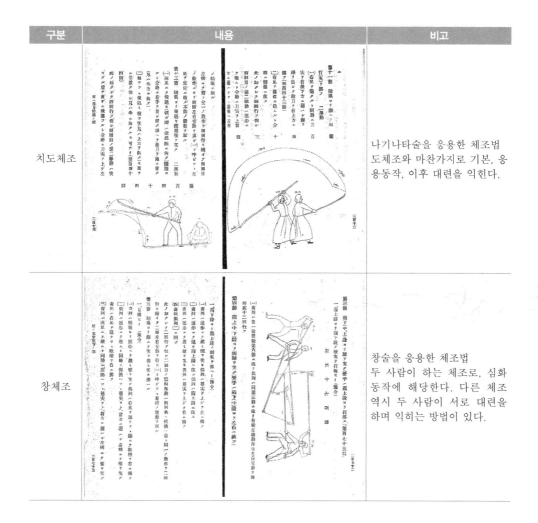 | 나기나타술을 응용한 체조법 도체조와 마찬가지로 기본, 응용동작, 이후 대련을 익힌다. |
| 창체조 | | 창술을 응용한 체조법 두 사람이 하는 체조로, 심화동작에 해당한다. 다른 체조 역시 두 사람이 서로 대련을 하며 익히는 방법이 있다. |

　　검술 찬성론자들의 지속적인 노력은 1911년에 이르러서야 빛을 보게 되었다. 격검이 마침내 학교 교육 과정에 들어가게 된 것이다. 1911년 문부성에서는 격검을 체육 과목의 하나로 채택하면서 격검 교사를 양성하기 위해 전국적으로 중학교 교사를 선발해 교육을 시켰다. 비록 문부성의 교육 목적은 검술 기술의 숙달이 아니라 몸과 마음의 단련에 있었지만 당시 공식적인 명칭으로 '격검'을 채택했다.

　　1920년대까지 '검술' 혹은 '격검'이란 용어가 '검도'보다 더 보편적으로 사용되었다. 토오쿄오고등사범학교(東京高等師範學校) 최초의 검술 교사였던 타카노 사사부로오[50]는 무술 수련

---

50　타카노 사사부로오(高野佐三郎, 1862~1950)는 쇼오와 시대(昭和時代, 1926~1989) 일본 검도계의 일인자로 알려져 있다.

과 목적을 설명하기 위해 '무술' 혹은 '무도'라는 용어를 사용하기도 했지만 특별히 '검도'라고 말하지는 않았다. '검도'라는 명칭을 주장한 이는 나가이 미찌아키[51] 교수가 유일했다. 그는 격검(擊劍)의 격(擊)이나 검(劍)은 마음의 수양보다 기술을 우위에 두는 개념이므로 격검이란 용어를 사용해서는 안 되며 '검도'라고 해야 한다고 주장했다.[52]

〈표 24〉 학교체육 교육과정에 무술이 도입되도록 한 주요 연대기적 사건들[53]

| 연도 | 이벤트 |
|---|---|
| 1872 | 교육령 공포에 따라 체술(體術)과 위생(衛生)이 초등학교 교육 과정에 포함됨. |
| 1875 | 사카타 니시로시가 《메이로쿠잡지(明六雜誌)》에 무술이 어린이들의 정신 교육에 좋다는 기사들을 게재함. |
| 1878 | 체조전습소(體操傳習所)가 설립됨. |
| 1879 | 1879년 교육령에 따라 체조가 선택 과목으로 학교에 도입됨. |
| 1880 | 무기(武技, 무술)가 전인 교육의 형태가 아니라 군사 훈련의 한 형태로 교육과정에 포함되어야 한다는 청원이 원로원(元老院)에 제기되었지만 부결됨. |
| 1881 | 검술이 학습원(學習院)[54]에서 한 과목으로 교습됨. |
| 1882 | 카노오 지고로오에 의해 코오도오칸 유도가 만들어짐. |
| 1883 | 문부성(文部省)이 체조전습소에 의뢰해 격검과 유술이 학교 체육 교육 과정에 도입될 경우의 장점에 대해서 조사함. |
| 1884 | 체조전습소에서 검술과 유술은 교육 과정에 포함시키지 않는 것이 낫다는 결과를 발표함. 5월과 8월 사이 《토오쿄오의사신지(東京醫事新誌)》 지면을 통해 무술 교육의 이점에 대한 논쟁 일어남. |

나카니시하잇토오류(中西派一刀流劍術) 출신 검객으로 대일본무덕회 검도 범사, 경시청검술세화괘(警視廳武術世話掛: 메이지 시대 경시청에 설치되었던 검술, 유술, 체포술을 지도하던 조직)와 토오쿄오고등사범학교의 교수 등을 역임했다. 타카노는 1918년 토오쿄오의 칸다(神田)에 수도학원(修道学院)을 열고 검술을 가르쳤는데, 일제강점기의 조선 체육인이었던 강낙원도 수도학원에서 타카노에게 검술을 사사했다.

51 나가이 미찌아키(永井道明, 1869~1950)는 일본 최초의 〈학교체조교수요목〉을 작성한 인물이다. 1896년 우네비중학교(畝傍中學校) 교사, 1898년 동 학교 교장, 뒤이어 1902년 히메지중학교(姫路中学校) 교장을 역임했다. 1905년 문부성의 해외 체육 상황 조사 프로젝트에 참가해 보스턴, 스톡홀름에서 스웨덴체조 연수를 받고 1909년 귀국했다. 이후 일본의 학교 체육 발전을 위해 헌신했다. 체육공로자로 표창을 받았다. 일본 학교 체조의 아버지로 불리며, 저서에 《학교체조요의(學校體操要義)》(大日本図書, 1913)가 있다.

52 격검·검술에서 검도로의 변화에 대해서는 다음 두 논문을 참조. 木下秀明, 〈「擊劍」「劍術」から「劍道」への移行過程に関する検討:『文部省第一回擊劍講習録』の分析〉《体育学研究》(50, 日本体育・スポーツ・健康学会, 2005); 木下秀明, 〈「擊劍」「劍術」から「劍道」への移行過程に関する検討: 永井道明の場合〉《体育学研究》(51, 日本体育・スポーツ・健康学会, 2006).

53 Alexander Bennett, *The Cultural Politics of Proprietorship*, 135쪽.

54 가쿠우슈인(學習院)은 1847년 황족과 화족을 위한 엘리트교육 기관으로 설치되었다. 제2차 세계대전 이후 1949년 가쿠우슈인대학으로 개편되었다.

| 연도 | 이벤트 |
|------|--------|
| 1889 | 제일중학교에 검술회가 설립됨. |
| 1893 | 세키 주우오오지가 민간인으로는 최초로 문부성에 검술을 학교 교육 과정에 도입할 것을 주장함. |
| 1896 | 문부성이 학교건강고문위원회(學校健康顧問委員會)에 의뢰해 학교 교육 과정에서 격검과 유술의 이점에 대한 조사를 의뢰함. 위원회는 무술이 15세 이상의 건강한 남학생들에게 과외 활동으로 적합하다고 추천함. |
| 1897 | 세키 주우오오지가 제10회 의회 본회의에서 격검과 유술을 중학교의 정규 과목으로 도입할 것을 다시 청원함. 청원이 받아들여져 정부로 이관됨. 세키는 매년 청원을 반복해 올림. |
| 1898 | 문부성에서 무술을 중학교와 보통학교의 정규 교과로 허용하지 않는다고 발표함. |
| 1900 | 시바타 콧키가 제14회 의회 본회의에서 격검과 유술을 정규 교과목으로 도입할 것을 청원함. 청원이 받아들여져 정부로 이관됨. 시바타도 매년 청원을 반복해 올림. |
| 1901 | 유명 검객 오자이 이찌로오와 타카노 사사부로오가 문부성에 검술을 학교 교육에 도입하라는 청원을 모방해 매년 청원을 올림. |
| 1905 | 유명 검객 호시노 큐우조오가 제21회 의회 본회의에 무술을 중학교 이상의 학교 교육 과정으로 도입할 것을 청원함. |
| 1906 | 호시노 큐우조오가 제22회 의회 본회의에 또다시 청원함. 문부성은 카와고에중학교를 방문해 무술 수업을 참관함. 대일본무덕회가 전국적인 교육을 위해 통합된 검술 카타를 제정함. |
| 1907 | 전국 보통학교장회의에서 약간의 수정을 가해 무술 교육을 남학생 교육에 채택할 것을 동의함. |
| 1908 | 제24회 의회 본회의에 호시노 큐우조오가 또다시 청원을 함. |
| 1910 | 전국 보통학교장회의에서 검술과 유술을 남학생의 정규 과목으로 하고, 나기나타(薙刀)와 큐우쥬쯔(弓術)는 여학생들에게 장려하도록 결정함. |
| 1911 | 개정된 〈중고등학교 교과규정〉 13조에 격검과 유술을 교과 과목에 포함할 수 있다고 공표함. 실제로는 선택 과목으로 채택되었음. 토오쿄오고등보통학교에서 개최된 무술 지도 통일화를 위한 전국 세미나를 문부성이 후원함. |
| 1912 | 제2회 문부성 국가 지도 세미나에서 검술을 지도하기 위해 무덕회의 나이토 오타카하루가 초빙됨. 보통학교에서 남학생을 위한 무술 지도가 공식적으로 비준됨. 무덕회는 새로운 통합 카타(대일본제국검도형)를 만들어 1906년 제정된 표준형을 대체함. |
| 1913 | 격검과 유술을 중학교와 보통학교의 정규 과목으로 가르칠 것을 문부성이 법률로 공포함. |

이후 검도는 학교 체육의 하나로 꾸준히 발전했다. 하지만 학교 교육 과정에 급격한 변화가 생겼다. 1937년 만주대사변이 발생하면서 일본은 전시동원체제로 전환된다. 1937년부터 1942년까지 이어진 전시동원체제하에서 학교 체육 역시 군사 체육으로 바뀌게 된다. 이때 검도를 포함한 모든 체육 스포츠 활동은 군사 체육화 된다. 보통학교라는 명칭 역시 이때 국민학교로 개칭되고, 군사 교육과 검도 교육이 교육 과정에 포함되었다. 무도 교육은 5학년 이상의 남학생들에게 요구되었고 여학생에게도 가능하게 바뀌었다. 1943년 고시된 보통학

교 교사 지침에 실린 전시 체제하의 교육 지침은 당시 전시동원체제하에서는 모든 것이 군사화되었으며 무술 역시 예외가 아니라는 사실을 보여준다. 검도는 곧바로 국가주의에 발 맞추어 전시 체력강화와 무사도를 고취하기 위한 도구로 변질되기 시작했다.

## 시나이쿄오기(撓競技)와 전후(戰後) 검도

1945년 8월 15일 제2차 세계대전에서 일본이 패망함으로써 검도에도 일대 변화가 찾아온다. 당시 일본을 점령한 연합국군최고사령관총사령부(General Headquarters, the Supreme Commander for the Allied Powers)는 비군사화의 일환으로 검도를 비롯한 무도를 금지하는 조치를 취했다. 1945년 11월 6일 취해진 체련과교수요항에 관한 지침을 통해 학교에서의 검도 관련 활동이 전면적으로 금지되었다. 정규 무도 과목이었던 검도, 유도, 나기나타, 궁도의 수업이 중지되었으며, 검도부나 유도부, 궁도부 같은 학교운동부의 활동도 금지되었다. 아울러 무도를 통괄하고 있던 정부의 외곽 단체인 대일본무덕회를 해산시키고 관계자 1,300여 명도 공직에서 추방했다. 이와 함께 전국적으로 산재해 있던 일본도를 몰수해 폐기시키는 조치를 취했다. 비록 개인의 검도 수련까지 모두 금지된 건 아니었지만 '검도'의 타이틀을 건 공식적인 활동은 더 이상 이루어질 수 없었다. 이러한 조치로 인해 일본 사회에서 검도는 그 입지를 잃고말았다. 하지만 유일하게 경찰단체들에 한해서 검도활동이 묵인되었다. 내무성이 해체되기 전인 1946년 5월 6일과 7일 양일간에 걸쳐 경찰연습소 연무장에서 무도대회가 열리기도 했다. 하지만 1947년 기존 중앙집권적인 국가경찰이 개편되면서 국가지방경찰과 자치체(自治體) 경찰로 이원화되는 신 경찰제도가 실시되는데, 이때부터 경찰검도 역시 금지된다. 고육책으로 검도 대신 경봉술(警棒術)이 실시되는데, 이 경봉술은 뒤에 시나이쿄오기(撓競技)에 영향을 주었다.[55]

학교에서의 검도 활동이 전면적으로 금지되고, 무덕회가 해산되며, 다수의 도장이 폐쇄되면서 검도의 입지는 더욱 위태로워졌다. 그렇다고 해서 검도 부활을 위한 노력이 멈춘 건 아니었다. 검도애호가들은 다양한 경로를 통해 연합국 총사령부와 끊임없이 협상을 하며 설득

---

55   中村民雄,《劍道事典─技術と文化の歷史》(島津書房, 1994), 269-270쪽.

을 하려고 노력했다. 사사린 순조(笹林順造)와 무토오 히데조(武藤秀三) 역시 그들 가운데 하나였다. 이들은 1949년 10월 30일 토오쿄오검도클럽(東京劍道俱樂部)이라는 이름으로 제1회 검도경기대회를 토오쿄오 철도국 도장에서 개최했다. 이때 검도가들이 모여서 서양 스포츠 규칙에 부합하는 새로운 검도 경기의 규칙, 심판법, 보급 등에 관해 논의한 후 같은 해 11월 25일 개별 검도 클럽의 모체가 되는 토오쿄오검도연합회(東京劍道聯合會)를 결성했다. 이 검도연합회에 참여한 이들은 대학교 및 전문학교 검도 클럽 출신 졸업생들로 구 학생검도연맹 출신들이었다. 하지만 공적인 단체의 명칭으로 여전히 '검도'의 사용이 금지되어 있었기 때문에 결국 전일본시나이쿄오기연맹(全日本撓競技連盟)으로 1950년 2월 5일 허가를 받았다. 연맹의 초대 회장으로는 사사린 순조가 취임했으며, 토오쿄오검도연합회 소속의 회원 다수가 시나이쿄오기연맹의 이사 및 사무국원으로 참여했다. 제1회 시나이쿄오기 대회는 나고야의 전철본사(電鐵本社) 강당에서 개최되었으며 새로운 종목으로 주목을 받기 시작했다.[56] 동년 12월 18일 전국 각지 체육업무 주관 과장회의에서 비록 문부성에서 시나이경기의 체육, 유희적 가치가 충분히 연구되어야 한다는 조건부 승인이기는 하지만 학교체육에 시나이쿄오기 도입을 결정했다. 이후 시나이쿄오기는 중학교 이상의 교육 과정에 도입되어 널리 보급되기 시작했다.

시나이쿄오기는 죽도(시나이)를 사용한 경기(쿄오기)라는 점에서 죽도 검도와 유사하다고 볼 수도 있다. 하지만 연합국군최고사령관총사령부의 일본의 비군사화 조치에 의해 검도가 금지되면서 어떻게든 기존 검도의 흐름을 되살리고자 하려는 고육지책에서 나온 새로운 종목이라는 점에서 시나이쿄오기는 이전 검도와 달랐다. 전전(前戰) 검도에 배어있는 무도의 색채를 없애고 순수한 스포츠 경기를 추구했다는 점에서 시나이쿄오기는 긍정적으로 받아들여졌으며, 그로 인해 학교체육으로 보급될 수 있었다.[57]

시나이쿄오기는 검도의 부정적인 이미지를 지우기 위해 노력했다. 명칭부터 죽도 경기라는 의미의 시나이쿄오기(撓競技)라는 중립적인 용어를 취했다. 그리고 기존 사무라이를 연상

---

56  中村民雄, 《劍道事典—技術と文化の歷史》, 271쪽; Alexander Bennett, *The Cultural Politics of Proprietorship*, 208쪽, 271-272쪽.

57  제2차 세계대전, 특히 태평양과 동아시아에서 벌어진 태평양전쟁을 기준으로 전전(前戰) 검도 전후 검도로 구분하기도 한다. 전전 검도에 비해 전후 검도는 군사적인 요소와 격렬함이 제거되고 스포츠 검도로 성격이 순화되었다는 의미가 강조된다.

〈그림 42〉 시나이쿄오기

시키는 하카마 복장이 아니라 셔츠와 바지 차림에 신발을 신었다. 전전 검도의 검은색 도복과 차별하기 위해 검은색만 아니면 된다는 규정을 두었지만 결과적으로 흰색 복장이 선호되면서 시나이쿄오기의 복장은 흰색으로 정착했다. 전체적으로 서양의 펜싱 복장에 가까웠다. 얼굴에는 검도의 면이 아니라 펜싱마스크와 비슷한 형태의 마스크를 착용했으며, 몸통에는 타격부위가 표시되어 있는 태권도 호구와 유사한 형태의 경량의 보호구를 착용했다. 죽도는 기존의 4, 8, 16쪽으로 갈라진 대나무를 이전 야규우류의 후쿠로지나이(袋竹刀)처럼 가죽주머니로 감싼 1.15m 이내 길이의 죽도를 사용했다. 무게는 300~450그램이었다. 경기장은 가로 세로 각 7m, 6m였다. 기존 검도의 트레이드 마크와도 같았던 아시가라미(足搦み: 발 걸기)나 쿠미우찌(組打ち: 몸싸움), 고함 지르기 등은 금지되었다. 제한시간 내에 점수제로 승부를 겨루며 3인의 심판원이 홍백기를 사용해 판정했다. 전반적으로 오늘날의 스포츠 경기에 가까운 형태로 재정립되었다(〈그림 42〉).

그런데 1951년 샌프란시스코 강화조약이 발효되면서 연합국의 일본 점령이 종료되고, 무도 종목에 대한 제한이 풀리게 되었다. 검도 역시 발 빠르게 체제를 정비하기 시작했다. 1952

년 10월 14일 다시 '검도'라는 타이틀을 건 전일본검도연맹(全日本劍道聯盟)이 발족되었다. 이후 기존 시나이쿄오기연맹과 검도연맹의 합병이 논의되기 시작해 2년 후인 1954년 3월 시나이쿄오기연맹이 전일본검도연맹으로 흡수 합병되었다.

시나이쿄오기는 1950년 2월부터 1954년 3월까지 약 4년간 한시적으로만 존재했던 신무술이었다. 하지만 공식적으로는 시나이쿄오기가 사라졌지만 시나이쿄오기가 검도사에 남긴 영향은 컸다. 시나이쿄오기는 검도에 부여되었던 군국주의 파시즘과 같은 이념적인 요소들을 제거했으며, 검도를 보편적인 스포츠 종목으로 재정립하는 데 기여했다. 시나이쿄오기로 인해 검도에도 여성들이 참여하게 되었으며, 검도 경기에서 발 걸기와 몸싸움이 금지되는 등 다시금 문명화되었다.

전후 재건된 전일본검도연맹은 전전(前戰) 검도와는 차별화된 노선을 걸어야 했다. 더 이상 군국주의 파시즘을 위한 도구라는 이미지가 덧씌워져 있어서는 안 되었다. 새로운 전후 검도는 전전 검도와는 다음과 같은 5가지의 중요한 차이점을 가지고 있었다.[58]

1. 경기장의 크기가 정해졌으며, 선수가 경기장 밖으로 한 발이라도 나가게 되면 페널티가 주어졌다.
2. 허용되는 죽도의 길이와 무게가 정해졌다.
3. 경기 시간이 정해졌다. 그리고 정해진 시간 내에 승패가 갈리지 않을 경우 연장 혹은 무승부가 선언될 수 있었다.
4. 아시가라미(足搦み: 발 걸기)나 타이아타리(體當り: 몸 부딪히기)와 같은 격렬한 기술이 금지되었다.
5. 원칙적으로 각각 동등한 권한을 가진 3명의 심판이 경기를 주재했으며, 홍기 혹은 백기를 들어서 판정을 했다.

오늘날 우리가 보는 검도는 바로 이때부터 시작되었다. 비록 18세기 이래 오늘날까지 이어지는 검도를 근대 검도라고 일괄해서 보기도 하지만 살펴본 바와 같이 근대 검도는 발전

---

58  Alexander Bennett, *The Cultural Politics of Proprietorship*, 215-216쪽.

해오는 과정에서 부침이 있었다. 18세기 죽도 검도 수련법의 태동, 19세기 말 20세기 초 강무소와 경시청류 검술, 검술체조화 운동, 대일본무덕회의 검술로 검도는 근대화의 길을 걸어왔다. 하지만 20세기 초중반 검도는 무사도와 야마토다마시를 주입시키며, 천황의 신민으로 군국주의 파시즘에 복무하기 위한 이념화의 도구로 전락했었다. 1950년 중반 드디어 검도는 이념적 색채를 벗어던지고, 아울러 지난날의 과오를 씻어내며 스포츠로 거듭나려는 일련의 조치를 취한다.

1953년 단급 제도를 개혁하면서 초단에서 9단까지로 나누고, 6단 이상의 고단자에게 연사(練士, 렌시), 교사(敎士, 쿄오시), 범사(範師, 한시)라는 별도의 칭호(稱號, 쇼단)를 부여하도록 한 전전 시스템을 지속하기로 결정했다. 이후 1957년에는 10단을 도입하는 변화된 시스템을 적용한다. 10단을 도입하게 된 데는 단의 인플레이션도 영향을 미쳤다. 유도와 검도가 경찰 무도로 광범위하게 실시되고 있는 상황에서 유도에 10단이 도입되자 9단이 최고 단인 검도와 불일치가 생긴 것이다. 무도계 특유의 선후배, 상급자에 대한 예우에서 혼란이 불가피해지면서 검도에서도 10단을 도입하게 되었다. 하지만 단 시스템과 기존 칭호제도의 명확한 구분이 필요해지면서 칭호제도는 인격, 기술의 숙달, 검리에 대한 이해, 그리고 검도의 보급과 발전에 대한 기여를 강조하는 것으로, 반면 단은 기술의 수준을 가리키는 것으로 정의되었다. 전일본검도연맹 규정은 연사는 6단 이상, 교사는 7단 이상, 범사는 8단 이상에게 수여한다.[59]

이후 1970년 각 국가별 검도 기구를 통괄하는 국제검도연맹(International Kendo Federation)이 설립되었으며 같은 해 일본무도관(日本武道館, 니혼부도오칸)에서 제1회 세계검도선수권대회(World Kendo Championship)가 개최되면서 검도의 세계화가 본격화되었다. 국제연맹 설립 당시 17개국이던 참가국은 2021년 현재 62개국으로 확대되었다.[60] 국제검도연맹은 검도 외에

---

59  대한검도회의 연사는 5단 취득 후 만 3년 이상이 지나야 하며, 교사는 5단 연사의 경우는 연사 칭호 수령 후 만 7년 이상, 6단 연사는 6단 취득 후 만 4년 이상이 지나야 한다. 범사는 교사 칭호 취득 후 만 10년이 지나고, 55세 이상에게 수여하는 것으로 규정하고 있어 전일본검도연맹과 다소 차이가 있다. 대한검도회 웹사이트 칭호규정 (http://www.kumdo.org/deahan_kumdo/d-kumdo5/d-kumdo-5-4_1_2.php?t), 2022년 7월 24일 검색; Alexander Bennett, *The Cultural Politics of Proprietorship*, 216쪽.

60  국제검도연맹 공식 웹사이트(https://www.kendo-fik.org/organization), 2022년 6월 19일 검색.

도 거합도(居合道, 이아이도)와 장도(杖道, 조도)[61]를 보급하며, 국제올림픽위원회(IOC, International Olympic Committee)의 공인 단체인 국제경기연맹총연합(GAISF, Global Association of International Sports Federations)에 가입해 검도의 올림픽 경기화를 추진하고 있다.

1950년대 이래 검도를 재건하려는 노력은 성공했다. 전전 검도에 드리워져 있던 군국주의적인 요소를 제거함으로써 검도는 재문명화할 수 있었다. 하지만 검도의 이념화된 이미지가 완전히 제거된 건 아니었다. 전일본검도연맹이 공언하고 있듯이 검도는 사무라이 문화의 연장선상에서 발전해왔으며, 일본인의 정신을 구현하는 스포츠로 강조되어 왔다. 검도를 전 세계에 보급시키는 것 역시 일본 문화와 일본인의 정신을 시혜적인 차원에서 나눠준다는 생각을 하고 있다. 스포츠는 가치중립적인 보편성을 추구하지만 검도는 여전히 일본이라는 국가 정체성과 밀접히 결합되어 있으며, 검도와 국가의 결속이 잠시 수면 아래로 가라앉은 상태일 뿐 완전히 사라진 건 아니라는 점에 유의할 필요가 있다. 아울러 검도의 스포츠적인 성격을 지향하는 국제검도연맹과 검도의 무도적인 성격을 고수하고 있는 전일본검도연맹의 견해차로 인해 검도가 무도인가? 아니면 스포츠인가? 하는 논쟁이 여전히 진행 중이며, 검도 이념화의 뿌리가 완전히 제거되지 않았다는 점도 유념할 필요가 있다.


## 일제강점기 근대 일본 검술의 전파

19세기 말 근대 일본 검술의 탄생과 전파에 중요한 기여를 한 건 아이러니하게도 서구 문명이었다. 제국주의와 함께 들어온 서구 문명에 일본은 발 빠르게 대처했다. 메이지유신을 통해 근대 국가로의 변모를 꾀하고, 제국주의를 롤 모델로 삼아 동아시아에서 일본을 제국화하는 데 전력을 기울였다. 이때 서구 문명과 함께 서구의 체조, 신체 문화가 유입되며 그에 대한 추수와 반작용을 통해 근대 일본 검술(=격검)이 탄생했다.

동아시아의 근대적인 전통은 어떤 의미에서 외부 세력에 대한 대항과 적응, 변용의 과정

---

61  장도(杖道)는 수련자가 길이 128cm, 지름 2.4cm의 봉을 사용하는 기술로 공격과 방어, 상대의 움직임을 제어한다. 시합에서는 공격자와 방어자의 역할을 번갈아 가며 미리 정해진 기술을 시범 보이고 이를 평가한다. 올바른 자세, 충만한 기세, 적절한 파워와 정확한 타격, 간격, 타이밍의 포착, 에티켓 등을 기준으로 점수를 매겨 승부를 결정한다. 국제검도연맹 공식 웹사이트(http://www.kendo-fik.org/kendo), 2022년 6월 19일 검색.

속에서 만들어진 자화상이라고도 할 수 있다. 새로이 만들어진 격검은 자국 내에서 군경, 학교, 사회 체육으로 광범위하게 퍼져 나갔다. 동시에 격검은 일제의 식민지배를 받고 있던 한국으로도 전파되었다. 근대 일본의 제도를 도입함으로써 근대 국가로 변모하고자 했던 조선의 욕망과 일본의 제도를 이식해 조선의 지배를 용이하게 하고자 했던 일본의 욕망이 격검을 매개로 만났던 것이다.

19세기 말 한중일이 제국주의에 대처하기 위한 노력은 다양한 형태로 표출되는데, 각 지역의 상황과 조건에 따라 크게 세 가지 형태로 나타났다. 하나는 전래되는 전통 사회의 가치를 핵심에 놓는 방식, 다음은 기존 전통에 서구 사회의 가치를 접목하는 방식, 끝으로 완전히 서구화에 방점을 두는 방식이라고 할 수 있다. 물론 이 세 가지 접근법이 현실적으로는 어떠한 형태로든 기존 가치와 외래 가치의 융합일 수밖에 없으며, 여러 면에서 접점을 가지고 있었기 때문에 일정 정도 중첩될 수밖에 없었다.

일본의 화혼양재(和魂洋才), 중국의 중체서용(中體西用), 한국의 동도서기(東道西器)라는 슬로건은 모두 근대화시기 서구 문명의 도입을 둘러싼 동아시아의 고민을 단적으로 보여준다. 하지만 화혼과 중체, 동도 모두 양재와 서용, 서기를 추구하는 입장에 있었으며, 그 반대가 아니었다. 동양의 정신적 가치와 서구의 물질 문명을 기계적으로 분해하며, 서양을 부정하면서 동시에 추수하는 어정쩡한 방식으로 당대 동아시아 문명이 처한 위기가 해결될 수는 없었다. 동아시아가 결국 문명개화론으로 나아가게 된 이유이기도 했다. 일본은 절대주의 천황제를 화혼으로 삼고, 서양의 자본주의와 제국주의 더 나아가 서양 문명을 양재로 받아들여 메이지유신 이후 전면적인 서양화로 방향을 틀게 된다. 하지만 전근대적인 천황제와 근대적인 서양의 자본주의와 제국주의의 결합이라는 모순은 일본을 제국주의 파시즘으로 이끌며 종국엔 파멸하게 했다.[62]

조선은 일본의 강압에 못 이겨 1876년 불평등 조약인 강화도조약을 맺고 개항을 하게 된다. 외부의 압력으로 이루어진 개항이었지만 조선 역시 새로운 국제 질서에 발 맞추기 위해 여러 가지 개혁을 시도했다. 기존 중국 경서(經書)와 사서(四書) 중심의 지식 체계에 대한 반성과 함께 신교육과 신문화의 도입을 통해서 부국강병을 이루고자 했다. 교육 제도의 개혁을

---

62  정창석, 《만들어진 신의 나라: 천황제와 침략 전쟁의 심상지리》(이학사, 2014), 130-131쪽.

통한 인재 양성, 신식 군제의 도입을 통한 군사력 증강 등은 당시 가장 시급히 이뤄야 할 과제로 인식되었다. 아울러 국민 개개인의 건강과 체력이 국력의 중요한 요소가 된다는 사실을 깨달은 개화운동가들은 열악한 위생 상태의 개선과 체력 증진을 위한 다양한 계몽 운동을 전개했다.[63]

하지만 개화운동가들이 제국주의 열강의 속성을 근본적으로 파악한 것은 아니었다. 제국주의 열강과 단순한 유형적인 대비를 통해 당시 한국의 취약성을 인식하고 이를 개선하기 위한 방안으로 정치, 경제 제도의 서구화가 이루어져야 하며, 이를 위한 물적, 인적 기반은 신문화와 신교육의 수용에 의해서 이루어질 수 있다고 믿었다. 개화주의자들에게는 신문화, 신교육의 도입이 곧 문명개화였으며, 문명개화가 부국강병으로 이어질 것이라는 맹목적 믿음이 강했다.[64]

한편, 조선은 외세의 영향에서 벗어나 자주 독립 국가를 수립하고자 하는 열망을 담아 1897년 대한제국을 수립한다. 대한제국은 토지개혁과 상공업 진흥책을 추진하였으며, 이에 따라 근대적인 공장과 회사들이 설립되었다. 또한 은행을 설립해 금융 사업과 자본주의의 기틀을 마련하였으며, 기술학교와 사범학교, 관립학교 등 다양한 학교를 설립해 인재 양성에도 힘을 쏟았다. 아울러 강병책의 일환으로 1881년 기존 중앙군영인 5군영을 장어영과 무위영 2영으로 축소하는 대신 신식 군대인 별기군을 창설하였다. 하지만 구식 군대의 군인들은 이러한 조치로 실직을 하고 생활고에 시달리게 되었다. 1882년 훈련도감에서 해고된 구식 군인들은 당시 13개월간 체불된 임금을 쌀로 받았는데, 이 쌀은 겨가 섞이거나 젖어서 먹을 수 없는 상태였다. 이로 인해 구식 군인들이 봉기하는 사건이 발생하게 된다[임오군란]. 조선 정부는 기존 군제를 다시 부활시키고 그간 추진 중이던 근대화 조치를 모두 폐기시키는 것으로 사태를 수습하는데, 신식 군대인 별기군 역시 이때 폐지되고 만다.[65]

---

63  개화정책의 일환으로 신문명과 근대적인 기술을 받아들이기 위해 일본에는 수신사, 청나라에는 영선사, 그리고 미국에는 보빙사를 파견했다. 수신사는 제1차 김기수(1876년 4월 4일), 제2차 김홍집(1880년 5월 28일), 제3차 박영효(1882년 8월 8일) 세 차례, 영선사는 김윤식(1881년 9월 26일, 1882년 11월 11일)을 파견했다.

64  이학래,《한국근대체육사연구》(지식산업사, 1990), 20–21쪽.

65  1907년에는 일제에 의해 대한제국군이 강제로 해산됨으로써 자위권을 잃어버리고 사실상 일본의 식민지로 전락하고 말았다. 구식 군대의 해산은 조선 군사 전통의 공식적인 사망, 그리고 그 군제 안에서 행해지던 무예의 단절을 의미하는 상징적인 사건이라고 할 수 있다.

〈그림 43〉 구한말 별기군[66]

한편, 대한제국이 수립되기 직전인 1895년 고종은 교육이 국가의 근본이라는 취지의 교육조서를 반포한다. 특히 신교육의 중요성을 강조하고, 학교의 설립과 인재의 양성, 그리고 체양(體養: 체육)을 덕양(德養: 덕육), 지양(知養: 지육)과 함께 교육의 3대 강령으로 제시하고 있다. 전 국민에게 신교육의 필요성과 중요성을 강조한 최초의 교서에서 체양을 강조했다는 건 당시 조선 정부도 이 문제의 중요성을 인지하고 있었다는 사실을 보여준다. 체양을 위한 구체적인 방법론은 신체육의 도입이었다. 근대 이전에도 활쏘기, 씨름, 널뛰기, 그네뛰기, 윷놀이, 돌팔매놀이, 제기차기, 썰매타기, 공차기, 격구, 투호, 쌍륙, 격봉 등 전통적인 신체 활동이 존재했다. 하지만 전근대 사회에서는 신체 활동을 '교육'적인 측면에서 파악하지 못했다. 근대 의학과 해부학적 지식, 생리학적 이론이 결부되어 발전한 신체육은 당시 한국인들의 체력 향상을 위한 근대적인 방법론으로 인식되었다. 아울러 유럽의 형식체조와 함께 축구, 야구, 농구, 테니스 등 근대적인 스포츠가 1900년을 전후해 들어오기 시작했다.

사실 체육의 가치에 먼저 주목을 한 것은 제국주의 국가들이었다. 19세기 말에서 20세기 초 개인과 국가를 연결하는 새로운 논리와 방식을 고안하고, 개개인의 역량을 국가로 집중시켜 제국의 팽창을 위한 밑거름으로 삼고자 했다. 이 과정에서 체육이 주목을 받기 시작했으며, 체육은 곧바로 제국의 팽창을 위한 수단이 되었다. 따라서 제국주의 질서와 연동되며 형성·확산된 체육은 국가주의적 성격을 강하게 띨 수밖에 없었다.[67] 동시에 체육은 개인의 건

66  김원모 · 정성길, 《백 년 전의 한국》(가톨릭출판사, 1986), 54-55쪽.

67  박윤정, 《한말 · 일제하 근대 체육의 수용과 민족주의 체육론의 형성》(연세대학교 석사학위 논문, 2016).

강과 즐거움을 위한 레크리에이션으로도 기능을 했다는 점에서 개인주의적인 성향도 함께 가지고 있었다.

이처럼 서양에서는 체육에 국가주의와 개인주의의 두 가지 사조가 반영되었지만 제국에 둘러싸여 생존을 위협받던 구한말 조선은 체육의 애국주의적인 측면이 부각되었다. 대한제국이 수립되는 시기 애국은 곧 황제에 대한 충성을 의미했다. 이때 체육은 백성과 황제를 연결시키는 매개였다. 대한제국기 정부가 주도한 운동회는 다양한 색깔과 음악, 깃발, 진귀한 상품, 자유, 평등 등의 기호를 갖고, 보고, 듣고, 먹는 즐거움을 제공하는 동시에 '충량한 시민 만들기'와 '근대 문명인의 제조'라는 목표에 따라 엄격한 규칙과 규율이 적용되고 치열한 자본주의적 경쟁이 도입되며, 근대적 시공간으로 구획되는 공간이었다. 황제에 충성하는 근대 '신민(臣民) 만들기' 프로젝트의 일환이자 문명화된 대한제국을 선전하기 위한 장으로 운동회는 중요한 상징적 기능을 했다.[68] 하지만 뒤이어 애국계몽운동기에 들어서면서 황제와 나라[國]를 분리해서 사고하기 시작한다. 근대를 견인하는 주체로 국가를 전면에 상정하고 체육은 민과 국가를 연결하는 매개로 인식되었다. 조선에 도입된 신체육은 서양에서처럼 개인의 건강과 즐거움을 위한 것이 아니었다. 조선 정부와 계몽사상가들은 '충량한 근대인 만들기'와 국가의 부름에 즉각적으로 반응하는 '애국적 신체 만들기'라는 거대한 담론을 위해 체육을 활용했다. 더 이상 몸은 개인이나 가족의 차원에 머물지 않았다. 몸은 국가를 위해 복무해야만 했다.[69]

하지만 1910년 일제 식민지배에 들어가면서 조선은 국가를 잃어버리고 만다. 조선인의 몸이 복무해야 할 국가가 없어진 것이다. 이때 국가의 빈자리를 메운 건 민족이었다. 19세기 말 서구의 국가주의 체육론은 대한제국기의 애국주의 체육론을 거쳐 일제강점기의 민족주의 체육론으로 변모하게 되는 건 어쩌면 당연했다. 특히 일제강점기 중반 문화정치기인 1920년대에 이르면 체육을 통해 민족을 중심으로 조선인의 사회 역량을 모으고 일제에 대응하고자 하는 민족주의 체육론과 일본 본국의 국가주의 체육론의 변용인 식민주의 체육론이 공존하며 갈등하게 된다.[70]

---

68  김현숙, 〈대한제국기 운동회의 기능과 표상〉《동아시아 문화연구》(48, 동아시아문화연구소, 2010).

69  김현숙, 〈개항기 '체육' 담론의 수용과 특징〉《한국문화연구》(27, 이화여자대학교 한국문화연구원, 2014).

70  박윤정,《한말ㆍ일제하 근대 체육의 수용과 민족주의 체육론의 형성》.

구한말 일본으로부터 전해진 격검 역시 이러한 시세의 흐름에 영향을 받을 수밖에 없었다. 격검은 죽도와 방호구를 사용한 근대화된 스포츠였다. 앞서 16~17세기에 군사 기술의 일부로 전해진 일본 검술과는 달랐다.[71] 물론 격검 역시 경찰, 군인을 중심으로 퍼져 나가긴 했지만 실제 전투에 사용하기 위해서라기보다는 체력 단련과 심신 수련이라는 근대적인 체육·스포츠에 가까웠다. 1882년 9월 12일부터 1883년 1월 7일까지 약 4개월간 수신사로 일본을 방문한 박영효는 당시 자신이 목격한 격검을 다음과 같이 기록하고 있다.

미생사(彌生社)에 가서 격검(擊劍)하는 것을 구경했는데, 친왕과 문무 여러 관원과 각국 공사들이 모두 모였다. 검사(劍士)가 동서 2대로 나뉘어, 각기 한 사람씩 내어 죽갑(竹甲: 대로 만든 갑옷)에 죽두(竹兜: 대로 만든 투구)를 쓰고 죽검(竹劍)을 쓰는데, 두 사람이 서로 마주 보고 경례를 하고는 갈라서서 승부를 겨루었다. 매양 세 번 싸우는 것으로 승부를 판정하는데, 똑바로 머리를 치면서 차절(遮截: 가로막음)을 당하지 않아야 이기는 것이다. 이긴 사람은 칠패(漆牌)에다 성명을 백묵(白墨)으로 써서 걸어놓고 여러 사람들에게 이를 알리니, 그 기교(技巧)를 겨루고 용력(勇力)을 과시하는 것이 매우 볼만하였다. 그리고 싸움이 끝나면 또한 서로 앉아서 공손히 읍(揖)을 하니, 이는 분노(忿怒)를 풀고 미움을 풀기 위함이다. 검사는 대다수가 순사인데, 비록 높은 관직에 있는 사람일지라도 또한 참여한다. 무릇 27쌍이 격검을 했는데, 이를 다하고 나니 경시총감 카바야마 스케노리[72]가 여러 손님을 이궁(離宮)으로 인도하였다. 이궁의 양식은 선명하고 아담하여 많은 집들을 굽어보고 있는데, 늦가을의 수목이 아주 뛰어났다. 방 안에 난로를 빙 둘러 놓고, 좋은 음식을 많이 차려놓고 서서 먹는 모임을 베풀었다. 술은 강물처럼 있는데, 모두가 외국의 이름난 술이었다. 연회를 마치자 해가 저물므로 사서(使署)로 돌아왔다.[73]

---

71 구한말 이래 근대 일본 검술을 지칭하는 용어로는 격검과 검도가 광범위하게 사용되었다. 일본에서 격검이 검도로 바뀌는 1920년을 기점으로 한국에서도 검도라는 용어가 점진적으로 격검을 대체하게 되지만 일제강점기가 끝난 한참 뒤에도 여전히 한국 사회에서 격검이라는 용어가 통용되고 있었다. 《동아일보》(1958년 7월 17일) 〈주한외국공관순례〉 이탈리아 공사관 편에서는 스파라지 공사가 젊었을 때 '격검' 선수였다고 보도하고 있다.

72 카바야마 스케노리(樺山資紀, 1837~1922)는 메이지 시대 일본 해군 군인이며, 정치가였다. 사쯔에이(薩英) 전쟁, 보신(戊辰) 전쟁, 대만정벌에 참전했으며, 1878년 육군대좌, 근위참모장이 되었다. 해상 근무 경험이 없었음에도 불구하고 해군소장(1884), 해군 중장(1885)을 역임했다. 청일전쟁에도 참전했으며, 초대 대만총독, 제2차 마쯔카타내각(松方内閣)의 내무장관, 제2차 야마가타내각(山県内閣)의 문교부 장관을 지냈다. 제2국회 회의장에서 번의 파벌 정치 옹호 연설을 하고 "오늘날 일본의 발전은 사쯔마 덕분"이라는 주장을 펴 물의를 일으켰다. 宇野俊一, 《日本大百科全書》, '樺山資紀' 항목; ブリタニカ国際大百科事典(Britannica Japan, 2021), '樺山資紀' 항목.

73 박영효, 《사화기략(使和記略)》, 1882년 10월 15일(음력); 박영효의 일본 방문으로부터 24년 뒤인 1906년 일본을 방문한

박영효가 일본을 방문한 시기는 바로 임오군란으로 별기군이 해체된 지 3개월이 지난 시점이었다. 박영효의 일본 방문 전해인 1881년 조선에서는 신식군대를 만들고 일본인 교련관 호리모토 레이조우[74]를 초빙해 서울에 사는 양반자제 100여 명을 사관생도로 선발하여 일본식 군대 훈련을 시작했으며, 다음 해인 1882년 3월에는 궁성호위부대에서 선발된 군인 80명으로 근대적인 군대인 별기군을 창설하여 호리모토 소위에게 신식훈련을 맡겼다. 하지만 4개월 뒤 7월에 발발한 임오군란으로 인해 별기군이 폐지되고 말았다.

일본 교관 호리모토가 실시한 군사 훈련에 포함된 내용은 구체적으로 알려져 있지 않다. 당시 일본 육군토야마학교(陸軍戶山學校)[75]에서 채택한 훈련법은 프랑스식이었으며, 사격, 승마술에 체조와 육상 경기 등과 함께 검술이 포함되어 있었다. 특히 검술에 격검과 함께 군도술(軍刀術)이 포함되어 있었던 상황을 감안하면 조선에서 호리모토가 실시한 군사 훈련 역시 이와 유사했을 것이다. 하지만 별기군은 짧은 시기만 존속했기 때문에 당시 격검이 본격적으로 보급되었다고 보긴 힘들다.

조선에 본격적으로 격검이 도입된 것은 박영효의 보고 이후 약 10여 년이 지난 1890년대 들어서였다. 1894년 갑오경장을 계기로 조선 정부는 일본의 제도를 모방해 신식 경찰 제도를 도입하는데, 기존 좌우 포도청을 합쳐 경무청을 신설하고,[76] 경무청의 관제에 경무사(警務使), 경무관(警務官), 총순(總巡), 순검(巡檢: 1907년 12월 27일 순사(巡查)로 바뀜)을 두었다. 이때 경찰관들의 훈련을 위해 격검도 함께 도입되었다. 격검 교습에 필요한 제반 도구들을 구입하고 강

---

이재완 역시 학교에서 학생들이 격검과 유술을 수련하며 신체 단련을 한다는 사실에 깊은 인상을 받았다고 기록하고 있다. 《고종실록》, 고종 43년(1906) 2월 9일 양력.

74  호리모토 레이조우(堀本礼造, 1848~1882)는 메이지시기 육군 중위였으며, 조선 일본공사관의 호위(護衛)로 경성(현 서울)에서 근무했다. 1881년 조선 정부의 요청으로 군사 훈련을 맡아 지도하지만 1882년 7월 23일 발생한 임오군란 중 살해당했다. 당시 35세였다. 上田正昭,《デジタル版 日本人名大辞典》(講談社, 2015), '堀本礼造' 항목.

75  1873년(明治 6년) 효오가쿠료오토야마출장소(兵學寮戶山出張所, 오늘날의 육군사관학교에 해당)로 토오쿄오 신주쿠에서 개교해 1874년 육군토야마학교(陸軍戶山學校, 리쿠군토야마갓코오)로 개칭되었다. 1904년 2월 일시 폐쇄되었다가 1906년 4월 다시 개교했다. 1912년 8월 조례 개정을 통해 사격, 전술, 통신 등 분야를 토야마학교로부터 분리해 새로 육군보병학교를 신설했다. 토야마학교는 학생들에게 체조, 검술 및 나팔 악보를 가르쳐 각 대에 보급시키고, 그에 관련된 연구와 시험을 통해 교육 수준을 제고하는 곳으로 정해졌다. 1925년 4월 토야마학교령이 제정되어 갑종(각 병과의 중·소위 및 하사에게 체조와 검술을 훈련)과 을종(각 대의 나팔장에게 나팔보를 훈련)으로 분할되었다.
아시아역사용어사전(アジ歴グロッサリー) '陸軍戶山學教' 항목. (https://www.jacar.go.jp/glossary/term4/0010-0040-0070.html), 2022년 5월 11일 검색.

76  경무청은 1900년(광무 4)에 경부(警部)로 개편되었다가 1902년 경무청으로 복설되었다. 뒤이어 1907년 경시청(警視廳)으로 개편되었다.

〈그림 44〉 칼을 찬 구한말 순검

사료를 지급하는 데 예산이 충당되었다.[77]

경찰 내에는 격검에 관한 사무를 관장하는 기수(技手)라는 직책이 따로 존재했다. 1900년 (광무 4) 강두식, 원형상 두 사람이 경부(警部) 격검 기수(技手)에 임명되었다.[78] 다음 해에는 의정부의정 윤용선이 경부를 경무청으로 개편하는 칙령안을 제출하는데, 이 안의 제8조에도 격검에 관한 사무를 관장하는 임무를 맡은 기수가 포함되어 있었다.[79]

한성에는 격검을 전문적으로 행하는 격검흥행장이 들어섰다. 그런데 일본의 관제가 조선에 도입되어 시행되면서 한일 병사들 간에 크고 작은 시비가 일어나기도 했다. 1902년에는

---

77  《고종실록(高宗實錄)》 1896년 5월 23일 자 기사에 '순검격검제구강인비(巡檢擊劍諸具講人費) 319원'을 지출했다는 기록이 보인다.

78  조선대한제국 관보, 제1771호, 광무 4년(1900) 12월 31일. 국사편찬위원회 한국사데이터베이스 조선대한제국 관보 (http://db.history.go.kr/id/gbdh_1900_12_31_a01771_00060), 2022년 4월 6일 검색.

79  윤용선, 〈警部를 경무청으로 하는 관제칙령안을 회의에 제출할 것〉《各部請議書存案》 20, 광무 5년(1901) 12월 7일. 국사편찬위원회 한국사데이터베이스 각사등록 근대편(http://db.history.go.kr/id/mk_007_0200_0290), 2022년 4월 5일 검색.

조선의 수비대가 일본 헌병을 구타하는 사건이 여러 차례 발생했다. 구타 사건은 모두 교동(校洞)과 낙동(駱洞)[80]의 격검흥행장에서 일어난 것으로 보고되었다.[81]

1905년 11월부터는 마루야마(丸山) 경무고문의 보좌관인 이와이 게이타로(岩井敬太郞)가 조선인 경찰관에게 격검을 가르쳤으며, 3년 뒤인 1908년 3월 28일 내각원유회(內閣園遊會) 주최로 '한일양국 순사격검시합(韓日兩國巡査擊劍試合)'이 열렸다.[82] 이 경기는 우리나라 최초의 검도 경기대회였다. 뒤이어 1909년 경시청에서는 격검을 활성화하기 위해 각 경찰서의 순사들을 모아 일주일에 1회씩 격검을 가르쳤다.[83] 이상 일련의 사례는 일제에 의한 강제 합병이 일어나는 1910년 이전에 이미 조선 사회에 경찰을 중심으로 격검이 본격적으로 확산되고 있었다는 걸 보여준다.[84]

경찰뿐 아니라 군대에도 격검이 도입되었다. 1898년에는 초급 무관 양성을 위한 무관학교가 설립되는데, 이 무관학교의 교육은 교수와 훈육으로 나뉘어 있으며, 훈육과목에 격검이 포함되어 있었다.[85] 뒤이어 1904년 장교 등의 재교육을 위해서 설립된 육군연성학교의 교과에도 격검이 포함되어 있었다. 특히, 보병, 기병, 포병, 공병 각 대의 현역 위관 및 하사를 대상으로 체조·검술과를 설치해 교육을 했는데, 이들은 체육 교사로도 파견되어 구한말과 일제강점기 초기 학교 체육에 공헌하는 지도자로서도 역할을 했다.[86]

이렇게 조선 내에서 격검이 활성화되면서 격검 용구에 대한 수요도 늘기 시작했다. 1906년

---

80 교동(校洞)은 오늘날 낙원동으로 흡수되었다. 낙원동은 일제시대 때 만들어진 행정구역으로 동구(洞口), 교동(校洞), 어의동(於義洞), 한동(漢洞), 원동(園洞), 탑동(塔洞), 주동(紬洞)이 합쳐져 낙원동이 되었다. 낙동(駱洞)은 오늘날 충무로 1가, 명동 2가, 회현동 3가에 걸쳐 있던 마을로, 우유[타락]를 파는 집이 있어서 타락골로 불린 데서 유래했다.

81 조병식, 〈우리나라 수비대 병사가 일본 헌병을 구타하여 치료비를 청구하니 조사할 것〉《元帥府來去案》(4, 광무 7년(1903) 1월 14일), 국사편찬위원회 한국사데이터베이스 각사등록 근대 편(http://db.history.go.kr/id/mk_055_0040_0020), 2022년 4월 5일 검색.

82 《황성신문》, 1908년 3월 24일.

83 《대한매일신보》, 1909년 2월 27일; 《황성신문》, 1909년 3월 18일.

84 한일합방 이전에 보통학교를 증설하고 일어능력자를 양성하는 한편 일어만 잘하면 일등 교육으로 여기는 상황이 전개되기 시작했다는 사실을 주목할 필요가 있다(《대한매일신보》, 1907년 8월 27일). 조선이 이미 일본의 영향 아래에 놓여 있다는 사실을 보여준다.

85 무관학교는 원래 1895년 4월 신식군대의 초급 무관을 양성하기 위해 일제의 주도하에 설치된 기관이었다. 하지만 같은 해 8월 명성황후 시해 사건에 개입됨으로써 폐지되었다. 이후 1896년 1월 재설치되었다가 다시 폐지되었다. 1898년 7월 1일 공식적으로 설치되어 운영되었다. 한국민족문화대백과사전(https://encykorea.aks.ac.kr/), '무관학교' 항목. 2020년 8월 28일 검색.

86 한왕택, 〈개화기에 있어 兵式体操의 成立過程에 관한 연구〉《한국체육학회지》(41(2), 한국체육학회, 2002), 32-34쪽.

일본인 나카오 카헤이(中尾嘉平, 1870~?)는 조선 경성의 명치정(明治町, 지금의 명동)에 자신의 성을 딴 중미상점(中尾商店)이라는 도검 및 격검 도구 판매 수리점을 열었다. 나카오는 특이한 이력을 가진 인물로 1896년 타이완으로 건너가 8년간 예수교 포교에 종사했으며, 1904년 조선으로 건너와 각지를 시찰한 후 1906년 이 상점을 열었다.[87] 뒤이어 1925년에는 하나다 히데오(花田秀雄)라는 일본인이 격검 도구와 기타 물품을 취급하는 화전무구점(花田武具店)을 서대문에 열었다.[88] 일본인에 의해서 검도구 상점이 경성에 들어서고, 뒤이어 조선에서도 검도 관련 용품이 생산되기 시작하면서, 조선총독부는 무도 용품에 대해 가격 통제를 실시한다. 총독부 관보 제4079호(1940년 8월 21일)는 가격등통제령 제7조에 의거해 조선산 검도복과 유도복 등의 판매 가격을, 관보 제4084호(1940년 8월 29일)는 검도용 방구류, 관보 제4755호(1942년 12월 5일)에는 검도 용품뿐 아니라 총검술 용품과 죽도와 부속품에 대한 최고 판매 가격을 규정해 통제하고 있다. 사실 격검 도구의 가격이 꽤 나가다 보니 이를 절취해 고물상에 팔아 넘기는 사건이 발생하기도 하는 등 격검이 확산되면서 여러 가지 문제가 생기기도 했다.[89]

일제강점기에 검도의 보급과 확산에 중요한 역할을 담당한 건 경찰 조직이었다. 1910년 한일합방 이전 통감부는 경찰관연습소의 교육 과정을 교습과와 연습과로 나누었는데, 이들 교육 과정에 무술[격검, 유술]과 포승술 등이 포함되어 있었다. 1910년대 중반까지 경찰 사무를 담당한 순수 경찰관은 5,767명이었다. 하지만 1921년에 이르면 20,150명으로 증가한다. 일제강점기 경찰관 수는 1938년까지 평균 2만 명 내외였으며 1939년부터는 23,000여 명으로 늘어나 전시동원체제를 지탱하였다. 전체 식민지 관리인의 숫자 10만 명의 약 20%가 경찰관이었으며, 이들 대다수가 유도와 격검을 수련했던 점을 감안하면 경찰관이 조선 사회 내에서 검도의 보급과 확산에 중요한 역할을 했다는 사실을 미루어 알 수 있다.[90]

---

87 《조선재주 내지인실업가 인명사전》 제1편, 126쪽. 국사편찬위원회 한국사데이터베이스 한국근현대인물자료(http://db.history.go.kr/id/im_215_23231), 2022년 4월 5일 검색.

88 中村資良, 《朝鮮銀行會社組合要錄》(1925년판), 東亞經濟時報社. 국사편찬위원회 한국사데이터베이스 주제별 연표(http://db.history.go.kr/id/ch_015_1925_05_08_0020), 2022년 4월 5일 검색.

89 《매일신보》, 1923년 3월 2일.

90 이윤정, 《한국경찰사》(소명출판, 2015), 108쪽, 120쪽.

경찰관서에서는 정기적으로 격검 수련이 이루어졌으며 수시로 격검 대회를 개최해 무예를 장려했다. 각 경찰서에서 진행하는 격검 대회(유술 포함)는 각종 신문 매체를 통해 지속적으로 대중에게 노출되고 있었다. 1910~1920년대 발행된 정기 간행물에는 격검 관련 기사가 지속적으로 보도되고 있다. 1920년 11월 3일 주재소와 서에 근무하는 순사들을 소집해 격검 대회를 개최했다거나 1923년 10월 6일에는 국경 방면 독립단의 침입에 대비해 경찰의 무예 수련을 장려, 1925년 2월 2일에는 제주경찰서에서 관내 각 주재소 순사를 소집해 격검 회를 개최했으며, 1926년 9월 22일에는 해군과 경찰 대항 격검 시합이 열려 경찰 측이 승리했다는 등 전국 각지 경찰의 격검 관련 소식이 지속적으로 보도되고 있다.[91]

특히, 조선총독부 산하 경찰국 및 전국의 경찰서 내에 관 주도형 도장은 격검 보급의 중심이었다. 경찰교육시설에는 특징적으로 연무장 혹은 무도장이 포함되어 있었으며, 이들 시설은 격검과 유도를 익히는 공간으로 사용되었다. 1918년 5월 작성된 경관연습소의 연무장 증축 계획에는 건물 내부 왼편에 유도장, 오른편에 격검장이 설치되어 있었다(〈그림 45〉 상단의 장방형의 두 공간).

한편, 격검은 경찰 조직뿐 아니라 일반인들에게도 확산되기 시작했다. 특히 근대 국가 건설을 위해서 체육의 필요성을 공감하고 있던 지식인들이 체육을 보급해야 한다는 목소리를 내면서 격검도 함께 언급되기 시작했다. 1906년 김희선은 대한제국을 수립하고 근대 국민국가를 건설하기 위해서는 중세 봉건질서를 탈피하고, 국민을 창출해내며 국민을 하나로 묶는 과정이 필수적으로 요구되며, 근대적인 국민을 양성하기 위해서는 신체를 강건하게 하고 인내력을 양성하는 체육이 필요하다고 강조한다. 이때 국민의 원기와 정신을 발흥케 한다며 격검의 필요성을 언급하고 있다.[92]

1908년 문일평 역시 장엄한 어조로 〈체육론〉을 설하고 있다. 그는 건전한 국민을 양성하기 위해서는 덕육, 지육, 체육 세 방면의 교육이 필요하며, 이 가운데서도 체육이 가장 중요하다고 주장한다. 신체가 있은 후에 정신이 생겨나게 되니 나무에 비유해 신체가 뿌리면 정신은 지엽에 해당한다는 것이다. 서양의 문화 속에서 신체 문화를 숭상하는 예를 들고 동아시

91   《매일신보》, 1920년 11월 7일 ; 《동아일보》, 1923년 10월 6일, 1925년 2월 2일 ; 《매일신보》, 1926년 9월 25일.
92   김희선, 〈체육의 필요〉《서우》(4, 서우학회(서북학회), 1907. 3. 1), 14-15쪽.

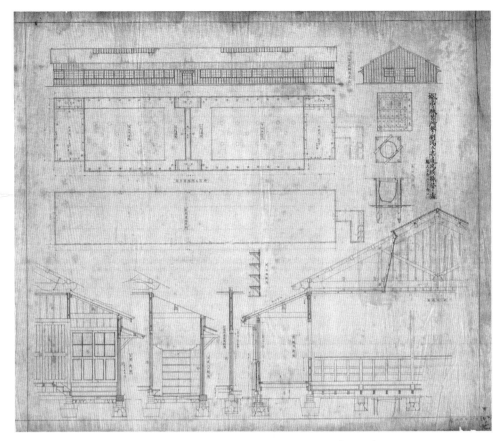

〈그림 45〉 경관연습소 유도장 및 격검장 도면(1918년)

아에서 일본은 고래로부터 무사도의 전통을 숭상하며, 근래에 들어서는 학교체육의 보통체
조와 병식체조, 조정, 승마 경기에 고유한 검술, 유도, 각력 등이 성행하고 황자(皇子)와 공경
(公卿)이 격검회나 경마장에 직접 자리하기도 하면서 적극적으로 권장해 전국적으로 신체를
단련하는 문화가 성행하고 있다고 찬탄하고 있다. 이에 우리나라에서도 체육학교를 설치하
고 체육 교사를 양성하며, 과목으로 격검을 설치할 것을 주장하고 있다.[93]

---

[93] 문일평, 〈체육론〉《태극학보》(21, 태극학회, 1908), 13-16쪽. 문일평의 제안에는 다음과 같은 내용이 포함되어 있다. 1)체
육학교를 설치하고 체육 교사를 양성할 것, 2)과목은 체조, 격검, 승마 등을 설치할 것, 3)연단보필(演壇報筆)이 이에 대해
적극적으로 장려할 것, 4)학교와 가정에서도 특히 힘쓸 것, 5)체육에 관한 학술을 정밀하게 하기 위해 품행이 단정하고 신
체가 강장한 청년을 해외(구미 혹 일본)에 파견할 것.

대한제국기 체육은 개인의 신체 발육과 단련뿐 아니라 근대 국가의 수립을 위해서도 필요했다. 우선 체육은 강인한 정신을 가진 국민을 양성하는 근본이었다. 강인한 신체에서 강인한 정신이 나온다고 믿었다. 다음 체육은 국민을 단합시키는 기능을 했다. 체조장에서 교사의 구령에 맞춰 수백 수천 명이 한 몸처럼 움직이는 데서 정신적 단합도 이룰 수 있다고 보았다. 세 번째로 체육은 국가 자강의 기초였다. 운동장에서 뛰고 달리는 유희처럼 보이지만 이모든 신체 활동은 개개인을 강건하게 하며, 결국 국민의 집합체인 국가를 강하게 하는 바탕이 된다고 보았다.[94] 격검 역시 체육 종목의 하나로 주목을 받기 시작했다.

하지만 격검이 학교에서 직접 교수되기 시작한 건 일제강점기에 들어선 이후였다. 1913년(大正 2) 일본에서 반포된 최초의 〈학교체조교수요목(學校體操教授要目)〉은 곧바로 식민지 조선에도 적용되었다. 조선에는 바로 다음 해인 1914년에 조선총독부 훈령으로 반포되었다. 사실 〈요목〉 반포 이전인 1913년에 이미 경성중학교에서는 검도와 유도를 체조과에 넣어 가르치고 있었다. 다만 경성중학교는 일본인만 다니는 학교여서 한국 학생들과는 직접적인 관련이 없었다. 일본인과 한국인을 반반씩 입학시키던 경성상업학교에서도 검도부는 오직 일본 학생들만 참여할 수 있었다.[95]

한국인 학생들이 격검을 본격적으로 배우게 된 것은 1916년 5월부터였다. 경성 낙원동에 있던 사립 오성학교에서 유도와 격검 시설을 갖추고 정식으로 교습이 실시되면서 한국 학생들도 격검을 접하게 되었다. 1918년에는 평양고등보통학교에서도 격검을 가르치기 시작했다. 격검이 정신을 수양하고 신체를 단련하기 위한 유용한 신체활동이라는 인식이 있기는 했지만 격검이 널리 행해지지 않기 때문에 모범적인 경찰을 보고 배울 수 있도록 하기 위한 조치를 취했다는 당시 기사는 초보적인 단계이기는 하지만 격검이 점진적으로 보급되기 시작했음을 보여준다.[96] 이후 1922년에는 사범학교 수의과목으로 검도가 채택되고, 1927년에 이르면 중학교 정식 교과목으로 채택되어 한국인들 사이에서도 검도가 학교 체육 과목으로 보다 확실하게 뿌리내리게 된다.

---

94  이종만, 〈체육이 국가에 대한 효력〉《서북학회월보》(15, 서북학회, 1909).

95  옥광·김성헌, 〈검도의 국내 도입과 초기 조직화 과정〉, 33쪽.

96  《매일신보》, 1918년 9월 19일.

〈그림 46〉 일제강점기 통영초교에서 군사훈련의 하나로 실시된 검도훈련(1942년 8월)

오늘날 한국사회에서 격검[검도]은 일본 무술이라고 해서 다소 반감을 가지는 경향이 있지만 일제강점기에는 격검을 일본 검술이라고 해서 배척하지는 않았다. 3·1운동의 열기가 가득하던 1919년대, 독립의 열망이 더욱 불타오르던 당시에도 격검과 유도는 적극적으로 수용해야 할 신체 문화로 인식되었다. 3·1운동이 일어나고 약 8개월이 지난 후《독립신문》(1919년 12월 27일)은 경성과 평양 및 기타 관립학교 동맹 퇴교사건 기사를 보도하고 있다. 당시 경성고등보통학교 동맹 퇴교사건에 뒤이어 평양, 대구, 기타 중요 도시의 고보, 농림 등 관립학교에서 일본어폐지 운동에 동조하며 동맹휴교하거나 퇴교하는 학생들이 다수 등장했다. 이때 학생들의 주된 요구 사항은 일본어 시간을 축소하고 대신 영어 시간을 늘릴 것, 학과는 일본과 기타 문명국의 중학 과정에 준해서 실시할 것, **격검과 유도를 교수해 무용**(武勇)**을 단련하도록 할 것**, 체조는 병식으로 교련시킬 것, 학생의 자유집회 및 단체행동을 허용할 것, 조선역사와 조선문법을 가르칠 것 등이었다. 여기서 일제의 강압적이면서도 제한적인 범위의 교육 정책에 반대하고 있으면서도, 격검과 유도를 적극적으로 수용하고자 했던 학생들의 모습을 볼 수 있다. 이렇게 조선의 학생들은 일제에 저항하면서 동시에 일제를 통해 만들어지는 근대화된 신체에 적응해가고 있었다.

조선인들의 강인한 육체에 대한 욕망은 지칠 줄 몰랐다.《매일신보》(1921년 2월 17일) 사설은 일본에서는 격검이 국기가 되었으며, 미국에는 야구가, 영국에는 축구가 국기가 되어 강건한 신체를 양성하는데, 우리나라는 오직 앉아서 죽기만을 기다린다며 육체를 단련해 무쇠와 같은 골격과 돌근육을 만들어야 한다고 체육에 대한 관심을 촉구하고 있다. 이러한 사회적인 분위기와 맞물려 조선무도관이 설립된다. 조선무도관은 격검을 사회적으로 확산시키는데 중요한 역할을 했다. 다음은《동아일보》(1921년 10월 20일) 조선무도관 관련 기사이다.

> 요사이 각 방면으로부터 여러 가지 전에 없던 새로운 운동이 일어난 터인데 그중에 무엇보다도 가장 유망한 것은 교육열이 굉장하다는 것과 운동계의 활동이 가장 많이 일어나는 것이다. 다년 일본에 가서 유술과 격검을 배워가지고 그동안 청년회관과 중등 각교에서 체육의 강사로 있던 강낙원(姜樂遠) 씨가 금번에 전문으로 유도를 가르칠 목적으로 낙원동 오성강습소 안에 무도관을 설치하고 일반 학생도 모집하여 교수할 터라는데 새로집을 건국하여 큰 규모로 확장할 예정이다.

조선무도관의 설립 이전에 명일천도교당에서 유술과 검술 등이 교습되었다. 하지만 10여년 동안의 활동에도 불구하고 그 세를 크게 확장하지는 못했다. 조선무도관이 활동하면서 검도가 비로소 사회 각층으로 확산되기 시작했다. 조선무도관은 설립한 지 10개월 만에 매일 강습을 받으러 오는 관원이 백여 명에 이를 정도로 크게 성황을 이뤘다. 조선무도관은 또 무도대회를 조직해 관원 모두가 참여하도록 하며, 일반인들이 관람하게 함으로써 유도, 검술, 권투 등의 격투 스포츠를 널리 알렸다.[97]

당시 조선 사회에 격검과 유술, 권투와 같은 투기 종목을 활성화하고자 했던 이유 가운데 하나는 조선인들에게 무력적 수양이 필요했기 때문이었다. 일제강점기하에서 조선인들이 개인의 생존권을 지키고 사회를 건전하게 하기 위해서는 무력을 키울 필요가 있었다.《개벽》에 실린〈형제들아 무력수양에 힘쓸 필요는 없는가〉라는 논설은 이러한 시세를 잘 보여준다. 논설은 조선 형제들에게 무력적 수양이 가장 절실하며, 이는 제국주의적이며 군국주의적인 일

---

97 《동아일보》, 1922년 6월 30일.

본인들을 본받자는 것도 아니며 그들과 같은 제국주의나 군국주의를 조장하기 위해서도 아니라고 주장한다. 개인의 생존권을 보호하고 우리 사회를 건전하게 하기 위해서 무력 수양이 필요하다는 논리였다. 물론 유술과 격검과 같은 무도 종목만 권장한 것은 아니다. 축구, 야구, 철봉, 유도, 경주, 높이뛰기, 멀리뛰기, 무거운 돌 들기 등 신체를 강하게 하는 운동은 모두 권장했다. 특히 조선 내 무도는 1905년을 전후해 중앙기독교청년회 내 유검도부가 설치되면서 알려지기 시작했지만 위 사설이 쓰일 당시인 1924년 조선에는 무도 수양처가 경성배재학교, 휘문학교, 조선무도관, 강무관, 지방의 대구연무관 등 56개소에 불과하다며 중등학교 당국자의 각성을 촉구하고 있다.[98]

이러한 노력이 성공한 것일까? 1920년대 이래 일본 검도는 식민지 한국 사회에 광범위하게 퍼져 나갔다. 1926년 9월 3일 자《독립신문》사설은 개노(皆勞), 개병(皆兵), 개합(皆合)의 삼개주의(三皆主義)를 제안하고 있다. 국민 개개인 모두가 독립적인 지식 능력을 갖춰야 한다는 개노주의, 국민 모두가 독립군이라는 정신을 철저히 길러 전선에 나선 병사가 되어야 한다는 개병주의, 그리고 모두 힘을 합쳐야 한다는 개합주의가 우리 민족이 살아나갈 첫길이라는 주장이었다. 여기 개병주의에는 야구, 축구를 격검, 유술로 대체해야 한다는 구체적인 제안도 곁들여졌다.

1927년에는 인천에도 무도관이 개설된다. 유도, 격검, 권투의 교수를 목적으로 1927년 6월 9일 인천 율목리 동인당에서 무도관이 개설되고 전임교사로 경성의 유창호가 선임되고 경성의 일류 무사 십수 명을 초빙해 이틀간 무도대회가 개최되었다.[99] 10년 후에 인천무도관에서 승단시합을 거행해 승단, 승급자 39명에게 증서수여식을 성대히 거행했다고 한 것으로 보아 인천무도관은 지속적으로 관세를 늘렸던 것으로 보인다.[100]

무도의 가치를 발견한 조선총독부 역시 조선인을 통제하고 체제에 순응하도록 하기 위해 조선 사회 각계로 검도를 확산시키려고 했다. 1928년 대일본무덕회의 분회 성격을 가진 조선지방본부가 설립되는데, 대일본무덕회 조선지방본부는 정기적으로 무도연습, 무도심사, 무도대회를 개최했으며, 학교무도의 진흥, 무덕제의 개최, 무덕전 건립 추진 등의 활동을 통

---

98  〈兄弟들아 武力修養에 힘을 쓰 必要는 업슬가〉《개벽》(49, 개벽사, 1924년 7월 1일), 국사편찬위원회 한국사데이터베이스 한국근현대잡지자료(http://db.history.go.kr/id/ma_013_0480_0100), 2022년 4월 5일 검색.

99  《매일신보》, 1927년 6월 14일.

100  《조선일보》, 1937년 7월 28일.

해 조선 내 일본 무도의 보급 및 확산에 앞장섰다.[101] 대일본무덕회 조선지방본부는 조선총독부의 경무국, 학무국과 연계해 검도, 유도, 궁술 등의 무도를 장려하고 민간의 무도를 통제하는 활동을 통해 일본의 식민정책을 보조하며 조선인을 일본화하는 활동을 했다. 1935년 6월부터 12월까지 10만 명의 회원을 모집하는 운동을 전개했으며, 또 무덕회의 지부를 설치해 무도의 전면적 보급을 위해 노력했다.[102] 무덕회 조선지방본부는 1936년 10월 17일과 18일 양일간 광화문 경찰관강습소 무도장에서 조선신궁봉찬무도대회를 개최하며,[103] 다음 해인 1937년 3월 17일 제9회 전조선무덕제, 18일 각 도 대항무도대회를 개최할 정도로 활발히 활동했다.[104] 같은 해 5월 경관강습소 무도관에서 거행된 전조선무도대회에서는 검도는 황해도군(黃海道軍)이 유도는 경기도군(京畿道軍)이 각각 우승했다.[105]

격검이 사회적으로 널리 확산되는 데는 격검이 여러 가지 체육적 효과가 크다는 조선인들의 인식도 한몫했다. 백범 김구의 주치의였던 의사 유진동은 의학적 지식에 바탕을 두고 격검이 육체를 발달시킬 뿐 아니라 지각을 영민하게 하며, 용기를 길러주는 긍정적인 작용을 한다며 격검을 권장했다.[106] 그렇다고 격검에 대해 비판적인 시각이 전혀 없었던 건 아니었다. 격검은 개인 종목 특성상 개인의 기량 향상에만 치중하며, 사회와 국가의 발전을 도모할 수 있는 공동체 의식을 계발하는 데 장애가 될 수 있다는 점이 지적됐다.[107] 게다가 격검이 널리 퍼지게 되면서 어린아이들도 격검을 동경하는 분위기가 퍼져 나가며, 격검에 미친 학동이 경관의 패

---

101  이승수, 〈일본 식민주의와 무도: 대일본무덕회 조선지방본부의 설립과 전개〉《한국체육사학회지》(20(3), 한국체육사학회, 2015).

102  《조선일보》, 1935년 6월 29일.

103  《조선일보》, 1936년 10월 15일.

104  《조선일보》, 1937년 3월 17일.

105  《조선일보》, 1937년 5월 4일.

106  유진동, 〈어찌해서 運動은 健康의 어머닌가?, 運動의 生理學的 檢討, 쏘콜欄 우선 健康〉《동광》(33, 동광사, 1932. 5. 1), 97-103쪽. 유진동(劉振東, 1908~?)은 독립운동가로 1928년 중국 상해 동제대학에서 한인학우회를 결성하여 서무위원으로 활동하였고 1931년 학우회 대표로 상하이에서 열린 한인각단체대표회의에 참석하였으며 1931년부터 1934년까지 흥사단 원동위원부에 소속되어 활동하고 1933년 한국독립당원, 1936년 민족혁명당원, 1940년부터 광복군 사령부의 군의처장, 그리고 1942 · 43년경에는 임시정부 의정원 의원으로 활동했다. 2007년 대한민국 건국훈장 애국장에 추서되었다. 독립유공자 공적조서 (https://e-gonghun.mpva.go.kr/user/ContribuReportDetailPopup.do?goTocode=0&mngNo=81133&kwd=%EC%9C%A0%EC%A7%84%EB%8F%99), 2022년 5월 24일 검색.

107  김원태, 〈산아이거든 풋뿔을 차라〉《개벽》(5, 개벽사, 1920), 107쪽.

검을 훔쳐서 길거리에서 칼싸움을 하며 노는 일이 발생하는 등 사회 문제가 되기도 했다.[108]

조선에서 검도가 확산되고 있었지만 여전히 일본인들의 눈에 한국에서의 검도는 그다지 높은 수준이 아니었던 것으로 보인다. 나카노 소스케[109]는 1931년 2월 14일《조선무도(朝鮮武道)》의 창간을 축하하며 쓴 축사 〈창간을 축하하며 한반도 검도를 살펴보다〉에서 조선에서의 일본 검도의 발전 상태는 초보 상태이며, 검도의 수련 대상이 대부분 군인과 경찰, 학생에 한정되어 있다며 부정적인 평가를 내리고 있다. 아울러 한국 내 검도를 활성화시키기 위해서는 수련 대상을 조선인 일반인에게까지 확산시켜야 한다고 보았다. 표면적으로는 무도 수련이 주는 정신 수양과 신체 단련, 무덕의 함양이 조선인 일반인들에게 도움이 된다는 것이었지만 실제로는 일본 민족이 우월하다는 인종차별적인 시각과 무도 지도자의 도덕적 이상을 무사도 정신에 두고 이를 조선인에게도 확산시켜야 한다는 생각을 가지고 있었다.[110]

일제강점기의 제3기인 민족 말살 통치기(1931~1945)에 들어서면 검도에도 변화가 생기기 시작한다.[111] 먼저 이 시기는 만주사변이 발발하는 1931년부터 중일전쟁이 발발하는 1937년까지를 전기로, 그리고 1938년부터 일본이 제2차 세계대전에서 패망하는 1945년까지를 후기로 나누는데, 후기의 기간은 일본 본토와 동일하게 국가총동원령법을 내려 조선을 병참기지화하는 시기이기도 했다. 이 시기 검도는 체육·스포츠로서의 성격은 퇴색하고 군국주의를 고양시키는 도구로 변질되기 시작했다. 검도는 더 이상 체육활동이 아니었다. 검도는 한국인들을 일본에 동화시키고, 무사도와 무도가 결합해 야마토다마시를 주입시키기 위한 식민지 통치의 도구로 전락했다. 그 이전에도 이런 경향은 있었지만 1930년대와 40년대에 이루어진 변화는 광기라고 할 정도로 극도로 변질되었다.

---

108 《매일신보》, 1932년 2월 4일.

109 나카노 소스케(中野宗助, 1885~1963)는 일찍이 나가사키에서 타카오 텟소오(高尾鉄叟, 1831~1905) 한시(範士) 밑에서 수행을 했다. 쿄오토의 대일본무덕회 무술교원양성소를 졸업한 후 조수, 조교수가 되었으며, 1910년 대일본무덕회가 수여하는 최고 표창인 정연증(精錬証)을 받았다. 1916년 교시[教士], 1927년 한시[範士]가 되었다. 이후 1931년 조선총독부의 검도 사범이 되었다. 쇼오와 기간(1926~1989) 열린 3회의 텐란(天覽)무도시합에 지정 선사(選士), 심판원으로 참여했다. 전쟁 후 일본으로 돌아와 1957년 전일본검도연맹에서 10단을 받았다.

110 이승수, 〈일제하 잡지《朝鮮武道》를 통해 본 식민주의: 창간호를 중심으로〉《한국체육사학회지》(19(3), 한국체육사학회, 2014), 21쪽.

111 일제강점기 35년은 무단 통치기(1910~1919), 문화 통치기(1919~1932), 민족 말살 통치기(1932~1945)의 세 시기로 나뉜다.

1930년대 이러한 변화의 조짐은 1929년 대공황이 발생하면서 나타나기 시작했다. 미국에서 시작된 대공황은 전 세계적으로 엄청난 경제적 충격을 몰고 왔다. 일본도 예외가 아니었다. 농업과 공업 등 여러 분야에서 어려움을 겪었다. 일본 정부는 1931년 12월 금본위제를 포기하고 엔화를 큰 폭으로 평가절하하는 정책 전환을 통해 최악의 불황을 피할 수 있었다. 특히, 이 시기 엔화의 환율 하락을 기회로 수출을 비약적으로 증대시켰다. 아울러 군부를 중심으로 군비 확장과 침략을 위한 정책이 추진되기 시작했다. 만주사변(1931년 9월 18일)으로 군수 사업이 활기를 띠었으며, 공업 생산이 급속도로 증가하기 시작하는데, 이는 군국주의 군대의 수요를 유지하기 위해 지속적으로 군비 지출을 한 결과이기도 했다.

이러한 사회적인 분위기 속에서 1929년 문정심의회(文政審議會, 분세이신기카이)에서 학생들의 체육에 야마토다마시를 주입하기 위해서는 서양 스포츠보다 무도가 낫다는 의견이 나왔다. 이는 1931년 무도의 필수과목 지정으로 이어졌다. 애국심 고양과 국가주의를 발양하기 위해 남학생에게는 검도와 유도를, 여학생에게는 나기나타와 궁도를 의무적으로 가르쳐야만 했다. 이때 검도는 천황제의 이데올로기를 옹호하는 도구로 전락하게 된다. 검도만이 아니었다. 모든 신체 활동, 체육 종목에서 유희와 스포츠적인 요소는 사라져버리고, 무사도와 야마토다마시가 덧씌워져 천황제의 이데올로기 고양에 동원되었다.

〈그림 47〉 일본 국민[초등]학교 남녀학생 검도와 나기나타 수련 장면[112]

---

112  각 사진의 출처는 다음과 같다. 국민학교 남학생 검술 훈련 사진(http://www.ritsumei.ac.jp/mng/er/bunka/umemoto/ data/index153.html), 국민학교 고등과 나기나타 체조 사진(http://www.ritsumei.ac.jp/mng/er/bunka/umemoto/data/ index154.html). 사진 출처를 알려준 권석무 선생께 고마움을 전한다.

근대 일본의 유명한 검객인 나카야마 하쿠도(中山博道, 1869~1958)는 무도의 정신을 일본의 혼과 연결시킨 인물 가운데 하나였다. 그는 적들을 망연하게 만드는 건 바로 칼로 하는 싸움이며, 칼이 일본의 가장 위대한 무기이자 장기로 백병전에서 자신의 몸을 내던져 적을 공격하는 정신이 바로 야마토다마시(大和魂)라고 주장했다.[113] 와타리 쇼오사부로오(亘理章三郎, 1873~1946) 역시 야마토다마시를 일본 고유의 정신이며 무사의 혼이 바로 야마토다마시라고 주장했다. 무사도가 발전하면서 무도도 함께 발전했으며, 일본은 이 세상에서 가장 강한 나라며 어느 나라도 일본에 필적할 수 없다. 세상 사람들은 일본 정신과 일본 무도를 우러러본다며, 무사도가 곧 야마토다마시라는 주장을 폈다.[114] 이들의 주장에서 우리는 이미 무도가 극도로 변질되고 있다는 사실을 알 수 있다. 야마토다마시로 수렴되는 왜곡된 인식은 결국 무도를 군국주의 파시즘의 도구로 전락시키고 만다.

한편, 1930년대 들어서면서 조선 내에서 일본 무도는 점점 더 널리 확산되며 확고한 위치를 점하기 시작했다. 1935년 조선체육회는 창립 16주년을 맞이해 전조선종합경기대회를 개최한다. '억센 조선의 건설'이라는 슬로건을 내건 이 대회에는 검도, 유도가 육상, 농구, 정구, 권투, 야구, 축구, 역기, 씨름과 함께 포함되어 거행되었다.[115] 1936년 6월 말엔 연희전문과 휘문고보 사이에 최초의 검도 경기가 열렸다.[116] 1937년 7월과 8월에는 각각 재일본동경조선유학생무도회(1928년 창립)가 창립 10주년 기념식을 열고, 이어서 제9회 전조선중등학교 유도대회를 개최했다.[117] 같은 해 11월에는 조선체육회 주최 종합검도대회가 개최되었다. 이 대회에는 연희전문과 휘문고보뿐 아니라 보성전문과 조선무도관 두 단체가 더 참가했으며, 4개 단체에서 총 40명의 선수가 승부를 겨루는 등 규모가 배가되었다.[118]

당시 일본은 이미 군국주의화의 길로 들어서고 있었다. 하지만 1930년대 중반까지는 일본 내에서 이루어지고 있는 검도의 군국주의화 물결이 아직 조선에 본격적으로 건너오지는

---

113 Alexander Bennett, *The Cultural Politics of Proprietorship*, 175쪽.

114 亘理章三郎, 《日本魂の研究》(中文館, 1943(昭和18)).

115 《조선일보》, 1935년 9월 8일.

116 《동아일보》, 1936년 6월 27일.

117 《조선일보》, 1937년 7월 3일; 《조선일보》, 1937년 8월 15일.

118 《동아일보》, 1937년 11월 12일.

않았던 것으로 보인다. 중일전쟁이 발발하기 직전인 1936년《동아일보》에는 보전일검객(普專一劍客)이라는 필명으로 〈정의를 찾는 검도 정신〉이라는 다음과 같은 글이 실렸다.

칼! 칼은 일종의 무기(武器)다. 정의(正義)는 무기를 바로 담는 그릇이다. 근래 세계 각국에서 성행하는 일종의 무도가 있으니 그것이 바로 검도다. 고대 무사들은 칼을 배우며 무(武)의 도(道)를 수행하여 오늘날의 검도를 일으켰으니 검도는 칼을 배우는 데서 끝나는 것이 아니고 인의예지신(仁義禮知信), 이것이 도(道)가 되어 검(劍)과 도(道)는 오직 정의(正義)의 정신(精神)이 된다. 물론 검도는 검을 사용하여 무(武)를 연마하나 단순히 검을 사용하는 기술을 배우는 검술(劍術)이나 또는 검술에 익숙한 자인 검객(劍客)들의 검 사용법 등은 결코 아니다. 검도는 검의 도를 닦으며 무사의 기를 함양하여 정의의 신념하에 무를 배우는 것이다. 무의 정신은 정의이니 이 또한 검도 정신의 하나이다. 옛날 로마시대의 기사도(騎士道)가 이에 하나의 빛남이었다. 우리는 오직 정의를 위해 싸우며 정의에 산다. 간혹 세상에는 만사를 칼로써 해결하려 하는 자들을 보기도 하지만 그는 결국 해결하지 못한다. 나는 여기서 정의로써 해결하려고 한다. 고하노니, 검우(劍友)들이여! 검도의 정신을 또 한 번 깨닫자, 그리고 '정의(正義)'를 잊지 말자.[119]

필명에서 알 수 있듯이 글쓴이는 보성전문학교의 검도 수련생이었을 것이다. 이 순진한 일제강점기의 어느 한국인은 검도의 정신을 정의로 믿고 있었던 것 같다. 검도에 덧씌워지고 있는 무사도와 야마토다마시, 그리고 천황의 그림자는 온데간데없어지고, 그 자리는 '정의'란 두 글자로 대체되었다. 과연 그가 말하는 정의는 무엇일까? 조선의 검도 수련생들이 어떤 생각을 하고 있었는지를 확인하기는 힘들다. 하지만 이 보전일검객의 글에서 우리는 일제강점기 일본의 무사도와 무도가 한국인들의 의식을 왜곡시키며, 스스로를 정의롭다고 생각하게끔 하며 식민지배를 당연하게 여기게 만들지는 않았을까? 하는 의문을 가지게 된다. 그렇게 검도는 무사도, 무도와 연결되고, 야마토다마시와 연결되며 조선인의 정신을 좀먹고 있었는지도 모른다.

게다가 검도는 단순히 무사도와 야마토다마시(大和魂)를 진작시키는 수단에만 머물지 않았

---

119 《동아일보》, 1936년 5월 31일.

다. 실제 전투에서도 필요한 기술로 주입되기 시작했다. 그 발단은 1931년 발생한 만주사변이었다. 만주사변은 총포가 주력으로 사용된 근대전이었음에도 불구하고 도검이 실제 전투에 사용되었다. 일본 정부는 기존 검도를 '스포츠'라는 범주에 묶어두었던 인식을 재고하기 시작했다. 오히려 검도는 스포츠로 남아서는 안 되며 애국심을 고취시키고, 실제 전투에서도 응용할 수 있어야 한다는 인식이 널리 퍼지기 시작했다. 일본 육군 소장을 역임한 사쿠라이 타다요시가 만주사변 참전 중 목격한 경험담을 쓴 다음 글에는 당시 일본 검도에 대한 인식이 잘 드러나 있다.

> 만주사변에서 전투 중 사망한 중국 군인들의 몸을 조사할 때 많은 경우 머리가 잘렸다. 이는 우리 일본 병사들이 참호에 모여있는 적을 베기 위해 돌진했다는 걸 보여준다. 일본 병사들은 검도의 머리치기 공격으로 득점을 얻기 위해 공격한 것이 분명해 보인다. 중국 병사들이 입은 옷의 모양 때문에 목부터 잘렸겠지만 나는 또 왼 어깨부터 오른편 엉덩이까지 환상적인 사선베기(케사기리)로 잘려나간 시체도 보았다. 깔끔하게 잘려나간 칼선에 깊은 인상을 받았다. 아마도 집행자는 손에 좋은 검을 가지고 있었을 것이다. 뛰어난 검술을 지닌 상대의 칼로부터 벗어날 수는 없다. 중국 병사들은 일본도를 두려워했다. 그들은 총을 쏠 생각조차 못 하고, 눈앞에서 일본도가 머리 위로 들리면 이미 두려움에 고환마저 몸속으로 말려들어 가버리는 것 같았다. 중국인들은 칼에 죽임을 당하면 개로 태어난다고 믿었기 때문에 일본도를 경멸한다. 하지만 벗어날 방법이 없었다. 나는 특정 목표에 얽매이지 말고 빠르게 자르는 것이 최고라고 생각한다. 단지 검도 경기에서 포인트를 딸 수 있는 머리, 손목, 혹은 목찌르기뿐이 아니라 고관절이나 다리 역시 합리적인 목표다. 어떠한 목표라도 공격하는 검술이 더 매력적이다. 실제 전투에서는 머리, 손목치기 같은 건 없다. 눈에 보이는 어떠한 목표라도 베면 그만이다.[120]

---

120 사쿠라이 타다요시, 〈적을 베는 이야기〉《刀と劍道》(11, 1941년 7~11월), 132쪽 (Alexander C. Bennett, *The Cultural Politics of Proprietorship*, 166쪽에서 재인용). 사쿠라이 타다요시(櫻井忠温, 1879~1965)는 일본 육군 군인으로 최종 계급은 소장이었다. 1900년 육사에 입학, 중위로 러일 전쟁에 참여하는데, 뤼순(旅順) 제1차 공격에서 오른손목을 잃는 부상을 입고 본국으로 송환된다. 이후 작가로 전향해 《육탄(肉彈)》을 집필해 유명세를 날린다. 작품으로 《총후(銃後)》, 《국방대사전(國防大事典)》, 《전기대일본사(傳記大日本史)》, 《사쿠라이 타다요시전집(桜井忠温全集)》 등이 있다. 朝日新聞社 編, 《朝日日本歷史人物事典》, '桜井忠温' 항목.

만주사변은 근대전이었다. 기계화된 개인화기만으로도 원거리에서 충분히 공격을 할 수 있기 때문에 백병전이 일어나기 힘들다고 생각할 수 있다. 하지만 야간에는 상황이 달랐다. 적의 진지를 탈환하기 위해 맞붙게 되면 오히려 도검이 효과적이었다. 위의 사쿠라이의 묘사는 이렇게 백병전이 일어났을 때 검술이 어떻게 위력을 발휘했는지를 잘 보여준다.

칼을 사용한 직접적인 살육은 상대 전투원에게만 국한되지는 않았다. 민간인에게도 무차별적으로 행해졌다. '백 인 참수(百人斬り)'는 중일전쟁 초기 난징에서 발생한 전쟁 범죄로 일본군 장교 무카이 토시아키(向井敏明, 1912~1948) 중위와 노다 쯔요시(野田毅, 1912~1948) 중위 두 사람이 중국인 백 명의 목을 누가 먼저 베느냐를 두고 경쟁한 행위를 가리킨다. 이 경쟁은 《오오사카니찌니찌신문(大阪日日新聞)》, 《토오쿄오니찌니찌신문(東京日日新聞)》, 1937년 11월 30일, 12월 4일, 12월 6일, 12월 13일 자로 보도되었다. 백 인 참수로 알려져 있지만 실제로는 노다는 374명을, 무카이는 305명의 목을 베었다고 한다. 두 사람은 1947년 체포되어 12월 18일 사형 판결을 받고 1948년 1월 28일 중화민국에 의해 난징 교외에서 처형되었다.[121] 전쟁 범죄임에도 불구하고 많은 일본인들이 이들의 목 베기 경쟁에 열광했다는 사실에서 우리는 인간이 얼마나 잔인해질 수 있는가? 하는 생각을 하게 된다.


일제의 통치정책은 일제강점기 말기인 황국신민통치기(1937~1945)에 들어서면 군국주의 파시즘하의 총력전을 위한 형태로 변하게 된다. 조선총독부가 취한 조치 가운데 하나는 황국신민체조의 제정이었다.[122] 1937년 10월 8일 제정된 이 체조는 목검을 가지고 검술을 응용해서 만든 동작을 행하는 체조였다. 기본자세와 14개의 동작으로 구성되어 있었다. 전진후퇴좌우개(前進後退左右開), 정면격(正面擊), 좌사면격(左斜面擊), 우사면격(右斜面擊), 우농수격(右籠手擊), 우동격(右胴擊), 좌동격(左胴擊), 전돌(前突), 표돌(表突), 이돌(裏突), 정면연속격(正面連續擊), 좌우사면격(左右斜面擊), 전진후퇴(前進後退), 호흡운동(呼吸運動)의 14 동작을 4회씩 실행한다.[123] 황국신민체조는 제정된 지 2개월도 안 되어 강습회를 통해 전국 각지에서 보급되기 시작했다. 황국

121  정창석, 《만들어진 신의 나라: 천황제와 침략 전쟁의 심상지리》, 81–82쪽.

122  황국신민체조에 관련해서는 다음 논문 참조. 하정희·손환, 〈일제강점기 황국신민체조의 보급에 관한 연구〉《한국체육사학회지》(20(2), 한국체육사학회, 2015).

123  《동아일보》, 1937년 10월 13일.

신민체조는 검도를 수련한 사람들은 쉽게 따라 할 수 있으며, 목검뿐 아니라 죽도나 대나무를 대용해도 되며, 복장도 운동복, 일상복을 입고도 행할 수 있도록 고안되었다.[124] 황국신민체조를 위해 보급된 목검의 숫자를 바탕으로 추산하면 황국신민체조는 전 조선 학생의 50%에 보급된 것으로 추정된다.[125] 하지만 목검 이외의 도구로도 행해졌다는 점을 감안하면 보급률은 그 이상이었을 것이다. 조선총독부는 황국신민체조를 검도에 의해 체조를 심화하고 체조에 의해 검도의 일반화를 도모해 보다 높은 경지에서 검도와 체조가 하나가 되도록 하며 일본적 체육을 건설하고, 궁극적으로는 일본 천황에 순종하는 신체를 만들기 위한 수단으로 여겼다.

황국신민체조는 흥미롭게도 일본 본토가 아니라 조선총독부 주도로 제정되어 조선 내에서 먼저 보급된 체조였다. 일제강점기 조선총독부의 체육·스포츠 정책이 일본 본토의 정책을 조선에 이식하는 데 머물렀던 것에 비하면 이는 예외적이었다. 게다가 황국신민체조는 일본 본토로 알려져 보급되는 역전 현상을 보이기까지 했다.[126]

특히, 조선총독부는 황국신민체조의 제정·보급과 함께 〈학교체조교수요목〉을 개정하는데, 1938년 3월 30일 개정된 제3차 〈학교체조교수요목〉은 1938년 3월 3일에 개정된 조선교육령에 의거한 것으로 이 교육령은 식민지 교육에 있어서 민족말살정책을 본격화하고 일본 군국주의 요구에 봉사하는 황국신민을 양성하는 것을 목표로 삼고 있다. 개정된 교수요목에는 "각급 학교 시행규정에서 체조 조항에 인고(忍苦) 지구의 체력을 양성한다"라고 규정하고 있는데, 인고 단련의 도입은 향후 조선인을 전쟁에 동원하기 위한 전초 작업의 성격을 띠었다.

1938년 5월에는 여학교에서도 검도, 유도, 궁도, 나기나타(薙刀)를 지도하도록 하는데, 당해 4월 개정된 교육령에 따라 취해진 조치였다. 균형 있는 교육을 위해 체조시간에 검도, 유도, 교련, 궁도 등 각종 운동 시간을 늘린 것으로 남학교에서는 이미 실시하고 있던 것을 여학교까지 확대한 것이다. 명목상으로는 굳센 여성, 억센 어머니 양성을 위해서였지만 국민정

---

124 《동아일보》, 1937년 10월 28일.

125 《동아일보》, 1938년 3월 25일.

126 하정희·손환, 〈일제강점기 황국신민체조의 보급에 관한 연구〉《한국체육사학회지》(20(2), 한국체육사학회, 2015), 75쪽.

신총동원이라는 큰 그림을 그리기 위한 것이었다(〈그림 48〉).[127] 뒤이어 1939년 3월 개정된 제4차 조선교육령은 국체명철, 내선일체, 인고단련의 3대 교육방침 아래 조선인을 황국신민화하는 데 총력을 기울이고 있다.

〈그림 48〉 조선 여학생 검도 수련 장면(동아일보, 1938년 5월 3일)

조선이 병참기지화되는 1938~1945년 기간에 들어서면 검도는 본격적으로 군국주의의 도구로 기능하기 시작한다. 일본은 1938년 4월 1일 국민총동원법을 공포하고 같은 해 5월 5일부터 시행에 들어갔다. 국민총동원법은 전시통제법으로 전시 또는 전쟁에 준할 사변의 경우 국방의 목적을 달성하기 위해 일체의 인적 물적 자원을 통제 운용하기 위해 제정되었다. 이 법은 총동원 물자와 총동원 업무로 양분하여 군용 물자와 함께 의약품과 위생용 물자, 수송, 통신, 건축, 연료 등의 물자를 동원할 수 있었으며, 국민을 징용하고, 국민, 법인 기타 단체를 총동원업무에 종사, 협력하게 할 수 있었다. 조선 역시 대만 및 화태(樺太, 사할린)와 함께 이 법의 적용을 받았다.[128]

그런데 국민총동원법이 제정되기 전해인 1937년 8월 일본은 국민정신총동원운동 실시

---

127 《동아일보》, 1938년 5월 3일.

128 《朝鮮總督府官報》第3391號, 1938年 5月 10日;《한국민족문화대백과사전》, '국가총동원법' 항목. (http://encykorea.aks.ac.kr/Contents/Item/E0006142), 2022년 5월 26일 검색.

요강을 결정하고, 그해 10월 국민정신총동원중앙연맹을 결성해 침략 전쟁 수행하는 데 필요한 인적, 물적 통제와 수탈을 효과적으로 수행하기 위한 대중 동원 운동을 실시했다. 이 운동은 조선에도 파급되어 1938년 7월 조선 내 운동을 이끌어갈 중앙 조직으로 국민정신총동원조선연맹이 설립되었다. 조선 연맹 산하에는 각 행정 기구의 장이 책임자가 되는 도 단위에서 부군, 읍면, 동리 단위 및 지역 내의 각종 단체연맹과 10호를 단위로 하는 애국반을 포함하여 1938년 12월 당시 조선연맹 산하에 410만 명의 애국반원이 있을 정도였다. 운동의 주된 목적은 내선일체(內鮮一體)를 위한 정신 교화와 전쟁 수행을 뒷받침하기 위한 전시 협력을 촉진하는 것이었다. 전자를 위해서는 신사 참배, 황국 신민의 서사 낭독, 일본 국기의 존중, 일본어 생활 독려 등을 추진했으며, 후자를 위해서는 국민 생활 기준 양식 실행, 소비 절약과 저축, 근로 강조 등의 운동을 전개했다. 이 운동은 1940년 10월부터는 더욱 강력한 통제력과 억압적인 성격을 지닌 국민 총력 운동으로 전환되었다.[129]

하지만 실제로는 국민정신총동원조선연맹이 설립(1938년 7월)되기 전에 이미 국민정신총동원 운동이 실시되고 있었던 것으로 보인다. 이천경찰서에서 국민정신총동원의 중대 시국을 맞이해 사기 진작과 무사도 정신 함양을 위해 무도 수련을 실시하는데, 이천경찰서 연무장에서 2월 23일 열린 이 행사에는 이천서의 인원은 물론 철원, 평강, 김화(金化), 김성(金城)의 각 경찰서원과 이천군 내 각 단체가 참가했다.[130]

아울러 조선총독부는 '국민정신총력연맹 조선지부'를 설치하기 앞서 사전 정비 작업으로 조선인 민간단체를 일본화하기 위한 조치를 취했다. 체육단체도 전면적으로 통제되기 시작했다. 결국 1938년 7월 4일 '체육기관의 일원화'라는 미명하에 조선체육회를 경성의 일본인 체육단체인 조선체육협회로 흡수·통합시켜 버렸다.[131] 무도계도 예외가 아니었다. 조선 내에 산재한 무도 단체 통제책으로 경성의 유력 단체인 조선무도관, 중앙기독교청년유도부, 조선강무관, 조선연무관 네 단체를 토오쿄오 코오도오칸(講道館)의 조선지부로 통합하였다. 종로경찰서 고등계가 주도한 이 작업은 먼저 각 도장의 사범인 강낙원, 장권, 한진희, 이경석에

---

129  우리역사넷, 교과서 용어 해설, '국민 정신 총동원 운동' 항목. (http://contents.history.go.kr/front/tg/view.do?treeId=0209
      &levelId=tg_004_2510&ganada=&pageUnit=10), 2022년 5월 26일 검색.

130  《조선일보》, 1938년 2월 17일.

131  심승구, 〈체육·무용〉《신편 한국사: 민족의 수호와 발전》(51, 국사편찬위원회, 2002), 351-352쪽.

게 내선일체의 깃발 아래 토오쿄오 코오도오칸과 연락을 취하도록 하고, 통합을 위한 과제로 현재 각 도장의 유단자들의 단을 어떻게 사정할 것인가를 검토했다.[132] 결론적으로 조선총독부는 네 무예 단체를 코오도오칸의 하위 단체로 소속시키고, 기술의 단급과 승인은 코오도오칸을 따르도록 결정한다. 이는 조선 내에 있는 체육 단체를 내선일체가 강조되는 시국에 맞춰 통제를 할 필요가 있기 때문에 내려진 조치였다. 이에 네 단체는 일본의 통제 단체인 코오도오칸 경성지부에 소속된다.[133]

또한 조선총독부는 황국신민체조를 통해 일본 정신을 보급하는 데서 더 나아가 체조교원뿐 아니라 일반교원도 근무 외 여가 시간을 이용해 무도 수련을 통해 무도 정신을 체득하도록 할 것을 학무국을 통해 각 도지사에게 통첩했다.[134] 뒤이어 1939년 4월 22일, 23일 양일에 걸쳐 대일본조선지방본부 주최 제11회 무덕제 및 제19회 전조선무도대회가 개최되었다. 22일에는 조선 무도계의 정예 천삼백 명이 참가해 광화문통 경찰관 강습소 도장에서 무덕제를, 뒤이어 시합이 열렸다. 23일에는 각 도 대항시합이 거행되었다.[135] 강릉경찰서 영동 육군의 각서와 영서의 평창, 정선 양서를 합친 팔군 각서 대항무도대회를 개최해 검도와 유도 우승기를 놓고 각축을 벌였다.[136]

바로 다음 해인 1940년은 황기(皇紀)로 2600년이 되는 일본으로서는 매우 특별한 해였다. 조선총독부는 이를 기념하기 위해 대대적으로 봉축부민무도대회(奉祝 府民武道大會)를 2월 25일과 26일 양일간에 걸쳐 개최했다. 여기엔 검도, 총검술, 마술(馬術), 궁도, 유도의 다섯 종목의 대회가 포함되었다. 그로부터 약 두 달 뒤인 1940년 4월 14일에는 개성에서도 봉축무도대회가 개최되었다. 개성신사광장 특설 연무장에서 개막된 이 대회에는 개성경찰서 송도광무관, 개성형무소 등 관공 단체와 송도중학, 개성공상, 개성중학, 만월소학, 고등과의 8개 단체 천여 명이 출전했다.[137]

132 《조선일보》, 1938년 6월 9일.

133 《조선일보》, 1938년 6월 24일.

134 《조선일보》, 1939년 3월 17일.

135 《조선일보》, 1939년 4월 23일.

136 《조선일보》, 1939년 4월 18일.

137 《조선일보》, 1940년 4월 11일.

《조선일보》, 1940년 2월 15일.

기원(紀元) 이천육백년 봉축무도대회(奉祝武道大會)

경성부에서는 황기(皇紀) 이천육백년을 기념하기 위해 『봉축 부민무도대회(奉祝 府民武道大會)』를 개최한다. 종목과 날짜와 장소는 다음과 같다.

▲ 검도, 2월 25일 오전 9시 경성사범학교(京城師範學校)

▲ 총검술, 동일 오전 9시 반 같은 장소

▲ 마술(馬術), 동일 정오 신당정마승구락부(新堂町乘馬俱樂部)

▲ 궁도(弓道), 동일 오전 10시 총독부청 내 궁도장

▲ 유도, 2월 26일 오후 5시 부민관(府民館)


《조선일보》, 1940년 2월 16일.

황기(皇紀) 이천육백년 봉축(奉祝) 부민무도대회(府民武道大會) 요강

경성부(京城府)와 국민 정신 총동원 경성(京城) 연맹에서는 황기 이천육백년 봉축 부민무도대회 요강을 다음과 같이 발표하였다.


1. **일시 및 장소**

1) 검도, 2월 25일 오전 9시 경성사범학교

2) 총검술, 동일 오전 9시 반, 같은 장소

3) 마술(馬術), 동일 정오 신당정승마구락부(新堂町乘馬俱樂部)

4) 궁도(弓道), 동일 오전 10시 총독부청 내 궁도장

5) 유도, 2월 26일 오후 5시 경성부민관(京城府民館)


2. **실시 종목 및 방법**

1) 검도부

▲ 소학 아동: 개인시합은 한 학교 10명, 단체시합은 한 학교 5명이며, 개인시합 출전자 중 5명을 선발해 단체시합을 행함.

▲ 중등학교생: 개인시합은 한 학교 15명, 단체시합은 한 학교 7명이며, 개인시합 출전자 중 7명을 선발해 단체시합을 행함.

▲ 학교교직원: 개인시합은 5명, 단체시합은 3명이며, 개인시합 출전자 중 3명을 선발해 단체시합을 행함.

▲ 실업단체: 개인시합은 7명, 단체시합은 5명이며, 개인 출전자 중 5명을 선발해 단체시합을 행함.

▲ 지역단체: 개인시합은 10명, 단체시합은 7명이며, 각 경찰서의 관할을 단위로 함.


주의 사항

(1) 지역단체 선수에 관청 현직자 및 실업단체 출전자, 학생은 인정하지 않음.

(2) 단체시합 출전자는 단급 제한이 없음(단 신청서에는 단급을 기입할 것).

(3) 단체시합에는 보궐 인원 1명을 인정

(4) 단체시합은 각 팀의 점수를 매겨 그 결과에 따라 토너먼트로 진행

(5) 신청기일: 2월 20일 (엄수)

(6) 신청장소: 경성부사회과(京城府社會課)


2) 총검술부

(1) 참가자: 제국 재향군인회 경성부연합분회, 용산철도연합분회, 영등포연합분회

　　　　　　　이상의 분회에서 선발해 약 100명이 참가함.

(2) 시합방법

　　10명을 1조로 10조를 편성함.

　　각 조의 1위가 결승전을 행함.

(3) 심판: 제20사단 사령부에 위촉해 현역 장교에게 맡김.


3) 마술부(馬術部)

(1) 참가자: 경성승마구락부(京城乘馬俱樂部)

　　　　　　　총독부승마구락부(總督府乘馬俱樂部)

　　　　　　　철도국국우회승마구락부(鐵道局局友會乘馬俱樂部) 외 일반 부민(府民)

(2) 경기종목: 장애물 비월경기

(3) 신청기일: 2월 20일(엄수)

(4) 신청장소: 경성부(京城府) 신당정(新堂町) 경성승마구락부(京城乘馬俱樂部)


　　① 참가자는 오전 10시까지 집합

　　② 마필은 각자 준비

　　③ 경기 그룹은 신청 장소에 문의


4) 궁도부

(1) 참가자 및 종목

　　① 여자중학교 생도 단체 및 개인 연무

　　② 남자 중등, 고등, 대학생 생도 단체 및 개인 연무

　　③ 일반 단체 및 개인 연무


(2) 방법

　　① 단체 연무는 한 단체에 대해 선발 선수 4명이 두 개의 과녁에 각 두 발씩 쏨.

　　　　학생 생도 단체는 총 적중 점수가 최대인 팀을 우승으로 함.

　　　　일반 단체는 예선을 실시해 3단체를 선출해 결승전을 행함.

　　② 개인 연무는 각 두 발로 적중 점수 최대를 우승으로 함.

만주제국 경축위원회 역시 봉축사업의 일환으로 만주제국 무도사절을 일본에 파견해 경축을 표하기 위해 만주제국무도회에서 준비하도록 위촉했다.[138] 그런데 궁성 내 제녕관에서 거행되기로 한 천람무도대회가 어상(御喪)으로 인해 연기되어 6월 18일부터 3일간 개최되었다. 이 대회에서 나카야마 하쿠도오(中山博道)는 대일본제국검도형(타카노 사사부로(高野佐三郎)와 함께)과 하세가와에이신류(長谷川英信流) 이아이도오(居合道) 시범을 보였다.[139]

1930년대 이래로 일본 정부는 무사도와 야마토다마시(大和魂)를 대대적으로 선전해왔다. 이때 야마토다마시는 다름 아닌 천황을 정점으로 하는 국가를 위해 희생할 수 있는 마음가짐을 가리켰다. 1930년대 군국주의 파시즘이 팽배하면서 개인의 죽음은 희생이 아니라 영광이라며 일본인을 죽음으로 내모는 이데올로기로 변질되고 만다. 식민지 조선도 예외가 아니었다.

해방 이후 한국사회에 무덕(武德)이라는 용어가 널리 퍼지게 된 것도 사실 엄밀히 말하면 일제강점기 대일본무덕회 조선지부의 설립과 무관하지 않다. 황기가 무덕관이라는 도장 명칭을 지었을 때도 그 영향이 남아 있었을 것이다. 물론 '무덕'이라는 용어 자체는 중국 북위 시대 좌구명(左丘明)이 386년에 쓴 역사책《국어(國語)》에 등장하며, 당나라 고조 이연(李淵, 재위 617~626) 때는 연호로, 그리고《삼국사기》에는 가야 금관국의 왕 김구해의 둘째 아들의 이름이 무덕(武德)이었으며,《조선왕조실록》에는 태조 이성계를 뛰어난 무덕을 지닌 인물로 묘사하고 있는 데서도 알 수 있듯이 동아시아에서 광범위하게 사용되던 용어였다. 대일본무덕회의 무덕도 그 연장선상에서 이해될 수 있다. 그렇지만 여기서 간과해서는 안 될 점이 있다. 중국이나 조선에서 무덕은 무력을 사용할 때 마땅히 지켜야 할 준칙이나 도덕률의 의미가 강했다. 물리적인 무력만 있으면 맹목적일 수밖에 없다는 생각에 이를 제어할 황금률로 무덕을 강조했던 것이다. 반면 대일본무덕회의 무덕은 천황을 정점으로 한 국가를 위해서 개인의 희생을 강요하는 군국주의 이데올로기였다. 무사도와 야마토다마시, 무덕은 모두 이데올로기를 포장하는 다른 이름일 뿐이었다.

그토록 하늘을 찌를 듯 강렬했던 일본의 군국주의 파시즘은 일본의 패망으로 몰락하고 만

---

138 《조선일보》, 1940년 3월 24일.
139 《조선일보》, 1940년 4월 17일, 5월 30일.

다. 그리고 군국주의자들의 민낯은 전후 처리 과정에서 명확히 드러났다. 1946년부터 1948년까지 이루어진 극동국제군사재판에서 일본 제국주의의 전쟁 범죄자들에게 전쟁 중의 당당함은 없었다. 책임 회피와 변명으로 전전긍긍하는 이들의 추악한 모습은 1946년 뉘른베르크국제군사재판에서 독일의 나치 전범들이 보여준 구제 불능의 당당하기 짝이 없는 태도와는 완전히 대조적인 '비겁함'으로 전 세계에 폭로되었다. 천황의 후광에 의지할 때는 물불을 가리지 않는 불나방이 되지만 천황이라는 불빛이 사라지면 시들어버리는 일본인과 일본 제국주의의 실체가 여지없이 드러났다. 마루야마 마사오는 이를 '일본 파시즘의 왜소성'이라고 비판했다.[140]

19세기 말에서 20세기 초의 전환기는 고전 무술이 근대 무술로 전화하는 시기였다. 근대 무술 역시 그 뿌리를 고류에 두고 있다는 점에서 양자는 공통점을 가지고 있다. 하지만 동시에 근대 무술은 근대를 지탱하는 이념적 기초 위에서 새로운 모습을 갖추었다는 점에서 고류와는 달랐다. 그 차이는 교육의 목적, 대상, 방법에서 드러난다. 고류는 소수의 엘리트 교육을 목표로 한다. 반면 근대 무술은 대중 교육을 지향한다. 고류 무술이 근대화되기 위해서는 대중 교육을 위한 시스템이 만들어져야만 한다. 따라서 근대 무술에서는 특수성보다는 보편성이 중시되며, 아울러 고전 무예를 지배했던 폭력의 원리는 근대 무예에서 평화의 원리로 대체된다.[141] 고전 무예는 근대성을 획득함으로써 살아남을 수 있었다.

일본과 조선 무예의 차이도 여기서 발생했다. 조선과 조선사회는 고전 무예를 근대화시킬 수 있을 만큼의 역량을 갖추지 못했다. 사무라이 계층과 달리 조선의 문인 계층은 신체 문화에 대해 상반된 인식을 가지고 있었다. 물론 사무라이나 선비 모두 문무겸전을 이상으로 삼았다는 점에서는 공통점이 있다. 하지만 문과 무 가운데 어디에 중점을 두느냐에서 차이가 났다. 사무라이에겐 문이 부수적이며 부차적인 것이었지만 선비에겐 반대로 무가 부수적이며 부차적인 것이었다. 이는 근대에 들어서면서 몸을 대하는 태도, 더 나아가 신체 문화에서 극명한 차이를 보이는 원인이 되었다. 오늘날 일본과 한국 사회에서 무예를 대하는 태도에

---

140 정창석, 《만들어진 신의 나라: 천황제와 침략 전쟁의 심상지리》, 80쪽.
141 김용옥, 《태권도철학의 구성원리》(통나무, 1990).

차이가 보인다면 어느 정도 이러한 문화적 유전자와도 관련이 있을 것이다.

구한말 조선 지식인은 자국민과 자국문화를 극복되어야만 한, 타파해야만 할 대상으로 여겼다. 조선의 무예 전통은 일본 정부의 방해로 이어지지 못한 것이 아니었다. 조선의 무예 전통은 이미 존재감이 없어진 지 오래되었다. 조선인들은 일본에서 건너온 검도와 유도를 근대무예로 인식했다. 당시에는 이들 일본 무도가 식민성을 심화시킬 수 있다는 인식은 하지 못했다. 근대화된 검도와 유도를 습득하는 건 오히려 조선의 역량을 키우는 일이었다. 일본과 서구의 앞선 문물을 받아들이는 것이야말로 조선이 식민지를 벗어나는 길이라고 믿고 있던 조선의 식자들에게, 일본 무도 역시 그러한 근대화의 일환으로 받아들여졌다. 근대 체육의 하나로 일본 무도를 보급하려는 노력이 식민지 설움에서 벗어나기 위한 몸부림이었다는 사실이 부정되어서는 안 된다. 하지만 동시에 일본 무도가 식민성을 강화하는 데 이용되고 말았으며, 그것을 인지하지 못한 조선 지식인들의 한계를 놓쳐서도 안 된다.[142]

일본 유학에서 돌아온 지식인들이 조선의 피폐한 현실을 직면했을 때 당연히 가질 수밖에 없는 생각은 어떻게 하면 근대 문명을 빠르게 도입할 수 있을까였다. 검도의 도입도 그런 맥락에서 이해되었다. 오늘날 우리가 보는 근대 무예는 전통적인 군진 무예의 연장선상에서 발전한 것이다. 유럽의 펜싱이 그렇고, 일본의 켄도오가 그렇다. 하지만 조선의 검술은 살아남지 못했다. 19세기 말 조선의 상황은 안일하게 옛것을 불러내 새로운 전통으로 자리매김할 것인가를 생각할 겨를이 없었다. 따라서 일본에서 교육받은 조선의 식자들이 할 수 있는 선택지는 (낡은) 전통의 계승이 아니라 일본에서 배운 근대적인 신식 문명을 최대한 빨리 식민지 조선에 이식하는 것이었다. 젊은 조선인들은 일본이라는 '신천지'로 건너가 신학문, 신기술, 신지식을 향한 향학열에 불탄 나머지 '아서양(亞西洋, 아시아의 서양)' 일본제국주의의 이기주의에 거의 무방비 상태로 열려 있었다. 소위 '현해탄 콤플렉스'를 형성하여 몇 겹으로 굴절된 다음 일본 제국주의에 마비된 지성으로 구체화되었다.[143]

조선의 지식인들에게 '근대화'는 일본과 서구의 앞선 문물을 최대한 빨리 받아들여야만

---

142  일제강점기 조선 지식인들의 이러한 태도는 어느 한 영역에만 국한되지 않으며, 전방위적으로 이루어졌다는 점 또한 지적될 필요가 있을 것이다. 일례로, 일제강점기 일본에서 음악을 공부하고 돌아온 조선의 지식인들이 당시 조선의 전통음악을 어떻게 생각하고 있었으며, 일본에서 배운 근대 음악을 조선에 이식하려고 했던 상황에 대해서는 다음 글을 참조하기 바란다. 전지영,《근대성의 침략과 20세기 한국의 음악》(북코리아, 2005), 128-137쪽.

143  정창석,《만들어진 신의 나라: 천황제와 침략 전쟁의 심상지리》, 203쪽.

이룰 수 있는 과제였다. 역설적이게도 조선은 식민지배를 벗어나기 위해 일본을 본받아야만 했다. 일본의 근대 문명은 정복자의 것이지만 동시에 피지배민족에게는 정복자를 넘어설 수 있는 힘의 원천이기도 했다. 처음엔 그토록 강하게 일제에 저항했던 위정척사파들이 친일론자로 변절하게 된 아이러니도 여기에 있었다. 일제강점기 35년은 한 인간이 태어나 성인이 되고도 남는 긴 시간이었다. 해방이 소리 소문 없이 갑자기 올 줄 몰랐다. 조선인들은 식민지배에서 벗어난다는 생각을 하기 힘들었으며, '일제'가 아니라 '근대'의 틀을 무시할 수 없었다. 그래서 검도의 도입과 보급에 적극적이었으며, 그렇게 들어온 검도는 식민지 조선인의 삶에 깊게 뿌리내렸다.

## 요약

오늘날 우리가 접하는 검도(=격검)는 19세기 초 일본에서 탄생했다. 칼은 이제 더 이상 삶과 죽음을 가르는 무기가 아니었다. 정해진 공간에 일정한 규칙하에서 방호구와 죽도를 사용해 안전을 담보한 상태에서 승패를 겨루는 격검이 발명됨으로써 칼은 죽음과 결별할 수 있었다. 진정한 의미의 활인검은 격검이라는 스포츠의 탄생을 통해서 이룰 수 있었다.

격검은 지키신카게류와 나카니시하잇토오류 같은 고전 검술 유파에서 시작되었다. 그런 점에서 격검은 고전 검술의 적자였다. 하지만 동시에 격검은 근대성이 부여되어 만들어진 신종 무술이며, 특정 고전 검술 유파를 뛰어넘는 보편성을 획득했다는 점에서, 여느 고전 검술과는 결을 달리하는, 어쩌면 사생아라고도 할 수 있다. 격검의 탄생은 고전 검술의 종말을 고하는 역사적인 사건으로 평가되어 마땅하다.

18세기가 격검의 씨앗이 뿌려진 시기였다면 19세기는 격검이 개화한 시기였다. 그 과정은 순탄치 않았다. 격검이 근대화되는 데는 강무소와 경시청, 대일본무덕회가 중추적인 역할을 했다. 그리고 수많은 전통검술가들의 노력도 무시할 수 없다. 아울러 검술 근대화는 일본의 자내적인 필요에 의해 이루어졌다기보다는 서양 제국주의의 도전에 대한 응전의 성격을 가지고 있었다. 유럽의 체조와 근대적인 서양의 학문이 들어오지 않았다면 검술 근대화는 더 많은 시간이 걸렸을 것이다. 특히, 근대적인 서양 해부학의 관점을 동원한 '검술체조화'는 오늘의 검도가 만들어지는 데 결정적인 역할을 했다. 검술체조화를 통해 마침내 검술은 학교 체육이라는 제도권 안으로 들어갈 수 있었다.

격검은 조선(대한제국)에 그대로 이식되어, 일제강점기에 광범위하게 확산되었다. 구한말 이래 일제강점기 동안 일본 내에서 이루어지는 검도의 변화는 한국 사회에서도 거의 실시간 으로 업데이트되고 있었다. 일본에서 유술에서 유도로, 검술(격검)에서 검도로 명칭이 변경되 자 그대로 한국 사회에도 변경되기 시작했다. 일본의 〈학교체조교수요목〉의 제정 및 개정의 시기별 변화 역시 한국 사회에 그대로 적용되었다.

오늘날 한국 사회에서는 검도에 대한 반감이 있지만 일제강점기 일본 무도에 대한 반감은 없었다. 오히려 근대적인 신체 활동으로 여겨져 검도와 유도를 적극적으로 수용했다. 일각에 서는 일제강점기 일본의 압제에 의해 조선의 전통무예가 사멸했다고 주장하기도 하지만 사 실 구한말에 이미 조선의 무예 전통은 거의 남아 있지 않았다. 오히려 일제강점기에 들어 근대 적인 스포츠와 무도가 활성화되면서 활쏘기와 씨름 등 일부 조선의 무예가 부활하기도 했다.

조선이 일본의 근대적인 무도 체계를 적극 수용하고 내면화하기 위해 노력한 것은 직접적 으로는 일본의 식민지배 정책의 영향 때문이었지만 또 한편으로는 일본 무도의 근대성이 조 선인을 매료시킨 부분도 있었다. 조선의 지식인들은 독립과 부국강병을 실현하기 위해서 무 예를 새로이 정의해야만 했다. 이제 무예는 실질적인 전투 기술로가 아니라 국민의 체력 증 진과 정신력 함양이라는 형태로 부국강병에 이바지해야만 했다.

하지만 1930년대 만주사변과 중일전쟁을 계기로 일본은 급격히 군국주의 파시즘이 지배 하기 시작한다. 국가총동원령이 반포되면서 검도 역시 전시체제에 복무하기 위한 전시 검도 로 전환되었다. 18~19세기 문명화 과정을 거치며 근대적인 스포츠로 거듭난 검도는 오히려 퇴행하기 시작했다. 이제 검도는 천황을 위해 복무하며, 야마토다마시를 진작시키고, 실제 전 투에서 효과적인 기술로 탈바꿈해야 했다. 중일전쟁부터 일본의 패망에 이르는 1937년부터 1945년까지의 시기는 문명화한 검도가 탈문명화하며 퇴행하는 시기라고 할 수 있다.

한국 사회에서 일본 무도에 반발감을 느끼고, 민족주의적인 시각에서 배타적인 태도를 가 지게 된 건 해방 이후 일어난 현상이었다. 물론 일제강점기에도 일본에 대한 반감은 존재했 다. 하지만 일제강점기 일본은 반감과 적대의 대상이면서도 동시에 동아시아 근대 문명의 선구자로 선망과 추수의 대상이기도 했다. 식민지배와 무도의 이중적인 교차점은 때로 과소평가되고 때로 과장되며 제대로 평가되지 못하는 이유도 이러한 식민지배기의 복합적인 성격과 관련이 있다.

조선의 무예가 쇠락한 자리에 일본의 근대 무예가 자리를 잡았다. 활쏘기와 씨름처럼 운좋게 자신의 자리를 찾은 조선의 무예가 있기는 했지만 이는 극히 예외적인 경우였다.《무예도보통지》로 대변되는 조선의 군진 무예 전통은 살아남지 못했다. 그 빈자리에 일본 무도가 이식되어 근대 한국 무예의 표준이 되었다. 오늘날 우리가 맞닥뜨리는 무예의 정통성 문제는 이미 일제강점기에 태동했다고 할 수 있다.

다음 장에서는 한국으로 전해진 검술이 이 땅에 뿌리내리며 어떤 특성을 띠게 되었는지, 소위 토착화와 현지화한 일본 검술의 특징을 살펴보고자 한다. 이름하여, (일본) 검술의 한국화!

# Chapter 5

# 검술의 한국화: 투로화와 이념화

이 땅에 전해진 일본 검술은 새로운 토양에 적응하며 발전했다. 16세기 이래 조선에 전해진 장도, 왜검, 교전은 모두 투로화되었다. 구한말 전해진 근대 일본 검도는 해방 이후 민족주의와 반일감정, 그리고 탈식민화의 요구에 직면해, 한국 검술로 포장되기 시작했다. 일본 검도는 일본에서는 군국주의에 의해 한국에서는 민족주의에 의해 이념화되었다.

## 검술의 한국화, 어떻게 이해할 것인가?

16세기 이래로 일본 검술은 지속적으로 조선 사회에 유입되었다. 의도되었든 그렇지 않든 이 땅으로 건너온 일본 검술은 진화했다. 외래 식물이 또 다른 토양에 이식되었을 때 살아남기 위해 적응해야 하듯 일본 검술 역시 이 땅에 뿌리내리기 위해 변화해야만 했다. 《무예제보》의 장도, 《무예제보번역속집》의 왜검, 《무예도보통지》의 쌍수도와 왜검·교전은 바로 외래 검술이 이 땅에서 어떻게 적응하며 발전해왔는가를 잘 보여주는 실례이다. 구한말에 들어온 격검[검도]도 예외가 아니었다.

이렇게 이 땅에 들어온 일본 검술이 변화, 적응하며 발전해온 일련의 과정, 그리고 그 결과를 우리는 한국화라고 부를 수 있을 것이다.[1] 그렇다면 한국화한 일본 검술은 원래 모습과 얼

---

1 여기 한국화는 외래 검술이 이 땅에 들어와 변화하며 현지의 상황에 맞게 적응했다는 의미의 현지화, 다른 토양에 뿌리내리며 성장했다는 의미의 토착화, 자국의 입장에서 문화를 수용해 발전시켰다는 의미의 자국화 등과도 통한다. 이 책에서는 포괄적인 의미에서 '한국화'로 통일해 사용했다.

마나 차이가 나며, 한국화한 일본 검술의 특징은 어떻게 정의할 수 있을까?

일본 검술 전파는 시기적으로는 16세기 후반부터 현재까지 약 400여 년에 걸쳐 지속적으로 이루어져 왔다. 한국으로 전해진 일본 검술의 성격은 구한말을 기준으로 그 이전은 군사 기술로서, 그 이후는 체육·스포츠화된 검술로 크게 양분할 수 있으며, 앞 장에서 살펴보았듯이 주목할 만한 변화를 기준으로 다음과 같이 네 단계로 구분할 수 있다.

제일 처음 전해진 일본 검술은 장도였다. 16세기 중엽 왜구들을 통해 중국으로 전해진 일본의 카게류 검술은 장도라는 이름으로 중국 내에서 유전되었으며, 다시 임진왜란을 계기로 조선으로 전해졌다. 《무예제보》(1598)에 문서화되어 전하는 조선의 장도는 중국이라는 필터를 거친 일본 검술의 조선화 버전이라고 할 수 있다.

두 번째 일본 검술은 《무예제보번역속집》(1610)의 왜검이다. 《무예제보번역속집》의 왜검은 검술 대련법이었다. 이전 장도는 개인 연무를 위한 투로였다. 실전에서의 응용력을 키우기 위해 대련 훈련법으로 새로이 개발된 것이 바로 《무예제보번역속집》의 왜검이었다. 왜검, 즉 일본[倭] 검술[劍]이라고는 했지만 사실 엄밀히 말하면 《무예제보번역속집》의 왜검은 중국화한 일본 카게류 검술, 거기서 나온 《무예제보》의 장도, 장도를 다시 조선식으로 재해석해 교전으로 만든, 말하자면 3단계의 변화를 거친 검술이었다.

세 번째 일본 검술은 김체건에 의해서 도입된 왜검이다. 17세기 후반 조선 정부는 다시금 일본 검술을 보완하기 위해 국가 차원에서 일본 검술 도입 프로젝트를 추진한다. 이때 김체건이 비밀리 일본 검술을 배워온 후 거기서 교전법을 만들어 냈다. 이 과정은 일면 앞서 16세기 말과 17세기 초 장도를 바탕으로 왜검 교전법이 만들어진 것과 유사하다. 다만 차이가 있다면 이전 일본 검술이 중국을 거쳐서 들어온, 소위 중국인의 시각에 의해 재해석된 일본 검술을 바탕으로 이루어진 작업이라면, 김체건이 도입한 일본 검술은 일본인에게서 직접 입수해 곧바로 조선화한, 조선인의 시각에서 이루어졌다는 점이다.

네 번째 일본 검술은 19세기 말 전해진 격검[검도]이다. 격검은 이전 군사 기술이었던 일본 검술과는 달랐다. 죽도와 방호구를 사용하여 승부를 겨루는 체육·스포츠 종목으로 진화한 것이었다. 18세기 초 일본에서 몇몇 유파를 중심으로 죽도와 방호구를 착용한 수련법이 개발되어 유행하면서 시작된 격검은 19세기 말 일본에서 근대적인 스포츠 검도로 자리 잡았다. 이 격검이 구한말 조선으로 전해져 일제강점기를 거치며 경찰, 군대, 학교, 사회체육으로 확산되었다. 1920년 일본에서 격검을 검도로 개칭하면서 한국 사회에도 검도로 불리기 시작했다. 하지만 검도는 1930~40년대 일본이 만주사변과 중일전쟁, 태평양전쟁을 거치며 군국주의 파시즘으로 치달으면서 황국신민화와 내선일체를 위한 도구를 넘어 전시체육으로 변질된다. 해방 이후 검도는 일본의 잔재로 비판받으며 잠시 주춤하다가 다시 경찰 검도인을 중심으로 대한검도회가 결성되어 오늘에 이른다.

우리는 여기서 이런 질문을 제기할 수 있다. 한국으로 전해진 일본 검술이 이 땅에 들어와 어떻게 변화되었는지, 그리고 그러한 변화는 원래 일본 검술과 얼마나 차이가 있는지? 사실 구한말 이래 조선에 전해진 격검은 근대화된 일본 검술을 그대로 이식한 것이기 때문에 일본과 조선 사이에 큰 차이가 없었다. 일제강점기에는 일본 내에서 이루어진 검도의 변화가 실시간으로 조선에 업데이트되고 있었다. 그리고 황국신민체조의 제정에서도 알 수 있듯이 조선에서 개발된 검도 프로그램이 본토로 역수출되기도 하는 등 일본과 조선은 상호 영향을 주고받으며 검도의 지식 체계를 공유하고 있었다.

그런데 구한말 이전 조선으로 전해진 일본 검술이 원래 모습과 얼마나 차이가 있는지를 확인하는 건 좀 다른 얘기이다. 검술은 육화된 지식(embodied knowledge)으로 전해진다. 일본 검술을 하는 한 인간과 한국화된 일본 검술을 하는 또 다른 한 인간이 동시에 육화된 지식을 교환하지 않는 이상 양자의 실질적인 비교는 이루어지기 힘들다. 다만 무예서를 통해 무예의 변화 과정을 역추적하는 '무예고고학'적인 방법을 응용해볼 수 있다.[2] 하지만 이 방법도 현실적으로 다음과 같은 어려움을 맞닥뜨릴 수밖에 없다.

먼저 한국으로 전해진 일본 검술 관련 원사료가 존재하느냐의 문제이다. 기록이 없다면 비교 자체가 불가능해진다. 예를 들면, 김체건이 전한 왜검은 조선 측 사료는 있지만 일본 측 사료는 찾기가 힘들다. 본서 제3장 〈일본 검술의 도입 2: 왜검〉에서 《무예도보통지》《왜검》의

---

2 무예사의 연구와 고대 무예 수련 양식의 복원 및 발전 과정에 대한 설명을 목적으로 한 '무예고고학'은, 무예 관련 유물과 유적, 문헌 등 무예의 흔적이 남아 있는 자료들을 연구 대상으로 한다. 가용할 자료가 충분하다면 과거 무예의 복원과 재현도 가능하다. 오늘날 서구에서 이루어지고 있는 중세무예복원 프로젝트 역시 무예고고학의 방법론을 응용하고 있다. 근대 이전 서로 다른 지역 간 문헌을 통한 무예의 비교 연구에서도 무예고고학은 중요한 기여를 할 수 있다. 다만, 학문 특성상 연구자의 문제의식이나 연구방법, 분석방법에 따라 읽어낼 수 있는 정보의 양과 질에서 차이가 날 수 있다.

운광류나 토유류를 일본의 운코오류나 토다류와의 명칭상의 유사성을 바탕으로 연관이 있을 가능성을 제기했지만 현재로서는 어디까지나 가설일 뿐이다. 운 좋게 일본 내에 한국으로 전해진 고전 일본 검술이 오늘날까지 남아 있다고 해도 여전히 문제는 남는다. 소위 일본 검술의 원형(A)조차도 수백 년을 거치며 후대로 전해지는 과정에서 변화된 형태(A')가 되었을 가능성이 높기 때문이다. 또한 이러한 현상은 한국으로 전해진 일본 검술(B)의 전수에서도 동일하게 일어나 변모한 형태(B')가 될 가능성이 높다. 따라서 후대에 A'과 B'를 비교하는 작업은 이전 A와 B의 관련성을 이해하는 데 크게 의미가 없을 수 있다. 유형론적인 분석이 피상적인 수준을 벗어나기 힘든 이유이며, 근대 이전 일본 검술의 한국 전파를 구체적, 실질적으로 검토하기 어려운 이유이다.

그렇다고 해서 한국화한 일본 검술의 특징을 읽어내는 것이 전적으로 불가능한 것은 아니다. 왜냐하면 일본 검술이 여러 경로를 통해 한국으로 전해졌으며, 한국 내에서 뿌리를 내렸다는 사실 그 자체는 변함없기 때문이다. 조선 정부는 16세기 이래 지속적으로 일본 검술을 도입하려는 노력을 해왔으며 이를 기록으로 남겼다.《무예제보》,《무예제보번역속집》,《무예도보통지》를 통해 우리는 비록 간접적이기는 하지만 한국 내에서 일본 검술의 변화, 발전 양상을 살펴볼 수 있다.

16세기 이래 한국으로 전해진 일본 검술이 이 땅에서 어떻게 발전해왔으며, 궁극적으로 원래 일본 검술에서 벗어나 한국화한 검술로 특징을 가지고 있다면, 그건 무엇일까? 본서 전체를 관통하는 화두이기도 한 이 질문에 대한 내 나름의 대답은 다음과 같다. 투로화와 이념화! 나는 일본 검술의 한국화의 특징을 '투로화'와 '이념화'로 본다. 투로화가 전근대 일본 검술 한국화의 특징이라면 이념화는 근대 이후 일본 검술 한국화의 특징이라고 할 수 있다.


## 조선에서 일본 검술은 모두 투로화되었다

이 땅으로 전해진 일본 검술은 '투로화'되었다.[3] 개인 수련 양식이든 아니면 두 사람의 교전이 되었든 검술을 포함한 모든 무예는 조선에서 투로로 양식화되었다. 물론 엄밀히 말하

---

3 '투로'에 대해서는 본서 제4장 〈일본 검술의 도입 3: 격검〉의 "고전 검술 수련의 핵심: 카타" 부분을 참조하기 바란다.

면, 투로는 한국 무예만의 특징은 아니다. 대부분의 동아시아 무술에서 투로, 즉 개별 기술을 모아 기승전결을 갖춘 하나의 틀 안에 넣어서 수련하는 방식이 발견된다. 중국 무술의 타오루(套路), 태권도의 품새, 일본 무술의 카타(型)가 다 여기에 해당한다. 동아시아 무예 공통의 특징이라고도 할 수 있다. 그럼에도 불구하고 한국화의 특징으로 '투로화'를 든 이유는 고전 한국 무예의 투로화는 전 시기를 걸쳐 나타나며, 개인 수련에서 두 사람의 대련에 이르기까지 모두 투로로 정리되어 전해지는, 한마디로 '투로 중심주의'의 특성을 보이기 때문이다. 16세기 말 일본의 카게류 검술이 중국을 거쳐 조선으로 전해져 '장도'로 투로화되고, 뒤이어 17세기 초에는 장도에서 파생된 검술 교전법이 '왜검'으로 투로화되었다. 다시 17세기 후반 김체건이 정리한 일본 검술 4류와 거기서 파생한 교전 또한 투로화되었다.[4] 《무비지》에 실려 있는 조선세법도 18세기 후반 예도총도로 투로화되었다.[5] 이런 경향은 근대에 들어서도 반복되고 있다. 오늘날 한국의 많은 근현대 무예들 역시 투로화된 형태의 수련을 기본으로 하고 있으며, 대한검도회도 본국검을 교육과정에 편입시켜 기존 투로 중심의 무예 전통을 따르고 있다.[6] 따라서 일본 검술의 투로화되는 경향은 16세기 이래 오늘날까지도 지속되는, 한국 무예의 중요한 특징이라고 할 수 있다.

아울러 한국화한 검술 투로는 대체적으로 기존 일본 검술에 보이는 카타보다는 그 길이가 길다는 점도 지적될 필요가 있다. 물론 일본 검술 유파에도 다양한 카타가 전해지고 있어 일률적으로 말하기는 쉽지 않지만 대체로 일본 검술의 카타는 몇 가지 동작을 중심으로 소략한 특징을 보인다. 반면 한국 고전 검술은 상대적으로 긴 투로로 구성되어 있으며, 투로 안에 해

---

4  《무예도보통지》《왜검》에 기록된 검술에 대해서 "일본 검술 유파의 형을 상상할 수 없으며, 검술 유파의 형이라기보다 오히려 거합이나 발도술의 신체 동작을 분해해서 나타낸 것"이라는 견해도 있다(加藤純一, 《무예도보통지》에 보이는 일본의 검술 유파: 上泉新綱의 新陰流》《무예도보통지》를 통해 본 한일 간의 무예교류》(경기문화재단, 2002, 65쪽). 이는 어떤 면에서 이미 한국화한 혹은 한국적으로 변용된 검술에서 발생하는 특징이라고 볼 수도 있을 것이다.

5  《무비지》의 조선세법과 《무예도보통지》의 예도총도 간의 관련성과 기술적인 특징에 대해서는 별도의 저작, 《한국의 검술: 조선세법에서 예도로》(가칭)를 준비 중이다. 이와 관련한 보다 상세한 논의는 후속작을 기다려주기 바란다.

6  2021년 대한검도회장으로 취임한 김용경 회장은 이종림 전 회장 체제에서 이루어졌던 여러 정책적 행보와는 다른 시도를 하고 있다. 무엇보다 전임 이종림 회장 체제에서 대한검도회는 검도의 종주국이 일본이 아니라 한국이라는 주장을 펴고 국제적인 경기 규정과 규칙에 반하는 행보를 보여 전일본검도연맹이나 국제검도연맹과 껄끄러운 관계에 있었다. 김용경 회장은 국제검도연맹의 규정에 맞춰 대한검도회에서만 사용하던 청백기를 다시 홍백기로 바꾸고 본국검은 초단 심사에만 적용하고, 2단부터는 심사에 반영하지 않도록 바꿨다. 또 5단 이상 승단 심사에서 조선세법단증을 필수로 제출해야 한다는 규정도 삭제했다.

당 검술의 모든 이법(理法)을 담아내고자 했다. 심하게 말하면 극단적인 투로 중심주의로 흘렀다고도 할 수 있다.

이러한 투로 중심주의는 검술 유파가 형성될 수 없었던 조선의 특수한 상황과 관련이 있는 것으로 보인다. 중앙집권적인 군사 제도 안에 무술을 포섭하려고 했던 조선은 봉건제하의 지방 정권, 무가를 중심으로 사회가 운영되었던 일본과 다를 수밖에 없었다. 문치주의에 기반을 두고 중앙집권적인 통치를 추구하며, 개개인의 무예 훈련 역시 국가의 통제하에 두려 했던 조선에서 개별 유파가 등장할 수 없었던 건 어쩌면 당연했다. 조선에서 검술은 철저하게 군진 무술의 하나로 흡수되어 전해졌다.

아울러 군진 무예의 특성상 모든 기술은 개별성보다는 통일성이 강조될 수밖에 없었다. 검술을 포함한 모든 무예는 표준화된 투로의 형태로 정리되어 각 군영의 병사들에게 보급되었다. 표준화된 투로는 각 군영 간, 혹은 서울과 지방의 군사들에게 통일된 교육과 훈련, 평가를 가능하게 했다. 따라서 조선의 투로는 일본 검술의 유파가 추구한 기법의 모음과 나열을 통한 수련의 편이, 기억의 수월성이라는 무술 본연의 목적에만 머물지 않고, 국가 차원에서 무예 기술의 종합과 표준화라는 시스템의 구현을 지향했다. 표준화된 투로가 마련됨으로써 공정한 평가가 가능해졌으며, 이를 토대로 포상과 벌칙을 통해 병사들이 무술을 지속할 수 있는 제도적인 유인책을 마련할 수 있었다.[7]

물론 표준화된 투로에 장점만 있는 건 아니었다. 훈련과 평가를 위한 객관적인 기준을 제시한다는 장점이 있었지만 다른 한편으로는 무예 기술의 역동성을 일정한 틀 안에 가둠으로써 기술의 분화와 발전 가능성을 제한하는 단점이 있었다. 사실 투로는 무예 기법을 익히는 하나의 방법론이며 실전을 위한 징검다리에 불과하다. 투로처럼 양식화된 무술이 가지는 동일 패턴의 반복 연습만으로는 임기응변을 요하는 실전 상황에 대처하기에 한계가 있을 수밖에 없다. 실전에서 효과를 발휘하기 위해서는 상대와 함께 직접 부딪혀보는 대련[란도리]이 필수적이다. 따라서 조선이 취한 투로 중심주의는 필연적으로 실전 면에서 취약점을 가질 수밖

---

7 표준화된 투로가 마련된다는 것과 실제 표준화된 투로가 얼마나 보급되어 의도했던 대로 운용되었는가는 또 다른 문제이다. 《무예도보통지》〈고이 편〉은 조선 후기 각 군영에서 실시하던 무예가 서로 차이가 있었다는 걸 보여준다. 하지만 《무예도보통지》〈고이 편〉은 역으로 표준화된 무예에 대한 조선 정부의 지향을 보여주는 근거가 되기도 한다.

에 없었다.[8]

　물론 조선에서도 이 문제를 고민하지 않은 건 아니다. 검술의 응용력을 키우기 위해 직접적인 타격이 허용되는 검 대련을 실시하기도 했다. 하지만 대련 중 다수의 부상자가 발생하고 심지어 죽기까지 하다 보니 훈련 방식에 변화를 줄 수밖에 없었다. 조선 나름의 해결책은 대련 역시 투로로 양식화하는 것이었다.[9] 하지만 대련마저 투로화됨으로써 고정화된 패턴 연습 방식에서 오는 한계를 극복하지 못했다.

　검술의 투로화는 근대에 들어서도 반복되었다. 구한말 일본으로부터 전해진 검도는 일제 강점기 내내 죽도 검도의 형태를 유지해왔다. 죽도 검도에서 투로는 크게 의미가 없었다. 아니 어떤 면에서는 경기에 필요한 제한된 기술에 좀 더 집중적으로 시간을 투자하는 것이 효율적이기 때문에 굳이 투로 수련을 할 필요가 없었다. 대일본무덕회에서 제정한 일본 검도의 제정형 카타가 있기는 했지만 존재감이 거의 없었던 이유이다. 태권도가 경기 태권도로 개편되면서 품새 수련이 거의 의미를 가지지 못하고 경기 기술과 품새 기술에 괴리가 생기는 것처럼 검도 역시 경기 기술과 카타 간에 마찬가지의 문제가 있었다.[10] 대한검도회가 본국검 투로를 커리큘럼에 포함시켰지만 기존 제정형 카타마저도 크게 환영을 받지 못하는 상황에서 본국검까지 더해지면서 경기 검도와 기술적으로 조화되기보다는 오히려 괴리가 커지게 되었다. 그럼에도 불구하고, 검도는 본국검 투로를 커리큘럼에 넣음으로써, 비록 의도한 것은 아니지만 외형적으로는 한국 검술에 면면히 흐르고 있는 투로 중심주의라는 전통을 잇게 되었다. 비록 대한검도회가 직접 투로화의 흐름을 잇겠다는 의도를 표방한 적은 없지만 근대 일본 검도도 검술의 투로화라는 한국화의 특징을 반복하게 되었다는 점은 흥미롭다.

---

8　전통적인 무예 수련의 3요소는 투로, 격투, 공법으로 나뉜다. 투로는 기술 수련이며, 격투는 기술을 실전에 적용하기 위한 수련, 공법은 근력, 지구력, 파워를 키우는 오늘날의 보디 컨디셔닝(body conditioning)에 해당한다. 전통적인 수련법에 대해서는 다음을 참조. 김광석, 《권법요결》(동문선, 1992).

9　조선 전기에도 목봉이나 목검을 사용한 대련 훈련이 실시된 적이 있다. 다만 훈련 중 병사들이 부상을 당하거나 맞아 죽는 폐단이 생기자 직접적인 대련 형식의 훈련법은 폐지되고 말았다. 그런 점에서 조선 후기에 이루어진 검 대련의 투로화는, 비록 실전성 면에서는 다소 떨어지지만 안전성을 확보한 상태에서 상대와의 교전 감각을 유지할 수 있도록 했다는 점에서 진일보한 측면으로 볼 수도 있다.

10　대일본무덕회에서 각 유파를 대표하는 제정위원 25명의 논의를 거쳐 1912년 만든 카타로 태권도의 품새와 겨루기 사이에 괴리가 있는 것처럼 실제 죽도 기술과 기술적인 괴리가 크다.

엄밀히 말하면, 대한검도회의 검술 투로화는 이전과는 결을 달리한다. 예컨대, 조선 시대 검술의 투로화는 일본 검술을 조선에 이식하기 위한 방법론의 성격이 강했다. 군진에 보급하고, 병사들의 훈련에 활용하기 위해서 조선의 실정에 맞게 일본 검술의 기술을 재구성한 것이《무예제보》의 장도와《무예제보번역속집》의 왜검,《무예도보통지》의 왜검, 교전 같은 투로였다. 하지만 대한검도회가 검술 투로를 도입한 건 근대 일본 검술을 이 땅에 뿌리내리게 하기 위한 것이 아니었다. 근대 일본 검술은 구한말 이래로 대한검도회가 생겨나기 이전에 이미 확고하게 이 땅에 뿌리를 내리고 있었다. 대한검도회가《무예도보통지》의 본국검 투로를 검도의 커리큘럼에 넣은 건 일본 검도를 한국 고전 검술과 연관 짓기 위해서였다. 검도의 고대 한국 검술 기원설, 거기서 더 나아가 검도의 종주권을 주장하기 위해서 본국검을 비롯한 조선세법과 같은 고전 무예가 소환될 필요가 있었던 것이다. 검도를 둘러싼 민족주의적인 목소리는 검도를 일본 것이 아니라 한국 것이라고 외치기 시작했다. 제2차 세계대전의 패망과 함께 일본 사회에서는 검도의 이념화는 종식되었지만, 아이러니하게 해방 이후 한국 사회에서는 검도의 이념화가 새로이 시작되었다.

## 검도 이념화의 시작:《무예도보신지》[11]

19세기 이전 조선은 실용적인 차원에서 일본 검술을 도입했다. 임진왜란을 거치면서 형성된 감정의 골과 상흔은 지워지기 힘들었기 때문에 조선 후기 내내 일본이나 일본 검술에 대해 적대적인 혹은 싫어하는 감정이 존재했다. 하지만 그렇다고 해서 국가 차원에서 일본을 배척한 건 아니었다. 조선 정부는 일본 검술에 대해 오히려 적국의 기술이라도 필요하면 배워야 한다는 열린 자세를 견지했다. 일제강점기는 한국의 민족주의가 태동하고 심화되는 시기였다. 하지만 당시에도 검도에 대한 반감이나 검도의 기원을 한국 고대 검술로 보는 시각은 없었다. 오히려 검도는 식민지민인 한국인들에게 근대적인 신체를 만드는 스포츠로 거부감 없이 받아들여졌다.

검도에 대한 인식이 급격히 변하기 시작한 건 해방 이후였다. 식민 잔재를 청산해야 한다

---

11　곽동철,《무예도보신지(武藝圖譜新志)》(고려서적, 1949).

는 사회적 분위기가 팽배해지면서 일본 문화를 '왜색'으로 규정하고 일소해야 한다는 요구가 일기 시작했다. 주로 언어와 간판 등에 사용된 일본어가 많이 지적되었다. 하지만 1950년 대 들어서면 이승만 정권의 강력한 반일 정책과 함께 식민 잔재에 남아있는 왜색뿐 아니라 새로운 일본 문물의 유입도 단속 대상이 되는 등 더욱 강화되었다.[12] 검도 역시 식민 잔재라는 비판에서 자유로울 수 없었다. 검도가 살아남기 위해서는 모종의 조치가 취해져야만 했다. 검도가 일제 잔재가 아니어야 한다는 일종의 주술이 펼쳐지기 시작하는 지점이다.

일본 검도에 한국적인 색채를 덧씌우려고 시도한 최초의 인물은 곽동철이었다. 그의 《무예도보신지(武藝圖譜新志)》(1949)는 한국인이 저술한 최초의 검도 서적으로 알려져 있다. 하지만 저자인 곽동철의 생애는 베일에 싸여 있는데, 대한검도회와는 거리를 두고 활동했으며, 총검도에 능했다는 정도가 현재까지 알려진 전부다.[13] 1950년 6월 18일 자 신문에는 곽동철이란 인물이 영등포경찰서 사찰계장으로 발령받았다는 단신이 포함되어 있다.[14] 만약 여기 언급된 곽동철이 《무예도보신지》 저자와 동일인이라면 그는 일제강점기에 이미 경찰 신분으로 검도를 익혔을 가능성이 높다. 총검도에도 상당한 경지에 올랐다는 사실은 그가 철저하게 일본 검도의 전통 속에서 성장한 인물이었을 가능성을 암시한다. 실제 《무예도보신지》 내용 대부분도 일제강점기 당시의 한국 사회에 퍼져 있던 일본 검도와 총검도에 관한 것이다.

《무예도보신지》는 무예를 그림과 보로 나타낸 새로운 기록이라는 서명에서도 알 수 있듯이 《무예도보통지》를 의식해서 쓰인 책이었다.[15] 부분적이기는 하지만 내용에서도 《무예도보통지》를 참조한 흔적이 보이며, 책의 후반부에는 《무예도보통지》에서 일부를 옮겨 싣기도 했다.

곽동철은 책의 집필 이유를 서문에 직접 밝히고 있는데, 1차적인 이유는 우리나라 고래의 무예를 부흥시키기 위해서이며, 궁극적으로는 땅에 떨어진 민족의식과 국민의식을 진작시키

---

12  이지원, 〈한일 문화교류와 '반일' 논리의 변화: '왜색문화' 비판 언설의 궤적〉《한국과 국제정치》(31(1), 통권 88, 경남대학교 극동문제연구소, 2015(봄)), 134쪽.

13  곽낙현·정기천, 《武藝圖譜新志》에 대한 검토〉《東洋古典研究》(61, 동양고전학회, 2015), 386쪽.

14  《국도신문》, 1950년 6월 18일; 《동아일보》, 1950년 6월 19일.

15  《경향신문》, 1949년 5월 10일; 《동아일보》, 1949년 8월 31일.

기 위해서였다.[16] 하지만 나는 《무예도보신지》를 검토하면서 곽동철이 왜 이런 주장을 해야만 했는가? 하는 의문이 들었다. 민족에 대한 그의 애정을 믿지 못해서가 아니라 일제강점기를 막 벗어나고 4년째 되는 시점(《무예도보신지》는 1949년 8월 31일 출간됨)에 등장한 '검도'를 둘러싼 그의 민족주의적인 목소리의 출처가 궁금했기 때문이다.

《무예도보신지》는 크게 〈검술보〉와 〈총검보〉, 그리고 〈고래의 우리나라의 무예도보〉 세 부분으로 구성되어 있다. 〈검술보〉에는 검술을 포함한 한국 무예의 역사에 대한 개략적인 소개, 그다음 검술 실기에 대한 내용이 이어진다. 대부분은 일본 검도의 기술을 그대로 옮겨 싣고 있으나 특이하게 하카마 대신 한국의 전통적인 복장을 착용한 그림으로 묘사되어 있으며, 검도의 일본식 명칭 대신 《무예도보통지》 본국검의 세명을 사용해 검도 자세를 설명하고 있다. 본국검의 지검대적세, 맹호은림세, 금계독립세, 수두세, 요격세 등이 사용되었는데, 맹호은림세를 좌쌍수 맹호은림세, 우쌍수 맹호은림세, 좌척수(左隻手: 왼손) 맹호은림세, 우척수(右隻手: 오른손) 맹호은림세로 세분하고 있다. 또한 검술의 개별 기술 훈련, 상대와 대적할 때 손목, 얼굴, 몸통을 공격하는 기술, 창이나 쌍검, 총검과 같은 이종 병기와 대결하는 법 등도 포함되어 있다. 뒤이어 호면, 갑, 갑상, 호완, 그리고 죽도와 같은 검도 용구에 대한 설명과 관리법 등이 이어진다. 마지막으로 검도 수련 시 주의해야 할 내용을 다루고 있다.

〈총검부〉는 총검술에 관한 내용을 담고 있다. 총검술은 앞의 검술부에 비하면 상대적으로 소략한 구성을 보인다. 총검을 잡는 방법과 서는 법, 보법 등 기본기술에 대한 설명이 나오고 뒤이어 총검을 사용해 치고, 찌르고, 방어하는 기술을 설명하고 있다.

마지막 〈고래의 우리나라의 무예도보편〉에서는 《무예도보통지》의 무예에 대한 간략한 설명과 함께 그 가운데 본국검, 쌍수도, 쌍검, 장창을 선별해 실었다. 본국검과 장창은 한문 원문과 총보, 총도를, 쌍수도와 쌍검은 언해본 원문과 총보, 총도를 실었다.

---

16 곽동철, 《무예도보신지》〈서〉.

<그림 49> 《무예도보신지》와 《총검술(銃劍術)》(1942)[17]

《무예도보신지》에 보이는 검술과 총검술은 구한말, 일제강점기를 거치면서 일본에서 들어왔다. 실제 《무예도보신지》 집필에 참고했을 것으로 보이는 1930~40년대 출판된 일본의 검도·총검도 서적과 대조해보면 거의 대부분의 내용이 일본 서적과 일치한다〈그림 49〉, 〈표 25〉, 〈그림 50〉, 〈그림 51〉 참조〉. 앞에서 언급했듯이 일본 검도복의 하카마 대신 한국 전통 복장을, 그리고 검도 자세의 명칭을 본국검의 세명을 사용해 바꾸고,《무예도보통지》의 내용을 포함시켰으며, 아울러 한국 무예사와 관련된 내용을 넣으면서 민족주의적인 무예 의식을 표출하고 있다는 차이점이 있다. 그럼에도 불구하고 여전히 곽동철의 시도가 과연 우리나라 고래의 무예를 부흥시키기 위해서 얼마나 유의미한 역할을 했는가에 대해서는 회의적이다.

일제강점기 조선인들은 일본 검도를 신체를 강건하게 하고, 정신을 수양하는 수단으로 바

---

17  곽동철,《무예도보신지》, 147쪽; 江口卯吉,《銃劍術》(國防武道協會, 1942(昭和 17)), 63~64쪽.

라보았다. 따라서 검도는 당시 새로이 들어오기 시작한 축구, 농구, 테니스, 야구 등 서구의 근대 스포츠와 크게 다르지 않았다. 근대적인 육체 만들기가 사회적인 과제였던 시대 검도 역시 이러한 과제를 이루기 위한 방법론의 하나였을 뿐이다. 그런데 곽동철은 뜬금없이 땅에 떨어진 민족의식과 국민의식을 앙양하기 위해서 우리나라 고래의 무예, 즉 검술을 부흥시켜야 한다며 일본 검도와《무예도보통지》를 연결시키며 한국화(?)하는 시도를 한 것이다.

아마도 곽동철이 이런 목소리를 내게 된 데는 해방 이후의 시대적인 분위기가 한몫했을 것이다. 일제강점기 말기인 1930년대, 특히 1940년대에 들어서면 군국주의 파시즘하에서 식민지 조선은 일제의 전시동원체제로 급속히 편입된다. 검도가 비록 일제강점기 내내 조선 인들에게 신체를 강하게 하고 정신을 수양하는 수단으로 일면 환영받기는 했지만, 이제 검도 는 황국신민화와 내선일체를 이루기 위한 도구에서 더 나아가 전시동원체제하의 군사체육 으로 변질되며 한국인들을 전쟁에 동원하기 위한 계획의 일부가 되었다. 조선총독부는 전장 에서의 죽음은 희생이 아니라 천황을 위한 죽음이므로 영광이라고 대대적으로 홍보하고 있 었으며, 검을 든 일본 군인의 이미지는 조선인이 따라야 할 표상으로 강요되었다. 20세기 초 까지 지난한 과정을 거치며 문명화의 길을 걸어왔던 검도는 다시 야만으로 회귀하며, 부정적 인 이미지가 덧씌워지기 시작했다. 하지만 일본이 패망하면서 이런 시도는 무위로 끝나게 된 다. 제2차 세계대전 승리 후 일본을 점령한 연합국사령부는 군국주의에 협력한 책임을 물어 검도를 비롯한 무도를 금지시키고 무도의 총본산이었던 대일본무덕회를 해산시키는 조치를 취했다. 일본 내 검도의 싹을 없애려고 했던 건 그만큼 검도에 드리운 군국주의의 그림자가 강렬했기 때문이었다. 해방 이후 한국의 상황은 전범국인 일본과는 달랐지만 검도에 대한 부 정적인 인식이 급속히 확산되는 건 어쩔 수 없었다.

곽동철의 고민도 거기에 있었을 것이다. 해방 이후 하루아침에 검도가 일제의 식민 잔재 로 치부되는 상황, 검도에 몸담아 왔던 곽동철은 이러한 정반대의 상황에 직면해 인식론적 고민이 깊어질 수밖에 없었을 것이다. 바로 이 지점에서 '검도의 한국화'라는 모종의 작업이 시도되었던 것으로 보인다. 그 결과물이 바로《무예도보신지》였다. 곽동철은 어쩌면 해방 이 후 한국 사회에서 나오기 시작한 일본 검도에 대한 비판을 자기식으로 방어한 것인지도 모 른다.《무예도보신지》에 특별한 역사 의식이나 한국의 무예 전통에 대한 혜안을 발견하기 힘든 건 기본적으로 곽동철의 문제의식이 상황에 반응해 즉흥적으로 나왔기 때문이겠지만, 동시에 곽동철 개인의 잘못으로 치부하기도 힘들다. 곽동철은 해방 이후 한국 사회가 좌우익의 이념 대립으로 분열하던 때 그리고 한국전쟁이라는 화마가 불어닥치기 직전의 혼란스러운 시기에《무예도보신지》를 저술했다. 그런 상황에서 고전 한국 검술을 온전히 드러내는 작업은 곽동철 개인이 감당하기 힘든 시대적 과제였을 것이다. 그래서 곽동철의 작업은 그의 충정을 느끼게 하면서 동시에 안타까움을 불러일으킨다.

근대 일본 검도를 자국의 무예 전통과 연결시키려는 시도가 한국에서만 있었던 건 아니다. 곽동철은《무예도보통지》본국검의 용어를 사용해 검도의 상단세는 맹호은림세로, 중단세는 금계독립세로, 하단세는 요략세로, 팔상세(八相勢, 핫소세)는 수두세로, 협구세(脇構勢, 와키세)는 요격세로 바꾸었는데, 약 10년 뒤 중국 무예사가인 탕하오(唐豪) 역시 일본 검도의 자세를 조선세법의 세를 이용해 설명하려는 시도를 했다.[18] 본국검과 조선세법이라는 차이가 있기는 하지만 곽동철과 탕하오 모두 근대 일본 검도를 고전 검술과 관련지으려 했다는 점에서 공통점이 있다. 두 사람의 차이점은 곽동철은 일본 검도가 고전 한국 검술에서 나왔다는 걸 주장하기 위해서, 탕하오는 일본 검도가 고전 중국 검술에서 갈라져 나왔다는 것을 주장하기 위해서였다. 다른 듯 보이지만 서로 유사한 목적을 가지고 있었다. 하지만 곽동철이나 탕하오의 작업 모두 고전 검술에 대해서 이해가 충분하지 못한 상황에서 성급하게 이루어졌다. 단순히 그림의 외형적 비교를 통한 유비추론에 의해 검도의 상단세를 곽동철은 맹호은림세로, 탕하오는 표두세로, 중단세는 금계독립세와 역린세로 각각 대비시키고 있다〈표 25〉참조). 그런데 왜 검도의 해당 자세가 맹호은림세 혹은 표두세로 대체될 수 있는지에 대해서는 명확히 밝히지 않았다. 이런 식의 분석은 유의미한 정보를 전달해주지 못한다는 점에서 사실 크게 의미가 없다.

---

18  唐豪,〈古代中, 朝, 日劍術交流的若干考察〉《中國體育史參考資料》(第6輯, 人民體育出版社, 1958); 보다 자세한 내용은 본 장의 뒷부분에 이어지는〈탕하오(唐豪)와 마밍다(馬明達)의 일본 검도 중국 기원설〉을 참조하기 바란다.

| 일본 검도(이종림) | 곽동철 | 탕하오 |
|---|---|---|
| 상단세 | 맹호은림세 | 표두세 |
| 중단세 | 금계독립세 | 역린세 |
| 하단세 | 요략세 | 봉두세 |

---

19  이종림, 《검도》, 84-85쪽; 곽동철, 《무예도보신지》, 29-33쪽; 탕하오의 조선세법 관련 그림은 다음에서 가져옴. 茅元儀, 《武備志》(中國兵書集成 第30册, 解放軍出版社, 1989 영인), 3398-3418쪽.

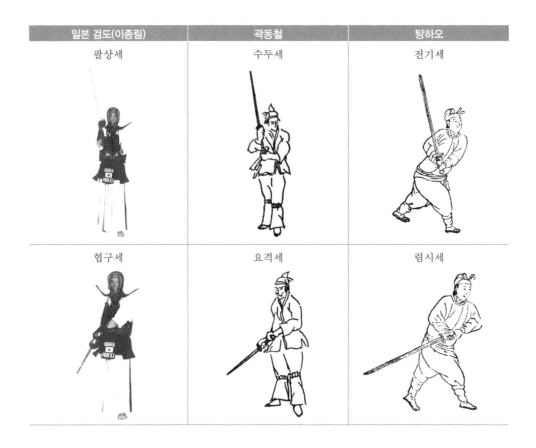

| 일본 검도(이종림) | 곽동철 | 탕하오 |
|---|---|---|
| 팔상세 | 수두세 | 전기세 |
| 협구세 | 요격세 | 럼시세 |

한편, 최형국은 《무예도보신지》에 대해 일본 검도를 자국화(한국화)했다고 긍정적인 평가를 내리고 있다.[20] 그가 이렇게 평가하는 근거는 두 가지였다. 하나는 일본식 수련 복장을 조선식으로 대체했다는 것과, 다른 하나는 발 걸기와 상박 기술의 도입이다. 그런데 이 두 가지를 근거로 곽동철이 일본 검도의 한국화를 이루었다고 판단하기엔 무리가 있어 보인다.

먼저, 최형국은 일본식 수련 복장 관련해서는 이를 조선식으로 대체했지만 그 외 죽도나 방호구, 호면, 갑, 갑상, 호완은 일본 검도를 따르며, 세계 공통의 훈련 방식은 훼손 없이 유지하고 있다는 걸 근거로 검도의 한국화를 효과적으로 진행했다고 평가한다. 하지만 동의하기 힘들다. 무엇보다 양자가 논리적으로 연결되지 않기 때문이다. 한국에 전해진 근대 검도는 이미 하나의 스포츠 제도로 자리 잡은 것이었다. 복장이나 호구, 죽도, 규칙과 경기 방법, 수

<hr />

20　최형국, 〈1949년 《武藝圖譜新誌》 출판과 민족 무예의 새로운 모색〉《제국의 몸, 식민의 무예》(민속원, 2020).

련법 등이 나름 표준화되어 있는 근대적인 체육·스포츠 문화로 도입되었다. 그런데 단순히 한국의 전통 복장으로 대체했다고 자국화했다는 평가를 내리는 건 한복 입고 축구를 하면 자국화된다는 말처럼 앞뒤가 맞지 않는다.[21]

두 번째 곽동철이 일본 검도에는 없는 발 걸기와 상박 기술을 새로이 개발했으며, 이를 근거로 일본 검도를 한국화했다는 주장이다. 최형국은 현대 검도에서 코등이 싸움으로 순화된 형태의 기법은 원래 고전 검술이 가진 근접전의 묘미를 살리지 못하며, 상대와 접근했을 때 코등이 싸움에 이어 발을 걸어 넘어뜨리거나 칼을 버리고 몸싸움을 해서 상대를 넘어뜨리고 호면을 벗겨 승부를 내는 '새로운' 방법을 곽동철이 제시하고 있다고 본다. 그리고 발 걸기와 상박(相撲)을 근거로 검도를 식민의 무도가 아니라 자국화(한국화)했다고 평가한다(〈그림 50〉).[22]

〈그림 50〉《무예도보신지》의 발 걸기와 상박[23]

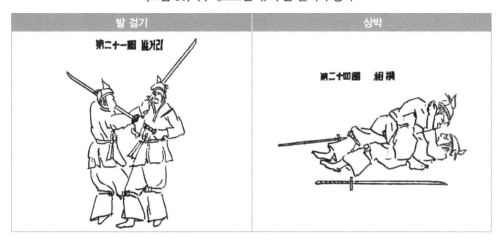

단순히 외형적인 복장의 변화가 아니라 기술의 내용 면에서 일본 검도에는 없는 나름의

---

21  세계축구연맹(FIFA)에 가입해 활동한다는 건 국제적인 조직의 회원으로 권리 행사와 함께 해당 단체의 규약과 경기 방식 등을 따르는 의무도 함께 진다는 것을 의미한다. 그런데 만약 대한축구협회가 세계축구연맹의 회원국으로서의 특권은 누리면서 내부적으로 축구가 원래 한국에서 만들어졌다고 견강부회하며, 한국의 독자적인 축구 경기로 발전시켜야 한다고 주장한다면 국가를 대표하는 단체로 공신력을 잃고 말 것이다. 하지만 대한검도회는 그간 국제검도연맹에 참여해 회원국의 특권은 누리면서 한편으로는 국제적인 규약과 규정에 반하는 행보를 보여왔다.

22  최형국, 〈1949년 《武藝圖譜新誌》 출판과 민족 무예의 새로운 모색〉, 139-142쪽.

23  곽동철, 《무예도보신지》, 50쪽, 52쪽.

진전을 이뤘다면 오히려 한국화를 주장하는 데 더 설득력을 가질 수 있을 것이다. 하지만 이러한 최형국의 평가 역시 근대 일본 검도의 변천 과정을 제대로 살피지 못한 데서 발생한 오류로 보인다. 왜냐하면 《무예도보신지》의 발 걸기와 상박은 곽동철이 새로 만들어낸 기술이 아니기 때문이다. 일본 검도의 아시가라미(足搦み: 발 걸기)와 쿠미우찌(組打ち: 몸싸움)로 불리는 기술을 그대로 옮겨온 것이다. 1930~40년대 출판된 일본의 검도 서적들 《중등학교검도해설(中等學校劍道解說)》, 《검도상달법(劍道上達法)》, 《검도 바르게 배우는 방법(劍道の正しい学び方)》에는 동일한 내용이 그대로 실려 있다. 곽동철은 이들 기술을 《무예도보신지》에 그대로 옮겨 실었다. 그림도 차이가 없다는 점을 주목하기 바란다(〈그림 51〉 참조).[24]

《검도상달법(劍道上達法)》(1939)

〈그림 51〉 일본 검도책에 보이는 아시가라미(足搦み)(위)와 쿠미우찌(組打ち)(아래)의 예

---

24 《중등학교검도해설(中等學校劍道解說)》(1933), 157-158쪽; 《검도상달법(劍道上達法)》(1939), 157-158쪽; 《검도 바르게 배우는 방법(劍道の正しい学び方)》(1940), 98-99쪽. 상세 서지사항은 참고문헌 참조.

아시가라미와 쿠미우찌는 일본이 제2차 세계대전에서 패망하는 1945년 8월 이전까지만 해도 검도 경기에서 여전히 통용되던 기술이었다. 하지만 일본이 패망하고 검도가 금지되면서 이러한 기술도 없어지고 만다. 앞 장에서 이미 살펴보았듯이 전후 검도는 전전(前戰) 검도의 과격성과 전투성을 탈피하고 재문명화의 길을 걸으면서 발전했다. 그 시초가 바로 시나이쿄오기(撓競技)였다. 시나이쿄오기는 이전 아시가라미와 쿠미우찌와 같은 과격한 기술을 제외하고, 무도적인 색채를 순화시킴으로써 근대적인 스포츠로 발돋움할 수 있었다. 최형국은 이러한 전후 검도의 발전 과정에서 나타난 변화를 인지하지 못하고 곽동철이 발 걸기와 상박을 새로이 만들어 낸 것으로 오해하고, 거기서 더 나아가 곽동철이 식민 무도를 자국화했다는 잘못된 평가를 내리고 있다.

고전 검술에서 단병접전이 상박으로 이어지는 흐름은 사실 보편적이라고 할 정도로 흔하게 발견된다. 《무예도보통지》(왜검) 교전이 상박으로 끝마치듯이, 서양의 고전 검술에서도 레슬링으로 마무리된다. 따라서 발 걸기나 상박만 놓고 본다면 새로운 검도 경기 혹은 유사한 형태의 검술 경기의 개발을 위해서 도입하는 것도 전혀 불가능한 건 아니다. 다만 여기서 지적하고 싶은 점은 곽동철이 일본 검술을 한국화하기 위해 발 걸기와 상박을 넣은 것이 아니라는 점이다. 곽동철은 본인이 배우고 수련했던 전전(前戰) 일본 검도의 기술을 그대로 자신의 책에 넣었다. 《무예도보신지》를 집필할 당시 곽동철은 1945년 이후 일본 내에서 새로이 등장한 시나이쿄오기에 대해서 전혀 알지 못했던 것으로 보인다.

아울러 현대 검도에 없는 발 걸기와 상박을 도입하자는 주장은 현시점에서 검도를 혁신하기 위한 대안이라기보다 군국주의 파시즘을 딛고 일어서 재문명화한 검도를 전전의 검도로 되돌리자는, 비록 최형국 자신이 의도하지는 않았겠지만, 오히려 군국주의 파시즘으로 회귀하자는 주장으로 오인될 소지가 있다는 점도 지적한다. 앞서도 언급했듯이 현재 대한검도회의 경기 방식에 발 걸기와 상박과 같은 실전적인(?) 기술이 없는 건 대한검도회가 재문명화된 검도, 철저하게 스포츠화된 검도를 수련하고 있기 때문이다. 전전 검도의 과격성과 전투성을 탈피한 검도, 바로 그 검도가 국제검도연맹이 추구하는 검도이며, 대한검도회가 따르고 있는 검도이다.

이상의 논의를 《무예도보신지》가 매우 특별한 책이라는 걸 부정하는 걸로 받아들여서는 안 된다. 해방 직후라는 시대적인 상황에서 곽동철의 시도는 나름 의미가 있었다. 비록 자기 식으로 검도를 변호하며, 일본 검도의 기술에 고전 한국 검술을 덧씌우는 한계를 벗어나지는 못했지만 말이다. 나는 《무예도보신지》를 통해서 해방 이후 한국 무예가 겪어야 했던 정체성의 혼란을 본다. 아울러 곽동철식의 무분별한 고전 검술 용어의 사용이 오히려 혼란만 가중시킬 수 있다는 점도 지적하고 싶다. 다행히 그의 작업이 광범위하게 확산되지 않은 덕에 그런 사태는 일어나지는 않았다.

일제강점기 검도는 근대적인 스포츠였다. 강인한 신체와 건전한 정신을 육성하는, 근대적인 인간을 만드는 데 유용한 운동이었다. 일제는 처음엔 검도를 일본인의 고유한 영역으로 남겨두려 했다. 하지만 점차 검도는 한국인 경찰과 한국 학생, 사회 체육으로 확산되었다. 동시에 조선의 지식인들은 검도의 가치를 확인하고 적극적으로 수용하려고 했다. 따라서 무작정 검도를 일제의 잔재라고 폄하할 필요는 없을 것이다. 문제는 해방 이후 일제강점기를 바라보는 과정에서 생겼다. 특히, 경찰 검도는 일제 식민지배기 조선민 위에 군림하던 대표적인 지배자의 칼로 각인되어 있었다. "호랑이 온다"라는 속담이 "일본 순사 온다"로 바뀔 정도로 일본 순사는 조선인에게 공포를 불러일으키는 지배자로 군림했다. 그 순사의 칼이 바로 검도의 칼이었다. 게다가 일제강점기 말기 전시동원체제로 전화되면서 검도는 전시 체육으로 변질되어 조선인을 전쟁터로, 그리고 천황을 위해 목숨을 바치도록 하는 데 동원되었다. 검도에 대한 부정적인 이미지는 이 과정에서 고착화되기 시작했다. 해방 이후 검도를 긍정적으로 바라보기 힘든 이유도 거기에 있다. 《무예도보신지》는 바로 이런 시대적인 배경에서 민족의식과 국민의식을 북돋으려는 곽동철의 애국심(?)이 일본 검도를 한국 고유 검술로 주장하게끔 내몰았다. 곽동철의 이러한 시도는 1950년대 이래 대한검도회에서 이어진다. 특히, 1970년대 이종림은 일본 검도의 한국 고전 검술 기원설, 대한검도회 커리큘럼에 본국검과 조선세법 도입, 그리고 검도 도복의 개량과 심판 제도의 개편 등을 시도하는데, 그 기원을 거슬러 올라가면 곽동철이 《무예도보신지》에서 일본 검도를 한국화하려고 했던 시도와 직·간접으로 맞닿는다.

## 대한검도회의 정통성 주장

일제강점기 검도의 확산은 기본적으로 일본의 식민지배 정책에 의해서 이루어진 일이지만 다른 한편으로는 한국 사회에서 새로운 신체 문화의 하나로 적극적으로 수용하고자 했던 사회적 요구와도 맞았기 때문에 나타난 현상이기도 했다. 그런 점에서 일제식민지 정부의 지향과 식민지 백성의 요구는 접점을 가지고 있었다. 하지만 해방이 되면서 상황이 급변했다. 왜냐하면 일제의 식민지배에 대한 평가와 함께 일제 잔재를 청산해야 한다는 사회적 공감대가 형성되었기 때문이다. 당시 일본 문화는 '왜색 문화'라고 하며 금지시키는 조치가 취해졌다. 일본 것뿐 아니라 일본에서 유래하거나 일본적인 특성을 지닌 것은 모두 왜색이었다. '왜색'은 정부와 언론 등에서도 공식적인 용어로 사용했으며, 과거 역사나 회고적인 의미에서뿐 아니라 '현재'의 현상에 대해서도 사용했다. 왜색은 궁극적으로 퇴치, 제거, 추방의 대상으로 여겨졌다.[25] 검도 역시 왜색이라는 비판에서 자유로울 수 없었으며, 실제로 해방 직후에는 잠깐이지만 주춤하기도 했었다.

하지만 1947년 서울시경찰관검도대회가 개최되고 다음 해 1948년 6월 13일 일제강점기 검도에 종사했던 이들, 특히 경찰계에 몸담고 있던 검도 유단자들을 중심으로 대한검사회(1953년 대한검도회로 개칭)가 결성되면서 한국 사회에 검도가 다시 등장하기 시작했다.[26] 당시 강낙원이 대한검사회의 임시회장을 맡았다.[27] 바로 다음 해 경찰 상무회를 조직하고 전국적으

---

25　이지원, 〈한일 문화교류와 '반일' 논리의 변화: '왜색문화' 비판 언설의 궤적〉, 139쪽.

26　후대의 기록이긴 하지만《동아일보》(1960년 5월 7일)에 따르면 당시 전국 경찰 총경의 70%, 경감의 40%가 일본 경찰 출신이었다고 한다. 또한 제1공화국 각료의 31.3%, 대법원의 68.4%가 친일협력자였다고 한다. 일제강점기의 군인들도 미군정과 대한민국 정부에서 여전히 군부 내의 지배적 위치에서 실권을 장악하고 있었다.

27　강낙원(姜樂遠, 1894~?)은 일제강점기와 대한민국 건국 초기 활동했던 체육인이다. 강원도 춘천 태생으로 경신학교, 서울고등학교를 졸업했다. 경성체육연습소에서 한국인 노인선, 유근수에게 유도를 배웠다. 두 차례 일본으로 건너가 타카노 사사부로오의 수도학원(修道學院)에서 검도를, 그리고 코오도오칸(講道館)에서 유도를 배우기도 했다. 조선무도관을 이끌며, 휘문고보, 중앙고보, 연희전문 등 여러 학교에서 유도와 검도를 지도했다. 1932년 최초로 펜싱을 도입해 조선무도관에서 지도했으며, 이종격투기 경기에도 참여했으며, 조선씨름협회, 조선아마추어권투연맹 등에도 관여했다. 하지만 일제강점기 일본의 밀정으로 활동하며 친일행각을 벌였다. 아내 오현주와 함께 애국부인회를 밀고해 해당 단체에 가담한 여성들이 대거 체포되었으며, 결국 전국적인 조직을 가진 애국부인회는 해체되고 만다. 1948년 반민족행위특별조사위원회(반민특위)에 넘겨져 재판을 받았지만 반민특위가 경찰의 습격을 받아 와해되면서 무죄 방면되었다. 한국전쟁 중 납북되었다. 임석원·조문기, 〈일제강점기 朝鮮武道館 설립자 강낙원(姜樂遠)의 활동〉《무예연구》(15(3), 한국무예학회, 2021); 유성원·남광우, 〈해방직후 좌·우파 계열 무도인들의 치안 활동〉《대한무도학회지》(22(1), 대한무도학회, 2020).

로 각 시·도지부를 설치했다.[28] 1950년에는 경찰관유도검도대회가 개최되었으며,[29] 뒤이어 1955년 전국체육대회 종목으로 다시 채택되면서 검도는 화려하게 부활했다.

하지만 검도가 일본에서 기원했다는 사실을 가릴 수 있는 건 아니었다. 특히, 폐쇄적 순혈주의와 고유한 문화를 강조함으로써 한국의 정체성을 찾으려는 한국의 민족주의가 팽배했던 1950년 이후의 시대적 분위기는 검도를 탈일본화하게끔 내몰았다. 대한검도회가 켄도오(Kendo)가 아니라 검도(Kumdo)를 주장하고, 한국 고유의 검술을 강조해야 하는 이유도 바로 여기에 있었다. 이에 1950년대부터 대한검도회는 일본 검도의 색채를 순화시키는 작업을 시도한다. 가장 먼저 아산 현충사에 보관된 이순신 장군의 충무공 장검을 수리하는 사업을 추진했다. 충무공 장검은 임진왜란 중인 1594년 4월 이순신이 한산도 진중(陣中)에 있을 때 도검장인 태귀련과 이무생을 시켜서 만든 칼이다. 하지만 관리가 제대로 되지 않아 세월이 가면서 녹이 슬고, 낡은 상태였다.

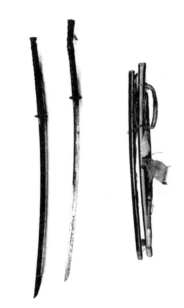

〈그림 52〉 이순신 장검(1928년 촬영, 국사편찬위원회 소장)

---

28  〈대한검도회 연혁〉, 대한검도회 공식 웹사이트(http://www.kumdo.org/deahan_kumdo/d-kumdo2.php), 2022년 6월 22일 검색.

29  《동아일보》, 1950년 4월 15일.

대한검도회는 이순신의 장검을 두 달여 간 수리한 후 1956년 4월 18일 봉안식을 거행했다. 경비는 치안국이 보조했고 김영달이 보수 책임자였다고 한다.[30] 당시 어떤 식으로 이순신의 장검을 수리했는지는 정확히 알려져 있지 않다. 2011년 이뤄진 이순신 장검에 대한 실태조사에서 장검의 혈조에 칠해진 빨간색이 전통적인 안료가 아니라 합성수지도료, 쉽게 말하면 페인트로 칠해져 있어 졸속으로 복원 수리가 이뤄진 것이 아니냐는 비판이 제기되기도 했다.[31] 2015년이 되어서야 빨간색 페인트가 제거되고 원모습으로 복원되었다.[32] 페인트가 덧칠해진 시기는 1969~1970년으로 알려졌는데, 이전 대한검도회의 수리와 연관이 있는지 확실치는 않지만 문화재보존과학 기술이 떨어졌던 점을 감안하더라도 복원재료와 방식에서 정확한 고증 없이 작업이 이루어졌음을 추정할 수 있다.

다음으로 대한검도회는 1966년 4월 28일 이충무공 탄신 기념 제1회 전국 시도대항검도대회를 개최한다. 이순신의 장검을 수리한 지 10년 되는 해였다. 이 대회는 이후 지속되어 2022년 현재 제57회 대회가 개최되었다. 사실 대한검도회의 이러한 행보는 생뚱맞은 감이 없지 않다. 일제강점기 검도는 황국신민화와 야마토다마시를 주입시키고, 전시(戰時) 검도로 조선인들의 희생을 조장했었다. 해방 이후에도 검도는 여전히 침략자의 칼과 동일시되곤 했다. 그런데 아이러니하게도 이순신 장군의 탄신을 축하하는 대회가 대한검도회에 의해 반복되고 있는 것이다.

이 상황을 이해하기 위해서는 해방 이후 한국의 정치·사회적인 분위기를 살펴볼 필요가 있다. 대한검도회는 설립과 동시에 왜색 문화로 척결해야 할 대상으로 여겨지던 검도를 어떻게 부활시킬 것인가를 우선 과제로 삼았다. 하지만 반일감정과 민족주의가 팽배해 있던 해방 이후의 정국에서 왜색으로 치부되던 검도의 입지를 다지기 위해서는 특단의 조치가 필요했다. 그래서 소환한 것이 이순신이었다.

이순신은 잘 알려져 있듯이 1598년(선조 31) 노량해전에서 전사했다. 하지만 이순신은 죽

---

30  이종림, 《정통 검도교본》(삼호미디어, 2006), 38쪽.

31  황평우, 〈페인트 칠 이순신 칼, 아예 진품 아닐 수도〉, 김현정의 뉴스쇼, CBS 라디오 FM98.1(07:30~09:00), 노컷뉴스 (2014. 8. 26), (https://www.nocutnews.co.kr/news/4079452), 2022년 6월 22일 검색.

32  권혁남 외 5인, 〈보물 제326호 이순신 장검 혈조 내 안료의 규명 및 제거〉《보존과학회지》(31(4), 한국문화재보존과학회, 2015), 501쪽.

음으로써 '불멸의 이순신'으로 환생했다.[33] 1604년(선조 37) 선무공신(宣武功臣) 일등으로 책훈된 이래 이순신은 시대적 상황과 목적에 따라 끊임없이 소환되며 재구성되었다. 일제강점기에는 일본의 지배에 맞서기 위해서 임진왜란을 승리로 이끈 이순신을 '민족의 태양', '성웅'으로 소환했다. 박정희 정권은 이순신을 '자주 주체 의식 회복'과 '국난 극복'의 상징으로 소환했다. 그런데 이러한 이순신의 모습은 모두 정조 대 편찬된 《이충무공전서》에 기초하고 있다. 정조는 《이충무공전서》의 편찬을 통해 이순신에 대한 기억을 왕조의 공신에서 '충신'으로 새롭게 조직했는데, 이후 이순신은 다양한 모습으로 각색되기 시작했던 것이다.[34]

박정희 정권은 출범 직후 문화공보부를 설치해 정권의 홍보와 정당화 작업에 주력했다. 이 과정에서 1960~70년대 이순신을 역사적 영웅으로 소환해 유적을 복원하고, 표준 영정 초상화를 제정했으며, 각종 기념비와 동상, 기념관을 건립했다. 이순신의 삶은 각종 매체를 통해 유포되었으며, 대한민국 국민이라면 누구나 따라야 할 인물로 상징되었다. 남북한의 체제 경쟁 상황에서 북한의 항일무장투쟁과 고구려, 고려의 전통성 주장에 대해 남한 역시 이에 대항할 수 있는 역사적 논리가 필요했다. 박정희 정권은 통일신라의 정통성을 내세우면서 조선 시대의 인물들을 대규모로 기념하였고 이 과정에서 이순신이 소환되었던 것이다.[35]

대한검도회는 이런 흐름을 발 빠르게 포착해 이순신의 이미지를 검도의 정통성을 만들어내기 위한 수단으로 활용했다. 그 첫걸음이 바로 이순신 장군의 장검을 수리하는 일이었으며, 뒤이어 이순신 장군의 탄신 기념 검도대회를 개최하는 일이었다. 전혀 상관이 없는 일본 검도와 이순신 장군과의 결합은 근대 무술과 정치가 근친 관계를 가지면서 발전했음을 간접적으로 보여준다. 검도는 박정희 정권이 목표했던 국가의 이념을 충실히 구현하는 데 기여함으로써 제도권에 편입되어 확고한 위치를 차지할 수 있었다. 또 국가는 검도를 후원하고 검도는 국가에 복무하는 일종의 선순환 구조 속에서 검도는 급격한 성장을 할 수 있었다.

---

33 〈불멸의 이순신〉은 2004년 9월 4일부터 2005년 8월 28일까지 방송되었던 KBS 1TV 대하드라마의 제목이기도 하다. 동명의 소설도 출판되었다. 김탁환, 《불멸의 이순신》(1-8세트, 민음사, 2014).

34 민장원, 《정조의 '忠臣'·'忠家' 현창사업과 李舜臣에 대한 기억의 재구성》(고려대학교 대학원, 2017).

35 이순신 외에도 신사임당과 세종대왕이 역사적 영웅으로 소환되었다. 정부는 이들의 유적을 복원하고, 초상화를 제정하고, 각종 기념비와 동상 그리고 기념관을 건립했다. 각종 매체를 통해 유포되었으며, 이들은 국민이라면 누구나 따라야 할 삶의 모범을 보여준 것으로 평가되었다. 당시 국민은 당대의 국가 이념이 투사된 이들을 기념문화로 접하면서 국가가 요구하는 국민이 되어 국가에 동원되기를 끊임없이 요구받았다. 보다 자세한 내용은 다음을 참조. 권오현, 《역사적 인물의 영웅화와 기념의 문화정치: 1960~1970년대를 중심으로》(고려대학교 박사학위 논문, 2010).

사실 박정희 자신도 1930년대 대구사범학교 시절부터 검도를 수련해왔다.[36] 소학교 교사를 거쳐 1940년 4월 만주국 육군군관학교에 입학한 후 일본 육군사관학교를 졸업하고 일본 제국 만주군의 소위, 중위를 역임하며 해방 직전까지 일본군 경력을 이어갔던 점을 감안하면 박정희와 검도는 상당한 친연관계를 가지고 있었다. 박정희와 군복무를 같이 했으며, 박정희와 함께 5·16 군사정변을 주도했던 김종필 역시 검도의 애호가였다. 일제강점기를 살았던, 특히 군·경찰에 관계되었던 이들은 대부분 검도수련 경력이 있기 때문에 크게 이상한 일은 아니었다.

다만 한 인간의 삶, 그리고 정체성을 생각할 때 1930~40년대 검도에 몸담았던 이들이 과연 오늘날 우리가 생각하는 것처럼 중립적인 위치에서 검도를 단순한 스포츠로 받아들였을까? 하는 점은 회의적이다. 일본 검도를 익혀 극일을 하겠다는 개인 의지의 가능성을 무시하는 것이 아니라 검도와 함께 주입되었던 황국신민사상과 무사도, 야마토다마시의 그림자를 지워내기가 쉽지 않기 때문이다. 해방 후에도 그렇게, 여전히 일본 검도의 그림자는 한국 사회에 드리워져 있었다.

아울러 대한검도회는 검도가 일제 잔재라는 비판을 잠재우기 위한 이론적인 작업을 병행했다. 일본 검도의 뿌리를 거슬러 올라가면 고대 한국의 검술이라는 소위 일본 검도의 한국 기원설을 만들어낸 것이다. 이종림(전 대한검도회장)은 고대의 한국 검술이 일본에 전해져 오늘날의 검도가 되었으며, 그 검도가 한국으로 귀환했으므로 예전에 전해준 문화를 다시 가져온 것이라고 주장하는 대표적인 인물이다. 그는 이러한 논리를 뒷받침하기 위해 본국검과 조선세법을 복원해 검도 커리큘럼에 도입했다.

이종림의 《검도》(한국문원, 1995)에는 "일부 이해가 부족한 사람들이 검도를 일본의 것이라고 백안시하거나 오해하는 일이 있었으나 이 책을 접하게 됨으로써 올바른 해답을 얻게 될 것"이라는 최상옥(전 대한검도회장)의 추천사가 실려 있다. 이어지는 서문에서 이종림은 다음과

---

36  대구사범학교 시절 박정희의 성적은 거의 꼴찌에 가까웠다고 한다. 하지만 군사 및 체육 과목에서 출중한 기량을 보였으며, 총검술은 직업 군인을 능가할 정도였다. 일제강점기 대구사범학교는 일본 정신이 투철한 교육자들이 천황의 절대 숭배로 시작해 신격화로 끝나는 교육을 했다. 조갑제는 박정희가 황민화를 목적으로 한 학과 교육을 충실히 해 모범생이 되는 대신 일본의 군사문화를 적극적으로 배워 극일을 꿈꾸지 않았겠느냐며 그의 꼴찌를 이유 있는 꼴찌로 보기도 한다. 조갑제, 〈대구사범 학과 성적 꼴찌인 박정희를 위대한 인간으로 키운 것은 무엇이었나?〉《올댓아카이브》(http://pub.chosun.com/client/article/viw.asp?cate=&nNewsNumb=20160420151), 2022년 6월 23일 검색.

같이 말한다.

"현재 검도는 세계적인 스포츠로 발전하여 국제검도연맹 가맹국만 40여 개국에 이르고 있다. 그런데 검도가 대중의 사랑을 받게 되자 사이비검도가 생겨나서 배우는 사람들을 혼란스럽게 하고 사회체육에도 나쁜 물을 들이고 있다. 심지어는 외국의 서적을 도용해서 책자까지 만들어 이것이 전통검도라고 호도하는 부끄러운 짓까지 서슴지 않고 있는 실정이다"(《검도》, 27쪽).

《검도》 초판이 나온 해가 1995년으로 오래전이라 이게 무슨 말인가? 고개를 갸우뚱할 독자들이 있을지 모르겠다. 여기서 사이비검도는 해동검도를 가리킨다. 1995년 당시 한국 사회는 전통무예에 대한 관심과 열기가 한창이었다. 이때 혜성처럼 등장한 신흥 검술인 해동검도는 단시간에 대한검도의 아성을 넘볼 만큼 급성장했다.

해동검도가 급속히 성장하게 된 계기가 있었다. 공전의 히트를 친 텔레비전 프로그램인 〈무풍지대〉[37]에 출연한 나한일이 검도 7단이라고 말한 것이 발단이 되어 대한검도 측과 정통 대 사이비 논쟁이 일었다. 대한검도회는 자신들의 검도가 정통이며 '검도'라는 용어를 함부로 사용해서는 안 된다는 주장을 폈다. 양자 간의 논쟁은 급기야 진검 대결로 옳고 그름을 가려보자는 데까지 나아가게 된다. 대한검도가 한발을 물러서면서 다행히 불상사는 피할 수 있었다. 제도권에 탄탄한 기반을 다지고 있던 대한검도가 신흥 해동검도의 여론전에 말려든 택이었지만 이미 늦어버렸다. 이 사태로 인해 해동검도는 세간의 인지도를 더욱 높이게 되었으며, 세력을 더욱 확장시킬 수 있었다. 위의 발언은 이런 상황에서 해동검도의 전통검도 주장을 비판하며 나온 것이었다.

그런데 여기서 우리는 해동검도를 사이비검도라고 하고 대한검도를 '전통검도' 더 나아가 '정통검도'라는 이종림의 주장을 검토할 필요가 있다.[38] 이미 서술했듯이 대한검도의 전신은

---

37  1989년 7월부터 9월에 걸쳐 KBS 2TV에서 방영된 16부작 드라마로 제1공화국 당시 유명했던 정치 깡패 '유지광'의 일대기를 그리고 있다. 나한일이 유지광 역을 맡았다.

38  《검도》(1995)의 개정판이 2006년 발간되었다. 이종림은 개정판의 제명을 《정통 검도 교본》(삼호미디어, 2006)으로 바꾸었다. '정통'은 말 그대로 적통(嫡統)을 바로 잇는다는 말이다. 이제 사이비검도에 대한 비판에서 한 걸음 더 나아가 스스로 '정통'을 자처하고 있으니 그가 이어받으려는 적통은 무엇일까? 일본 검도를 제대로 이었다는 데서 적통을 찾으려는 것인지, 아니면 대한검도회의 커리큘럼에 검도식으로 복원한 본국검과 조선세법을 넣으면 없던 적통이 생기는 것인지 새삼 궁금해진다.

구한말 일본에서 전해진 검도이다. 검도의 복장이며, 용구, 용어, 기술, 수련법, 경기 방식, 단급제도 등 일본에서 개발된 것을 그대로 따르고 있으며, 대한검도회는 일본 검도의 한국 대표 단체로 국제검도연맹 소속으로 활동하고 있다. 물론 검도가 구한말 이래 이미 100여 년을 넘게 이 땅에서 이어왔으니 나름의 '전통'을 가지고 있다는 의미에서 '전통검도'라고 부를 수도 있을 것이다. 하지만 이종림이 여기서 말하는 '전통검도'는 일본에서 건너와 이 땅에 정착한 기간이 100여 년이 되었다는 걸 의미하지 않는다. 왜냐하면 이어지는 단락에서 그는 신라 화랑이 검을 수련했다며, 일본 검도가 한국 고전 검술에서 갈려 나온 것처럼 기술하고 있기 때문이다.

> "(신라 화랑이 행하던) 이러한 칼의 기능과 기법이 후대에 일본으로 전파되어 오늘날 검도의 모태가 된 것이니, 이는 누구도 부인하지 못할 역사적 사실이다. 비록 근대 수백 년간 우리 것을 제대로 지키지 못한 채 무(武)를 경원시하고 칼에 관해 소홀히 하면서 자괴에 빠져들었으나, 중국의 《무비지》에 소개된 유일한 검법인 〈조선세법〉과 현존하는 세계 최고의 검법인 〈본국검법〉은 세계 검도사에 큰 빛이 되고 있는 것이다. 혹자는 검도를 일본 것이라 생각해서 냉대하거나 기피하려 하나 이는 잘못된 생각이다"(《검도》, 28-29쪽).

이종림의 논리는 간단하다. 고대 한국 문화가 일본에 전해졌듯이 고대 한국 검술(그는 신라 화랑의 검술을 들고 있다)이 일본으로 전해졌으며, 거기서 오늘날 우리가 보는 검도가 나왔다는 것이다. 그래서 검도가 한국 것이라는 논리다. 아울러 중국의 병서 《무비지》에 실린 조선세법을 함께 거론하며 본국검과 조선세법이 세계 검도사에 큰 빛이 되고 있다고 주장한다. 공통적으로 본국검법이나 조선세법 모두 고대 한국의 검법을 상징하며, 이들 검법이 일본 검도의 기원이 된다는 것이다. 그래서 일본이 아닌 한국의 고유한 검술을 잇고 있다는 점에서 정통 검도라고 한 것 같다. 하지만 그는 고전 한국 검술이 어떻게 일본으로 전해져 오늘날의 일본 검도가 되었는지, 그리고 천 년도 전에 전해진 검술이 일본 땅에서 발전해 오늘날의 근대 검도가 되었다면, 그것을 과연 한국의 정통 검술이라고 해도 되는지에 대해서 구체적인 근거나 설득력 있는 설명은 제시하지 않았다. 뒤이어 그는 다음과 같이 말한다.

"일본이 검도를 스포츠로 개발한 것은 그들의 자랑이요, 그 뿌리가 우리에게 있음은 우리의 긍지이다. 어제(御製)《무예도보통지》의 24반 무예 중에 〈왜검〉을 특히 상세하게 수록한 우리 선조들의 참뜻을 잊어서는 안 된다"《검도》, 29쪽).

결국 그의 주장을 따라가 보면 최상옥이 말한 소위 '올바른 해답'은 고대 한국 검술이 일본으로 전해져 현재의 일본 검도로 발전했으며, 일본 검도의 뿌리를 거슬러 올라가면 고대 한국 검술이라는 걸 가리킨다. 그러니 오늘날 우리가 하는 일본 검도를 굳이 일본 것이라고 해서 백안시할 필요는 없다. 마찬가지로《무예도보통지》에 왜검을 실은 데서 알 수 있듯이 조선 시대도 일본의 왜검을 들여왔는데, 오늘날 근대 일본 검도를 들여와 실시하는 대한검도에 대해 백안시하는 태도를 버려달라는 말이다.

하지만 여기서 이종림은 논리학에서 말하는 성급한 일반화의 오류를 범하고 있다. 고대 한국 문화가 일본으로 전해졌다는 건 여러 가지 사료와 문물 등을 통해 확인할 수 있다. 그리고 일본의 많은 학자들이나 일반인들도 그 사실을 부정하지 않는다. 물론 고대 한국 문화만 전해진 건 아니었다. 중국 대륙이나 동남아시아의 문화도 함께 전해졌다.

마찬가지로 우리나라의 고대 문물이나 문화, 제도의 많은 것들이 중국으로부터 혹은 중국을 통해서 전해졌다. 중국은 동아시아 고대 문명의 중심지였으며 인도, 중앙아시아, 더 나아가 로마를 비롯한 서유럽의 문명이 유입되는 통로이기도 했다. 실크로드는 이러한 문물 교류가 이루어지는 대표적인 루트였다.[39] 이 실크로드의 동아시아 끝자락에 우리나라 그리고 그 너머에 일본이 있었다. 그런데 이렇게 중첩되는 문화의 전파 과정은 무시하고, 한국에서 일본으로 문화가 전파되었다는 사실만을 확대해석해 일본 검도가 고대 한국 검술의 아류인 양 주장하는 건 옳지 않다.

아울러 고대 한국의 도검 제작 기술이 검술과 함께 일본으로 전해졌을 가능성을 근거로 일본 근대 검술이 고대 한국 검술로부터 유래했다는 주장을 펼치는데, 같은 논리라면 우리나라 검술 역시 중국 고대 검술에서 유래되었다고 말해야 하지 않을까? 왜냐하면 고대의 청동

---

39 요시미즈 츠네오(由水常雄)는 자신의 역작《로마 문화의 왕국, 신라》(씨앗을 뿌리는 사람, 2002)에서 신라의 로마 문화 관련 유물을 30여 년 동안 연구한 끝에 동아시아에서 로마 문화가 신라에 넓고 깊게 스며들어 있다는 사실에 근거해 '신라는 로마 문화의 왕국'이라는 결론을 내리고 있다. 정수일,〈한국과 페르시아의 만남〉《문명담론과 문명교류》(살림, 2009), 434쪽.

검이나 철검의 제작 기술은 중국에서 기원했으므로 당연히 중국의 검술도 도검 제작 기술과 함께 한국으로 흘러 들어왔을 것이기 때문이다. 하지만 중국에서 전해진 도검 제작 기술을 고대 한국에서는 창조적으로 수용해 더욱 발전시켰다고 주장하며 한반도에서 일본에 전해준 도검 제작 기술에 대해서는 독점적 지위를 강조하는 이중 잣대를 들이댄다. 우리나라가 고대 중국의 도검 제작 기술을 창조적으로 수용해 발전시켰다면 마찬가지로 일본에서도 외래문화를 토대로 자신의 독자성을 발전시켜 왔을 가능성에 대해서도 열린 자세를 가질 필요가 있다. 이미 본서 제1장에서 다뤘듯이 일본은 8세기에 들어서면서 이미 중국, 한국으로부터 전해받은 도검 제작 기술을 더욱 발전시켜 기술을 전해준 한반도와 대륙의 수준을 뛰어넘었다.

《무예도보통지》〈본국검〉에도 고대 신라의 검술이 일본에 영향을 미쳤을 가능성에 대한 언급이 있는 것으로 보아 조선 시대에도 고대 신라의 검이 일본으로 전해졌을 가능성을 생각하지 않았던 건 아니다. 하지만 18세기 후반 《무예도보통지》 저자들은 한반도에서 일본으로 검술이 전해졌다고 해도 이미 천 년 전의 일로 사실 확인이 불가능하다는 유보적인 입장을 취하고 있다.[40] 당시에도 사정이 그러했는데, 이종림은 어떤 근거로 한국 고대 검술이 일본 검술의 모태가 되었다고 주장하는 것일까? 앞 장에서 살펴보았듯이 오늘날 우리가 보는 검도는 18세기에 죽도와 방호구가 발명되고, 19세기 후반 강무소와 경시청, 대일본무덕회의 격검 진흥책과 전통무술가들의 검술체조화를 통한 근대화 노력이 합쳐져 만들어진 근대화의 산물이다. 그런데 이러한 역사적 사실은 전혀 고려하지 않고 고대 한반도의 문화가 일본에 전해졌듯이 한국 고대 검술이 전해져 일본 검도가 되었다고 주장하는 건 '성급한 일반화의 오류'일 뿐이다.

또한 이종림은 오늘날 검도를 일본 것이라 백안시할 필요는 없다는 주장을 뒷받침하기 위해서 서양 펜싱을 예로 들어, 이탈리아, 스페인, 영국, 프랑스, 독일 등에서 수백 년에 걸쳐 발전해온 펜싱도 경기 명칭은 국가별로 달리 불리지만 같은 경기 방식에 모두 프랑스어로 경기 용어를 사용한다고 말한다.[41] 하지만 그는 검도와 펜싱은 차이가 있다는 점을 놓치고 있

---

40  박청정, 《무예도보통지주해》(동문선, 2007), 291–292쪽.
41  이종림, 《검도》(한국문원, 1995), 29쪽.

다. 서양 펜싱은 여러 국가에서 다양한 형태의 유파가 등장해 발전해오긴 했지만 19세기 말 경기화와 표준화가 진행되는 과정에서 유럽 각국은 지역적 편재성을 극복하고, 스포츠의 가치를 추구함으로써 보편적인 스포츠문화로 자리매김했다. 동시에 올림픽 종목에 포함되면서 국제적인 스포츠로 거듭날 수 있었다. 하지만 검도는 일본이라는 지역적 폐쇄성과 이념적 지향성을 완전히 탈피하지 못했다. 게다가 제2차 세계대전을 거치면서 안타깝게도 군국주의 파시즘의 도구로 복무한 전력도 있다. 오늘날 일본 검도계 일각에서 여전히 검도는 스포츠가 아니며 일본 사무라이의 전통을 잇는 정신성을 강조하는 듯한 언급들이 나오고 있는 상황에서 보편적 가치를 추구하는 펜싱과 일본 정신인 야마토다마시(大和魂)를 강조하는 검도를 같은 선상에 놓고 보기는 힘들다. 검도를 펜싱과 동일하게 바라보는 이종림의 주장이 불편한 이유다.[42]

오늘날 일본의 양식 있는 검도인들이 검도의 우경화나 군국주의적인 요소에 우려를 표하며, 검도가 다시는 군국주의의 망령에 사로잡히는 일이 없어야 한다는 주장을 끊임없이 제기하는 이유도 여전히 일본 검도계에 그러한 분위기가 남아 있기 때문이다. 하지만 대한검도회에서 이러한 검도의 군국주의적인 요소를 반성했다는 얘기는 들어본 적이 없다. 일제강점기 한국 사회에서 검도는 여전히 조선인들을 탄압했던 경찰과 헌병이 차고 있는 칼이었으며, 지배자의 칼이었다. 그리고 그 기억은 완전히 사라지지 않았다. 이런 상황에서 과거에 대한 반성 없이, 뜬금없는 "근대 일본 검도는 원래 한국 검술이었다"라는 식의 주장은 주객이 전도된 듯한 인상을 준다. 검도의 국적을 한국으로 견강부회하는 데 에너지를 쏟기보다 검도에 드리워진 군국주의적인 색채를 걷어내고 검도를 보편적 스포츠 문화로 승화시키려는 노력에 힘을 쏟을 필요가 있지 않을까? 일본 검도계에서 간헐적이지만 지속적으로 나오는 군국주의적인 발언을 지적하고 바로잡아야 하는 것도 바로 한국 검도계가 해야 할 일이기도 하다.

한국이나 중국에도 고전 검술이 있었다. 하지만 근대에 들어서면서 한국과 중국의 고전 검술은 잊히고 말았다. 반면 일본에서는 19세기 말부터 검도를 근대화하려는 노력이 지속되

---

42  검도의 파쇼화, 군사화와 군국주의화에 관해서는 다음을 참조. *Alexander C. Bennett, The Cultural Politics of Proprietorship: The Socio-historical Evolution of Japanese Swordsmanship and its Correlation with Cultural Nationalism.* (University of Canterbury, 2012), 제4장 타이쇼, 그리고 초기 쇼와 시대 검도의 파쇼화-탈문명화하는 검도 문화(Kendō's Fascistisation in the Taishō and Early Shōwa Periods-De-civilizing Kendō Culture).

었다. 물론 검도만의 현상은 아니었다. 카라테, 유도 등 오늘날 근대 무술의 대명사처럼 불리는 무술들이 19세기 말 20세기 초에 근대화했다. 유도가 선두에 검도와 카라테가 그 뒤를 따랐다. 하지만 한국은 《무예도보통지》에 보이듯이 고전 검의 수련 양식이 있기는 했지만 근대화하기 전에 쇠락하고 말았다. 중국 역시 20세기 초 고전 검에 대한 부흥 운동이 일고, 호구의 개발과 경기가 도입되기도 하는 등 잠깐 활성화되기는 했지만 일본 검도처럼 저변을 확장시키지는 못했다.[43] 검도는 동아시아에서 근대화에 성공한 유일한 검술 경기라고 할 수 있다. 근대 일본 검도의 형성에 한국과 중국이 전혀 기여를 못 했는데, 유럽의 펜싱의 역사를 검도에 대비해 검도를 동아시아 무예의 공동 자산인 것처럼, 그리고 거기에 한국의 지분이 있는 것처럼 주장하는 것은 맞지 않는다.[44]

〈그림 53〉 20세기 초 중국의 검술 경기[45]

---

43  오늘날 중국의 대표적인 검술의 하나로 알려져 있는 무당검술 역시 거의 사멸하기 직전 부활했다. 《무당검법대요(武當劍法大要)》를 통해 후대에 무당검법을 전한 후앙위앤시우(黃元秀)는 자신이 무당검술을 배우게 된 계기에 대해 기록했다. 후앙위앤시우가 처음 접한 검술은 일본 검도였다. 젊은 시절 일본인 마쯔시마 료키찌(松島良吉)에게서 검도를 배우고, 자신의 실력을 과신하며 일본을 여행하던 중 검도 고수인 오구라 노부타케(小倉延猛)의 실력에 감명을 받아 그에게서 다시 검도를 배웠다고 한다. 이후 중국에 돌아와 중국의 고전 검술을 찾아 헤매다 10년 만에 우여곡절 끝에 리징린(李景林) 장군을 만나게 되었다. 리 장군은 무당검술의 전인으로 후앙위앤시우는 리 장군에게서 배운 검술을 《무당검법대요》라는 책으로 남겼다. 오늘날 전해지는 무당검술은 리징린이 없었다면 후세에 전해지지 못했을 것이다. 보다 자세한 내용은 다음을 참조. 黃元秀, 《武當劍法大要》(逸文出版有限公司, 2002 영인), 〈敍〉.

44  일본 근대 무도의 형성기에 근대 유럽의 군사주의와 신체문화가 어떠한 영향을 미쳤는지에 대해서는 다음을 참조. Eric Madis, *The Evolution of Taekwondo from Japanese Karate* (Thomas A. Green, and Joseph R. Svinth (EDs.), **Martial Arts in the Modern World**, Westport: Praeger, 2003).

45  중국에서는 민국시기(1912~1949) 마리앙(馬良, 마량, 1875~1947), 탕하오(唐豪, 쉬위성(許禹生, 허우생, 1878~1945) 등이 주축이 되어 상하이에서 중화전국무술운동대회를 개최했다. 1924년 민국(民國) 제3회 전국운동회에서 최초로 무술 투

한국이 세계 검도대회에서 뛰어난 성적을 얻고, 국제검도연맹의 부회장국의 지위를 누리는 이유도 사실 엄밀히 말하면 일본 검도를 동아시아 국가 가운데 가장 먼저, 그리고 철저히 배워온 데서 찾아야 한다. 19세기 말에 전해진 근대 일본 검도는 새로운 신체 문화로 한국 사회에서 급속히 확산되기 시작했다. 공식적으로는 군대와 경찰, 그리고 곧이어 학교 체육, 사회 체육으로 자리 잡았다. 일제강점기에는 많은 한국 유학생들이 일본에서 검도를 익혔으며, 한국으로 돌아와 검도를 보급하고 가르쳤다. 일제강점기 한국은 일본 검도의 변화와 발전이 실시간으로 이식되던 곳이었다. 100여 년의 한국 검도의 역사는 사실 일본 근대 검도 역사와 궤를 같이하고 있다고 해도 과언이 아니다.

이종림은 "현대의 검도 경기가 시작된 것은 불과 100여 년 전, 처음에는 명칭도 격검이었다. 대한제국은 일본이 개발한 경기방식을 받아들여 격검을 군경의 교과목으로 채택하고 군사훈련에 적용시켰으며, 사립학교에서도 청소년들에게 권장하였다. **우리의 선각자들은 어렵던 시절 일제치하에서도 그 맥을 이어 오늘에 이르게 한 것이다**"[46]라고 주장한다. 대한제국 시절 검도를 비롯한 체조, 서구 스포츠의 체육적 가치를 인정해 전국적으로 보급시키고자 노력한 건 사실이다. 하지만 일제치하에서 선각자들이 검도의 맥을 이어 오늘에 이르게 했다는 말은 어폐가 있다. 왜냐하면 일제치하에서 검도는 일본 정부의 공식·비공식적인 후원 아래 광범위하게 퍼져 나가고 있었으며, 새로운 신체 문화의 수용을 통해 피식민 지배민들의 신분을 벗어나고자 한 식민지 한국인들의 욕망이 맞물려 식민지 조선인들이 적극적으로 수용하고 있었기 때문에 선각자들이 일본 검도의 맥을 잇기 위해 애를 써야 할 상황이 아니었다.

이종림은 또 조선 초기에 행해졌던 봉희, 격봉 등이 오늘날 계승되었다면 검도가 우리 손에 의해 체계화되었을 수도 있었을 것이라며 미련을 버리지 못하고, 일본으로부터 도입된 격검을 조선 초기에 행해졌던 격봉이나 봉희와 관련이 있는 것처럼 모순된 주장을 반복한다.[47] 최근에는 〈검도의 역사성에 관한 이해〉에서 기존 주장에서 더 나아가 고대 메소포타미아와

---

로와 표연 항목이 들어감으로써 무술이 서양 체육 종목으로 인정받게 되었다. 여기 사진은 1933년(10월 10일부터 20일까지 진행) 치러진 민국 제5회 전국운동회에서 있었던 남자 검술 경기와 여자 검술 경기 장면이다. 경기는 남경중앙체육장 내 새로이 건립된 국술장(國術場)에서 거행되었다. 《中華武術圖典》編輯委員會, 《中華武術圖典》(人民體育出版社, 1998), 97-98쪽.

46  이종림, 《검도》, 29쪽.

47  이종림, 《정통 검도 교본》(삼호미디어, 2006), 36-37쪽.

이집트의 스틱 파이팅(stick fighting), 중국의 격검 관련 기록을 동원해 칼은 인류 공동의 자산이며 그 자체가 문화이기 때문에 검도가 어느 한 국가의 전유물이 될 수 없다고 주장한다. 고대 한국 검술이 일본으로 건너갔다가 일제강점기를 전후해 한국으로 귀환했다는 주장이 어폐가 있는 걸 알았는지 더 고대로 거슬러 올라가 스틱 파이팅을 소환한 것이다. 그러고는 현재 우리가 하고 있는 검도는 일본이 현대적으로 경기화시켰지만 그보다 오래전에 우리에게 검도의 원형인 격검의 역사가 있었음을 확인할 수 있다고 매우 자신 없는, 그러면서 여전히 일본 검도가 한국의 격검에서 유래된 듯한 주장을 에둘러 하고 있다.[48]

과거의 신체 문화가 오늘 부활하는 예는 많이 있다. 그런데 대부분은 오늘의 필요에 의해서 불려 나오게 된다. 또 경우에 따라서는 새로운 신체 문화에 의해 대체되기도 한다. 신라 시대 축국이라는 공차기 놀이가 있었다고 해서 그것을 가지고 오늘날 현대 축구가 신라 시대의 것이었다고 말하기 어렵다. 조선 초기 봉희, 격봉 역시 마찬가지다. 당시 봉을 사용한 격투 형태의 신체 문화 양식이 존재했다고 해서 오늘날의 신체 문화 양식과 단선적으로 연결할 수는 없다. 메소포타미아나 이집트에서 스틱 파이팅을 했다고 해서 그것이 오늘날의 검도와 같다고 말하기도 힘들다.

19세기 말 일본으로부터 격검을 들여온 이유는 조선 정부가 군사 체육으로 경찰을 훈련시키고, 치안을 유지하는 데 도움이 되며, 학교 체육과 사회 체육으로 유용했기 때문이었다. 그래서 일제강점기 조선총독부 정책의 일환으로 검도가 퍼져 나갔지만 조선 사회에서도 이에 거부감을 느끼지 않고 받아들였던 것이다. 하지만 근대 일본으로 도입된 격검[검도]을 조선 초기에 행해졌던 봉희나 격봉과 연결시킬 어떠한 고리도 발견하기 어렵다. 무엇보다 구한말 도입된 일본 검도[격검]는 훈육된 몸, 즉 근대적인 신체를 만드는 도구였다는 점에서 조선 전기의 봉희나 격봉과는 결을 달리한다.[49]

아울러 대한검도회의 영문표기를 켄도오(kendo: Korea Kendo Association)가 아니라 검도(kumdo: Korea Kumdo Association)로 표기하는 것을 우리의 역사적 배경을 반영한 것으로 국제연맹 이하 모든 가맹국이 이를 인정하고 있다고 하며, 뭔가 공식적으로 인정을 받은 듯한 주장을 펴고

---

48  이종림, 〈검도의 역사성에 관한 연구〉《한국체육사학회지》(25(4), 한국체육사학회, 2020), 10쪽.

49  근대화 과정에서 훈육된 몸으로서 근대화된 몸의 탄생에 대해서는 다음을 참조. 이영아, 《육체의 탄생》(민음사, 2008).

있는데, 이러한 주장 역시 사실과 다른 면이 있다. 왜냐하면 일본 검도 측에서 국제적인 규약을 따르지 않는 대한검도회의 강짜를 마지못해 내버려두는 건 아닌가 하는 의심을 지울 수 없기 때문이다. 검도는 이미 스포츠화되었다. 비록 일본 내 검도를 민족주의적인 입장에서 무도화하려는 경향이 아주 없어진 건 아니지만 오늘날의 검도는 철저하게 스포츠적인 시각에서 접근할 필요가 있다. 대한검도회의 일본 검도의 한국 기원설, 거기에 기초해 검도를 한국 것이라는 주장은 억지에 가까우며, 대한검도회의 국제적인 위상에도 걸맞지 않는다. 대한검도회의 행보는 아마도 다음과 같이 비유할 수 있을 것이다. 세계태권도연맹에 소속되어 있는 중국태권도협회가 중국타이취앤따오협회(中國跆拳道協會)라고 부르고(타이취앤따오는 '태권도'의 중국어 발음), 도복을 중국식 남권에서 사용하는 형태로 수정하고, 태권도가 원래 중국에서 전해진 무예였기 때문에 사실은 태권도는 중국 무술이라는 주장을 하는 것이다. 실제 중국의 동북공정의 하나로 이루어지는 문화공정에서도 이런 경향이 보인다. 만약 중국의 행태가 부당하다고 느낀다면 대한검도회의 주장에 대해서도 같은 비판을 해야 할 것이다.

대한검도회의 이런 막무가내식 검도 종주국 주장에 대해 전일본검도연맹(전검련, All Japan Kendo Federation)이 공식적으로 지적하고 나서기도 했다. 전검련은 검도는 일본의 사무라이가 검[일본도]을 사용한 전투를 통해 검의 이치를 깨닫기 위해 걷는 길을 가리키며, 검도를 배운다는 건 이 검의 이치를 배우는 것을 의미한다고 공식적으로 표명했다. 검도의 기원 역시 센고쿠 시대부터 에도 시대 초기에 걸쳐 등장한 검술 유파로 보고 있으며, 뒤이어 에도 중기 죽도를 사용하는 검술이 만들어지고, 에도바쿠후 말기 급속히 퍼지면서 오늘날의 검도가 탄생했다고 주장했다. 아울러 검도 수련은 단순히 기술만을 배우는 운동이 아니라 무사의 생활 태도, 정신도 함께 배우는 것으로 보고 있다.[50] 일본 전검련의 주장은 검도의 기원과 역사만을 놓고 본다면 구체적이며 실제적이라는 점에서 한국 측 주장보다는 더 설득력이 있다.

---

50  편집부, 〈전일본검도연맹, 검도는 일본 무사의 고유 문화〉, 무카스(Mookas, Global Martial Arts Media: https://mookas.com/news/2573), 2020년 9월 17일 검색; 허건식, 〈일본 검도를 왜 우리 것이라 주장하는가?〉《무카스》(Mookas, Global Martial Arts Media: https://mookas.com/news/10602), 2020년 9월 17일 검색. 전검련의 주장은 대한검도회의 일본 검도의 기원이 한국이라는 주장에 대한 공식 반박인 셈이다. 물론 이 주장에 문제가 없는 것은 아니다. 앞에서 언급했듯이 검도에 부여한 사무라이 정신이 과연 무엇인가? 하는 근본적인 질문이 제기되며, 이 정신이 군국주의 망령의 부활로 연결되는 빌미를 제공하는 건 아닌가? 하는 의심의 눈초리를 거둘 수 없기 때문이다.

해방 이후 일제 식민 잔재로 여겨져 자취를 감췄던 검도가 부활했다. 대한검사회를 주도적으로 이끌었던 인물 중 한 사람인 서정학이 경찰 치안감을 했던 사실에서 알 수 있듯이 일제강점기를 벗어난 이후에도 한국 사회에서 검도는 여전히 경찰 행정 조직을 벗어나지 못했다. 대한검도회는 사실 엄밀히 말하면 경찰검도를 모체로 해서 출발한 단체였다. 경찰검도는 계급 관청의 특성이 내포되어 스포츠적 속성보다는 계급 관청의 속성이 더 강조되는 경향이 있었다. 일본 검도가 대륙 침공 시 민간인을 무자비하게 학살했던 오점을 가지고 있다면, 한국의 경찰검도는 정치적인 도구로 이용되었다는 오점을 가지고 있다는 한 검도 원로의 지적을 곱씹어야 하는 이유이기도 하다.[51]

아이러니하게도 일본이나 한국 모두 검도는 경찰제도와 밀접한 관련을 가지고 있었다. 식민지배하에 놓여 있던 한국에 일본의 검도 제도가 그대로 이식되었던 상황을 감안하면 한국의 검도가 경찰제도와 밀접한 관련을 가지는 건 어쩌면 당연했다. 해방 이후 이루어진 검도의 재건 운동이 경찰제도와 관련을 가진 이유도 바로 거기에 있었다. 일본 본토의 검도가 경찰제도와 연결되었고, 식민지배하의 한국 검도 역시 경찰제도와 연결되어 있었으며, 다시 해방 이후의 대한 검도가 경찰제도에서 벗어날 수 없었다는 점에서 대한검도의 한계가 있다. 하지만 어쩔 수 없는 상황이었다는 평계로 대한검도에 면죄부가 주어지는 건 아니다. 왜냐하면 오늘날 검도가 누리는 기득권의 기원은 일제강점기의 경찰 제도이며, 그 식민지배의 관성이 해방 이후에도 남아 있으며 오늘의 대한검도회와도 무관하지 않기 때문이다.


## 일본 검도의 중국 기원설

일본 검도의 기원에 관한 담론이 한국에만 있었던 건 아니다. 중국에도 근대 일본 검술의 중국 기원설에 관한 주장이 있다. 중국 무술사가인 탕하오(唐豪)는 1950년대 이미 근대 일본 검술의 기술적 특성에 중국 고대 검술의 흔적이 남아 있다는 주장을 폈다. 근래 들어서는 탕하오의 연장선상에서 마밍다(馬明達) 역시 관련성을 주장한 바 있다.[52]

---

51  김재일, 《검도총서》(서민사, 1996), 38-39쪽.
52  馬明達, 〈歷史上 中, 日, 朝 劍刀武藝交流考〉《說劍叢稿》(中華書局, 2007), 205-207쪽.

마밍다의 논지는 간단히 말하면 일본 고전 검술이 중국 고전 검술에서 유래했거나 적어도 그 영향하에 발전했다는 것이다. 이러한 논지는 한국 무예계 일각에서 주장되는 고대 한국 검술이 일본 근대 검술의 모체가 되었다는 주장과 오버랩된다. 다만 차이가 있다면 마밍다의 주장은 사료에 바탕을 두고 좀 더 정치한 분석과 해석에 기초해 제기된다는 점이다. 아울러 근대 일본 검술의 성취를 한국 고대 검술의 아류 혹은 한국 검술로 환원시키는 것처럼 일본 검도를 중국 검술로 환원시키는 무리한 시도는 하지 않는다. 무엇보다 문명 교류라는 관점에서 양자 간의 관련성을 천착하는 선에서 머문다.

마밍다는 고대 중국 검술과 일본 검도와의 관련성을 두 가지 측면에서 보고 있다. 하나는 검 제작 기술의 전파, 다른 하나는 검술의 전파다. 검 제작 기술의 전파는 이미 본서에서 일본의 초기 검 제작 기술이 대륙에 빚을 지고 있다고 밝힌 것처럼 새로운 주장은 아니다. 흥미로운 건 바로 두 번째 검술의 전파이다. 마밍다는 오늘날 경기화된 형태의 일본 검도에 고대 중국의 검술의 편린이 남아 있다고 주장한다.[53] 그 근거로 조비(曹丕: 187~226)[54]의 〈자서(自敍)〉를 들고 있다.[55] 조비는 우리가 잘 알고 있는 소설 《삼국지》에 등장하는 조조의 아들이다. 조비는 학문과 무예 모두 뛰어났는데, 아버지인 조조에게 어려서부터 무예를 배워 10살 이전에 이미 궁술과 기마술에 능숙했다고 한다. 검술도 좋아해서 여러 스승으로부터 검법을 익혀 상당한 수준에 올랐다. 〈자서〉엔 바로 조비가 검술을 배우게 된 경위와 분위장군(奮威將軍) 등전(鄧展)에게 검술을 한 수 가르쳐 준 일화가 포함되어 있다. 그 일화 가운데 중국 고대 검술의 구체적인 기술이 보이며, 이 기술이 근대 일본 검도에 여전히 남아 있다고 주장한다. 이를 근거로 근대 일본 검도가 고대 중국 검술의 영향하에서 발전했다고 보고 있다. 먼저 〈자서〉에 등장하는 일화를 함께 살펴보자.

---

53  원래 이 주장은 탕하오가 1958년에 최초로 제기했다. 唐豪, 〈古代中, 朝, 日劍術交流的若干考察〉《中國體育史參考資料》(第6輯, 人民體育出版社, 1958).

54  조비는 중국 삼국시대 위(魏)나라 초대 황제로 자는 자환(子桓), 위무제(魏武帝) 조조(曹操: 155~220)와 변 부인 사이에서 태어났다. 문학적 소양 역시 뛰어나 고금 경서와 주석, 제자백가 등에 통달했다고 한다. 황제에 즉위한 뒤, 동한 말기부터 계속된 사회 혼란을 다스리고 민심을 안정시키기 위해 구품관인법(九品官人法)을 도입해 인재를 등용하였으며, 향촌질서를 부활시키기 위해 유가 부흥책을 실시했다. 임종욱, 《중국역대인명사전》(이회문화사, 2010), '위문제(魏文帝)' 조; 한국인문고전연구소, 《중국인물사전》(https://terms.naver.com/list.nhn?cid=56777&categoryId=56777), '조비(曹丕)' 조 참조. 2021년 2월 2일 검색.

55  〈자서〉는 《삼국지(三國志)·위지(魏志)·문제기(文帝紀)》의 《전론(典論)》에 실려 있다. 《전론》은 최초의 문학 이론으로 알려져 있다.

나(=조비) 또한 격검을 배우고자 할 때 찾아본 스승들이 많았다. 사방의 검법이 모두 달랐는데, 오직 경사(京師)만이 뛰어났다. 동한의 환공(桓公)과 영공(靈公) 시대 호분대장군(虎賁大將軍) 왕월(王越)이 검술에 뛰어나 경사라고 일컬어졌다. 하남의 사아(史阿)가 말하길, 예전 왕월에게 유학하면서 그 검법을 모두 얻었다고 했다. 나는 사아에게서 검술을 배워 정밀한 수준에 도달했다. 언젠가 평로장군(平虜將軍) 유훈(劉勳), 분위장군(奮威將軍) 등전(鄧展) 등과 함께 술을 마실 때였다. 등전이 수박(手搏)을 잘하고 오병(五兵)에도 밝으며, 능히 맨손으로 날카로운 무기를 상대할 수 있다는 사실을 익히 알고 있었다. 함께 검에 대해 담론을 나누면서 시간이 꽤 흘렀을 때 나는 등전에게 장군의 검법이 잘못되었다고 지적했다. 이어 예전에 나도 검술을 좋아했었고, 또 나름 터득한 바가 있으니 검술을 겨뤄보자고 청했다. 당시 다들 주흥이 한창 올라 귀까지 벌개진 상태였고 막 사탕수수를 먹고 난 뒤라 수숫대를 목검 삼아 누각에서 내려와 몇 차례 합을 나눴다. 그의 팔에 세 번 적중하자 좌중이 모두 웃었다. 등전은 심기가 불편해져 다시 한번 겨루기를 청했다. 나는 내 검법이 대단히 빨라 얼굴을 가격하기 곤란해 팔뚝을 대신 쳤던 것이라고 완곡히 말했다. 하지만 등전은 여전히 다시 한번 겨루길 원했다. 나는 그가 속임수를 써 나를 유인하고는 중앙으로 치고 들어오리라 예상하고 짐짓 깊이 들어가는 것처럼 움직이자 과연 등전이 정면으로 들어왔다. 이때를 놓치지 않고 나는 곧바로 발을 뒤로 물리는 동시에 바로 그의 이마를 쳐서 저지하자 좌중이 놀라서 눈을 떼지 못했다. 나는 자리로 돌아와 웃으며 "옛날 양경(陽慶)이 순우의(淳于意)에게 낡은 처방을 버리고 비술(秘術)을 전수받으라고 했다던데 지금 나 역시 등장군이 낡은 기술을 버리고 다시 요도(要道, 핵심적인 이치)를 전수받기 바라오"라고 말하자 좌중이 모두 즐거워했다. 무릇 일이란 자기 스스로 잘한다고 자랑해서는 안 되나 나는 어려서 쌍검법에 깨달은 바가 있어 스스로 적수가 없다고 말하곤 했다. 세속에서는 쌍검[雙戟]이 쇠로 만들어진 방에 앉아 있는 것이면 양순(鑲楯: 방패)은 나무 문을 닫아 놓은 것에 불과하다고 한다. 후에 진나라(陳國)의 원민(袁民)을 따라 배웠는데, 그는 칼 한 자루로 쌍검을 공격하기가 매양 귀신 같아서 상대는 칼이 어디서 나오는지도 몰랐다. 이전에 만약 협로에서 그를 맞닥뜨렸다면 난 곧바로 그의 칼에 결딴나고 말았을 것이다![56]

---

56 余又學擊劍 , 閱師多矣. 四方之法各異, 唯京師爲善. 桓, 靈之間, 有虎賁王越善斯術, 稱于京師. 河南史阿言昔與越遊, 具得其法. 余從阿學之精熟. 嘗與平虜將軍劉勳, 奮威將軍鄧展等共飮, 宿聞展善有手搏, 曉五兵, 又稱其能空手入白刃. 余與論劍良久, 謂言將軍法非也. 余顧嘗好之, 又得善術, 因求與余對. 時酒酣耳熱, 方食芋蔗, 便以爲杖, 下殿數交, 三中其臂, 左右大笑. 展意不平, 求更爲之. 余言吾法急屬, 難相中面, 故齊臂耳. 展言願復一交, 余知其欲突以取交中也, 因僞深進, 展果尋前, 余卻脚鄹, 正截其顙, 坐中驚視. 余還坐, 笑曰:「昔陽慶使淳于意去其故方, 更授以秘術, 今余亦願鄧將軍捐棄故伎, 更受要道也.」一坐盡歡. 夫事不可自謂己長, 余少曉持複, 自謂無對; 俗名雙戟爲坐鐵室, 鑲楯爲敝木戶; 後從陳國袁敏學, 以單攻複, 每爲若神, 對家不知所出, 先日若逢放于狹路, 直決耳! (후략). 維基文庫 (https://zh.wikisource.org/), 全三國文/卷8, 《전론(典論)》《자서(自敍)》

위 인용문은 짧지만 고전 검술에 관한 중요한 정보를 전해준다. 우리는 심정적으로 고대 사회에 다양한 무술이 존재했으며, 검술 역시 널리 실시되었을 것이라고 믿고 있다. 실제 고고학적 유물도 다양한 검이 존재했음을 보여준다. 하지만 구체적으로 어떤 검술이 어떤 형태로 실시되었는지를 보여주는 자료는 찾기 힘들다. 〈자서〉는 고대 사회의 검술을 구체적으로 기록하고 있어 우리의 믿음이 틀리지 않았다는 걸 확인시켜 준다.

조비가 활약하던 중국의 삼국시대(AD 222~280) 각 지역에는 서로 다른 검술이 존재했으며, 높은 수준의 검술 사범을 경사로 칭했다. '경사(京師)'에서 '경(京)'은 《설문해자》에 따르면 사람의 힘으로 만든 높은 둔덕을 가리킨다. 거기서 의미가 확장되어 높고 크다, 나아가 나라의 수도를 가리키게 되었다.[57] 여기 '경사'는 높은 경지에 도달한 스승을 가리킨다. 조비는 격검을 배우기 위해 여러 검술 선생을 수소문해 마침내 경사로 추앙받던 왕월의 제자인 사아에게서 검술을 배울 수 있었다.

조비 스스로도 검술에 어느 정도 일가를 이룬 듯하다. 바로 뒤에 이어지는 일화는 조비의 검술이 상당한 수준에 이르렀음을 보여준다. 평로장군 유훈, 분위장군 등전 등과 함께한 술자리에서 검에 관한 이야기를 나누다가 급기야 대검(對劍) 상황까지 간 것이다. 물론 이때 대검은 서로 친선을 도모하는 놀이 형식으로 이루어졌다. 오늘날로 치면 카라테의 슨도메 방식처럼 가격 직전에 멈추거나 가볍게 터치하는 정도의 친선 대련이었을 것이다. 다들 술까지 거나하게 취한 상황이었기 때문에 말 그대로 여흥을 위한 놀이였다. 물론 그렇다고 해도 서로 자신의 기술이 낫다는 나름 경쟁 심리는 발동했을 것이다. 조비는 두 번의 겨루기에서 처음엔 등전의 팔뚝을 세 차례 가격해 승리하고, 두 번째의 겨루기에서는 등전의 이마를 가격해 승리했다.

탕하오는 이 일화 속에 등장하는 기법이 근대 일본 검도에 여전히 남아 있다고 주장한다.[58] 일화에 등장하는 '중기비(中其臂)'는 근대 일본 검도의 '오른손목치기[右籠手]', '중면(中面)'과 '정절기상(正截其顙)'은 '머리치기[擊面]', '돌이취중(突以取中)'은 '목찌르기'를 가리키며, 일본에 전해진 중국의 고대 검술 기법이 오늘날까지 남아 있는 증거로 본다(〈표 26〉).

2021년 2월 2일 검색.

57  《漢語大字典》編輯委員會,《漢語大字典》(四川辭書出版社, 1986-1990), 284쪽.

58  馬明達,〈歷史上 中, 日, 朝 劍刀武藝交流考〉《說劍叢稿》(北京: 中華書局, 2007), 206-214쪽.

〈표 26〉 조비 〈자서〉에 나타난 검술과 일본 검도의 기법 비교

| 조비 〈자서(自敍)〉 | 일본 검도 | 비고 |
|---|---|---|
| 중기비(中其臂) | 우롱수(右籠手) | 오른손목치기 |
| 중면(中面), 정절기상(正截其顙) | 격면(擊面) | 머리치기 |
| 돌이취중(突以取中) | 자후(刺喉) | 목찌르기 |

사실 탕하오의 주장에 논란이 없지는 않지만, 일단 그의 주장을 그대로 인정해, 조비의 검술 기법에 손목치기와 머리치기, 목찌르기가 모두 포함되어 있다고 보고, 일본 검도에도 동일하게 발견된다고 해보자. 그런데 이것만 가지고 일본 검도에 중국 고대 검술의 흔적이 남아 있다고 말할 수 있을까? 검으로 겨룰 경우 머리나 손목치기, 혹은 목찌르기는 당연히 사용해야 할 공격 기술이다. 이는 고대 중국의 검술에만 한정되지 않는다. 동아시아 검술이나 서양의 검술로 확대해도 전형적으로 발견되는 기본 기술이다.

또 하나 탕하오는 고대 중국의 쌍수 장검술이 일본으로 전해져 오늘날의 검도가 되었을 가능성을 제기한다. 일반적인 중국의 검술은 한 손으로 사용하는 단수 검술이다. 하지만 고대 중국에 쌍수 장검이 존재했으며, 쌍수검법이 일본으로 전해져 오늘날 일본 검도의 양수검법으로 발전했다는 것이다. 탕하오가 근거로 든 건 《무비지》〈조선세법〉이었다. 탕하오는 조선세법의 여러 세들이 일본 검도에도 그대로 채용되었다고 본다. 예를 들면, 표두세는 상단 자세, 역린세는 중단 자세, 봉두세는 하단 자세, 전기세는 팔상 자세, 염시세는 협구(脇構, 와키) 자세에 해당한다는 것이다(〈표 25〉 참조). 하지만 마밍다도 지적하고 있듯이 탕하오의 비교는 단순히 조선세법 그림에 보이는 외형적인 유사성만으로 일본 검도의 자세와 비교한 것으로 각 세의 실제적인 기법이 가지는 의미를 천착해서 이뤄진 건 아니다. 따라서 이런 식의 피상적인 수준의 외형적 비교만 가지고 고대 중국의 쌍수검법과 일본 검도의 관련성을 주장하기는 힘들다.[59]

사실 일본 검도의 카마에는 칼을 들고 상대와 대적할 때 취하는 자세로 해당 자세에서 다음 기술로 변화한다. 따라서 상단세, 중단세 등의 해당 자세의 모양이 어느 정도 유지되는 정

---

59  참고로 일본 검도의 조오단세(上段勢), 츄우단세(中段勢), 게단세(下段勢), 핫소오세(八相勢), 와키세(脇構勢)를 대한검도회는 상단세, 중단세, 하단세, 어깨칼(八相勢), 허리칼(脇構勢)로 한글화했다(313쪽 〈표 25〉 참조).

적인 측면이 있다. 반면 조선세법의 세는 공격과 방어가 결합된 '기법'으로 동적인 연결이 강조된다. 거정세를 예로 들면, 거정세는 검도의 상단세처럼 칼을 들어 올려 해당 자세를 유지하고 있는 정적인 자세가 아니다. 거정세는 나의 머리로 날아오는 상대의 칼을 들어 올려 막고(格法), 바로 평대세로 가슴 높이로 휘둘러 치고, 퇴보군란세로 빠지며 상대의 허리를 가격하는 세부 동작을 모두 포함한다.[60] 그런데 탕하오는 거정세의 그림이 칼을 머리 위로 들어 올린 모습이라고 해서 일본 검도의 상단 자세와 같다고 본 것이다. 외견상 유사한 형태를 보인다고 같은 세로 보았는데, 이는 단순한 유비 추리의 오류에 불과하다. 다른 세들 역시 마찬가지로 탕하오의 비교는 실제로는 크게 의미가 없다(313쪽 〈표 25〉 참조).

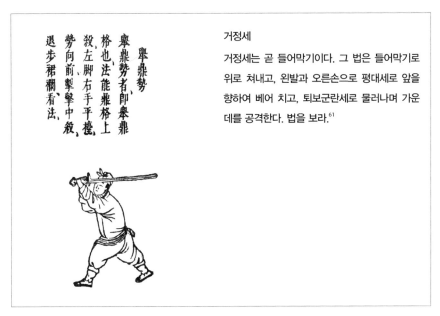

거정세

거정세는 곧 들어막기이다. 그 법은 들어막기로 위로 쳐내고, 왼발과 오른손으로 평대세로 앞을 향하여 베어 치고, 퇴보군란세로 물러나며 가운데를 공격한다. 법을 보라.[61]

〈그림 54〉《무비지》조선세법 중 거정세

1958년에 나온 탕하오의 논문은 조선세법에 관한 최초의 무예학적 분석을 시도한 기념비적인 글이다. 탕하오의 주장은 중국무술계에서 신선하게 받아들여졌을 것이다. 하지만 그의

---

60  김광석,《본국검》(동문선, 1995), 111-113쪽.

61  의미가 살도록 현대어로 풀었다. 언해문 번역은 다음과 같다. "거정세는 곧 솥을 드는 격(格, 막기)이다. 법이 능히 솥을 드는 격으로 위로 살하고 좌각과 우수로 평대세로 앞을 향하여 베어 치고 가운데로 살하여 퇴보군란세를 한다. 법을 보라."

분석은 정치하지 못하며, 주장 역시 논리적 비약이 심하다. 고대 중국에 양수 검법이 존재했으며, 양수 검법이 중국에서 조선을 거쳐 일본으로 건너갔다는 주장을 문헌기록과 고고학적 유물을 통해 증명하려는 작업은 학술적으로 분명 의미 있는 일이다. 다만 이러한 작업이 무술의 기원에 대한 귀에 걸면 귀걸이 코에 걸면 코걸이식의 일방적 주장으로 흘러서는 안 된다. 반면 마밍다의 글은 학자로서의 선을 넘지는 않았다. 그는 고대 무예의 전파와 상호영향이라는 측면에서 비교적 객관적인 입장을 견지하고 있다. 한국 무예계가 유념해야 할 태도이기도 하다.

## 《무예도보통지》의 구조적 이해

오늘날 다양한 개인과 무예 단체들이 《무예도보통지》의 무예를 재현/복원을 시도하고 있지만 《무예도보통지》를 하나의 시스템으로 접근해 이해하고자 하는 시도는 거의 찾아보기가 힘들다. 단순히 기술을 짜깁기하거나 모방, 혹은 모방의 모방을 통해 재현했다고 주장하거나, 기존 무술 경험을 일률적으로 적용해 이렇게 혹은 저렇게 해야 한다는 경험적 지식에 의존하고 있을 뿐이다. 모방과 반복을 통해 얻은 경험적 지식이 가치가 없다는 말이 아니다. 몸에 관한 거의 모든 지식은 모방과 반복, 시행착오를 통해 습득하며, 시간이 지나면서 세련되어지기 마련이다. 고전 무예도 예외가 아니다. 고전 무예 역시 경험적 지식의 축적, 모방, 시행착오를 통해 발전해왔다. 다만 오늘날 우리 사회에서 이루어지는 《무예도보통지》의 재현/복원 운동이 고전 무예 지식과 경험적 지식의 소통을 통해 이루어지고 있는가? 하는 문제를 제기하는 것이다. 경험적 지식이 만약 고전 무예 지식의 연장선상에서 이루어진다면 시행착오를 줄이고, 고전 무예의 지식에서 한층 더 나아갈 수 있을 것이다.

그런 점에서 본국검의 재현/복원에 앞서 《무예도보통지》에 대한 구조적 이해(Structural Understanding)가 선행되어야 한다. 내가 말하는 구조적 이해란 《무예도보통지》라는 전체 구조, 더 나아가 고전 무예라는 시스템 안에서 개별 무예를 여타 무예와의 관계망 속에서 파악하는 것을 말한다. 고전 무예에 대한 구조적 이해가 결여되어 있다면 고전 무예의 한 부분으로서 검술을 이해하는 작업은 맹인모상(盲人摸象: 장님 코끼리 만지기)의 한계에 부딪힐 수밖에 없다. 무예 교학, 즉 고전 무예의 커리큘럼 안에서 검술이 어떤 위치에 있으며, 여타 무예와 어떤 관련을 가지는가의 상관성 속에서 검술에 대한 이해가 좀 더 구체화될 수 있다. 전통적인 무인이란 무예 전반을 아우르는 이론적, 실제적인 경험과 지식을 추구하는 인간이었다. 비록 시대적인 상황에 따라 무예의 내용과 비중은 달랐지만 검술 역시 무예라는 거시적인 맥락 안에서 이해될 필요가 있다.

《무예도보통지》의 무예에 대한 관심은 오래전부터 있어 왔다. 하지만 대부분《무예도보통지》의 특정 종목에 국한되어 있을 뿐《무예도보통지》무예 전체를 조망한 것은 아니었다. 태권도나 합기도, 택견계에서는《무예도보통지》의 권법에, 검도계에서는《무예도보통지》의 검술, 특히 본국검에 집중되어 있었다.

이종림(전 대한검도회장) 역시 그 가운데 하나였다. 구한말 전해진 일본 검도의 기원이 고대의 한국 검술이라는 주장을 뒷받침하기 위해서는 좀 더 구체적인 근거가 필요했다. 그는 그 근거를《무예도보통지》의 본국검에서 찾았다. 1970년대부터 본국검에 관심을 가지고 있던 이종림은 1984년 석사논문으로 발표하면서 나름 본국검의 재현에 대해서 확신을 가진 듯하다.[62] 이후 본국검은 대한검도회의 커리큘럼에 포함된다. 이종림은 한국 고전 검술의 원형으로서 본국검을 대한검도가 계승하고 있다는 점을 강조함으로써 일본검도의 한국검도화가 아니라 한국 고전 검술의 대한검도화라는 내재적 정당성을 주장하고자 했다.

대한검도회에서 본국검에 집착하는 건 어느 정도 예견된 일이었다. 본국검의 전통을 계승할 수 있다면 정통성(?)을 확보할 수 있으며, 일본 검도의 색채를 희석시킬 수 있다는 판단을 했을 것이다. 뒤에 그는《무예도보통지》의 본국검뿐 아니라《무비지》의 조선세법도 불러냈다. 본국검과 조선세법은 고대 한국의 찬란한 검술이자 동시에 근대 한국 검도의 뿌리이자 일본 검도를 부정하는 만능키였다. 본국검은 천 년을 넘게 이어온 세계에서 유일한 검술로, 조선세법은 중국에도 알려질 정도로 위대한 조선의 검술로 승화되었다. 그런데 본국검과 조선세법을 소환한다고 해서 근대 일본에서 전해진 검도가 한국의 검술로 환원될 수 있을까?

---

62 이종림,《검도》, 127쪽; 이종림,《한국고대검도사에 관한 연구: 신라 본국검법을 중심으로》(성균관대학교 석사학위 논문, 1983).

무엇보다 우리는 이런 질문을 할 필요가 있다. 《무예도보통지》에서 본국검만 따로 떼어내서 이해하는 방식은 올바른 것일까?[63]

오늘날 검도는 죽도 검도를 기반으로 한 스포츠화된 검도를 가리킨다. 따라서 대한검도회의 본국검과 조선세법 복원은 죽도의 검리를 바탕으로 고전 검술을 복원했다는 말로 오해되기 쉽다. 죽도 검도의 검리는 검도 경기에 특화된 격법 위주의 검리를 말한다. 게다가 대한검도회는 전일본검도연맹과는 달리 진검이나 나기나타와 같은 여타 병장기 수련도 강조하지 않는다. 철저하게 죽도 검도의 전통을 고수한다.[64] 반면 본국검과 조선세법은 고전 검술로 진검을 다루는 기술이며, 실전 검술을 모토로 하고 있다. 따라서 고전 검술에 다가가기 위해서는 그 검법이 발 디디고 있는, 고전 무예의 이론, 그리고 그 이론의 바탕이 되는 무예 인식론에 대한 이해가 선행되어야 한다. 아울러 고전 검술 역시 고전 무예라는 거시적인 시스템의 한 부분이라는 점을 감안한다면 고전 무예라는 숲 전체를 볼 필요가 있다.

흔히 검도를 설명하는 이론적 배경을 검리(劍理)라고 한다. 검리가 맞느냐 틀리느냐는 검도의 원리에 맞게 움직임이나 기술을 구사하느냐라는 의미로 사용된다. 《무예도보통지》 역시 같은 맥락에서 이해될 수 있다. 《무예도보통지》 무예를 관통하는 원리가 있다면, 그러한 원리는 단순히 검에만 적용되는 건 아니었을 것이다. 선조에서 정조에 이르는 200여 년간 행해졌던 군진 무예를 《무예도보통지》에 종합했을 땐 단순히 개별 무예를 모아 놓은 콜렉션에 머물고자 한 것은 아닐 것이다. 상식적으로 조선 시대 사람들이 아무 생각도 없이 《무예도보통지》의 무예를 수백 년간 반복하고 있지는 않았을 것이다. 《무예도보통지》를 하나의 시스템으로 봐야 하는 이유다. 수백 년을 거치면서 체계화된 무예를 기록한 무예서가 《무예도보통지》라고 한다면, 《무예도보통지》를 관통하는 조선인들의 무예 인식론은 무엇일까?

고전 무예의 교육 과정은 권법→곤봉→기타 무예의 순서를 따랐다. 권법은 모든 무예를 익히기 위한 기초였다. 주먹을 지르고 발을 차며, 상대를 잡아 넘기고, 방어하고 공격하는 등

---

63  대한검도만의 문제는 아니다. 전통 검술을 표방하는 많은 단체들에게서 공통적으로 발견되는 문제로 대부분 《무예도보통지》의 '검술'에만 초점을 맞출 뿐 검술을 《무예도보통지》로 대변되는 고전 무예 시스템의 시각에서 바라보지 못하고 있다.

64  1980년대 해동검도 등 등장하면서 대한검도와 차별화했던 부분 역시 진검수련이었다. 대한검도와 죽도, 해동검도와 진검이 결합된 이미지가 실제를 얼마나 반영하는가의 문제는 차치하더라도, 이러한 이미지가 일반 대중에게 어필하고 받아들여졌다는 점은 죽도 대 진검의 대비가 양자를 구별하는 중요한 요소였다는 사실을 어느 정도 뒷받침한다.

맨몸을 다루는 기술은 권법을 통해서 익힐 수 있었다. 맨몸에 대한 이해가 선행되어야 병장기도 능숙하게 다룰 수 있다는 생각, 거기서 더 나아가 병장기는 팔의 연장이라는 생각이 싹텄다. 그래서 척계광은 무예에 입문하기 위해서는 권법부터 배워야 한다고 했다.[65] 권법을 배운 다음 곤봉을 익혔다. 곤봉은 양손을 균형 있게 사용할 수 있도록 해주며, 곤봉의 찌르기, 막기, 치기와 같은 기본 기술은 곧바로 다른 병장기에도 응용될 수 있었다. 그래서 곤봉은 무예의 어머니라고 일컬어졌다. 이렇게 권법과 곤법을 익힌 이후 칼이나 창, 월도, 협도와 같이 전문화된 병장기로 확장시켜 나가는 것이 고전 무예의 교육 과정이었다. 척계광은 특히 곤법을 《사서(四書)》에 비유했다. 유가에서 《사서》의 이치를 밝힌 후 《육경(六經)》을 배워야 하는 것처럼 곤법을 익힌 다음 구(鉤), 도(刀), 창, 당파와 같은 무예를 익혀야 한다는 것이다. 즉 권법 따로, 검법 따로, 창법 따로가 아니라 각각의 무예가 유기적으로 연결되어 하나의 시스템을 구성하고 있었다.[66]

물론 오늘날 무예는 분화되어 이러한 교육 과정이 그대로 지켜지기는 힘들다. 태권도나 택견, 검도 등 대부분의 종목들은 맨손 기술 혹은 검술 어느 한 종목으로 전문화되었다. 따라서 오늘날의 특정 무술에 기반을 두고 고전 무예에 접근할 경우 고전 무예 시스템을 조망하는 데 어려움을 겪을 수밖에 없다. 실제로 태권도나 택견은 《무예도보통지》의 권법에만, 검도는 《무예도보통지》의 검술에만 초점을 맞추고 있다. 이런 접근으로는 《무예도보통지》가 하나의 유기적인 시스템을 구성한다는 사실, 그리고 전체의 맥락 속에서 개별 무예를 이해할 수 있는 섬세함을 놓치기 쉽다.[67]

《무예도보통지》에 검술만 들어있는 건 아니다. 권법을 비롯해 장창, 당파, 쌍수도, 쌍검, 제독검, 월도, 협도, 곤봉, 편곤, 등패, 낭선 등 다양한 고전 무예가 포함되어 있다. 그리고 이들 무예는 어느 한 무예가 독자적으로 존재하는 것이 아니라 유기적으로 관계를 맺고 있다. 하지만 대한검도가 소환한 무예는 본국검과 조선세법[예도]뿐이다. 일본 검도와 결을 달리하

---

65  최복규, 《권법 바이블》(한국학술정보, 2018), 175-190쪽; 김광석, 《권법요결》(동문선, 1992).

66  戚繼光, 《紀效新書》(18卷 本, 曹文明·呂穎慧 校釋, 中華書局, 2001), 184쪽. 척계광은 이 이론을 유대유의 《검경(劍經)》에서 가져왔다. 명대 후반 무예 교학에서 이러한 시각은 널리 통용되던 일종의 상식이었다. 참고로 《육경(六經)》은 육적(六籍: 여섯 가지 서적)이라고도 하며, 《시경(詩經)》, 《서경(書經)》, 《악경(樂經)》, 《역경(易經)》, 《예경(禮經)》, 《춘추경(春秋經)》을 가리킨다. 전관수, 《한시어사전》(국학자료원, 2002), '육경(六經)' 참조.

67  고전 무예의 교학론에 대해서는 다음을 참조. 최복규, 《권법 바이블》, 119-123쪽.

는 대한'검도'라는 새로운 전통을 창출하기 위해 단순히 두 가지 무예를 통해 오늘의 '목적'에 부합하는 선택적 수용과 계승을 시도한다. 오늘날 불려 나오는 전통은 이미 선택적 수용의 결과물이라는 점에서 대한검도의 선택적 수용이 잘못은 아니다. 하지만 본국검과 조선세법은 해당 검술이 속해 있는 고전 무예의 맥락에 놓여있을 때 비로소 제대로 이해될 수 있다는 점에서 고전 무예의 세계관을 이해하지 못한 대한검도의 본국검과 조선세법의 복원이 가질 수밖에 없는 한계는 분명하다. 근대적인 검도의 시선으로 고전 검술을 바라보며, 근대적인 검도의 틀에 고전 검술을 꿰맞추고 이를 통해 일본 검도의 도입을 고전 한국 검술의 귀환이라는 주장의 근거로 삼는다면 순환논리의 오류에서 벗어나기 힘들다.

《무예도보통지》의 무예는 전체가 하나의 일관된 체계 위에 서 있는 건축물이다. 《무예도보통지》의 본국검은 그 건축물의 기초 위에 올려진 한 층에 비유될 수 있다. 따라서 지하층부터 기초를 쌓았다면 본국검뿐 아니라 《무예도보통지》의 다른 무예도 재현/복원할 수 있어야만 한다. 본국검 세명을 유추 해석하고 그림의 동작을 흉내 낸다고 해서 본국검이 제대로 복원되었다고 보기는 힘들다. 대한검도뿐 아니라 《무예도보통지》의 본국검을 재현하고자 하는 많은 검도 단체들이 놓치고 있는 부분이다.

끝으로 한 가지 더 지적할 부분이 있다. 대한검도를 비롯해 대다수 근·현대 한국무예는 한국 고대 검술의 원형의 존재를 상정하고 있는 원형주의(근본주의)적인 입장을 취한다. 하지만 이러한 원형주의적인 접근은 검술을 인간의 삶과 유리된 실체로 바라본다는 점에서 주의를 요한다. 본국검에 세계에서 가장 오래된 검술이라는 라벨을 붙이고, 거기서 더 나아가 일본 검도의 검리로 복원된 본국검을 '원형'의 자리에 놓음으로써, 최고(最古)의 검술인 본국검이 근대 일본 검도 뿌리가 된다는 '순환논리의 오류'의 반복, 일본 검도의 이법에 기초해 복원한 본국검을 근거로 일본 검도의 뿌리가 고대 한국이며, 대한검도는 바로 그 고대 한국의 검술의 연장선상에 있다는 논리적 불일치. 본국검과 조선세법 재현에 암묵적으로 투영되어 있는 왜곡된 시선, 그리고 그 시선에 의해 불려 나온 선택된 과거가 가지는 한계를 인식하지 못한다면 고전 검술을 계승하려는 노력은 의미를 잃고 말 것이다. 그간 지적되지 않은, 하지만 진지하게 고민해야 할 문제이다.

## 검술의 백가쟁명(百家爭鳴)

우리나라의 역사에서 오늘날만큼 많은 검술이 존재한 적은 없었다. 1980년대 초반까지만 해도 이 땅에는 일본 검도 하나만 있을 뿐 그 외의 검술은 찾아보기가 힘들었다. 그런 점에서 1980년대는 한국의 검술이 새로운 국면에 접어드는 시기라고 할 수 있다. 새로운 검술의 등장을 가능케 한 건 사회적으로 충만해 있던 민족문화에 대한 에너지였다. 1970~80년대 대학가의 탈춤과 풍물패, 마당극, 노래패 등은 민족문화의 계승을 표방한 문화운동으로 학생운동과 더불어 민주화 운동의 한 축을 형성했다. 1980년 출범한 전두환정부는 군사정권에 대한 학원가의 저항을 약화시킬 목적으로 국풍 81이라는 대규모 관제 축제를 기획해야 할 정도로 대학가의 에너지는 충만했다. 특히, 1983년 택견이 무형문화재로 지정되면서 사회적으로 전통무예에 대한 관심이 급증하기 시작했다.

1980~90년대는 그런 점에서 한국 무예사에서 매우 중요한 전환기라고 할 수 있었다. 그리고 무엇보다 새로운 '전통무예'가 만들어지기 시작하는 시기이기도 했다. 그 배경에는 한국을 대표하는 무예가 실제로는 일본 무술의 변형이었다는 사실에서 온 배신감과 택견의 무형문화재 지정으로 촉발된 놀이의 무예화에 대한 반발이 깔려 있었다. 고유한 한국 무예에 대한 사회적 관심이 증가했지만, 이러한 관심을 충족시킬 만한 고유한 한국 무예가 없다는 사실은 결국 '전통무예 만들기'로 나타났다.

'전통무예 만들기'는《무예도보통지》가 완역되고, 실기가 공개되면서 탄력을 받기 시작했다. 1984년 한학자인 김위현에 의해《무예도보통지》가 최초로 완역되어 소개되었다. 뒤이어 1987년에는 무예인 김광석에 의해《무예도보통지 실기해제》가 나왔다. 두 책은 고전 무예에 관한 연구가 척박한 현실에서 이루어진 성과였다. 김광석은 같은 해 바탕골소극장에서《무예도보통지》무예의 실기를 공개했다.[68] 이후《무예도보통지》는 과거의 고전이 아니라 현재 살아 숨쉬는 무예서로 일반인들에게도 본격적으로 알려지기 시작했다. 대학가를 중심으로《무예도보통지》의 무예의 계승·발전을 목적으로 동아리가 만들어져 무예 문화운동을 주도했다. 한국전통무예 십팔기 대학생연합의 활동은 전통무예에 대한 접근을 기존 태권도나 택견

---

68  김위현,《국역 무예도보통지》(민족문화사, 1984); 김광석·심우성,《무예도보통지 실기해제》(동문선, 1987); 〈해범 김광석 한국무예 발표회〉(바탕골 소극장, 1987년 12월 22~23일).

의 맨손 격투, 아니면 검도라는 단순한 구도를 고전 무예 전반으로 확장시켰으며, 이는 1990년대 전통무예 붐을 견인하는 중요한 계기가 되었다.[69]

사회적으로도 고전 무예에 대한 관심이 증가하며, 다양한 무예가 새로이 만들어지면, '전통무예'라는 타이틀을 달고 나오기 시작했다. 무예를 만들어내는 방식은 크게 두 가지였다. 하나는 과거의 편린을 불러내는 것이다. 택견이 그 예라고 할 수 있다. 구한말 택견은 발기술을 가지고 서로 승부를 겨루는 놀이로 퇴화된 상태로 남아 있었다. 그나마도 1900년대 초엔 사멸한 상태였다. 하지만 택견은 송덕기, 신한승의 노력에 의해 1984년 무형문화재 무예종목으로 등록된다. 이때 택견은 당대 태권도와 검도 등 근대 무예를 참고해 새롭게 재편된 형태였다. 과거의 편린을 바탕으로 현대적으로 재편되었다는 점에서 '만들어진 (전통) 무예'라고 할 수 있었다.[70] 또 다른 하나는 과거와의 연결 고리가 없이 새로이 만들어지는 경우로 해동검도를 들 수 있다. 해동검도는 1980년경 김정호와 나한일 두 사람이 심검도와 기천문 등의 수련 경험을 바탕으로 새로이 만든 검술이었다. 대한검도와 차별화한 '해동'검도라는 이름 아래, 고구려 무예를 표방하며 전통 검술을 주장하며 등장했다.

비록 택견과 해동검도는 맨손과 칼이라는 차이가 있기는 하지만 과거의 편린 혹은 과거와의 연계를 통해 새로운 무예를 만들어냈다는 점에서 공통점이 있다. 무엇보다 기존 제도권 무예인 태권도와 검도에 대한 반발과 전통무예에 대한 새로운 사회적 요구라는 무예 내적 요구와 무예 외적 요구를 절묘하게 포착해 만들어진 시대의 산물이었다.[71] 해동검도는 혜성처럼 등장해 단시간에 기존 대한검도의 아성을 넘볼 만큼 성장했다. 해동검도는 기존 대한검도에 대해 비판적인 입장을 견지하면서, 대한검도의 기술 체계를 모방, 흡수하고 때로는 전면적으로 대한검도에 도전을 하면서 입지를 굳혀나갔다.

---

69 서울과 대구, 경북 지역의 대학생들이 고전 무예의 전통을 계승하겠다는 목적에서 1987년부터 대학에 십팔기 동아리를 만들고 취지에 공감한 여러 대학의 학생들이 참여하면서 규모가 확대되었다. 다음 해인 1988년 한국전통무예십팔기 전국대학생연합이 결성되어 12월 서울대학교에서 최초로 한국전통무예 십팔기 발표회를 갖는다. 가장 활발한 때는 서울대학교, 연세대학교, 서강대학교, 광운대학교, 항공대학교, 경북대학교, 경일대학교, 영남대학교, 대구대학교, 계명대학교, 대구가톨릭대학교, 경산대학교 등 서울 대구를 중심으로 약 20여 대학에 이르렀다. 대한십팔기협회 웹사이트 행사자료 (http://sibpalki.or.kr/2009/sub05_01.html?la=5), 2022년 5월 21일 검색.

70 과거 '수박'을 불러내려는 시도도 있었다. 택견을 발기술로, 거기에 반해 수박을 손기술로 보고 '수벽치기'라는 무예 전통을 만들려는 작업으로 신한승이 시작하고 육태안에게 이어졌다. 기존 수박과 관련한 사료 해석의 문제점에 대해서는 다음을 참조. 최복규, 〈태권도 전사로서 수박 사료 해석〉《국기원태권도연구》(7(4). 국기원, 2016).

71 최복규,《전통무예의 개념정립과 현대적 의의》(서울대학교 석사학위 논문, 1995).

대한검도회는 대외적으로는 일본 검도라는 왜색 이미지를 벗겨내고 궁극적으로 일본 검도와 차별화하며, 그리고 대내적으로는 해동검도와 헤게모니 경쟁을 벌여야만 했다. 1995년 이종림이 《검도》를 출간하며 해동검도를 사이비 검도라고 에둘러 비판한 이유도 바로 이런 상황과 무관하지 않다. 해동검도의 급격한 성장을 경계하며, 대한검도를 해동검도와는 격이 다른 정통으로 어필해야 했으며 동시에 고대 한국 검술과의 연결 고리를 어떻게든 사회적으로 각인시킬 필요가 있었던 것이다. 대한검도는 해동검도를 사이비라고 비난하고, 해동검도는 대한검도를 왜색이라고 비난하는 경쟁적인 구도가 형성되었다.

우리는 순수하며, 변화 없이, 단절되지 않고 전해져 내려온 고유한 전통 '무예'를 꿈꾼다. 하지만 역설적이게도 현대를 사는 우리는 끊임없이 환경에 적응하고 발전하며 진화하도록 요구받는다. 변화와 불변이라는 모순된 상황이 당황스럽기는 하지만 어쩌면 하루하루를 치열하게 살아내야만 하는 현대인들에게 도도하게 자신의 모습을 수천 년간 간직해온 무예는 그 존재만으로도 위안이 될 수 있었던 것일까? 현대인들에게 무예의 고유성은 그렇게 어필하며, 전통무예를 양산하는 데 면죄부를 부여했다.

아이러니하게도 대한검도나 해동검도 모두 자신의 이미지 쇄신을 위해 택한 방법은 무예민족주의에 기대는 것이었다. 대한검도는 일본 검도의 고대 한국 검술 기원설을, 해동검도는 고구려 시대 살았다는 가상의 설봉선인(?)을 소환했다. 대한검도에 민족주의는 검도의 왜색을 걷어내며, 고유한 한국 검술의 적자로 자리매김하는 매개였다면 해동검도에 민족주의는 대한검도의 왜색을 공격하며 해동검도의 입지를 굳혀나가는 수단이었다. 대한검도와 해동검도는 서로 다른 입장에 있으면서도 동시에 민족주의를 자신들의 무예를 한국 고유 검술로 어필하는 데 활용했다는 점에서 민족주의는 대한검도와 해동검도 모두에도 모두 중요했다.

해동검도는 대한검도를 직접 타깃으로 삼아 자신의 입지를 굳혀나가는 전략을 펼쳤다. 해동검도는 '일본' 검도가 아닌 '해동'의 검도로 차별화하며, 기존 대한검도가 등한시했던 진검 수련과 베기를 강조했다. 결과적으로 승자는 해동검도였다. 해동검도가 한국 고래로부터 전해져 온 검술이기 때문이 아니었다. 오히려 해동검도는 오늘날 사회가 요구하는 검도의 모습을 잘 찾아냈고, 그 점을 자신의 장점으로 삼아 어필했기 때문이었다.

해동검도의 역사 만들기에 부정적인 의견도 많지만, 사실 김정호가 말하는 고구려 고국원

왕 대의 설봉선인으로부터 해동검도가 내려왔다는 말이나 카게류의 시조가 꿈에서 원숭이의 화신에게 카게류 검술을 전수받았다는 이야기의 서사 구조는 동일하다. 동아시아 무예계에서 반복되어 오던 신화 구조의 전형적인 예라고 할 수 있다. 따라서 신화적인 구조 속에서 이루어진 해동검도의 서사를 무작정 비판할 필요는 없다. 물론 500여 년 전 카게류를 주장했던 그런 식의 신화를 개명한 21세기에 반복한다는 비판은 감수해야겠지만 말이다.[72]

해동검도에서 일본 검도의 영향을 읽어내는 건 어렵지 않다. 하지만 해동검도를 일본검도와 같다고 말하기도 힘들다. 왜냐하면 부단한 변신을 통해 자기 색채를 만들어갔기 때문이다. 오늘날 우리가 보는 해동검도는 김정호와 나한일이 심검도, 기천문을 바탕으로, 자신의 연무 경험에 더해 당대의 일본 검술과 모방, 경쟁하며 발전시킨 검술이다. 30여 년간의 기간을 거치면서 만들어진 현대 검술이며, 오늘날에도 여전히 진화하고 있는 검술이라고 할 수 있다.

대한검도와 차별화에 성공하면서 해동검도는 대한검도의 아성을 넘볼 만큼 성장했다. 하지만 해동검도는 성공과 함께 분열되기 시작했다. 김정호와 나한일의 분열, 뒤이어 해동검도에서 분파된 군소단체들이 더해져 수많은 해동검도가 양산되기 시작했다. 해동검도의 등장을 전후해 소위 '전통검술'이라는 타이틀을 건 검술들이 우후죽순으로 양산되기 시작했다. 기존 대한해동검도협회와 한국해동검도협회 외에도 국제해동검도연맹, 도법해동검도회, 한국전통해동검도협회, 해동심검도협회 등 수십여 개의 단체로 나뉘어 각축을 벌이고 있다.[73]


대한검도가 일본 검도의 틀을 넘어 새로운 전통으로 자리매김하게 될지 현재로서는 예단하긴 이르다. 쉽지 않을 것이다. 검도는 이미 일본 사회에서 발명된 전통으로 자리매김했다. 대한검도는 일본의 발명된 전통이 한국으로 이식된 경우로, 근대 이후 일본에서 이루어진 검도의 변화 역시 실시간으로 한국 사회에 그대로 업데이트되었다. 대한검도회(1953)의 설립이나 전일본검도연맹(1954)의 설립 역시 동시대적인 사건으로 이해될 필요가 있다. 또한 검도는

---

72  태권도계의 역사서술과 크게 다르지 않다. 고구려 고분벽화, 신라 화랑과 금강역사, 고려와 조선의 수박, 《무예도보통지》를 나열하며 태권도의 역사가 수천 년을 유유히 이어져 내려왔다는 주장은 해동검도의 역사 서술 패턴에서도 동일하게 반복된다.

73  최근 들어 통합 움직임도 있는 것으로 보인다. 대한민국해동검도협회, 한국해동검도연합회, 세계해동검도협회가 대한민국해동검도협회로 통합하기로 합의했다고 한다. 〈해동검도 3개 단체, 대한민국해동검도협회로 '통합'〉《뉴스포탈1》, 2019년 4월 1일. (http://www.civilreporter.co.kr/news/articleView.html?idxno=68639), 2022년 7월 23일 검색.

국제검도연맹(International Kendo Federation)이라는 상위 조직을 중심으로 스포츠로서 확고한 위치를 유지하고 있다. 이런 상황에서 대한검도회가 새로운 전통으로 검도를 한국화하려는 노력이 얼마나 성공적이며, 동시에 국제적으로 검도인들에게 얼마나 어필할 수 있을지는 회의적이다.

해동검도는 대한검도에 대항하면서 자신의 입지를 굳혀왔다. 해동검도의 논리는 사실 오늘날 전통무예를 표방하는 단체들의 논리이기도 했다. 태권도, 유도, 검도 등 기존 제도권 무예가 일본 무도와 직간접으로 관련을 가지고 있다는 약점(?)을 '전통무예'들은 비집고 들어갔다. 때로는 반일감정을 자극하고, 때로는 민족주의에 기대며, 전통무예는 '고유한' 한국 무예라는 담론을 퍼뜨리며 또 하나의 무예 권력으로 성장하기 시작했다.

대한검도와 해동검도의 예에서 볼 수 있듯이 역사를 신화화하려는 오늘의 한국 검술의 행보는 건강성을 상실하고, 낭만적 신화를 생산하는, 결과적으로 해당 검술(단체)의 체제를 수호하는 이데올로기로 변질되기 쉽다. 오늘날 '만들어진 전통무예'는 다시 전통무예진흥법이라는 법제화된 국가 권력에 의해 보호받으며 재생산되는 순환 구조를 형성하게 되었다. 한국사를 통틀어 이 땅에 오늘날처럼 많은 검술이 존재했던 적은 없었다. 이제 한국은 검술의 백가쟁명 시대로 접어들었다.


## 요약

이 땅에 들어온 일본 검술이 변화, 적응하며 발전해온 일련의 과정, 그리고 그 결과를 우리는 한국화라고 부를 수 있을 것이다. 이 장에서 나는 일본 검술 한국화의 특징을 '투로화'와 '이념화'로 요약했다. 투로화가 16세기 이래 현재까지를 관통하는 한국화의 특징이라면, 이념화는 근대 들어서 일어난 한국화의 특징이라고 할 수 있다.

임진왜란을 거치면서 조선에 전해진 최초의 일본 검술은 카게류 검술에서 변형된 '중국화한' 장도였다. 조선은 장도에 세명을 붙이고 각 세들을 연결한 투로로 만들어 군진에 보급했다. 뒤이어 17세기 초에는 장도의 세를 바탕으로 두 사람이 익히는 대련법을 만들었다. 이 대련법 역시 투로로 정리되었다. 17세기 말에는 국가의 비밀 프로젝트로 김체건을 통해 일본 검술을 입수했다. 김체건이 정리한 천류류, 유피류, 토유류, 운광류의 4류와 거기서 파생된 검 대련법도 투로로 정리되었다.

조선 무예의 극단적인 투로 중심주의는 중앙집권적인 군사 제도 안에 무술을 포섭하려고 했던 특수한 상황에서 나타난 현상이었다. 조선은 개별 무예 유파가 발생하기 힘든 사회 구조를 가지고 있었다. 무예는 군진을 중심으로 이어졌으며, 군진 무예는 그 특성상 훈련과 평가를 위해 통일성과 표준화를 추구했다. 무예를 국가가 관리하겠다는 발상에서 나온 투로 중심주의는 무예의 교습과 훈련, 평가를 수월하게 한 반면, 실전에서의 응용이라는 무예 본연의 가치를 구현하는 데는 한계를 가지고 있었다. 투로화된 형태의 검술 수련은 19세기 중엽까지 유지되다가 구한말 신식 군대로 재편되면서 없어지고 말았다. 그 빈자리를 채운 것은 일본 검도였다.

19세기 말부터 일제강점기가 끝나는 1945년까지 일본 검도는 한국 사회의 주류 검술이었다. 검도는 경찰, 군대뿐 아니라 학교, 사회 각층으로 확산되어 뿌리를 내렸다. 일제강점기 말기에는 일제 군국주의 파시즘의 영향으로 국민학교 학생들에게까지 군사 훈련의 일부로 검도가 교수되었다. 1945년 8월 15일 일제의 식민지배에서 벗어나 광복을 맞이하면서 세상이 바뀌었다. 잃어버렸던 이름을 되찾았으며, 억눌렸던 일제의 압제에 대한 반감을 유감없이 표출할 수 있는 시대가 도래하면서 일제의 잔재를 청산해야 한다는 요구가 분출하기 시작했다. 한국에서도 검도는 일제의 잔재로 치부되어 한동안 자취를 감추었다.

1940년대 후반 일제강점기 검도와 총검도를 수련했던 곽동철은 땅에 떨어진 민족의식과 국민의식을 진작시킨다는 명목으로 일본 검도에 한국적인 색채를 덧씌웠다. 하카마 대신 한국적인 복장을 착용하고, 일본 검도의 자세 명칭을 본국검의 세명으로 바꾸고, 《무예도보통지》의 무예를 자신의 책 《무예도보신지》에 포함시키며 일본 '검도'를 '한국'으로 포장했다. 하지만 1930~40년대 일본 검도를 그대로 옮겨왔다는 점에서 일본 검도의 그늘을 벗어나지 못했다. 곽동철이 나쁜 의도를 가지고 있었던 것으로 보이지는 않는다. 하지만 곽동철은 자신이 배우고 익혔던 일본 검도를 벗어나지 못했다. 그의 노력은 가상했지만 결과적으로 반일 감정과 민족주의가 팽배했던 시대 일본 검도에 대한 비판을 자기식으로 방어한 것에 지나지 않는다는 비판을 면하기 어렵다.

곽동철의 시도는 뒤이어 대한검도회로 이어졌다. 1948년 6월 대한검사회(대한검도회의 전신)가 조직되었다. 경찰계에 몸담고 있던 검도 유단자들을 중심으로 결성된 대한검사회는 검도의 일제의 잔재라는 비판을 무마하기 위해 여러 가지 조치를 취한다. 이순신 장군의 장검을 수리하고, 이순신 장군 탄신을 기념하는 검도대회를 여는 등 민족주의적인 색채를 내기 시작했다. 검도에 흰색 도복을 도입하고, 요판을 제거하며, 검도 커리큘럼에 본국검과 조선세법을 도입하는 등 일련의 조치를 통해 일본 검도와 차별화하려는 시도를 했다. 또한 일본 검도의 고대 한국 검술 기원설을 통해 일본 검도의 종주권이 한국에 있다는 주장을 하기 시작했다.

일제의 검도 이념화는 황국신민화와 내선일체라는 거대한 그림의 한 부분으로 이루어졌지만 해방 이후 한국 사회에서 검도의 이념화는 이와 결을 달리해 검도가 한국 것이라는 지극히 지엽적인 종주권을 위한 이념화였다. 역사적 사실을 교묘히 짜깁기해 일본 검도를 부정하고 고대 한국의 검술에서 일본 검도의 뿌리를 찾으려는 이념화된 경향으로 나타났다. 해동검도는 대한검도의 이러한 행보에 비판적인 입장을 견지하며, 고유한 한국의 검도라는 이미지를 만들며 대항 담론을 만들어내기 시작했다.

사실 이러한 경향은 검도만의 문제는 아니었다. 태권도, 합기도, 유도 등 제도권에 자리 잡고 있는 한국 무예들은 정도의 차이가 있을 뿐 대부분 해당 무예의 역사를 한국의 고유한 역사로 환원시키기 위한 시도를 했다. 이러한 제도권 무예에 대한 반발은 다양한 전통무예(?)를 양산하는 또 하나의 동인이 되기도 했다. 그 결과 오늘날 우리는 전에 없는 검술의 전성시대를 맞이하게 되었다. 바야흐로 검술의 백가쟁명 시대가 도래한 것이다.

# Chapter 6

# 전통의 발명과 민족주의, 그리고
# 탈민족주의 무예학

해방 이후 한국 무예의 발전을 추동시킨 에너지는 무예 민족주의였다. 무예 민족주의는 태권도, 합기도, 당수도, 택견, 해동검도와 같은 근현대 한국 무예를 발명해내는 에너지로 작동했다. 하지만 무예를 민족과 함께 초역사적 실체로 바라봄으로써 인간사에서 유리된 그들만의 무예사를 만들어냈다. 이제 무예와 민족 간의 결합을 해체할 필요가 있다. 무예의 탈민족화, 탈민족주의 무예학이 필요한 이유이다.

## 전통의 발명

왜 오늘날 전통무예에 집착하는가? 오늘날 우리가 접하는 '전통' 무예는 사실 '전통'이 아니기 때문에 '전통무예'라고 불려야만 하는 건 아닐까? 무예가 우리의 삶과 궤를 같이해왔다면 굳이 전통이라는 이름으로 치장하며 보존해야 한다는 등 부산을 떨 이유가 없지 않을까?[1] 엄밀히 말하면, 무예는 역사적으로 '전통'이기 때문에 유지된 건 아니었다. 오히려 무예는 늘 새로운 무예의 등장과 도전, 그 과정에서 혁신을 거듭하며 발전해왔다. 물론 무예도 인간사의 한 부분인 이상 현 상태를 유지하려는 관성이 없는 건 아니다. 무예를 업으로 삼는 계층 역시 새로운 무예가 등장하면 반발하는 경향을 보였다. 검술이 전장의 주역으로 새로이 등장했지만 큐우바노미찌(弓馬道)

---

1  유형문화재의 경우 대상의 원형을 보존하기 위해 외부 환경으로 인한 훼손을 억제하는 것이 관리의 핵심이다. 하지만 무형문화재는 인간의 지식과 행위를 통해 실현된다는 점에서 차이가 있다. 무형문화재를 행정 관리적 차원에서 바라봄으로써 무형문화재를 유형의 물건처럼 객관적 실체로 간주하고, 무형문화재를 생산하는 주체인 생산자를 제도 운영의 법적 대상으로만 본다는 점에서 무형문화재에서 원형의 보존은 필연적으로 인식론적 딜레마에 직면하게 된다. 이 경우 예술의 생산자는 보유, 유지 기능 외에 아무 의미 없는 생산에 종사하는 수동적인 위치에 놓이게 된다. 정수진, 《무형문화재의 탄생》(역사비평사, 2008).

의 관성에 젖어있던 일본의 사무라이는 칼을 거부했으며, 총에 대해서도 마찬가지였다. 조선 역시 도검을 전문적으로 다루는 살수를 양성하려고 했지만 궁수인 무사들의 반발에 직면했다. 그럼에도 불구하고, 새로운 무예는 끊임없이 등장했고, 기존의 무예를 대체하며 발전해왔다. **한마디로 무예는 전통을 고수했기 때문에 발전한 것이 아니라 혁신을 했기 때문에 발전했다.**

오늘날 우리가 고유한 전통 무예라고 믿고 있는 많은 무예들도 역사의 어느 순간에 새롭게 등장했다. 야금기술과 제련기술의 발달로 만도가 등장하지 않았다면 다양한 검술이 생겨나지 못했을 것이다. 기병의 검술에서 보병의 검술로 발전하지 않았다면 검술은 단조로운 수준을 벗어나지 못했을 것이다. 혁신적인 기술이 등장해 기존의 기술을 대체하면서 새로운 주류로 자리매김하며, 또 다른 혁신에 의해 대체되는 역사, 무예사라고 해서 예외가 될 수는 없었다. 고유한 검술이 과거로부터 지속되어 왔으리라는 믿음에 기초해 '전통'이라는 라벨을 붙이고 신화화하기 이전에도 무예는 생멸을 거듭해왔다. 이는 인간사에서 지극히 자연스러운 현상이었다.

그런데 유독 현대 사회에 들어서면서 '한국' 무예는 과거로부터 현재까지 단절 없이 원래 모습 그대로 전수되어야 하며, 일본이나 중국의 영향을 받지 않은 고유한 무예여야 한다는 신념이 팽배해지기 시작했다. 한국 무예계 일각에서 보이는 전통무예에 관한 '뒤틀린' 이념적 지향은 정상적인 무예를 비정상적인 것처럼 보이게 하며, 비정상적인 무예를 정상적인 것인 양 오해하게 만든다. 이념화된 '전통'에 의해 '무예'는 정작 설 자리를 잃어버렸다. 그로 인해 우리는 무예를 그 자체로 온전히 보지 못하게 되었다.

나는 오늘날 한국 무예계에 보이는 전통 지상주의에 '전통 콤플렉스'도 영향을 미친 것으로 본다. 일반적으로 콤플렉스는 감정적으로 강조된 심리, 정서적 불안정, 열등감을 가리킨다. 역사적으로는 브로이어(Josef Breuer)가 기본적인 개념을 정신분석 병리학 용어로 처음 사용했고, 분석심리학자인 융(Carl Gustav Jung)이 이를 체계화했다고 알려져 있다. 그는 인간의 무의식이 개인 무의식과 집단 무의식으로 구분된다고 보고 개인 무의식은 콤플렉스에 의해서 지배당한다고 믿었다.[2] 융의 분석을 적용하면, 한국 무예계는 집단무의식적으로 전통 콤플렉

---

2  김춘경 외 4인, 《상담학사전》(학지사, 2016), '콤플렉스' 항목.

스에 사로잡혀 있는 셈이다. 인터넷상에서, 심지어 학술적인 논의에서도 심심찮게 한국 무예는 중국이나 일본 무예에 영향을 받지 않은 고유한 그 무엇이어야 한다는 주장이 반복되고, 외부의 영향이나 관련이 없는 순수, 고유한 무예에 대한 환상을 접한다. 더 나아가 이러한 집단 무의식은 개인 무의식에도 일정 정도 영향을 미치고 있는 것으로 보인다. 이러한 주장의 이면에는 특히, 일본이나 중국 무예의 영향에 대한 극단적인 부정이 담겨 있다. '전통 콤플렉스'가 지나치게 되면 무예사를 객관적 입장에서 보기 힘들어지며, 자신에게 유리한 쪽으로 역사를 날조하거나 극단적인 경우엔 자민족 중심주의나 국수주의로 빠져버리기도 한다.

한국 사회에서 전통 콤플렉스의 발단은 구한말로 거슬러 올라간다. 구한말은 동아시아 다른 여러 나라들과 마찬가지로 격변의 시기였다. 당시 동아시아의 과제는 어떻게 근대 서구를 따라잡는가였다. 일본의 화혼양재(和魂洋材), 중국의 중체서용(中體西用), 그리고 한국의 동도서기(東道西器)는 상이한듯 보이지만 동아시아의 전통 위에 서구의 과학, 기술을 접목시키겠다는 선언적 구호였다. 하지만 거기엔 서구 근대 문명에 대한 충격과 공포가 배어 있었다. 화혼, 중체, 동도가 양재, 서용, 서기를 불러낸 것이 아니라, 양재, 서용, 서기를 대면한 동아시아가 화혼과 중체, 동도를 불러냈다는 점에서 동아시아는 수세적인 위치에 있었다.

화혼과 중체, 동도는 근대 서구 문명에 대응하기 위해 '전통'을 소환했다. 하지만 여기서 전통은 지나간 과거 자체는 아니었다. 동아시아의 '후진성'을 극복하고 근대화하기 위한 자원으로 새로이 소환된 것이었다. 동아시아 각국은 잊힌 문화를 불러내 근대적인 전통을 만들어내기 시작했다. 서구의 근대에 대항하기 위해 '전통'이라는 이름으로 스스로의 자긍심을 일으켜 세워야 했다는 점에서 동아시아의 '전통'은 어떤 의미에서 아픔이며 굴레이기도 했다. 아울러 대외의 적에게 맞서기 위해서는 대내적으로 단결해야만 했다. 이를 위해서는 정신 무장이 필요하며, 단결의 구심점으로 민족이 중시되었다. 그래서 화혼과 중체, 동도는 민족주의와 맞물릴 수밖에 없었다. 심지어 나의 삶은 태어나면서부터 '민족 중흥의 역사적 사명'을 띠고 있었다고 국가에 의해서 끊임없이 세뇌되기도 했다.[3]

---

3  1968년 12월 5일 대통령 박정희의 이름으로 국민교육헌장이 선포되었다. 국민교육헌장의 첫 구절은 "우리는 민족중흥의 역사적 사명을 띠고 이 땅에 태어났다"라는 선언적 문장으로 시작한다. 일본에서 천황의 권력을 정당화하기 위해 1890년 공포된 교육칙어를 본뜬 국민교육헌장은 경제 발전 논리와 민족주체성을 결합해 국민에게 국가에 대한 절대적인 복종을 세뇌시키기 위해 만들어졌다. 성윤정, 《국민교육헌장과 박정희 정권의 국민통제》(성신여자대학교 석사학위 논문, 2004).

'전통(tradition)'은 원래 황후의 혈통이나 어떤 하나의 특정한 계보에 전래되는 습속을 가리키던 말이었다. 전통이 국민의 문화계승성이라는 광의의 의미로 쓰이게 된 건, 유럽에서 근대 국민국가가 만들어지는 과정에서였다. 이전 특정 신분이나 계층, 혹은 지방별로 나누어 가지고 있던 문화의 이모저모를 국민이 자랑하고 계승해야만 하는 전통으로 확장시키는 것, 즉 국민문화로 만들어내는 것이 바로 '전통의 발명'이다. 좀 더 정확히 표현하면 문화의 여러 요소가 '전통'으로 재편성되어 새로운 의미가 부여되는 것을 가리킨다.[4] 물론 무에서 유가 창조된 건 아니었다. 사실 전근대 사회의 지역과 중앙, 지배 신분과 피지배 신분의 문화적 균열을 생각하면, 지역공동체 수준에서 지속되던 전통은 민족 전통이라고 불릴 만한 것은 아니었다. 지역과 신분의 차이를 넘어서 근대적인 민족 국가가 요구하는 '민족 전통'은 인위적인 노력에 의해서 만들어질 수밖에 없었다. 근대 국가 권력은 자신을 정당화하기 위한 근대적인 목적으로 고대 원료를 재구성해 '전통'을 만들어 냈던 것이다.[5]

예를 들면, 일본에서 신도 양식으로 이루어지는 결혼식이나 하쯔모오데(설날 신사 참배하는 행사) 등의 관습은 메이지 시대에 새롭게 만들어진 전통이었다. 스모가 '일본의 국기(國技)'로 불리게 된 건 1909년 토오쿄오 혼조로고쿠(本所兩國)의 에코인(回向院) 경내에 스모를 위해 상설관이 세워지면서부터였다. 다음 해 1월에는 국기관(國技館)으로 개칭되었다. 스모가 옛날부터 있었던 것이기는 하지만 국기라는 새로운 의미가 부여되었던 것이다. 1931년에는 도효(土俵) 위의 지붕 형태가 사원식에서 신사식으로 바뀌었다. 이는 스모가 원래 신에게 올리는 행사이면서 동시에 신사와 깊은 인연을 가지고 있었던 점을 강조하기 위해서였다. 그 뒤 1985년에 신국기관이 생겼을 때는 옛날 방식의 '마스세키(枡席)'[6]가 부활했다. 이처럼 '전통'에 대한 견해나 사고방식의 변화에 따라 소환된 전통 역시 끊임없이 변할 수밖에 없다.[7]

오늘날 전통무예진흥법을 제정해 전통 무예를 계승하고 발전시켜야 한다고 국가적인 차원에서 진흥책을 펴고 있는 것과 달리 구한말에는 조선의 '전통적인' 무예에 대한 인식이 거

---

4　스즈키 사다미,《일본의 문화 내셔널리즘》(소화, 2008), 43쪽.

5　임지현,《적대적 공범자들》(소나무, 2005), 287쪽.

6　'마스세키(枡席)'는 일본의 전통적인 관객석으로 스모뿐 아니라 카부키(歌舞伎)나 노(能)와 같은 전통 공연에서 일정 인원수가 앉을 수 있게 칸막이로 나눠 만든 좌석이다. 4사람이 앉을 수 있게 방석을 깔아 만든 1구역을 '1마스'라고 부르기 때문에 '마스세키'로 불린다.

7　스즈키 사다미,《일본의 문화 내셔널리즘》, 42~43쪽.

의 전무했다. 당시엔 전통이라고 불릴 만한 무예가 남아 있지도 않았고, 우리 자신도 전통적인 신체 문화를 가치 있게 생각하고 계승해야 한다는 인식이 없었다.

활쏘기 역시 당시엔 잊힌 전통이었다. 1876년 개항과 1884년 갑신정변을 거치면서 서양 문물이 물밀듯이 들어왔다. 1894년 갑오경장 이후 활쏘기는 타파되어야 할 구습으로 여겨졌다. 이로 인해 각 지방의 관사정은 전부 폐쇄되고 민간 사정 역시 거의 없어지고 말았다. 서울에 48개나 있던 사정도 다 없어지고 백호정(白虎亭)의 후신인 풍소정(風嘯亭) 하나만 남은 상태였다. 그런데 1899년 황학정(黃鶴亭)이 건립되고 활쏘기가 다시 살아나기 시작했다. 고종황제가 "활이 비록 조선 군대의 무기에서 해제되었어도 국민들의 심신단련을 위한 궁술은 장려해야 한다"라는 윤음을 내렸기 때문이었다.[8]

그런데 '전통' 활쏘기를 살려야 한다는 조치는 조선이 스스로 그 필요성을 느꼈기 때문에 취해진 것이 아니었다. 그 계기는 1899년 독일 하인리히 왕자[9]의 방문이었다. 하인리히 왕자는 고종을 만난 자리에서 조선의 고유한 무예를 보여달라는 청을 하는데, 고종은 조선에 예로부터 전해오는 활쏘기가 있다고 하며 궁술을 보여주려고 했지만 당시 이미 활쏘기는 거의 사멸한 상황이었다. 전국적으로 사정은 없어졌고 활쏘기를 하는 사람마저 거의 남아 있지 않았다. 급하게 수소문해 궁사 6명을 모아 활쏘기 시범을 보였다. 이때 하인리히 왕자는 조선의 전통 활쏘기에 깊은 인상을 받는데, 조선 군대의 서양식 집총 훈련은 10분도 보지 않았는데, 활쏘기는 반나절이나 보았으며 직접 활을 쏘아보기도 하면서 즐거워했다고 한다. 50발을 시도해 결국 한 발을 관중시켰다. 이에 고무된 고종은 매우 기뻐하며 궁사들에게 술과 활

---

8 현존하는 관습적이며 전통적인 관행, 예컨대, 민속 노래나 육체적인 시합, 활쏘기 등은 국가의 새로운 목적을 달성하기 위해 변형되고, 의례화되며, 제도화되었다. 홉스 보음·랑거 편, 《전통의 날조와 창조》(서경문화사, 1995), 42-43쪽.

9 알베르트 빌헬름 하인리히 폰 프로이센 왕자(Albert Wilhelm Heinrich Prinz von Preußen, 1862~1929)는 프로이센 왕국과 독일 제국의 황자로 황제 프리드리히 3세의 차남, 빌헬름 2세의 동생으로 해군 제독을 역임했다. 해군 장교로 훈련받는 과정에는 1878년에서 1880년에 걸친 약 2년간 세계 여행이 포함되어 있었다. 이후 1898년 중국을 방문했고, 1900년과 1912년 일본을 두 차례 더 방문하는 등 일본과 한국, 중국을 여러 차례 방문했다. Academic dictionaries and encyclopedias (https://de-academic.com/dic.nsf/dewiki/47128), "Albert Wilhelm Heinrich von Preußen" 항목 참조(2022년 3월 19일 검색). 하인리히 왕자의 방문은 1897년 대한제국을 선포한 후 개화기 유일한 국빈방문이었다. 독일 황제 빌헬름 2세가 대외적으로 제국주의 정책을 추진하면서 1897년 11월 14일 독일은 중국 칭따오를 점령하고 동아함대를 강화할 목적으로 제2전대를 창설하는데, 하인리히는 전대장으로 임명되었다. 1899년 4월 동아함대사령관으로 승진한 하인리히는 1900년 2월까지 체류했다. 하인리히 왕자의 방문 일정은 1899년 6월 8일부터 6월 20일까지였다. 정상수, 〈하인리히 왕자의 한국 방문 1898/99년〉《독일연구》(21, 한국독일사학회, 2011); 나영일, 〈하인리히 왕자의 대한제국 방문과 전통 활쏘기의 부활〉《무형유산》(7, 국립무형유산원, 2019).

을 하사했다. 이를 계기로 고종 황제는 칙령을 내려 맥이 끊긴 활쏘기를 부활시켰던 것이다.[10] 그렇게 부활한 활쏘기는 일제강점기 씨름과 함께 전국적으로 행해지는 전통 스포츠가 되었다. 물론 그렇다고 해서 과거의 다양한 활쏘기가 모두 계승된 건 아니었다. 정량궁, 예궁, 철궁, 철태궁 등 많은 부분 사장되고 각궁만 살아남았다. 씨름도 마찬가지였다. 왼씨름, 오른씨름, 바씨름, 통씨름 등 다양한 형태의 씨름이 왼씨름으로 통일되면서 근대적으로 재편되었다.[11]

택견 역시 마찬가지였다. 구한말 이래로 택견은 이미 사멸한 신체 문화였다. 일제강점기 택견은 잡지나 신문 등 언론 매체에 간헐적으로 언급되는 수준에 머물렀을 뿐 사회적으로는 잊힌 상황이었다. 택견이 다시 불려 나온 건 해방 이후였다. 태권도를 소개하는 홍보용 비디오에 고 송덕기 옹이 출연하고, 태권도 잡지 등에 기사가 나는 등 택견은 주연이 아닌 조연으로 태권도의 역사에 곁들여져 언급되기 시작했다. 택견을 지역의 놀이 문화에서 국민 문화로 만든 이는 신한승이었다. 레슬링과 유도 등을 익힌 근대 스포츠인이었던 신한승은 송덕기에 의해 명맥만 유지되던 택견을 근대적으로 정착시켰다. 신한승은 근대 무술의 형식을 차용해 송덕기의 택견을 근대적으로 재구성하고 이를 무형문화재로 등록시켰다. 신한승의 택견이 송덕기의 그것과 다르다는 비판도 있지만 사실 그건 부차적인 문제다. 사라졌던 신체 문화를 오늘로 불러내 '전통'을 만드는 건 오늘의 필요 때문이다. 그 과정에서 변형은 불가피하다. 검도, 태권도, 합기도를 통해 근대화된 무술의 이미지가 팽배한 오늘로 소환되는 과정에서 택견은 그에 걸맞은 근대화된 옷을 입어야만 했다. 신한승에 의해 이렇게 재구성된 택견은 우리가 보는 택견의 한 축을 형성한다. 기존에 없던 방식, 새로이 의미가 부여되어 만들어졌다는 의미에서 재구성된 택견은 '발명된 택견'이라고 할 수 있다. 신한승의 노력이 없었다면 송덕기의 택견은 역사의 뒤안길로 사라지거나 아니면 근대 무술로 정착하는 데 더 오랜 시간이 걸렸을지 모른다. 물론 신한승 외에도 택견을 경기화하고 대한체육회 가맹 단체로 발전

---

10 황학정백년사편찬위,《근대 궁도의 종가-황학정 백년사》(황학정, 2001), 28-30쪽.

11 오늘날 택견은 흔히 일제 식민지배기에 일제의 탄압에 의해서 행해지지 못했던 것으로 주장되지만, 실제로는 일제 식민지배기 이전에 이미 퇴화해서 없어진 상태였다. 택견이 다시 불려 나오게 된 건 해방되고도 한참 후였다. 태권도계의 역사 만들기 과정에서 택견이 언급되기 시작했으며 송덕기 역시 이때 불려 나왔다. 이후 신한승은 택견을 재구성하는 작업을 하며, 이를 바탕으로 1983년 무형문화재로 택견이 등재된다. 뒤이어 2011년 유네스코 무형문화유산에 한국의 전통 무술로 등재된다. 택견에 관한 보다 상세한 논의는 다음을 참조. 최복규,〈태권도 전사로서 택견 사료 해석〉《국기원태권도연구》(7(3), 국기원, 2016a).

시킨 이용복, 또 다른 택견의 흐름을 만들어낸 도기현 등의 공로도 무시할 수 없을 것이다.[12]

하지만 나는 시각을 달리해 택견이 근대 무술로 자리매김하는 데는 태권도의 공로를 무시할 수 없다고 본다. 여기서 공로란 태권도계가 택견계에 기술, 행정 혹은 재정적인 지원을 했다는 의미는 아니다. 택견을 태권도화하려는 시도, 태권도의 역사에 택견을 편입시키려는 시도에 대한 반발이 오히려 택견계의 결집이나 자생력을 확보하는 자극제가 되었다는 점에서 '공로'라는 말이다. 좀 더 정확히는 택견의 태권화에 대한 반작용으로 택견의 전통무예화가 촉진되었다고 할 수 있다. 물론 태권도에 대한 반발이라는 모멘텀이 택견의 자기 정체성 확보에 도움이 되긴 했지만 그것이 전부는 아니었다. 아이러니하게 태권도는 택견의 롤 모델이기도 했다. 사실 택견은 근대 일본 무술 3종 세트인 검도, 유도, 카라테(태권도)를 한편으로는 따라가고, 다른 한편으로는 부정하는 이중의 전략에 의해서 근대 무술로 도약할 수 있었으며, 궁극적으로 '전통무술'로서 택견이라는 자기 정체성을 만들어낼 수 있었다.[13]


활쏘기와 씨름, 택견은 근대로 소환되면서 '발명된' 전통으로 자리매김했다. 하지만 검도는 어떨까? 활쏘기와 씨름, 택견에 보이는 전통무술로서의 자기 정체성 - 비록 발명된 전통이라고 할지라도 - 을 대한검도에서도 찾을 수 있을까? 이 질문은 다음과 같이 되물을 수 있을 것이다. 대한검도는 '발명된 전통'으로라도 간주될 수 있을 정도로 '전통무술'로서의 자기 정체성을 만들어냈는가? 더 나아가 그럴 가능성은 있는가?

---

12   도기현은 택견 외에도 호패술, 최근에는 검술로도 관심의 폭을 넓히고 있다. 그의 최근 박사학위 논문 〈정대업지무의 검술적 용법과 표현용어에 관한 연구: 김용의 해석을 중심으로〉(연세대학교 박사학위 논문, 2017) 참조. 참고로 김용 선생은 《시용무보(時用舞譜)》(국립국악원 소장)에 실린 일무(一無)를 무용이 아니라 검술로 재현하고자 노력했다. 내가 김용 선생을 만난 것은 1996년경(오래된 기억이라 연도가 확실치 않지만 1996~1998년 사이였던 건 분명하다)이었다. 당시 김용 선생은 신촌의 한국무예원에서 수개월간 김광석 선생께 《시용무보》에 담긴 무보(舞譜)를 재현하기 위해 전통 검술에 관한 자문을 구하며, 직접 조선세법 24세를 배우는 수고를 아끼지 않았다. 그때 김용 선생으로부터 당신의 공연에 함께 해달라는 제안을 받았지만 무용에 문외한이었던 나는 거절할 수밖에 없었다. 2004년도 김용 선생의 〈종묘제례 일무〉 공연에는 도기현(결련택견협회 회장)과 이석재(경인미술관 대표)가 참여해 검술을 선보였다. 직접 보지 못해 평가를 내리기는 힘들지만 무용과 검술의 만남이 또 다른 창작 세계의 문을 여는 계기가 될 수는 있을 것이다.

13   택견을 오늘로 소환한 송덕기와 신한승 모두 근대 체육인이었다. 송덕기는 젊은 시절 조선포병대에서 철봉을 가르쳤고, 불교축구단에서 직업 선수로도 활약했다. 신한승은 신흥대학(현 경희대학교의 전신) 체육과에서 레슬링을 전문적으로 수련했다. 특히, 신한승은 기존 검도, 유도, 태권도, 레슬링 등을 참조해 택견을 무술화하기 위해 노력했다. 이승수, 〈택견의 체계화에 미친 검도의 영향〉《한국체육사학회지》(18, 한국체육사학회, 2006); 이승수, 〈택견의 체계화에 미친 일본 유도의 영향〉《비교민속학》(31, 비교민속학회, 2006).

먼저, 첫 번째 질문에 답하기 위해서는 구한말 전해진 일본검도의 속성을 다시 짚어볼 필요가 있다. 19세기 말 격검은 근대 스포츠로서의 속성을 거의 완비한, 완성 단계에 있었다. 적어도 오늘날의 시각에서 보자면 이미 발명된 전통으로 자리 잡은 상태였다. 그리고 곧바로 한국 사회에 전해졌다. 일제강점기 조선총독부는 검도를 경찰, 군대뿐 아니라 학교, 사회 단체 등으로 광범위하게 확산시켰다. 식민지 조선인은 검도를 적극적으로 '수용'하기에 급급했으며, '변용'은 불가능한 상태였다. 1970년대 이래 이종림 체제의 대한검도회가 시도한 일본 검도와의 차별화 시도가 주변적이며 지엽적인 상황에 머물 수밖에 없었던 이유도 바로 검도의 자기완결성에 있다. 기술, 규칙, 경기장, 훈련 방법, 승단 체계 등 오늘날 근대 스포츠에서 요구하는 기준이 이미 검도에 적용되고 있었다. 그런 상황에서 한국 '전통무술'로서 새로이 자기 정체성을 만들어내는 일은 쉽지 않았으며, 실제로는 필요하지도 않았다.

두 번째, 그렇다면 검도는 활쏘기나 씨름, 택견처럼 '전통무술'의 이미지를 만들어낼 가능성은 있을까? 미래의 상황을 예단하기는 힘들지만, 확실한 건 검도가 이미 국제검도연맹이라는 최상위 조직을 중심으로 국제적인 네트워크가 확립되어 있다는 점이다. 그리고 검도는 국제적으로도 일본 고전 검술이 근대화하면서 새로이 만들어진 스포츠로 인정받고 있다. 이런 상황에서 검도를 한국 '전통무술'로 주장하기는 쉽지 않을 것이다. 기존 대한검도회에서 시도했던, 요판 제거나 심판 판정에 청백기 사용, 커리큘럼에 본국검과 조선세법 도입 등도 지엽적이며 주변적인 변형에 불과할 뿐 국제 경기로서 검도 시스템을 바꿀 정도는 아니었다. 오히려 국제검도연맹의 부의장국으로 참여하면서 조직에 대한 해당 행위를 하고 있다는 점에서 도의적인 비판을 피하기 어려웠다. 국제검도연맹에서 한국은 일본 다음으로 회원 수가 많은 국가로, 대한검도회의 이런 모순적 주장은 한국의 위상에도 걸맞지 않는다. 사실 대한검도회의 검도의 한국 고전 검술 기원설과 한국 종주국설은 국제검도연맹의 입장과 정면으로 배치된다. 대한검도회가 진정으로 검도가 한국 고전 검술에서 유래되었으며, 검도의 종주국이 한국이라고 믿는다면, 현실적인 대안은 대한검도회가 국제검도연맹에서 탈퇴하고 독자적인 행보를 걷는 것이다. 태권도가 카라테와는 별개로 독자 노선을 걸으며 세계화된 스포츠 종목을 만들어냈듯이 검도 또한 스스로 독자적인 한국의 검술을 만들어내는 것이 맞을 것이다. 그런 뒤에 검도의 '전통무술화'라는 자기 정체성을 수립하는 작업은 의미를 가질 수 있을 것이다.

이상의 논의가 '한국' 검도의 가능성을 무시하는 것으로 받아들여져서는 안 된다. 국제검도계에서 한국 검도의 특징을 어필하고, 실제로 다른 나라와 구별되는 '한국'만의 검도로 인정받을 수도 있을 것이다. 프랑스 축구, 스페인 축구, 브라질 축구라는 구별이 가능하다면 마찬가지로 프랑스 검도, 스페인 검도, 브라질 검도라는 구별이 가능할 수 있을 것이다. 하지만 근대적인 스포츠로서 검도를 공유하는 차원을 넘어서 자국의 '전통무술'로 만드는 건 차원이 다른 얘기다. 대한검도회의 검도의 전통무술화는 프랑스가 갑자기 축구는 자국의 전통 스포츠라고 축구의 종주권을 주장하며 프랑스의 '전통'으로 만들려는 상황에 비견될 수 있을 것이다. 대한검도회는 검도를 '전통무술'화 하려고 에너지를 낭비하기보다 검도를 건전한 스포츠로서 발전시키는 데 집중할 필요가 있다. 실제로 이종림 체제가 끝난 이후 대한검도회는 새로운 방향으로 개혁을 추진하고 있는 것으로 보인다.


## 무예 민족주의

무예와 민족주의의 결합이 이상하게 보일 수도 있다. 무예는 어디까지나 손발을 움직이는 기술로 지극히 형이하학적인 행위 양식에 불과하다는 인식을 가진 이들에게 '무예 민족주의'는 무예를 민족주의라는 고매한 이데올로기와 동급으로 놓는 듯한 인상을 주기 때문일 것이다. 무예 그 자체는 가치중립적이다. 하지만 무예가 사회적 요구나 특정 정치 집단의 이데올로기와 맞물릴 경우 무예는 이데올로기를 성취하기 위한 도구로 전락하곤 했다.

한국무예는 민족정기와 혼을 담고 있는 한국 고유의 무예로 인식되었으며, 당대 한국 무예는 모두 이러한 무예가 되도록 강요받았다. 최근에는 거기서 더 나아가 이제 고대 한국 무예는 한반도라는 테두리를 벗어나 동아시아의 지배적인 영향력을 미쳤던 '위대한' 무예로 주장된다. 나는 이러한 일련의 경향을 '무예 민족주의'라고 부른다. 무예 민족주의는 한민족을 동아시아 무예의 패자로 자리매김한다. 또한 고대 한민족은 중국과 일본보다 뛰어난 무예를 지녔으며, 한민족의 무예는 중국과 일본에 전해져 오늘날의 중국/일본 무술의 뿌리가 되었다

고 주장한다.[14]

무예 민족주의자들은 우리나라가 고대로부터 중국의 선진 문물을 일본에 전해주는 위치에 있었다는 점을 강조한다. 한마디로 오늘날 일본의 문화는 고대 한국 문화의 직접적인 계승이라는 것이다. 이러한 관점에서는 고대 일본의 문화는 고대 한국 문화로 환원되며, 일본의 독자적인 특징은 거의 남아 있지 않는 것으로 묘사되기도 한다. 심지어 오키나와의 문화에 남아 있는 고대 한국 문화의 영향을 바탕으로 고려의 수박이 오키나와에 전해져 카라테가 되었다고 주장되기도 한다.[15] 합기도 역시 고대 한국에서 일본 다케다가(武田家)에 전해져 대대로 이어지다 근대에 최용술에 의해 한국으로 되돌아왔으므로 합기도는 고대 한국 무예의 귀환이라고 주장된다.[16] 신라 화랑의 검술이 일본으로 전해져 오늘날 (일본) 검도가 탄생하게 되었으므로, 검도는 한국 무예라고 주장된다.[17] 이러한 주장들의 사실 여부를 따지는 일도 중요하지만 나는 그건 지엽적인 일이라고 생각한다. 본질적인 문제는 왜 이러한 주장들이 지속적으로 등장하는가? 서로 다른 형태인 듯 보이지만 같은 논리로 변종의 주장들이 계속 생겨나는 그 배경에 주목할 필요가 있다.

무예 민족주의의 이런 행태를 이해하기 위해서는 민족주의 일반에 대한 이해가 선행되어야 한다. 민족주의는 19세기 유럽에서 소수 정치 집단이 지배적인 담론에 저항하기 위해 만들어졌다. 민족주의는 말 그대로 민족을 하나의 정치 단위로 파악하는 정치 이데올로기로 왕이 부여한 신권[왕권신수설]이나 마르크스주의의 계급이 아닌 '민족'을 정치의 구심력으로 본다. 제국주의의 시대가 도래하면서 민족주의는 약소 국가에 해방과 독립을 위한 구심점으로 민족을 제공했다.[18] 새로 탄생한 민족국가는 학교 교육과 국기, 휘장, 국가(國歌)와 같은 민족 상징을 채택함으로써 '민족의 정체성'을 구성하려고 했다. 이러한 민족주의적 사유의 핵심은 '개인'과 '민족' 간의 무매개적/직접적 연관을 가정하는 데 있다. 민족주의는 개인과 민족 외

---

14  자민족 중심의 무예 인식을 바탕에 둔 무예 민족주의는 객관적 역사 인식에 부정적인 영향을 미친다. 반면 이 부정적 에너지가 때로는 '한국의' 무예를 만들어내는 긍정적(?) 에너지가 되기도 한다. 오늘날 현대 한국 무예의 성공은 부분적으로 무예 민족주의에 빚을 지고 있다.

15  김영만·김용범, 〈당수의 중국 기원설에 대한 재논의〉《국기원 태권도연구》(2(1), 국기원태권도연구소, 2011).

16  송일훈, 〈한일 합기도사와 신체지의 이기론 연구〉《움직임의 철학: 한국체육철학회지》(11(2), 한국체육철학회, 2003); 이창후, 《태권도 현대사와 새로운 논쟁들》(상아, 2010).

17  이종림, 《정통 검도교본》(삼호미디어, 2006).

18  A.C. 그레일링 저, 윤길순 역, 《새 인문학 사전》(웅진지식하우스, 2010), 193-195쪽.

의 가족, 지역, 계급 등 여타 유대들 간에 존재하는 의미를 무효화하는 경향이 있다. '나' 자신이 곧 '민족'이고 '민족'이 곧 나가 된다. 더 나아가 공적인 것과 사적인 것의 구별을 없앤다. 민족주의는 한마디로 '민족적인 것'을 최고의 가치로 여기는 운동, 정체, 담론, 윤리 등이라고 정의할 수 있다. 그래서 민족주의는 전체주의적인 경향성을 내포한다.[19]

우리나라에 민족주의가 전해진 건 19세기 말에서 20세기 초였다. 하지만 한국의 민족주의는 한중일이라는 지정학적 관계 속에서 그 모습을 형성하기 시작했으며, 일본 제국주의의 침탈을 거치면서 그 심성과 내용이 정해졌다.[20] 한국에서 민족주의는 일제 식민지배로부터 독립을 쟁취하기 위한 무기가 되었다. 과연 당시에 인종적, 문화적, 언어적 동질성을 가진한 '민족'이 존재했느냐에 대한 비판이 있기는 하지만 일제강점기의 한국은 사실 역사, 언어, 문화적인 동질성(비록 이러한 동질성 역시 식민지배의 전 시기를 통해 만들어지는 과정에 있기는 했지만)을 가지고 있으며, 일본에 대한 적대감의 역사성에 비춰볼 때 인종적 국민과 시민적 국민을 넘어서는 타[일본]에 대한 아[한국]의 정체성은 분명했다.[21]

비록 일본 식민주의자들이 학교와 매스미디어를 통해 지배 이데올로기를 조장하려고 했다 하더라도, 특히, 식민지 헤게모니 정책은 한국인의 문화와 의식을 '식민화'하려고 했지만, 자신의 존재를 재구성하려는 한국 내의 여러 집단들, 예컨대 식민지에 반대하는 사람들, 개량적 입장을 가진 사람들, 식민지 헤게모니를 지지하는 사람들에게 어느 정도의 '공간'을 제공해주었다. 식민지 조선이 일본에 완전히 장악된 상황에서 조선인들의 민족 의식은 일본 땅에 사는 (소수) 조선족의 민족의식 정도로밖에는 여겨지지 않았다. 한국인들은 – 과거의 사회·학문·정치 형태를 인식하고, 근대성·식민주의·민족 정치학/정체성 등 여러 자극에 대해 독자적인 반응을 창조하면서 – 식민지 헤게모니와 경쟁할 수 있었다. 이러한 반응은 20세기에 특징적인 신속하고 압축된 변화로 인해 더욱 복잡해졌는데, 한국의 경우 이 변화는 '식민지

---

19  김보현, 〈박정희 정권기 저항 엘리트들의 이중성과 역설〉《근대를 다시 읽는다》(1, 윤해동 외 5인 엮음, 역사비평사, 2006), 512쪽.

20  권보드래 · 천정환, 《1960년을 묻다: 박정희 시대의 문화정치와 지성》(천년의상상, 2012), 278쪽.

21  신기욱 · 마이클 로빈슨 엮음, 《한국의 식민지 근대성》, 48쪽.

근대성'이라는 맥락 속에서 발생하였다.[22]

이러한 현상은 식민지 시대 무예에서도 발견된다. 오늘날 한국 사회에는 식민지배기 일제의 압제에 의해 한국의 무예가 살아남을 수 없었다는 신화가 만연해 있지만, 이러한 주장은 일제강점기 활쏘기와 씨름 같은 전통적인 상무 활동이 전국적으로 확산되었다는 사실을 설명하지 못한다. 무엇보다 이런 식의 인식은 한민족을 피지배 대상으로 수동적인 위치에서 아무것도 하지 못하는 무기력한 인간 군집으로 전락하게 만든다. 하지만 일제강점기 한국인은 피동적인 위치에 가만히 있지 않았다. 식민지 조선의 지식인들은 오히려 새로운 근대 문화의 하나로 검도, 유도와 같은 일본 무예를 적극적으로 도입하고 보급하려고 했다. 물론 그 근저엔 일본 무예라고 해도 우리가 자발적으로 수용해 조선인을 강건하게 만드는 데 활용해 궁극적으로 극일하는 에너지로 삼을 수 있다는 민족주의적인 인식이 깔려 있었다.

하지만 정치와 경제에서 팽창주의를 추구할 엄두를 낼 수 없는 해방 이후의 현실에서 한국의 민족주의는 한국 고유의 전통으로 복귀하자는 문화적 민족주의 형태로 나타났다. 민족정기, 민족혼, 고유한 미풍양속, 고유한 민속 등에서 민족의 정체성을 찾으려는 운동이 일어나는 것은 어쩌면 당연했다.[23]

무예 민족주의하의 한국 무예는 언제나 고유한 무예 전통을 보지한 무예로 서술된다. 외부로부터 영향을 받지 않은 한국만의 '고유한' 무예의 존재와 유구한 전통에 관한 담론은 고유성으로 한국 무예를 아주 '특별한' 것으로 묘사한다. 중국과 일본 사이에서 운신을 걱정해야 하는 약소국으로서의 근대 한국이 아니라 고대 한국은 동아시아에서 주도적인 위치에 있었으며, 특히 고대 한국의 무예는 중국과 일본에 영향을 미친 무예, 그래서 극단적으로 치달을 경우 일본 검술이나 소림사 무술도 고대 한국 무예로 환원되기도 한다. 일제강점기 한국의 전통무예가 쇠퇴했던 이유도 당시 '상황'에서 찾는다. 이때 일제는 악의 화신으로 묘사된다. 그토록 위대했던 한국의 전통무예가 일제의 압제에 의해 사장될 수밖에 없었다는 모순된 주장을 한다.

무예 민족주의자들 역시 합리적인 욕망들을 결합해 비합리적인 욕망으로 만드는 경향이

---

22  탁석산, 《한국의 민족주의를 말한다》(웅진닷컴, 2004), 114쪽; 신기욱 · 마이클 로빈슨 엮음, 《한국의 식민지 근대성》, 48쪽.
23  김상기, 〈한국민족주의, '골목'에서 놀면 함정에 빠진다〉《월간중앙》(11(214), 중앙일보사, 1993).

있다. 사람들이 자기들 일은 자기들이 알아서 하고 싶어 하며, 이것은 합리적인 욕망으로 간주된다. 사람들은 또 대개는 자신의 정체성을 형성한 문화를 소중히 여기며, 이것 또한 합리적이다. 그러나 무예 민족주의는 여기서 더 나아가 사람들에게 자기들은 다른 사람들보다 우수한 집단에, 또는 우수하지는 않더라도 자기들에게 더 중요한 집단에 속해 있다고 설득하고, 다른 집단의 존재는 어떻게든 자기들 집단에 위험이 되며 따라서 자기들 집단을 보호하려면 '우리'를 '그들'과 다른 독특한 존재로 보아야 한다고 설득한다.[24]

물론 이런 유의 자기만족적 해석이라도 만약 다른 해석보다 더 낫다고 결론지을 수 있다면, 설사 그 해석이 주는 지식이 여전히 불완전하고 학문적 토론과 논쟁을 더 거쳐야 할지라도 우리는 그러한 해석을 지지할 수 있다. 무예사 역시 상상력을 동원해야 하며, 사변적 유희가 허용되어야 한다. 다만 무예사가는 창조적으로 글을 쓸 수 있는 자유가 허용되지만 그 자유는 사료의 범위 안에서만 허용된다. 과거에 일어난 일을 복잡성을 헤집고 파악하려는 노력을 하되, 사실(史實)을 상상해서 쓰는 것이 아니라 사실(史實)을 사용하여 상상력을 제어해야 하는 의무 안에서 써야 한다.[25]

과거와 역사가의 대화가 건전한 긴장 관계를 잃을 때 그 대화는 역사가의 일방적 독백으로 전락하고 만다. 고대 검 제작 기법이 일본으로 전해졌다는 사실, 아울러 고대 한국 검술이 일본으로 전해졌을 가능성을 토대로 오늘날 일본 검도를 한국 검도라고 말하는 건 논리적 비약을 감수해야만 가능한 주장이다. 이 책에서 살펴보았듯이 일본사의 수많은 사료는 일본 내에서 검술의 발전이 독자적으로 이루어져왔다는 사실을 보여주고 있다. 이 모든 사료를 무시하고 근대 일본 검도를 한국 고대 검술의 아류로 환원시키는 건 무예사가(武藝史家) 능력 밖의 일이다. 무예사가의 주장은 사료의 독해를 통한 역사적 사실에 대한 확인, 거기에 기초한 해석에 머물러야 한다. 그런 점에서 한국 검도계의 주장은 주관의 영역에 속하며, 역사의 경계를 벗어나야만 가능한 주장이다. 예컨대, 고전 한국 검술이 전해져 일본 검술이 되었다면, 그리고 그것이 오늘날의 켄도오가 되었다면, 이를 증명하기 위해서는 고전 한국 검술의 실체를 밝혀야 하고, 일본으로의 전파, 일본 내에서의 전파, 그리고 근대 켄도오의 발생이 고전 한국

---

24　A.C. 그레일링 저, 윤길순 역,《새 인문학 사전》, 198쪽.

25　카터 에커트(Carter J. Eckert), 〈헤겔의 망령을 몰아내며: 탈민족주의적 한국사 서술을 향하여〉, 517쪽.

검술과 어떻게 연결되는지를 납득할 수 있게 논증해야만 한다. 쉽지 않은 일이다. 왜냐하면 우리는 여전히 고전 한국 검술에 대해서 잘 모르기 때문이다. 고구려, 백제, 신라에 검을 쓰는 기술이 있었을 것이란 추론은 유물과 관련 기록을 통해 충분히 받아들여질 수 있다. 하지만 고대 한국의 검술이 일본에 전해졌으며 더 나아가 일본으로 전해진 검술이 전해져 오늘날의 검도가 되었으며, 일본 검도의 종주국은 한국이라는 건 논리의 비약을 감수해야만 할 수 있는 주장이다.

고대 한국 무예를 오늘로 불러내고자 하는 욕망은 한국의 무예 문화를 풍부하게 해준다는 점에서 합리적인 욕망이라고 할 수 있다. 하지만 고대의 우수한 한국 무예가 일본, 중국으로 전해져 그들 무예의 기원이 되었으며, 근현대 일본 중국 무술 역시 한국 무예로 환원될 수 있다는 주장은 위에서 지적한 것처럼 '우리'로서 보호받고자 하는 사람들의 약한 마음을 자극해 '그들'과 다른 특별한 무언가로 설득한다는 점에서 위에서 지적한 민족주의자들의 비합리적인 욕망이 어떻게 발현되는가와 정확히 일치한다. 비합리적인 욕망은 태권도가 카라테로부터 온 것이 아니며, 합기도는 고대 신라의 유술이 다이토가에서 보존되다 한국으로 되돌아온 것이며, 검도 역시 고대 신라의 검술이 건너가서 전해지던 것이 근대에 다시 한국으로 돌아온 것이라는 주장으로 나타난다.

고대 일본 무술의 한국 기원설은 한국에서 일본으로의 전래라는 일면만을 강조하고, 중국 문물과 문화가 한국으로 전해진 사실은 무시한다. 하지만 문화는 선진/후진을 가릴 것 없이 여기서 저기로, 저기서 여기로 전파되기 마련이다. 여기서 선진/후진은 문화의 우등을 가리키는 것이 아니라 등장의 전후를 가리킬 뿐이다. 인류의 삶의 양식으로서의 문화는 전파되면서 공유되고 발전하게 마련이다. 중국에서 한국으로 전파된 문화가 원래 그대로의 모습을 간직하는 건 아니었다는 점을 생각하면, 한국에서 일본으로 전해진 문화 역시 그렇게 생각해야 하지 않을까? 전파된 문화는 뿌리내리는 토양 내에서 현지화하게 마련이다. 이 과정에서 문화는 일정 정도 변용될 수밖에 없다.

무예 민족주의는 근현대 무예 전통의 '발명'을 촉진시켰으며 발명된 무예 전통은 다시 '무예 민족주의'를 강화했나. 근현내 한국 무예사는 양자의 암묵적 동의 속에 발전해왔다는 점에서 동전의 양면과도 같았다. 그렇다고 무예 민족주의를 묵인할 수는 없다. 일본 검도가 군국주의 확산에 복무했던 예에서 알 수 있듯이 깨어있지 않으면 언제고 이데올로기와 무술의 결합은 다시 일어날 수 있다. 하지만 이 땅에서 검도가 군국주의에 복무했던 과거를 반성했다는 소리는 들어본 적이 없다. 전쟁과 일제강점기라는 식민지 특수성을 고려하면 부득이한 면도 있다. 따라서 오늘날 한국의 검도인들에게 일본 검도가 걸었던 군국주의의 길에 대한 책임을 물을 수는 없을 것이다. 하지만 검도가 군국주의의 확산에 복무했던 과거를 직시한다면 우리 검도계도 이에 대한 자성의 목소리를 낼 필요가 있다. 아울러 무예가 다시 이데올로기의 희생양이 되지 않도록 깨어 있어야 한다. 이는 미래 세대를 위해서도 필요하다.


## 탈민족주의 무예학

오늘날 한국 무예계는 무예 민족주의라는 망령에 사로잡혀 있다. 민족주의는 새로운 무예 전통을 발명해내도록 끊임없이 유혹하고 강박한다. 발명된 전통은 다시 민족주의를 강화하며 무예사(武藝史)를 비상식화하고 몰역사화한다. 이 악순환의 사슬을 끊어내기 위한 단초가 바로 탈민족주의 무예학이다.

일본 검술은 16세기 말부터 오늘날에 이르기까지 이 땅에 지속적으로 유입되었다. 19세기 말 이전에는 군사 기술로, 그리고 구한말 이후에는 근대적인 체육으로 들어왔다.《무예도보통지》를 통해서 볼 수 있는 다양한 검법은 16세기 이래 조선 내에서 검법이 생성 발전해나간 기록이기도 하다. 장도에서 시작한 검법은 왜검, 제독검, 본국검, 예도, 쌍검, 월도, 협도로 확대되었다. 아울러 법제화를 통해 일본 검술이 조선의 군진에 정착할 수 있는 토대가 만들어졌다. 16세기 이래 외부에서 들어온 검법으로 인해 조선 내부의 검에 대한 인식이 바뀌고, 더 나아가 외래 검술을 통해 조선 검술의 전통을 만들어 나갔으며, 제도화를 통해 검술의 수련과 보급, 확산을 담보했다. 구한말과 일제강점기에 일본 검술[격검]의 확산은 식민 정부의 정책에 의한 것이기도 했지만 동시에 식민지 조선인들의 근대적인 신체에 대한 욕망과도 맞물려 있었다. 당시 검도는 축구, 야구, 농구, 테니스와 같은 서구 스포츠와 다르지 않았다.

하지만 해방 이후 일본 제국주의에 대한 반성과 함께, 반일감정, 민족주의가 더욱 팽배해지며 검도는 일제 잔재로 여겨져 청산의 대상으로 전락했다. 그렇지만 한국 사회에 이미 깊게 뿌리를 내린 검도를 제거하기란 불가능했다. 검도는 한국의 경찰과 군대, 학교, 클럽 등 사회 전반에 걸쳐 널리 보급되어 있었다. 한국인의 삶과 분리될 수 없을 정도로 뿌리를 내린 검도, 해방을 전후해 극명하게 갈려버린 검도를 바라보는 시선, 바로 이 지점에서 검도의 민족주의 담론이 생성되기 시작했다. 이제 검도는 일본 검술이 아니라 한국의 검도가 되어야만 했다. 일본 검도의 한국 고대 검술 기원설이라는 신화가 탄생하며, 이순신과 신라의 화랑, 본국검, 조선세법이 소환된 배경이다.

아마도 이러한 결과는 일부 무예 민족주의자들한테 실망스럽게 비칠 수도 있을 것이다. 고유한 한국 무예, 그리고 동아시아 무예의 맹주로서의 고대 한국에 대한 바람과 현실적인 괴리가 크다는 사실은 받아들이기 힘들지도 모른다. 하지만 무예 민족주의자들 역시, 한국 무예의 역사적 실상을 온전히 밝히고자 하는 노력을 하는 사람들이라는, 긍정적인 가설을 인정하는 한, 그들 역시 미리 만들어지거나 편향된 답이 아닌 사료에 근거한 역사 서술을 받아들일 자세가 되어 있다고 믿는다. 감정적으로 받아들이기 힘들지 모르고, 또 오늘날의 바람과 차이가 있을지도 모르지만, 특정한 관점을 고집하기보다 온전한 무예사를 있는 그대로 밝혀야 한다는 양심에 솔직해야 한다. 있는 그대로의 역사가, 비록 지금은 주변국의 무예사에 비해 초라하거나 보잘것없어 보일지 몰라도, 장기적으로는 무예의 학적 기반을 다지고, 한국 무예에 대한 '진지한' 관심을 불러일으킬 수 있으며, 궁극적으로 한국 무예를 온전히 발전시킬 수 있기 때문이다.

일제강점기는 외세에 의한 지배를 받는 시기이면서 동시에 근대 사회로 전환되는 시기이기도 했다. 식민지배기와 근대화라는 양립하기 어려운 두 성격이 동시에 맞물려 있다는 점, 그리고 오늘의 우리는 그 연장선상에서 역사를 일궈가고 있다는 점에서 이 시기에 대한 객관적인 시선을 견지하기는 쉽지 않다. 왜냐하면 식민지배의 아픔이 채 치유되지도 않은 상황에서 근대화를 강조하게 되면 일제 지배에 대한 면죄부를 주는 것으로 비치기 쉽고, 반대로 식민지배의 상처만을 부각하다 보면 당시 이루어진 근대화를 객관적으로 포착하기 힘들어지기 때문이다.

그럼에도 놓치지 말아야 할 점은 오늘날 근현대 무예사가들의 무예사 서술이 과연 어떤 목적과 의도를 가지고 서술되느냐일 것이다. 일본 무도의 한국 이식이라는 역사적 사실에 대한 부정이 과연 무엇을 위해, 어떤 목적을 가지고 주장되느냐에 따라 그에 대한 평가도 달라질 것이다. 근대 일본 무도를 한국 고전 무예로 환원시키는 주장에는 그 근저에 오래된 것이 좋은 것이라는 숭고주의, 일본 문화의 뿌리가 사실은 모두 한국 고대 문화에 있다는 환원주의, 일본 문화에 대해 한국 문화가 우위에 있다는 민족적 우월주의가 복합적으로 깔려 있다. 감정의 결을 걷어내야 우리는 '역사의 진실'을 있는 그대로 볼 수 있다. 탈민족주의 무예학이 필요한 이유이다.

오늘도 오래된 과거가 새로이 불려 나온다. 고구려, 신라, 백제는 오래되었지만 새롭게 조명 받으며 지속적으로 등장한다. 고구려 무예가 뜬금없이 등장한 듯이 보이지만 사실 그 역사적 연원은 20세기 초로 거슬러 올라간다. 당시 한민족의 역사 공간에 만주와 고구려가 본격적으로 소환되기 시작했다. 신채호는 〈독사신론〉에서 민족을 구성하는 '한국인'이라는 개념을 사용했다. 물론 20세기 초반 한국인의 등장이 곧 근대 한국 무예의 등장과 등치되는 건 아니다. 하지만 근대 '한국'인의 탄생은 근대 '한국무예'의 개념을 정초한다는 점에서 주목할 필요가 있다.[26]

신채호가 〈독사신론〉에서 '한국인'을 등장시키고 고구려를 소환한 이유는 만주와 고구려의 거대한 공간이 근대 한국인을 만드는 데 필요했기 때문이다. 그런데 〈독사신론〉에서 고구려가 무작정 소환된 것은 아니었다. 신채호보다 20년 전에 이미 일본인 역사가들은 일본의 '협소한' 민족적 공간 개념을 문제 삼기 시작했다. 쿠메 쿠니다케(久米邦武)는 1889년 일본을 수천 년 동안 변하지 않은 섬나라로 인식하는 당대인의 인식을 비판하고 독자들로 하여금 한국과 중국 남동부를 포함했던 고대 일본을 상기시켰다. 이러한 주장은 결국은 한국의 식민 지배에 역사적 정당성을 부여하는 논리로 발전하였다. 좀 더 거대한 한국을 위해서 신채호가 고구려를 소환한 건 좀 더 거대한 일본을 위해서 한국과 중국의 일부를 소환한 일본의 전략을 본뜬 것이었다. 물론 쿠메 쿠니다케와 신채호의 상상은 비슷한 전략을 공유하고 있지만, 쿠메는 일본 식민주의를 위한 역사적인 틀을, 신채호는 한국인의 저항을 위한 역사적인 틀을

---

26　헨리 임(Henry H. Em), 〈근대적·민주적 구성물로서의 '민족': 신채호의 역사 서술〉(신기욱, 마이클 로빈슨 엮음, 도면회 역,《한국의 식민지 근대성》, 삼인, 2006), 469쪽.

짜는 데 있었다는 점에서 그들의 정치적 목적은 정반대였다.[27]

이렇게 일제강점기 근대적인 역사 인식에 고구려가 소환되며 더 큰 한국의 이미지를 키워 나갔다. 물론 그렇다고 해서 당시 고구려 무예에 대한 담론이 직접 나왔던 건 아니다. 사실 무예 민족주의는 일제하 혹은 이후의 역사 상황에 기대어, 고대 '선진적인' 한국 무예가 '후진적인' 일본 사회에 전파된 것으로 주장하지만, 이는 오늘날 식민지배하의 한국 사회에서 이루어지던 담론과는 상반된 모습을 보여준다. 당시 근대 한국인들은 '후진적인' 전통 사회에 대해 '근대적' 한국을 만들기 위해 서구 문물의 도입, 그리고 근대 일본을 따라 배우기 위해 적극적인 태도를 보이고 있었다. 무예 역시 예외가 아니었다. '근대적' 한국을 만들기 위해서 일본의 유술과 검술을 배우기 위한 노력을 게을리하지 않았다. 일본 무술의 도입은 정부와 민간 양 부문에서 동시 다발적으로 이루어졌다. 대한제국이 일본 검술을 도입하기로 한 이후, 그리고 일제 식민지배로 들어서면서, 일본 무술의 도입은 사회 전반으로 확산되기 시작했다. 따라서 오늘날 일제강점기에 일본 무술의 도입이 일제에 의해 강압적으로 이루어진 듯 이해하는 방식은 역사적 사실과 부합하지 않는다.

일부 무예 연구자들은 일제강점기 일본 무술을 '악'으로 규정하고, '왜곡된' 시선으로 바라봄으로써 일본 무술이 당대 한국인들의 무예 인식에, 그리고 이후 한국 내 무예의 생성과 변화에 미친 영향을 놓치고 있다. 일본의 통치가 잔혹했다는 묘사를 일반화함으로써 그러한 논리가 무예에도 똑같이 적용될 수 있다는 감정적 순치에 기대어 무예 일반의 발전 과정에 대한 이해는 등한시해왔다. 식민지화 이전 한국인이 행했던 무예가 왜 식민지하에서는 행해지지 않았는지? 식민지배의 억압이 작용했기 때문인지, 만약 그러한 억압이 있었다면 어떠한 형태로 어떻게 이루어졌는지? 식민지배 이전에는 억압이 없었는지를 살펴볼 필요가 있다. 어쩌면 정작 중요한 건 식민지배하 '무예'에 대한 한국민의 인식이 '근대화'되었다는 점에서 전통국가인 조선에서 무예를 대했던 우리의 일상과 달라졌다는 점일 것이다.

고대 한국의 검술이 일본에 전해졌다고 해서 (설사 그런 일이 일어났다고 해도) 오늘날의 일본 검도가 한국 검술이라는 증거가 되는 것도 아니다. 고대 신라, 백제의 고급 문화를 일본에 전해

---

27  헨리 임(Henry H. Em), 〈근대적 · 민주적 구성물로서의 '민족': 신채호의 역사 서술〉, 481쪽.

주었다고 해서 한국 민족의 상대적 우수성이 입증되는 것도 아니다. 고대 사회 어디에서나 늘 있을 수 있는 주민 집단들 간의 전쟁까지 망라한 다양한 교류의 흔적일 뿐이다. 고대 그리스가 발전된 소아시아의 문명을 도입했다고 해서 그리스 문화의 전 인류적 가치가 손상되지 않는다. 로마 문명의 위대성은 오히려 왕성한 문화적 포섭 능력에 있다.[28] 고대 무술의 전파도 같은 맥락에서 바라볼 필요가 있다.

한때 신라 화랑이 태권도를 했다는 얘기가 그럴듯하게 들리던 때가 있었다. 석굴암의 금 강역사상이 태권도의 막기 자세라고, 고구려의 사무랑이 사무라이의 기원이라고, 해동검도가 고구려의 검술이라는 주장들이 횡행하던 때가 있었다. 그런 주장들이 효력을 잃어갈 즈음 일본에서 전해진 무술들이 사실은 고대 한국에서 건너간 무예를 근대에 되가져온 것이라는 주장이 등장하기 시작했다. 오키나와에 전해준 수박이 카라테가 되어 다시 한국으로 돌아와 태권도가 되었다거나 신라의 무예가 일본으로 전해져 다이토가에서 전해지다가 한국으로 되돌아온 것이 합기도라는 주장, 한국 고대 검술이 일본으로 전해져 일본 검도가 되어 우리나라로 되돌아왔다는 주장이 등장했다. 여전히 이런 주장은 반복되고 있다. 하지만 점점 힘을 잃고 있다. 이유는 단순하다. 상식에 반하기 때문이다. 엄밀히 말하면 이 모든 것은 민족주의 무예론의 폐해요 폐습에 지나지 않는다.

새로운 학설인 것처럼 주장하는 이면을 들여다보면 만나게 되는 "우리가 일본 문화의 종주국이다"라는 명제, 그 속에 깊이 뿌리내린 '자기 기만', 여기서 우린 어떤 희망을 찾을 수 있을까? 결국은 현실을 직시하기보다 자기만족을 통해 정신 승리를 추구하는 데 지나지 않는다. 안타깝지만 한국 무예계의 일부는 그 정도 수준을 벗어나지 못하는 것 같다. 애꿎은 조상을 욕 먹이는 일은 이제 여기서 끝내자. 도대체 언제까지 '민족'에 기대어 '고유한' 무예에 관한 담론만을 반복하며 살 것인가? 민족주의를 벗어난 새로운 무예론을 전개해보자.

대한검도의 신라 본국검 기원설은 형태상의 상이함에도 불구하고, 태권도의 고대 수박 기원설과 인식론적 기반을 공유하고 있다. 모두 고대 한국 무예로 그 기원을 올려 잡는다는 점

---

28  임지현,《민족주의는 반역이다: 신화와 허무의 민족주의 담론을 넘어서》(소나무, 1999), 63쪽.

에서 사실 동일한 주장이다. 태권도의 주장은 그대로 택견에서도 반복된다. 택견은 신라 화랑이 하던 수박이었다. 고구려의 고분 벽화도 택견 모습이다. 즉 태권도의 역사성을 입증하는 사료가 그대로 택견의 역사성을 입증하는 사료로 재사용되고 있다. 해동검도 역시 마찬가지다. 대한검도의 역사성을 증명하는 데 사용된 사료가 그대로 해동검도의 역사성을 증명하는 데도 동원된다. 태권도, 검도의 역사 논리가 택견, 해동검도에도 동일하게 반복된다는 점에서 태권도/택견과 검도/해동검도는 동전의 양면과 같다.

엄밀히 말하면, 일제강점기 일본 무술을 통한 근대 무술에 대한 경험이 없었다면 오늘날 우리가 보는 근대 한국 무술은 탄생하기 힘들었을 것이다. 해방 이후에도 근대 일본 무술은 한국에 지속적으로 영향을 미쳤다. 근대 카라테가 없었다면 태권도의 성공은 상상할 수 없으며, 오늘날의 택견은 존재하기 힘들었을 것이다. 야와라[柔術] 없는 합기도 역시 마찬가지다. 근대 격검이 한국으로 전해지지 않았으면, 대한검도는 존재하지 않았을 것이다. 대한검도가 없이는 해동검도도 오늘날과 같은 성공을 구가하기 힘들었을 것이다. 근대에 들어서도 동아시아 무예는 서로 상호의존의 관계를 맺으며 발전하는 공동체적인 운명을 가지고 있었다.[29]

민족주의 역사 서술은 통시적인 관점에서 연속성, 고유성, 순수성에 초점을 맞춘다. 하지만 탈민족주의는 역사의 한 시점, 혹은 현재의 무예, 즉 공시성에 초점을 맞춘다. 오늘 우리에게 주어진 과제는 무예 담론에서 민족주의적인 색채를 걷어내고, 섬세하면서도 냉철한, 그러면서 인간성을 잃지 않는 인문학적 감수성을 유지하며 '무예'를 설명하고 이해하고자 노력하는 일이다. 그러기 위해선 탈민족주의 무예학이 필요하다. 탈민족주의 무예학은 무예사의 불연속성, 경계를 넘어선 무예의 삼투 현상, 발전 과정에서의 변형, 적응에 의해 파생되는 무예의 역동성과 다양성을 인식하고 한국 무예를 무예사라는 더 큰 그물망 속에서 동적이고 복합적인 기술을 가능하게 하는 데 초점을 맞춘다.

그렇다고 탈민족주의 무예학에 아무런 문제가 없는 것은 아니다. 앤서니 스미스가 지적했듯이 민족이나 민족 정체성, 민족주의 같은 용어들이 지속적이면서 심각한 개념적 혼란을 야

---

29  한국 민족주의는 일본을 가상의 적으로 삼아 내적 결속을 다지고 극일(克日)을 꿈꾼 것처럼 보이지만 실질적으로는 반일감정을 자양분으로 삼아 그들과 닮아갔다는 점에서 이중성을 띠고 있었다. 화랑도는 사실 일본판 무사도와 야마토다마시의 한국적 변용이었다.

기한다고 해서 민족을 순전히 국가와 국가 엘리트들에 의해 창조되고 조작된 '담론구성체'로 만 간주하게 되면 현실에서 '열정'을 제거할지도 모른다. 사실 근대 한국 무예의 등장과 발전 은 일본에 대한 반감과 극복 의지를 민족주의의 에너지로 승화해 '무예'에 투영한 결과이기 도 했다. 따라서 탈민족주의가 민족주의의 '열정'을 제거할 우려도 있다는 지적은 일면 타당 하다.[30] 반면 이런 식의 열정은 객관적인 입장에서 연구해야 하는 학문 영역에서 연구자의 눈 을 가려버리기도 한다.

현시점에서 민족주의 무예론의 해체를 추구하지만 목적은 건강한 무예학의 수립이다. 탈 민족주의 무예학은 한시적으로만 유효하다. 언젠가 탈민족주의의 과제를 끝내고 나면(나는 그 때가 빨리 오기를 고대한다) 그 궁극에 남는 건 '무예'에 관한 '학'적 연구일 뿐이다. 갈 길이 멀다. 그리고 쉽지 않을 것이다. 왜냐하면 오늘날 민족주의 무예론은 어떤 면에서 '공동체의 상식' 이 되어버린 감이 없지 않기 때문이다. 해방 이후 오늘날까지 민족주의 무예론은 여전히 무 예계의 주류로 군림하고 있다. 탈민족주의 무예학은 지금으로선 '공동체의 상식'에 도전하 는, 금지된 성역을 넘어서고자 하는 반항으로 여겨지기 쉽다. 반일감정? 전통 콤플렉스? 인 정하자. 반일감정을 조장하고 지속하자는 것이 아니라 반일감정이 우리 안에 남아 있다는 사 실, 그리고 언제고 부정적인 방향으로 이용될 수도 있다는 사실을 인정하자는 것이다. 동시 에 반일감정에 휘둘리지 않고 균형적인 시각을 갖추고 사실에 입각해 새로운 역사를 써 내려 가고자 하는 노력을 하자는 말이다. 전통 콤플렉스가 있고, 전통의 강화를 통해 민족의 정체 성을 세우려고 했던 시대가 있었다는 사실, 아니 아직도 여전히 우리 사회 안에서 이런 분위 기가 유지되고 있다는 사실을 인정하자. 하지만 거기까지다. 과거에 얽매어 미래를 망칠 순 없다. 열린 자세를 가지고 미래를 향해 나아가자. 깨어있는 후학들이 등장해 새로운 검술의 역사를 만들어 나갈 수 있기를 고대한다.

---

30  김인중은 앤서니 스미스의 책을 《족류: 상징주의와 민족주의(Ethno-symbolism and Nationalism: A Cultural Approach)》 (아카넷, 2016)라고 번역했다. 민족이란 표현 대신에 사용한 족류(族類)는 일정 장소에서 오랜 기간 서로 부대껴 살아오면 서 어떤 연대감을 가진 문화공동체를 의미한다. 종족, 부족 역시 유사한 개념이긴 하지만 혈연 개념이 강해 족류가 담고 있 는 의미를 나타내기에 적합하지 않다고 주장한다. 조태성, 〈탈민족주의는 틀렸다〉《한국일보》, 2016년 1월 21일.

# 요약

　"무예는 전통을 고수했기 때문에 발전한 것이 아니라 혁신을 했기 때문에 발전했다." 상식적이지만 해방 이후 한국 무예계에서만큼은 통용되지 않는 말이었다. 근현대 한국의 무예는 한민족의 역사에서 면면히 이어져 내려오는 유구한 전통을 가지고 역사에 불변하며 고유한 모습 그대로 전해져 내려와야 하는 숙명을 안고 있었다. 이름하여 '고유성' 담론이 학계와 사회 각층에 퍼져 있었다. 일본이나 중국 무예의 영향에 대한 극단적인 부정을 담고 있는 이런 뒤틀린 신념을 나는 '전통 콤플렉스'에서 찾는다. 19세기 말, 20세기 초의 전환기는 동아시아가 근대 서구의 제국주의에 맞서 자신의 모습을 돌아보고 만들어가는 시기였다. 화혼양재, 중체서용, 동도서기는 상이한 듯 보이지만 동아시아의 전통 위에서 서구 문명을 접목시키겠다는 발상이었다. 서구 근대에 대항하기 위해 대내적인 단결과 자긍심을 세우기 위해 전통을 불러내야만 했다. 일본의 신도 양식의 결혼식, 하쯔모오데(설날 신사참배), 스모의 국기화는 메이지 시대 새롭게 만들어진 전통이었다. 조선 역시 잊혔던 활쏘기와 씨름을 새로이 부활시켰다. 근대 국가 권력은 자신을 정당화시키기 위해 근대적인 목적으로 고대의 원료를 재구성해 전통을 만들어냈으며, 이 과정에서 '전통무예'도 발명되었다.

　무예 그 자체는 가치중립적이다. 하지만 앞 장에서 살펴보았듯이 무예가 사회적인 요구나 특정 정치 집단의 이데올로기와 맞물릴 경우 이데올로기를 성취하기 위한 도구로 전락하곤 했다. 무예 민족주의는 근현대 전통 무예의 '발명'을 촉진시켰으며 발명된 무예 전통은 다시 '무예 민족주의'를 강화했다. 근현대 한국 무예사는 양자의 암묵적 동의 속에 발전해왔다는 점에서 동전의 양면과도 같았다. 그렇다고 무예 민족주의를 묵인할 수는 없다. 일본 검도가 군국주의 확산에 복무했던 예에서 알 수 있듯이 깨어있지 않으면 언제고 이데올로기와 무술의 결합은 다시 일어날 수 있으며, 부정적인 방향으로 흐를 수 있다.

　일제강점기 일본 무술을 통한 근대 무술에 대한 경험이 없었다면 오늘날 우리가 보는 근대 한국 무술은 탄생하기 힘들었을 것이다. 해방 이후에도 근대 일본 무술은 한국에 지속적으로 영향을 미쳤다. 근대 카라테가 없었다면 태권도의 성공은 상상할 수 없으며, 오늘날의 택견은 존재하기 힘들었을 것이다. 야와라[柔術] 없는 합기도 역시 마찬가지다. 근대 격검이 한국으로 전해지지 않았으면, 대한검도는 존재하지 않았을 것이다. 대한검도가 없이는 해동검도도 오늘날과 같은 성공을 구가하기 힘들었을 것이다. 동아시아 무예는 과거뿐 아니라 현재도 서로 상호의존의 관계를 맺으며 발전하는 공동체적인 운명을 가지고 있었다.

민족주의 역사 서술은 통시적인 관점에서 연속성, 고유성, 순수성에 초점을 맞춘다. 하지만 탈민족주의는 역사의 한 시점, 혹은 현재의 무예, 즉 공시성에 초점을 맞춘다. 오늘 우리에게 주어진 과제는 무예 담론에서 민족주의적인 색채를 걷어내고, 섬세하면서도 냉철한, 그러면서 인간성을 잃지 않는 인문학적 감수성을 유지하며 '무예'를 설명하고 이해하고자 노력하는 일이다. 그러기 위해선 민족주의에서 탈피한 무예학, 즉 탈민족주의 무예학이 필요하다. 탈민족주의 무예학은 무예사의 불연속성, 경계를 넘어선 무예의 삼투 현상, 발전 과정에서의 변형, 적응에 의해 파생되는 무예의 역동성과 다양성을 인식하고 한국 무예를 무예사라는 더 큰 그물망 속에서 동적이고 복합적인 기술을 가능하게 하는 데 초점을 맞춘다.

오늘날 민족주의 무예론은 어떤 면에서 '공동체의 상식'이 되어버린 감이 없지 않다. 해방 이후 오늘날까지 민족주의 무예론은 여전히 무예계의 주류로 군림하고 있다. 탈민족주의 무예학은 지금으로선 '공동체의 상식'에 도전하는, 금지된 성역을 넘어서고자 하는 반항으로 여겨지기 쉽다. 하지만 그렇다고 해서 포기할 순 없다.

현시점에서 민족주의 무예론의 해체를 추구하지만 목적은 건강한 무예학의 수립이다. 하지만 탈민족주의 무예학의 이러한 성격은 한시적으로만 유효하다. 언젠가 탈민족주의의 과제를 끝내고 나면 그 궁극에 남는 건 '무예'에 관한 '학'적 연구일 뿐이다. 나는 그날이 빨리 오기를 고대한다.

# 에필로그

# 역사의 신화화에서 신화의 역사화로

이제 책을 마무리할 시간이다. 그간 한국 무예사 서술은 일본 무술이 한국 무예에 미친 영향은 축소하면서 한국 무예가 일본 무술에 미친 영향은 과장하는 경향이 있었다. 최근에는 고대 한국 무예가 일본으로 건너가 오늘날의 일본 무술이 되었으며, 일제강점기를 전후해 한국으로 다시 돌아왔다는 소위 고대 한국 무예 귀환설까지 등장하고 있다. 역사를 신화화한다는 점에서 이러한 주장은 퇴행적이며 시대착오적이라는 비판을 면할 수 없다.

이런 상황에서 일본 무예가 한국 무예에 얼마나 영향을 미쳤는지를 추적한 본서가 한국 무예계의 역린(逆鱗)을 건드리는 건 아닌가 하는 우려가 없지 않았다. 하지만 신화로 점철된 한국 무예사를 해체시키고 상식을 회복하기 위해서는 문제의 핵심을 단도(單刀)로 직입(直入)할 필요가 있다. 고대 한국 무예가 일본 무술에 영향을 주었다는 근거는 심정적이며, 주관적인 믿음에 기초하고 있지만, 반대로 일본 무술이 한국 무예에 준 영향은 객관적이며, 직접적인 근거를 통해서 확인할 수 있다. 그래서 나는 이 책에서 그간의 연구 풍토에서 소홀히 다뤘던 일본 검술을 제재로 삼아, 일본 검술이 어떻게 생성·발전했는지, 그리고 주변국으로 전파되었는지, 특히 한국으로 일본 검술이 들어온 경로와 그렇게 전해진 일본 검술이 한국 내에서 어떻게 발전해왔는지를 천착했다. 기존 역사를 신화화하려는 시도를 타파하고 인간의 향기가 배어있는 무예사를 쓰려고 했다는 점에서 나의 작업은 '신화의 역사화'라고 할 수 있다.

임진왜란을 계기로 조선은 주변국으로부터 다양한 무기와 무예를 도입했다. 그렇다고 주변국의 모든 무예가 다 조선에 수용된 것은 아니었다. 그럴 필요도 없었다. 정치, 경제, 사회, 군사 등 수많은 요인으로 인해 조선의 무예 수용은 선별적이었다. 이 말은 조선의 의도와 목적에 의해 주체적으로 수용했다는 말도 된다. 조선은 선택과 집중을 통해 필요한 무예를 도입했으며 조선의 실정에 맞게 적응시켜 나갔다. 그 결과물이 바로 《무예제보》, 《무예제보번역속집》, 그리고 《무예도보통지》였다.

제일 처음 조선에 전해진 일본 검술은 장도였다. 장도는 임진왜란 중 원병으로 들어온 명군을 통해서 조선에 전해졌다. 《무예제보》(1598)에 문서화되어 전하는 조선의 장도는 일본의 카게류 검술이 중국이라는 필터를 거쳐 변형된(중국화된) 일본 검술이었다. 중국에서 장도는 군진 무예로서뿐 아니라 민간으로도 확산되는데, 정종유의 《단도법선》, 오수의 《수비록》은 민간으로 퍼져나간 장도의 모습을 보여준다. 반면 조선에서는 철저히 군진 무예로 자리 잡았다.

두 번째 일본 검술은 《무예제보번역속집》(1610)의 왜검이었다. 《속집》의 왜검은 《무예제보》의 장도에서 파생된 검 대련법이었다. 이전 장도가 개인 연무를 위한 투로였다면, 실전에서의 응용력을 키우기 위해 대련 훈련법으로 새로이 개발된 것이 바로 《속집》의 왜검이었다. 왜검, 즉 일본[倭] 검술[劍]이라고는 했지만 사실 엄밀히 말하면 《속집》의 왜검은 일본 카게류 검술이 중국화한 장도, 중국화한 장도를 조선화한 《무예제보》의 장도, 다시 조선화한 장도를 재해석해 교전으로 만든, 즉 3단계의 변화를 거친 검술이었다. 특히, 이 과정에서 기존 장도의 기법만 활용한 건 아니었다. 곤봉의 세도 검술로 변형해 활용했다.

세 번째 일본 검술은 김체건에 의해서 도입된 왜검이다. 17세기 후반 조선 정부는 다시금 일본 검술을 보완하기 위해 국가 차원에서 일본 검술 도입 프로젝트를 추진한다. 훈련대장 류혁연이 주도한 이 프로젝트에서 김체건은 비밀요원으로 활약했다. 김체건은 왜관의 일본 검객에게서 비밀리에 일본 검술을 전수받았다. 이때 입수한 검술을 김체건은 유피류, 천류류, 토유류, 운광류의 4류로 정리하고, 다시 거기서 교전법을 만들어 냈다. 이 과정은 일면 앞서 16세기 말과 17세기 초 장도가 전해지고 거기서 검 교전법이 만들어진 것과 유사하다. 다만 차이가 있다면 이전 일본 검술이 중국이라는 필터를 거친 것이었다면 김체건이 도입한 일본 검술은 일본인으로부터 직접 입수했다는 점이다.

네 번째 일본 검술은 19세기 말 전해진 격검[검도]이다. 격검은 이전 군사 기술이었던 일본 검술과는 달랐다. 방호구를 착용하고 죽도로 승부를 겨루는 체육 · 스포츠 종목이었다. 18세기 초 일본에서 몇몇 유파를 중심으로 죽도와 방호구를 사용한 수련법이 개발되어 유행하면서 시작된 격검은 19세기 말 일본에서 근대적인 체육 · 스포츠로 자리 잡았다. 이 격검이 구한말 조선으로 전해져 일제강점기를 거치며 경찰, 군대, 학교, 사회체육으로 확산되었다. 하지만 검도는 1930~40년대 일본이 만주사변과 중일전쟁, 태평양전쟁을 거치며 군국주의 파시즘으로 치달으며 황국신민화와 내선일체를 위한 수단을 넘어 전쟁을 위한 전시체육으로 변질된다. 해방 이후 한국 사회에서 검도는 일제 잔재로 비판받으며 잠시 주춤하다가 다시 경찰 검도인을 중심으로 대한검도회가 결성되어 오늘에 이른다.

동아시아에서 무술 근대화를 주도한 나라는 일본이었다. 일본은 서구 제국주의를 흠모하며 서구문명을 자신들의 롤 모델(role model)로 삼아 근대화를 추진했다. 무술도 예외가 아니었다. 서구의 신체문화와 군사문화를 접목해 일본 무술 역시 근대화되었다. 켄도오[검도], 카라테, 아이키도오는 바로 변화와 적응을 통해 만들어진 근대의 산물이었다. 강무소(코오부쇼)의 교육 프로그램에 검술 도입, 격검흥행을 통한 검술의 관람 경기화, 그리고 학교 체육 도입을 위한 무술체조화 운동은 고전 무술을 근대화시키는 데 일조했으며, 특히 검술체조화를 통해 검도는 학교 체육 과목으로 도입될 수 있었다. 이후 근대화된 일본 무술은 구한말, 일제강점기를 거치며 한국으로 유입되었다. 오늘날 우리가 보는 근현대 한국 무예인 태권도, 합기도, 검도는 카라테, 다이토류 쥬우쥬쯔, 켄도오(劍道)와 직간접으로 관련을 가지고 있다. 하지만 태권도가 카라테로부터 나왔다고 해서 태권도가 카라테로 환원되는 것은 아니며, 합기도가 다이토류 쥬우쥬쯔에서 나왔다고 해서 합기도가 다시 쥬우쥬쯔로 환원되는 것은 아니다. 왜냐하면 문화는 이식되어 새로운 토양에서 뿌리내리는 과정에서 필연적으로 적응, 변화하기 때문이다.

그간 한국 무예계는 문화의 전파라는 측면에서 일본 무술의 한국 전파를 바라보지 못했다. 해방 이후 팽배했던 민족주의와 반일감정은 일본 문화를 왜색으로 취급하며, 비판의 시각을 거두지 않았다. 이런 상황에서 일본 기원의 무술이 사회적으로 수용되기는 힘들었다. 특히, 1980, 90년대 한국 무예계를 풍미했던 전통무예 담론은 '고유성'에 경도되어 외부로부터 영향을 받지 않은 순수한 혈통의 고유한 한국의 무예를 주장하기 시작했다. 무예 일반의 생성, 변화, 발전이라는 상식이 통용되지 않았으며, 일본 무술의 영향에 대한 극단적인 부정, '역사적 사실'에 대한 '이해'와 '해석'보다 일본과의 '역사적 관계'에 대한 심리적 '방어기제'가 발현되면서 한국 무예사는 왜곡되기 시작했다. 선진 문화를 일본에 수천 년간 전해줬다는 문화적 우월감을 가지고 있던 한국인에게 20세기 초 35년간 일본의 식민지배는 자존심에 큰 상처를 남겼다. 그리고 트라우마가 되어 여전히 우리의 의식에 영향을 미치고 있다. 하지만 역사는 감정을3 앞세워서는 제대로 볼 수 없다. 일본에 대한 감정은 뒤로 젖혀두고, 역사적 사실을 객관적으로 바라보고 냉철하게 해석할 때 역사를 제대로 읽어낼 수 있다.

일본 검술이 한국으로 들어왔다고 해도 원래 모습 그대로 전해진 것은 아니다. 게다가《무예도보통지》의 저자들이 이미 지적한 것처럼 일본 검술도 거슬러 올라가면 한반도를 비롯한 대륙의 문화를 적극적으로 수용하면서 형성되었을 가능성이 높다. 마찬가지로 한국으로 전해진 일본 검술은 한국이라는 공간 안에서 한국인들의 요구에 의해 변화되며 적응하며 발전할 수밖에 없다. 고유한 무예 전통을 찾아 헤매는 호사가들에게는 실망스러운 결과일지도 모른다. 하지만 검술을 포함한 문화란 원래 그렇게 만들어지고, 전해지며, 변형되며, 진화하게 마련이다. 때로는 혁신이 이루어지기도 하고, 때로는 쇠퇴하기도 하면서. 온갖 착종의 결과물이 지금 우리가 보는 신체 문화로서의 검술이다. 시간을 거슬러 올라가 한국 '고유의' 검법을 찾고자 하지만 엄밀히 말하면 그건 불가능하다. 그렇지만 '전통'이나 '고유'에 관한 관심이 쉽사리 수그러들지는 않을 것이다.

나는 사람들이 정말 과거 무예사에 대해서 알고 싶어 하는가, 관심을 가지고 있는가라는 질문을 던지곤 한다. 고대의 한국 무예에서부터 일제시대, 근현대의 한국 무예에 이르기까지 사람들은 자기가 알고 있는 사실, 혹은 믿고 싶은 사실만을 유일한 역사인 양 믿고 싶어 한다. 자기가 알고 있는 것과 다른 사실이나 자신이 믿고 있는 사실을 부정하는 진실과 대면하기 두려워하는 풍조가 일반인들이나 학계 모두에 만연해 있다. 20세기 초 한국 무예의 쇠퇴를 일제의 책임으로 돌리는 건 우리가 주체적으로 생각하고, 판단하지 못하며, 식민지-제국주의를 넘어설 수 있는 능력이 없는 무능하며 열등한 존재라는 걸 자인하는 건 아닌지 되돌아볼 필요가 있다.

근대 동아시아의 무술은 서양의 영향력에 대항하는 과정에서 그 모습을 구체화했다. 동양이 자기를 인식하는 계기는 스스로 부여한 것이 아니라 외부에서 주어졌다. 강요된 타자의 시선에 의해 나는 왜소해질 수밖에 없었으며, 이러한 심리적 상처는 개인뿐 아니라 조직, 국가에까지 확대되어 나타났다. 무예를 어떻게 볼 것인가 하는 문제가 단순한 관점의 문제가 아니라 해석의 문제, 감정의 문제, 자존심의 문제로 전이되어 나타난 이유도 여기서 찾아야 할지 모른다. 일제 식민지배가 여전히 심리적인 트라우마로 남아 있는 상태에서 객관적인 무예사를 쓰기 힘든 이유이기도 하다.

민족주의가 등장하기 이전에도 무예는 존재했다. 하지만 근대 동아시아의 무예는 민족주의와 상호연관 속에서 발전해왔다. 식민지 상처는 아문 듯 보이지만 외상 후 스트레스는 여전히 남아 있었다. 여전히 일본은 대척점에 서 있으며, 넘어서야 할 대상으로 여겨졌다. 과거와 현재를 가로지르는 경계 위에 중국 역시 여전히 거대한 산처럼 버티고 서 있다. 애써 외면하려 해도 한국 무예는 이 관계망을 벗어날 수 없을 것처럼 보인다. 증오와 원망이 교차하고, 추수와 동경이 함께하는 동아시아의 역학 관계 속에서 민족주의는 여전히 그 위력을 발휘하며 무술은 그 사이에서 줄타기를 해야 한다.

한국 무예사는 바로 이 지점에서 위태롭게 서 있다. 일본 무도의 영향을 부정하고, 태권도를 택견에 연결 짓고, 오키나와테가 고려의 수박(手搏)에서 기원했다는 주장의 이면에는 사실에 대한 객관적인 해석보다는 한민족의 무예가 일본이나 주변의 영향을 받은 것이 아니라 영향을 주었다는 걸 어떻게든 만회해보려는 심리적 방어기제가 작동하고 있다. 무예 민족주의는 이런 상황에서 그 위력을 발휘했다. 모든 복잡한 문화와 통합과정을 거친 문화는 잡종이고 한국 문화도 결코 예외가 될 수 없다는 사실은 무예 민족주의의 그늘 아래에서는 인정되지 않는다.

구한말 일본으로부터 전해져 오늘날 국내에서뿐 아니라 국제적으로도 확고한 위치를 점하고 있는 검도, 그리고 그 검도의 한국 대표로 조직되어 있는 대한검도회는 (일본) 검도의 고대 한국 기원설을 주장하지 않아도 될 위치에 있다. 국제검도연맹의 회원국으로 나름 중요한 입지도 갖고 있다. 근대 일본 검도가 발전해온 길이 잘 알려져 있는 상황에서 이를 무시하고 고유한 우리 것으로 검도를 한국 것이라고 부르짖다 보면 문화라는 이름에 걸맞지 않게 정반대의 야만성으로 표출되고 만다.

19세기 말 20세기 초 동아시아가 맞닥뜨렸던 서구 제국주의의 위력은 동아시아의 존립 기반을 흔드는 강력한 것이었다. 그 안에서 이루어진 무술의 근대화 역시 생존을 위한 처절한 몸부림 속에서 나온 것이었다. 그리고 무술 근대화는 한순간에 이루어지지 않았다. 아니 어쩌면 지금도 진행 중인지도 모른다. 민족주의의 망령에 사로잡힌 한국 무예계, 거기서 벗어나기 위해서 우리는 어떻게 해야 할까? 학계 일각에서는 탈민족주의의 시효가 지났다는 비판이 제기되기도 하지만 한국 무예계는 아직 탈민족주의에 대한 논의를 시작해보지도 못했다. 아직 가야 할 길이 멀다. 일본 검술의 영향 아래에서 발전해온 한국 검도사라고 해서 한국적인 검도를 만들어낼 가능성은 없는 것일까?

이 책이 제기된 질문에 대한 답을 찾는 마중물로서 역할을 할 수 있기를 바란다. 거기서 한 걸음 더 나아가 한층 성숙된 무예 담론이 나오길 소망한다.

# 고전 검술
# 매뉴얼 영인

# 고전 검술 매뉴얼 영인

관심 있는 독자와 관련 연구자들이 참고할 수 있도록 본서에서 사용한 고전 검술 매뉴얼 관련 자료를 함께 싣는다. 먼저 《아이스카게류목록(愛洲陰之流目錄)》과 《기효신서》〈영류지목록(影流之目錄)》의 원문을 대조한 표를 실었다. 양자의 차이를 일목요연하게 확인할 수 있을 것이다. 다음, 〈영류지목록(影流之目錄)〉을 각각 편찬 연대에 따라 14권 본 《기효신서》(1588), 《무비지》(1621), 조선본 《기효신서》(1664)의 순으로 배열했다. 이어서 명대 민간에서 편찬된 일본 검술 매뉴얼인 정종유(程宗猷)의 《단도법선(單刀法選)》, 오수(吳殳)의 《수비록(手臂錄)》〈단도(單刀)〉, 뒤이어 조선에서 편찬된 일본 검술 매뉴얼인 《무예제보》〈장도(長刀)〉, 《무예제보번역속집》〈왜검(倭劍)〉, 《무예도보통지》의 〈쌍수도(雙手刀)〉와 〈왜검(倭劍) · 교전(交戰)〉을 실었다.

상세 서지사항은 다음과 같다.

1. 《기효신서》〈영류지목록(影流之目錄)〉과 《아이스카게류목록(愛洲陰之流目錄)》 대조표.
2. 戚繼光 撰. 《紀效新書》. 14卷本. 李承勛重刊本(1588). 書號: 5732. 臺北 國圖代管原平圖古籍微片.
3. 茅元儀. 《武備志》明 天啓 刻本 影印. 中國兵書集成 第30冊. 北京: 解放軍出版社, 1989 영인.
4. 戚繼光. 《紀效新書》. 朝鮮木版本. 18卷 7冊. 王世貞 序 丙寅年(1566). 戚繼光 自序. 乙酉 中秋 安營 開刊. 청구기호 M/F85-16-268-B. 서울대학교 규장각한국학연구원.
5. 程宗猷. 《單刀法選》. 道光 22年(1842). 청구기호 859-43. 日本國立國會圖書館.
6. 吳殳. 《手臂錄》下. 指海本 第五集 8. 中國哲學書電子化計劃(https://ctext.org/).
7. 韓嶠. 《武藝諸譜》. 木版本. 1冊. 萬曆 26年(1598). M古4-1-205. 국립중앙도서관.
8. 崔起南. 《武藝諸譜翻譯續集》. 朝鮮木版本. 1冊. 萬曆 38年(1610) 刊. 대구: 계명대학교 동산도서관, 1999 영인.
9. 正祖(朝鮮) 命撰. 《武藝圖譜通志》. 朝鮮木版本. 4卷, 附錄1卷, 合5冊. 正祖 14年(1790) 刊. 청구기호 M/F85-16-270-K. 서울대학교 규장각한국학연구원.

# 1. 《기효신서》〈영류지목록(影流之目錄)〉과 《아이스카게류목록(愛洲陰之流目錄)》 대조표

| 《紀效新書》〈影流之目錄〉 | 《愛洲陰之流目錄》 |
|---|---|
| | 可傳 不可傳<br>但可依第子<br><br>愛州陰之流目錄 |
| 猿飛<br>此手ハテキニスキレハ意分太刀タリ. | 第一 猿飛<br>此手ハ敵カヨケレハ切太<br>刀也　　又虎乱 |
| 虎亂 青岸 陰見<br>又敵ノ太刀ヲ取候ハンカヽリ, 何造作モナウ, 先直偏カラス,<br>彼以大事子切ヲ意婦偏幾ナリ, イカヽ二モ法ニキリテ有偏シ. | 清眼 陰劔 哥之<br>太刀ヲツカイテ懸ル心<br>少モ動顚スベカラス<br>以傳太事可切納ム<br>イカニモツヨク切テ懸テ<br>後ヘサルヘシ |
| 猿回<br>此手モ敵多チイタス時, ワカ太刀ヲ, テキノ太刀ア者ス時<br>取偏ナリ, 初段ノコトク心得ヘシ. | 第二 猿廻<br>此ノ手モ敵切出ス時我太刀<br>ヲ敵ノ太刀ニ切續テ太刀ヲ<br>ハツス時切也初之如ク心<br>得ヘシ |
| 第三 山陰 | 第三 山陰 (繪圖)<br>第四 月陰 (繪圖)<br>第五 浮船 (繪圖)<br>第六 浦波 (繪圖)<br>第七 獅子奮迅 (繪圖)<br>第八 山霞 (是ハ地具足ニナル心ナリ)<br>第九 陰劍 (繪圖)<br>第十 清眼 (繪圖)<br>第十一 五月雨 (繪圖)<br><br>初重者 是迄也<br>中段者 別紙有<br><br>摩利支尊天<br>同愛洲太郎左衛門尉移香入道<br>源久忠<br>同愛洲右京亮<br>源朝信<br>同新山彦四郎<br>同湯原次郎兵衛尉<br>⺊ [花押]<br>宇喜多助四郎殿相傳<br>天正四年三月吉日 |

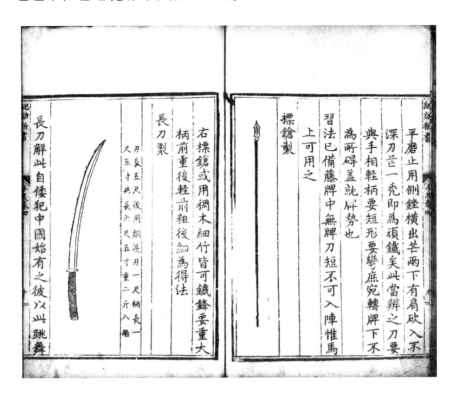

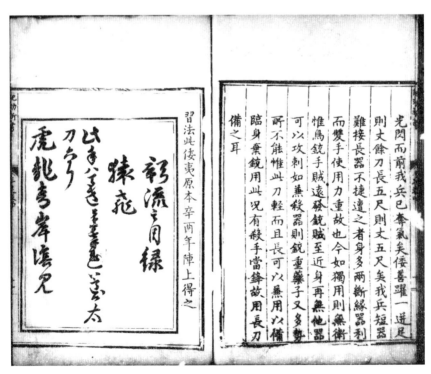

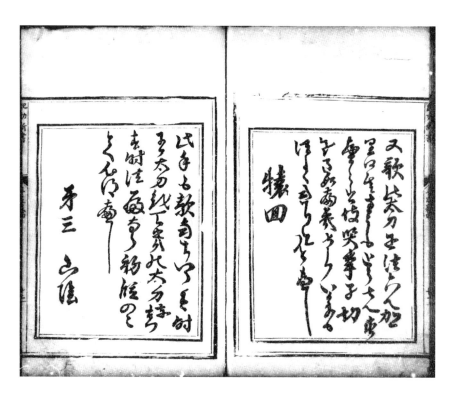

刀

茅子曰武經總要所載刀凡八種而小異者猶不
列為其習法皆不傳今所習惟長刀腰刀腰刀非
團牌不用故載於牌中長刀則倭奴所習世宗時
進犯東南故始得之戚少保於辛酉陣上得其習
法又從而演之并載於後此法未傳時所用刀制
略同但短而重可廢也

武備志卷八六　陣練制　練　敎藝三　十五

新流之目錄

猿飛

此手八てき三手事を心忘ふ太

刀らり

虎龍壽峯渚兄

又敎此手分せ法之加
星曰らて申ふ心ら之忝
唐ら山伎哭事子切
乜き物を為秀ちら峯ふ
法きちつふ太ら峯ゐ

猿囬

武備志卷八六　陣練制　練　敎藝三　十六

此らも敎ら古ちつを肘
もふ为代てらふ此方刀势
古肘法爰ちて新眼ゐ尾
るへ舊峯一

牙三　六座

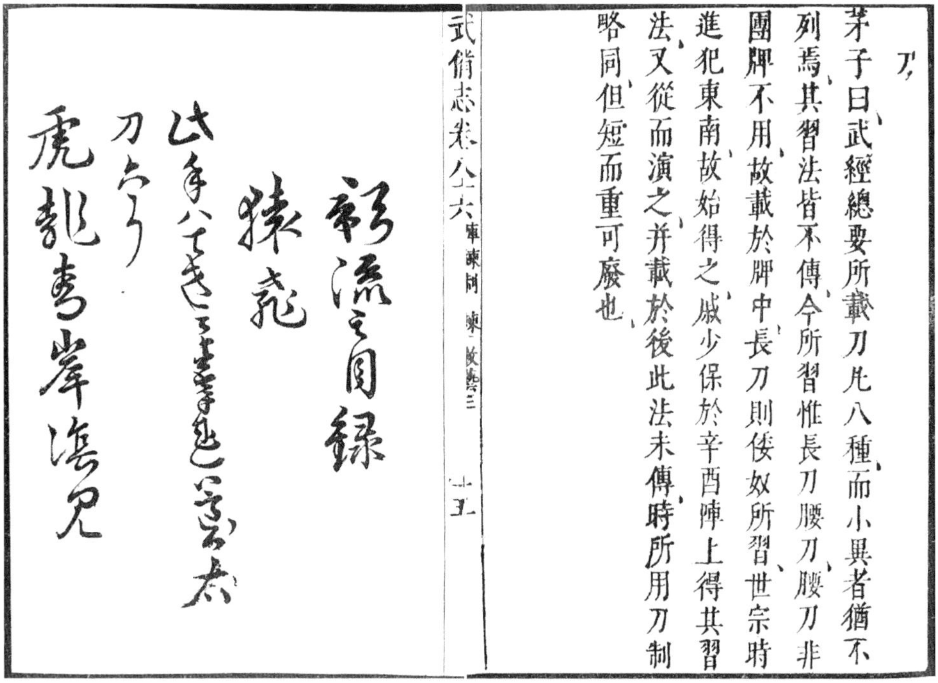

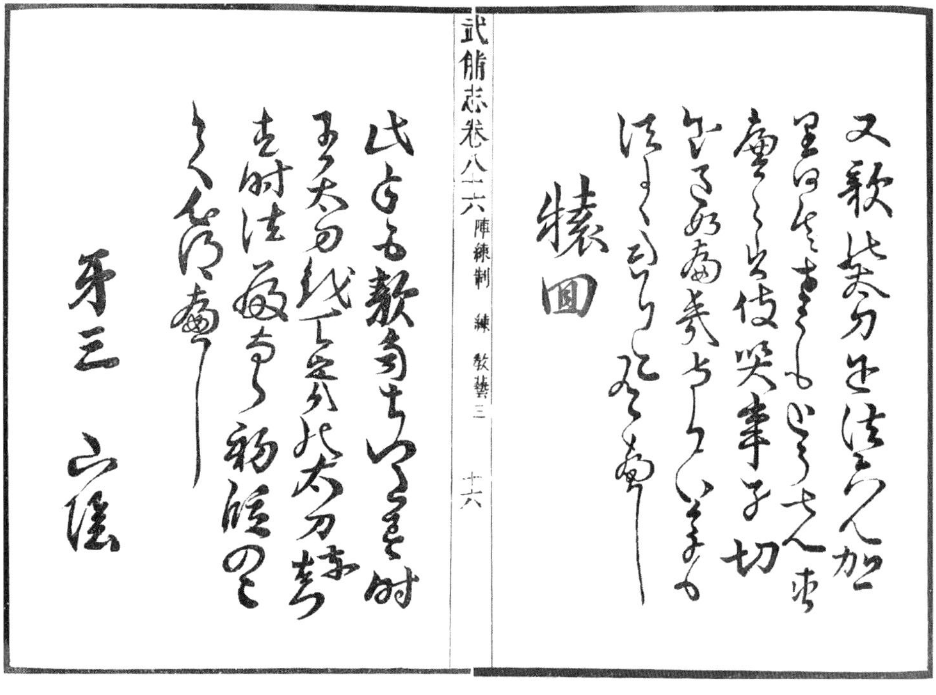

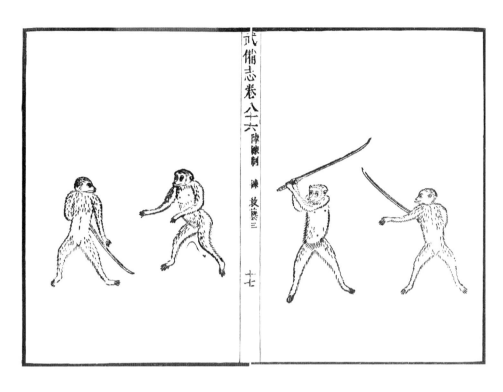

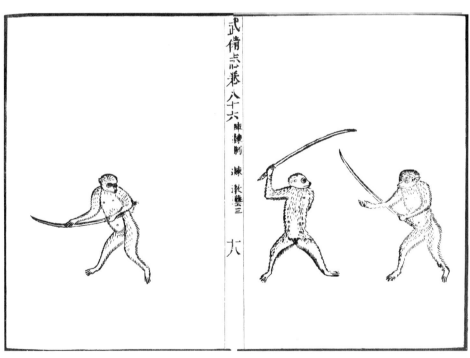

武備志卷八十六　陣練制　練　教藝三十九

武備志　陣練制　練　攷選三　三十

일본 검술의 한국화: 카게류에서 격검, 그리고 검도로

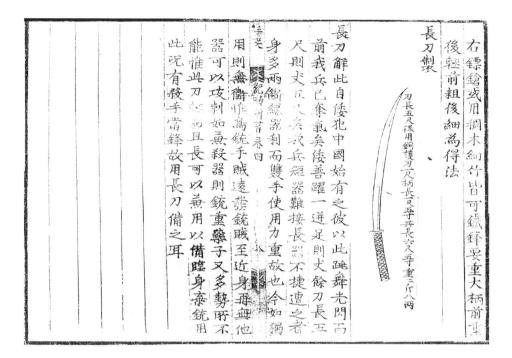

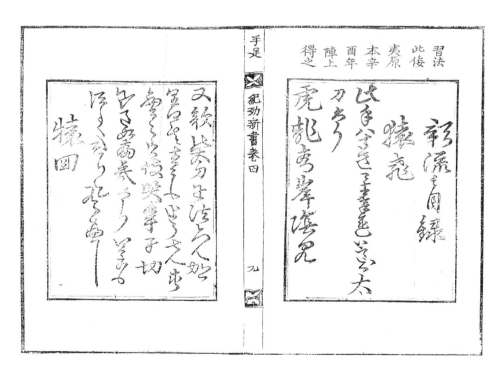

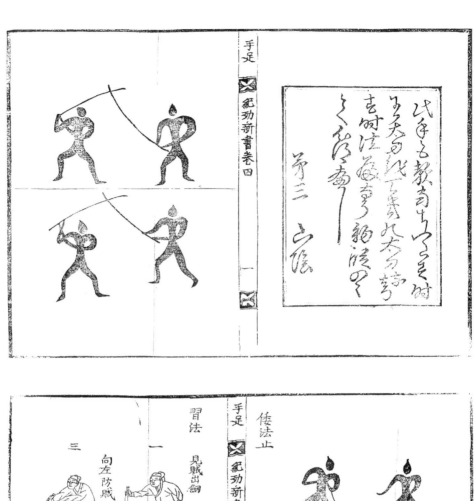

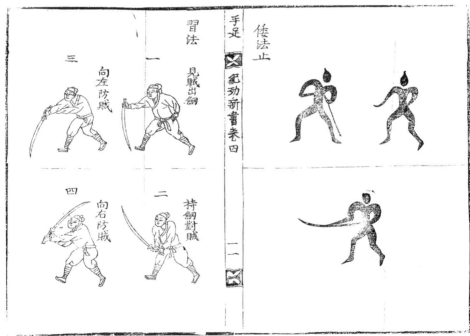

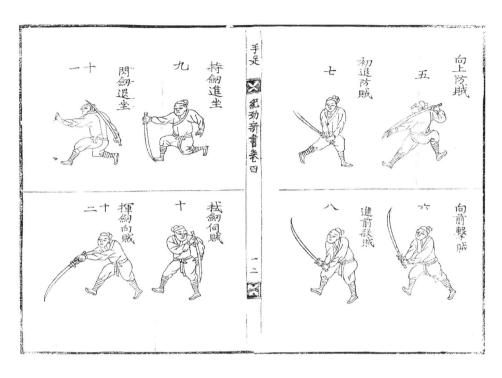

向上防賊　五

初退防賊　七

向前擊賊　六

進前殺賊　八

持劍進坐　九

閃劍退坐　一十

揾劍伺賊　十一

揮劍向賊　十二

手足　紀効新書卷四　一二

再退防賊　十三

藏劍賈勇　十五

三退防賊　十四

## 5. 《단도법선(單刀法選)》

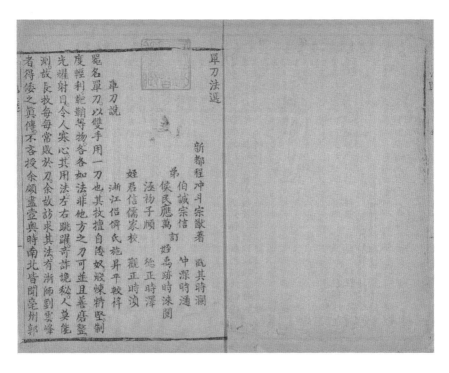

五刀各後親訪之然較之劉則劉之妙又勝於郭多矣長
元交劉刀有勢有法而無名今依勢取像擬其名使習者
易於記憶其用法亦惟以身法為要像跳超距眼快手迅
誘而擊之驚而取之心手俱化方可言妙今將
八弩燕用亦惟選數勢繪圖直述其理之可以與鎗歆者

若遇他器而此圓轉鋒利制勝又在我矣

單刀式說

古云快馬輕刀今以倭刀為式刀（長三尺一寸柄二尺）則長有五
尺如執輕刀一言刷不得法鐵不鍊鋼輕則僥薄砍下一
刀刀口偏至一遜為能斬人如要堅硬則刀必厚厚必重
非有力者不能用也故制法惟以刀背要厚自下至尖漸
漸薄去兩旁脊線要高起刀口要漂此即輕重得宜如鐵

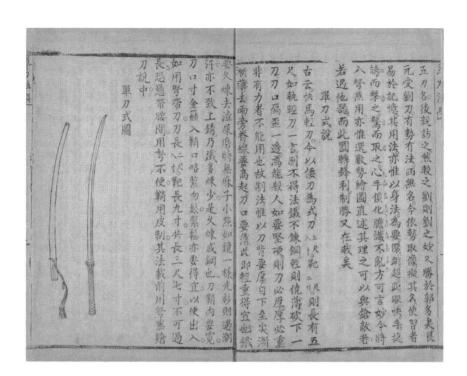

單刀式圖
刀說中

要久煉去渣屎磨時無麻子小燕如鏡一樣光彩則遇潮
汗亦不致上銹乃鐵多煉少是久煉成鋼也刀鞘內要寬
刀口寸全熔入鞘口略緊勿鬆鬆亦要得宜以便出入
如用弩帶刀刃二狀靶長九寸共長三尺七寸不可過
長恐懸帶腰間用弩不便鞘用皮製其法載前用弩燕鎗

你我接刀齊
此因刀長過
急時難以出
鞘故以本陣
中用刀者你
挨我刀我挨
你刀而用

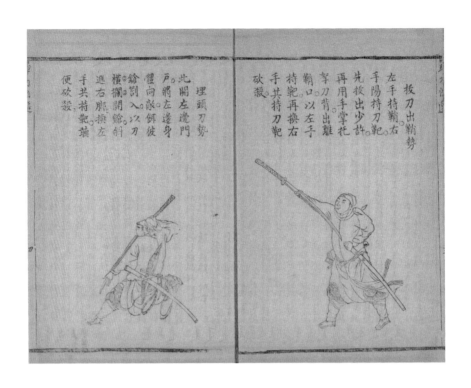

拔刀出鞘勢
左手持鞘右
手陽持刀範
先拔出少許
再用手掌托
穿刀出離
鞘口以左子
持範再換右
手共持刀範
砍殺

理頭刀勢
此開左邊門
戶將左邊身
體向餞彼
鎗割入以刀
橫攔開鎗斜
進右脚換左
手共持範擴
便砍殺

入洞刀勢
此亦開左邊
門戶側身入
空餞彼鎗
剝將刀自下
撩起也鎗進
右○掌手自
下○斜撩而
上

單撩刀勢
此先或立理
頭勢或入洞
勢餞彼鎗刴
入我將刀
揭起向彼
斜進右向單
手自下撩起
一刀

右獨立刀勢
此開右邊門
戶彼鎗劄入
則將刀往右
後一攪開鎗
斜進右步為
左獨立聽便
砍破

腰砍刀勢
此先單手撩
一刀其勢力
巳歸於左邊
舉手再後回
橫砍一刀

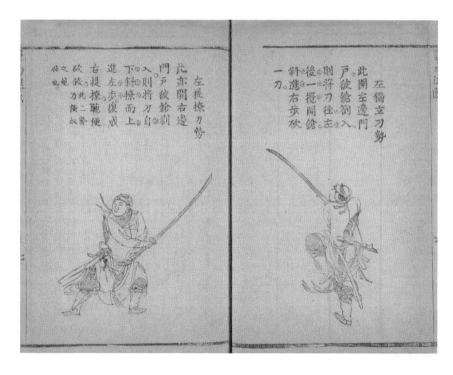

左提撩刀勢
此亦開右邊
門戶彼鎗劄
入則將刀自
下斜撩而上
進左步復成
右提撩此二勢
砍破奴賊
砍之法也

左獨立刀勢
此開左邊門
戶彼鎗劄入
則將刀往左
後一攪開鎗
斜進右步砍
一刀

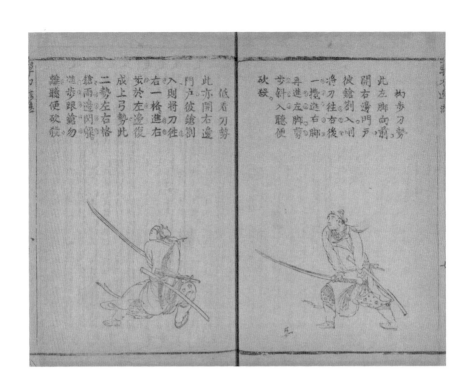

剉步刀勢向前
此左脚開右邊門戶
彼鎗割往
將刀往
進右脚後
一擁入左脚
再進右脚後
一斜步進右脚
入聽便
砍殺

低看刀勢
此亦開右邊
門戶彼鎗割
入則將刀往
右一格進右
妥於左邊復
成上弓勢此
二勢左右格
鎗兩邊閃羅
進步跟鎗勿
離聽便砍殺

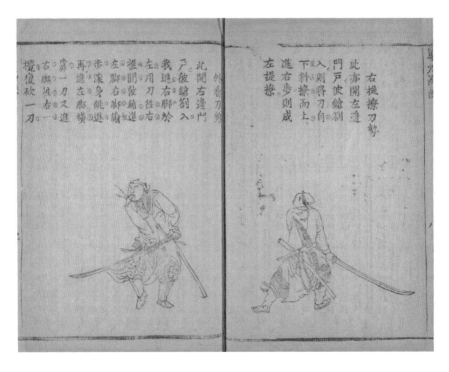

右提撩刀勢
此亦開左邊
門戶彼鎗割
入則將刀
下斜撩而上
進右步則成
左提撩

外看刀勢
此開右邊門
戶彼鎗割入
我進右脚於
左用刀往進
左開彼脚進
推開彼脚進
左脚右脚偷
再進左脚偷
步滾身跳進
靠一刀又進
右往右一
揽復砍一刀

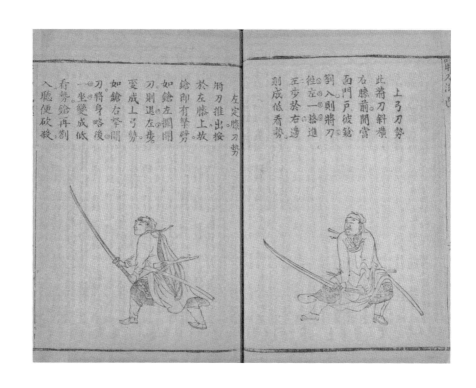

上弓刀勢
此將刀斜橫
右膝前開當
面門戶彼鎗
劄入則將刀
往左一捨進
五步於右邊
則成低看勢

左定膝刀勢
將刀推出按
於左膝上放
鎗即有擊勢
如鎗左撐開
刀則退左步
變成上弓勢
刀將身略後
一坐變成低
看勢鎗再劄
入聽便砍殺

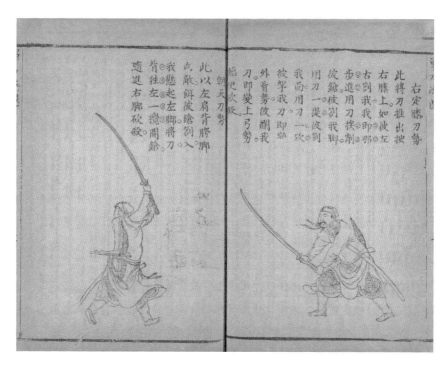

右定膝刀勢
此將刀推出按
右膝上如彼左
右劄我即我
步進用刀挨
彼鎗割我
用刀一提彼劄
我面用刀一砍
彼竿我刀即
外看勢彼攔我
刀即變上弓勢
聽史次彼

朝天刀勢
此以左肩背膁脚
向敵餌彼鎗劄入
我懸起左脚將刀
背往左一攪開鎗
隨進右脚砍殺

迎推刀勢
此先立外看
勢開右邊門
尸彼鎗劉不
右一推開彼
我懷裏略
鎗彼復略劉
左脚於右砍
斷彼鎗

刀背格鐵罷勢
刀口薄始利
如遇彼用鐵
了鐵鈀重者
之額若將刀
口次刀格則
口必傷何以
段栾故用刀
背以勢中之
法擊格為妙

藏刀勢
此因彼鎗變
幻難測故懸
挂小刀二三
把刀一把
擎左手以左
令紋背向敵
無防以便將
刀飛劉

飛刀勢
此將小刀飛
劉去彼必招
架乘此之機
用刀砍入乃
短枝長用也

收刀入鞘勢
此先將左手
持刀靶再換
手易掌托筝
刀背入鞘。

繪總刀圖說
以前刀法著者皆是臨敵實用茍不以成路刀勢習演精
熟則持刀運用進退跳躍環轉之法不以盡雖云著著實用
猶恐臨敵掣肘故總列成路刀法一圖而前圖諸勢備載
在中又續刀勢十二圖於後以便習演者觀覽茅習演之
刀當用重長者便臨敵用帶弩之乃則曉快輕利矣照全
路勢多偏力做者持重刀難以跳舞終局當聽用者力之
長短分為兩節三節習演毋拘定格可也

總敘單刀一路
北望南用起 並足左帶刀勢右持身出刀勢壓刀勢去刀
按虎立勢進左步入洞勢單撩刀勢單擺刀勢腰砍斬勢
左足左衛立勢一刺挽一刀斜砍難右足右獨立勢進左步
推刀勢一刺挽一刀退右步低看勢右足右轉身背
砍勢偷左步提一刀二刺滚頭五花右轉身迎推刺刀勢
右轉身左單擺漫頭五花右轉身右單擺漫頭五花
迎推刺刀勢三刺東洋狀五花右轉身迎推刺刀勢
挿刺勢搶進右步單剌勢進左步砍五花擔肩提刀勢
進右步砍一刀偷左步左擺提一刀進左步擺提刀勢
揷刺勢搶進右步單剌勢進左步斜削勢
堂此用起抅步勢偷左步斜削勢北望南用終五花
堂南望北用起抅步勢挨右步上弓勢
接一刀跳剪勢跳砍砍 刀名四捧萼一刀南望北用終五花
南用起迎轉上弓勢花萼一刀偷左步回砍勢斜削勢擺
一刀右跳砍一刀擗一刀左跳砍一刀浪裏三跳擗起
天刀勢懸在足擂一刀針勢一刀外看勢進左步左定膝
勢左提撩勢案起一刀翻身進右步剌一刀先堂南
高望北用起五花迎轉擗一刀挑勢一刀外看勢迎推制一刀北
背砍勢南用起五花迎轉砍一刀堂北望南用終一刀北
堂南望北用起五花迎轉撩勢進左步左提撩勢進右步右提
身砍勢南用此勢進左步左提撩勢進右步右提撩勢
高望北用度迎轉收刀勢入鞘勢先堂南用
刀名曰提留南望北用度迎轉收刀勢入鞘勢先堂南用
大敵

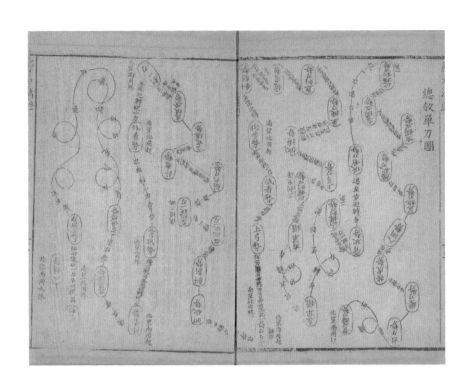

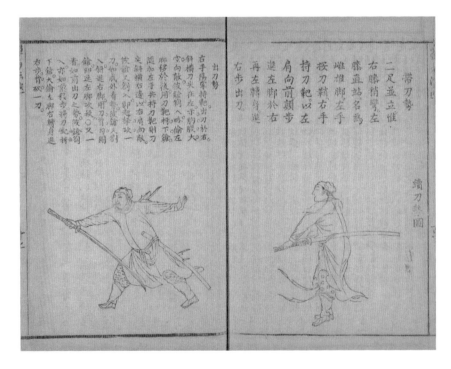

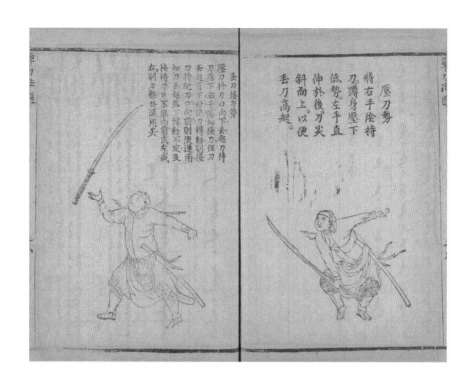

壓刀勢
將右手陰持
刀蹲身壓下
低勢左手直
伸於後刀尖
斜向上以便
丟刀高起。

丟刀接刀勢
壓刀將刀口向下去起刀待
刀落於右手臨前似接刀但
丟刀要下接刀時轉動則接
刀時把刀口向前則便運用
如時丟起非不將動不定左
接持刀口不能口當成左成
右則刀難於運用矣

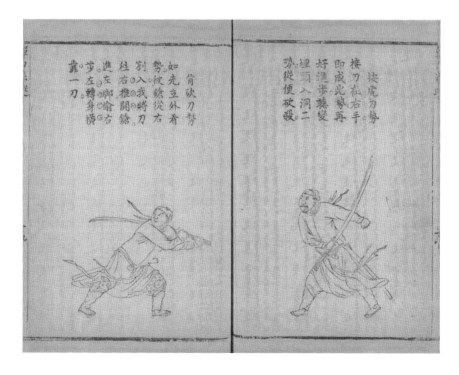

按虎刀勢
接刀松右手
即成此勢再
好進步聽我
埋頭入洞二
勢從便破殺

苟砍刀勢
如先立外看
勢從鎗從右
往右推開鎗
剿入我將刀
進左卿右
步左轉身橫
龍一刀

低插刀勢
先立低看勢
彼銃割左腳
用低揷刀一提
彼銃起割面
將刀背向開
銃斜進右腳
伏殺

單提刀勢
右手持刀將左
手併手側偏發
右邊持露出左
手外腹脇誘彼
銃割入斜進左
步於右將左手
挽開銃隨進右
步單刀平直刺
去。

單剝刀勢
單手剝去一
刀收回挽五
花曲左手肘
墊起刀背進
頭上過擔於
右肩上

擔肩刀勢
將刀橫放右肩前
單手偏垂於左手
出左手裡腹脇誘
彼銃割入用左肘
往右橫墊開銃左
右二脚斜跳而入
隨加左手共持刀
靶砍敵

倭人多以此刀滾
進者是見大誘得
敬望單刀之勢
割去人多敬者敏
者亡刀中有實
央實欺敵也。

斜削刀勢
如抱刀懷中。
以右肩向敵。
彼削右脚用
刀斜削開鎗用
則刀偏於右
黨俊起鎗削
山偏右步斜
刀遠開鎗順。
砍一刀。

收刀勢
用完刀法將
刀往頭上左
遶一刀曲臂
右手以刀背
閣在肘上再
用手反夆刀
範入鞘。

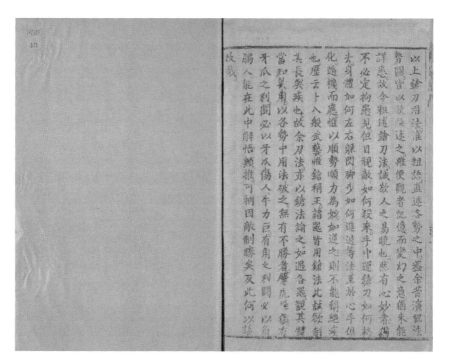

以上鎗刀用法雖以粗語直述各勢之中盖余昔演棍法
勢圖當以欵候速之雅便觀者記憶而變幻之意猶未能
詳悉故令粗述鎗刀法誠欲人之易曉也然有心妙者為
不必定拘愚見但目視來手中遲鎗刀如何殺來手中遲鎗刀如何殺
去身體如何左右躲閃脚步如何進退等法重於心乎但
化隨機而應惟以順勢順力為妙加遲之則不能翻絕刃
也歷云十八般武藝惟鎗罷用鎗法此觀其體
其長歎疾用也故余刀法亦以鎗法破之無有不勝者盖
當知鎗用以各勢中用法破之
牙爪之利鬪必以牙爪傷人牛力巨角之利鬪必以角
溺人能在此中解悟類推可利四敵制勝矣反此何以
故哉

手臂錄卷之三

單刀圖說自序

手臂錄　卷三　一

唐有陌刀戰陣猶猛其法不傳今倭國單刀中華間有
得其法者而終不及倭人之精每見單刀高手平月俗
言破槍及至赴敵莫不驚槍而往則其實用可知矣益
言破槍及至不能出後手乃為短器
所困行列稍疎短無破長槍之理遊場槍之受破者惟一
短器降長惟碓鬭擁塞無破長槍之理
單殺手至于閃賺顜提則槍猶畏之如虎況單刀乎程
冲斗刀法唯破單殺手其跡可知余法不然單刀敵輕

長之器則避其虛而擊其實何也槍之虛處變幻百出
必非刀所能禦而實處惟有一桿苟能制之則無以用
其虛矣單刀敵短重之器則避其實而擊其虛何也大
棒鐵鞭長斧木銳不可直當必斜步偏身避其重器擊
其身手乃可必勝擊虛之法易見而擊實勢必
其槍桿槍桿被斫不斷折必粘住桿被粘住則不能閃
賺顜提刀更進步必傷人矣削亦粘槍而勢力不如斫
大進步又拙是以次之　鈎革皆用刀背撩得洌去百變
生焉余遷刀法十八勢從下斫上則有左右撩刀二勢

從上斫下則有南人斜提二勢側槍則有左右定膝勢
出入于大勢之間而可上可下可左可斫可削可
進可退則有二挑步勢實用此八法餘十勢不過小
變其形以眩人耳斫削之粘桿余本得之漁陽老人之劍
術單刀未有言者移之為刀實自余始安得良倭一親
炙之壬寅八月望前五日古吳滄塵子吳殳一氏修齡
誤

單刀手法說

手臂錄　卷三　二

單刀手法向有提下鈎上革左革右之類余以其不能
制槍故皆不取唯倚劍術斷取冲斗斫削粘槍二法用
之斫削者刀之大端也然有大必有小而後嚴固逸豫
故又取棍之鷄啄粟槍之海馬奔潮以輔之益審勢必
勝則斫有上斫下斫各有左右而又皆有子
羈縻聯絡于其間以俟可乘之隙若遇扣槍二法即可
勝也斫有上斫下斫各有左右而又皆有子
勢子勢者如子之輔父非二非一也削有上削有子
又有左右亦有子勢拗勢出入乎左右之間如月之有
閨以成歲也左上斫有斜提勢右上斫有朝天勢左下

硏有左撩刀勢右下硏有右撩刀勢左削有左定膝勢
右削有右定膝勢闖法有㘴步削勢拗步撩勢而左獨
立勢則朝天勢之子也低看勢則左定膝之子也上弓
勢外看勢則右定膝之子也按虎勢拗步單撩刀勢則
左撩刀之子也入洞勢担肩勢單提刀勢單撩刀勢則
右撩刀之子也此十八勢習之精熟雖未能眞合于倭
法而中國花法皆退三舍矣

手臂錄 卷三

三

左定膝勢

槍來將身坐後
成低看勢用寒
鷄點頭手法又
深來退前足成
上弓勢極深來
然後削之凡削
後進步用海馬
奔潮

右定膝勢

上勢進後全成
此勢用法與左
定膝同

手臂錄 卷三

四

拗步削勢

法見序中

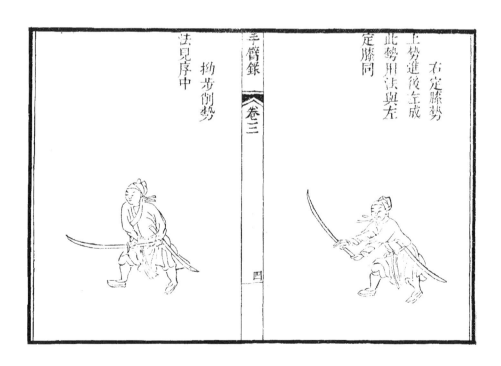

拗步撩勢

手臂錄〈卷三〉

斜提勢

先立上弓勢
槍扎脚刀提
開列身誘之
成此勢槍必
深入刀移槍
足于左進右
足從上斫之

五

朝天勢

槍右來前足開左進
右足抅斫之名左八
字槍左來前足開右
進後足順斫之名右
八字獨立勢用法不
出于此　移前足進
後足刀從上而下可
變右撩刀勢

手臂錄〈卷三〉

左撩刀勢

開右門槍來前
足門左進後足
刀自下而上

六

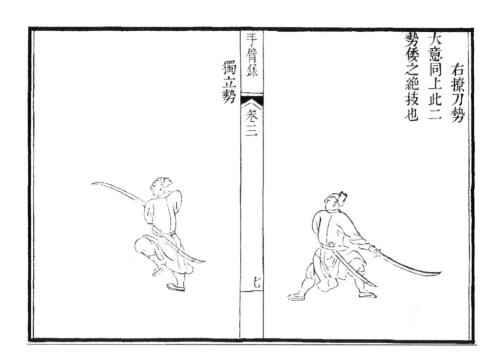

右撩刀勢

大意同上此二

勢倭之絶技也

手臂錄 卷三 七

獨立勢

低看勢

手臂錄 卷三 八

上弓勢

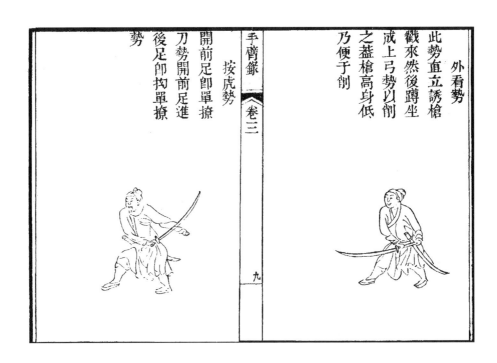

外看勢

此勢直立誘槍
戳來然後蹲坐
減上弓勢以削
之葢槍高身低
乃便于削

手臂錄　〈卷三〉

按虎勢

開前足卽單撩
刀勢開前足進
後足卽拘單撩
勢

九

拗步單撩勢

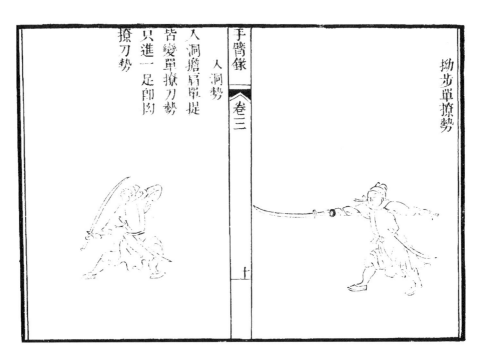

人洞勢

入洞擔肩單提
皆變單撩刀勢
只進一足卽拘
撩刀勢

手臂錄　〈卷三〉

十

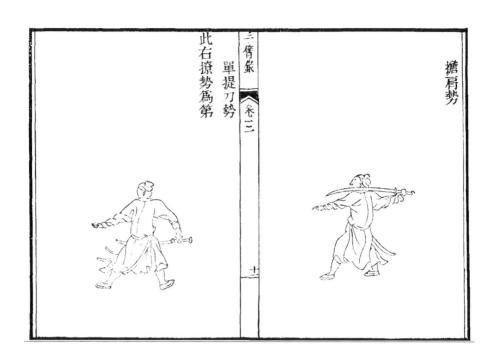

單提刀勢

此右撩勢為第

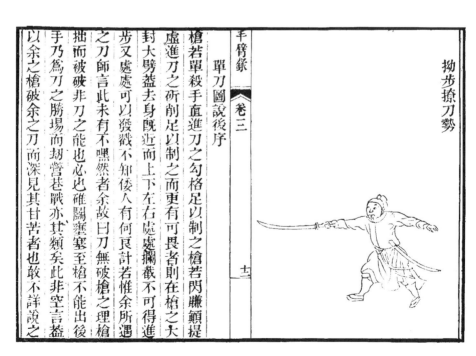

手臂錄　卷三　十二

單刀圖說後序

槍若單殺手直進刀之勾格足以制之槍若閃賺顛提
虛進刀之所削足以制之而更有可畏者則在槍之大
封大劈蓋去身既近而上下左右處處攔截不可得進
步又處處可以發截不噫然者余故曰刀無破槍之理槍
之刀師言此未有不噫然者余故曰刀無破槍之理槍
拙而被破非刀之能也必也確關壅塞至槍不能出後
手乃為刀之勝場而刼營巷戰亦其類矣此非空言蓋
以余之槍破余之刀而深見其甘苦者也敢不詳說之

滄塵子吳殳一氏修齡誤

手臂錄

卷三

十三

手臂錄卷三終

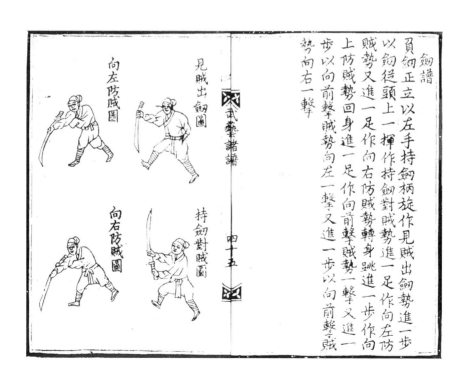

長刀製

刃長五尺後用銅護刃一尺柄長一尺五寸共長六
尺五寸重三斤八兩此自倭犯中國始有之彼以此
跳舞光閃而前我兵已奪氣倭一躍丈餘刀長五
尺我兵遭之者身多兩斷今如獨用則無衛惟鳥銃
手賊遠發銃賊至近身則此刀可以兼用

노기리대자ᄒᆡ오뒤히구리로ᄢᅵ노ᄒᆞᆯ새기롤ᄒᆞᆫ

武藝諸譜 四十四

자만ᄒᆞ고ᄯᅩᆺ기리ᄒᆞ자다ᄉᆞ치라대도기리예
자다ᄉᆞ치오므긔두斤ᄉᆞ여됴ᄒᆞ여야닙이니이ᄂᆞ예
中듕國국을犯범ᄒᆞ므로브터비로소이시니데
일로ᄡᅥᄲᅥ며뒤져겨비치번드번드ᄒᆞ여나아오
尺쟈ᄅᆞᆨ몸미만히둘히그쳐디ᄂᆞ니이제만일혼자
ᄡᅳᆯ則즉ᄡᅳ리거시업ᄉᆞ니오직鳥됴銃츙手슈도
者쟈ᄂᆞᆫ멀니셔뱌ᄒᆡ운을아이ᄒᆡᄂᆞᆫ니라예ᄒᆞᆫ번
면니마마뱌고놀기린대쟈ᄒᆡ리ᄂᆡᄲᅢ내만일혼자
丈댱나마뱌고놀기린대쟈ᄒᆡ리ᄂᆡ兵병만나ᄂᆞᆫ
자다ᄉᆞ치오므긔두斤ᄉᆞ여됴ᄒᆞᆫ兵병
者쟈머러신제ᄂᆞᆫ銃츙統노고도ᄯᅩ기니ᄅᆞ러모
미니ᄂᆞᆫ則즉이갈호ᄅᆞ可가히兼겸ᄒᆞ여ᄡᅳᆯ디니라

銃譜

員銃正立以左手持銃柄旋作見賊出銃勢進一步
以銃從頭上一揮作持銃對賊勢轉身跳進一足作向左防
賊勢又進一足作向右防賊勢轉身跳進一足作向
上防賊勢回身進一足作向前擊賊勢向左一擊又進一
步以向前擊賊勢向左一擊又進一
步以向前擊賊
勢向右一擊

武藝諸譜 四十五

向左防賊圖

見賊出銃圖

向右防賊圖

持銃對賊圖

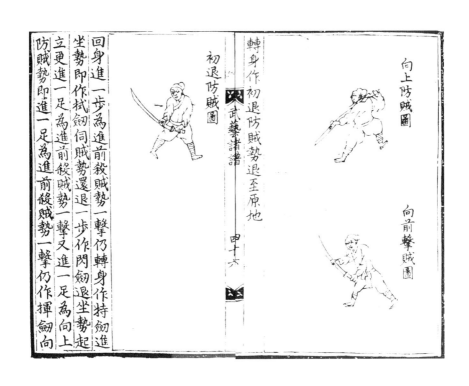

向上防賊圖

向前擊賊圖

轉身作初退防賊勢退至原地

初退防賊圖

武藝諸譜 四十六

回身進一步為進前殺賊勢一擊仍轉身作持劍進
坐勢即作拭劍伺賊勢還退一步作閃劍退坐勢起
立更進一足為進前後賊勢一擊又進一足為向上
防賊勢即進一足為進前後賊勢一擊仍作揮劍向

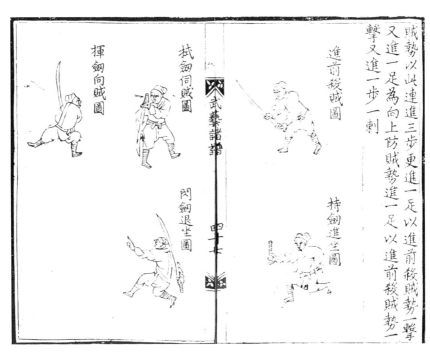

賊勢以此連進三步更進一足以進前後賊勢一擊
又進一足為向上防賊勢進一足以進前後賊勢一
擊又進一步一刺

進前殺賊圖

持劍進坐圖

拭劍伺賊圖

閃劍退坐圖

揮劍向賊圖

武藝諸譜 四十七

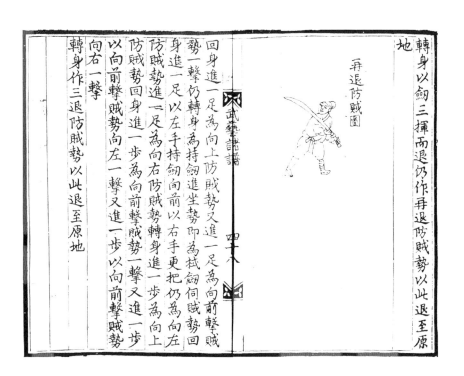

再退防賊圖

武藝諸譜　四十八

回身進一足為向上防賊勢又進一足為向前擊賊
勢一擊仍轉身為持劒進坐勢即為拭劒伺賊勢回
身進一足以左手持劒向前以右手更把仍為向左
防賊勢進一足為向右防賊勢轉身進一步為向上
防賊勢回身進一步為向前擊賊勢一擊又進一步
以向前擊賊勢向左一擊又進一步以向前擊賊勢
向右一擊
轉身作三退防賊勢以此退至原地

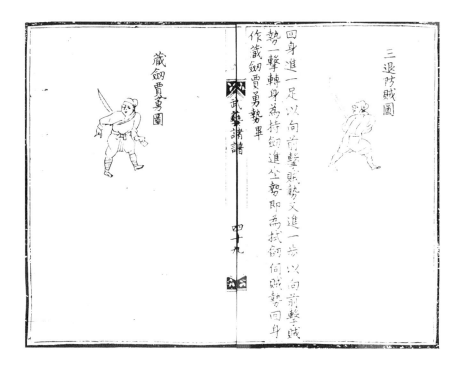

三退防賊圖

武藝諸譜　四十九

藏劒賈勇圖

回身進一足以向前擊賊勢又進一步以向前擊賊
勢一擊轉身為持劒進坐勢即為拭劒伺賊勢回身
作箴劒賈勇勢畢

劍勢總圖

劍세니기노譜보

칼흘지고正히셔셔왼손으로써칼줄로자바
뻐겨레見견賊적出츌劍검勢셰로흐고거름
낫드라칼로뻐머리우흐로흐번둘러持디劍검
對디賊적勢셰로흐고흐발나오와向향左좌
防방賊적勢셰로흐고호도호발나오와向향右우
防방賊적勢셰로흐고몸을두로텨흐거름낫드
라向향上샹防방賊적勢셰로흐고도로흐여
호발나오허向향前전擊뎍賊적勢셰로뻐

武藝諸譜

五五

進진흐고흐ᄆ一…鎭뎐세셩뎌…
退초退防賊退초退防賊
進진흐고흐ᄆ一…세뎌…鎭션…
退퇴退防賊
進진흐고흐ᄆ一…세…鎭…
退三退防賊

退至原地
退至閃劍退坐
退至原地

---

검退퇴進진坐좌勢셰로흐고더셔서다시흐바를
劍검進진坐좌勢셰로흐고도로흐번티흐바를
賊적勢셰로흐고흐발나오허進진前젼殺살賊적
나고텨進진前젼殺살賊적勢셰로흐번티고도

勢셰로흐고흐번티고인흐야몸으로두로텨持디
몸을도로텨흐거름낫드라進진前젼殺살賊적
勢셰로흐고흐번티고인흐야몸으로두로텨
勢셰로흐야흐번티고인흐야몸으로두로텨
劍검進진坐좌勢셰로흐고흐번티閃셤劍
賊적勢셰로흐고ᄂᆞ리더셔서다시흐바를

武藝諸譜

五十

흐발낫드라向향上샹防방賊적勢셰로흐고即즉
주시호발낫드라進진前젼殺살賊적勢셰로흐
야흐번티고인흐야揮취劍검向향賊적勢셰로
흐야일료벤련흐야세거름을낫들고곳흐바
로나오허進진前젼殺살賊적勢셰로뻐흐번티
고도호발나오허進진前젼殺살賊적勢셰로
고호바롤나오허進진前젼殺살드라호번디라
번티고도호거름낫드라호번저어믈러인흐야
몸을두로텨칼로세번저어믈러인흐야일로뻐므르드라제자
退防賊적勢셰로흐야일로뻐므르드라제자

武藝諸譜

五十一

왼넉도라ᄂᆞ번티고도호거름낫드라向향前젼
擊뎍賊적勢셰로흐고흐도라흐번티라
몸을두로텨初초退퇴防방賊적勢셰로흐야므
르드라제자히니라

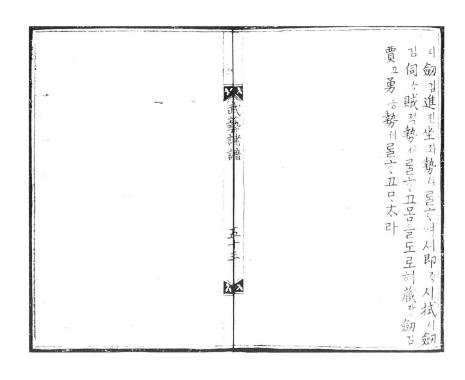

五十二

히니라라 몸을 도로혀 호바룰 나오와 向샹上
防방賊적勢셰룰 호고 坐坐호바룰 나오와 몸을 두로
젼擊격賊적勢셰로 호고 坐坐번티고 인호야 몸을 두로
터持디劒검을 坐坐勢셰로 호여서 即즉시 拭
시劒검伺ᄉ賊적勢셰룰 호고 몸을 도로혀 호바
룰 나오티며 원손ᄋ로 다시 잡아서 진호야 向향右우防
방야 호순손ᄋ로 다시 발나외터 向향右우防방賊적
반賊적勢셰되고 坐坐발나외터 向향賊적
적勢셰로 호고 몸을 도로터 호거룸 낫드라 向향
上샹防방賊적勢셰되며셔 인호야 몸을 도로혀

호바룰 낫드라 向향前젼擊격賊적勢셰 호야 호
번티고 坐坐호거룸 낫드라 向향前젼擊격賊적
셔로버 인녁크로호번티고 坐坐호거룸 낫드라 向향
항前젼擊격賊적勢셰로 버울호녀크로호번티
라

몸을 두로텨 三삼退퇴防방賊적勢셰로호야 일
로버 므르드라 제자히니라라
몸을 도로혀 호바룰 낫드라 向향前젼擊격賊
적勢셰로버 호번티고 坐坐호거룸 낫드라 向향
젼擊격賊적勢셰로버 호번티고 몸을 두로터 持

五十三

一

디劒검進진坐坐勢셰로 호여서 即즉시 拭시劒검
김伺ᄉ賊적勢셰룰 호고 몸을 도로혀 藏장劒검
賈고勇용勢셰로 호고 모太라

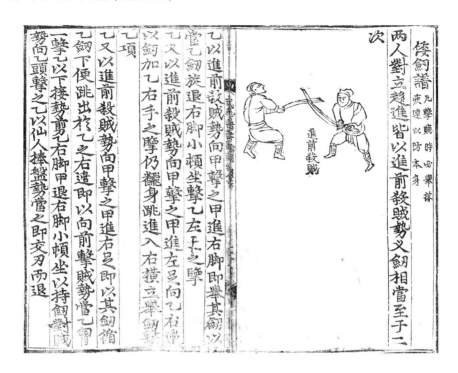

倭劍譜 凡擊賊時必擧釰 爽速以防本身

次

两人對立趙進 皆以進前殺賊勢又釰相當至于二

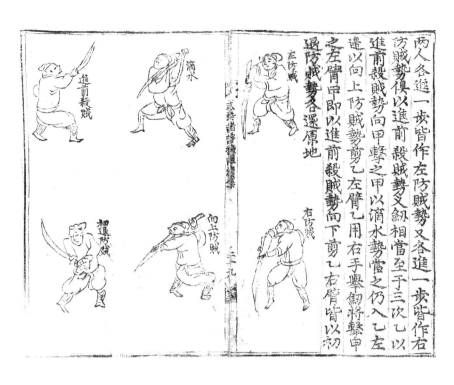

兩人各進一步皆作左防賊勢又各進一步皆作右
防賊勢俱以進前殺賊勢又劒相當至于三次乙以
進前殺賊勢向甲擊之甲以滴水勢當之仍入乙左
遷以向上防賊勢剪乙左臂甲即以滴水勢當之劒將擊甲
之左臂甲即以進前殺賊勢向下剪乙右臂皆以初
退防賊勢又各還原地

左防賊　滴水　進前殺賊
向上防賊　右防賊　相退防賊

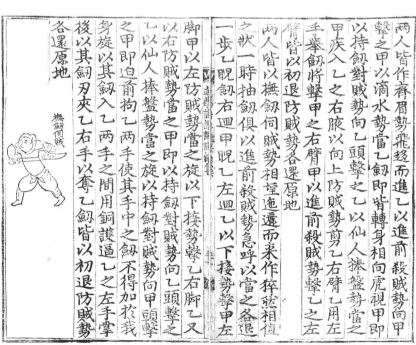

兩人皆作齊眉勢飛起而進乙以進前殺賊勢向甲
擊之甲以滴水勢當之乙劒即轉身相向虎視甲即
以持劒對賊勢向乙頭擊之乙以仙人捧盤勢當之
甲疾入乙之右腋向上防賊勢剪乙右臂乙用左
手舉劒將擊甲之右臂甲以進前殺賊勢擊乙之左
臂皆以初退防賊勢各還原地
兩人皆以撫劒伺賊勢相埋迤邐而來作狎然相值
之狀乙時抽劒俱以進前殺賊勢急呼以當之各退
一步乙睨劒右迴甲睨乙左迴乙以下接勢擊甲
脚甲以左防賊勢當之旋以下接勢擊乙右脚乙又
以右防賊勢當之甲即以持劒對賊勢向乙頭擊之
乙以仙人捧盤勢當之旋以持劒對賊勢向甲頭擊
之甲即迫前拘乙兩手之間用銅護遍乙之左手掌
身旋以其劒入乙兩手使其手中之劒不得加於我
後以其劒刃夾乙右手以奪乙劒皆以初退防賊勢
各還原地

撫劒伺賊

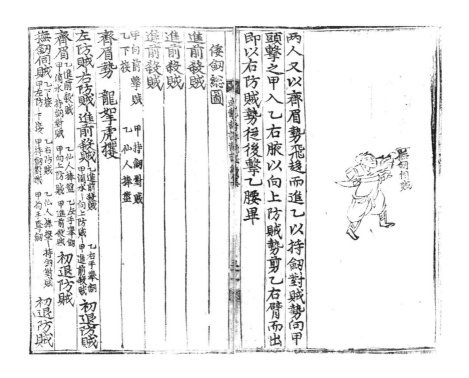

兩人又以齊眉勢飛超而進乙以持劒對賊勢向甲
頭擊之甲入乙右腋以向上防賊勢剪乙右臂而出
即以右防賊勢從後擊乙腰畢

黑胡伺賊

倭劍總圖

進前殺賊　乙仙人捧盤
進前殺賊　乙持劒對賊
進前殺賊　甲向前擊賊
齊眉勢　甲下接　乙下接
　　　　乙仙人捧盤

齊眉勢　龍拏虎攫
左防賊右防賊進前殺賊　乙進前殺賊　甲滴水－持劒對賊　初退防賊
齊眉　乙進前殺賊　甲滴水－向上防賊－甲進前殺賊　初退防賊
　　　乙左手擧劒　乙右防賊　乙仙人捧盤－持劒對賊
無劒伺賊　甲下接　乙右防賊　乙仙人捧盤　初退防賊
　　　　　甲左防－下接　甲持劒對賊
　　　　　　　　　　甲為手擧劒

齊眉　乙持劒對賊　甲向上防賊　乙右防賊

두사룸이맛셔셔두라드러다向향前전殺살賊적
勢셰로뻐갈흘엇다혀셔루대엿기룰두젹ㅎ라乙
을이進진前젼殺살賊적勢셰로뻐甲갑을向향ㅎ
야티거든甲갑이올흔다리룰나오며即즉지그갈
흘드러뻐곰乙을의갈흘막고겨리윈틱풀모굴티
라

乙을이쏘進진前젼殺살賊적勢셰로뻐甲갑을向
향ㅎ야티거든甲갑이왼바룰나오혀乙을의올흔

덕흐로向향ㅎ며갈로뻐乙을의올흔손모긔다히
고인ㅎ야몸을뒤텨뛰여나아올흔녁ㅎ로드러빗
기셔셔갈흘드러乙을의손모굴티라

乙을이進진前젼殺살賊적勢셰로뻐甲갑을向향
ㅎ야티거든甲갑이올흔바룰나오혀며그갈로뻐
乙을의갈아래룰슷티며곳乙을의올흔녁ㅎ로뻐
여나며即즉지向향前젼擊격賊적勢셰로뻐甲갑
의가슴을乙을이下하接졉勢셰로뻐甲갑의올흔
다리룰ㅁ리티거든甲갑이올흔다리룰믈리티며

---

조안좀ㅎ야持디劒검對ㄷ디賊적勢셰로뻐乙을의
머리룰向향ㅎ야티거든乙을이仙션人인棒봉盤반
勢셰로뻐마가거레갈놀흘다ㅎ고셔루므라라
다齊제眉미殺살勢셰로뻐各각각흔거룸나아드
러도로터龍룡挐나拏擊확勢셰로뻐셔루向향
ㅎ야바루보고도흔거룸낫두라乙을이칼흘도러
甲갑의왼녁ㅊ로向향ㅎ야티려크든甲갑이즉지
두로터올흔발로뻐乙을의올흔녁크로向향ㅎ며
칼흘들며왼발나와乙을의올흔녁발로뻐乙을
의사채드리두며룸룸

두사룸이各각각흔거룸식낫드러다左좌防방賊적
勢셰로뻐둘ㅎ고또各각각흔거룸식낫두라右우防
방勢셰로뻐ㅎ고다向향前젼殺살賊적勢셰로
뻐갈흘빗다허다잇기룰셰번ㅎ고乙을이進진前젼
殺살賊적勢셰로뻐甲갑을向향ㅎ야乙을이티거든甲
갑이滴덕水슈勢셰로뻐막고인ㅎ야乙을의왼녁
쑤룰ㅁ리티고乙을이올흔소눈뻐갈흘드러將쟝

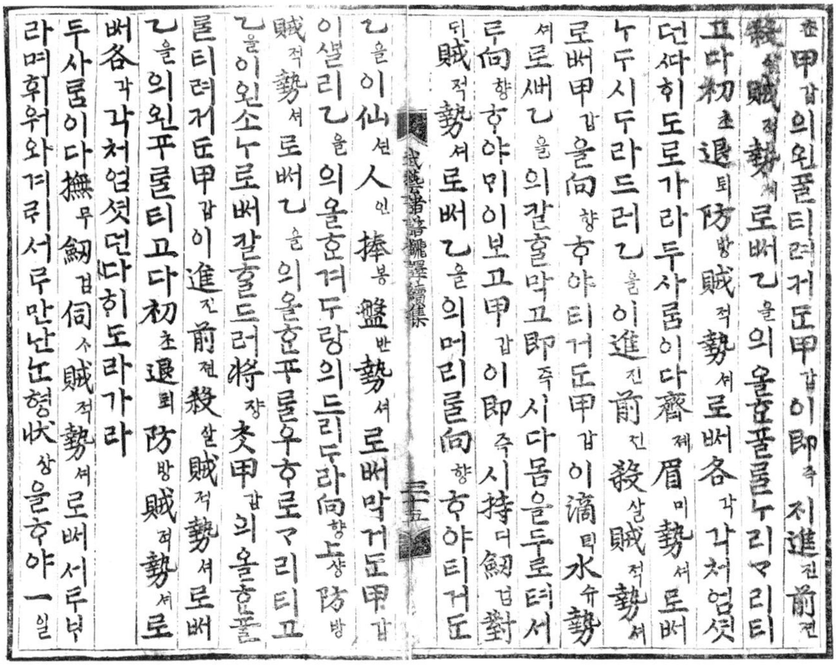
乙 甲갑의왼풀티려거든甲갑이卽즉지進진前전
殺살賊적勢셰로버乙을의올ᄒᆞᆫ풀ᄅᆞᆯ누리마리티
고다初초退퇴防방賊적勢셰로버各각각처엄셧
던ᄯᅡ히도로가라두사ᄅᆞᆷ이다齊제眉미勢셰로버
누두시두라드리乙을이進진前전殺살賊적勢셰
로버甲갑을向향ᄒᆞ야티거든甲갑이滴적水슈勢
셔로새乙을의갈ᄒᆞᆯ막고卽즉시다몸을두로텨셔
두向향ᄒᆞ야미이보고甲갑이卽즉시持디劍검對
되賊적勢셰로버乙을의머리ᄅᆞᆯ向향ᄒᆞ야티거든

武藝諸譜翻譯續集 三十五

乙을이仙션人인捧봉盤반勢셰로버막거든甲갑
이샐리乙을의올ᄒᆞᆫ겨두랑의드리두라向향上샹防방
賊적勢셰로버乙을의올ᄒᆞᆫ풀ᄅᆞᆯ우ᄒᆞ로마리티고
乙을이왼소누로버갈ᄒᆞᆯ드러將장交교甲갑의올ᄒᆞᆫ풀
ᄅᆞᆯ티려거든甲갑이進진前전殺살賊적勢셰로버
乙을의왼풀ᄅᆞᆯ티고다初초退퇴防방賊적勢셰로
버各각각처엄셧던ᄯᅡ히도라가라
두사ᄅᆞᆷ이다撫무劍검伺ᄉᆞ賊적勢셰로버서루벼
라며휘워와겨루리서루만난ᄯᅢ형狀샹을ᄒᆞ야一일

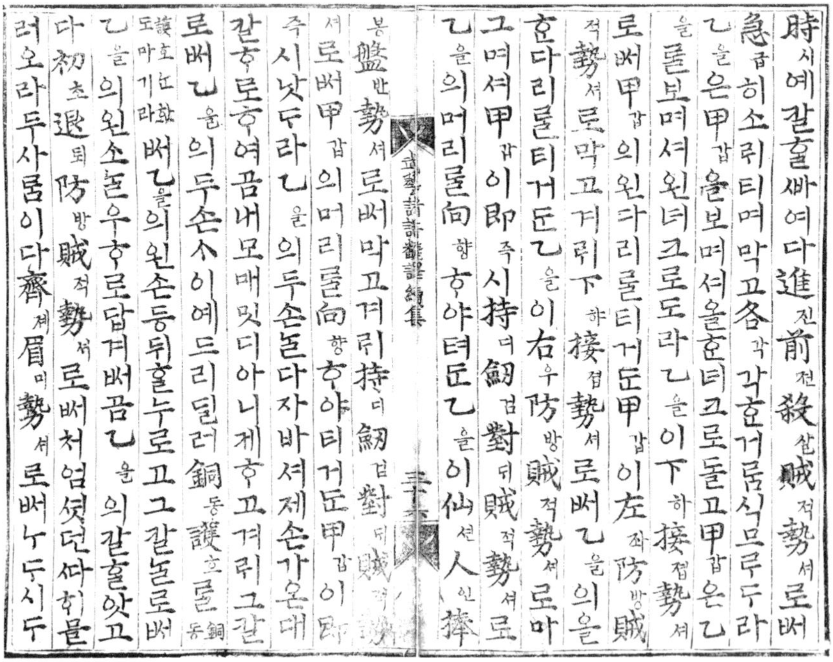
時시예갈ᄒᆞᆯ쌔여다進진前전殺살賊적勢셰로버
急급히소리티며막고各각각ᄒᆞᆫ거름식므루두라
乙을은甲갑을보며셔올ᄒᆞᆫ텨크로돌고甲갑은乙
을ᄅᆞᆯ보며셔왼텨크로도라乙을이下하接졉勢셰
로버甲갑의왼다리ᄅᆞᆯ티거든甲갑이左좌防방賊
적勢셰로막고겨루下하接졉勢셰로버乙을의올
ᄒᆞᆫ다리ᄅᆞᆯ티거든乙을이右우防방賊적勢셰로마
그며셔甲갑이卽즉시持디劍검對되賊적勢셰로
乙을의머리ᄅᆞᆯ向향ᄒᆞ야텨든乙을이仙션人인捧

武藝諸譜翻譯續集 三十六

봉盤반勢셰로버막고겨루持디劍검對되賊적勢
셰로버甲갑의머리ᄅᆞᆯ向향ᄒᆞ야티거든甲갑이卽
즉시낫두라乙을의두손놀다자바셔제손가온대
갈ᄒᆞ로ᄒᆞ여곰내모매닛디아니게ᄒᆞ고겨리그갈
로버乙을의두손ᄉᆞ이예드리되려銅동護호ᄅᆞᆯ銅동
護호ᄂᆞᆫ도마기라버乙을의왼손등뒤ᄒᆞᆯ누로고그갈놀로버
乙을의왼소놀우ᄒᆞ로답겨버곰乙을의갈ᄒᆞᆯ앗고
다初초退퇴防방賊적勢셰로버처엄셧던ᄯᅡ히ᄅᆞᆯ
려오라두사ᄅᆞᆷ이다齊제眉미勢셰로버누두시두

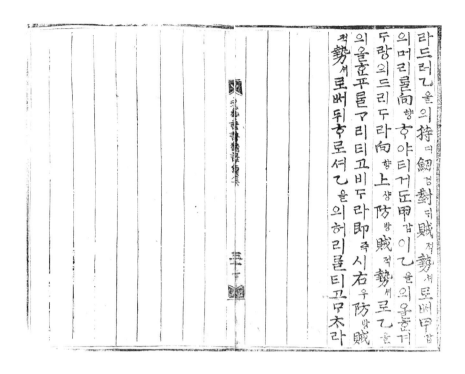

타드러乙을의持디釼검對디賊적勢셔로뼈甲갑
의머리룰向향ᄒ야티거도甲갑이乙을의울흔겨
우랑의드리라向향上샹防방賊적勢셔로乙을
의울호푸룰ᄀ리티고비두라即즉시右우防방賊적
勢셔로뼈뒤흐로셔乙을의허리룰티고무木라

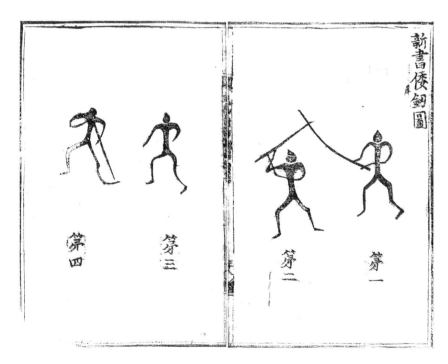

新書倭釼圖

第一

第二

第三

第四

三十

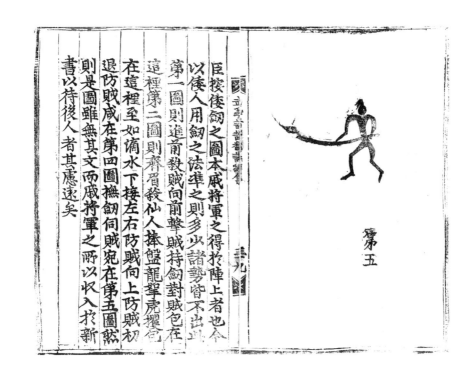

臣按倭劍之圖本戚將軍之得於陣上者也今
以倭人用劍之法準之則多少諸勢皆不出此
第一圖則進前殺賊向前撃賊持劍對賊包在
這裡第二圖則齊眉殺仙人捧盤龍翠虎攔合
在這裡至如滴水下接左右防賊向上防賊初
退防賊咸在第四圖撫劍伺賊宛在第五圖然
則是圖雖無其文而戚將軍之所以收入於新
書以待後人者其應速矣

# 9.《무예도보통지》〈쌍수도(雙手刀)〉

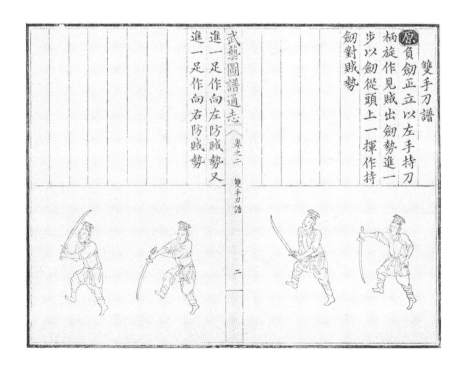

武藝圖譜通志卷之二

雙手刀　[案] ○本名長刀俗稱用劍平劍

葉式　銅護刀

刀

戚繼光曰刀長五尺後用銅護刀一尺柄長一尺
五寸共長六尺五寸重二斤八兩此自倭犯中國始
有之彼以此跳舞光閃而前我兵已奪氣矣倭一躍
文餘遭之者兩斷緣器利而雙手使用力重故也今
如獨用則無衛惟鳥銃可以仲手可兼賊遠發銃賊近用

武藝圖譜通志〈卷之二　雙手刀〉二

[案] 本名長刀今呼雙手刀以有雙手使用之文故
也今六不用此制惟以腰刀代習但存其名耳茅
元儀曰長刀倭奴之制甚利于步古所未備然中
華古今注曰漢世傳高帝斬白蛇劍長七尺漢書馮
廣川惠王越漢景帝子也孫去作七尺五寸劍後漢書
異傳車駕送至河南賜以七尺玉具劍臻之肩坤刀
劍錄周昭王鑄五劍各投五嶽名曰鎮嶽長五尺
石季龍劍長五尺慕容垂二刀長七
尺一雄一雌則長刀之來亦舊矣

雙手刀譜　[原]
負劍正立以左手持刀
柄旋作見賊出劍勢進一
步以劍從頭上一揮作持
劍對賊勢

武藝圖譜通志〈卷之二　雙手刀譜〉二

進一足作向左防賊勢又
進一足作向右防賊勢

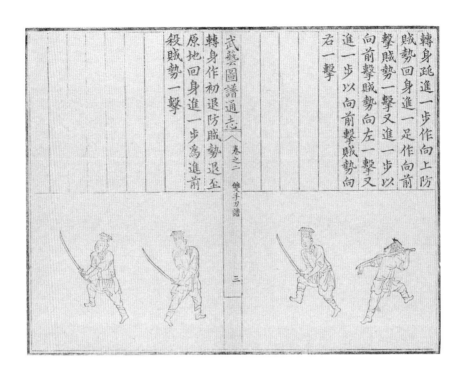

轉身跳進一步作向上防
賊勢回身進一足作向前
擊賊勢一擊又進一步以
向前擊賊勢向左一擊又
進一步以向前擊賊勢向
右一擊

武藝圖譜通志〈卷之二 雙手刀譜〉 三

轉身作初退防賊勢退至
原地回身進一步爲進前
殺賊勢一擊

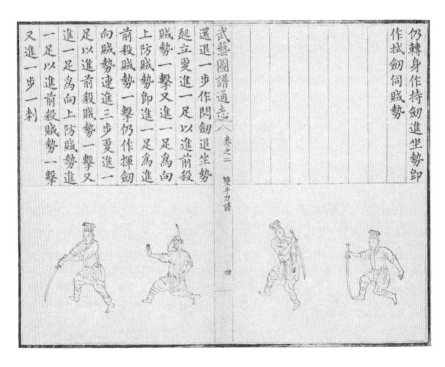

仍轉身作持劒進坐勢卽
作拭劒伺賊勢

武藝圖譜通志〈卷之三 雙手刀譜〉 四

還退一步作閃劒退坐勢
起立憂進一足以進前殺
賊勢一擊又進一足爲向
上防賊勢卽進一足爲進
前殺賊勢仍作揮劒
向賊勢連進三步憂進一
足以進前殺賊勢一擊又
進一足以進前殺賊勢一擊
又進一步一刺

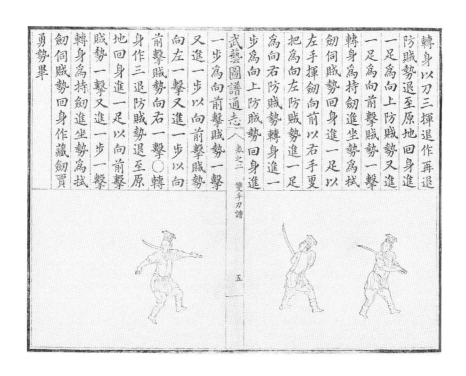

轉身以刀三揮退作再退
防賊勢退至原地回身進
一足爲向上防賊勢又進
一足爲向前擊賊勢一擊
轉身爲持劍進坐勢爲拭
劍伺賊勢回身進坐勢爲拭
左手揮劍向前進一足以
把爲向左防賊勢進一足
爲向右防賊勢轉身進一
步爲向上防賊勢回身進

武藝圖譜通志《卷之二》雙手刀譜

五

一步爲向前擊賊勢一擊
又進一步以向前擊賊勢
向左一擊又進一步以向
前擊賊勢向右一擊○轉
身作三退防賊勢退至原
地回身進以向前擊
賊勢一擊又進一步一擊
轉身爲持劍進坐勢爲拭
劍伺賊勢回身作藏劍賈
勇勢畢

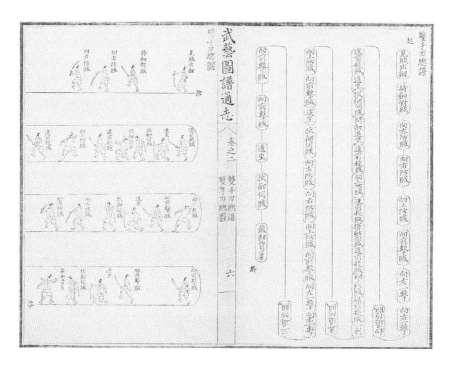

武藝圖譜通志《卷之二》雙手刀總譜 雙手刀總圖

六

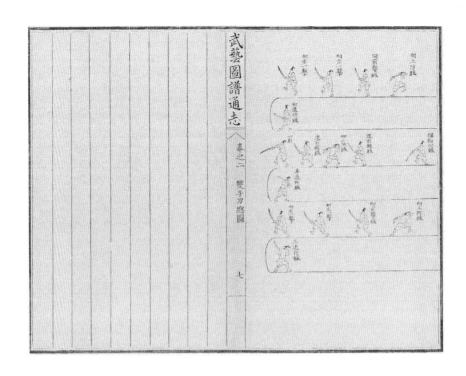

**[上圖]**

倭劍〈圖〉○交戰附

倭式刀

鞘　鐔　刀

陰流形　反首

**武藝圖譜通志**〈卷之二　倭劍　二十二〉

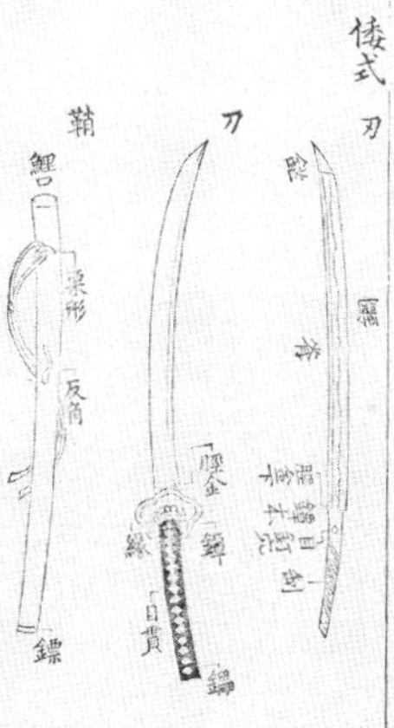

增茅元儀曰日本刀大小長短不同每人有一長刀
謂之佩刀其刀上又挿一小刀以便襍用又一刺刀
長尺者謂之解手刀長尺餘者謂之急拔亦刺刀之
類此三者乃隨身必用者也刀極剛利中國不及也
不論刀大小必於柄上一面鑴以象陽刻記字號以
爲古今賢否之辨槍劍亦然日本上庫刀山城君也關白
盛時盡取各島名匠封鎖庫中不限歲月竭其工巧
謂之上庫之時鐘鼎戈戟小大器用皆具夏嘉
中國工匠至今遵守倭人製造亦莫不然我國漫
無諳記良窳也

文鐔無款識注款刻也識史記年曰文凸曰款以象陽凹曰識以象陰也故禮月令物勒工名
三代之時鐘鼎戈戟禮月令今日物勒工名也刻工名
土工金工石工木工歇工怵工者盡亞正之偉識其季代姓名尺寸斤

**[下圖]**

**武藝圖譜通志**〈卷之二　倭劍　二十三〉

兩考其程而別其式也日本後鳥羽院倭偽皇號也時名
諸國良工開鍛冶皆稱靈劍有曰宗近國賴吉光
國友國吉國綱國宗正宗貞宗定秀行平近國賴吉延
房兼定國行鑴此名者皆名劍也因茅氏所論而
並記此以爲博攷之資

倭志曰倭賊勇而鷙不甚別生尪每戰輙赤體提三
尺刀舞而前無能捍者

倭漢三才圖會曰劍術以源義經號牛若相模州人父義朝
兵法復爲中興祖少時避平治御門奉號之亂到僧正谷
逢異人習劍術世稱神道流日向守愛洲移香嘗詣
鵜戶權現日本人以安廟祈業精而夢神現猿形以敎奧
祕名著于世號曰陰流武備志載陰流之撲飛
猿回等手法及圖可見其名遠鳴于吳國其徒上泉
武藏守信綱損益其法號新陰流盛行于世後戶田
竹内頭軍月石山科朴田柳生小野鏡中諸家皆本
於二流復加新意自爲一派者衆又曰欛刀以上也今
刀當曰鎺鋒也考工記云劍莖人所握鐔以上也史
多用鮫沙魚也魚也良安順日鮫得急惠以竹弔頭卷欛
木而纏緱緱音訛鉤則成白粄育有大粒者師欛甚良粒粒黑小兼備者價貴
記注曰劍口窊橫出者用金銀銅鐵眞鍮中以鐵爲

良久者愈佳其古者滑黑色帶微点皆椎打作之賤
者鑄作之鐔〔音喬〕劍莖飾也目貫劍莖兩面以金鐵作
色象飾之廣博物志曰龍生九子睚眦〔龍生九子各有名字
也〕好殺爲刀頭之歔益目貫卸睚眦之表儀手切羽鐔
表裏飾薄金各二枚曰大切羽小切羽脛金鐔際纏
剝歆鞘鮫之數品其鮫有河鮫梅花鮫藍鮫虎彪菊
蕚鮫等數品鐔刀末銅也今多用金銀銅鐵及角
重鞘刀室也用厚朴木〔本艸綱目曰高三四大徑一二尺葉如槲葉四
五不彫紅花青實皮極麤而厚生衣也〕爲之刀不鏽〔音秀鐵
生衣也〕黑漆或朱漆有摺
刀膚令鐔不搖又如腳脛布故名之有下脛上脛二

軍校金體乾〔音喬善走也〕捷工武藝　肅廟朝嘗隨
使臣入日本得劍譜學其術而來　上合試之體
乾拂劍回旋揭〔舉〕踵竪拇而步倭譜凡四種曰土
由流曰運光流曰千梛流曰柳彼流者猶義經
之派稱神道流信綱之派稱新陰流也體乾傳其
術至今行惟運光流中間失其傳體乾又演其
開出新意爲交戰之勢稱交戰譜而舊譜另爲一
譜故今附于倭劍譜也且交戰譜
所畫刀皆正爲單刀腰刀兩人習交戰
之勢慮其刺劃〔音圖割也皮裏數尺之木以代腰刀俗

稱木劍今倭劍譜所習之刀六腰刀也凡刀式犀
利倭人爲最故備載其刀式于圖

武藝圖譜通志〈卷之二　倭劍〉　二十五

[原] 土由流藏劍右挾正立

右手右脚左一打

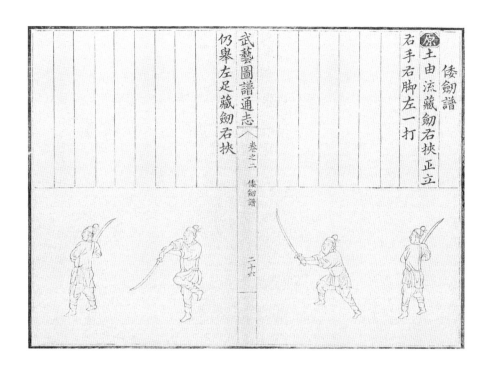

仍舉左足藏劍右挾

武藝圖譜通志 〈卷之二 倭劍譜〉

二六

劍右脚

右手左脚左一打進坐藏

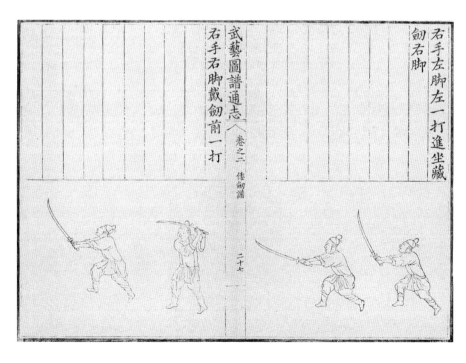

右手右脚戴劍前一打

武藝圖譜通志 〈卷之二 倭劍譜〉

二十七

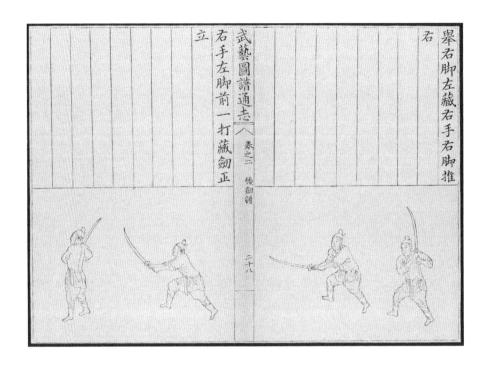

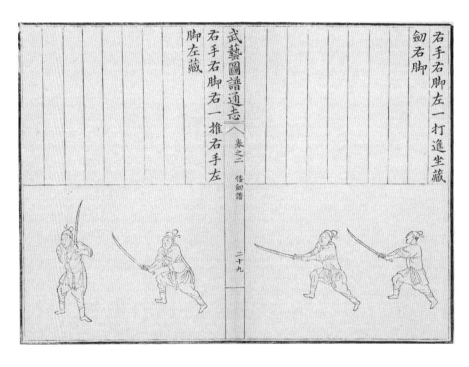

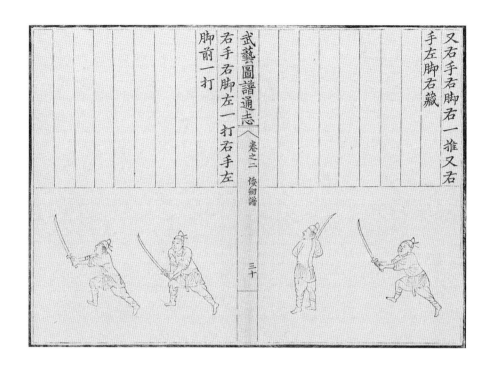

右手右脚左一打右手左脚前一打

武藝圖譜通志〈卷之二 倭劍譜〉 三十

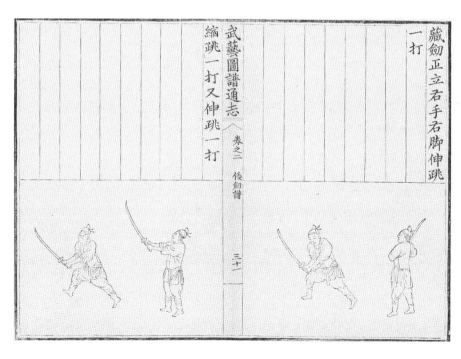

縮跳一打又伸跳一打

武藝圖譜通志〈卷之二 倭劍譜〉 三十一

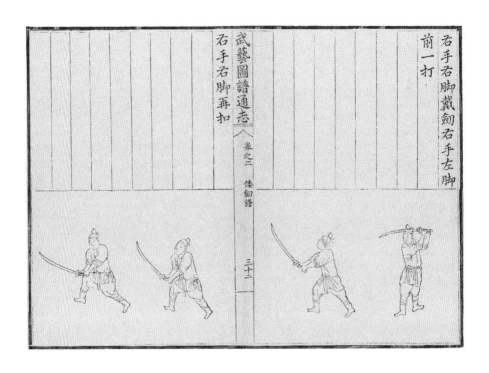

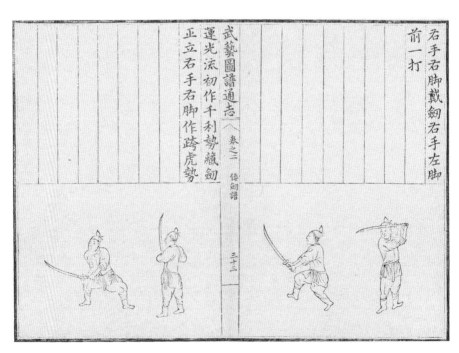

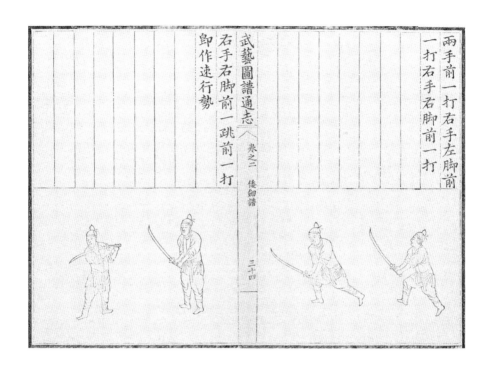

兩手前一打右手左脚前
一打右手右脚前一打

武藝圖譜通志〈卷之二　倭劍譜〉

右手右脚前一跳前一打
卽作速行勢

三十四

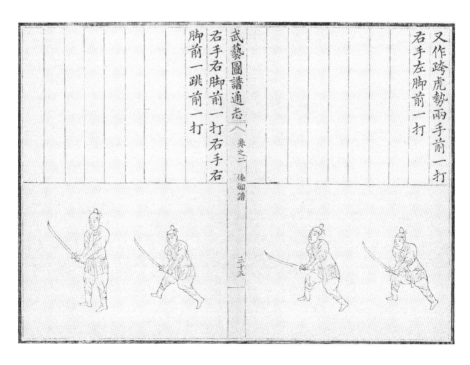

又作跨虎勢兩手前一打
右手左脚前一打

武藝圖譜通志〈卷之二　倭劍譜〉

右手右脚前一打右手右
脚前一跳前一打

三十五

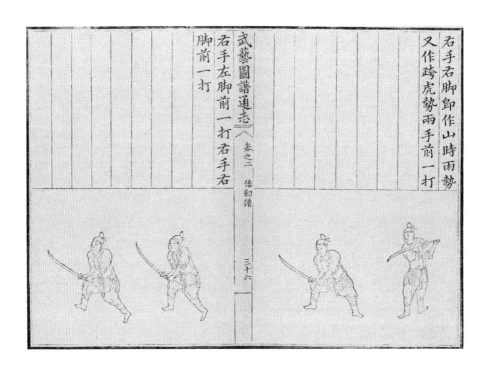

右手右脚卸作山時雨勢
又作跨虎勢兩手前一打

武藝圖譜通志 〈卷之三 倭劒譜〉 三十六

右手左脚前一打右手右
脚前一打

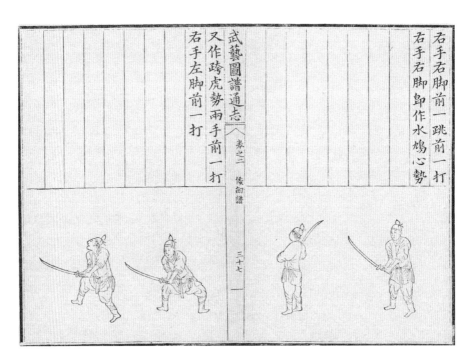

右手右脚前一跳前一打
右手右脚卸作水鳩心勢

武藝圖譜通志 〈卷之二 倭劒譜〉 三十七

又作跨虎勢兩手前一打
右手左脚前一打

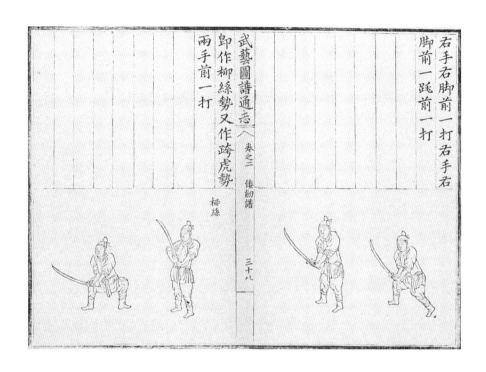

右手右脚前一打右手右
脚前一跪前一打

卽作柳絲勢又作跨虎勢
兩手前一打

柳絲

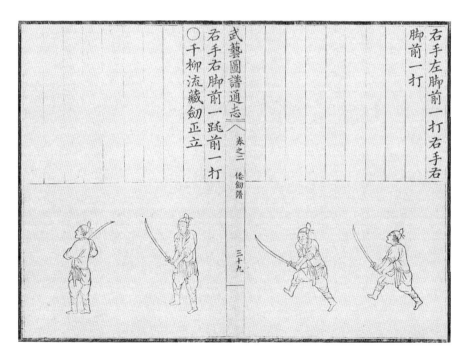

右手左脚前一打右手右
脚前一打

右手右脚前一跪前一打
○千柳流藏劍正立

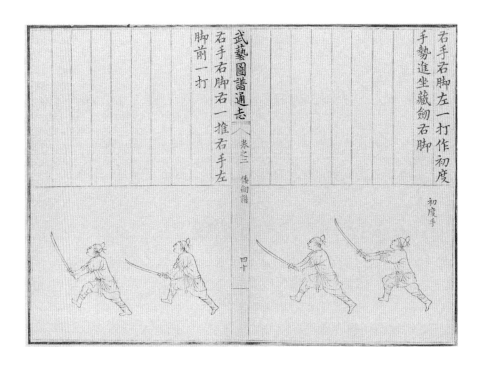

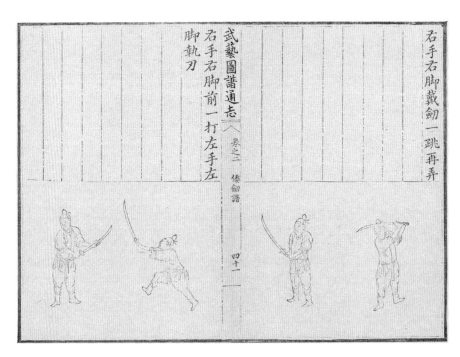

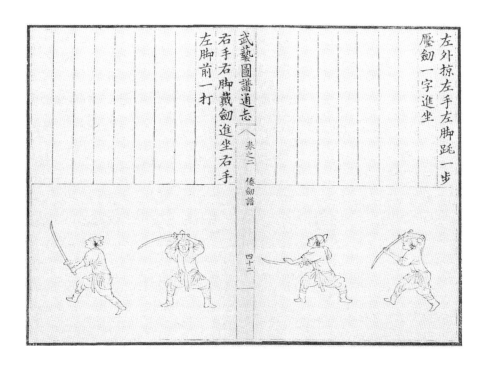

左外掠左手左脚跪一步
壓劍一字進坐

右手右脚戴劍進坐右手
左脚前一打

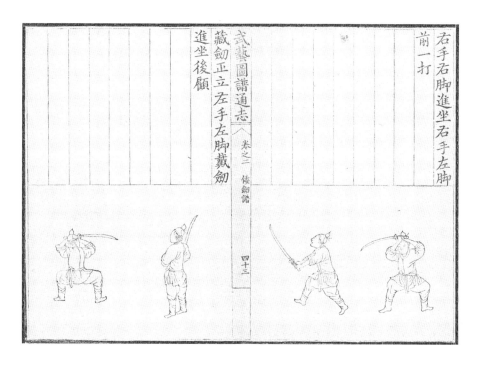

右手右脚進坐右手左脚
前一打

藏劍正立左手左脚戴劍
進坐後顧

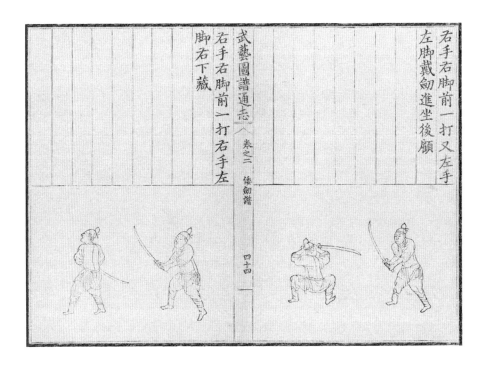

右手右脚前一打又左手
左脚戴劒進坐後顧

武藝圖譜通志〈卷之三 倭劒譜〉 四十四

右手右脚前一打右手左
脚右下藏

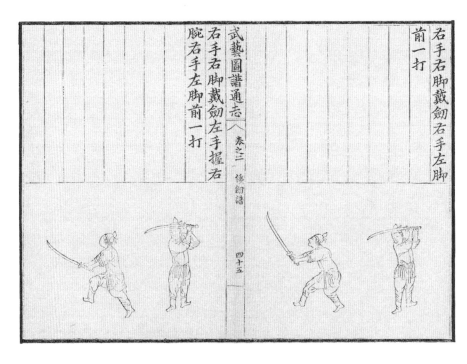

右手右脚戴劒右手左脚
前一打

武藝圖譜通志〈卷之三 倭劒譜〉 四十五

右手右脚戴劒左手握右
腕右手左脚前一打

石手石脚再扣石手石脚

石下藏

武藝圖譜通志 〈卷之二 倭劍譜〉 四十六

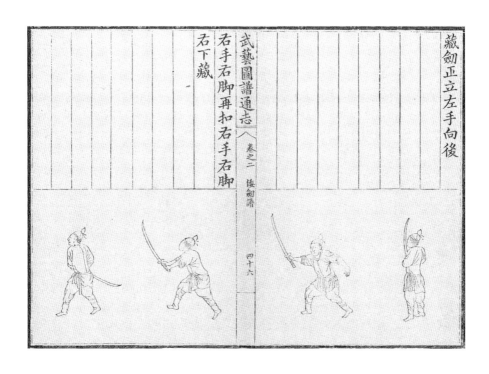

石手石脚戴劍石手左脚

前一打

藏劍正立石手石脚左出

跳一步坐打

武藝圖譜通志 〈卷之二 倭劍譜〉 四十七

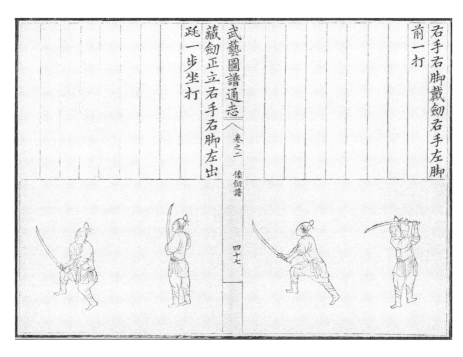

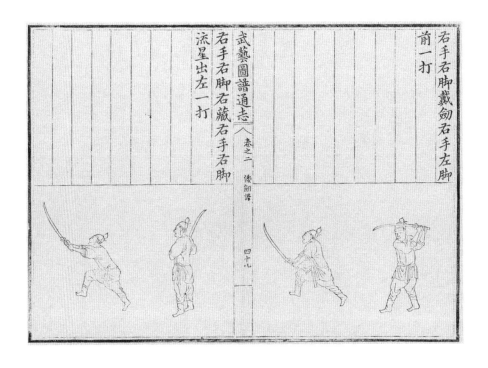

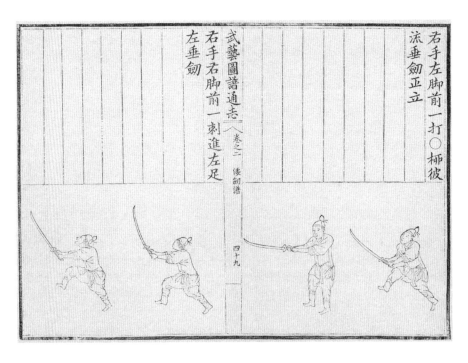

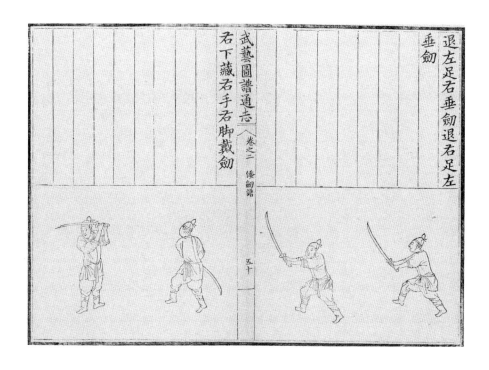

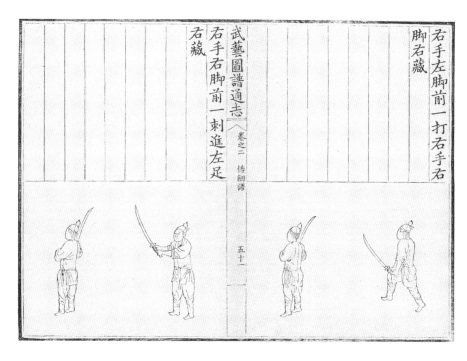

垂劒

退左足右垂劒退右足左

武藝圖譜通志〈卷之二 倭劒譜〉五十

右下藏右手右脚戴劒

脚右藏

右手左脚前一打右手右

武藝圖譜通志〈卷之二 倭劒譜〉五十一

右藏

右手右脚前一刺進左足

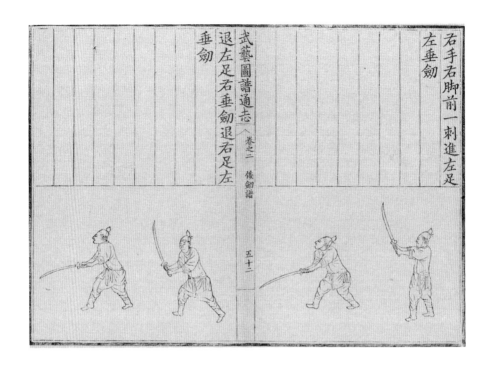

右手右脚前一刺進左足
左垂劍

武藝圖譜通志〈卷之二 倭劍譜〉

五十二

退左足右垂劍退右足左
垂劍

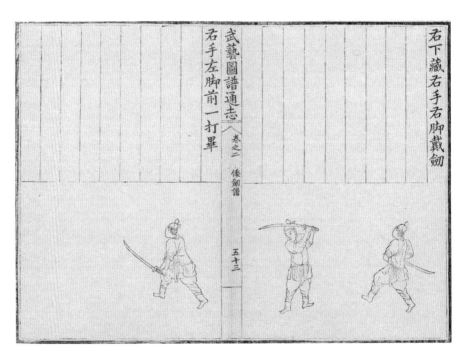

右下藏右手右脚戴劍

武藝圖譜通志〈卷之二 倭劍譜〉

五十三

右手左脚前一打畢

土由流藏劍[如城名]正立 右脚戴劍[左]舉右脚右手左脚[打]一 右手右脚[拒左]舉左足[進]坐藏劍[右脚右]右手

右脚戴劍[左]舉右脚 藏劍[左]進坐藏劍右手右脚[推] 右手左脚[打]一

藏劍正立 右手右脚 右手左脚[推]右手右脚[推] 右手左脚[藏]右手右脚

藏劍正立 右手右脚藏右手右脚 右手右脚[鑭]右手右脚 右手左脚[藏]右手右脚[叫]

運光流千利[正立]藏 右手右脚[伸跳一打續藏 一打伸跳一打] 右手左脚[摘]右手右脚 右手左脚[摘]右手右脚

右手右脚[跨虎]右手 兩手[打]前一右手右脚[摘] 右手左脚[摘]右手右脚

速行[橫劍][跨虎]兩手 兩手[打]前一右手左脚[摘]右手右脚[打]前一 右手左脚[摘]

武藝圖譜通志〈卷之二〉 倭劍總譜  五十四

山時雨[右手右脚][跨虎] 兩手[打]前一右手左脚[摘] 右手右脚[打]前一右手左脚[跳]

水鳩心[右脚]藏劍[跨虎] 兩手[打]前一右手右脚[打] 右手左脚[打]前一右手左脚[跳]

柳絲[右肩倚劍]跨虎 右手左脚[打]前一右手右脚[打] 左手左脚[打]前一右手左脚[跳]

千柳流藏劍正立[初度手] 進坐藏劍右手右脚[打] 右手左脚[打]前一右手右脚

進坐藏劍右手右脚[打] 左手右脚[進]右手左脚[打]前一 右手左脚[打]前一右手左脚[跳]

右手右脚[戴劍]藏劍 劍一字進坐[坐後偏]左手左脚 右手右脚[劍進]右手左脚[跳]

藏劍[再弄]右手右脚 [戴劍][坐後偏]左手左脚[掠外] 右手左脚[劍進]右手右脚

右手右脚[戴劍]右手 右脚[前打]一右手左脚[前打]一左手 左手左脚[前打]一右手右脚

右手左脚[打]前一 右手向[前打]左右手向[後] 右手右脚[前打]一右手右脚[戴劍]右手右

藏劍右手左脚打一 右手腕[右打]一右手要[前打]一右 石手右脚[叩]右手右脚[戴劍]右手右

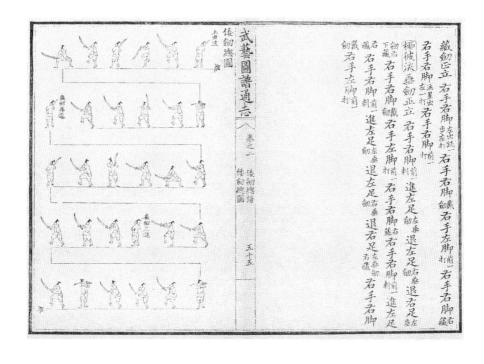

武藝圖譜通志〈卷之一〉 倭劍總圖  五十五
倭劍總圖
上由流[圖]

藏劍正立 右手右脚[步左出跳]一 右手右脚[摘] 右手右脚[鑭]右手左脚[摘] 右手右脚[藏右]

柳彼流[流星出]藏劍正立 右手右脚[劍藏]右手左脚[摘] 右手右脚[刺]前一 右手右脚[刺]前一

藏劍正立[乘劍]右手 右手右脚[劍藏]右手左脚[前] 進左足[劍左垂]退左足[右垂]進右足[左] 進左足

右手右脚[刺]前一 進左足[劍左垂]退右足[右垂]進左足[左] 退右足[左垂]藏劍 右手右脚

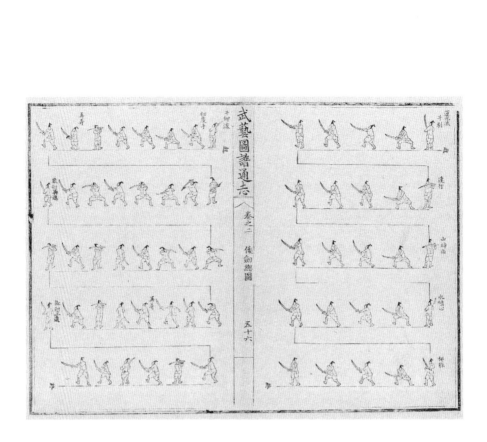

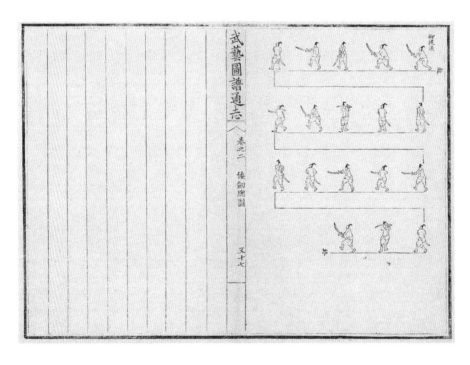

일본 검술의 한국화: 카게류에서 격검, 그리고 검도로

交戰譜

○原 挾
兩人右手負劍左手左

武藝圖譜通志　卷之二　交戰譜

五十八

甲初作見賊出劍勢右手
右脚前一打舉劍跳出又
一打回身向後乙又作見
賊出劍勢舉劍跳出劍刃
相接一次

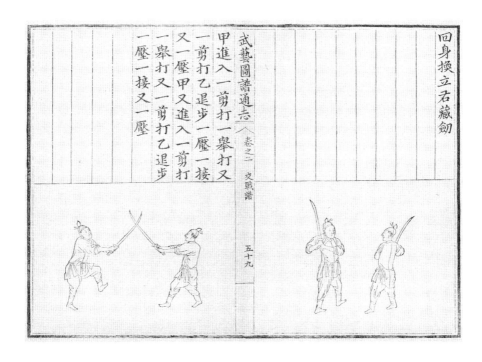

回身換立右手藏劍

武藝圖譜通志　卷之二　交戰譜

五十九

甲進入一剪打一舉打又
一剪打乙退步一壓一接
又一壓甲又進入一剪打
一舉打又一剪打乙退步
一壓一接又一壓

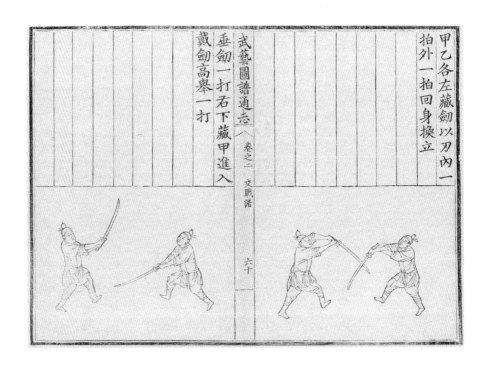

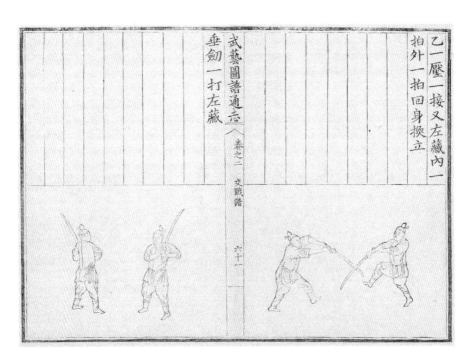

乙進入一剪打一舉打又
一剪打甲退步一壓一接
又一壓乙又進入一剪打
一舉打又一剪打甲退步
一壓一接又一壓

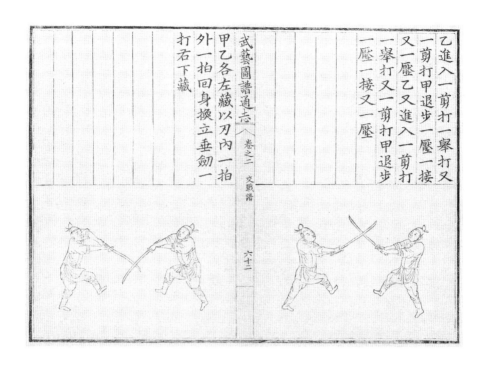

武藝圖譜通志 〈卷之二 交戰譜〉 六十二

甲乙各左藏以刃內一拍
外一拍回身換立垂劍一
打石下藏

乙進入戴劍高舉一打甲
一壓一接

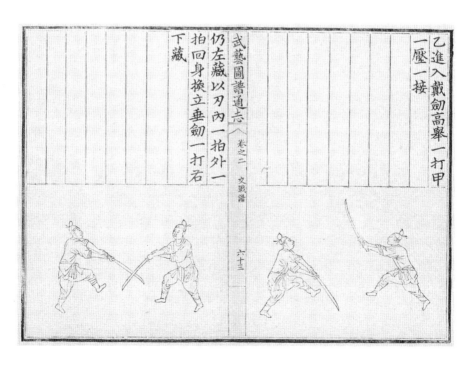

武藝圖譜通志 〈卷之二 交戰譜〉 六十三

仍左藏以刃內一拍外一
拍回身換立垂劍一打石
下藏

乙舉劒一打又一打甲進
入戴劒左垂劒左垂劒
打又左垂劒打乙退步左
垂劒防右垂劒防又左垂
劒防

武藝圖譜通志 《卷之二 交戰譜》 六十四

甲乙舉刃高打左垂劒一
打右下藏

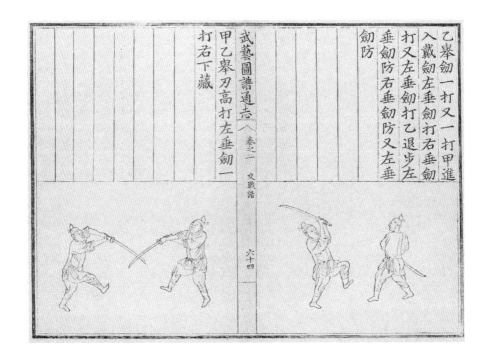

甲舉劒一打又一打乙進
入戴劒左垂劒左垂劒
打又左垂劒打甲退步左
垂劒防右垂劒防又左垂
劒防

武藝圖譜通志 《卷之二 交戰譜》 六十五

甲乙舉刃高打左垂劒一
打右下藏

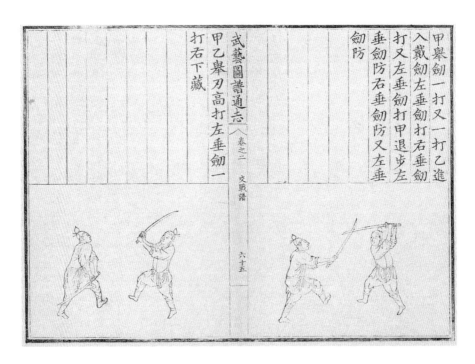

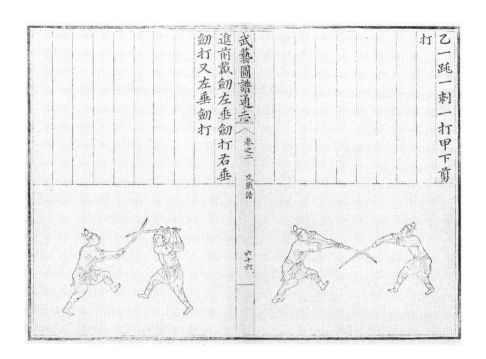

乙一跳一刺一打甲下翦
打

進前戴劒左垂劒打右垂
劒打又左垂劒打

武藝圖譜通志 〈卷之二 交戰譜〉

六十六

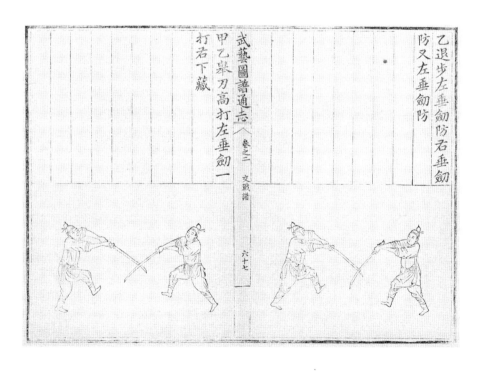

乙退步左垂劒防右垂劒
防又左垂劒防

甲乙舉刀高打左垂劒一
打右下藏

武藝圖譜通志 〈卷之二 交戰譜〉

六十七

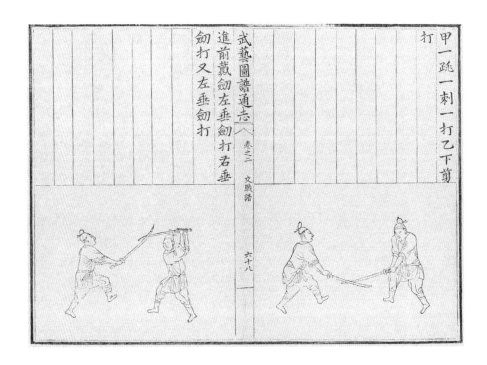

武藝圖譜通志　卷之二　交戰譜　六十八

進前戴劍左垂劍打右垂劍打又左垂劍打

甲一跳一刺一打乙下剪打

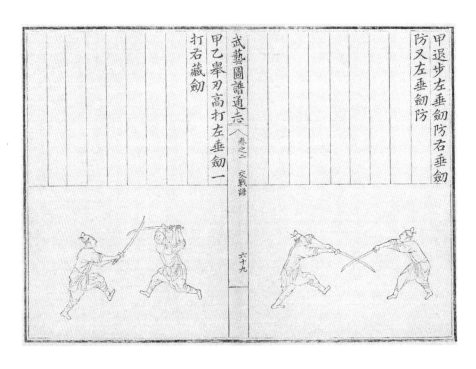

武藝圖譜通志　卷之二　交戰譜　六十九

甲乙舉刃高打左垂劍一打右藏劍

甲退步左垂劍防右垂劍防又左垂劍防

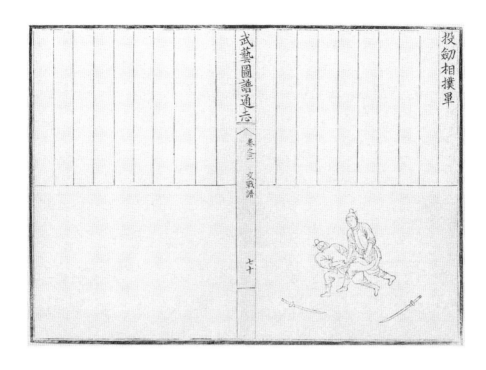

武藝圖譜通志 〈卷之三 交戰譜〉 七十

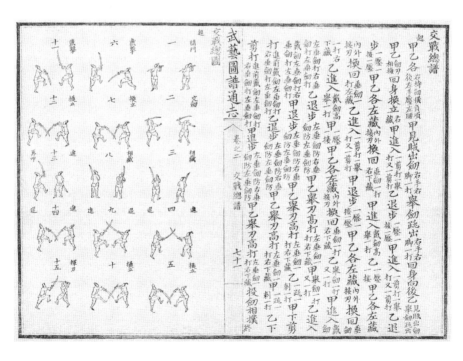

交戰總譜

甲乙各後左持劒橫負項
甲見賊出劒右手右
脚一打回身向後乙眾劒跳出
眾劒跳出右脚一打回身向後乙舉劒
甲乙相對回身換立 甲進入一壓一打乙
劒回身換立 乙進入一壓一打又一剪打畢甲乙退
步一壓一進入藏接刀換回乙進入
甲乙各左藏接刀換回乙進入甲
內外挾一剪打畢剪刀下藏 乙一打甲下剪
一壓一擧 甲退步一擧換回 甲進入擧劒垂
接刀一壓 乙進入擧劒甲退步乙一跳一打
乙進入一壓 甲進入擧劒甲乙各左藏
乙進入一壓 甲進入擧劒乙一跳一打甲下剪
劒防左垂劒防右垂 甲乙擧刀高打左垂劒甲下藏
劒非左垂劒防右垂 甲乙擧刀高打右垂劒又一打
劒防右垂劒防左垂劒 甲乙擧刀高打左垂劒乙一打
垂劒左垂劒防右垂 甲乙擧刀高打右垂劒乙一剌
打退行藏劒左垂劒防右 甲乙各左藏内外換回劒垂
打右垂劒防左垂劒防右 甲乙各左藏接刀換回劒垂
打右垂劒防左垂劒防甲退步 乙下剪
剪打進前藏劒左垂劒防甲退步 投劒相撲終

武藝圖譜通志 〈卷之二 交戰總譜〉 七十一

交戰總圖

起 開門
一 二 三 四 五
六 七 八 九 十
十一 十二 十三 十四 十五

戴擊
交劒 相撲 退 進 退 進
戴擊 相藏 退 進 擧立 換立
戴擊 藏 擊刺 進 换立 揮刀

# 집필후기

    책의 마지막을 앞두면 언제나 아쉬움이 남는다. 솔직히 말하면 나는 일본 검술에 대해서 잘 알지 못한다. 배울 기회가 없기도 했지만, 나름 변명을 하자면, 의도적으로 배우지 않았다. 치기가 앞선 턴 것 같다. 아니 내가 살아온 세월은 그랬다. 지난 세기 팔구십 년대 20대를 보낸 나는 어쭙잖은 민족주의자며 전통주의자였다. 당시 한국의 암울한 현실은 젊은 우리를 내버려 두지 않았다. 같은 과 친구들은 학업, 혹은 학생운동, 아니면 동아리의 세 갈래로 갈려 나름 젊음을 불살랐다. 그래도 우리는 모두 한국 사회가 처한 현실에 대한 고민을 함께했다. 미 제국주의에서 벗어나야 한다는 생각도 했고, 반일감정을 넘어서 극일(克日)로 나아가야 한다는 비장함도 가지고 있었다. 방황하는 젊은 나의 삶의 중심을 세울 수 있게 한 건 무예 수련이었다. 하지만 거기에 일본 무술이 들어올 틈은 없었다.

    지난번 책(《권법 바이블》)에서 이미 말했듯이 난 무예 이론과 실기를 아우른 무예학자를 꿈꿔왔다. 꿈을 꾸게 된 계기는 십팔기(十八技)였다. 십팔기를 통해 난 내 몸과 내 몸을 둘러싼 우주와 하나 되기를 꿈꿨다. 일이관지(一以貫之), 하나의 무술을 통해 모든 무술을 꿰뚫는 '깨달음'이 존재할 것이라는 믿음을 가진 나에게 십팔기가 바로 그 하나(一)에 해당했다. 나에게 십팔기는 고전 무예를 이해하는 기준점이자 디딤돌인 셈이다. 지금 내가 동아시아의 고전 무예서를 읽고 나름의 이해를 할 수 있게 된 건 바로 십팔기라는 고전 무예의 전통을 고스란히 전해 받았기 때문이다.

    하지만 십팔기라는 화두도 제대로 타파하지 못한 상태에서 일본 검술이라는 새로운 화두를 들 수는 없었다. 아니 솔직히 말하면, '일본'이기 때문에 의도적으로 외면했다는 말이 맞을 것이다. 내 안에 나도 모르게 '반일'의 감정이 내재해 있었던 것이다. 이번 책을 쓰면서 왜 직접 경험해보지도 못한 식민지배에 분노하며 반일감정을 가지게 되었는지 조금은 알게 되었다. 어쨌든 많은 시간이 지난 지금, 조금은 고집 셌던 젊은 시절의 내가 후회되기도 한다. 일본 검술을 제대로 배웠더라면 하는 아쉬움이 남는다. 아니, 평생을 몸담아도 알까 말까 한 무술의 세계에 '제대로'라는 말이 어폐가 있다면, 그저 맛이라도 봤으면 하는 후회를 한다. 그랬다면, 이번 책에 좀 더 깊은 내용을 담을 수 있었을 것이다. 인생은 짧고 해야 할 일은 많다. 하지만 그 안에서 우리는 수많은 선택의 기로에 놓이게 된다. 어쨌든 나의 선택이 지금의 나를 만든 것이니 거기에 만족하는 게 맞을 것이다.

이번 책은 고전 무예를 주제로 한 두 번째 결과물이다. 지난번 《권법 바이블》에 이어 일본 검술을 주제로 또 하나의 책을 상재하게 되어 기쁜 마음 금할 수가 없다. 한국 무예학계에서 아직까지 일본 검술이 한국 무예의 형성과 발전에 미친 영향을 본격적으로 다룬 책이 없다는 게 늘 마음에 걸렸다. 본서가 일본 검술의 전파에 대한 지적 욕구를 완전히 채워주지는 못하겠지만 불모지에 나름의 씨앗은 될 수 있지 않을까 하는 기대를 해본다. 사실 나의 궁금증을 해결하기 위해 쓴 글이기 때문에 나로서는 만족한다. 물론 아직 다듬고 보완해야 할 내용이 많다는 건 스스로 잘 알고 있다. 공부가 좀 더 무르익으면 개정판을 통해 보완을 할 생각이다.

일본 검술이 주변 국가에 어떻게 영향을 미쳤는가? 하는 문제는 다루기 조심스러운 주제였다. 특히 민족주의와 반일감정이 앞서는 우리나라의 분위기 속에서 학술적인 논쟁보다는 감정 싸움으로 흐를 가능성도 있다. 하지만 분명한 건 역사적 사실에 대한 확인과 해석이 논리적으로 이루어져야 한다는 점이다. 어쭙잖게 고대 한국 문화가 일본으로 전해졌다는 '사실'에만 집착해 일본 문화가 역으로 한국으로 전해진 '사실'을 과소평가해서는 안 된다. 고대 중국으로부터 전해진 문화에 대해서 한국화하였다는 주장을 하려면, 한반도에서 일본으로 건너간 문화가 '일본화'되었다는 사실 역시 객관적으로 인정할 필요가 있다. 같은 현상에 대해 이중 잣대를 들이대서는 안 된다. 물론 동아시아 삼국의 정치적 역학 관계는 이러한 냉정한 접근을 쉽게 허락하지 않는다. 그럴수록 학인들은 보다 냉정해질 필요가 있다.

사람인 이상 나 역시 갈등한다. 무예인으로 개인적인 욕망은 한국의 고전 무예가 찬란했으면 하는 바람이 있다. 하지만 한 사람의 학인으로 나는 역사적 사실에 대해서는 객관적인 입장을 견지해야 한다고 스스로를 다독인다. 내 안에 들어 있는 두 자아를 적절히 다루는 것도 내 인생의 화두가 아닐까 싶다. 우리는 늘 갈등하며, 고민하며, 그러면서도 좀 더 나은 미래를 그리며 산다. 삶이 늘 마음먹은 대로 되는 건 아니라지만 그렇다고 포기할 수도 없지 않은가.

이번 책을 쓰면서 나는 일본 검술을 대하는 선인들의 자세에 대해서 살필 수 있었다. 오늘날의 우리와는 다른, 하지만 긴장의 끈을 놓지 않으면서도 배우려는 자세는 오늘날 앞에서는 일본에 대해서 욕을 하며 애국하는 양하면서 뒤로는 일본 무술을 베껴다가 자기 것인 양하는 이중적인 행태를 반성하게 한다. 과거의 일본은 과거대로 두고, 지금의 일본은 일본으로 대하는 대범함을 보일 수 있을 때 우리는 일본 무술에 대한 자격지심에서 벗어날 수 있을 것이다. 말이 쉽지 어려운 일이다. 나부터도 쉽지 않다는 사실을 고백한다.

시대가 시대이니만큼 인터넷을 통해 다양한 사람들과 소통하고자 노력하고 있다. 링크드인(www.linkedin.com)의 '한국 무예 전문가 그룹(Korean Martial Arts Professionals)'과 페이스북의 '한국무예연구소(KIMA, Korean Institute for Martial Arts)', 유튜브 채널(Bok Kyu Choi, KIMA TV)을 통해 사람들과 만나고 있다. 시공간을 떠나 관심 주제를 가지고 거의 실시간으로 토론을 나눌 수 있다는 건 행운이다. 나의 지식을 공유한다는 의도로 시작한 것이지만 의외로 지적 계발을 받는 경우가 더 많은 것 같다. 시간이 허락하는 한 온라인 활동을 통해 더 많은 사람들과 즐거운 소통을 하고 싶다. 관심 있는 독자들의 참여를 바란다.

이제 이 책을 떠나보내야 할 시간이다. 본서가 독자들이 고전 무예의 세계로 들어가는 데 작은 안내서가 될 수 있다면 저자로서 그보다 더 큰 기쁨은 없을 것이다. 아울러 새로운 작업을 통해 독자들과 다시 만날 수 있기를 희망한다.

# 감사의 글

본서에 대한 구상은 네덜란드 레이던대학교(Leiden University)에서 "《무예도보통지》 연속 특강(The Muyedobotongji Cycle)"의 하나로 2008~2012년 시즌에 행한 강의에서 시작되었다. 이후 2017년도 한국학중앙연구원 해외한국학지원사업의 지원에 의해서 마무리할 수 있었다. 레이던대학교 한국학센터와 한국학중앙연구원에 다시 한번 감사드린다.

특히, 레이던대학교의 왈라번(Boudewijn Walraven) 교수님께 감사드린다. 교수님의 배려로 레이던대학교의 한국학센터와 공동 프로젝트를 진행할 수 있었다. 그리고 바쁘신 와중에도 후학의 특강을 직접 청강하시며 격려와 조언을 아끼지 않으셨다. 이에 감사드린다. 레이던대학교와는 한국무예사 특강을 필두로 《무예도보통지》 연속 특강, 네덜란드 현지 무예지도자와 일반인을 대상으로 한 다양한 세미나와 워크숍을 진행했다. 아울러 프로젝트가 원만하게 진행될 수 있도록 관심과 격려를 아끼지 않으신 동 대학 한국학과의 렘코 브뢰우커(Remco Breuker), 쿤 더 쎄우스터(Koen De Ceuster), 지명숙 교수님께도 감사를 드린다.

카디프대학교(Cardiff University)의 폴 보우만(Paul Bowman) 교수에게도 고마움을 전한다. 보우만 교수와의 인연으로 〈일본 무술에 관한 새로운 연구(New Researches on Japanese Martial Arts)〉 콜로키움에서 발표할 수 있었다. 그때 일본 검술에 관한 나의 생각을 좀 더 구체화할 수 있었다.

한국학중앙연구원에 감사드린다. 2017년 해외한국학연구지원 프로그램을 통해 "근대무술의 한국화"라는 프로젝트의 연구비 지원을 받아 본 연구를 마무리할 수 있었다. 늦어진 출판을 연구 결과가 상쇄할 수 있기를 바란다. 연구 지원에 다시 한번 감사드린다.

서울대 규장각 한국학연구원의 김시덕 교수께 감사드린다. 일본 검술 카게류를 기록한 고문(古文) 〈영류지목록(影流之目錄)〉을 해석하는 데 큰 도움을 받았다. 카게류에 대한 시각을 좀 더 확장할 수 있게 되었다. 이에 감사한다.

한국고전연구원의 익명의 연구자분께 감사드린다. 본문 가운데 당순지(唐順之)의 〈일본도가(日本刀歌)〉를 번역하는 데 큰 도움을 받았다. 본인의 기여를 밝히시기를 사양해 이렇게나마 감사의 마음을 전한다.

가르치는 입장에 있다 보니 학생들에게 계발 받는 바가 많다. 한국, 미국, 네덜란드, 벨기에, 프랑스, 스페인, 오스트리아, 오스트레일리아, 인도네시아 등에서 배움을 청하는 부지런한 학생들에게 감사의 마음을 전한다. 교학상장(敎學相長)이라고 배움에는 선후가 있을 뿐 우열은 없다. 그런 면에서 우리는 모두 하나의 목표를 향해 가는 동지들이다.

끝으로, 집필 기간 동안 바쁘다는 핑계로 가족들과 시간을 함께하지 못한 미안함을 전한다. 사랑하는 아이들, 예분, 효신, 종우가 나중에 이 책을 읽고 아버지가 어떤 생각을 하면서 살았는지 알 수 있기를 바란다. 예분이와 효신이는 짬짬이 대화를 나누며 나의 생각을 공유했고, 막내 종우는《기효신서》14권본의 포토샵 작업을 도왔다. 벌써 그 정도로 성장했다니 세월이 빠르다는 걸 새삼 느낀다.

끝으로 아내 수정 보스만에게 감사한다. 무예 공부와 수련에 매진할 수 있는 호사를 누리는 건 모두 아내의 덕이다.

# 참고문헌

[연대기 사료 및 법전, 군사 관련 사료]

1. 국사편찬위원회 한국사데이터베이스(http://db.history.go.kr/).
2. 국사편찬위원회 한국사데이터베이스 각사등록 근대편(http://db.history.go.kr/id/mk).
3. 국사편찬위원회 한국사데이터베이스 조선대한제국 관보(http://db.history.go.kr/id/gbdh).
4. 국사편찬위원회 한국사데이터베이스 주제별연표(http://db.history.go.kr/id/ch).
5. 국사편찬위원회 한국사데이터베이스 한국근현대인물자료(http://db.history.go.kr/id/im).
6. 《금위영초록(禁衛營抄錄)》. 한국학중앙연구원 장서각 소장. 청구기호 K2-3301.
7. 《승정원일기》(http://sjw.history.go.kr/).
8. 《조선왕조실록》(http://sillok.history.go.kr/).
9. 《훈국등록(訓局謄錄)》. 한국학중앙연구원 장서각 소장. 청구기호 귀K2-3400.


[사전류]

1. 고대민족문화연구소중국어사전편찬실.《중한대사전》. 서울: 고려대학교민족문화연구소, 1995.
2. 고영섭, 황남주.《한영불교사전》. 서울: 신아사, 2010.
3. 국립특수교육원.《특수교육학 용어사전》. 서울: 하우, 2009.
4. 김춘경 외 4인.《상담학사전》. 서울: 학지사, 2016.
5. 단국대학교동양학연구소.《한한대사전》. 전 16권. 서울: 단국대학교출판부, 1999-2008.
6. 임종욱.《중국역대인명사전》. 서울: 이회문화사, 2010.
7. 전관수.《한시어사전》. 서울: 국학자료원, 2002.
8. 편집부.《종교학대사전》. 서울: 한국사전연구사, 1998.
9. 한국교육평가학회.《교육평가용어사전》. 서울: 학지사, 2004.
10. 한국민족문화대백과사전편찬부.《한국민족문화대백과사전》. 전 28권. 성남: 한국정신문화연구원, 1991-1995.
11. 한국브리태니커회사.《브리태니커세계대백과사전》. 전 27권. 서울: 웅진출판사, 1997.

12. 教育部體育大辭典編訂委員會 主編.《體育大辭典》. 臺北: 臺灣商務印書館, 1984.
13. 《辭海》編輯委員會.《辭海》. 全3卷. 上海: 上海辭書出版社, 1989.
14. 楊麗 主編.《太極拳辭典》. 北京: 北京體育大學出版社, 2004.

15. 余功保.《中國太極拳大百科》. 北京: 人民體育出版社, 2011.

16. 王海根.《古代漢語通假字大字典》. 福州: 福建人民出版社, 2006.

17. 張撝之·沈起煒·劉德重.《中國歷代人名大辭典》上下. 上海: 上海古籍出版社, 1999.

18. 諸橋轍次.《大漢和辭典》. 全13卷. 東京: 大修館書店, 昭和61年(1986) 修訂版(昭和31年(1956) 初版).

19. 《中國軍事百科全書》編審委員會.《中國軍事百科全書》. 全11卷. 北京: 軍事科學出版社, 1997.

20. 《中國歷史大辭典》編纂委員會.《中國歷史大辭典》上下. 上海: 上海辭書出版社, 2000.

21. 《中國武術大辭典》編纂委員會.《中國武術大辭典》. 北京: 人民出版社, 1990.

22. 《中國武術百科全書》編纂委員會.《中國武術百科全書》. 北京: 中國大百科全書出版社, 1998.

23. 《中國武術人名辭典》編輯委員會.《中國武術人名辭典》. 北京: 人民體育出版社, 1994.

24. 彭衛國 編著.《中華武術諺語》. 北京: 電子工業出版社, 1988.

25. 《漢語大詞典》編纂委員會.《漢語大詞典》. 全13卷. 22册. 上海: 上海辭书出版社, 2001.

26. 《漢語大字典》編輯委員會.《漢語大字典》. 全8卷. 成都: 四川辭書出版社, 1986-1990.

27. 《現代漢語大詞典》編輯委員會.《現代漢語大詞典》. 全6卷. 上海: 漢語大詞典出版社, 2006.


28. 綿谷 雪, 山田忠史 共編.《武藝流派辭典》. 東京: 人物往來社, 昭和38年(1963).

29. 上田正昭.《デジタル版 日本人名大辞典》. 東京: 講談社, 2015.

30. 二木謙一, 入江康平, 加藤寬 共編.《日本史小百科: 武道》. 東京: 東京堂出版, 平成6年(1994).

31. 《日本大百科全書》. 26책. 東京: 小学館, 1994.

32. 日外アソシエーツ.《20世紀日本人名事典》. 日外アソシエーツ, 2004.

33. 寺島良安.《倭漢三才圖會》. 105卷 首1卷 尾1卷. [19]. 秋田屋太右衛門, 文政7年(1824). 청구기호 031.2-Te194w-s. 卷23 병기류(兵器類). (일본)國立國會圖書館.

34. 朝日新聞社 編.《朝日日本歷史人物事典》. 大阪: 朝日新聞社, 1994.

35. 中村民雄.《劍道事典―技術と文化の歷史》. 島津書房, 1994.

36. Luther Carrington Goodrich, Chao-ying Fang (房兆楹).《*Dictionary of Ming Biography, 1368-1644*》. New York: Columbia University Press, 2004.

**[무예 관련 원전류]**

1. 朴梓(朝鮮) 著.《東槎日記》. 간지미상: 光海君9年(1617) 以後, 청구기호: 古4254-46. 서울대학교 규장각한국학연구원.

2. 莊憲世子(莊祖)(朝鮮) 著.《凌虛關漫稿》. 7卷3册. [刊年未詳]. 奎3080-v.1-3. 규장각한국학연구원.

3. 莊憲世子.《凌虛關漫稿》〈藝譜六技演成十八般說〉. 한국고전종합DB(http://db.itkc.or.kr/inLink? DCI=ITKC_MO_0564A_0070_100_0010_2006_A251_XML), 2021년 10월 21일 검색.

4. 正祖 命撰.《武藝圖譜通志》. 서울: 학문각, 1970 영인.

5. 正祖(朝鮮) 命撰.《武藝圖譜通志》. 朝鮮木版本. 4卷, 合4冊. 正祖 14年(1790) 刊. 奎4140-v.1-4. 서울대학교 규장각한국학연구원.

6. 正祖(朝鮮) 命撰.《武藝圖譜通志諺解》. 1冊(107張). 正祖 14年(1790)序 奎4153. 서울대학교 규장각한국학연구원.

7. 正祖(朝鮮) 命撰.《原本武藝圖譜通志》. 서울: 동문선, 1998 영인.

8. 崔起南.《武藝諸譜翻譯續集》. 朝鮮木版本. 1冊. 萬曆 38年(1610) 刊. 대구: 계명대학교 동산도서관, 1999 영인.

9. 韓嶠.《武藝諸譜》. 木版本. 1冊. 萬曆 26年(1598).


10. 唐順之.《武編》. 中國兵書集成 第13-14冊. 北京: 解放軍出版社, 1989 영인.

11. 茅元儀.《武備志》明 天啓 刻本 影印. 中國兵書集成 第27-36冊. 北京: 解放軍出版社, 1989 영인.

12. 常學剛·張裕庚 校點.《少林槍法闡宗·少林刀法闡宗》. 古拳譜叢書 第6輯. 武俠社版. 太原: 山西科學技術出版社, 2006.

13. 吳殳 著. 孫國中 增訂點校.《增訂 手臂錄 - 中國槍法眞傳》. 北京: 北京師範大學出版社, 1989.

14. 王圻·王思義 輯.《三才圖會》上, 中, 下. 明 萬曆 35年(1607年) 槐蔭草堂刻本. 上海: 上海古籍出版社, 1988 영인.

15. 兪大猷.《劍經》《續武經總要》. 中國兵書集成 17. 北京: 解放軍出版社·遼沈書社, 1994 영인.

16. 伊世珍.《瑯嬛記》. 卷上中下. 毛晉.《津逮秘書》746卷. 常熟: 汲古閣, 1630-1642 수록. DIGITAL EAST ASIA COLLECTIONS of the Bavarian State Library (http://ostasien.digitale-sammlungen.de).

17. 鄭若曾.《籌海圖編》. 中國兵書集成 第15冊. 北京: 解放軍出版社, 1989 영인.

18. 程宗猷.《單刀法選》. 道光 22年(1842). 청구기호 859-43. 日本國立國會圖書館.

19. 曾公亮.《武經總要》. 明 金陵書林唐富春刻本 影印.《中國兵書集成》第3-5冊. 北京: 解放軍出版社, 1988.

20. 戚繼光 撰.《紀效新書》. 14卷本. 李承勛重刊本. 書號: 5732. 臺北: 國圖代管原平圖古籍微片.

21. 戚繼光 撰.《紀效新書》. 18卷本. 明 隆慶刻本. LCCN 2012402354. Chinese Rare Book Collection. Library of Congress.

22. 戚繼光 撰.《紀效新書》. 18卷本. 文淵閣四庫全書. 第728冊. 子部 34. 兵家類. 臺北: 臺灣商務印書館, 民國 74年(1985) 영인.

23. 戚繼光 撰.《紀效新書》. 18卷本. 書號: 30205731, 臺灣中央圖書館 소장.

24. 戚繼光 撰.《紀效新書》. 18卷本. 書號: T01525-30, 上海市立圖書館 소장.

25. 戚繼光 撰.《紀效新書》. 18卷本. 清 嘉慶 張海鵬 輯刊 學津探原本,《紀效新書》. 14卷本 北京圖書館 明

萬曆 間 李承勛本 合本.《紀效新書》. 中國兵書集成 18. 北京: 解放軍出版社, 1995 영인.

26. 戚繼光 撰.《紀效新書》. 朝鮮木版本. 18卷 7册. 王世貞 序 丙寅年(1566), 戚繼光 自序. 乙酉 中秋 安營 開刊. 청구기호 M/F85-16-268-B. 서울대학교 규장각한국학연구원. 국방군사연구소 편.《紀效新書》 上下. 軍事研究資料集 6, 7. 서울: 국방군사연구소, 1998 영인.

27. 戚繼光 撰.《紀效新書》. 朝鮮木版本. 18卷 7册. 王世貞 序 丙寅年(1566). 戚繼光 自序. 청구기호 MF35-1556. 한국중앙연구원 장서각.

28. 戚繼光 撰. 邱心田 校釋.《練兵實紀》. 北京: 中華書局, 2001.

29. 戚繼光 撰. 馬明達 點校.《紀效新書》. 北京: 人民體育出版社, 1988.

30. 戚繼光 撰. 范中義 校釋.《紀效新書》(14卷本). 北京: 中華書局, 2001.

31. 戚繼光 撰. 盛冬鈴 點校.《紀效新書》. 北京: 中華書局, 1996.

32. 戚繼光 撰. 曹文明 · 呂穎慧 校釋.《紀效新書》(18卷本). 北京: 中華書局, 2001.

33. 何良臣 撰.《陣紀》.(《墨海金壺》本). 中國哲學書電子化計劃 (http://ctext.org/wiki.pl?if=gb&res= 133594), 2017년 6월 9일 검색.

34. 何良臣 撰.《陣紀》. 清 李錫齡輯惜陰軒叢書本. 中國兵書集成 第25册. 北京: 解放軍出版社, 1994 영인.


35. 劍道教育研究會.《劍道上達法》. 東京: 西東社出版部, 昭和 14年(1939).

36. 劍道教育研究會.《劍道の正しい学び方》. 東京: 西東社出版部, 昭和 15年(1940).

37. 亀山大城 口授. 若山文二郎 著作兼發行.《擊劍卜柔術図解》. 名古屋: 大成堂, 1895.

38. 根岸信五郎.《擊劍指南》. 根岸信五郎, 1884.

39. 米岡稔.《擊劍柔術指南》. 東京: 東京圖書出版, 1897.

40. 小沢卯之助 著.《武術体操法》. 東京: 大日本図書, 1897.

41. 松下見林.《異稱日本傳》. 卷上中下. 北御堂前(浪華): 崇文軒, 元禄 6年(1693). 早稲田大學圖書館 소장.

42. 井ノ口松之助.《柔術劍棒圖解秘訣》. 東京: 魁真楼, 1887.

43. 横野鎭次.《柔術擊劍獨習法: 秘訣圖解》. 東京: 矢島誠進堂, 1894.


[논저 및 기타 자료]

1. 강구열.〈'170 vs 150'…신석기부터 조선까지 한국인의 평균키는?〉《세계일보》, 2020년 9월 12일. (http://www.segye.com/newsView/202009125080542). 2020년 11월 26일 검색.

2. 경기상업고등학교동창회 편.《경기상업 50년》. 경기상업고등학교동창회, 1973.

3. 곽낙현, 정기천.《武藝圖譜新志》에 대한 검토〉《東洋古典研究》 61. 동양고전학회, 2015.

4. 郭東喆.《武藝圖譜新志》. 서울: 고려서적, 1949.

5. 국립민속박물관.《무예문헌자료집성》. 서울: 국립민속박물관, 2004.

6. 국사편찬위원회 편.《나라를 지켜낸 우리 무기와 무예》. 서울: 두산동아, 2007.

7. 권보드래 · 천정환.《1960년을 묻다: 박정희 시대의 문화정치와 지성》. 서울: 천년의 상상, 2012.

8. 권오현.〈역사적 인물의 영웅화와 기념의 문화정치: 1960~1970년대를 중심으로〉. 고려대학교 박사학위논문, 2010.

9. 권혁남, 윤혜성, 유동완, 이정원, 이장존, 한민수.〈보물 제326호 이순신 장검 혈조 내 안료의 규명 및 제거〉《보존과학회지》31(4). 한국문화재보존과학회, 2015.

10. 김광석 실연. 심우성 해제.《무예도보통지 실기해제》. 서울: 동문선, 1987.

11. 김광석.《권법요결》. 서울: 동문선, 1992.

12. 김광석.《본국검》. 서울: 동문선, 1995.

13. 김광석.《조선창봉교정》. 서울: 동문선, 2002.

14. 김길원.〈조선 시대 평균키 남 161.1cm, 여 148.9cm〉. 연합뉴스, 2012년 1월 31일. (https://www.yna.co.kr/view/AKR20120130142300017), 2020년 11월 26일 검색.

15. 김달우, 김방출.〈한국 전통 무예로서의 태권도사 재조명〉《한국체육사학회지》13(3). 한국체육사학회, 2008.

16. 김동욱.《실학 정신으로 세운 조선의 신도시, 수원 화성》. 돌베개, 2002.

17. 김동주.《장서각도서한국본해제집 – 군사류》. 성남: 한국정신문화연구원, 1993.

18. 김문자.〈임진왜란 이후 조(朝) · 일(日) 간의 국내사정과 통신사 파견: 회답겸쇄환사(回答兼刷還使) 파견을 중심으로〉《향도부산》38. 부산광역시사편찬위원회, 2019.

19. 김민희.〈[집중취재] 비서구 인종 중 1위 – 한국인의 장신화(長身化) 연구〉《월간조선》7월호. 조선일보사, 2004.

20. 김보현.〈박정희 정권기 저항엘리트들의 이중성과 역설〉《근대를 다시 읽는다》1. 서울: 역사비평사, 2006.

21. 김산호.《슈벽, 카라테 그리고 태권도》. 서울: 무카스, 2011.

22. 김상기.〈한국민족주의, '골목'에서 놀면 함정에 빠진다〉《월간중앙》11. 214호. 서울: 중앙일보사, 1993.

23. 김상철 · 김영학.〈우리나라 검도의 형성과정에 대한 연구〉《용인대무도연구소지》8(2). 용인대학교 무도연구소, 1998.

24. 김수균.〈일제하 수신교과서에 나타난 식민주의 체육관〉. 경북대학교 박사학위논문, 1991.

25. 김시덕.《동아시아, 해양과 대륙이 맞서다》. 서울: 메디치, 2015.

26. 김시덕.《전쟁의 문헌학》. 파주: 열린책들, 2017.

27. 김영만 · 김용범.〈당수의 중국 기원설에 대한 재논의〉《국기원 태권도연구》2(1). 국기원태권도연구소, 2011.

28. 김영학 · 김영훈.〈일제시대의 한국 학교 검도의 특성에 관한 고찰〉《대한검도학회지》21(2). 대한검

도학회, 2005.

29. 김용옥.《태권도철학의 구성원리》. 서울: 통나무, 1990.

30. 김우철.《조선 후기 지방군제사》. 서울: 경인문화사, 2001.

31. 김원모 · 정성길.《백년전의 한국》. 서울: 가톨릭출판사, 1986.

32. 김원태. 〈산아이거든 풋뿔을 차라〉《개벽》5. 개벽사, 1920.

33. 김위현 역.《국역 무예도보통지》. 서울: 민족문화사, 1984.

34. 김재일.《검도총서》. 서민사, 1996.

35. 김종수.《조선 후기 중앙군제연구: 훈련도감의 설립과 사회변동》. 서울: 혜안, 2003.

36. 김종윤.《무예도보통지》쌍수도에 관한 연구》. 한양대학교 석사학위논문, 2010.

37. 김준혁.《정조가 만든 조선의 최강 군대 장용영》. 남양주: 더봄, 2018.

38. 김탁환.《불멸의 이순신》(1-8). 서울: 민음사, 2014.

39. 김한규.《동아시아 역사 논쟁》. 고양: 소나무, 2015.

40. 김현숙. 〈개항기 '체육' 담론의 수용과 특징〉《한국문화연구》27(27). 이화여자대학교 한국문화연구원, 2014.

41. 김현숙. 〈대한제국기 운동회의 기능과 표상〉《동아시아 문화연구》48. 동아시아문화연구소, 2010.

42. 김효관. 〈고대 검술과 현대 검도의 변화에 대한 비교 고찰〉. 조선대학교 석사학위논문, 1999.

43. 김희선. 〈체육의 필요〉《서우》4. 서우학회(서북학회), 1907년 3월 1일.

44. 까를로 로제티 저, 서울학연구소 역.《꼬레아 꼬레아니》. 서울: 숲과나무, 1996.

45. 나리모토 다쓰야, 가와사키 쓰네유키 펴냄. 박경희, 김현숙 역.《일본문화사》. 서울: 혜안, 1994.

46. 나영일. 《《기효신서》,《무예제보》,《무예도보통지》비교연구》《한국체육학회지》36(4). 한국체육학회, 1997.

47. 나영일. 《무예도보통지》의 무예〉《진단학보》91. 진단학회, 2006.

48. 나영일. 〈하인리히 왕자의 대한제국 방문과 전통 활쏘기의 부활〉《무형유산》7. 국립무형유산원, 2019.

49. 나영일. 〈한민족 씨름의 문화인류학적 기원〉《한국체육사학회지》22(1). 한국체육사학회, 2017.

50. 나영일 · 노영구 · 양정호 · 최복규 공저.《조선 중기 무예서 연구 -《무예제보》·《무예제보번역속집》역주》. 서울: 서울대학교출판부, 2006.

51. 노영구. 〈선조 대《기효신서》의 보급과 진법 논의〉《군사》34. 국방군사연구소, 1997.

52. 노영구. 〈조선 증간본《기효신서》의 체제와 내용 - 현종 5년 재 간행《기효신서》의 병학사적 의미를 중심으로〉《군사》36. 국방군사연구소, 1998.

53. 노영구. 〈조선 시대 병서의 분류와 간행 추이〉《역사와 현실》30. 한국역사연구회, 1998.

54. 노영구. 〈조선 후기 병서와 전법의 연구〉. 서울대학교 박사학위논문, 2002.

55. 노영구.〈조선 후기 단병 전술의 추이와《무예도보통지》의 성격 – 병서로서의 의미를 중심으로〉《진단학보》91. 진단학회, 2006.

56. 데이브 그로스먼·로런 크리스텐슨 저. 박수민 역.《전투의 심리학》. 파주: 플래닛, 2013.

57. 도기현.〈정대업지무의 검술적 용법과 표현용어에 관한 연구: 김용의 해석을 중심으로〉. 연세대학교 박사학위논문, 2017.

58. 도널드 킨 저. 김유동 역.《메이지라는 시대》1. 서울: 서커스, 2017.

59. 도다 도세이 저. 유준칠 역.《무기와 방어구(일본편)》. 서울: 들녘, 2004.

60. 레이황 저. 박상이 역.《1587 아무 일도 없었던 해》. 서울: 가지않은길, 1997.

61. 루이스 프로이스 저(1597), 강병구 역.《포르투갈 신부가 본 임진왜란 초기의 한국-「일본사」내 16세기 한국에 관한 최초의 세부적인 기술》. 서울: 까몽이스재단/주한 포르투갈 문화원, 1999.

62. 류근영.《훈련대장 야당 류혁연전》. 서울: 한들출판사, 2010.

63. 류성룡 저. 김시덕 역해.《징비록》. 서울: 아카넷, 2013.

64. 류성룡 저. 신태영 외 5인 교감역주.《징비록》. 서울: 논형, 2016.

65. 리보중 저. 이화승 역.《조총과 장부》. 파주: 글항아리, 2018.

66. 문선규, 성낙훈, 신호열, 정봉화, 양주동, 이영무, 이익성, 이재호, 허선도 등 역.《국역 해행총재(海行摠載)》6. 서울: 민족문화추진회, 1974-1981.

67. 문일평.〈체육론〉《태극학보》21. 태극학회, 1908.

68. 민장원.〈정조의 '忠臣'·'忠家' 현창사업과 李舜臣에 대한 기억의 재구성〉. 고려대학교 석사학위논문, 2017.

69. 박귀순.〈한중일 무예 교류사 연구〉《한국무예의 역사·문화적 조명》. 서울: 국립민속박물관, 2004.

70. 박귀순·신영권.《《무예도보통지》의 쌍수도의 형성 과정에 관한 연구:《기효신서》,《무비지》,《무예도보통지》의 무예 동작 비교를 중심으로〉《대한무도학회지》12(3). 대한무도학회, 2010.

71. 박금수.〈조선 후기 공식무예의 명칭 '十八技'에 대한 고찰〉《한국체육학회지》46(5). 한국체육학회, 2007.

72. 박금수.〈조선 후기 진법과 무예의 훈련에 관한 연구: 훈련도감을 중심으로〉. 서울대학교 박사학위논문, 2013.

73. 박기동.〈조선 후기 무예사 연구:《무예도보통지》의 형성과정을 중심으로〉. 성균관대학교 박사학위논문, 1994.

74. 박상석.〈일본의 죽도검도 형성과 격검에 관한 고찰〉. 용인대학교 석사학위논문, 2002.

75. 박영효.《사화기략(使和記略)》, 1882년 10월 15일 자(음력). (http://db.itkc.or.kr/inLink?DCI=ITKC_BT_1407A_0010_040_0150_2003_011_XML), 2020년 12월 4일 검색.

76. 박윤정.〈한말·일제하 근대 체육의 수용과 민족주의 체육론의 형성〉. 연세대학교 석사학위논문,

2016.

77.   박재광. 〈임진왜란기 조·명·일 삼국의 무기체계와 교류〉《군사》 51. 서울: 국방부군사편찬연구소, 2004.

78.   박재광. 〈소형화기: 가장 진화된 조선의 소형화기 '소승자총통'〉《과학과 기술》. 한국과학기술단체총연합회, 2006. 11.

79.   박지향, 김철, 김일영, 이영훈 엮음.《해방전후사의 재인식》 1. 서울: 책세상, 2006.

80.   박청정 역.《무예도보통지주해》. 서울: 동문선, 2007.

81.   박흥수.《한·중도량형제도사》. 서울: 성균관대학교출판부, 1999.

82.   배영상, 송형석, 이규형.《오늘에 다시 보는 태권도》. 서울: 이문출판사, 2002.

83.   배우성. 〈정조의 군사정책과《무예도보통지》편찬의 배경〉《진단학보》 91. 진단학회, 2006.

84.   백기인.《중국군사상사》. 서울: 국방군사연구소, 1996.

85.   브로노프스키 저. 김은국 역.《인간등정의 발자취》. 서울: 범양사, 1992.

86.   사카이 토시노부 저. 이형민 역.《일본 검도의 역사》. 서울: 해토, 2016.

87.   서림스포츠편집부 역.《검도입문》. 서울: 서림문화사, 1993.

88.   손무(孫武) 저. 유동환 역.《손자병법》. 서울: 홍익출판사, 1999.

89.   송덕기, 박종관.《전통무술 택견》. 서울: 서림문화사, 1988.

90.   송일훈. 〈한일 합기도사와 신체지의 이기론 연구〉《움직임의 철학: 한국체육철학회지》 11(2). 한국체육철학회, 2003.

91.   스즈키 사다미 저. 정재정·김병진 역.《일본의 문화내셔널리즘》. 서울: 소화, 2008.

92.   시노다 고이치 저. 신동기 역.《무기와 방어구(중국편)》. 서울: 도서출판 들녘, 2009.

93.   신기욱·마이클 로빈슨 엮음. 도면회 역.《한국의 식민지 근대성》. 서울: 삼인, 2006.

94.   신주백. 〈일제 말기 체육 정책과 조선인에게 강제된 건강: 체육 교육의 군사화 경향과 실종을 중심으로〉《한국사회사학회》 68. 한국사회사학회, 2005.

95.   심승구. 〈한국 무예의 역사와 특성〉《군사》 43. 서울: 국방부군사편찬연구소, 2001.

96.   심승구. 〈임진왜란 중 무과의 운영 실태와 기능〉《조선 시대사학보》 23. 조선 시대사학회, 2002.

97.   심승구. 〈한국 무예사에서 본《무예제보》의 특성과 의의〉《한국 무예의 역사·문화적 조명》. 서울: 국립민속박물관, 2004.

98.   심승구. 〈조선의 무과를 통해 본 서울 풍속도〉《향토 서울》 67. 서울특별시사편찬위원회, 2006.

99.   아더 훼럴 저. 이춘근 역.《전쟁의 기원》. 서울: 인간사랑, 1990.

100.   안동림 역주.《장자》. 서울: 현암사, 1998(1993).

101.   양진방. 〈해방 이후 한국 태권도의 발전과정과 그 역사적 의의〉. 서울대학교 석사학위논문, 1986.

102.   양진방. 〈근대 무술론과 한국 현대 태권도의 성취〉《전통과 현대》 20(여름호). 서울: 전통과현대사,

2002.

103.   양진방. 〈근대무술론〉《대한무도학회지》4(2). 대한무도학회, 2002.

104.   양진방. 〈품새의 발생 기원과 품새 개념의 확장 가능성 모색〉《한국체육사학회지》16(2). 한국체육사학회, 2011.

105.   어검당.《조선 후기 무기 고증 · 재현: 2003년도 국립민속박물관 학술연구용역보고서》. 국립민속박물관, 2003.

106.   오성철. 〈조회의 내력: 학교 규율과 내셔널리즘〉, 윤해동, 천정환, 허수, 황병주, 이용기, 윤대석 엮음.《근대를 다시 읽는다》1. 서울: 역사비평사, 2011(2006).

107.   옥광 · 김성헌. 〈검도의 국내 도입과 조직화 과정〉《한국체육사학회지》14(2). 한국체육사학회, 2009.

108.   요시미즈 츠네오 저. 오근영 역.《로마 문화의 왕국, 신라》. 서울: 씨앗을 뿌리는 사람, 2002.

109.   유본학. 〈김광택전〉《문암문고》. 이가원 역.《이조한문소설선》. 서울: 민중서원, 1961.

110.   유성룡 저. 민족문화추진회 역.《국역 서애집》2. 서울: 솔, 1997.

111.   유성원 · 남광우. 〈해방직후 좌 · 우파 계열 무도인들의 치안 활동〉《대한무도학회지》22(1). 대한무도학회, 2020.

112.   유재성 역주.《紀效新書》上. 서울: 국방부군사편찬연구소, 2011.

113.   유철. 〈일제강점기 皇國臣民 敎化를 위한 '身體'論－國語讀本, 體操, 唱歌, 戰時歌謠를 중심으로－〉. 전남대학교 대학원, 2015.

114.   육태안. 〈중국무술 베낀 무예도보통지〉《시사저널》. 시사저널사, 1991년 1월 24일.

115.   윤성식. 〈근대 전후 한국 검도의 발달과정에 관한 연구〉. 국민대학교 석사학위논문, 1999.

116.   윤용선, 〈警部를 경무청으로 하는 관제칙령안을 회의에 제출할 것〉《各部請議書存案》20, 광무 5년(1901) 12월 7일. 국사편찬위원회 한국사데이터베이스 각사등록 근대편. (http://db.history.go.kr/id/mk_007_0200_0290), 2022년 4월 5일 검색.

117.   윤해동, 천정환, 허수, 황병주, 이용기, 윤대석 엮음.《근대를 다시 읽는다》1. 서울: 역사비평사, 2006.

118.   이경묵. 〈제도론: 주요 이슈와 미래의 연구방향〉《경영논집》33(4). 서울대학교 경영대학 경영연구소, 1999.

119.   이국노.《실전우리검도: 예도 · 본국검》. 용인: 직지, 2016.

120.   이규형.《태권도 품새란 무엇인가?》. 서울: 오성, 2010.

121.   이선이 외 엮음.《근대 한국인의 탄생: 근대 한 · 중 · 일 조선민족성 담론의 실제》. 서울: 소명출판, 2011.

122.   이세열 해역.《한서예문지》. 서울: 자유문고, 1995.

123. 이승수, 〈택견의 체계화에 미친 검도의 영향〉《한국체육사학회지》18, 한국체육사학회, 2006.

124. 이승수, 〈택견의 체계화에 미친 일본 유도의 영향〉《비교민속학》31, 비교민속학회, 2006.

125. 이승수, 〈해방 이후 한국 전통무예의 근대화에 관한 연구〉《한국체육사학회지》16(2), 한국체육사학회, 2011.

126. 이승수, 〈일제하 잡지《朝鮮武道》를 통해 본 식민주의: 창간호를 중심으로〉《한국체육사학회지》19(3), 한국체육사학회, 2014.

127. 이승수, 〈일본 식민주의와 무도: 대일본무덕회 조선지방본부의 설립과 전개〉《한국체육사학회지》, 20(3), 한국체육사학회, 2015.

128. 이영,《잊혀진 전쟁 왜구: 그 역사의 현장을 찾아서》, 서울: 에피스테메, 2007.

129. 이영아,《육체의 탄생》, 서울: 민음사, 2008.

130. 이영훈, 〈왜 다시 해방전후사인가〉, 박지향, 김철, 김일영, 이영훈 엮음.《해방전후사의 재인식》1, 서울: 책세상, 2006.

131. 이윤정,《한국경찰사》, 서울: 소명출판, 2015.

132. 이종림, 〈한국고대검도사에 관한 연구: 신라 본국검법을 중심으로〉, 성균관대학교 석사학위논문, 1983.

133. 이종림,《검도》, 서울: 한국문원, 1995.

134. 이종림, 〈조선세법고〉《한국체육학회지》38(1), 한국체육학회, 1999.

135. 이종림,《정통 검도》, 서울: 삼호미디어, 2006.

136. 이종림, 〈검도의 역사성에 관한 이해〉《한국체육사학회지》25(4), 한국체육사학회, 2020.

137. 이종만, 〈체육인 국가에 대한 효력〉《서북학회월보》15, 서북학회, 1909.

138. 이지원, 〈한일 문화교류와 '반일' 논리의 변화: '왜색문화' 비판 언설의 궤적〉《한국과 국제정치》, 31(1), 통권 88, 경남대학교 극동문제연구소, 2015(봄).

139. 이진갑, 〈1590년대 李朝鎭管官兵의 신장 및 근력에 관한 연구: 서애선생 유고〈軍門謄錄〉,〈官兵編伍冊〉 및 〈官兵容貌冊〉의 자료에 의하여〉《안동문화》5, 안동대학교 안동문화연구소, 1984.

140. 이창후,《태권도 현대사와 새로운 논쟁들》, 서울: 상아, 2010.

141. 이학래,《한국근대체육사연구》, 서울: 지식산업사, 1990.

142. 임동규 역,《완역실연 무예도보통지》, 서울: 학민사, 1996.

143. 임석원 · 조문기, 〈일제강점기 朝鮮武道館 설립자 강낙원(姜樂遠)의 활동〉《무예연구》15(3), 한국무예학회, 2021.

144. 임성묵,《본국검예 1: 복원 조선세법》, 서울: 행복에너지, 2013.

145. 임성묵,《본국검예 2: 복원 본국검법》, 서울: 행복에너지, 2013.

146. 임성묵,《본국검예 3: 왜검의 시원은 조선이다》, 서울: 행복에너지, 2018.

147. 임지현. 〈한국사 학계의 '민족' 이해에 대한 비판적 검토〉《민족주의는 반역이다: 신화와 허무의 민족주의 담론을 넘어서》. 서울: 소나무, 1999.

148. 임지현. 《적대적 공범자들》. 서울: 소나무, 2005.

149. 장인성. 《메이지유신: 현대일본의 출발점》. 서울: 살림출판사, 2007.

150. 장학근. 《조선 시대 군사전략》. 서울: 국방부군사편찬연구소, 2006.

151. 전지영. 《근대성의 침략과 20세기 한국의 음악》. 서울: 북코리아, 2005.

152. 정상수. 〈하인리히 왕자의 한국 방문 1898/99년〉《독일연구》 21. 한국독일사학회, 2011.

153. 정수일. 〈한국과 페르시아의 만남〉《문명담론과 문명교류》. 파주: 살림, 2009.

154. 정수진. 《무형문화재의 탄생》. 서울: 역사비평사, 2008.

155. 정창석. 《만들어진 신의 나라: 천황제와 침략 전쟁의 심상지리》. 서울: 이학사, 2014.

156. 정해은. 《한국 전통 병서의 이해》. 서울: 국방부 군사편찬연구소, 2004.

157. 정해은. 〈임진왜란 기 조선이 접한 단병기와 《무예제보》의 간행〉《군사》 51. 서울: 국방부군사편찬연구소, 2004.

158. 정해은. 〈18세기 무예 보급에 대한 새로운 검토: 《어영청중순등록》을 중심으로〉《이순신 연구 논총》 9. 순천향대학교 이순신연구소, 2007.

159. 제레드 다이아몬드 저, 김진준 역. 《총, 균, 쇠》. 서울: 문학사상, 2011(1998).

160. 조병식. 〈우리나라 수비대 병사가 일본 헌병을 구타하여 치료비를 청구하니 조사할 것〉《元帥府來去案》 4 광무 7년(1903) 1월 14일. 국사편찬위원회 한국사데이터베이스 각사등록 근대편. (http://db.history.go.kr/id/mk_055_0040_0020), 2022년 4월 5일 검색.

161. 조선총독부중추원. 《만기요람》(군정편). 경성: 조선인쇄주식회사, 昭和 13年(1938).

162. 진단학회. 《진단학보》 91. 진단학회, 2006.

163. 차은정. 《식민지의 기억과 타자의 정치학》. 서울: 선인, 2016.

164. 최복규. 〈전통무예의 개념정립과 현대적 의의〉. 서울대학교 석사학위논문, 1995.

165. 최복규. 《《무예도보통지》 권법에 관한 연구〉《한국체육학회지》 41(4). 한국체육사학회, 2002.

166. 최복규. 《《무예도보통지》 편찬의 역사적 배경과 무예론〉. 서울대학교 박사학위논문, 2003.

167. 최복규. 《《무예도보통지》 무예 분류의 특징과 그 의미〉《한국체육학회지》 44(4). 한국체육학회, 2005.

168. 최복규. 〈조선에 도입된 《기효신서》의 판본〉《한국체육학회지》 50(5). 한국체육학회, 2011.

169. 최복규. 〈태권도 전사로서 택견 사료 해석〉《국기원태권도연구》 7(3). 국기원, 2016.

170. 최복규. 〈태권도 전사로서 수박 사료 해석〉《국기원태권도연구》 7(4). 국기원, 2016.

171. 최복규. 〈전통주의 태권도사 서술의 문제점〉《국기원태권도연구》 9(1). 국기원태권도연구소, 2018.

172. 최복규. 《권법바이블: 《기효신서》를 통해 본 고전 권법》. 파주: 한국학술정보, 2018.

173. 최진욱. 〈전통검술의 생활체육화 방안에 관한 고찰〉. 연세대학교 박사학위 논문, 2007.

174. 최형국. 〈조선 후기 왜검교전 변화 연구〉《역사민속학》25. 한국역사민속학회, 2007.

175. 최형국. 〈1949년《武藝圖譜新志》의 출판과 민족 무예의 새로운 모색〉《제국의 몸, 식민의 무예》. 서울: 민속원, 2020.

176. 최형국.《정조, 무예와 통하다: 正譯 武藝圖譜通志》. 서울: 민속원, 2021.

177. 카터 에커트. 〈헤겔의 망령을 몰아내며: 탈민족주의적 한국사 서술을 향하여〉. 신기욱, 마이클 로빈슨 엮음, 도면회 역.《한국의 식민지 근대성》. 서울: 삼인, 2006.

178. 쿠바 다카시. 〈일본군의 선박과 무기의 과학적 검토〉《임진왜란과 동아시아 세계의 변동》. 서울: 경인문화사, 2010.

179. 탁석산.《한국의 민족주의를 말한다》. 서울: 웅진닷컴, 2004.

180. 풍몽룡 저. 김진곤 역.《유세명언》1-3. 서울: 민음사, 2019-2020.

181. 풍우란 저. 박성규 역.《중국철학사》상. 서울: 까치, 1999.

182. 하우봉.《조선 시대 바다를 통한 교류》. 서울: 경인문화사, 2016.

183. 하정희. 〈일제강점기 황국신민체조의 보급에 관한 연구〉《한국체육사학회》20(20). 한국체육사학회, 2015.

184. 하지연. 〈니토베이나조의 식민주의와 조선 의식〉《식민사학과 한국 근대사》. 경기: 지식산업사, 2015.

185. 한국학중앙연구원 장서각 편.《장서각한국본해제》사부 13. 성남: 한국학중앙연구원 출판부, 2015.

186. 한왕택. 〈개화기에 있어 兵式體操의 成立過程에 관한 연구〉《한국체육학회지》41(2). 한국체육학회, 2002.

187. 한일문화교류기금 · 동북아역사재단 편.《임진왜란과 동아시아 세계의 변동》. 서울: 경인문화사, 2010.

188. 허대영. 〈임진왜란 전후 조선의 전술 변화와 군사훈련의 전문화〉《한국사론》58. 서울대학교국사학과, 2012.

189. 허선도. 〈무예도보통지〉《한국의 명저》. 서울: 현암사, 1969.

190. 허인욱. 〈조선 후기 칼춤 그림과《무예도보통지》쌍검 동작의 비교〉《무예연구》13(4). 한국무예학회, 2018.

191. 허인욱 · 김산. 〈김체건과《무예도보통지》에 실린 왜검〉《체육사학회지》11. 한국체육사학회, 2003.

192. 허준 저. 동의문헌연구실 역.《신증보대역 동의보감》. 서울: 법인문화사, 2012.

193. 許進雄 저. 홍희 역.《중국고대사회》. 서울: 동문선, 1991.

194. 헨리 임(Henry H. Em). 〈근대적 · 민주적 구성물로서의 '민족': 신채호의 역사 서술〉. 신기욱, 마이클 로빈슨 엮음, 도면회 역.《한국의 식민지 근대성》. 서울: 삼인, 2006.

195. 홉스 보옴 · 랑거 편. 최석영 역.《전통의 날조와 창조》. 서울: 서경문화사, 1995.

196. 황평우.〈페인트 칠 이순신 칼, 아예 진품 아닐 수도〉김현정의 뉴스쇼, CBS 라디오 FM98.1 (07:30~09:00). 노컷뉴스(2014. 8. 26).〈https://www.nocutnews.co.kr/news/4079452〉, 2022년 6월 22일 검색.

197. 황학정백년사편찬위.《근대 궁도의 종가-황학정 백년사》. 서울: 황학정, 2001.


198. 康戈武.《中國武術實用大全》. 北京: 今日中國出版社, 1995(1990).

199. 國家計量總局 · 中國歷史博物館 主編. 金基協 역.《중국도량형도집》. 서울: 법인문화사, 1993.

200. 唐豪.〈古代中, 朝, 日劍術交流的若干考察〉《中國體育史參考資料》. 第6輯. 北京: 人民體育出版社, 1958.

201. 陶仁祥.《中國武術基礎功法》. 上海: 上海科學技術出版社, 1989.

202. 林伯原.〈明代における劍術に関する研究-劍術の伝習習〉. 劍訣歌 · 劍法の遺存とその特徵を.

203. 馬明達.〈歷史上 中, 日, 朝 劍刀武藝交流考〉《說劍叢稿》. 北京: 中華書局, 2007.

204. 范中義.《戚繼光評傳》. 南京: 南京大學出版社, 2004.

205. 史仲文 主編.《中國藝術史-雜技卷》. 石家庄: 河北人民出版社, 2006.

206. 孫武 著. 孫星衍 校《孫子十家注》. 天津: 新華書店, 1991.

207. 習雲太.《中國武術史》. 北京: 人民體育出版社, 1985.

208. 楊伯峻 譯注.《論語譯注》. 北京: 中華書局, 2000.

209. 吳廣孝.《集安高句麗壁畵》. 濟南: 山東畵報出版社, 2006.

210. 吳殳 著. 孫國中 增訂點校.《增訂 手臂錄 – 中國槍法眞傳》. 北京: 北京師範大學出版社, 1989.

211. 翁士勳.《角力記》校注》. 北京: 人民體育出版社, 1990.

212. 林伯原.《中國古代武術論文集》. 臺北: 五洲出版社, 民國 78年(1989).

213. 林伯原.《中國武術史》. 臺北: 五洲出版社, 民國 85年(1996).

214. 周緯.《中國兵器史稿》. 北京: 三聯書店, 1957.

215. 周偉良.《中國武術史》. 北京: 高等教育出版社, 2003.

216. 陳秉才.〈洴澼百金方〉《中國大百科全書(軍事)》2. 中國大百科全書出版社, 1989.

217. 陳山.《中國武俠史》. 上海: 三聯書店, 1992. 강봉구 역.《중국무협사》. 서울: 동문선, 1997.

218. 皇甫江.《中國刀劍》. 濟南: 明天出版社, 2007.

219. 黃元秀.《武當劍法大要》. 臺北: 逸文出版有限公司, 1931(2002 영인).


220. 加藤純一.《무예도보통지》에 보이는 일본의 검술 유파: 上泉新綱의 新陰流〉《무예도보통지》를 통해 본 한일간의 무예교류》. 수원: 경기문화재단, 2002.

221. 江口卯吉.《銃劍術》. 東京: 國防武道協會, 1942(昭和17).

222. 岡田一男.〈明治初期常陸國笠間を中心とした擊劍興行の実態〉《武道學研究》23(1). 日本武道學會, 1990.

223. 劍道教育研究会.《中等学校劍道解説》. 東京: 西東社出版部, 昭和 8 年(1933).

224. 劍道教育研究会.《劍道解説: 文部省要目に準拠》. 東京: 西東社出版部, 昭和 11 年(1936).

225. 劍道教育研究会.《劍道上達法》. 東京: 西東社出版部, 昭和 14 年(1939).

226. 劍道教育研究会.《劍道正しい学び方》. 東京: 西東社出版部, 昭和 15 年(1940, 昭和8年 초판).

227. 高野佐三郎.《劍道》. 東京: 島津書房, 昭和 57 年(1982) 복각판.

228. 宮本光輝, 魚住孝至.〈『愛洲陰之流目録』(東京国立博物館蔵)の調査報告書: ―新陰流との関係及び『紀效新書』所載の「影流之目録」についての新知見〉《國際武道大學研究紀要》28. 國際武道大學, 2012.

229. 今村嘉雄.《十九世紀に於ける日本体育の研究東京》. 東京: 不昧堂書店, 昭和 42 年(1967).

230. 今村嘉雄.《日本武道大系: 劍術1》1. 京都: 同朋社出版, 1982.

231. 亘理章三郎.《日本魂の研究》. 東京: 中文館, 昭和 18 年(1943).

232. 大石純子.《武藝圖譜通志》〈雙手刀〉〈倭劍〉の背景にあるもの (《무예도보통지》의 쌍수도와 〈왜검〉의 배경에 있는 것)〈《무예도보통지》를 통해 본 한일간의 무예교류〉. 경기문화재단, 2002.

233. 大塚忠義.《日本劍道の歷史》. 東京: 窓社, 1996.

234. 渡辺宏明.〈「日本刀歌」小考〉《法政大学教養部紀要: 人文科学編》100. 法政大学教養部, 1997.

235. 笠尾恭二.《中國武術史大觀》. 東京: 福昌堂, 1994.

236. 木村吉次.〈學校体操教授要目 (大正2年) の制定過程に関する一考察〉《中京体育学論叢》6(1). 中京大學校, 1964.

237. 木下秀明.〈「擊劍」「劍術」から「劍道」への移行過程に関する検討: 『文部省第一回擊劍講習録』の分析〉《体育学研究》 50. 日本体育・スポーツ・健康学会, 2005.

238. 木下秀明.〈「擊劍」「劍術」から「劍道」への移行過程に関する検討: 永井道明の場合〉《体育学研究》51. 日本体育・スポーツ・健康学会, 2006.

239. 西尾達雄.〈朝鮮における1914年『学校体操教授要目』制定期の体育政策について (上)：在朝鮮日本人諸学校に関して〉《日本社会事業大学研究紀要》37. 1991.

240. 小西康裕.《劍道とシナイ競技》. 東京: 川津書店, 昭和 27 年(1952).

241. 小沢愛次郎.《皇國劍道史》. 東京: 田中誠光堂, 昭和 19 年(1944).

242. 矢野裕介.〈1900年前後における劍術の体操化過程にみる胴技の変容：小沢卯之助らの武術体操法に着目して〉《体育学研究》. 59(2). 日本体育・スポーツ・健康学会, 2014.

243. 永井道明.《學校體操要義》. 東京: 大日本図書, 大正 2 年[1913].

244. 二木謙一, 入江康平, 加藤寛 共編.《日本史小百科: 武道》. 東京: 東京堂出版, 平成 6年(1994).

245. 全日本刀匠会.《写真で覚える日本刀の基礎知識》. テレビせとうちクリエイト, 2009.

246. 中村民雄.〈近代武道教授法の確立過程に関する研究(一)〉《武道学研究》13(1), 日本武道學會, 1980.

247. 千葉長作.《日本武道教範》. 東京: 博文館, 明治 41年(1908).


248. A.C. 그레일링 저. 윤길순 역.《새 인문학 사전》. 웅진지식하우스, 2010.

249. Adrogué, Manuel E., LL. M. *Ancient Military Manuals and Their Relation to Modern Korean Martial Arts*. *Journal of Asian Martial Arts*. Vol. 12. No.4. Erie: Via Media Publishing Company, 2003.

250. Bennett, Alexander C.. Social and Cultural Evolution of Kendo. *Martial Arts of the World: An Encyclopedia of History and Innovation*, vol 2. Santa Barbara: ABC-CLIO, 2010.

251. Bennett, Alexander C.. *The Cultural Politics of Proprietorship: The Socio-historical Evolution of Japanese Swordsmanship and its Correlation with Cultural Nationalism*. Ph.D. Dissertation. School of Languages, Cultures and Linguistics (JAPA). University of Canterbury, 2012.

252. Bennett, Alexander C.. *Kendo: Culture of the Sword*, Berkeley: University of California Press, 2015.

253. Bowman, Paul. *Martial Arts Studies: Disrupting Disciplinary Boundaries*. Rowman & little field, 2015.

254. Burkart, Eric. *Limits of Understanding in the Study of Lost Martial Arts: Epistemological Reflections on the Mediality of Historical Recors of Technique and the Status of Modern (Re-)Constructions*. *Acta Periodica Duellatorum (APD)* 4(2). Acta Periodica Duellatorum Association, 2016.

255. Choi, Bok Kyu. *"An Introduction to the History of Korean Martial Arts."* Syllabus of special lecture hosted by the Center for Korean Studies of Leiden University and the Korean Institute for Martial Arts in Leiden University, 23 February, 2008.

256. Choi, Bok Kyu. *"Ssanggeom. The Muyedobotongji Cycle V."* Syllabus of Lecture Series hosted by the Center for Korean Studies of Leiden University - Korean Institute for Martial Arts. 22 May, 2011.

257. Choi, Bok Kyu. Dissemination of Japanese Swordsmanship to Korea. *Martial Arts Studies* 6. Cardiff University Press, 2018. DOI: http://doi.org/10.18573/mas.63.

258. Choi, Bok Kyu. *"Can We Learn Martial Arts Through Books?" The Revival of Korean Fight Books Through Transmission and Reconstruction*. *Acta Periodica Duellatorum* 8(1). Bern Open Publishing, 2020.

259. Gainty, Denis. *Martial Arts and the Body Politic in Meiji Japan*. Oxen: Routledge, 2013.

260. Green, Thomas A., Svinth, Joseph R.. *Martial Arts of the World: An Encyclopedia of History and Innovation*, vol 2. Santa Barbara: ABC-CLIO, 2010.

261. Huish, David J.. The Meirokusha: Some Grounds for Reassessment. *Harvard Journal of Asiatic Studies*. 32. Harvard-Yenching Institute. 1972.

262. Hurst, G. Cameron. *Armed Martial Arts of Japan*. New Haven: Yale University Press. 1998.

263. Jones, David E. (edit.). *Combat, Ritual, and Performance - Anthropology of the Martial Arts*. Westport: Praeger. 2002.

264. Kane, Lawrence A.. Wilder, Kris. *The Way of Kata: A Comprehensive Guide to Deciphering Martial Application*, Boston, Mass: YMAA Publication Center, 2005.

265. Kansuke, Yamamoto Trans. by Manaka, Fumio (modern Japanese). Shahan, Eric (English). *The Sword Scroll: Additional Material from Mao Yuanyi's Bubishi*. CreateSpace Independent Publishing Platform, 2016.

266. Kim, Sang H.. *The Comprehensive Illustration of Martial Arts of Ancient Korea*. Hartford: Turtle Press, 2000.

267. Kure, Mitsuo. *Samurai: An Illustrated Hisotry*. North Clarendon: Tuttle Publishing, 2002.

268. Lorge, Peter A.. *The Asian Military Revolution from Gunpowder to the Bomb*. Cambridge: Cambridge University Press, 2008.

269. Lorge, Peter A.. *Chinese Martial Arts: From Antiquity to the Twenty-First Century*. New York: Cambridge Press, 2012.

270. Madis, Eric. *The Evolution of Taekwondo from Japanese Karate*. Thomas A. Green, and Joseph R. Svinth (EDs.), *Martial Arts in the Modern World*. Westport: Praeger, 2003.

271. Nieves, Frank. *The Modern Samurai: Martial Studies & the Modernization of the Japanese School System*. Master's degree at Universitetet I Oslo, 2014.

272. Ok, Gwang. *The Transformation of Modern Korean Sport: Imperialism, Nationalism, Globalization*. New Jersey: Hollym, 2007.

273. Parker, Geoffrey. *The Military Revolution: Military innovation and the rise of the West 1500-1800*. Cambridge: Cambridge University Press, 1996(1988).

274. Perez, Herb, and Capener, Steven. *State of Taekwondo: Historical arguments should be objective. **Black Belt**. Vol. 36. No. 7. July.1998.

275. Sadamoto, Sugawara (Author). Shahan, Eric (trans.). *The Complete Martial Arts of Japan: Gekken*, Volume one. CreateSpace Independent Publishing Platform, 2014.

276. Sato, Kanzan. Translated by Joe Earle. *The Japanese Sword: A Comprehensive Guide*. Tokyo, New York, London: Kodansha International, 1983.

277. Shahan, Eric M., *The Shadow School of Sword*, CreateSpace Independent Publishing 475Platform,

2022.

278. Shar, Meir. *The Shaolin monastery.* Honolulu: University of Hawai'i Press, 2008.

279. Swope, Kenneth M.. *A Dragon's Head and a Serpent's Tail: Ming China and the First Great East Asian War, 1592-1598*. University of Oklahoma Press, 2009.

280. Warner, Gordon, and Draeger, Donn F.. *Japanese Swordsmanship*. Boston: Weatherhill, 2007(1982).

281. Wetzler, Sixt and Jaquet, Daniel, and Deacon, Jacob Henry (EDs). *Acta Periodica Duellatorum*. 8(1). Conference proceedings: Fight Books in Comparative Perspective (Deutsches Klingenmuseum, 9-10 Nov. 2017), Bern Open Publishing, 2020.

## [도록]

1. 조선일보사.《集安 고구려 고분벽화》. 서울: 조선일보사, 1994(1993 초판).

2. 邵文良.《中国古代のスポ一ツ: 中国古代體育文物圖集》中國·人民體育出版社, 東京: ベ一スボ一ル·マガジン社, 1985.

3. 《中華武術圖典》編輯委員會.《中華武術圖典》. 北京: 人民體育出版社, 1998.

4. 崔樂泉.《中國古代體育文物圖錄》. 北京: 中華書局, 2000.

## [웹사이트 및 온라인 자료]

1. 《일본서기(日本書紀)》원문 및 번역. (http://contents.nahf.or.kr/item/item.do?itemId=ns).

2. 〈고사기에 대하여(古事記について)〉《국학원대학(國學院大學) 고사기학 센터(古事記学センタ一)》 (http://kojiki.kokugakuin.ac.jp/ko/about-kojiki/).

3. 고전적총합데이터베이스(古典籍總合デ一タベ一ス). (https://www.wul.waseda.ac.jp/kotenseki/index.html).

4. 국제일본문화연구센터 (http://ys.nichibun.ac.jp/kojiruien/).

5. 대만대학교국가도서관 고적과 특장 문헌자료(臺灣國家圖書館 古籍與特藏文獻資源). (http://rbook.ncl.edu.tw/NCLSearch/).

6. 대한씨름협회(http://ssireum.sports.or.kr/sub/sub02_1.php).

7. 동북아역사넷(http://contents.nahf.or.kr/) '사료 라이브러리.'

8. 신병주·장선환.〈김석주-숙종 대 정치 공작의 달인〉네이버 인물한국사(발행일: 2014년 4월 14일). (https://terms.naver.com/entry.nhn?docId=3577945&cid=59015&categoryId=59015).

9. 일본고무도협회 공식 사이트 (http://www.nihonkobudokyoukai.org/).

10. 일본국립국회도서(日本國立國會圖書, National Diet Library Digital Collections)(https://dl.ndl.go.jp/).

11. 중국철학서전자화계(中國哲學書電子化計)(https://ctext.org/wiki.pl?if=gb&chapter=696452).

12. 최성우. 〈[과학기술 넘나들기](12) 에밀레종의 인신공양설화는 사실일까?〉《사이언스타임즈》 (https://www.sciencetimes.co.kr/news/에밀레종의-인신공양-설화는-사실일까/).

13. 편집부. 〈전일본검도연맹, 검도는 일본 무사의 고유 문화〉《무카스》(Mookas, Global Martial Arts Media: https://mookas.com/news/2573), 2020년 9월 17일 검색.

14. 한국고전종합DB (https://db.itkc.or.kr/).

15. 한국민족문화대백과사전 (http://encykorea.aks.ac.kr/).

16. 한글대장경 불교사전(https://abc.dongguk.edu/ebti/c3/sub1.jsp).

17. 허건식. 〈일본 검도를 왜 우리 것이라 주장하는가?〉《무카스》(Mookas, Global Martial Arts Media: https://mookas.com/news/10602), 2020년 9월 17일 검색.

18. Academic Dictionaries and Encyclopedias (https://de-academic.com/).

19. Encyclopædia Britannica (2013). "wrestling." Encyclopædia Britannica Ultimate Reference Suite. Chicago: Encyclopædia Britannica.

20. Journal of Martial Arts Studies (https://mas.cardiffuniversitypress.org/).

21. Martial Arts Studies Research Network (http://www.mastudiesrn.org/).

22. *Nomination form International Memory of the World Heritage*. (http://www.unesco.org/new/fileadmin/MULTIMEDIA/HQ/CI/CI/pdf/mow/nomination_forms/dprkorea_tong_eng.pdf).

# 찾아보기

인명, 서명, 유파, 세(勢), 관직 및 기타

⟨ㄱ⟩

가대재(賈大才) 149

가왜(假倭) 15

가쿠우슈인(學習院) 258

간내비운소(幹乃飛雲所) 150

간로수계(幹老愁戒) 150

감합무역 53

강도관 → 코오도오칸 249, 251, 290

강낙원 258, 279, 290, 319

강무관 280

강무소(講武所, 코오부쇼) 23, 238~241, 264, 297, 327, 376

강한 전승(strong tradition) 25

강화도조약 266

《개벽》 279

개인주의 269

갸쿠도오(逆胴) 253

거합 243

거합체조 255

검도 10, 13, 21~24, 29, 31~33, 71, 88, 105, 196, 202, 224, 227, 231, 232, 235~240, 242, 244, 246, 247~249, 251~253, 257~265, 270, 274, 277, 278, 280~286, 288, 289, 291, 292, 296~298, 300~302, 304, 306~334, 336~338, 340~350, 356~360, 362~366, 368, 369, 370, 372, 376, 379

《검도》 313, 323~327, 330, 340, 346, 469

검도대회 322, 330, 350

검도 용품 274

검리(劍理) 264, 341, 343

검술 300

검술유해론 251

검술의 제도화 204

검술체조화 252, 264, 297~299, 327, 376

게임 체인저(game changer) 136

게쯔카게(月影) 95

겟카게(月陰) 100

격검(擊劍) 13, 21, 22, 29~32, 125, 222, 224, 227, 231, 234~237, 241, 243, 248, 251, 257~259, 265, 266, 270~281, 297, 298, 300~302, 330, 331, 335, 336, 358, 365, 370, 372, 376

《격검과 유술도해(擊劍卜柔術図解)》 253

《격검유술지남(擊劍柔術指南)》 253, 254

격검장 275, 276

《격검재흥론(擊劍再興論)》 243

《격검지남(擊劍指南)》 253

격검흥행 22, 240~242, 251, 272, 273, 376

격구 206~208, 268

격봉 268, 330, 331

견내량 138

견적출검세(見賊出劍勢) 120, 121, 156, 200

경(勁) 18

경력(勁力) 18

《경검재고(更劍齋稿)》 131

경계 27

경관연습소 275, 276

《경국대전》 206~209

경귤(耿橘) 125

경무청 271, 272

경사(京師) 335, 336

경성중학교 277

《경세통언(警世通言)》 73

경시청 243, 271

경시청류 242, 243, 246, 264

《경여잉기(耕餘剩技)》 118, 126

《경영기사(京營紀事)》 131

경중(鏡中) 193

고무도(古武道) 245

《고사기(古事記)》 46, 47

고사로문(古沙老文) 150

《고사류원(古事類苑)》 32, 94, 97

고오쥬우류(剛柔流) 230

고유성 25~27, 346, 362, 370, 372, 373, 377

고전 권법 5, 28

《고전 무도(Classical budo)》 231

《고전 무술(Classical bujutsu)》 231

고전무예 202

고전무예부흥 운동 21

고전번역원 57

곽동철 307~318, 349, 350

곽오도(郭五刀) 117~119, 131, 132

관무재 176, 178, 197, 199, 209~214, 223

교사(教士, 쿄오시) 264

교전 30, 32, 181, 191, 197~202, 208, 211~214, 216~224, 300, 303, 306, 307, 317

구양수(歐陽脩) 54, 56~59, 133

《구양문충공집(歐陽文忠公集)》 54

구전심수 17, 24, 25, 120, 250

구조적 이해(Structural Understanding) 339

국가총동원령법 282

국경 8, 27

국군최고사령관총사령부 248, 260, 261

국민정신총동원중앙연맹 290

《국어(國語)》 294

국제태권도연맹 7

국제해동검도연맹 347

국제호플로로지학회(HIS) 231

군국주의 31, 227, 263~265, 279, 280, 282~284, 287~289, 294, 295, 298, 300, 302, 311, 317, 328, 332, 349, 364, 365, 372, 376

《군권(軍權)》 131

군도술(軍刀術) 271

군사주의 13, 23, 329

군인칙유 244

군진 무예 25, 30, 80, 113, 115~117, 119, 134, 135, 148, 155, 179, 203, 214, 296, 299, 305, 341, 349, 375

궁수(弓手) 155

궁술 155, 195, 232, 234, 239, 240, 247, 248, 281, 284, 334, 355

권법(拳法) 5, 28, 121, 125, 176, 199, 202, 207~209, 212~214, 216, 217, 220, 223, 340~342

《권법 바이블:《기효신서》를 통해 본 고전 권법》 5, 15, 118, 227

《권법요결》 6, 18, 306, 307, 342, 343, 464

《궐장심법(蹶張心法)》 118

극동국제군사재판 295

근대 8~10, 13, 16, 24, 26, 27, 29, 30, 76, 135, 202, 222, 224, 231, 232, 239, 242, 248, 253, 263, 265, 266, 268, 269, 270, 273, 275, 277, 284, 295~300, 302, 303, 306, 307, 312, 314, 316, 322, 325, 326, 329~331, 333, 336, 343, 345, 347, 348, 354, 356~358, 362, 363, 366~368, 370~372, 378, 379

《근대 무술과 무도(Modern bujutsu & budo)》 231

근대화 13, 22~24, 29, 32, 224, 242~244, 248, 264, 266, 267, 270, 279, 295~297, 302, 327~329, 331, 353, 356, 358, 366, 368, 376, 379

근접 전투 138, 141, 148, 174, 205

금계독립세 309, 312, 313

금위영(禁衛營) 178, 190, 197, 198, 210, 213, 214, 219~221

《금위영초록》 188, 190

급발(急拔) 65

기검체(氣劍體) 229

《기민도설소(飢民圖說疏)》131

기병 44, 51, 136, 140, 142~145, 147, 172, 177, 179, 206, 273

기병의 시대 30, 143

기사(騎射) 125, 206, 207

기사수행 68

기수(技手) 272

기창(旗槍) 212

기창(騎槍) 206, 207

기창교전(騎槍交戰) 208, 211~214

기추 176, 206~208, 211~214

《기효신서》 5, 14, 19, 28, 30, 32, 80, 81, 84, 85, 89, 90, 92~94, 103, 105, 113~117, 119~125, 140, 155, 156, 158~160, 162, 164~166, 171, 172, 179, 200, 382~384, 391, 459

김경신 176

김광석 6, 357, 464

김광택 185~186, 191

김구 281

김기수 267

김석주(金錫胄) 189

김영달 321

김용 357

김용옥 23, 295, 465

김육 189

김익하 186, 187, 223

김일정(金逸亭) 118

김전최 176

김정호 345~347

김종필 323

김좌명 189

김준혁 6, 7, 465

김지명 188

김체건 30~32, 180, 181, 184~192, 196, 197, 199,

222~224, 301, 302, 304, 348, 349, 375, 471

김홍집 267

〈ㄴ〉

나가사 60, 62

나가이 미찌아키(永井道明) 258

나기나타 51, 70, 196, 236, 241, 247, 252, 259, 260, 283, 288, 341

나기나타체조 255

나라 시대(奈良時代) 47

나카노 소스케(中野宗助) 282

나카니시하잇토오류(中西派一刀流劍術) 235, 258, 297

나카무라 마사나오(中村正直) 249

나카야마 하쿠도(中山博道) 284

나카오 카헤이(中尾嘉平) 274

나한일 324, 345, 347

낙공(落空) 103

낙상지(駱尙志) 148, 149

난보쿠쵸오 시대(南北朝時代) 63

낭선(狼筅) 212

내선일체(內鮮一體) 227, 289~291, 302, 311, 350, 376

내제자 67, 239

네기시 신고로(根岸信五郎) 253

네덜란드 9, 75, 238, 458, 459

넨류(念流) 68~69, 71

넨아미 지온(念阿弥慈恩) 69, 71

노다 쯔요시(野田毅) 287

노다찌(野太刀) 63, 168

노르베르트 엘리아스 224, 237

노인선 319

《논성억언(論性臆言)》131

《논학수답(論學酬答)》125

눈가리기(目かくし) 99

능기군(能技軍) 204

《능허관만고》 192

니시 아마네(西周) 249

니시무라 신게키(西村茂樹) 249

니시쿠보 히로마찌(西久保弘道) 247

니아발도세(你我拔刀勢) 121, 122, 127, 166, 167

니토베 이나조오(新渡戸稲造) 245, 246

《닌쥬쯔: 은신의 예술(Ninjutsu: The Art of Invisibility)》 231


〈ㄷ〉

다이쇼오(大小) 65, 233

단급제도 24, 325

단노 겐노신(団野源之進) 239

단도(單刀) 15, 118, 119, 130, 374, 382, 406

《단도도설(單刀圖說)》 126

《단도법선(單刀法選)》 118

단료수도세(單撩手刀勢) 127

단살수(單殺手) 128

단석(丹石) 193

단자도세(單刺刀勢) 128

단제도세(單提刀勢) 128

담견도세(擔肩刀勢) 128

담견세(擔肩勢) 128

담륜(譚綸) 78

당순지(唐順之) 54

당파(鎲鈀) 212

대구연무관 280

대당세 159, 201

대도세(帶刀勢) 121, 122, 128

대도폐지수의(帶刀廢止隨意) 240

대륙세력 135

대일본무덕회(大日本武德會) 23, 31, 243~248, 251, 258~260, 264, 280~282, 294, 297, 306, 311, 327

대일본제국검도형 246, 259, 294

대전세 159, 201

《대전통편》 206, 208, 212, 223

《대전회통》 206, 223

대조세 159, 201

대한검도 13, 324, 326, 333, 340~343, 345, 346, 347, 348, 350, 357, 369, 370, 372

대한검도회 29, 32, 264, 302, 304, 306~308, 315, 317, 318~325, 328, 331~333, 337, 340, 341, 346~348, 350, 358, 359, 376, 379

대한민국 5, 6, 281, 319, 322, 347

대한제국 31, 169, 267~269, 272, 275, 277, 298, 330, 355, 368, 460, 465

대한해동검도협회 347

대화혼(大和魂) → 야마토다마시 240, 248, 264, 282~285, 294, 298, 321, 323, 328, 370

덕양(德養) 268

도기현 357

도두세 159, 201

도법해동검도회 347

도배격철기세(刀背格鐵器勢) 128

도오우찌(胴打) 253

도체조(刀體操) 255

독립세(獨立勢) 127

돈 드래거(Donn. Draeger) 230

동기창(董其昌) 19

동도서기 266, 353, 372

《동사일록(東槎日錄)》 188

두군(頭軍) 193, 194

두꺼비가죽 죽도 235

등선육박전 138

등전(鄧展) 334, 335

등패(籘牌) 121, 145, 176, 199, 206, 208, 211~214, 216~218, 223, 342


〈ㄹ〉

라소쯔[나졸(邏卒)] 242

란나찰(攔拿扎) 126

란코오(覽行) 95

러일전쟁 244

레이던대학교(Leiden University) 9, 14, 458

롱 소드(Long sword) 161, 163, 164

료오이류(良移流) 69

루벤토프(Lubentoff) 169

루이스 프로이스 140

류성룡 78, 139, 140, 145

류운봉(劉雲峰) 117~120, 131, 132, 134, 179

르네상스 16

리징린(李景林) 329


〈ㅁ〉

마루메 쿠란도노스케 나가요시(丸目蔵人佐長恵) 97

마리앙(馬良, 마량) 329

마리지천(摩利支天) 99

마밍다(馬明達) 312, 333

마사카도류(正門流) 69

마상기예 203, 216, 217

마상언월도(馬上偃月刀) 208, 212~214

마상재 183, 188, 212, 213

마스세키(枡席) 354

마쯔모토 비젠노카미 마사노부(松本備前守正元) 69, 97

마쯔시마 료키찌(松島良吉) 329

마쯔시타 켄린(松下見林) 85, 94

마쯔카제(松風) 95

마키무라 마사노(槇村正直) 251

마키우찌(卷打ち) 70

《만기요람》 210, 211, 213

만도(彎刀) 30, 43, 44, 47, 63, 132, 352

매두도세(埋頭刀勢) 121~123, 127

매튜 캘브레이스 페리(Matthew Calbraith Perry) 238

맹호은림세 309, 312, 313

메누키 61

메이로쿠사(明六社) 248, 249

《메이로쿠잡지(明六雑誌)》 249, 258

메이지 시대 237, 242, 248, 249, 258, 270, 354, 372

명륙사 → 메이로쿠사 248, 249

명시적 지식(explicit knowledge) 18

모검(牟劍) 197, 198, 219

모곤(茅坤) 19

모리 아리노리(森有礼) 249

모원의(茅元儀) 19, 82, 89, 92, 95, 116, 117, 133, 194, 199

목장창(木長槍) 199, 208, 212~214, 223

목전 206~208

목판인쇄 20

몬진(門人) 67

몸싸움 235, 262, 263, 315, 316

《몽록당창법(夢綠堂槍法)》 126

묘도 15

무(舞) 116, 227

무가제법도(武家諸法度) 232

무과 206~209, 215, 467

《무당검법대요(武當劍法大要)》 329

무당검술(武當劍術) 329

무덕(武德) 244, 248, 282, 294

무덕전(武德殿) 245, 246, 280

무로마찌바쿠후 43, 63

무로마찌 시대(室町幕府) 63, 66, 112

무사(武士) 43, 48, 51, 52, 63, 68, 72, 100, 133, 144, 148, 150~153, 173, 174, 183, 205, 207, 231~234, 237, 240, 243, 244, 246, 247, 280, 284, 285, 332, 352

《무사도(武士道)》 244~248, 260, 264, 276, 282~285, 290, 294, 323, 370

《무사도: 일본의 정신(Bushido, the Soul of Japan)》 245

무사수업 68, 96

《무술체조법(武術體操法)》 255

무역 53, 55, 72, 75, 76, 182, 183, 188, 238

《무예도보신지(武藝圖譜新志)》 307, 308

《무예도보통지》 4~8, 14, 30, 32, 65, 116, 135, 146, 147, 149, 161~165, 167, 172, 179~182, 184, 185, 187, 188, 190~193, 195~203, 205, 209, 215, 221~224, 299, 300, 302~305, 307~312, 317, 326, 327, 329, 339~344, 347, 349, 365, 375, 377, 382, 425, 429, 458

무예 민족주의 8, 15, 31, 224, 346, 351, 359, 360, 362~366, 368, 372, 378

《무예제보》 19, 30, 32, 94, 116, 120~123, 125, 135, 153, 155, 156, 158, 159, 161, 162, 164, 165, 171, 172, 179~181, 185, 191, 199, 200, 209, 223, 300, 301, 303, 307, 375, 382, 413

《무예제보번역속집》 19, 32, 94, 116, 158, 159, 179, 181, 185, 191, 199, 200, 222, 223, 300, 301, 303, 307, 375, 382, 418, 465

무예 한문 28

무예공동체 29

무예사(武藝史) 10, 12, 15~19, 26, 28, 236, 302, 310, 344, 351~353, 363, 364~366, 370, 372~374, 377, 378

무예서 19~21, 25, 28, 121, 126, 153, 155, 158, 204, 224, 302, 341, 344, 455

무예학(Martial Arts Studies) 9, 11, 28

《무은록(無隱錄)》 126

무의식적 무능 229

무의식적 역량 229

무카이 토시아키(向井敏明) 287

무토오 히데조(武藤秀三) 261

《무편(武編)》 54

무협 20

무형문화재 70, 344, 345, 351, 356

문명개화 245, 248, 267

문명화 과정 224, 237, 298

문서화 301

문일평 275~276

문정심의회(文政審議會) 283

미나모토 히사타다(源久忠) 112~114

미나모토 아사노부(源朝信) 112~114

미나모토 노 요시쯔네(源義經) 95, 96

미야기 쵸오준(宮城長順) 230

미야모토 무사시 52, 233, 237

미쯔쿠리 린쇼오(箕作麟祥) 249

미즈하시 토라조오(三橋虎蔵) 239

미카미 레이지(三神禮次) 245

민국시대(民國時代) 15

민족주의 8, 13, 31, 224, 244, 248, 251, 269, 300, 307, 320, 321, 346, 348, 349, 351, 353, 359~362, 365, 366, 369~371, 373, 376, 378, 379, 456

〈ㅂ〉

바티쯔(Bartitsu) 23

박영효 267, 270, 271

박전(朴田) 193, 194

박정희 322, 323, 353

반일 17, 308, 319, 456

반일감정 12, 31, 224, 300, 321, 348, 349, 365, 370, 371, 376, 455, 456

발 걸기 235, 262, 263, 314~317

발도대(拔刀隊) 243

발도술 242, 243, 304

발도출초세(拔刀出鞘勢) 121, 127, 166, 167

방어기제 17, 377, 378

방호구 13, 22, 24, 29, 30, 227, 234~237, 270, 297, 301, 314, 327, 376

배감도세(背砍刀勢) 128

백가쟁명 29, 31, 344, 348, 350

백병전 52, 119, 172, 174, 203, 210, 284, 287

백 인 참수 287

백자총 206, 207

번장(番將) 112

범사(範師, 한시) 264
벤자민 주드킨스(Benjamin Judkins) 9
별기군 267, 268, 271
《병법가전서(兵法家傳書)》 233
《병벽백금방(洴澼百金方)》 59
병위부(兵衛府) 112
병위위(兵衛尉) 112
병참기지 282, 289
보병의 시대 30, 142, 143
보빙사 267
보쿠덴 194, 195
보통학교 259, 273
보편곤(步鞭棍) 199, 208, 211~213, 216, 217, 220, 223
본국검(本國劍) 29, 199, 208, 212~214, 216~219, 223, 304, 306, 307, 309, 310, 312, 318, 323~325, 339~343, 349, 350, 358, 365, 366, 369
《본국검》 6, 122, 124, 125, 338
봉(棒) 199, 208, 212, 223
봉술 70, 195, 252, 256
봉체조(棒體操) 255, 256
봉축부민무도대회 291
봉희 330, 331
《부정선생시문집(桴亭先生詩文集)》 125
부토쿠덴 → 무덕전 245, 246, 280
북로남왜(北虜南倭) 19
북한 6, 7, 322
분메이카이카 → 문명개화 245, 248, 267
분서(焚書) 55, 56
불랑기 136, 206, 207
불초불가(不招不架) 103, 105
브라질리언 주지쯔 23
브로이어(Josef Breuer) 352
비도세(飛刀勢) 128
《비결도해 유술격검독습법(秘訣図解柔術擊剣独習法)》 253

《비예록(備豫錄)》 59

〈ㅅ〉
사강(射講) 210
사게오 61
사고수계(沙古愁戒) 150
사노 카쯔(佐野原勝) 102
사무라이 22, 23, 29, 48, 50~52, 61, 68, 98, 100, 115, 131, 143, 144, 233, 234, 236, 237, 240, 241, 243, 244, 253, 261, 265, 295, 328, 332, 352, 369
사무라이화(samuraisation) 244
사무랑 29, 369
《사변록(思辨錄)》 125
사사린 순조(笹林順造) 261
사삭도세(斜削刀勢) 128
사상지태도(仕相之太刀) 98
《사서(四書)》 342
사수 14, 140, 148, 179, 210, 213, 214
사습(私習) 210
사야지리 61
사이고 다카모리(西郷隆盛) 243
사제세(斜提勢) 128, 130
사카키바라 켄키찌(榊原鍵吉) 239, 241, 242
사카타 니시로시 249, 258
사쿠라이 타다요시(櫻井忠溫) 286
사포수(私砲手) 154
《사화기략(使和記略)》 270
산과(山科) 193
산사(山査) 131, 134
산소우(山所佑) 152
산음(山陰) 84
산척(山尺) 154
살수(殺手) 81, 147, 148, 150, 153, 155, 179, 206, 207, 209, 210, 221, 352
삼개주의 280

삼국간섭 244

《삼국사기》294

《삼대실록(三代實錄)》94

삼수병 15, 148, 179, 210

《삼오수리지(三吳水利志)》125

삼첩진(三疊陣) 139

삼퇴방적세(三退防賊勢) 123, 124, 155, 157, 158, 201

상궁도세(上弓刀勢) 122~124, 128

상궁세(上弓勢) 122~124, 128

상박(相撲) 202, 203, 314~317

상인 53, 56, 60, 68, 72, 75, 76, 143, 232, 245

상체세 159, 201

샌프란시스코 강화조약 262

서광계(徐光啓) 19

서복(徐福) 55, 56

서정학 333

《석경암창법기(石敬巖槍法記)》126

석전(石電) 117, 125

선(先)의 선(先) 88, 103, 105

선발선지(先發先至) 105

선인봉반세 158, 159, 201

《설문해자(說文解字)》21, 336

섬검퇴좌세(閃劍退坐勢) 157, 201

섬요전세 159, 201

《성리변이(性理辨異)》131

《성리찬요(性理纂要)》125

《성선도설(性善圖說)》125

《성세항언(醒世恒言)》73

세계기록유산 6, 7

세계축구연맹 315

세계태권도연맹 7, 332

세메가네 61

세이간(靑岸) 87, 88, 95, 114

세이난전쟁 243

센고쿠 시대(戰國時代) 19, 30, 43, 49, 51, 52, 66, 70, 133, 138, 142~144, 179, 231, 232, 236, 241, 332

소도(小刀) 65

《소림곤법천종(少林棍法闡宗)》118

소림사 66, 118, 126, 362

소야(小野) 193

《속대전》206~209, 211, 223

《손자(孫子)》105

송덕기 345, 356~357

쇠뇌 118~119

수도세(收刀勢) 128

수도입초세(收刀入鞘勢) 121, 128

수도학원(修道学院) 258, 319

수두세 309, 314

수박(手搏) 22, 335, 345, 347, 360, 369, 370, 378

수벽치기 345

《수비록(手臂錄)》122, 125~127, 130, 132, 134, 162, 180, 375, 382, 406

수신사 267, 270

수와류(諏訪流) 69

수파리(守破離) 230

순사격검시합 273

순우의(淳于意) 335

순화군(順和君) 131

쉬위성(許禹生) 329

슈겐도오(修驗道) 100

스콧 로델(Scott M. Rodell) 14

스포츠 13, 20~24, 227, 228, 235, 241, 242, 259, 261~263, 265, 268, 270, 279, 282, 283, 286, 288, 297, 298, 301, 307, 311, 314, 315, 317, 318, 323, 324, 326, 328, 330, 333, 356, 358, 359, 365, 376

습진(摺陣) 210

승군 136

《승정원일기》173~178, 185, 188, 197, 198, 205, 209, 213

시게노 야스쯔구(重野安繹) 245

시나이(竹刀) 227, 231, 261

시나이쿄오기(撓競技) 231, 235, 260, 261, 317

시마 요시타케(島義勇) 243

시마다 토라노스케(島田虎之助) 239

시빌리테(civilite) 237

시시훈진(獅子奮迅) 100, 109, 114

시재(試才) 152, 153, 176~178, 207, 208, 210, 215, 217

식검사적세(拭劍伺賊勢) 157, 158, 201

신귀립 176

《신당서(新唐書)》 54

신도(神道) 47, 354, 372

신도(新刀) 216, 217

신민(臣民) 만들기 269

신식군대 271, 273

《신음류도법(新陰流刀法)》 106, 108

신잔 히데시로(新山彦四郎) 112, 114

신채호 367~368

신체문화 13, 20, 224, 329, 376

신카게류(新陰流) 68, 71, 95, 97, 100, 113, 162, 180, 194~196, 234

신토오(神道) 245

신토오류(神刀流) 69, 70

신한승 345, 356, 357

신화 27~29, 46, 205, 347, 348, 362, 366, 374

신화화 348, 352, 374

《실전 우리 검도》 16

실크로드 326

심덕잠(沈德潛) 54

심췌정(沈萃禎) 125

십팔기 204, 344, 345, 455

십팔기군(十八技軍) 204

쌍검 188, 199, 207~209, 211~214, 216~221, 223, 309, 335, 342, 365

쌍수도 14, 30, 119, 122, 135, 161~163, 167, 172, 179, 180, 182, 197, 199, 209, 221~223, 300, 309, 342, 425

쌍수도법 15, 126, 127, 155

〈ㅇ〉

아동대 150, 152

《아미창법(峨嵋槍法)》 126

아서양(亞西洋) 296

아시가라미(足搦み) 203, 235, 262, 263, 316, 317

아시아태평양기록유산 6~7

아시카가 다카우지(足利尊氏) 63

아시카가 요시미쯔(足利義滿) 63

아시카가 요시테루(足利義輝) 97

아이스 이코오사이 히사타다(愛洲移香斎久忠) 69, 70

《아이스카게류목록》 30, 32, 80, 87, 88, 97~101, 104, 111~116, 133

아이키도오(合氣道) 23, 376

아이키쥬쯔(合氣術) 23

아테미(當身) 252

안드리아스 니하우스(Andreas Niehaus) 20

안호도세(按虎刀勢) 128

안호세(按虎勢) 128

알베르트 빌헬름 하인리히 폰 프로이센 왕자(Albert Wilhelm Heinrich Prinz von Preußen) 355

암묵적 지식(tacit knowledge) 18

압도세(壓刀勢) 128

압물통사(押物通事) 188

애국적 신체 만들기 269

애국주의 269

야규우 무네노리(柳生宗矩) 24, 182, 233

야규우 무네요시(柳生宗嚴) 97

야규우류(柳生流) 196, 238, 262

야규우신카게류(柳生新陰流) 69, 71, 97, 180, 182, 202

야금술 44

야마부시(山伏) 100

야마시나류(山科流) 195

야마카게(山影) 95

야마가스미(山霞) 100, 109, 114

야마토다마시(大和魂) 240, 248, 264, 282~285, 294, 298, 321, 323, 328, 370

야마토류(日本流) 69

야요이 시대(彌生時代) 44

약한 전승(weak tradition) 25

양경(陽慶) 335

양동명(楊東明) 131

양안상순(良安尙順) 192

양진방 27

양패란(梁佩蘭) 54

어검당 171

어양노인(漁陽老人) 117, 126, 127, 130~132, 134

《어영청중순등록》206, 208, 209, 211, 215, 216

언월도(偃月刀) 176, 199, 208, 212~214, 216, 217, 223

에도(江戶) 189

에밀리오 부다레(Emilio Bourdaret) 169

에토오 신페이(江藤新平) 243

엔삐(猿飛) 87, 92, 95, 98, 100, 101, 102, 114, 194

엔카이(猿回) 87~89, 92, 95, 98, 100, 105, 114

엘리세예프(Elisseyeff) 169

여여문(呂汝文) 152

여진족 136, 154

역(力) 18

역사화 10, 365, 374

《역설초편(易說初編)》125

《연병실기(練兵實紀)》80, 81

연사(練士, 렌시) 264

연희전문 284, 319

영국왕립문학과학연구소(Royal Literary and Scientific Institution) 20

영류지목록(影流之目錄) 19, 30, 70, 79, 80, 84~90, 92~94, 97, 98, 103, 105, 113~117, 121, 131~133, 158~160, 162, 179, 382~384, 387,

391, 459

영퇴도세(迎推刀勢) 128

예도(銳刀) 163, 199, 208, 211, 213, 214, 216, 217, 219, 223, 342, 365

오구라 노부타케(小倉延猛) 329

오노류 194, 196, 238

오노류잇토오류(小野流一刀流) 196

오노하잇토오류(小野派一刀流) 196

오노지로 오에몬 타다아키(小野次郎右衛門忠明) 196

오닌의 난 43

오다니 세이이찌로오(男谷精一郎) 239

《오대사기(五代史記)》54

《오륜서(五輪書)》233

오른 몸통치기 252~255

오리엔탈리즘 245, 246

오수(吳殳) 117, 118, 125~132, 134, 162, 375, 382

오순백(吳順白) 188

오오다찌(大太刀) 63, 163, 164, 168

오오사카 94, 188, 189

오오소또가리(大外苅) 203

오오쿠보 토시아키(大久保利謙) 248

오자와 우노스케(小澤卯之助) 254, 255

오키나와테 9, 378

오타니 세이이찌로오 239, 241

오현주 319

《옥영습유(玉榮拾遺)》97

와키자시 49, 60, 65

와타리 쇼오사부로오(亘理章三郎) 284

왕치등(王穉登) 54

왜검 30, 32, 65, 94, 146, 158, 159, 179~182, 184~188, 191, 192, 197~202, 204, 208, 209, 211~214, 216~219, 222~224, 300~302, 304, 307, 317, 326, 365, 375, 382, 418, 429

왜검용세(倭劍用勢) 198

왜곡 9, 18, 25, 78, 115, 117, 248, 284, 285, 343, 377

왜노(倭奴) 72, 92, 118

왜도(倭刀) 15, 80

왜색 308, 319, 321, 346, 376

왜영(倭營) 117, 132

왜장(倭杖) 131, 152, 242

《왜한삼재도회》 32, 192~194, 196

외간도세(外看刀勢) 127

외간세(外看勢) 123, 124, 127

외제자 67

왼 몸통치기 252~255

요감도세(腰砍刀勢) 127

요격세 309, 312, 314

요네오카 미노루(米岡稔) 253

요략세 312, 313

요보단료세(拗步單撩勢) 127

요보도세(拗步刀勢) 120, 122~124, 128

요보료도세(拗步撩刀勢) 127

요보료세(拗步撩勢) 128

요보삭세(拗步削勢) 128

요시다류(吉田流) 239

요시미즈 츠네오 326

요시오카류(吉岡流) 69

요시쯔네당(義經堂) 95

요시쯔네류(義経流) 69

요코노 시즈지(横野鎭次) 253

용검 173, 174, 176~178, 198, 199, 205~209, 212, 213, 214, 216~223

용호영 197, 210, 214, 219, 220, 221

우독립도세(右獨立刀勢) 123, 125, 127

우라나미(浦波) 95, 100, 108, 114, 195

우료도세(右撩刀勢) 128

우에시바 모리헤이(植芝盛平) 23

우정슬도세(右定膝刀勢) 123, 124, 128

우정슬세(右定膝勢) 128

우제료도세(右提撩刀勢) 123, 124, 128

우찌데시(內弟子) 67

우찌가타나 61

우키부네(浮船) 95, 100, 107, 108, 114

우키타(宇喜多) 98, 113

운광류 181, 184, 191, 192, 196, 197, 222~224, 303, 349, 375

운코오류(雲弘流) 197, 303

원균 138

원민(袁民) 335

원비(猿飛) 84

원숭이 70, 89, 90, 92, 95, 96, 101, 102, 104, 114, 194, 347

원회(猿回) 84

월도 170, 175, 207, 209, 211, 213, 214, 216~221, 342, 365

위소제(衛所制) 76, 77

유근수 319

유네스코 6, 7, 356

유덕장(劉德長) 125

유도 24, 27, 247, 251, 252, 258, 260, 264, 274~281, 283, 284, 288, 290~292, 296, 298, 299, 319, 329, 348, 350, 356, 357, 362

유럽고전무예(HEMA: Historical European Martial Arts) 21

유생(柳生) 193

《유생류신비초(柳生流新秘抄)》 102

《유세명언(喩世明言)》 73

유술 23, 24, 70, 202, 234, 239, 241, 243, 247, 250~252, 258, 259, 271, 274, 275, 279, 280, 298, 364, 368

《유술검봉도해비결(柔術剣棒図解秘訣)》 253, 254

유술형 243

유엽전(柳葉箭) 176, 199, 206~208, 211~214, 223

유종주(劉宗周) 125

유지광 324

유진동 281

유파 20, 22, 25, 30, 43, 62, 63, 65~71, 80, 95, 98, 102, 113, 125, 133, 180, 192~197, 223, 224,

229, 234, 235, 238~240, 243, 250, 252, 297, 301, 304~306, 328, 332, 349, 376

유피류 181, 184, 191, 192, 196, 197, 223, 349, 375

유하라(湯原) 98, 112, 113

유형문화재 351

유훈(劉勳) 335, 336

《육경(六經)》 342

육군군관학교 323

육군토야마학교(陸軍戶山學敎) 271

육롱기(陸隴其) 125

육부정(陸桴亭) 125

육세의(陸世儀) 125

《육일사(六一詞)》 54

육태안 6, 345

육화된 지식(embodied knowledge) 24, 25, 180, 181, 223, 228, 302

융(Carl Gustav Jung) 352

《은대편교(銀臺便攷)》 212

음견(陰見) 84

의병 136, 139, 149

의사(醫師) 94, 112, 169, 192, 250, 281

의식적 무능 229

의식적 역량 229

이경석 290

《이기도고(利器圖考)》 131

이넘화 264, 265, 300, 303, 307, 348, 350, 352

이노우에 데쯔지로(井上哲次郞) 245

이노쿠찌 마쯔노스케(井ノ口松之助) 253

이덕형(李德馨) 151

이데올로기 244, 283, 294, 348, 359, 360, 361, 365, 372

이무생 163, 320

이사벨라 버드 비숍 169

이석재 357

이성좌 176

이소나미(礒波) 95

이순신 31, 136, 163, 164, 206, 320, 321, 322, 350, 366

이승훈 19, 81, 85, 164

이심전심 24, 25, 195

이아이(居合) 70

이와이 게이타로(岩井敬太郞) 273

이용복 357

이이자사 69, 70

이이자사 이에나오(飯篠長威斎家直) 70

이종격투기 319

이종림 16, 304, 313, 318, 321, 323~328, 330, 331, 340, 346, 358~360

《이충무공전서》 322

이치엔(壹演) 95, 194

《이칭일본전(異稱日本傳)》 32, 85, 86, 94, 196

이히탄세키 니후도오(衣襃丹石入道) 195

일본 검술 8~10, 12, 13, 16, 17, 19, 29~32, 65, 69, 71, 80, 83, 84, 94, 96, 117~119, 124, 127, 130~135, 145, 146, 148~152, 154, 155, 173, 179~193, 196, 197, 199, 203, 204, 206, 207, 209, 210, 214, 217~219, 222~224, 227, 239, 265, 270, 278, 299~305, 307, 317, 327, 333, 334, 347, 348, 362, 363, 365, 366, 368, 374~377, 379, 382, 455~459

《일본 검술: 기술과 수련(Japanese swordsmanship: technique and practice)》 231

일본도(日本刀) 29, 30, 43, 47~54, 56, 57, 59~61, 65, 82, 119, 132, 133, 146, 260, 283, 286, 332

일본도가(日本刀歌) 30, 49~54, 56~60, 65, 119, 133, 286, 459

《일본무사도(日本武士道)》 245

《일본서기(日本書紀)》 46, 47

일본학 14

일제강점기 6, 29, 31, 32, 224, 258, 265, 269, 270, 273, 274, 277~279, 282, 285, 287, 288, 294, 296~299, 302, 306~311, 318, 319, 321~323,

328, 330, 331, 333, 349, 356, 358, 361, 362, 365, 366, 368, 370, 372, 374, 376

일제 식민지배 12, 13, 269, 361, 368, 378

임오군란 267, 271

임진왜란 8, 12, 14, 19, 30, 72, 78, 94, 131, 132, 134~143, 145, 146, 148, 149, 152~155, 158, 162, 172~174, 179~183, 185, 204~207, 209, 210, 221, 222, 301, 307, 320, 322, 348, 374, 375

임해군(臨海君) 131

입동도세(入洞刀勢) 121~123, 127

입동세(入洞勢) 127

입문제자 67

입실제자 67

잇토오류(一刀流) 22, 68, 69, 71, 133


〈ㅈ〉

자도(刺刀) 65

장검고용세(藏劍賈勇勢) 157, 158, 201

장도(杖道) 265

장도(長刀) 14, 15, 19, 30, 32, 43, 65, 92, 98, 121, 135, 155, 162, 382, 413

장도세(藏刀勢) 128

장도술(長刀術) 14, 15, 30, 79~83, 115, 119, 121, 127, 132~134, 173, 179

장붕익 188

장용영 7, 204, 219~222

장웅 7

《장자(莊子)》 22, 59

장창 79, 82, 118, 121, 134, 136, 145, 179, 206, 207, 211, 213, 216, 217, 309, 342

《장창법선(長槍法選)》 118

장헌세자(莊憲世子) 192

재인(才人) 154

재일본동경조선유학생무도회 284

재퇴방적세(再退防賊勢) 155, 157, 165, 201

저간도세(低看刀勢) 120, 122~124, 128

저간세(低看勢) 123, 124, 128

저삽도세(低揷刀勢) 128

적수세 158~160, 201

전국시대(戰國時代) 22, 43

전일본검도연맹(全日本劍道聯盟) 263~265, 282, 304, 332, 341, 347

전전 검도 261~263, 265, 317

전통 6, 9, 13, 25, 26, 29, 31, 33, 44, 66, 71, 94, 97, 121, 147, 155, 178, 203, 206, 222, 228, 230, 238, 244~246, 248, 265~267, 276, 296, 298, 299, 304, 306, 308, 310~312, 315, 325, 328, 340, 341, 343, 345~348, 351~359, 362, 364, 365, 368, 371, 372, 377, 455

전통 콤플렉스 352, 353, 371, 372

전통검도 324, 325

전통무예 6, 13, 26, 27, 31, 298, 324, 344~346, 348, 350~352, 354, 362, 372, 377

전통성 25, 322

전통의 발명 245, 351, 354

전후 검도 261, 263, 317

정세(定勢) 182, 230

정유재란 138

정종유(程宗猷) 117~122, 126~128, 130~132, 134, 162, 167, 179, 375, 382

정진여(程眞如) 125, 126

정통검도 324, 325

《정통검도》 16

정통성 7, 299, 319, 322, 340

제국주의 13, 244, 265~268, 279, 280, 295~297, 355, 360, 361, 365, 372, 376, 378, 379, 455

제도 31, 66, 73, 76, 77, 93, 94, 112, 148, 162, 204, 205, 210, 232, 238, 240~242, 244, 249, 264, 266, 267, 271, 305, 314, 318, 326, 333, 349, 351

제도화 204~207, 214, 223, 355, 365

제독검(提督劍) 149, 199, 207~209, 213, 214, 216~223, 342, 365

제미살세 158~160, 201

《제승편의(制勝便宜)》 131

조란정(曹蘭亭) 125

조비(曹丕) 334~337

《조선무도(朝鮮武道)》 282

조선무도관 279, 280, 284, 290, 319

조선세법 16, 19, 199, 304, 307, 312, 313, 318, 323~325, 337, 338, 340~343, 350, 357, 358, 366

조선씨름협회 319

조선아마튜어권투연맹 319

《조선왕조실록》 209, 294

조선중앙통신 7

조선지방본부 280, 281, 291

《조선창봉교정》 6, 126

조선총독부 274, 275, 277, 280~282, 287, 288, 290, 291, 311, 331, 358

조선화 116, 180, 197, 301, 375

조영(趙英) 125

조오지 릴런드(George A. Leland) 250

조음묘우(照音妙牛) 150

조조(曹操) 334

조천도세(朝天刀勢) 128

조천세(朝天勢) 128, 130

조총 15, 19, 20, 38, 51, 52, 76~78, 81, 119, 134, 136, 137, 139~146, 148, 149, 154, 176, 177, 179, 199, 203, 206~208, 210~215, 223

좌독립도세(左獨立刀勢) 127

좌료도세(左撩刀勢) 128

좌정슬도세(左定膝刀勢) 123, 124, 128

좌정슬세(左定膝勢) 128

좌제료도세(左提撩刀勢) 123, 124, 128

주도접도세(丢刀接刀勢) 128

주마회두세 159, 201

주웅점(朱熊占) 126

주위(周緯) 168

죽내(竹內) 193

죽도 13, 21~24, 29, 30, 196, 227, 231, 232, 234~240, 261~264, 270, 274, 288, 297, 301, 306, 309, 314, 327, 332, 341, 376

죽장창(竹長槍) 199, 208, 212~214, 216, 217, 219, 223

《중국철학사》 18

중국학 14

중국화 9, 14, 31, 32, 116, 185, 301, 348, 375

중미상점(中尾商店) 274

중순(中旬) 209~213, 215, 218, 219, 221, 222

중체서용 266, 353, 372

쥬우도오(柔道) 23

쥬우쥬쯔(柔術) 23, 376

지검대적세(持劍對賊勢) 120, 156, 158~160, 200, 309

지검진좌세(持劍進坐勢) 157, 158, 171, 172, 201

지양(知養) 268

지자총통 136, 137

《지지당집(止止堂集)》 14

지키신카게류(直心影流) 22, 71, 235, 239~241, 297

지토오천황(持統天皇) 46

지행합일 245

직도 44, 48, 132

직부송서세 159, 201

진공윤(陳恭尹) 54

《진기(陣紀)》 131

진무천황(神武天皇) 46

《진암논성억언(晉庵論性臆言)》 131

진왜(眞倭) 15

진전살적세(進前殺賊勢) 157, 158, 161, 165, 201

《집고록(集古錄)》 54

쯔바 50, 61, 133, 254

쯔카 61

쯔카마키 61

쯔카하라 보쿠덴(塚原卜傳) 195

쓰쿠바대학교 117

〈ㅊ〉

창술 70, 71, 125, 146, 206, 215, 234, 238, 239, 241, 252, 257

척계광(戚繼光) 14, 19, 30, 32, 54, 78~82, 84, 89, 93, 94, 97, 98, 115~117, 119~122, 125, 127, 129~135, 140, 145, 159, 162, 178, 179, 210, 342

천류류 181, 184, 191, 192, 196, 197, 223, 349, 375

천자총통 136, 137

철전 206~208, 212~214

《청쇄신언(靑瑣藎言)》 131

청안(靑岸) 84, 85, 87, 95, 383

청일전쟁 244~246, 251, 270

체양(體養) 268

체육 23, 24, 27, 31, 227, 247, 249~252, 257~259, 261, 266, 268~270, 273, 275~277, 279, 281~283, 288, 290, 291, 296, 298, 301, 315, 318, 323, 330, 331, 365, 376

체조전습소(體操傳習所) 250, 251, 258

초퇴방적세 123, 124, 155, 157~161, 165, 167, 200

총검술 247, 274, 291~293, 309, 310, 323

최기남 158~160

최형국 314~317

쵸탄(長短) 95

《춘추토론(春秋討論)》 125

출도세(出刀勢) 121, 128

충군애국정신 245

츄우조오류(中條流) 68, 69, 71

치도체조(薙刀體操) 255, 257

칭호 264

〈ㅋ〉

카게류(陰流) 12, 14, 15, 19, 30~32, 43, 68~71, 80, 81, 85, 87, 92, 94~98, 100, 101, 114~116,

125, 132, 133, 135, 162, 179, 180, 185, 194, 197, 199, 301, 304, 347, 348, 375, 459

카게미(陰見) 87, 88, 95, 114

카네마키 지사이(鐘卷自齋) 71, 195

카노오 지고로오(嘉納治五郎) 23, 247, 249, 251, 258

카디프대학교(Cardiff University) 9, 458

카라테 9, 23, 175, 230, 329, 336, 357, 358, 360, 364, 369, 370, 372, 376

카라테도오(空手道) 23

카메야마 다이조(龜山大城) 253

카미이즈미 노부쯔나(上泉伊勢守藤原信綱) 71, 97, 194, 196

카바야마 스케노리(樺山資紀) 270

카시마(鹿島) 69, 71, 97

카시마 7류(鹿島七流) 69

카시마신류(鹿島神流) 69, 70, 97

카시마신사 70

카에시주노 61

카와사키 카기노스케(川崎鑰之助) 195

카와지 토시요시(川路利良) 242, 243

카타(型) 31, 66, 70, 116, 227~232, 234~236, 238, 259, 303, 304, 306

카타나 48, 49, 60, 61, 63~65, 133

카타나가리레이(刀狩令) 233

카토리(香取) 69, 71, 97

카토리신사 70

카토리신토오류(香取神道流) 68~71, 133

카토오 쥰이찌(加藤純一) 195

카토오 키요마사(加藤淸正) 131

카토오 히로유키(加藤弘之) 249

칸토오 7류(關東七流) 69

켄도오 296, 320, 331, 363, 376

켓판(血判) 67

코나카무라 키요노리(小中村淸矩) 94

코니시 유키나가(小西行長) 140

코다찌(小太刀) 63, 98

코삐(虎飛) 87, 88, 95, 97, 114

코소또가리(小外苅) 203

코오도오칸(講道館) 249, 251, 258, 290, 291, 319

코오부쇼 23, 238, 376

코오사카 마사아키(高坂正顯) 249

코훈 시대(古墳時代) 44~46

쿄오류(京流) 69

쿄오쥬우류(鏡中流) 194, 196

쿄오토 63, 69, 70, 94, 95, 97, 188, 189, 245, 251, 282

쿄오토 8류(京八流) 69

쿠도오 이찌로오(工藤一郎) 195

쿠라마데라(鞍馬寺) 69, 95, 194

쿠라마류(鞍馬流) 69

쿠리가타 61

쿠메 쿠니다케(久米邦武) 367

쿠모히로류(雲廣流) 197

쿠미우찌(組打ち) 235, 262, 316, 317

쿠사리가마(鎖鎌) 241

큐우바노미찌(弓馬道) 51, 232, 351

키부네(貴船) 신사 95

키이이찌류(鬼一流) 69

〈ㅌ〉

타이샤류(タイ捨流) 71, 97, 180

타이소오덴슈쇼 → 체조전습소 250, 251, 258

타이아타리(體當り: 몸 부딪히기) 263

타찌(太刀) 47~49, 60, 61, 63~65, 98, 100, 133, 195, 241

타카노 사사부로오(高野佐三郎) 257, 259, 294, 319

타케노우찌 나카쯔카사노 타유후(竹内中務大輔) 195

타케노우찌류(竹内流) 194, 195

타테베 사다우에몬(建部定右衛門) 197

탄세키류(丹石流) 194, 195

탈민족주의 363, 370, 371, 373, 379

탈민족주의 무예학 31, 224, 351, 365, 367, 370,

371, 373, 379

탕하오(唐豪) 312~314, 329, 333, 334, 336~338

탕현조(湯顯祖) 19

태구련(太九連) 163

태권도 7, 9, 12, 27, 175, 262, 304, 306, 332, 340, 342, 344, 345, 347, 348, 350, 351, 356~358, 360, 364, 369, 370, 372, 376, 378

태귀련(太貴連) 163, 320

택견 12, 340, 342, 344, 345, 351, 356~358, 370, 372, 378

테라시마 료오안(寺島良安) 192, 194, 196

테호도키(手解き) 67

텐구(天狗) 98, 100

텐란(天覽)무도시합 282

텐무천황(天武天皇) 112

텐신쇼오덴카토리신토오류(天真正伝香取神道流) 69, 70

텟테이(徹底) 95

토다류(戶田流) 69, 194, 195, 197, 303

토오군류(頭軍流) 194~196

토오쿄오검도클럽(東京劍道俱樂部) 261

토오쿄오고등사범학교 257, 258

토오쿄오국립박물관 45~47, 50, 98

토요토미 히데요시 43, 182, 233

토유류 181, 184, 191, 192, 196, 197, 223, 303, 349, 375

토쿠가와 쯔나요시(德川綱吉) 233

토쿠가와 바쿠후 52, 183, 232, 234, 237

통신사 12, 182, 189

투로(套路) 30, 94, 116, 121, 135, 153, 155, 159, 198, 199, 223, 227, 300, 301, 303~307, 348, 349, 375

투자(套子) 227

〈ㅍ〉

파시즘 247, 263, 264, 266, 284, 287, 294, 295,

298, 302, 311, 317, 328, 349, 376

팔상세 312, 314

펜싱 262, 296, 319, 327~329

《펜착 실랏: 인도네시아 무술(Pentjak-Silat The Indonesian Fighting Art)》 231

편신중란세 159, 201

편전(片箭) 134, 136, 154, 176, 199, 206~208, 211, 212~214, 223

편추(鞭芻) 206~208, 211~214

평검 207, 209, 216~223

평양고등보통학교 277

《평택가전기(平澤家傳記)》 94

포박법 243

포수 14, 148, 150, 152, 153, 179, 185, 186, 206, 207, 210, 213, 214, 221

포술(砲術) 153, 154, 181

폴 보우만(Paul Bowman) 9, 26, 28, 458

품새 116, 227, 304, 306

풍몽룡(馮夢龍) 73

풍소정 355

풍우란(馮友蘭) 18

피검(皮劍) 198

필담창화 189


〈ㅎ〉

하군선(夏君宣) 125

하나구르마(花車) 95

하나다 히데오(花田秀雄) 274

하량신(何良臣) 131

하세가와에이신류(長谷川英信流) 294

하옥여(夏玉如) 125

하접세 158~160, 200~201

하천세 159, 201

학교체조교수요목 258, 277, 288, 298

《학교체조요의(學校體操要義)》 258

한국고전번역원 57

한국전통무예 십팔기 대학생연합 344

한국전통해동검도협회 347

한국학 14, 458

한국학중앙연구원 9, 458

한국해동검도협회 347

한국화 9, 10, 13, 17, 29, 299~304, 306, 311, 314~318, 348, 456, 458

한사립 149

《한서·예문지》 21, 22

한진희 290

합기도 12, 23, 27, 340, 350, 351, 356, 360, 364, 369, 370, 372, 376

해금정책 72

해동검도 13, 31, 324, 341, 345~348, 350, 351, 369, 370

해동심검도협회 347

《해방전후사의 재인식》 18

해수도(解手刀) 65

해양세력 135

해적 53, 70, 72, 75, 76, 96

향상방적세(向上防賊勢) 120, 122, 123, 125, 155, 157~160, 200

향우방적세(向右防賊勢) 122, 123, 125, 155, 157, 200

향전격적세(向前擊賊勢) 122~124, 155, 157~160, 200

향좌방적세(向左防賊勢) 123, 124, 155~157, 167, 200

헤게모니 16, 228, 346, 361

헤이안 시대(平安時代) 47, 95, 112

헨타이가나(變體仮名) 80, 84, 85, 95, 101, 115, 133

허우성(許禹生) → 쉬위성(許禹生) 329

협구세 312, 314

협도(挾刀) 170, 198, 199, 208, 211~214, 216~218, 220, 223, 342, 365

형식체조 268

호리모토 레이조우(堀本礼造) 271

호면 203, 235, 309, 314, 315

호비(虎飛) 84, 85, 87

호여화(胡汝和) 152

호오간류(法眼流) 69

호오조인(宝蔵院) 239

호완 235, 309, 314

호전(戶田) 193, 207

호준포 136

혼신류(本心流) 69

홍기(洪紀) 125, 263

홍신(洪信) 125

화기의 시대 135, 139, 142

화랑 325, 347, 360, 366, 369, 370

화전무구점(花田武具店) 274

화포 136~140, 145, 149

《화한삼재도회(和漢三才圖會)》 192

화혼양재 266, 353, 372

활쏘기 22, 25, 147, 148, 152~154, 177, 178, 206,
    207~210, 214, 215, 268, 298, 299, 355~358,
    362, 372

활인검 24, 234, 297

황국신민체조 287, 288, 291, 302

황국신민화 227, 289, 302, 311, 321, 350, 376

황준헌(黃遵憲) 54

황학정 355, 356

회향(廻向) 105

효오가쿠료오토야마출장소(兵學寮戶山出張所) 271

후(後)의 선(先) 88, 103, 105

후나코시 기찐(船越義珍) 23

후루바야시 켕기(古林見宜) 94

후발선지(後發先至) 105

후앙위앤시우(黃元秀) 329

후쿠로지나이(韜竹刀) 202, 234, 235, 262

후쿠자와 유키찌(福澤諭吉) 249

《훈국등록(訓局謄錄)》 186, 187

훈련도감 14, 139, 151, 185~187, 190, 191, 210~215,
    219~223, 267

휘검향적세(揮劍向賊勢) 123, 124, 155, 157, 201

휘문고보 284, 319

휴민트(humint) 181

흑선(black ship) 238

《흥학문답(興學問答)》 131

히가온나 모리오(東恩納盛男) 230

히라야마 코오조오(平山行蔵) 239

히키하다시나이(ひきはだしない) 235

## 최복규

서강대학교에서 물리학을 전공했다. 졸업할 무렵 무예를 평생의 화두로 삼겠다는 생각에 진로를 바꿨다. 서울 대학교에서 전통무예와 《무예도보통지》에 관한 연구로 석사와 박사 학위를 받았다. 인생의 경로를 바꾼 계기는 《무예도보통지》였다. 문치의 나라 조선이 남긴 고전 무예의 무게가 예사롭지 않음을 직감했다. 현란한 몸짓에 깃든 기술적인 성취를 넘어 '무예하는 인간(Homo Martialarticus)'의 내면을 읽어내는 연구를 하고 있다. 전통주의자를 자처하지만 민족주의적인 입장이 아니라 무예 인문학적인 관점을 견지한다. 고전 무예서 연구는 그 출발점이다.

서울대학교 스포츠과학연구소 선임연구원, 영산대학교 동양무예학과 학과장, 레이던대학교(Leiden University) 지역학연구소의 방문 연구원을 역임했다. 현재는 네덜란드에 거주하며, 한국무예연구소(KIMA: Korean Institute for Martial Arts)와 네덜란드십팔기협회(Dutch Sibpalki Association)를 이끌고 있다. 연구와 교육, 집필에 힘쓰며, 강연과 세미나, 소셜 네트워크를 통해 일반 대중과 소통하려고 노력한다.

《무예도보통지》 권법 연구〉, 《기효신서》 판본에 관한 연구〉, 〈태권도 전사(前史)로서 택견 사료 해석〉, 〈태권도 전사(前史)로서 수박(手搏) 사료 해석〉, 〈일본 검술의 한국 전파〉(영문), 〈책으로 무술을 배울 수 있는가? - 전승과 복원을 통한 한국 무예서(書)의 부흥〉(영문) 등 다수의 논문과 《조선 중기 무예서 연구》(공저), 《무림고수를 찾아서》(공저), 《한국의 전통무예 십팔기》, 《권법 바이블: 《기효신서》를 통해 본 고전 권법》(2019 대한민국 학술원 우수학술명저) 등의 책을 썼다.

# 일본 검술의 한국화
## 카게류에서 격검, 그리고 검도로

초판인쇄 2022년 9월 28일
초판발행 2022년 9월 28일

지은이 최복규
펴낸이 채종준
펴낸곳 한국학술정보(주)
주 소 경기도 파주시 회동길 230(문발동)
전 화 031-908-3181(대표)
팩 스 031-908-3189
홈페이지 http://ebook.kstudy.com
E-mail 출판사업부 publish@kstudy.com
등 록 제일산-115호(2000. 6. 19)

ISBN 979-11-6801-725-2 93690